"十二五"普通高等教育本科国家级规划教材

新制度经济学（第三版）

New Institutional Economics

卢现祥　朱巧玲　主编

北京大学出版社
PEKING UNIVERSITY PRESS

图书在版编目(CIP)数据

新制度经济学/卢现祥,朱巧玲主编. —3 版. —北京:北京大学出版社,2021.1
ISBN 978-7-301-31746-4

Ⅰ. ①新… Ⅱ. ①卢… ②朱… Ⅲ. ①新制度经济学 Ⅳ. ①F019.8

中国版本图书馆 CIP 数据核字(2020)第 191497 号

书　　　名	新制度经济学（第三版）
	XINZHIDU JINGJIXUE(DI-SAN BAN)
著作责任者	卢现祥　朱巧玲　主编
策 划 编 辑	徐　冰
责 任 编 辑	王　晶
标 准 书 号	ISBN 978-7-301-31746-4
出 版 发 行	北京大学出版社
地　　　址	北京市海淀区成府路 205 号　100871
网　　　址	http://www.pup.cn
微信公众号	北京大学经管书苑（pupembook）
电 子 邮 箱	编辑部 em@pup.cn　总编室 zpup@pup.cn
电　　　话	邮购部 010-62752015　发行部 010-62750672　编辑部 010-62752926
印 刷 者	北京鑫海金澳胶印有限公司
经 销 者	新华书店
	787 毫米×1092 毫米　16 开本　26.5 印张　628 千字
	2007 年 2 月第 1 版　2012 年 7 月第 2 版
	2021 年 1 月第 3 版　2024 年 8 月第 6 次印刷
定　　　价	68.00 元

未经许可，不得以任何方式复制或抄袭本书之部分或全部内容。
版权所有，侵权必究
举报电话：010-62752024　电子邮箱：fd@pup.cn
图书如有印装质量问题，请与出版部联系，电话：010-62756370

第三版前言

科斯把交易成本与产权引入经济系统分析之中,从而创立了新制度经济学。新制度经济学是以制度为研究对象的一门学科,而制度体系正是国家治理体系的核心内容。随着国际形势的巨变以及我国经济体制改革的步伐加快,学习并掌握新制度经济学的内容不仅有助于读者理解我国经济转型期的诸多经济问题,也能培养其从制度视角解读经济问题的意识。

党的二十大报告强调,中国式现代化,是中国共产党领导的社会主义现代化,既有各国现代化的共同特征,更有基于自己国情的中国特色。实现现代化的关键是制度的现代化。为此,党的二十大报告指出,要"坚持深化改革开放。不断彰显中国特色社会主义制度优势,不断增强社会主义现代化建设的动力和活力,把我国制度优势更好转化为国家治理效能"。

诺思说,"在详细描述长期变迁的各种现存理论中,马克思的分析框架是最有说服力的,这恰恰是因为它包括了新古典分析框架所遗漏的所有因素:制度、产权、国家和意识形态"。我们要把马克思主义基本原理同中国具体实际相结合、同中华优秀传统文化相结合,构建高水平社会主义市场经济体制。坚持和完善社会主义基本经济制度,毫不动摇巩固和发展公有制经济,毫不动摇鼓励、支持、引导非公有制经济发展,充分发挥市场在资源配置中的决定性作用,更好发挥政府作用。由此可见,新制度经济学的相关知识在新时代发挥着越来越重要的作用。《新制度经济学》(第三版)主要在以下几个方面做了比较大的修改:

一是编排结构上有较大的改变和完善。在内容上分为四篇,第一篇是导论,主要介绍什么是新制度经济学、新制度经济学与新古典经济学的关系、新制度经济学的方法论及其十大问题等,这十大问题基本涵盖了本教材的全部内容。第二篇是制度基础,主要内容包括制度与人类行为、交易成本及其测量、合作与互惠制度、契约、产权及企业等,这些构成制度分析的基础,尤其是交易成本、产权及契约是新制度经济学的核心范畴。第三篇是制度体系,在制度基础上把制度分为两大体系,即包容性制度体系和汲取性制度体系,并从制度、秩序、利益集团与国家四个层面对制度体系进行分析。第四篇是制度变迁,主要从三大视角分析制度变迁的规律,即制度变迁的历史分析、制度变迁的博弈分析及制度变迁的演化分析,此外还将探讨技术变迁、制度变迁与经济发展的关系等问题。如果说制度基础篇是从"微观"层面对单个制度如何起源及如何影响人的行为做出分析,那么制度体系篇就是从"宏观"层面对制度体系(或制度系统)如何形成及如何影响经济发展做出分析,而制度变迁篇则是从"动态"层面分析制度变迁的趋势及规律性。

二是强调制度体系的研究，阿西莫格鲁、诺思等人特别重视对制度体系的研究。阿西莫格鲁等人把制度分为包容性制度和汲取性制度，诺思把制度分为有限准入秩序和开放准入秩序。这些分类称呼不一样，但实质是一样的，即我们可以把制度分为两种体系。早先制度经济学研究强调两大问题，一是制度如何起源，二是制度如何影响经济发展。现在看来，还要加上一大问题，即如何把制度体系搞对。这一问题也非常重要，因为在不好的制度下，再怎么努力都是枉然。在诺思看来，我们现在已经搞清楚了什么样的制度有利于经济发展，但问题是，我们还没有搞清楚如何从不利于经济发展的传统制度过渡到有利于经济发展的好制度。这是新制度经济学值得关注的前沿领域。正如科斯所说的，转型国家不仅要把价格搞对，还要把制度搞对。把制度搞对要比把价格搞对难得多，对于如何把制度搞对，科斯、诺思也没有提出什么好的方案。

三是中国化特色会更明显，新制度经济学要融入更多的中国元素。中国引进西方新制度经济学有三十多年了，这期间产生了不少用新制度经济学的理论和方法研究中国问题的论著，但是我国用新制度经济学解释中国问题还是不够深入，在世界上有影响的论著还不多，这本身值得我们思考。中国仍在进行制度转型，是新制度经济学最大的天然实验室，中国的经验应该成为新制度经济学的重要组成部分，我们应该对新制度经济学的研究做出自己的贡献，在制度研究方面应该有更多的话语权。因此本次修订中增加了不少中国的元素（事实、案例等），这将有利于读者理解中国的制度及转型问题。新制度经济学的中国化一方面有利于提升新制度经济学的理论研究，另一方面也能通过相关研究推动中国经济社会的转型。社会的共同认知对于新制度的建立、实施及制度创新等非常重要。制度研究的价值在经济制度成熟的国家远远没有体现出来，因为他们的制度已经比较成熟了，人们的认知及推进并不那么重要了；而在转型国家，人们对制度的认知及推进却非常重要。希望新制度经济学研究的普及有助于降低我国的转型成本。

第三版的修订由卢现祥执笔完成，在重构体系的基础上对不少章节进行了重写或做了较大的修改。教材中的相关链接、案例等都是我们从国内外媒体上精心挑选的，要感谢这些作者和媒体，尤其是感谢"量化历史研究"这个公众号的推送，引用的这些链接、案例将有助于读者深化对相关问题的认识。

卢现祥
2024 年 8 月

第二版前言

这本《新制度经济学》初版(2007年2月)到现在快五年了,其间印刷了5次。这期间,国内外新制度经济学的研究也有许多新进展,为了更好地跟踪新制度经济学发展的新趋势,特邀请本教材的一部分作者参与了修订。

我们修订的原则是,第一,按教材编写的要求(语言简洁、概念定义准确、层次清楚、逻辑性强、可读性强等)对大多数章节进行修改,删除一些表述复杂或难以读懂的语句,或将其简化。第二,调整结构。第一版的第二章(新古典经济学与新制度经济学)、第三章(博弈论与新制度经济学)、第四章(演化经济学与新制度经济学)合并形成第二版的第二章(新制度经济学与其他流派之间的关系)。第一版中的第六章(相互依赖性、合作与互惠制度)在第二版中是第八章。此外,第二版中的第九章(集体行动与制度选择)、第十三章(制度变迁的历史分析)的结构与内容的变动较大。第三,增加新的内容。在第二版中我们尽量把新制度经济学研究的最新成果增添进去,这是我们修改教材的动因所在。一本教材只有不断地反映本领域的新成果、新趋势才有生命力。第四,调整案例。在第二版每章后面我们都选择了两三个案例,并且增加了中国历史与现实中的案例。新制度经济学是真实世界的经济学,好的案例会大大地增加教材的价值。

在这次修订中,易杏花对第二版第三章(人类行为)、罗小芳对第六章(契约理论)、崔兵对第七章(企业理论)进行了修订。杨虎涛对第二版第二章的第三节及第十一章(制度演化理论)分别进行了压缩与修订。第十二章(制度变迁的博弈分析)这次没有修订。其他章节都由卢现祥进行了修订、补充与完善。最后,卢现祥对第二版的书稿进行了统编。第二版与第一版相比有了较大的改进,但与我们的预期目标相比还是有距离。希望今后有时间再作修订。

卢现祥

2012年6月8日

第一版前言

自20世纪90年代初科斯、诺思等人的新制度经济学论著被引入中国后,新制度经济学对中国经济学界(还包括法学、社会学、政治学等)产生了重要的影响。目前,新制度经济学作为西方经济学界的一个重要流派,每年都有大量的文献产生。当前西方新制度经济学发展中的一个突出问题是如何对其理论体系进行梳理和整合研究。正如美国经济学家阿兰·斯密德所说,制度经济学的问题不是没有理论,而是拥有太多彼此孤立的理论。[①]

一个经济学家为什么应该对社会制度感兴趣?为什么不将这个问题留给人类学家或社会学家?其原因是在于当今的经济学被制度方面的短视所框死了,或者说不研究制度严重地阻碍了经济学对社会问题的分析。这种短视产生于我们对市场制度的偏执,以及我们在分析中引入更为多元化的制度集合的失败。这种短视可能会在一些其他制度安排可能更为有效率的地方导致对于市场方案的支持。[②] 当然,新制度经济学的发展不可能替代新古典经济学,但是它会不断地丰富经济学,拓宽经济学的领域,并且会提高经济学的解释力。

新制度经济学的理论和方法不仅对于经济学界产生了重要的影响,而且也对法学、历史学、社会学、政治学等社会科学的研究产生了较大的影响。国外有学者提出,新制度经济学能统一社会科学。统一社会科学的创想直接来源于科斯和诺思。国际新制度经济学学会中的许多经济学家都认为,起码可以在政治学、经济学、社会学、历史学、人类学、认知科学,甚至包括社会心理学等学科的领域内,用制度一统天下。而我们认为,能否用制度一统天下,尚需实践来检验。但是,制度经济学的方法越来越多地被政治学、社会学、法学等学科的学者所关注,甚至应用,这是不争的事实。我们只要查一下社会科学的专业文献便可以发现,新制度经济学及专业词汇出现的频率越来越高。

一种理论或研究范式不能在孤立中长期发展,它需要有一个框架来集中本领域的学者形成合力,这一框架同时也有利于给初入这个领域的人们一个"指南图"。本教材试图建立一个"三个三"的新制度经济学框架(见第一章)。我们建立这个框架主要基于两个方面的考虑,一是能反映新制度经济学的主要成果;二是要揭示新制度经济学的主要问题和其发展的基本趋势。在这种思想的指导下,由主编形成了这个框架,然后分工撰写,历时两年,形成了这本教材。具体章节撰写如下,第一章、第二章(卢现祥)、第三章(余静文)、第四章(第一节:卢现祥;第二节:杨虎涛)、第五章(易杏花)、第六章(卢现

[①] 〔美〕阿兰·斯密德:《制度与行为经济学》,中国人民大学出版社,2004年版。
[②] 〔美〕安德鲁·肖特:《社会制度的经济理论》,上海财经大学出版社,2004年版。

祥)、第七章(卢现祥、邱海洋)、第八章(朱巧玲)、第九章(罗小芳)、第十章(崔兵)、第十一章(朱巧玲)、第十二章(卢现祥、朱巧玲)、第十三章(第一、二节:杨虎涛;第三节:卢现祥)、第十四章(丁际刚)、第十五章(第一、二、三节:闵娜;第四节:余静文)、第十六章(徐文华)。本书最后由卢现祥、朱巧玲统编定稿。

  把彼此孤立的并正在发展的理论综合起来是一个难度相当大的工作。尽管我们做出了努力,但这本教材中的错误还是在所难免,我们真切希望读者批评批正。在编写中,我们参考了大量国内外学者关于新制度经济学的成果,在此表示深深的谢意。尽管我们作了详细的注释,也许还是会有遗漏,请相关作者谅解。让我们共同努力,为新制度经济学的发展做出自己的贡献。

主　编

2006年9月8日

目　　录

第一篇　导　　论

第一章　新制度经济学概述 ……………………………………………………（3）

第二章　新古典经济学与新制度经济学 ………………………………………（10）
　　第一节　新古典经济学 ……………………………………………………（10）
　　第二节　新制度经济学为新古典经济学添加"躯体" ……………………（13）
　　第三节　新制度经济学的未来 ……………………………………………（16）

第三章　新制度经济学的方法论和十大问题 …………………………………（21）
　　第一节　从"黑板经济学"到真实世界的经济学 …………………………（21）
　　第二节　新制度经济学分析中的数学及模型问题 ………………………（24）
　　第三节　新制度经济学的十大问题 ………………………………………（25）

第二篇　制　度　基　础

第四章　人类行为 ………………………………………………………………（37）
　　第一节　理性 ………………………………………………………………（37）
　　第二节　有限理性 …………………………………………………………（45）
　　第三节　行为经济学 ………………………………………………………（50）

第五章　交易成本 ………………………………………………………………（58）
　　第一节　交易成本是经济制度的运行费用 ………………………………（58）
　　第二节　作为一种分析范式的交易成本理论 ……………………………（69）
　　第三节　科斯定理 …………………………………………………………（74）

第六章　制度 ……………………………………………………………………（87）
　　第一节　非正式制度、正式制度与实施机制 ……………………………（87）
　　第二节　制度框架 …………………………………………………………（97）
　　第三节　信念与制度 ………………………………………………………（100）

第七章 制度理论 (103)
第一节 人类行为理论和交易成本理论的结合 (103)
第二节 制度与人类行为 (107)
第三节 行为经济学视阈中的人类行为与制度 (111)

第八章 相互依赖、合作与互惠制度 (118)
第一节 相互依赖 (118)
第二节 人格化交易与非人格化交易 (122)
第三节 合作与互惠制度 (126)

第九章 契约理论 (140)
第一节 交易与契约 (140)
第二节 古典契约理论和新古典契约理论 (143)
第三节 现代契约理论 (149)

第十章 产权理论 (164)
第一节 产权明晰:市场交易的前提 (164)
第二节 产权的功能 (169)
第三节 产权界定中的经济权利和法律权利 (172)

第十一章 企业理论 (187)
第一节 企业的本质与边界 (187)
第二节 企业产权理论 (195)
第三节 公司治理 (203)
第四节 企业家与企业 (214)

第三篇 制度体系

第十二章 制度体系与制度质量 (229)
第一节 制度体系 (229)
第二节 制度质量 (234)
第三节 包容性制度和汲取性制度 (238)
第四节 不同制度体系下的经济发展 (241)

第十三章 秩序与寻租 (251)
第一节 有限准入秩序和开放准入秩序 (251)
第二节 寻租的含义与寻租行为 (254)
第三节 有限准入秩序中的租金创造与租金分配 (259)
第四节 寻租的后果 (262)

第十四章　利益集团、集体行动与制度选择 (270)
　第一节　利益集团 (270)
　第二节　集体行动与集体行动困境 (275)
　第三节　公共选择理论与自主组织理论 (283)
　第四节　利益集团与制度选择 (287)

第十五章　国家理论 (293)
　第一节　国家的定义与职能 (293)
　第二节　国家理论(上)：诺思与巴泽尔 (300)
　第三节　国家理论(下)：奥尔森与福山 (308)

第四篇　制度变迁

第十六章　制度变迁的历史分析 (317)
　第一节　新经济史学中的计量方法 (317)
　第二节　新经济史学的制度变迁分析 (320)
　第三节　制度变迁的路径依赖理论 (328)

第十七章　制度变迁的博弈分析 (337)
　第一节　博弈论与新制度经济学 (337)
　第二节　制度与制度起源：博弈论视角 (346)
　第三节　制度多样性与均衡选择 (350)

第十八章　制度变迁的演化分析 (356)
　第一节　制度演化理论的发展 (356)
　第二节　制度变迁的演化经济学分析 (360)
　第三节　人为设计与自然演化 (364)

第十九章　技术变迁、制度变迁与经济发展 (372)
　第一节　什么决定一国的经济发展 (372)
　第二节　经济发展中的技术变迁与制度变迁：联系及互动 (381)
　第三节　生产技术与社会技术 (387)

第二十章　人口、创新与制度 (392)
　第一节　人口、知识存量与制度 (392)
　第二节　创新与制度 (401)
　第三节　创新与组织 (405)

第一篇　导　论

【教学目标】

1. 了解新制度经济学的内涵及起源。
2. 了解新古典经济学与新制度经济学的关系。
3. 掌握新制度经济学的方法论和十大问题。

【素养目标】

1. 了解实现中国式现代化的关键是制度的现代化。
2. 理解和把握"两个结合"与中国社会主义制度优势。
3. 运用辩证唯物主义和历史唯物主义研究中国制度问题。

制度对经济社会发展影响的重要性已经被越来越多的人所认识。制度是如何产生的？制度是如何影响经济社会发展的？这是新制度经济学要探讨的两大基本问题。为此，我们要探讨构成制度基础的要素有哪些及它们是如何产生的（第二篇），这些不同制度构成的制度体系的特征是什么（第三篇），以及制度变迁的规律是什么（第四篇）。本书沿着"制度基础——制度体系——制度变迁"的思路展开，制度基础会构成不同的制度体系，而不同的制度体系又有自己变迁的内在机制、路径。制度基础篇是从"微观"层面对单个制度如何起源及如何影响人的行为做出分析，而制度体系篇则是从"宏观"层面对制度体系（或制度系统）如何形成及其特征做出分析。制度体系是经济系统建立在制度基础上的制度性特征。制度变迁篇则从"动态"层面探讨制度变迁中的规律。

为此，我们首先要探讨什么是新制度经济学、它与新古典经济学的关系、新制度经济学的方法论特征，以及新制度经济学的十大问题。

第一章 新制度经济学概述

经济学一直关注两大问题。第一个问题是经济中的资源配置。所有市场中,商品和服务的数量与价格之间的关系如何被决定的?一般均衡理论、国际贸易理论和博弈论都是研究这个问题的理论。第二个问题就是经济的形成。经济最初是如何出现的?又是如何发展的?经济结构是如何随着时间的推移而变化的?关于创新、经济发展、结构变化、历史的作用、制度,以及治理的经济学思想,全都是研究这个问题的结果。目前,资源配置问题已经得到了深入的研究,而且这个问题已经高度数学化了,但是人们对于经济形成问题的了解却仍然非常有限,而且这个问题也几乎没有被数学化。[①] 新制度经济学就是研究第二个问题的。

"新制度经济学"(New Institutional Economics)这个概念是由奥利弗·威廉姆森(Oliver Williamson)最先提出来的。新制度经济学是应用现代微观经济学分析方法去研究制度、制度体系和制度变迁的产物。罗纳德·科斯(Ronald Coase)认为人类社会的生活取决于商品及服务的流量,而这些流量又取决于经济体系的生产率。亚当·斯密(Adam Smith)认为经济体系的生产率取决于专业化(劳动分工),但专业化只有在存在交换的情况下才成为可能——交换的成本(交易成本)越低,专业化程度越高,系统的生产率才越高。但交换的成本取决于一国的制度:它的法律体系,它的政治体系,它的社会体系,它的教育体系,它的文化,等等。就结果而言,决定经济绩效的是制度,而正是这一点使得"新制度经济学"对经济学家而言尤为重要。

一、新古典经济学

新制度经济学的"新"主要体现在以下三个方面:

第一,按照科斯的定义,新制度经济学就是利用新古典经济学(正统经济理论)去分析制度的构成和运行,并去发现这些制度在经济体系运行中的地位和作用。新制度经济学不仅仅拓展了经济学的研究范围,而且还促使人们思考经济学的研究范围到底是什么。用科斯自己的话来说就是:"当代制度经济学是经济学本来就应该是的那种经济学"。言外之意是,现在的主流经济学还不是"应该是的那种经济学"。新制度经济学强调资源配置的最优问题与既定经济社会的激励结构有关,而激励结构是由制度及产权决定的,这又是对新古典经济学的拓展。制度决定着经济绩效,也就是说,经济绩效在很大程度上取决于控制人们经济行为的社会和政治规则。斯密推崇的制度结构是个人对于经济资产拥有排他性私

---

① 〔美〕布莱恩·阿瑟:《复杂经济学:经济思想的新框架》,浙江人民出版社,2018年版,第60页。

人权利的结构。"看不见的手"的原理实际上描述了斯密理想的制度结构。人类的理性选择(在具体的约束条件下)将创造和改变诸如产权结构、法律、契约、政府形式和管制等制度。这些制度和组织将提供激励或建立一定的成本与收益关系,最终这些激励或成本与收益关系将在一定时期内支配经济活动并对经济增长造成影响。①

第二,新制度经济学是真实世界的经济学。这主要表现在新制度经济学对新古典经济学的一些修正上。在对人类行为的假设上,新古典经济学是完全理性,而新制度经济学是有限理性;在交易成本上,新古典经济学假设交易成本为零,而新制度经济学假设交易成本为正;在产权上,新古典经济学假设产权不变或将其当作既定的前提,而新制度经济学认为不同产权安排下绩效是不一样的;在契约上,新古典经济学主要是完全契约,而新制度经济学则强调不完全契约;新古典经济学假定企业是一个生产函数,而新制度经济学强调企业的治理;新古典经济学强调竞争,而新制度经济学注重合作;等等。这些都表明,新制度经济学更接近现实,是真实世界的经济学。

第三,把制度作为经济学的研究对象是新制度经济学对正统经济理论的一场革命。经济理论的三大传统柱石是天赋要素、技术和偏好。随着经济研究的深入,人们越来越认识到仅有这三大柱石是不够的。新制度经济学家以强有力的证据向人们表明,制度就是经济理论的第四大柱石,制度至关重要。土地、劳动和资本这些要素,有了制度才得以发挥功能。分析制度对经济行为的影响应该居于经济学的核心地位,但为什么制度长期被排斥在经济理论分析之外(或被抽象掉了)呢? 个中原因值得探讨。其中的一个主要原因可能是,尽管制度因素(如经济组织形式、政策法规等)对社会经济发展的影响无处不在,而且人们也能够意识到,但是人们却没有一套理论工具(或理论范式)去分析制度的影响及其功能。以科斯为代表的新制度经济学则创立了分析制度的有效范式。

新制度经济学主要有四个研究领域:一是交易成本和产权;二是政治经济学和公共选择;三是数量经济史(一般以一种制度的微观经济学框架为基础);四是认知、意识形态及路径依赖的作用。② 在新制度经济学研究中,关注和研究得最多的是交易成本和产权。可以说,这是新制度经济学的核心部分。

二、新制度学派

新制度经济学是相对于近代制度经济学而言的。新制度经济学是用经济学的方法研究制度的经济学,但把制度作为经济学的研究对象并不是始于以科斯、道格拉斯·诺思(Douglass North)为代表的新制度经济学。众所周知,约翰·康芒斯(John Commons)、托斯丹·凡勃伦(Thorstein Veblen)、约翰·加尔布雷斯(John Galbraith)等都是美国制度主义的代表人物,他们都主张和强调对制度的研究。科斯把康芒斯、凡勃伦、加尔布雷斯等美国制度主义学者称为近代制度学派,而他们自己是新制度学派。科斯认为,新制度经济学与近代制度经济学并没有什么理论上的渊源关系。在某种程度上讲,新制度经济学与近代

---

① 〔美〕小罗伯特·B.埃克伦德:《经济理论和方法史》,中国人民大学出版社,2001年版,第361页。
② 〔美〕约翰·N.德勒巴克等:《新制度经济学前沿》,经济科学出版社,2003年版,第2页。

制度经济学在理论上还是对立的。近代制度经济学的观点不是理论性的,而是反理论的,他们尤其反对古典经济理论。实际上,近代制度经济学没有一个理论,除了一堆需要理论来整理不然就只能一把火烧掉的描述性材料外,没有任何东西留传下来。而新制度经济学恰恰相反,他们利用正统经济理论(包括古典经济理论)去分析制度与现实问题。乔治·斯蒂格勒(George Stigler)也曾指出,近代制度经济学的失败是因为它没有提出实证的理论学说,所表现的仅仅是对正统经济理论的不满和批判态度。近代制度经济学的悲剧就在于研究者没有留下什么理论工具(或范式)供他人使用,人们很难沿着他们的足迹继续前进。

具体来说,在两次世界大战之间,制度主义实际上是美国经济思想中的主导派。之后制度主义之所以把阵地丧失给了新古典主义,根本原因就是它忽视了发展基本理论。近代制度主义在奠定了制度规范和习惯的重要地位后,低估了描述经济政治制度的性质和功能的意义。近代制度主义者变成了出类拔萃的资料收集者,他们没有理论框架,企图通过将具体的经济制度图景描绘得越来越细致来描述"现实"。而没有理论框架,科学就不可能进步,并且没有任何对现实的观察是独立于理论或概念的。与主流经济学坚持认为资源配置、收入分配以及收入、产量和物价等的决定是经济的中心问题不同,近代制度学派认为经济体系的组织和控制问题,即经济体系的权力结构应该摆在第一位,他们思想的主要特点是整体主义和进化主义。与近代制度经济学派反对古典经济学不同,新制度经济学是运用正统经济理论去分析制度的构成与运行。但是,新制度经济学不仅是运用新古典经济学,而且它还通过对新古典经济学的"冲击"而对经济学的发展乃至社会科学的发展产生影响,其贡献远远大于近代制度经济学对古典经济学的反对和批判。

近代制度经济学和新制度经济学的主要代表人物都在美国。最初,制度主义还是一种"异端",但随着制度主义不断的演变与发展,尤其是新制度经济学的出现,其越来越受到经济学界的关注。20世纪90年代初以来,科斯、诺思、威廉姆森等相继获得诺贝尔经济学奖,使新制度学派的影响力达到了顶峰。和早期的制度分析相比,新制度经济学在以下几个重要方面有所创新:

一是坚持逻辑实证主义方法论,把传统微观经济学的边际均衡分析方法与制度分析方法结合起来,这在科斯的论文《社会成本问题》中得到了充分的体现。

二是以资源配置为主题,改变了以往制度主义主题过于宏大和杂乱的状况。如前所述,新制度经济学强调资源配置的最优问题与既定经济社会的激励结构有关,而激励结构是由制度及产权决定的。

三是创立了"交易成本"范畴。新制度经济学在原来新古典经济学的生产成本这一种约束条件的基础上,引入了新的约束条件,即交易成本,并且依托交易成本概念,运用新古典经济学的逻辑推理和抽象分析方法进行制度变迁分析。新制度经济学重视制度均衡的分析意义,并在"需求—供给"框架下展开对制度变迁的研究,这也是它和新古典相互兼容的基础。因此,新制度经济学既具有制度主义的批判性,也为主流经济学所接纳,从而受到广泛关注并得到迅速发展,从深层次看,其基本方法论和理论假设与主流经济学的趋同才是新制度经济学兴起的真实原因。

三、"新微观经济学"

有学者认为,把科斯的理论称作"新微观经济学"更恰当。[①] 这是因为科斯并没有改变现有微观经济学的基本理论体系,所做的只是增加了一个新的成本分类,这一分类曾经被忽视、现在被证明是具有战略价值的。但把新制度经济学称为新微观经济学并不能充分体现新制度经济学对经济学发展的贡献。新制度经济学并不仅仅是拓展了新古典经济学的研究范围,而是从更深层次上(包括对人的假设的改变等)改变了微观经济分析的结构。新制度经济学派针对传统经济学认为的市场无摩擦、具有完备信息、无逆向选择、无道德风险、忽视产权和交易成本等问题,通过引入信息、交易成本及产权的约束修正和发展了新古典经济学。

新制度经济学的产生经历了长期的理论积累过程。在过去的20年里,制度的重要性获得了迅速的普及。有人把这一发展比作哥白尼式的革命。科斯、阿曼·阿尔钦(Armen Alchian)、威廉姆森、诺思、哈罗德·德姆塞茨(Harold Demsetz)和张五常作为新制度学派的代表人物,为新制度经济学的发展做出了杰出贡献:威廉姆森在科斯研究的基础上,建立了交易成本经济学,形成了一个从契约角度来看待和研究经济组织的新制度经济学的分支;德姆塞茨和阿尔钦则循着科斯的思路创立并发展了产权经济学,其主要内容是研究产权的安排和效率在经济运行中的作用;诺思和兰斯·戴维斯(Lance Davis)通过对经济史的研究总结出了近代经济增长的制度原因以及制度变迁的规律,即制度变迁理论。为新制度经济学的形成和发展做出贡献的其他学者还有:弗里德里希·冯·哈耶克(Friedrich von Hayek)及其他奥地利学派的学者;詹姆斯·布坎南(James Buchanan)及其他公共选择学派的理论家;还有像威廉·维克里(William Vickrey)那样的经济学家,他揭示了人具有有限信息而非对称信息的后果。其中一些经济学家分别在1974年(哈耶克)、1986年(布坎南)、1991年(科斯)、1994年(维克里)获得诺贝尔经济学奖。这一事实说明,制度经济学的研究正处于上升阶段。[②]

自20世纪60年代以来,当代西方经济学界的制度研究有三大流派,它们的研究工具各不相同:① 以交易成本为分析工具,上述的"新制度经济学派"研究成果主要反映这一派的观点。② 以肯尼斯·阿罗(Kenneth Arrow)、弗兰克·哈恩(Frank Hahn)及乔治·阿克洛夫(George Akerlof)等一批当代新古典主流经济学家为代表,使用一般均衡的分析方法,用交易成本研究制度的作用和选择。③ 以博弈论,尤其是20世纪90年代中后期发展起来的演化博弈论为工具进行制度分析,主要代表代表人物有肯·宾默尔(Ken Binmore)、罗伯特·萨格登(Robert Sugden)及阿夫纳·格雷夫(Avner Greif)等。

威廉姆森把新制度经济学的重要特征概括为四个方面:第一,新制度经济学充分假设制度有深刻的效率因素,也就是说,不同制度下的绩效是不一样的。第二,新制度经济学坚持认为资本主义经济制度的重要性不仅在于技术本质,还在于管理制度结构,后者带来不

---

① 〔美〕科斯等:《制度、契约与组织:从新制度经济学角度的透视》,经济科学出版社,2003年版,第56—57页。
② 〔德〕柯武刚、史漫飞:《制度经济学:社会秩序与公共政策》,商务印书馆,2000年版,第1—4页。

同经济类型中信息传递、激励和分权控制的区别。第三，新制度经济学运用比较的方法，将一种可行的形式与另一种可行的形式相比，而不是与抽象的无摩擦的理想形式相比较，比较中的基本概念就是交易成本。第四，新制度经济学认为，经济组织的中心问题，追本溯源是人类活动者的行动属性，行为假设被看作现实的重要组成部分，这个层次的严重失败将导致制度经济学的危机，注重对人类行动属性的深入分析成为新制度经济学的特征之一。

新制度经济学的研究目的主要集中在四个方面：一是提出对制度进行描述和分类的手段；二是说明制度产生和变化的原因；三是分析制度对经济发展及其结果的作用；四是提供有关以政治或个人目标为基础来建立制度的知识。新制度经济学出现于20世纪70年代，不到20年，就取得了丰硕的成果：诞生了四位诺贝尔经济学奖得主；对国家政策产生了重大影响，如反托拉斯法、发展援助等。1999年，不同学派的新制度经济学学者在热烈的讨论中成功建立了国际学会，即"国际新制度经济学学会"（International Society for New Institutional Economics，ISNIE）。新制度经济学的主要贡献在于把制度问题推向了经济学的前沿，特别是它明确指出了制度发展的路径依赖、各种制度的相互依存关系（互补性），以及作为向市场制度提供基础的政治结构的特征，等等。①

【关键概念】

新古典经济学　　新制度经济学　　近代制度学派　　新微观经济学

【思考题】

1. 新制度经济学的"新"表现在哪些方面？
2. 新制度经济学与近代制度经济学有哪些共同点与不同点？
3. 新制度经济学的重要特征有哪些？

【推荐阅读】

1. 〔美〕小罗伯特·B.埃克伦德等：《经济理论和方法史》，中国人民大学出版社，2001年版。
2. 〔德〕柯武刚、史漫飞：《制度经济学：社会秩序与公共政策》，商务印书馆，2000年版。
3. 〔美〕埃里克·弗鲁博顿、〔德〕鲁道夫·芮切特：《新制度经济学：一个交易费用分析范式》，上海三联书店，2006年版。
4. 〔冰〕思拉恩·埃格特森：《新制度经济学》，商务印书馆，1996年版。
5. 卢现祥：《西方新制度经济学》，中国发展出版社，1996年第一版，2003年修订版。

---

① 〔日〕青木彦昌：《比较制度分析：起因和一些初步的结论》，载孙宽平主编：《转轨、规制与制度选择》，社会科学文献出版社，2004年版，第129页。

案例
为什么工业革命发生在英国而不是西班牙

以诺思为代表的制度经济史学家发现,公元1500年开始的大西洋、地中海、黑海等海洋贸易,特别是跨大西洋长距离贸易,是工业革命的关键条件之一。这其中,制度差异对经济增长特别是工业革命的发展有着关键作用。

自公元1500年以来,大西洋贸易对西欧的发展具有举足轻重的地位。不过,同样进行大西洋贸易,工业革命却只发生在英国与荷兰,而没有在西班牙与葡萄牙发生。这又是什么道理?

麻省理工学院的西蒙·强森(Simon Johnson)、德隆·阿西莫格鲁(Daron Acemoglu)以及加州大学伯克利分校的詹姆斯·罗宾逊(James Robinson)等人,在《欧洲的兴起:大西洋贸易、制度转变与经济增长》一文中对上述问题做了深入研究,提供了大量经验证据。他们认为,16—19世纪西欧的经济增长,虽然只是长期经济增长理论研究中的一个片段现象,但如能研究16—19世纪大西洋贸易发展对经济增长的贡献,并借此管窥经济增长理论的样貌,或能让人们进一步理解完整经济发展理论所应具备的原理或原则。

强森等人比较了英国与西班牙在大西洋贸易上具备的条件。他们发现,与英国相比,西班牙在大西洋贸易上不但起步早,而且许多条件优于英国。也就是说,从客观条件看,如果工业革命能发生在英国,那么也应该能发生在西班牙。

但历史却不如他们所料。从原来分别为英国与西班牙殖民地的北美与南美来看,北美的美国已成为世界的超级强国,而南美洲绝大多数国家至今仍为发展中国家,政局不安、经济动荡。

面对这种历史矛盾,强森等人提出了一套大西洋贸易影响制度转变、制度转变再与长期经济发展交互影响的良性循环理论,并以这个理论说明了工业革命为何会发生在英国而不是西班牙。

强森等人提出了三个重要的假说:第一个假说是大西洋贸易对欧洲的经济发展有关键的影响,第二个假说是大西洋贸易的利益能催化制度转变;第三个假说是制度转变的前提条件与王室专制权力的强弱有关。

强森等人根据以上三个假说所建立的完整论述如下:大西洋的贸易机会,若能与各国国内的制度转变发生良性循环,则从大西洋贸易得到的好处就会引发经济成长与工业革命。而各国在大西洋贸易发展初期所拥有的政治制度,与各国在大西洋贸易后所进行的制度转变有密切的关系。

强森等人发现的大量历史证据说明,这一时期与英国王室有关系的大型贸易公司不断减少,规模也大多相对变小,而大量与王室无关、没有特权的一般民众从大西洋贸易中发财。在这个过程中,这些新的贸易机会造就了与王室特权无关的新商人阶级,他们当中有的人甚至富可敌国。这些新富正常交税,在国会中有代表为他们发言,因此能在政治上发挥相当的影响力,使得整个新富阶级在人数与影响力上比旧有的等级特权更强。由于英国原本就有比较自由的议会政治制度,这种议会政治对制度改革产生了正面的作用,因而出现了许多有利于经济发展的新的政治与经济制度。例如,王室的财政与国家财政分离,政党不能从事营利事业,企业成立不需政府批准而自动注册,从事国际贸易不需要经过国家特许(一般民众可以自由从事大西洋贸易并从中获取利益),等等。另外,社会等级不再是固定的,社会阶级有了很大的流动性,任何人都可能成为成功的企业家并进入上层阶级。这种高流动性进一步深化了分工的演进与贸易的发展,引发了斯密所描述的经济成长的良性循环,整个社会因而富裕起来,而工业革命也因此在英国发生。

而西班牙却在大西洋贸易中得到与英国相反的结果。由于西班牙王室希望垄断大西洋贸易的好处,因此在当时除了王室以及王室本身特许的公司或个人拥有贸易的权利外,其他人均被禁止从事国际贸易。加上西班牙王室对殖民地拥有税收权,这使得王室从大西洋贸易获得的好处更加助长了王室的权力与专制,造成社会中原本就不可跨越的等级越加顽固,这进一步降低了社会的流动性,贫富差距越发悬殊。大西洋贸易的好处不能被一般老百姓所共享,没有新的商人阶级出现,最终社会也就没有新的制度创新,促进经济成长的良性循环就不可能发生,工业革命也因此不会在西班牙出现。

资料来源:杨小凯:《杨小凯谈经济》,中国社会科学出版社,2004年版,第76—81页。

第二章 新古典经济学与新制度经济学

新古典经济学与新制度经济学的关系就像人体中"血液"与"躯体"的关系。在科斯看来,新古典经济学研究的是"没有躯体的血液循环",必须给它们添加制度作为"躯体"。

第一节 新古典经济学

一、奥卡姆剃刀原则

与早期的经济学相比,新古典经济学的体系(以阿尔弗雷德·马歇尔(Alfred Marshall)为代表的新古典学派和以保罗·萨缪尔森(Paul Samuelson)及罗伯特·索洛(Robert Solow)为代表的新古典综合派)在完整性和精细化程度上得到了极大的提高。在经济学发展的早期,经济学家往往以思维逻辑推理和定性语言描述为主,这虽然有利于描述现实经济问题、形成完善的逻辑框架,但由于缺少数学等定量语言和推理工具,很难做到精确和科学。

新古典经济学则充分利用了现代数学的发展成果,并在一些基本假设的前提下,采用"奥卡姆剃刀"[①]的原则,把多余的问题全部去除,从而保证了整个范式的清晰性和系统性,避免了通常受理论野心驱使、希望面面俱到所导致的理论的内在矛盾。用"奥卡姆剃刀"处理,再辅助以数理工具,新古典经济学家使其理论模型化和普适化,最终,以数学模型解释经济现象并预测其变化趋势成为经济学新方法的典型特征。以经济学中基本的供求平衡原理为例,其通过线性的供给函数和需求函数以及由相应图形表示的供给曲线和需求曲线,简要而精确地刻画了市场出清价格的形成过程,使得我们对供需平衡原理有了直观而深刻的理解。

新古典经济理论认为,当人拥有充分信息、正确预期和无限理性时,只有一类决策是可

[①] "奥卡姆剃刀"(Occam's Razor)是由14世纪逻辑学家、圣方济各会修士奥卡姆的威廉(William of Occam)提出的一个原理。奥卡姆(Ockham)位于英格兰的萨里郡,那是威廉出生的地方。这个原理具体是指"如无必要,勿增实体"(Entities should not be multiplied unnecessarily)。许多科学家接受或者(独立地)提出了奥卡姆剃刀原理,例如莱布尼兹的"不可观测事物的同一性原理"和牛顿的"如果某一原因既真又足以解释自然事物的特性,则我们不应当接受比这更多的原因"。对于科学家,这一原理最常见的形式是:当你有两个处于竞争地位的理论能得出同样的结论时,那么简单的那个更好。参见《三思科学》电子杂志,2002年第4期,总第10期,2002年4月1日。

能的。但是,在不充分信息、错误预期和有限理性的情况下,决策有无穷的可能性。① 因此,如果新制度经济学想要降低抽象程度,那么它必须从古典和新古典理论的演绎方法转向经验、历史和制度方法。② 现代理论确实存在很多的局限。它的脆弱性正体现在它的制度中性分析方法上,即没有严格考虑制度约束和交易成本。因此,新古典经济理论只能被用来在高度抽象的意义上分析资源配置问题。③

第二次世界大战之后,新古典经济学在美国达到了鼎盛时期,新古典经济学的理性选择精神在这一时期被精细化和泛化到了极致。社会科学的研究重心从欧洲大陆转到了美国,欧洲学术界长期使用的历史方法、制度—法律方法及哲学思辨传统逐渐被放弃,强调实证、数量分析的方法在"科学主义"的推动下,成为研究的主流,价值判断在分析中被最小化,甚至被摒弃。经济力量的强大,经济学显学地位的确定及对其他学科的渗透,助长了强调个人和市场本位的盎格鲁—撒克逊文化的扩张,使之成为建构新的解释范式的出发点和基本框架,在这种历史背景和文化底蕴下产生的理性选择范式逐渐成为社会科学的主流范式。

从源头上分析,理性选择范式继承了斯密著作中的一个基本假设——"经济人"假设,同时承接了马克斯·韦伯(Max Weber)的"工具理性"概念,把分析个人在既定环境中选择和行动的动机原因作为范式的解释重点。理性选择范式把理性个人作为分析的基本单位和根本出发点,强调个人有判断其选择与行为的成本和收益的能力(即理性),并认定理性个人的选择与行为动机是实现成本最小化和收益最大化,与此同时,理性选择范式中的制度是既定的,是解释范式的外生变量。这些简化处理使理性选择范式非常易于数学化,使经济学至少在结构和形式上摆脱了传统社会科学,取得了最接近自然科学的"外衣"。同时,由于理性选择范式在基本假设上既肯定了现有制度,又突出了个人本位,因此实际上认同甚至维护了西方社会所倡导的价值,所有这些都有助于它取得主流的地位。

二、新古典经济学的交换中心论

思拉恩·埃格特森(Thrainn Eggertsson)指出了被新古典经济学家所忽视的三个研究领域:

第一,各种可供选用的社会法规(产权)和经济组织如何影响经济行为、资源配置和均衡结果?

第二,在同样的法律制度下,经济组织的形式为什么会使经济行为发生变化?例如,像企业以及其他一些经济契约的经济逻辑是什么?

第三,控制生产与交换的基本社会及政治规则背后的经济逻辑是什么?它们是如何变

---

① 〔美〕埃里克·弗鲁博顿、〔德〕鲁道夫·芮切特:《新制度经济学:一个交易费用分析范式》,上海三联书店,2006年版,第48页。
② 同上。
③ 同上书,第2页。

化的?①

从研究对象来看,新古典经济学的交换中心论严重限制了其思想的范围和方法,因为许多对经济过程极为重要的东西都被这种交换观点掩盖起来了。交换过程涉及个人之间的相互作用,但在新古典经济学中,这些人已经由文化和社会结构定型了,他们的偏好、能力、价值和指导原则大部分在参加交换之前就给定了。这就是说,由于注重交换,主流经济学绝大多数时候把这种变量看作数据。正统经济理论同样没有能力考察交换经济对这些变量的影响,但正是这些变量决定了交换过程的实际内容和含义。事实上,正统经济学宁愿只考察表面现象而置现象的本质结构于不顾。②

从认识论的角度来看,新古典经济学在某些领域的无所作为,以及其同现实的强烈矛盾,源于该理论基本的认识论。主流经济学把经济过程定义为面对稀缺资源进行选择,实际上其整个核心都依赖于对经济的逻辑演绎分析,而忽视了对在历史上同生产和消费联系在一起的现实的社会制度和行为的分析。③ 与其他科学不同,新古典经济学过于强调完全公式化的理论体系的发展,缺乏足够的行为假设和前提条件等的经验基础。④

新古典经济学的解释力也是有限的。尽管新古典经济理论可以解释为什么人们按自我利益行事,也可以解释为什么人们讨厌选举,然而它不能有效地解释问题的另一面,即对自我利益的计较并不构成动机因素的那些行为。例如,我们很难用新古典经济学解释利他行为(如自愿献血),以及人们自愿做出巨大牺牲而从事并无明显报酬的活动,也很难解释为什么会有大量参与选举的人。⑤

在某种意义上讲,新古典经济学为了使其研究达到"科学"的水平,确实进行了许多抽象,并对其范围进行了较严格的界定。但这也会大大地降低经济学的解释力。正如有些学者所指出的那样,如果人类的一般行为果真是短期个人消费、闲暇和物质享乐的最大化,或者是长期的最大化,那么这将是令人不安的。

就实际的经济政策层面来看,近年来,标准的新古典主流经济学在解释和预测现实经济现象上一再遭到失败,因为它将制度和制度存在的理由排除在其模型之外。例如,在解释经济增长过程方面,标准经济学的无能为力非常明显。在实践中,发展中国家从发达国家引进的许多政策建议都遭到失败。这是因为发展中国家的制度与发达国家的制度大相径庭,而要使特定的政策概念起作用就必须修改当地原有的制度。因此,现代生产和商业赖以发展的制度框架不能被习以为常地视为自然天赐。⑥

---

① 〔冰〕思拉恩·埃格特森:《新制度经济学》,商务印书馆,1996年版,第10页。
② 〔美〕阿尔弗雷德·S.艾克纳:《经济学为什么还不是一门科学?》,北京大学出版社,1990年版,第167页。
③ 同上书,第163页。
④ 同上书,第42页。
⑤ 〔美〕道格拉斯·C.诺思:《经济史中的结构与变迁》,上海三联书店,1991年版,第11页。
⑥ 〔德〕柯武刚、史漫飞:《制度经济学:社会秩序与公共政策》,商务印书馆,2000年版,第5页。

第二节　新制度经济学为新古典经济学添加"躯体"

一、硬核与保护带

就科学结构而言,伊姆雷·拉卡托斯(Imre Lakalos)把托马斯·库恩(Thomas Kuhn)的分析推进了一步。拉卡托斯认为,范式或者"研究框架"包含两个主要部分:"硬核"(hard core)和"保护带"(protective belt)。硬核是科学家已经承认的无可辩驳的事实,这事实是范式的一部分。保护带则是当某种假说被验证或反驳时,范式中具有某种伸缩性的那一部分。保护带代表波普尔的可证伪性,或者实证主义者的可验证性所涉及的范围。① 对一种研究纲领进行修正是重新调整它的保护带,而改变原有研究纲领的内核要素则意味着形成一种新的研究纲领(范式)。稳定性偏好、理性选择和相互作用的均衡结构构成了微观经济学范式的内核,它成了经济学主要的研究纲领。而它的保护带,按照有关学者的说法,可以分成三个部分:① 主体面临特定的环境约束;② 主体拥有特定的关于环境的信息;③ 研究特定的相互作用的方式。

为新古典经济学添加"躯体"的一个步骤是将更多的约束引入个人选择中(也就是修改保护带),这里的约束既包括制度约束(产权制度),也包括由自然和技术水平决定的其他约束(例如交易成本等)。新制度经济学通过引入信息和交易成本以及产权的约束,修正了新古典经济学的保护带。从 20 世纪 60 年代后期开始,一大批新古典经济学家开始对经济组织的结构产生了兴趣。一些新的研究计划开始试图将微观经济理论更一般化,当然这些研究仍保留传统价格理论的基本要素——稳定性偏好、理性选择模型和均衡分析方法。人们相信标准的新古典技术可以富有成效地运用到一系列新问题和制度安排的分析中去。

新制度经济学明确地考虑了环境约束、信息不对称以及经济行为者之间相互作用的性质,但同时保留了新古典经济学的核心假设:稳定的偏好、个人的理性选择以及可比较的均衡。它在近年来一直沿着两条路径发展:代理理论和交易成本理论。② 严格意义上的新古典方法将制度内生化,总是把制度和制度变迁看成在技术约束、人口统计约束以及其他外生给定约束发生变化时个人最优行为决策(有意或无意)的结果。按照一些学者的看法,新古典的制度研究方法试图"通过考虑另外三类变量(禀赋、技术及偏好)来解释四类传统外生变量中剩下的一类(制度)"。③

新制度经济学把制度作为一个极其重要的约束条件,并把交易成本作为制度和生产成本之间的联系添加到了新古典经济学理论中。新制度经济学试图将规则和约束交易的契约纳入经济模型,而且新古典模型中的理想产权结构也被作为基本的标准而加以确认。

新古典经济学中关于完全信息和交易无成本的假设也被放宽,正的交易成本的影响得

---

① 〔美〕阿尔弗雷德·S.艾克纳:《经济学为什么还不是一门科学?》,北京大学出版社,1990 年版,第 25 页。
② 戴维·L.韦默:《制度设计》,上海财经大学出版社,2004 年版,第 13 页。
③ 〔英〕马尔科姆·卢瑟福:《经济学中的制度:老制度主义和新制度主义》,中国社会科学出版社,1999 年版,第 53 页。

到了广泛的研究。在交易成本为正的世界里,产权、企业、契约、组织、法律及制度就极为重要了。

新制度经济学将有价值的商品仅存在价格和数量两大特征的假设放宽,使得经济产出的内在意义以及与商品和劳务的质量有关的经济组织方式得到了研究。①

有了交易成本理论和产权理论,我们就可以解释经济发展和制度变迁中的许多问题。从交易成本、产权入手是我们理解制度运行和制度构成的关键。产权方法和交易成本方法之间是存在重要差别的,前者需要一种对个人诱因的分析,而后者则把个人置于一个更广阔的机构框架内,它容许把公司作为一个组织起来的实体而加以分析。②

新制度经济学在新古典经济学的基础上增加了外生的、新的约束,其中最重要的是产权结构和交易成本。产权分析和交易成本分析已被用于分析传统的市场交易、组织的内部交易(如企业、官僚机构及议会)以及各种各样经济体系内的交易等。加入交易成本和产权结构等变量会使新古典模型更加丰富,但也会使之更加复杂。③尽管问题依然没有得到彻底解决,但是产权/交易成本模型已引入了重要的理论概念,并对制度结构和经济行为的相互关系提供了一个总体上很严密的解释。④

新制度经济学的一个主要观点是,必须认识到交易成本大于零这一事实,且它的大小影响着经济活动的组织方式和执行方式。这一观点大大改变了新古典分析的阐释方法。一旦假定交易成本为正,那么传统上作为既定的因素就不再被认为是客观给定的了。产权要素在企业理论中是极其重要的。当在一个充满了"摩擦"和不确定性的世界中进行生产时,在企业理论中,假想中的决策者要做的就不仅仅是在一个清楚界定的生产集的边界上去寻找利润最大化的点了,一个生产组织的"管理者"所拥有的技术知识的水平就被视为一般优化过程的一部分,是一个被决定的变量。同样,关于要素质量、经理努力程度、价格等的信息水平也是需要确定的变量。企业的基本任务是正确确立它的产权结构并控制其生产成本和交易成本。

新制度经济学的修正和发展还表现为它把观念和思想意识形态引入分析中,并把政治过程的模型视为影响经济绩效的关键因素(是经济绩效多变的根源以及对"市场失灵"的解释),从而扩展了新古典经济学理论。⑤ 与正统派不同,制度主义者的研究把技术和个人爱好及偏好均作为经济系统的一部分来考察,而且它还用"社会经济系统"这个术语来强调这样一种事实,即经济与整个社会的社会制度和政治制度是不可割裂的。⑥

新制度经济学的思想体系在其产生之初仅仅是作为拓展新古典经济理论适用范围的一种尝试。它的主要任务就是对一些关键假设做些修正。但新制度经济学的研究正在迅速扩展和深化。它对传统经济学领域的拓展主要表现为:为诸如经济协调方式、企业纵向一体化和非一体化、契约不完全性、组织安排、市场结构和增长的要素等关键性问题提供了

---

① 〔冰〕思拉恩·埃格特森:《新制度经济学》,商务印书馆,1996年版,第10—12页。
② 〔美〕迈克尔·迪屈奇:《交易成本经济学》,经济科学出版社,1999年版,第5页。
③ 〔冰〕思拉恩·埃格特森:《新制度经济学》,商务印书馆,1996年版,第28页。
④ 〔美〕埃里克·弗鲁博顿、〔德〕鲁道夫·芮切特:《新制度经济学:一个交易费用分析范式》,上海三联书店,2006年版。
⑤ 〔美〕诺思:《新制度经济学及其发展》,载孙宽平主编:《转轨、规制与制度选择》,社会科学文献出版社,2004年版,第5页。
⑥ 〔英〕霍奇逊:《现代制度主义经济学宣言》,北京大学出版社,1993年版,第15页。

新的见解和更有说服力的解释。同时,它也扩展到法学、政治学和人类学等新的研究领域。更为重要的是,新制度经济学的研究方法正在不断深化。这表现为概念越来越精确、模型越来越完善以及经验验证越来越富有成效。①

二、价格理论与制度理论

新制度经济学为新古典经济学添加"躯体"的另一个步骤是重视对制度理论的研究。主流经济学重视对价格的研究,但忽视了对影响人的行为的制度的研究。在科斯看来,经济理论由"没有人性的消费者、没有组织的企业,甚至没有市场的交换"构成,结果是"我们对经济系统的运行惊人的无知"。在尼采看来,除了交换和创新,将人类与其他动物分开的关键因素还在于人类是唯一可以遵守约定的动物。在科斯看来,新古典经济学研究的是"没有躯体的血液循环",必须给它们添加制度作为"躯体"。经济转型国家不仅要把价格搞对,而且还要把制度搞对。主流经济学只关注价格的分析大大地降低了经济学的解释力。

新古典经济学的价格理论固然重要,但是如果缺乏制度体系的支撑,价格机制也难以发挥配置资源的基本作用,发展中国家和转型国家的大量实践已经证明了这一点。一种新观念正在形成,即经济协调不可能只是市场上的价格信号问题,还必须得到更大范围的其他经济的、社会的、制度的支持。② 诺思曾说,我们应有意地把传统正规新古典价格理论与我们的制度理论结合起来,我们的最终目的不是替代新古典理论,而是使制度经济学成为对人类更有用的理论。因此,把主流经济学的价格理论与正在构建的制度理论很好地整合在一起,正是新制度经济学的一项重要任务。③

新制度经济学的方法是如何适用于新古典理论的呢?在经济活动中,稀缺性会引发竞争,竞争是有规则的,而价格是制度分析的重要组成部分,相对价格的变化是引导制度变革的一种主要强制力。这就意味着新古典理论中有用的部分——特别是作为一套强有力分析工具的价格理论——应与正在构建的制度理论很好地整合在一起。④ 新古典经济学把机会成本作为分析工具并强调相对价格的重要性。新制度经济学把分析的范围扩大,把交易成本包括在内,因此就能提供一个重要的理论途径,通过它可以分析经济组织,并探讨现有产权制度与一个经济的生产潜力之间的冲突。⑤

主流经济学自20世纪70年代以来就系统地引入了博弈论(尤其是非合作博弈论)和制度设计理论(又称机制设计理论),此后制度就成了主流经济学理论研究的重点之一。博弈论从根本上改变了经济学研究的方法和对象。在博弈论被引入经济学以前,经济学者们把制度作为一种既定的假设,在不看制度的情况下分析市场经济,中心问题是市场上的需求和供给均衡,由此建立一般均衡理论模型,然后用这个理论框架去讨论市场经济。但是,引入博弈论以后,经济学讨论的对象就扩展到人与人之间在社会上的任何博弈,超越了单纯

---

① 〔美〕科斯:《制度、契约与组织:从新制度经济学角度的透视》,经济科学出版社,2003年版,第1页。
② 〔英〕霍奇逊:《现代制度主义经济学宣言》,北京大学出版社,1993年版,第3页。
③ 〔美〕科斯等:《制度、契约与组织:从新制度经济学角度的透视》,经济科学出版社,2003年版,第17页。
④ 同上。
⑤ 〔美〕道格拉斯·C.诺思:《经济史中的结构与变迁》,上海三联书店,1991年版,第69页。

的市场供求,制度分析也被引入分析中来。诺思将制度定义为社会博弈的规则,而博弈论讨论的正好是人在不同规则下的社会博弈。

第三节　新制度经济学的未来

新制度经济学的未来主要涉及两大问题:一是新制度经济学能否催生一个新范式,二是新制度经济学能否带来整个社会科学的变化。

一、新制度经济学能否催生一个新范式

新制度经济学不仅在边际上修正新古典模型,而且还会催生一个新范式。诺思、威廉姆森及其他早期制度学家不认为他们在创造一个颠覆标准新古典模型的新范式。然而,标准新古典模型的核心假设在新制度经济学形成之初就遭遇挑战,因为科斯坚称,在考虑公司存在的原因时,正的交易成本不能忽视。交易成本创造了一个经济学新世界,它截然不同于新古典经济学理论所构想的世界。交易成本概念所带来的影响十分深远,比如,它颠覆了应对大部分规制问题的主流方法。

新制度经济学并不会完全取代标准新古典范式,但是会拓展并改变标准范式,使之与此前迥然不同。新制度经济学承认竞争通过价格机制来平衡供需,但要考虑不同的假设情况,比如信息、个人、公司、交易、产权、合同、国家的角色以及环境等。由于存在交易成本,我们不再能清晰地界定产权;由于存在事后的机会主义行为,我们也不能假定合同是完备的且能得到完全执行。标准的新古典模型从未认真考虑过机会主义行为,因为它假设有序的市场足以规范市场主体的交易行为。正的交易成本意味着制度本身就是分析的对象,但是在标准模型中制度是外生决定的,而在新制度经济学中制度是内生的约束因素。

新制度经济学在一定范围内向古典经济学的回归拉近了经济学与其他社会科学之间的距离,新制度经济学的一个基本特征是用新古典经济学的理论和方法研究被新古典经济学所忽略的问题,如制度、产权、交易成本等。社会科学都研究人,新制度经济学研究现实的人,注重制度与人的互动关系研究,提出了不同制度安排下人的行为不一样的基本命题。社会科学在研究人的问题上有所分工,如经济学强调经济人、社会学强调社会人等,这种分工有利于社会科学从不同层面深化对人的认识,但是有一定的局限性。这种局限性表现为每个学科只强调本学科所研究的那个层面,忽略了人的复杂性和现实性。新制度经济学强调从现实的人出发来研究人,其关于人的假设的变化不仅有利于本学科的发展,而且有利于整个社会科学的发展。如新古典经济学中的经济人是不需要制度约束的,市场这只看不见的手就可以使经济人做出有利于社会的事情来。但事实并非如此。现实的人是需要制度约束的,制度的好坏不仅影响人的行为,还影响一国经济绩效和发展。新制度经济学关于现实的人的分析主要是加入了有限理性和人的机会主义行为倾向。

有人把科斯理论称为一场革命,并认为科斯理论应当比凯恩斯理论更具有生命力。但是,凯恩斯理论很快就被大多数经济学教科书所采纳,成为主流经济学的一部分。然而尽

管越来越多的经济学家开始相信科斯的理论必将是现实而有效的微观经济理论的一个基础性组成部分,但"科斯革命"远没有"凯恩斯革命""红火"。科斯本人在1998年5月美国经济学年会上的发言中称:"可以肯定的是,主流经济学在其发展过程中没有任何本质意义上的改变。它现在仍然是这样。"为什么真正的科斯革命尚未出现?一些学者认为有这样几个原因:第一,正统经济学家们不愿意看到大量知识积累和智力资本被废弃和毁灭。那些为掌握现行理论做出过艰辛努力并运用它做研究的人尤其不愿意看到还有其他更加有用的理论。他们具备通过贬低和漠视新理论来抵制它的动力。第二,新理论突破的困难。用一种全新的观察现实世界的方式来改变我们大脑中的传统观念是一个缓慢的过程,用新的知识结构替代现有的结构也是一个很艰难的过程。① 第三,与科斯理论相比,凯恩斯理论更容易模式化、公式化,这也是凯恩斯理论很快成为主流经济学的重要原因之一。此外,凯恩斯理论作为一种开创性的宏观理论,不存在大量知识积累和智力资本被废弃和毁灭的情况,而新制度经济学要在成熟的微观经济学中加入新东西本质上更像是一场革命。

二、新制度经济学能否改变整个社会科学

新制度经济学的未来,或者更一般意义上的社会科学的未来,将涉及更多的跨学科合作和意想不到的新融合。正如科斯所言,我们需要律师、人类学家、社会学家以及其他学者的协助,以推进经济学的转变。

新制度经济学能改变(或者说统一)社会科学这种创想直接来源于科斯和诺思。国际制度经济学学会中的许多经济学家都认为,起码可以在政治学、经济学、社会学、历史学、人类学、认知科学,甚至包括社会心理学等学科的领域内,用制度"一统天下"。能否用制度"一统天下"尚需实践来检验,但是制度经济学的方法越来越多地被政治学、社会学、法学等学科的学者所关注,甚至应用。查一下社会科学的专业文献可以发现,新制度经济学及相关专业词汇出现的频率越来越高。作为新制度经济学组成部分的法经济学和新经济史学就是新制度经济学统一社会科学的先兆。

以理查德·波斯纳(Richard Posner)为主要代表的法经济学(经济分析法学)于20世纪60年代在美国兴起后,成为最具感召力的法哲学流派之一。波斯纳认为,所谓法经济学是指运用经济学的方法和理论,主要是运用价格理论或微观经济学、福利经济学、公共选择理论、博弈论及其他有关实证和规范方法,考察并研究法律制度的形成、结构、过程、效果、效率及未来发展的学科。法经济学既以人类社会的法律现象为研究对象,又以经济理论和方法为其指导思想和研究方法,故而分属于法学和经济学,成为它们的分支学科。科斯是法经济学初创时期最重要的代表人物,也是法经济学的学科创始人。他在《社会成本问题》一文中提出了著名的"科斯定理"。科斯定理告诉人们:私人之间的交易在谈判、签约、监督、执行过程中会产生相关费用,即交易成本,同一交易过程在不同的法律制度框架中进行时所涉及的交易成本是不同的,过高的交易成本将对私人交易形成障碍,从而影响资源配置的效率。有效的法律制度安排能够减少私人交易的障碍,节省私人交易的费用,有利于

---

① 〔美〕科斯等:《制度、契约与组织:从新制度经济学角度的透视》,经济科学出版社,2003年版,第56—57页。

资源配置的优化。因此,科斯定理通过引入交易成本这一核心概念,将法律制度安排与资源配置结果两者有机地结合在一起,为运用经济学的理论与方法研究法律问题奠定了基础。通过法经济学这门新学科,经济学已经对法学、政治学及公共选择等产生了深远影响。

新制度经济学的另一个分支新经济史学的突出特点是,其认为经济史学家的工作是将诸如交易成本、财产权和合约关系等的概念应用到历史经验中去,这样做的目的是试图建立一个完整的社会制度结构理论。尤其是,这一领域的经济学家将制度作为一般经济模型中的一个内生变量[①],并通过计量史学对历史产生了深远影响。新经济史学认为,我们研究经济史不仅仅是为了描述历史,而且还是为了发现历史的轨迹(历史规律),尤其是发现制度变迁的规律;此外,过去的历史会影响我们的现在,即从路径依赖的角度出发,我们可以发现转型的难点和阻碍在哪里。

新制度经济学基于经验的务实方法非常适合与经济学的一些二级学科相结合,例如计量经济学等。科斯这位实至名归的新制度经济学创始人就曾经提到:新制度经济学的影响将涉及经济学的各个二级学科。经济学会爆发"游击战",即新制度经济学先主导一个二级学科,然后再主导其他二级学科,这一趋势已经开始显现。正如有的学者所言,新制度经济学不会全面推翻主流经济学,而会使主流经济学更加开放。新制度经济学不会取代价格理论、供需理论等传统理论,但会将经济学置于一个对其发展更有利的环境中,使之能够结出更丰硕的果实。

国际新制度经济学学会的组成已体现了这一趋势,其成员来自政治学、管理学、法学、社会学以及人类学等领域,他们的合作研究亦超出了社会科学领域。诺思与认知科学家展开合作,其研究与神经经济学、行为科学的联系日益加强,也是上述趋势的佐证。《新制度经济学手册》一书的作者有着不同的学科背景,这也有力地证明了新制度经济学的跨学科特点。新制度经济学巨大的跨学科魅力使它对年轻学者和发展中国家的政策制定者具有强大吸引力。科斯研究所所做的工作也自然而然增强了这种吸引力,该机构培养或协助青年学者在自己的经济体中研究相关制度。截止到2014年1月20日,科斯研究所有来自66个国家的470名研究生,其中大多数是经济学者,还有许多来自政治学、管理学、法学、社会学、工程学和其他领域的学者。这些年轻学者不必固守那些让主流学术界缩手缩脚的惯例,他们全力以赴地搜寻新数据,探寻新的经验问题,拓展有关制度的经验研究。在这样的情况下,主流经济学家可能如萧条的市中心一样枯萎,而新制度经济学及与之相近的社会科学分支会在"城郊"兴起。

我们把新制度经济学统一社会科学界定为新制度经济学在经济学与其他社会科学之间建立起一种互动机制。新制度经济学以其特有的范式为社会科学之间的合作提供了一个平台,这种互动机制将有利于社会科学(包括经济学)的繁荣与发展。分工与合作是社会科学繁荣的根本之路。在古典经济学时期,经济学与其他社会科学是联系在一起的,你中有我、我中有你。在边际主义革命下,新古典经济学越来越公式化、数学化、模型化,这虽有利于经济学自身的完善,但一方面使得经济学与现实的差距越来越大,另一方面也使经济学与其他社会科学领域之间的界线越来越明显。

---

① 〔美〕埃里克·弗鲁博顿、〔德〕鲁道夫·芮切特:《新制度经济学:一个交易费用分析范式》,上海三联书店,2006年版,第41页。

制度是人类文明的结晶,是社会科学的一个共有范畴,因此各种社会科学都与制度有着内在的联系,人与制度的关系是贯穿于社会科学的一条主线。但是不同学科对制度关注的层面及视角不一样。诺思把制度分为正式约束、非正式约束及实施机制。对正式约束的研究涉及法学及政治学等,而对非正式约束的研究则涉及伦理学、文化学、社会学甚至人类学等。

【关键概念】

奥卡姆剃刀　法经济学　新经济史学

【思考题】

1. 为什么科斯说新古典经济学研究的是"没有躯体的血液循环"?
2. 如何正确理解新制度经济学与新古典经济学的关系?
3. 新制度经济学能统一社会科学吗?

【推荐阅读】

1. 〔英〕马尔科姆·卢瑟福:《经济学中的制度:老制度主义和新制度主义》,中国社会科学出版社,1999年版。
2. 〔美〕科斯等:《制度、契约与组织:从新制度经济学角度的透视》,经济科学出版社,2003年版。
3. 〔美〕诺思:《新制度经济学及其发展》,载孙宽平主编:《转轨、规制与制度选择》,社会科学文献出版社,2004年版。

案例
科斯与中国

2010年12月29日是经济学家罗纳德·科斯教授的100岁生日。这一天上午,中国经济学家在北京召开了"科斯与中国"学术研讨会,在祝贺科斯百年寿辰之际,研讨科斯的学术思想及其对中国的意义。

科斯教授在美国芝加哥家中通过网络视频参加了会议,并发表了热情的讲话。虽然会议召开时芝加哥时间是28日晚,但伦敦时间已经是29日凌晨。对于出生在伦敦郊区的科斯而言,在中国举办的这个活动一定是他当天收到的第一份祝福。

科斯教授长期在芝加哥大学法学院任教,并非经济系教授,然而他实际上是20世纪最重要的经济学家之一。他于1991年获得诺贝尔经济学奖。他的两篇论文,一篇是在1937年他27岁时发表的《企业的性质》,另一篇是在1960年他50岁时发表的《社会成本问题》,对经济学以及法学都产生了划时代的影响。他的名字将永远地同"交易成本""产权""企业边界"和"新制度经济学"等术语联在一起。

值得注意的是,他的学术思想自从20世纪80年代被介绍到中国以后,对中国经济学界的影响似乎比对西方的影响更大。也许是因为他的论文没有用到数学,浅显易懂;也许是因为他的理论基于直观的观察,使人更容易接受。

不过在我看来,科斯在中国影响巨大的根本原因有两条:一是他经济思想的深刻性;二是他所关注的问题同中国经济改革面临的挑战有直接相关性。这两者的结合可以解释为什么中国经济学家对科斯的学说情有独钟。

第一,大多数现代经济学家的研究都侧重于市场中的资源配置问题,而科斯的研究超出了这个范围。科斯的学说研究权利(rights)和权力(authority)的配置问题,这其中包括产权问题。权利和权力的配置往往是资源配置背后的因素和条件,因此,权利和权力配置问题对于像中国这样一个转型经济体来说,远比单纯的资源配置问题更为基本、更为重要。这是因为对资源配置问题的研究多以清晰的产权和健全的法制为前提,而这个前提恰恰在中国原来并不稳健,需要通过改革建立。所以,我们讨论中国的转型问题,讨论中国的发展问题,摆脱不开研究权利和权力如何重新配置的问题。科斯的学说为我们的研究提供了基本的分析框架。

第二,科斯开创了新制度经济学,而新制度经济学不同于"旧制度经济学"的一个重要方面在于,它是分析性的学说,而不是描述性的学说。分析性是指学说里面有假定、有推理、有命题、有检验。而分析中有一个核心抓手,那就是交易成本。交易成本是可观察、可度量的。交易成本不仅局限于市场中的交易成本,也包括组织中的交易成本(有时也被称为组织成本)。

有了交易成本这个切入点,当我们研究制度的时候,就不仅仅是描述现象和探讨概念,而是在理论上有推论、在实证上有检验。新制度经济学继承了旧制度经济学对制度的关注,但它的影响远超过后者,就是因为它是分析的,而不是简单地对制度进行描述。正因为如此,新制度经济学的理论是有力量的,既有解释力,又有预测力。这对于研究中国的经济问题,特别是制度问题极有意义,它指导我们摆脱从概念到概念的研究方法,集中于通过推理导出可检验的命题,再去搜集经验证据,检验这些命题,这是研究制度问题的科学方法。

第三,新古典经济学为了研究市场的资源配置机制,把注意力集中在市场交易活动和价格机制方面,为此就把市场中的企业简化成一个生产函数和一个利润最大化的假定,所以我们对市场的理解着重于价格。但科斯的学说让我们对市场制度的认识超越了市场交易和市场价格。在科斯看来,市场交易、企业内部交易,甚至政府对市场的监管等都是不同的合同形式或组织形式,哪种形式胜出是根据竞争和效率的原则决定的。这就让我们对市场制度的整体认识有了更高的层次。这对于中国这样的转型经济极为重要。因为转型本身就是重新界定企业与市场、政府与企业、政府与市场的关系。科斯的学说让我们在分析制度转型的时候,站在了一个新的高度。

经过几十年的改革开放和发展,中国经济已经今非昔比。不过,中国经济的制度转型还有很长的路要走。科斯的学说对我们思考中国的制度转型具有基础性的意义。他的学说是对权利(包括产权)和权力配置的研究,是以交易成本为切入点的分析性研究,同时又为我们提供了对市场经济制度认识的一个整体分析框架。

这就是科斯的学说在中国这样的发展中国家和转型国家有如此巨大影响的基本原因。也正因此,我相信他的思想在中国,不仅在改革初期,而且在目前和未来,都会有非常大的生命力。

资料来源:钱颖一:科斯与中国,《财经》,2011年第2期。

第三章　新制度经济学的方法论和十大问题

第一节　从"黑板经济学"到真实世界的经济学

一、黑板经济学

现实中的经济体系与经济学家心目中的经济体系是不一样的。科斯曾说:"经济学家所研究的是一个存在于他们心目中的而不是现实中的经济体系,企业和市场似乎都有名无实。我曾把这种现象称为'黑板经济学'。"[1]从黑板经济学进化成真实世界的经济学是新制度经济学的重要特征。

以科斯为代表的新制度经济学反对黑板经济学,强调对现实问题的关注和研究。经济学的正规训练总是详细地介绍价格和机会成本等核心概念,以及包括最优化分析技术和博弈论推理等在内的各种正式工具的运用。正式工具的分析常常是数学化的和精确的,有时甚至是完美的,其可以为文字争论提供一种逻辑的检验。但是,正式分析也可能由于故步自封而失去和现象的联系。当惯用而便利的理论分析超越了对相关事实的考察时,正式分析的演变和发展就是封闭性的。它自身是越来越完美了,但是离现实也越来越远了。科斯之所以把这种情况称为黑板经济学,是因为这种情况下的教师往往每一节课都在黑板上写满公式和教条,而不是去关注现实世界所发生的事情。

没有思想的技术工具的应用对公共政策的形成是没有任何价值的。[2]科斯受其导师阿诺德·普兰特(Arnold Plant)的影响,深信人只有看到和接触到现实时,才能对某些事物有所理解。在其一生的学术生涯中,他始终厌恶所谓的"黑板经济学",而热衷于与现实世界相联系的经济学。黑板经济学总是把经济学划分为过去、现在和将来。由于把理论和历史割裂开来以及对于数学建模的过度关注,黑板经济学可能是不真实的,甚至是错误的。

---

[1] 周业安:人的社会性与偏好的微观结构,《学术月刊》,2017年第9期。
[2] 〔美〕科斯等:《制度、契约与组织:从新制度经济学角度的透视》,经济科学出版社,2003年版,第62页。

二、真实世界的经济学

从理论上讲,现代经济学的发展呈现出三大趋势:一是完善新古典经济学自身,如把一些思想模型化等。二是在新古典经济学的前提上做文章,主要是改变其假设条件,如从零交易成本假设到交易成本为正的转变,从抽象掉产权到引入产权的转变,从完全信息到不完全信息的转变,从完全契约到不完全契约的转变,等等。三是把新古典经济学拓展到其他领域的研究,如加里·贝克尔(Gary Becker)用经济学分析婚姻、家庭、犯罪等,布坎南用经济学分析政治、政府等,诺思用经济学的观点重新分析历史并创立了新经济史学等。后面两种趋势使经济学与其他社会科学越来越接近。

在后两种趋势的形成过程中,新制度经济学是一支重要的力量。新制度经济学强调研究真实的世界,这是它与新古典经济学相区别的地方。例如,新古典经济学是零交易成本假设,新制度经济学则研究交易成本为正的世界;新古典经济学把产权作为既定的前提,而新制度经济学分析不同产权安排的绩效为什么是不一样的;新古典经济学把企业看作生产函数,而新制度经济学打开了企业这个黑箱。科斯把经济学定义为"研究把企业、产品与服务市场、劳动力市场、资本市场、银行体系、国际贸易等经济体系绑在一起的社会制度的运行的学问"。

从方法论上讲,科斯主义和英国传统方法论把理解作为理论的首要功能。它强调归纳方法在理论建立中的作用,而不是通过演绎方法来发展理论。对归纳的关注导致对理解个体行为和制度行为的强调,而不是把它们当作执行特定功能的黑箱。新制度经济学的精彩之处在于它的方法论。新制度经济学把制度看作特殊的产品,并按照个体主义原则的方法论、用通常的微观经济学方法分析对制度的选择及制度的作用。

科斯坚信,要发展有用的经济理论并找出经济问题的解决方法只能通过更多的经验研究,但他所指的经验研究不是应用现代计量方法分析数据,而是包括广泛的范围,例如案例研究,历史和商业记录的分析,合同实践的分析,真实市场、企业、产业和政府代理的分析等。

为什么科斯强调归纳方法和经验研究?这是因为在科斯看来,主流经济学的内容正变得越来越抽象,并且与真实世界越来越疏远了。德姆塞茨说,从亚当·斯密以来,经济学家们的所有努力都在试图构建通过价格机制协调经济体制运行的那只看不见的手的理论体系。但是,主流经济学的分析都是在越来越抽象的层次上来完成对这个理论体系的构造的。例如斯密曾指出,我们应该关注现实中的商品与劳务,以及是什么决定它们的种类和数量。但经济学家们在研究供给与需求怎样决定价格时,却忽略了那些决定市场中什么商品和劳务被交易的因素,或者说忽略了交易成本、不完全信息及不完全契约等对市场运行的影响。

与旧制度主义者一样,新制度主义者也是从批判主流经济理论"过于抽象"入手。但是,降低抽象程度意味着要完全或在很大程度上放弃基于确定性和无限理性的古典和新古典经济理论的基本假设。放弃这一基本假设的方法论意义无论是从整体还是从局部来说都是巨大的。① 因此,如果新制度经济学要降低抽象程度——这种抽象限制了许多现代微观经济理论的发展——那么,它必须从古典和新古典理论的演绎方法转向经验、历史和制度的方法。与此相对应,抽象程度的降低可能导致最终结论和理论应用范围的缩减。换言之,理论越抽象,应用的范围就越广泛。对于应该把多少制度细节融入模型中以解释实际现象,人们可能存在着不同意见。总之,从新古典主义的黑板经济学到真实世界的经济学,其中有许多问题值得我们研究。

新制度经济学仍遵循当代边际主义理论的一般方法。边际主义理论构成了整个经济学大厦的基础,它提出了价格与边际效用对应的条件,即效用最大化的条件。效用最大化的条件对解释商品需求曲线向下倾斜提供了一种分析依据,同时也解释了为什么在生产数量既定的情况下,相对价格只取决于边际效用,而与商品生产成本无关。②

新制度经济学对制度的研究越来越深入,比如格雷夫与埃莉诺·奥斯特罗姆(Elinor Ostrom)在制度研究上运用博弈论并取得了巨大进展。新制度经济学重视现实与细节,这大大加剧了建模的复杂性,并且许多新制度经济学家必须建立自己的数据库,奥斯特罗姆及其后继者所做的田野研究正是对此的生动说明。

新制度经济学在案例研究方面也取得了可观的进展。比如科斯对联邦通讯委员会的案例研究,威廉姆森对奥克兰有线电视的研究,诺思与巴里·温格斯特(Barry Weingast)对光荣革命的研究,奥斯特罗姆对公共财产的比较研究,等等。尽管许多主流经济学家对案例研究并不看好,但事实证明案例研究为我们了解制度分析中与生俱来的丰富细节提供了宝贵方法,尤其是理论指导下的严谨的案例研究,可以为我们提供有价值的洞见。

新制度经济学的另一优点在于经验研究,为此需要有大量研究致力于提升对正式制度与非正式制度的测量,并检验它们的特点与影响。拘泥于形式主义的学者可能永远也不愿意将不完美但符合现实的制度模型视为精确的模型,但是,如果我们的目标是响应科斯对经济学的呼吁,那么为了超越黑板经济学,我们必须改变自己看问题的视角,而新制度经济学将带来更广阔的前景。新制度经济学重视经验的、数据的、现实的预测,因此它可以在一定程度上被检验。

在最近二三十年的时间里,无论是在新制度经济学还是在新政治经济学中,经验研究都有了巨大发展,这主要是由于以下两大原因:

第一个原因是制度的变化。在20世纪80年代末和90年代初,苏联、中东欧国家以及中国等开始从传统计划经济转向市场经济。这些转型国家制度上的变化极大地刺激了新制度经济学的发展。新制度经济学的发展又为这些转型国家提供了制度设计的理论支撑,同时转型国家的实践成为新制度经济学的天然实验室。

新制度经济学对中国的影响远超出其他经济学分支的影响,科斯、诺思在中国的影响远超出他们在美国的影响。这是因为制度在中国的改革和转型过程中有着十分重要的地位。在中国改革开放初期,理论界就对所有制改革重要还是价格改革重要展开过争论。如果产权及相关制度没有搞对,那么价格扭曲和市场扭曲的问题也解决不了。在成熟的市场经济中,制度相对健全,激励相对正确,所以多数的经济学分析把制度作为给定的事实,从

---

① 〔美〕埃里克·弗鲁博顿、〔德〕鲁道夫·芮切特:《新制度经济学:一个交易费用分析范式》,上海三联书店,2006年版。
② 〔英〕约翰·伊特韦尔等:《新帕尔格雷夫经济学大辞典》(第三卷),经济科学出版社,1996年版,第344—355页。

而把注意力更多地放在资源的市场配置以及市场扭曲带来的成本上。作为转型经济,中国的市场扭曲和制度缺陷同时出现,而后者更为根本。

第二个原因是技术的变化。由于互联网与人工智能的发展,大量与制度相关的数据变得更加容易获得,而任何科学的经验研究都是建立在数据基础上的。

在最近二三十年里,上述两个因素相结合,使新制度经济学、新政治经济学和新经济史学领域的经验研究蓬勃发展。

第二节 新制度经济学分析中的数学及模型问题

我们把从事制度经济学研究的学者分为两类,他们都遵循新古典传统,但在分析方法上有些不同:一类学者在分析组织或制度问题时采用文字表述方法,倾向于融入大量的描述性细节;另一类学者在更抽象的层次上进行研究,大量使用数学工具获取结论。这两种制度研究方法具有互补性。随着问题更加复杂和经济模型更加严格,数学方法的重要性也有所增强。但是,制度经济学研究,在正式化模型成为所有严肃的理论学家必须使用的工具以前,尚有很长的路要走。事实上,过早限制制度研究的范围和方法是危险的,会丧失广泛讨论带来的收益。现在所需要的主要是把非正式制度研究的一些发现融入正统微观经济学中。只有这样做,一个更令人满意的折中的制度理论才可能出现。①

学者们对于新制度经济学分析是否要使用正式的数学及模型分析是有争议的,这种争议将影响新制度经济学发展的走势。一种观点是反对在新制度经济学研究中运用数学。布坎南指出,如果想加深对制度的真正理解,就需要有一场新的方法论革命,需要改变当前建立在数学基础上的理论统治格局。这种完全否定数学在经济学研究中应用的观点是不可取的。某一正式模型可能确实有缺陷,但不能因此认为"数学方法"本身就是"方法论陷阱"。一些制度经济学家完全否定数学在经济学研究中的应用是不利于经济学发展的,也不利于新制度经济学本身的发展。

威廉姆森认为,科斯的工作以及新制度经济学所做的大量工作更依赖严密的推理,但是,它们中的大部分同样也抵制"完全形式化"的方法。这样做既有利也有弊:利的方面表现为新制度经济学从来没有失去和现实的联系;而弊端主要体现在新制度经济学难以传授、难以对错误进行逻辑检验或运用正式分析进行逻辑推演,这也使得新制度经济学难以融入主流经济学。②

近些年来,经济学家们已进行了许多涉及各种特定形式不确定性的抽象经济分析。但所有这些研究都仅限于从一个常常是无穷大的可能性集合中选取特例进行分析。这些特例的选择有时或经常是出于数理分析上的便利,而不是由于它们在经验、历史或制度上的真实性。但是,选择特例进行分析并不能充实具有普遍适用性的理论,如古典和新古典经济理论,尽管这些理论所依赖的基本假设极端简单化。新古典配置分析被认为具有广泛的

---

① 〔美〕埃里克·弗鲁博顿、〔德〕鲁道夫·芮切特:《新制度经济学:一个交易费用分析范式》,上海三联书店,2006年版,第345页。
② 〔美〕科斯等:《制度、契约与组织:从新制度经济学角度的透视》,经济科学出版社,2003年版,第62—63页。

适用性:无论是对鲁宾孙·克鲁索、家庭和企业还是对社会主义计划者都适用。虽然其基本假设极端简单化,但这一理论认为,当人拥有充分信息、正确预期和无限理性时,只有一类决策是可能的。但是,在不充分信息、错误预期和有限理性的情况下,可能有无穷的可能性,而且在不同人之间,如工人和管理阶层、银行家和实业家之间,可能以很不相似的方式分布着不同和不一致的预期。

新制度经济学发展的基本走向是,建立既接触制度现实,同时在分析框架上与标准微观经济学相一致的模型。在恰当的条件下,使用不同方法的学者可以相互影响、相互促进。事实上,目前新制度主义者考虑的许多分析方法可以从更严格的正式分析中获益。这并不是说应该对现有制度模型加以修正并使它与当代主流经济学的前提概念相吻合,而是说如果它们之间相互影响的过程进展顺利,那么可能是正统理论和制度解释都会发生变化。[1]制度经济学由于其研究对象的复杂性,要建立像微观经济学那样的正式结构确实还有很多工作要做。

新制度经济学研究的发展从来就受制于如何度量制度的问题。例如,如何度量作为制度的法治?经过社会科学家很长时间的集体努力,学者们收集了多种数据,发展了若干种度量的方式,但是仍然存在基本缺陷。与此相关的例子还包括对产权、司法独立、民主等的度量。这些都是新制度经济学面对的非常基本的挑战。在经验研究方面,新制度经济学需要在度量和数据收集等研究基础上出现像当年西蒙·库兹涅茨(Simon Kuznets)发明GDP度量市场经济活动那样的突破。

新制度经济学强调作为制度的规则和规范,对企业和市场组织进行微观分析,并探究这些微观分析对公共政策的影响。新制度经济学寻求从动态而非静态角度解释经济演变,它接受跨学科的方法,而且对案例研究及数学化程度较低的研究方法持开放态度。然而,尽管新制度经济学能接受不太正式的研究方法和演绎推理的研究方法,但预测和经验检验仍是常规方法。

第三节 新制度经济学的十大问题

与历史上许多经济学流派不同,新制度经济学目前还没有一个大家公认的统一的框架。新制度经济学的问题不是没有理论,而是拥有太多彼此孤立的理论。如何把这些彼此孤立的理论"联结"起来,形成一个有机体,是当代新制度经济学家们所共同面临的一个基本问题。本章所讲的十大问题基本上涵盖了本书的整个体系。

一、在交易成本为正的情况下,法律等制度安排非常重要

交易成本是经济制度的运行费用。科斯发现企业的存在正是为了节省交易成本。分

---

[1] 〔美〕埃里克·弗鲁博顿、〔德〕鲁道夫·芮切特:《新制度经济学:一个交易费用分析范式》,上海三联书店,2006年版。

析交易成本存在的原因要到人的行为中去找,而人的行为特点(有限理性、机会主义行为等)导致交易成本的存在,而制度的存在则是为了降低交易成本。对于作为一种分析范式的交易成本理论,科斯关心的是决定企业存在与否的交易成本;而诺思关心的是决定整个经济绩效的交易成本;斯蒂格勒则认为,在历史发展过程中,经济组织的效率可能和技术变迁同等重要。科斯的另一重要成果,即《社会成本问题》把新古典理论和制度分析联系起来。该文提出当交易成本为正时,制度发挥作用并且最终决定市场结构。[①]

作为一种思维方式,经济学一直在强调建立一个清晰的基准体系。科斯定理是新制度经济学的基准体系,它是我们研究一切制度的基础。科斯对经济学的最大贡献就是把交易成本与产权引入经济系统分析中,从而大大地改变了微观分析结构。在交易成本为正的情况下,法律等制度安排非常重要。制度塑造了市场,影响着所有参与者的行为。因此,经济学必须将制度视为其模型的核心部分。

二、人类行为理论与交易成本理论的结合构成制度理论

对于人类行为与制度的关系,经济学的认知经历了三个阶段:一是在完全理性人的新古典经济学里,没有对人类行为与制度的关系的分析;二是在有限理性假设里,对人类行为与制度的关系展开了大量的研究;三是现在不少学者(包括诺思)开始关注人的认知及认知模式与制度的关系。认知科学把神经科学中对人脑的研究与哲学和心理学中对意识的研究结合起来,取得了长足的进步,从而使我们能够更好地理解意识是如何工作的、学习是如何进行的。[②] 早期经济学不注重心理学对人的行为的研究,由此导致的问题已经被越来越多的经济学家所认识到,把社会心理学、认知科学及实验经济学的成果纳入经济学的分析中是我们认识人类行为与制度关系的重要切入点。

人类行为理论与交易成本理论的结合构成制度理论。交易成本理论从人的本性(有限理性、机会主义行为等)入手,分析了交易成本存在的根源。这是对新古典经济学最大的偏离。科斯指出,如果没有理论能够使人们明白不同的制度安排能带来什么,那么面对不同制度就不可能进行明智的选择。因此,我们需要一个理论体系来分析制度安排变化所引起的效果。这样做并不是要抛弃标准经济理论,而是要将交易成本引入分析中,因为经济生活中发生的很多事情,要么是为了减少成本,要么是为了使以前因高交易成本阻碍而不可能实现的东西变成可能。用交易成本理论可以研究人类历史上和现实中的各种制度安排。由交易成本决定的人对信息的处理过程及行为是制度形成的基础。人类行为(有限理性、机会主义行为等)决定交易成本的大小,交易成本又决定制度及其结构,制度又影响人类行为。人类行为、交易成本与制度三者是一种互动关系。

研究表明,发达国家将近一半的 GDP 被用于交易成本方面的支出,如果像新古典经济学家那样,假设不存在交易成本从而也不需要节约这些成本,则发达国家中大量的经济努力,即服务部门中规模庞大且快速增长的处理和协调交易的那部分功能,都会被弃置。由

---

① 〔美〕约翰·N.德勒巴克等:《新制度经济学前沿》,经济科学出版社,2003年版,第15页。
② 同上书,第20页。

于低估协调问题,新古典经济学使自己的分析偏重于生产和实际的分配。因此,对于大量涉及组织和协调供求双方决策的现代商务活动来讲,这种理论变得很不适宜。[1]交易成本作为一个基本经济概念,也要求其能被应用于实证研究。交易成本的核算对经济效率的科学衡量、国民经济核算体系的合理变革和国家宏观经济的科学管理等方面都具有重要的意义。

三、创造经济政治的非人格化交易合作框架,是社会、政治和经济生活的核心问题

新制度经济学所说的制度是多方面的,不仅包括经济制度,而且还包括政治制度、法律制度等,这些制度都会对经济绩效产生重要影响。目前,新制度经济学在制度研究方面的范式和方法逐步向其他学科渗透。在法学领域,法经济学表现得极为活跃。而在政治学领域,有公共选择学派的研究,以及诺思提出的交易成本政治学。跨学科的研究对于理解制度的作用以及制度怎样影响经济行为和绩效具有重要意义。

人们的相互依赖性是有效利用稀缺性资源的一种基本形态。法国社会学家埃米尔·涂尔干(Emile Durkheim)把社会相互依赖性分为机械联系和有机联系。分工既提高了效率,同时也形成了人类之间的相互依赖性。继亚当·斯密之后,马歇尔以及后来的众多学者都注意到了分工对技术进步、经济发展的重要影响。正式制度和非正式制度都能解决利益群体中潜在的相互依赖性。相互依赖性产生对制度的需求,而制度安排又极大地强化了人类的相互依赖性。传统经济学强调了经济当事人之间的竞争,而忽略了合作。其实,竞争与合作是一对矛盾的统一体。在这个意义上讲,制度就是人们在社会分工与协作过程中经过多次博弈而达成的一系列契约的总和。制度为人们在广泛社会分工中的合作提供了一个基本框架。制度的功能就是为实现合作创造条件,保证合作的顺利进行,尤其是在复杂的非个人交换形式中,制度更加重要。所以,制度的基本作用之一就是规范人们之间的相互关系,减少信息成本和不确定性,把阻碍合作的因素减少到最低。人类的相互依赖性及合作关系产生了大量的互惠制度,而互惠制度则是制度分析的微观基础。在人类行为中,自私自利和社会合作同时存在,这一课题不仅在经济学中是基础性的,而且在所有的社会科学中,以及大部分生物学中也是基础性的。[2]

从人格化交易转变到非人格化交易是经济转型的核心问题。在人格化交易中,合作并不难,也就是亲戚、熟人、朋友之间的合作并不难,难的是非人格化交易中的合作。人类总在相互交往,我们必须从社会联系中考察人的行为。没有人能够在较长的时间内单靠自己就很好地活动,他们都需要由其伙伴的反应来实现激励和控制。[3] 随着环境的变化,人类环境日益提出至关重要的问题,即不断增长的机会使得社会组织的根本转换成为必要。这要求以身份为基础的依赖于控制、等级和严格实施的强制社会(人格化交换)向以自由进入和退出、民主治理、能力标准和社会经济结构优化为标志的开放社会(非人格化交换)转变。

---

① 〔德〕柯武刚、史漫飞:《制度经济学:社会秩序与公共政策》,商务印书馆,2000年版,第6页。
② 〔英〕约翰·伊特韦尔等:《新帕尔格雷夫经济学大辞典》,第三卷,北京:经济科学出版社,1996年版,第662页。
③ 〔德〕柯武刚、史漫飞:《制度经济学:社会秩序与公共政策》,商务印书馆,2000年版,第70页。

四、产权明晰是市场交易的前提

科斯在《社会成本问题》注释中指出产权的清晰界定是市场交易的前提。产权的存在是产生价格、生产、分工、交换、储蓄、投资等一系列经济行为的前提。没有产权就不可能产生价格。产权与市场经济的相互关系及其对社会经济发展的作用远远被低估了。产权明晰不仅是市场交易的前提,而且还具有政治、社会等多方面的意义。

产权与效率的关系已经被许多事实所证明,不同产权安排下的绩效不同是产权经济学所研究的一个重要问题。产权经济学家和新制度经济学家对产权和制度问题的研究无疑拓展了西方经济学的研究范围,并且大大提高了产权和制度在经济学中的地位。

产权界定涉及经济权利和法律权利。经济权利指的是个体直接消费某一资产服务的能力;法律权利是资产的索取权,它是由国家以特定个体或机构的财产来进行界定的。在法律权利缺失的情况下,该资产的经济所有权是模糊的,通过对某一资产提供保护并进行法律界定,可以降低该项资产的公共属性,从而明晰其经济所有权。由于商品具有多种属性,且人们的认识水平有限并且存在交易成本,部分界定才是产权界定的常态。而成本和收益的比较使得追求利益最大化的个人放弃持有部分权利,公共领域和共同财产问题始终存在便是个人选择的结果,因此产权界定的结果必然是经济权利小于法律权利。几乎所有法律对产权的规定都只是基于"资产"而不是"资产的属性",约拉姆·巴泽尔(Yoram Barzel)认为这一现象出现的原因在于高昂的测度成本阻碍了人们对资产所有属性的明确界定。科斯说,在市场上交易的不是物质产品,而是"权利束",是执行特定行为的权利。交易什么以及交易多少依赖于个体和组织所拥有的权利与义务,而这是由法律制度确立的。法律制度将对经济体制的运行产生深刻影响。法律权利的缺失将严重制约经济权利的实现,成为发展中国家的产权制度效率低下和经济落后的重要原因。[①]

五、在契约不完全的情况下,通过比较各种不同的治理结构来选择一种最能节约事前交易成本和事后交易成本的制度

不完全契约的思想起源于科斯1937年《企业的性质》一文,沿着科斯的思路,发展出了不完全契约理论的两个分支:一支是以威廉姆森为主要代表的交易成本经济学,主张在契约不完全的情况下,通过比较各种不同的治理结构来选择一种最能节约事前交易成本和事后交易成本的制度,也称交易成本学派;另一支是以奥利弗·哈特(Oliver Hart)为代表的产权理论,主张通过某种机制来保护事前的投资激励,也称新产权学派。

威廉姆森将经济学分为以新古典经济学为代表的"选择科学"和以新制度经济学为代

---

① 卢现祥:共享经济:交易成本最小化、制度变革与制度供给,《社会科学战线》,2016年第9期。

表的"契约科学",可见"契约"在新制度经济学中的重要地位。① 契约理论是近20年来现代经济学最前沿的研究方向之一,也是主流经济学最有前途的研究方向之一。

什么是不完全契约呢?哈特是这样阐释的:第一,由于世界总是充满了不确定,因此人们总不可能预料到未来的所有情况;第二,即使人们可以预料到未来的所有情况,签约双方也难以用共同的语言将这些情况写入契约;第三,即使签约双方可以就契约内容达成一致,他们也很难将契约的内容交与第三方裁决。由于契约本身总是不完全的,这就给了签约的某一方事后"敲竹杠"或从事机会主义行动的机会。具体来讲,合同可能不会提出某些情况下各方的责任,只能做出粗略的规定。而考虑到这一点,签约双方可能在事先就无法达成契约。显然,这会严重影响社会的整体效率。

六、企业的存在是为了节省交易成本

企业是现代市场经济最重要的微观经济主体,企业理论是现代微观经济学取得卓有成效研究成果的重要领域之一。科斯利用其开创的交易成本分析范式对企业本质的分析大大深化了我们对企业的认识,然而经济学家对企业问题的分析仍然存在较大的分歧,一个逻辑严密而统一的企业理论还远未形成。

从理论研究的目的和范围看,抛开"最优化"问题的争论,企业理论需要着力解决的三个问题是:企业的本质(企业是什么,企业为什么会存在)、企业产权安排及企业治理问题(激励机制设计)。新制度经济学认为企业的存在是为了节约交易成本,并将企业看成契约的联结,研究通过契约的优化选择对企业参与者实行控制和激励从而增进企业效率。

七、制度是理性的经济行为人有意识的集体行动的表达

曼瑟·奥尔森(Mancur Olson)证明,在严格坚持经济学关于人及其行为的假定条件下,"经济人"或理性人都不会为集体的共同利益采取行动。也就是说,在追求利润最大化时,并不能得出集体利润最大化的结论。奥尔森直言不讳地说,在经济学乃至整个社会科学中,实际存在两个基本"定律"。"第一定律"是指:在某种情况下,当个人仅仅考虑其自身利益时,集体的理性结果会自动产生。这种情况下,个体主义的方法是有效的,个人利益的叠加就是集体利益。这就是斯密的"看不见的手"。但是在某种情况下,不管个人如何精明地追逐个人利益,社会的理性结果都不会自动地出现,这时,只有借助于"引导之手"或者是适当的制度安排,才能求得有效的集体结果,这就是"第二定律"。这种情况下,研究集体行动是研究经济组织的一个出发点。

奥尔森对"科斯定理"(在交易成本为零时,个人理性可以通向集体理性)进行了批判和拓展。在他看来,科斯理论的核心在于交易成本和自愿交换,其基本结论是人们会为了实

---

① 聂辉华:新制度经济学中不完全契约理论的分歧与融洽:以威廉姆森和哈特为代表的两种进路,《中国人民大学学报》,2005年第1期。

现他们的共同利益而采取集体行动。对此奥尔森评价说,"科斯定理"仅仅适用于集体规模很小的情况。一旦集体成员足够多,即使交易成本为零,其成员也不会受到激励去为集体做出贡献,因为这时"搭便车"的潜在收益相对会更高。

奥尔森探讨的集体行动困境问题为我们分析制度的性质、制度的变迁及制度的绩效提供了一个分析的视角。奥尔森的《集体行动的逻辑》一书的核心建立在"组织费用"这一假设之上,组织费用是一组不同的交易成本,它们的重要性随着组织规模的增大而不断地发生着变化。奥尔森为"特殊利益"的不对称权力提供了一个现代制度经济学的解释。

如果一个社会允许某些特殊利益集团具有强权地位,那么这些特殊利益集团会拼命剥夺整个社会的利益,但如果有不同的利益集团与他们形成相对均衡的态势,则会对社会产生正面影响,因为这使得同时存在许多大型的、复杂的、组织良好的利益集团,它们彼此之间能有效竞争。前者就是我们讲的掠夺性制度,而后者就是包容性制度。

八、没有国家不行,有国家又有"麻烦"

理解制度结构的两个主要基石是国家理论和产权理论。因为是国家来界定产权结构,所以国家理论是根本性的。国家理论的两大问题是国家起源和如何限制国家。在国家理论方面,新制度经济学的主要贡献是把国家作为影响经济绩效和制度变迁的内生变量纳入分析框架,并运用经济理论研究了国家的起源、作用和演变等问题。

国家的实质可以用国家双重目标、"三只手"和国家本质两难这三组概念来概括。国家有双重目标,它既要使统治者的租金最大化,又要降低交易成本以便使全社会总产出最大化,从而增加国家税收。国家的分析模型主要有三种,即"无为之手""扶持之手"和"掠夺之手"。这"三只手"都有其理论基础。关于国家作用的"本质两难"最先是由政治学家温格斯特表述的:国家需要足够强大,才能具有足够的强制力去做它该做的事,即执行合同;但国家又不能过分强大,不能不受约束地滥用自己的强制力,任意侵犯公民的财产和权利。

关于制度变迁的国家理论既要能解释造成无效率的产权的政治或经济组织的内在活动倾向,又要能说明历史上国家本身的不稳定性,即国家的兴衰,而这一点通常为人们所忽视。因为国家并不是"中立"的。国家决定产权结构,因而国家最终要对造成经济的增长、衰退或停滞的产权结构负责。实际上,产权的出现是国家统治者的欲望与交换当事人努力降低交易成本的企图彼此合作的结果。因为对交换当事人来说,其需花费一定的资源去影响政治决策者改变规则。至少就建立理论的起点来说,把国家理论从产权的交易成本方法中独立出来是十分有用的。① 因此,交易成本理论与国家理论的结合决定了产权结构及其效率。

---

① 〔美〕道格拉斯·C.诺思:《经济史中的结构与变迁》,上海三联书店,1991年版,第17—18页。

九、不同制度体系决定了经济发展及其绩效

制度体系是经济系统建立在制度基础上的制度性特征。新制度经济学的一个重要任务是对制度的描述与分类。本书制度体系篇整合了制度类型研究的成果,从制度体系的存在、制度体系的特征、制度体系的结构及制度体系的内容等方面研究制度体系,并重点从三个层面研究制度体系的特征。

一是制度层面。美国麻省理工学院经济学教授阿西莫格鲁与哈佛大学政治经济学教授罗宾逊在合著的《国家为什么会失败》一书中把人类社会所经历的政治和经济制度主要分为包容性制度和汲取性制度。

二是秩序层面。诺思在《暴力与社会秩序》一书中对秩序进行了分类:原始社会秩序,即狩猎采集社会秩序;有限准入秩序,即通过对经济体系实行政治控制来解决如何约束暴力的问题,也即通过限制进入产生租金,以此来维持社会秩序;开放准入秩序,即通过政治上和经济上的相互竞争而非创设租金来维持社会秩序。从有限准入秩序进入开放准入秩序是一个系统转变过程。现代经济学主要分析开放准入秩序的经济运行和资源配置问题,而不能对有限准入秩序的经济运行和资源配置问题进行分析。

三是国家层面。政府有"三只手",即无为之手、扶持之手与掠夺之手。在人类历史和现实中,不同国家伸出的"手"是不一样的。扶持之手假设国家的目标是使社会福利最大化。而掠夺之手的基本前提是统治者会使自己的收益最大化,例如他们为社会选择的产权只是满足了自己利益的最大化,并且由于存在交易成本和竞争约束,这些收益并不一定使社会福利最大化。无为之手和扶持之手可以看作一种开放准入秩序,而掠夺之手则是一种有限准入秩序。

由制度—秩序—国家三个层面构成的制度体系是到目前为止制度分类中最有时空跨度、最有解释力的制度分类。以汲取性制度、有限准入秩序及掠夺之手为特征的制度体系与以包容性制度、开放准入秩序及无为之手为特征的制度体系是本书第三篇重点探讨的问题。

十、制度如何兴起,制度如何影响经济增长

新制度经济学研究的两个基本问题是:第一,制度如何兴起;第二,制度如何影响经济增长。[①] 关于制度起源分析的视角较多,本书重点从历史、博弈及演化三个维度来分析制度的起源问题。

为了就经济在社会中的地位问题取得一般性认识,有必要对经济人类学和经济历史进行彻底的、无偏见的再研究。在关于制度变迁的分析过程中,新经济史学已取得了丰硕的成果。制度演变是一个长期的过程,对于这个过程中制度演变规律的研究必须到历史的长

---

① 〔美〕道格拉斯·C. 诺思:《经济史中的结构与变迁》,上海三联书店,1991年版,第17—18页。

河中去寻找。以研究制度变迁为例,制度变迁实际指的是制度变迁的历史。诺思有句名言:历史在起作用。由此引申的具体含义是,现在的以及面向未来的选择决定于过去已经做出的选择。要理解现在、展望未来,就要重新认识过去。解释一国长期的经济发展必须从制度方面去寻找原因。

从某种意义上说,人类社会一直在进行庞大、复杂的博弈,制度则调整着人与人之间的关系,运用博弈的方法来分析制度及其变迁有助于弥补传统分析方法的不足,因为博弈论所关注的正是人们的不同策略行为选择及其对历史进程的作用,把博弈论引入社会经济历史研究具有重要的方法论意义。博弈论与新制度经济学的结合将大大深化人们对制度起源及制度演变过程机制的分析。博弈论对新制度经济学具有双重意义,一方面,博弈论可以作为新制度经济学分析的工具或框架;另一方面,博弈论中的许多思想本身可以作为新制度经济学的重要组成部分。值得指出的是,均衡导向的内生博弈规则方法对制度的分析很有前景,这是由于其① 对制度内生化的处理;② 对多种制度形式的认可;③ 给出了分析制度相互依赖性的工具;④ 对制度多种作用的洞察;⑤ 揭示制度演进变迁的性质;以及⑥ 对与制度演进路径不相适应的一些有害政策建议的提防。[①]

把博弈论与新制度经济学结合起来的一个重要功能就是建立一个探讨经济运行秩序或制度的起源与形成的框架。在互动中寻求均衡是现代经济的一般特征,而博弈论正是在互动的假设前提下对决策行为的一种理性思考。但博弈论不是万能的工具,需要区别具体的应用环境和前提条件。博弈论方法重点研究经济运行秩序或制度是如何产生的,即从更为普遍和更为基本的假设出发,探讨经济运行秩序或制度的起源与形成,因此它在制度分析中显得更为有力。具体来说,博弈论的重点是对政策透明度、政策有效性、政策传导机制等一系列重要问题的分析。

对制度变迁的演化论解释是探讨制度起源的一种很有潜力的研究思路。在制度变迁的解释方面,卡尔·门格尔(Carl Menger)和哈耶克认为,决定社会秩序的制度是在社会和传统的有机自然演进中浮现出来的,进而他们认为自然演进的结果对于社会而言是最优的。哈耶克还证明:制度的根源是一种演变过程,人们先是对观察到的规律性事物进行分析和分类,然后制定规则,使系统的各个组成部分(各个方面)可以在越来越复杂的分类框架内相互作用。这种演变过程从潜力上说是无穷的,其在某一时刻的结果是不确定的,因而也是不可测的。

制度演进分析经济学家把制度定义为一种社会习俗、传统或行为规范,并在进化博弈的框架下,致力于发展一个由认知能力和学习模型支持的制度演进理论。理查德·纳尔逊(Richard Nelson)认为,在发达工业国家,正是制度演进促使技术演进,产业组织将朝有利于经济可持续发展的方向变化。尽管目前演化经济学还很不完善,但对制度变迁的演化论解释将伴随着演化经济学的成长。制度学派研究方法的一个特点就是经济学的研究不再被刻板地分成几个独立的部分。尽管均衡分析有一定的用处,但有必要对偏好、技术与社会经济体系中其他方面之间的相互作用进行考察。因此,制度学派的研究方法是偏重过程和进化的方法,不是静态和均衡的方法。[②]

---

① 〔美〕科斯等:《制度、契约与组织:从新制度经济学角度的透视》,经济科学出版社,2003年版,第30页。
② 〔英〕霍奇逊:《现代制度主义经济学宣言》,北京大学出版社,1993年版,第287页。

【关键概念】

黑板经济学　真实世界的经济学　科斯定理　第一定律　第二定律

【思考题】

1. 如何理解真实世界的经济学？
2. 为什么说新制度经济学的特色在于它的方法论？
3. 如何理解新制度经济学的十大问题？

【推荐阅读】

1. 〔美〕约翰·N.德勒巴克等：《新制度经济学前沿》，经济科学出版社，2003年版。
2. 〔美〕R.科斯、A.阿尔钦等：《财产权利与制度变迁：产权学派与新制度学派译文集》，上海三联书店，1991年版。
3. 〔美〕道格拉斯·C.诺思：《经济史中的结构与变迁》，上海三联书店，1991年版。
4. 〔美〕科斯等：《制度、契约与组织：从新制度经济学角度的透视》，经济科学出版社，2003年版。

案例
制度与蚊子

公元1693年，39岁的康熙被一场疾病击倒——当时令人闻风丧胆的疟疾。帝国最高明的御医们束手无策，在试过各种方子和巫术后，皇帝失去耐心，召来白晋和洪若翰两位神父，打算尝试他们带来的金鸡纳霜。

这遭到御医们的激烈反对：西药能吃么？但排外的偏见最终战胜不了事实，中国古代最大的药物试验开始了，在治好了一堆作为小白鼠的太监之后，皇帝喝下新药，高烧终于退了，命保住了。康熙龙颜大悦，赐给传教士一套房子名为"救世堂"，并允许他们在京城传教。

这场难倒了整个中国的疾病其实牵扯到一个世界性的千古之谜：人类的最大杀手是什么？人类文明史显示，对于强大的人类而言，最大杀手却是看上去不起眼的蚊子——它曾导致每年约72.5万人丧生。

小小的蚊子带给人类的灾难正是疟疾，被它叮咬不仅会起包，还会传播疟原虫，一会儿发热、一会儿发冷，满头大汗、全身发抖，民间称之为"打摆子"。古代人们不懂疟疾的病因，将其称之为"瘴气"，岭南、西南地区常被称为"瘴疠之地"，发生在这些地方的战争往往有着"士卒多疫死""兵未血刃而疫死者十之六七"的记载，地方官听说去那里任职都要先写好遗书。在古人的想象中，这些荒蛮之地阴气过重，炎热又潮湿，滋生了大量有毒的山溪、草木、虫蛇和疠鬼，毒气到处弥漫，接触和呼吸即致病死亡，流传下来许多离奇而可怕的传说。

疟疾带来的梦魇如此恐怖，研究和对抗疟疾就成为拯救人类的超级工程，也代表了人类探寻和推广真理的过程。在这场东西方竞赛中，西方起点很晚，却走上了正确的道路，从而实现了"弯道超车"。

1638年,西班牙传教士鲁柏来到印第安人部落,发现当地土人用金鸡纳树的树皮治疗疟疾,这个小小的例子很快得到注意,并且人们由此进一步开展了试验,秘鲁总督的夫人辛可娜成为第一个被治疗成功的名人。特效药迅速得到推广,拯救了成千上万人的生命。1820年,法国科学家从中提取出有效抗疟成分,命名为"奎宁"。随后100多年,西方有4位科学家因为疟疾相关研究获得诺贝尔奖。

事实上,早在一千年前,东晋的葛洪在《肘后备急方》中就记载了绞取青蒿汁以治疗疟疾的药方,但长期以来受到忽视,和古代的众多科学发明一样被束之高阁。直到20世纪70年代,国内有2400万人患疟疾,屠呦呦团队研究了600多个古代中药药方,终于注意到了"青蒿方",并因此发现和提取出青蒿素,因此获得2015年诺贝尔生理学或医学奖,成为中国首位诺贝尔医学奖获得者。

在诞生了青蒿方的国度,却无人知道如何治疗皇帝的疾病,最终靠的是西方传教士,而接下来发生的事情道出了一个轮回般的历史逻辑:康熙将金鸡纳霜视为圣药,但却无意推广它,而是秘藏于皇宫。

科学成果造福于人类,其过程一是研究、二是推广。西方在文艺复兴后,思想的自由和独立得到尊重,欧洲诸国林立的情况使得持异见者方便容身,大学也成为思想家和科学家的摇篮。而随后得益于民主运动对言论自由的保护,学者们可以不受压制地发表意见,从而引发科学的狂飙突进。倘若是在这种环境下,葛洪的方子就不会被埋没,而是会在学者们的广泛讨论和研究中得到验证,为众人所知。

科举制度约束下的中国,最优秀的知识分子想的是读儒家经典,考试做官,为王朝千秋万代而服务,官方推崇的价值观和学问成为知识分子的信仰,异议难以容身,独立思考不见踪影,科学和技艺被视为奇技淫巧和末流,为士人所轻。

但在地球的另一边,自亚当·斯密《国富论》出版以来,自由市场的观念深入人心,市场可以发现需求,激励企业家根据需求来创新和生产。在这种环境下,受疟疾之苦的人类成千上万,巨大的赚钱机会不会让青蒿方被束之高阁,葛洪的门槛会被企业家踏破,他们争相购买专利并迅速将新药推向市场。病人们有福了,他们能吃到康熙的特供药物而活命;企业家和员工有福了,他们赚到了钱、拿到了工资;像葛洪一样的研究者也有福了,赚钱的机会会激励他们继续研究新的产品,从而让造福人类的成果源源不绝……历史最终把机会给了金鸡纳霜和奎宁,而非发明了上千年的青蒿方,只因为这一切的实现都需要新的观念和包容开放的制度。

资料来源:文章经授权转自微信公号群学书院。

第二篇　制度基础

【教学目标】

1. 了解新制度经济学的制度基础包括哪些内容，尤其重点掌握交易成本理论、契约理论、产权理论及企业理论等。
2. 了解人类行为与制度的关系。
3. 了解交易成本理论与契约理论。
4. 了解产权理论与企业理论。

【素养目标】

1. 领悟构建高水平社会主义市场经济体制的意义及内涵。
2. 正确理解市场在资源配置中的决定性作用，更好地发挥政府作用。
3. 培养企业家精神并具备相应的能力。
4. 掌握完善产权保护、市场准入、公平竞争、社会信用等市场经济基础制度的意义及内容。

一个国家是由许多制度构成的,构成制度体系的基础有哪些?这些制度基础是最核心、最重要的,它们的存在、性质及结构决定着一国制度体系的构成及特征。现实中这些制度是相互联系的,为了分析的方便,我们需要单独分析制度与人类行为、合作与互惠制度、交易成本、产权、契约及企业制度等,而交易成本、产权与契约又是新制度经济学的核心范畴。人类行为理论与交易成本理论决定着制度理论,因此,我们的分析就从人类行为理论开始。

第四章 人类行为

> 在向更复杂的、相互依赖的文化演化的压力环境中，人类的意识及其意向性已经导致了不同的制度结构，这些制度结构可以进一步解释社会不同的绩效特征。
>
> ——诺思

新制度经济学对新古典经济学的修改是从对人的行为研究入手的。人类行为理论与交易成本理论的结合构成了制度理论。理性假设是传统经济学的逻辑起点与核心概念。然而，完美理性假设与现实明显相悖，经济学家越来越意识到一些人类行为并不是以财富最大化为目标，而更多地具有"有限理性"特征。认知科学的兴起则进一步推动经济分析转向人类行为本身，试图从心理学角度现实地分析理性所受到的限制，以及这些限制对人类行为的影响。在一定意义上讲，人的潜力发挥多少与制度好坏密切相关，一部人类史实际上是人类与制度相互作用过程的历史。

第一节 理性

一、理性

（一）理性的经济学含义及形式

在主流经济学视阈里，理性就是每个经济主体都能遵循趋利避害原则，通过成本—收益的边际分析，对其所面临的所有机会和手段进行最优化选择。经济人（理性人）具有关于他所处环境的完备信息，能对其稳定偏好进行排序，具有无懈可击的逻辑推理和计算能力。具体来说，"理性"的经济学含义包括以下三个层面：① 人的自利性假设。每个人都从利己心出发，争相选择一个对自己最有利的经济行为。② 极大化原则。经济主体总以约束条件下的效用最大化为目标。③ 一致性原则。每个人的自利行为与群体内其他人的自利行为之间存在一致性。

经济学家们对经典理性概念有着不同的理解，从而也派生出不同的理性形式。

目标理性与手段理性。 目标理性是指经济主体追求的目标本身是否理性，又称为价值理性。目标理性之所以重要是基于这样的事实：人们不仅仅希望生存下去，还希望生存得有意义。具体来说，人类在追求一定的理想目标时，把善恶、好坏、美丑等作为评价尺度，目标理性即强调行为所追求的目标必须符合正确的价值取向。手段理性只强调达成既定目标的手段是否理性,行为目标是否理性则被置于判断标准之外。罗素曾说:"'理性'有一种极为清楚和准确的含义,它代表着选择正确的手段以实现你意欲达到的目的。它与目的的选择无关,不论这种目的是什么。"①

本质理性(实质理性)与程序理性(组织理性②)。本质理性与程序理性是赫伯特·西蒙(Herbert Simon)将认知概念引入经济分析时提出的两种理性形式。他认为,个人因为没有足够的智慧而经常不能立即以最优化方式解决异常复杂的决策问题。换言之,个人并不具备古典假设的本质理性。但人类可以具备程序理性。也就是说,人类在知识、预见、技巧和时间上的有限性,能借助程序理性得以缓解——其选择过程的效率可以通过理性组织中形成的规则与惯例等得到实现。

建构理性与演进理性。哈耶克将理性区分为建构理性与演进理性,前者是指唯理主义建构论者们持有的理性观,他们认为理性可以设计秩序,立法者的意志就是法律的起源。建构理性夸大了理性的作用,将其推到了极限理性的位置上。哈耶克持有演进理性观,认为理性是一个自然选择的进化过程的产物,而不是某些立法者理性设计的结果。

适应性理性与创新理性。适应性理性的实质是有限理性,强调人类并非无所不知地最大化他们的既定目标,而是根据经验调整其目标,使之更可行。适应性理性注重"干中学"和个人经验在实现目标过程中的作用。创新理性是指企业家偶然地打破已知限制,如资源、技术和制度等方面的约束,并利用这些发现。③将企业家式的创新理性延伸到个人,则是说个人的理性行动发端于创新动机。当人们打破制度限制,例如违反传统或习惯,或者当人们从事政治游说以谋求对一项制度变革的支持时,他们常常体现出创新理性。

(二)理性概念的历史演化

最早描述经济学理性概念的是 18 世纪荷兰经济学家伯纳德·孟德维尔(Bernard Mandeville)。其在 1714 年出版的《蜜蜂的寓言:私人恶德 公众的利益》一书中认为,经济人在追求自己的快乐和利益时,只要是自由地进行利己的活动,其结果就会自然而然地增进全社会的繁荣,其利益要比最初以非利己为目的而进行的活动要大得多。法国启蒙思想家、唯物主义哲学家爱尔维修也认为利己主义是人类的自然特征和社会进步因素。之后,古典经济学派、新古典经济学派以及 20 世纪下半叶以来的经济学各分支都对"理性"进行了新的诠释,进一步充实和丰富了理性的内涵。

理性人(经济人)这一概念从其诞生之日起就没有离开过争论的旋涡。关于理性人的公开争论有三次:19 世纪晚期历史学派与奥地利学派围绕"利己"和"利他"问题的争论,20 世纪 40 年代围绕"利润最大化"的争论,以及 70 年代以心理学实验为基础的"理性行为与非

---

① 〔英〕伯特兰·罗素:《伦理学和政治学中的人类社会》,中国社会科学出版社,1992 年版,第 25 页。
② 组织理性是以组织为载体的理性,它意味着社会组织中形成了一套主要组织成员自觉遵循的、共识性或强制性的行动规则和经验惯例,这些规则或惯例要么与组织生存和组织各种目标的实现手段相关,要么与组织成员在组织中的合法地位有关。
③ 〔德〕柯武刚、史漫飞:《制度经济学:社会秩序与公共政策》,商务印书馆,2000 年版,第 66 页。

理性行为"的争论。① 20世纪下半叶以来,西方经济学家在前人争论的基础上,重新解释了"理性人"。这些再认识大致可以概括为对理性人的坚持、修补或抛弃。

1. 坚持理性人假设,发展古典经济学体系

许多经济学家坚持理性人假设,进一步发展了古典经济学体系。威廉·阿瑟·刘易斯(William Arthur Lewis)认为,理性以及对理性的认识绝非个别情况,而是一种普遍的社会现象。每一个经济行为主体不仅必须知道其他当事人的行为是理性的,而且必须知道其他当事人也通晓除他自己之外的当事人也是理性的,如此反复下去。他甚至认为放弃了理性就失去了一切。

迈克尔·詹森(Michael Jensen)和威廉·梅克林(William Meckling)亦坚持理性假设,并发展了"足智多谋的、估价性的最大化模型"(Resourceful, Evaluative and Maximizing Model, REMM)。该模型有四项假设:个人是评价者,个人的欲望是无穷的,个人是最大化者,个人是足智多谋的。② 前三个假设与经典理性假设基本重合——个人作为估价者,其行为是有目的性的(虽然目的不一定是自私自利);个人作为有多重欲望者,同时是一个受约束的最大化者。第四个假设则突出了个人具有创造性行为的能力,能对变化了的情况迅速做出适应性调整。REMM模型赋予经典经济人以更加灵活的理性。

理性预期学派代表人物罗伯特·卢卡斯(Robert Lucas)指出,经济分析的基本前提依然是理性假设,现实行为主体总能冷静客观地追求自身利益的最大化——他们不仅具有了解完备信息的内在动力,而且还具有理性预期的能力。换句话说,经济人为了避免损失和谋求最大利益,会设法利用一切可利用的信息,对所关心的经济变量在未来的变动尽可能地做出准确的估计而不会发生系统性偏差。卢卡斯还认为,理性预期考察的重点是预期与现实结果之间的一致性,一旦不确定性因素的随机变动使人们的预期值偏离实际值,他们会迅速做出正确反应,将预期及时调整到与实际值相一致的水平上来。在卢卡斯的理性预期模型中,经典"理性"假设发挥到了极致:从整体和长期看,人们的预期是合乎理性的,会对其决策产生重大影响。

2. 对理性人假设进行修补,使经济学更加贴近现实

对经济人进行修补以使其更加贴近现实仍旧是对理性进行再认识的主流。其典型代表包括罗纳德·科斯、道格拉斯·诺思、加里·贝克尔、阿马蒂亚·森(Amartya Sen)、约翰·豪尔绍尼(John Harsanyi)、约翰·纳什(John Nash)和莱因哈德·泽尔滕(Reinhard Selten)等。

罗纳德·科斯 在科斯眼中,经典理性假说要求行为主体具备完全理性,他们完全了解在资源稀缺性和未来不确定性约束下相互竞争的自利行为所必须遵守的规则。但实际的人是在现实制度的制约下活动的,是有限理性的,人的交易活动也存在交易成本。这样,原来在传统经济学视阈中不重要的制度就变得举足轻重了。以科斯为代表的新制度经济学在重新解释"理性"的基础上,沿袭了新古典经济学的成本—收益分析方法,借助于交易成本、产权等概念,从制度与经济主体有限理性的视角开辟了对人类行为研究的新领域,提出制度的存在是为了构建人们在不确定性世界中的互动。

---

① 杨春学:《经济人与社会秩序分析》,上海三联书店、上海人民出版社,1998年版。
② Jensen M., Meckling W. The Nature of Man[J]. *Journal of Applied Corporate Finance*, 1994, 7(2): 4-19.

道格拉斯·诺思　诺思认为人是理性的,但这种理性又是有限的。与科斯不同的是,诺思对经典理性人的修补是建立在考察人的认知过程基础上的,他认为人的学习会对人的决策产生重大影响。人的学习不仅包括个人在其一生中的经验积累,而且还包括那些沉淀于文化中的经验积累,不断积累起来的经验知识又被植入个人的学习中,成为路径依赖。换句话说,历史文化、宗教信仰、政治观点等知识都会向个人渗透,潜移默化地影响人们对损益的判断,进而左右他们的决策。比如一个中国人与一个美国人,他们在接触相同事物后的反应往往是不一样的,根源就在于他们受不同传统文化的影响。

加里·贝克尔　虽然贝克尔是利他主义经济思想的代表人物,认为人不仅有利己的一面,而且还有利他的行为动机,似乎与经典理性人的假设大相径庭,但通过对其《人类行为的经济分析》一书进行研究可以发现,尽管贝克尔建立了利他主义模型①,但他实际上将人类利他行为的动机归因于行为主体自身的效用最大化——人们通过种种利他行为提高了自己的满足程度。所以,从本质上讲,贝克尔对理性人的认识仍没有跳出经典理性人假设的窠臼。贝克尔在对经济人进行再认识的基础上,将经济理性人模式从经济领域扩展到非经济领域,广泛地分析了种族歧视、犯罪与惩罚、家庭与婚姻等包括利他主义与道德在内的人类行为,开创了被称为"经济学帝国主义"的研究,从更广阔的纬度揭示了经济人的某些行为特征。

阿马蒂亚·森　森从伦理道德的角度解释经济人,对经典理性假设提出了新的看法。他认为,经济学与伦理学同宗同源,经济学应当回归到关注"真实的人"。"现代经济学把亚当·斯密的关于人类行为的看法狭隘化了,从而铸就了当代经济理论上的一个主要缺陷,经济学的贫困化主要是由于经济学与伦理学的分离造成的。"②森承认经济学"自利"的人性假设和追求最大化目标的行为模式,但同时强调人类行为的动机具有多样性,应加入伦理道德的内容,使理性模型更加贴近真实的经济实际。他认为,"在伦理学的研究中,人这一概念具有不可约减的'二元性'。我们可以就一个人的主观能动方面来看这个人,认识他建立目标、承担义务、实现价值等的能力;我们也可以就福利方面来看这个人,这方面也要引起我们的注意。但是,这种二元性在纯粹自利动机的模型中却完全消失了,在那里,一个人的主观能动完全出自他或她对自己福利的考虑。不过,一旦自利这一束缚被解除,我们就可以看到一个无争议的事实,即个人的主观能动不是——至少不完全是——由他或她的个人福利来启动的。"③森指出,尽管自利是人类行为的一个基本动机,但人们日常生活的很多行为都反映了具有社会成分的价值观,而这些价值观使我们远远超出纯粹自私行为的狭隘界限:人们不仅关注自身利益,而且能够想到家庭成员、邻居、同胞以及世界上的其他人们,而这正是斯密所揭示的。④

约翰·豪尔绍尼、约翰·纳什和莱因哈德·泽尔滕　这几位经济学家将数学中的博弈论引入经济分析中,指出人类的决策收益不仅取决于自身效用最大化的理性选择,还受制于相关行为人(进行博弈的其他局中人)的行为。博弈模型揭示了竞争中的经济人的互动

---

① 有兴趣的读者可以参考〔美〕加里·贝克尔:《人类行为的经济分析》,上海三联书店、上海人民出版社,1995年版。
② 〔印度〕阿马蒂亚·森:《伦理学与经济学》,商务印书馆,2000年版,第32页。
③ 同上书,第44页。
④ 〔印度〕阿马蒂亚·森:《以自由看待发展》,中国人民大学出版社,2002年版,第261页。

性质,使理性经济人由静止变得鲜活起来,从而更加接近现实中的人。

3. 扬弃理性人假设,将研究延伸到非理性行为领域

实验经济学和行为经济学填补了传统经济学在非理性行为研究方面的空白,对经典理性人假设进行了辩证的扬弃,使经济学对人类行为的研究更加全面,开始包括理性与非理性两个方面。行为经济学等认为经济人不再仅仅是自利的,而是也会考虑利他,有时也会冲动地采取非理性行为,等等。他们承认理性假设在某些情况下是合适的,但在另一些情况下,非理性更能解释现实。

在实验经济学的视阈中,经济行为本身并非杂乱无章的任意妄为,而是遵循一定的规律。实验经济学试图在可控的实验环境下,通过控制某些条件来研究特定经济现象。在实验中观察决策者行为并分析实验结果,以检验、比较和完善经济理论,进而为政策决策提供依据。通过实验可以发现,现实中的许多实验结果都与经济理论的预测存在差异,其原因就在于经典理论将经济行为假设为完全理性,而被实验者恰恰是理性和非理性的统一,只有运用诸如期望理论、后悔和认知失谐理论、锚定理论和心理账户理论等行为理论来分析被实验者的非理性行为,才能更好地解释实验结果。与实验经济学类似,行为经济学者从经济实验出发,也提出了人的行为具有"非理性"特征。

从以上的分析可知,经济学家们对理性的理解经历了从完全理性到有限理性,再到非理性的演变过程,且认知规律对人们理性程度的影响机制将成为理性研究的重点方向。

(三) 个人主义

个人主义在主流经济学及新制度经济学关于人的行为研究中是一个极为重要的问题。奥地利学派认为,从人们的行为上来讲,经济学应当能够使这个世界成为一个可以理解的世界。这其中包括两层含义:第一,一门社会学科应当对那些涉及个人行为和思想的社会现象做出解释。第二,由于我们个人只能以自己主观的智慧作为过滤器去感知世界,经济学就必须对人们的行为进行解释,以此作为人们对于他们内部和外部环境的主观理解的反应。在奥地利学派看来,经济学应当是关于人们如何在一定的时间里实现各种项目和计划的学科,但人们对目前的状况只是有限的了解,对未来也完全捉摸不定。奥地利学派经济学的一个重要研究领域就是人们为了减少由于无知和不确定性带来的负面效果而创造出制度性的解决办法。①

作为一种方法论的个人主义。在路德维希·冯·米塞斯(Ludwig von Mises)看来,所有行为都是人的行为。② 个人主义方法论的关键假设有三个:① 只有个人才有目标和利益;② 社会系统及其变迁产生于个人的行为;③ 所有大规模的社会学现象最终都应该只考虑个人,依据他们的气质、信念、资源以及相互关系的理论加以解释。③ 新古典经济学个人主义方法论的基本主张是,所有社会现象都可以追溯到个人因素或用个人因素来解释,并

---

① 〔美〕卡伦·沃恩:《奥地利学派经济学在美国:一个传统的迁入》,浙江大学出版社,2008年版,第4—5页。
② 〔英〕霍奇逊:《现代制度主义经济学宣言》,北京大学出版社,1993年版,第64页。
③ 〔英〕马尔科姆·卢瑟福:《经济学中的制度:老制度主义和新制度主义》,中国社会科学出版社,1999年版,第38页。

将分析过程终止于个人因素的解释水平。① 哈耶克强调过,各个社会成员的利益,不可能用统一的具有先后次序的目标序列来表达,而且任何人都没有能力去了解所有人的各种需要,并给它们排出先后次序。在此基础上,哈耶克论证了市场机制优于计划机制。

虽然每个人的目标不同,但是每个人都在现存制度框架的约束下最大化其效用水平。② 在新制度经济学中,个人决策者在组织中的作用被赋予了全新的解释,"社会""国家""人民""企业"或"政党"不再被认为是一个像个人一样行动的集体,组织或集体本身不再是主要的研究对象。相反,对社会单位的分析必须从其个体成员的地位和行动开始,其理论必须建立在个体成员的地位和行动之上。新制度主义文献强调选择的个人基础,把决策者看作在有关约束条件限制下追求自利的行动者。

哈耶克认为,理解社会现象不可能有别的什么方式,而只能通过理解个人的行为,这种个人的行为是指向别人的,同时又可能受到别人所期望的行为的诱导。③ 卡尔·波普尔(Karl Popper)认为,所有社会现象,特别是所有社会组织和制度的职能,应该理解为人类个体的决定、行动、态度等的结果,而且我们永远也不应该满足于一种根据所谓"集体"所做出的解释。④

作为一种秩序的个人主义。 斯密及其同时代人所倡导的个人主义的主要价值在于它是一种能够把坏人造成的损害减少到最低限度的制度。斯密的目标就是要建立一种有可能把自由赋予所有人的制度,而不是要建立一种把自由仅仅赋予"好人和聪明人"的制度。⑤ 个人主义理论肯定有助于我们型构一种适当的法律框架,而且也肯定有助于我们改进或完善那些以自生自发的方式衍生而成的制度。⑥

制度并不仅仅只是一个障碍因素、约束条件,或者仅用于估量当事者的各种可能行为。个人可以在追求各自目标的过程中对制度做出反应。但是,在另外一种意义上,制度和文化极为重要:它们在影响和形成目标本身方面确实在起作用。诸如制度结构和常规、社会规范和文化这类因素不仅影响我们的重要行为,而且也影响到我们对世界的看法以及我们追求的目标。⑦

从众多学者的分析来看,个人主义行为和信念在现代市场经济制度尤其是正式制度的起源中发挥着极为重要的作用。不重视这个问题的研究,我们就难以真正理解西方一些制度与我们制度的差异。从这里我们也可以看到马克思关于人的全面自由发展的价值所在。

作为一种信念或价值观的个人主义。 通过调查IBM来自30个不同国家的雇员,调查者发现在个人主义的社会中,个人成就和个体权利总是被强调的,人们倾向于选择自己的联盟;而在集体主义的社会,人们更倾向于成为某些终身团体和组织的成员。

阿西莫格鲁实证分析了个人主义对创新及人的潜力发挥的作用。在国家层面上,控制了许多因素后,包括人均GDP、教育、国家的专利总数等,个人主义对创新质量有相当大的

---

① 〔英〕霍奇逊:《现代制度主义经济学宣言》,北京大学出版社,1993年版,第77页。
② 〔美〕埃里克·弗鲁博顿、〔德〕鲁道夫·芮切特:《新制度经济学:一个交易费用分析范式》,上海三联书店,2006年版,第567页。
③ 同上书,第120页。
④ 同上书,第121页。
⑤ 同上书,第17页。
⑥ 同上书,第30页。
⑦ 同上书,第73页。

作用。这里的个人主义指的是个人能够在多大程度上追求个人利益,而非集体利益。创新质量的衡量指标是专利的引用数。

诺思等人分析了个人主义行为和信念与英国、美国制度变迁的关系。学者们一直认为个人主义的行为和信念有助于经济增长。艾伦·麦克法兰(Alan Macfarlane)在《英国个人主义的起源》一书中认为,英国的个人主义起源于13世纪或更早。此书描述了一系列人们对家庭、工作组织和乡村社区的社会结构所拥有的、不断变化的、个人主义导向的态度。弗朗西斯·福山(Francis Fukuyama)认为,美国有双重的文化遗产:个人主义与社区主义。美国人是反中央集权主义者,但是美国人却自愿服从各种中间社会团体的权威。个人主义的行为和信念对于我们理解制度的形成极为重要。

相关链接 4-1

为什么冰球选手觉得头盔规则很重要

在冰球比赛中,如果听任冰球选手自行其是的话,他们会不戴头盔参加比赛。然而,在匿名投票的时候,他们却几乎无一例外地支持头盔规则。如果说头盔规则是个好主意,为什么选手们自己不爱戴头盔呢?这是托马斯·谢林(Thomas Schelling)在1978年出版的《微观动机与宏观行为》一书中提出的一个问题。斯密著名的看不见的手理论认为,个人对私利的追求为所有人带来了最大利益。如果奖励主要取决于绝对绩效,这也是经济学的标准假定,那么个人选择确实有极高的效率。

可要是奖励主要取决于相对绩效(像冰球比赛那样),看不见的手就失效了。谢林解释说,冰球选手比赛时不戴头盔,增加了本队的胜率,这大概是因为他能看得、听得稍微清楚些,或者能更有效地胁迫对手。不利的一面是此举同样会增加他受伤的概率。如果选手更加看重是否取胜而非安全,他必然会取下头盔。可要是其他人都仿效这种做法,就又恢复了竞争的平衡,每个人的风险都提高了,没有人得到好处,由此体现出了头盔规则的吸引力。

(四)主流经济学在研究人与制度上的局限性

西方主流经济学对人与制度关系的研究非常有限,不少经济学家主观上强调对人与制度关系的研究,但由于研究问题范式的局限性,他们并没有很好地完成这个任务。马歇尔、米塞斯等强调经济学对人类行为的研究,而布坎南进一步认为经济学家所研究的根本主题就是社会制度中的人类行为,而不是抽象的人类行为。诺思明确提出研究人类行为必须结合制度来分析,必须从人类行为与制度的互动关系中去研究。

主流经济学对人性进行了简单化假设。斯密"看不见的手"实质上是他关于人与制度发展的一种理想的制度结构。需要澄清的是,经济学家自身并不认同更多的自利是可取的,正如斯密1759年在他的第一本跨时代著作《道德情操论》中所写:"一个铁石心肠、自私自利、对别人的欢乐和痛苦无动于衷的人,在我们看来多么面目可憎!……因此,完美无瑕的人性就是关心他人胜过关心自己,就是公正无私和慈善博爱的情怀。唯有如此,人与人之间才能达到感情上的沟通与和谐,才能产生得体适度的行为。"其实,斯密也强调了人有利他的一面,人是利己与利他、理性与非理性的统一体。

后来的主流经济学家们只强调了斯密关于人的利己一面。现在的行为经济学家们则回归到了斯密关于人的本质分析本身。在价格信息充分的竞争性市场上,经济学家所采用的充分理性假设是非常有效的。但在利用纯粹形式的理性假设分析包含不确定性的复杂问题的过程中,经济学家的研究取向已经成为我们更好地理解人类行为的障碍。① 不完美信息和反馈是不确定性的最普遍的特点,同时,理性假设也没有充分解决心智和环境的关系。② 正因为如此,科斯和诺思都主张从实际的人出发来研究经济问题。

诺思提出的新制度经济学与传统经济学的区别是以人为本,这更加接近东方哲学思想。他提出,经济学作为社会科学应该注重人、团体、社会之间的行为关系与制度,而不仅是单纯地思考成本、价格、工资、产业分布中的实证数据,是要把它们放在真正的社会形态与历史环境下进行研究。③ 主流经济学强调选择程序的研究,而忽视了对驱动这个程序的人和制度的实质做深入分析。科斯认为这种经济学定义对学科发展是有害的,因为这种方法(选择分析)已经和它的研究对象脱离了。他认为经济学家已经把他们的注意力几乎全部集中在选择程序上,而没有对驱动这个程序的人和制度的实质做深入分析。

主流经济学偏重于从物理学角度研究人的行为,而不重视从心理学、生物学角度研究人的行为。建立在物理学基础上的主流经济学难以对经济行为之间质的差异进行研究。

新制度经济学要取代传统的新古典经济学,重要的是应建立自己的行为假定。诺思在《制度、制度变迁与经济绩效》中将新古典行为假定具体归纳为7大要点:① 经济会达到均衡;② 经济行为个体反复面对同一种选择状态或与之非常类似的一系列选择;③ 行为主体具有固定的偏好,由此按照固定的评判标准来评价个人选择的结果;④ 任何行为个体都是同质的,都会抓住改进事物状态后果的任何可能性机会,且在商业性企业中,竞争将消除选择面临的痛苦;⑤ 在行为个体不能使其偏好最大化时,均衡就不会出现;⑥ 因为世界只是接近平衡,所以可以假定行为主体追求最大化也只能是近似性的;⑦ 过程适应的具体细节是复杂的,尽管行为主体和外部环境一定。借助于约束因素,对最优均衡的调节是相对简单的,因此,经济学在认识上的进步是要从理论上说明这些对最优均衡的调节,并与其他观察到的结果作比较。

诺思对上面的新古典行为假定逐一进行了修正:① 基于某些假定,均衡概念是种有用的分析工具,但就大多数问题而言,我们所关心的、所看到的是均衡并不存在;② 尽管行为个体面对的是许多重复的状态,且在这样的状态下人可以理性地行动,但在信息是不完全的和结果是不确定的地方,人们将面对着的是许多仅此一次和非重复的选择;③ 尽管有人已考虑到个人偏好的可能变化从而导致相对价格的变化,但偏好稳定性问题并不因此被轻易解决,不仅心理学的研究表明偏好会出现异常现象,而且历史提供的证据也表明偏好会随时间变化而变化;④ 行为主体总是希望改善事物某一状态的结果,但反馈过来的信息是如此之贫乏,以至于他们认识和领悟不到更好的选择;⑤ 信号可能是接收不到的,以致行为

---

① 〔美〕道格拉斯·C.诺思:《理解经济变迁过程》,中国人民大学出版社,2008年版,第23页。
② 同上。
③ 栗施路:《诺斯的新制度经济学理论证明中国经济增长以人为本》,《每日经济新闻》,2015年11月。

调整是缓慢的或会误入歧途,又或者古典的进化结果在相当长的时期内将实现不了;⑥ 历史提供的证据充分表明,世界上存在的不合作行为是不能简单化地来看待的;⑦ 传统经济学家的行为假定可用于解决确定性问题,但他们不恰当地用它来讨论许多社会科学家所面临的问题,而对于理解制度的存在、形式及演变来说,这样的行为假定根本是块绊脚石。

理性是人类知识与智慧的来源。理性如此重要,那么为什么其他物种在演变过程中没有发展出理性呢?如果理性如此可靠,又为什么会有那么多充满理性的无用之论?雨果·梅西耶和丹·斯珀伯在《理性之谜》一书中列举现实生活和实验证据表明,理性帮助人们阐释自身信仰与行为,帮助人们更好地探索自身所处的丰富而又独特的社会环境。他们从人与环境交互影响的角度阐释了理性的产生,以及理性又是如何与其他认知机制协同合作的。

第二节 有限理性

一、有限理性的内涵

人的有限理性包括两个方面的含义:一是人们面临的环境具有复杂性和不确定性,因此所获得的信息也就不完全;二是人对环境的计算能力和认识能力是有限的,不能像新古典理论中所说的那样不停地进行完全的选择权衡,即使人类拥有相应的信息,也不可能对所有可选择方案中的可能报酬做出完全理性的计算。

弗兰克·奈特(Frank Knight)把理性计算的不可能归因于缺乏经验,而阿尔钦等将非最大化行为归因于不充分信息和设计不良的激励;与他们不同,西蒙在其《管理行为》一书中通过推理认为,非最大化行为是人类智力有限的必然结果,他把这种理性称为"有限理性"。为了把有限理性的约束作用降到最小,同时保护交易免于机会主义风险的影响,经济主体会寻求非市场形式的组织安排。

在有限理性条件下,即便当事人想满足自利偏好,有时也难以实现,这就是西蒙所讲的"满意原则",而非最优原则。西蒙认为,人的理性是有限的,因而会采用满意策略——他们只要求达到一个过得去的水平。满意模型分析了这样一个决策过程:人们在感到不太满意的时候才开始搜索,同时也修正自己的目标。正如有的学者所说:一个具有有限理性的人试图最大化其效用,但是他发现做到这一点成本极高,并且他发现无法预测到所有的偶然事件,认识到自己的能力有限后,他就会在事前为可能发生的意外事件(这几乎是不可避免的)做准备。

西蒙最早提出"有限理性"概念,他认为"人在主观上追求理性,但只能在有限的程度上做到这一点"。他指出,"有限理性是指那种把决策者在认识方面的局限性考虑在内的合理选择——包括知识和计算能力两方面的局限性,它非常关心实际的决策过程怎样最终影响做出的决策"。西蒙还认为有限理性的理论是"考虑限制决策者信息处理能力的约束的理论",他提议将不完全信息、处理信息的费用和一些非传统的决策者目标函数引入经济分析。换言之,行为决策者并非像古典及新古典模型描述的那样,在已知的效用函数或偏好序列条件下追求最大化。这是因为人脑只有极其有限的计算能力,只能进行有限的、实际的和内植于环境的推理。

关于有限理性,不同的经济学家有着不同的理解,但基本要点大同小异。阿罗认为,人的有限理性指人的行为"既是有意识的理性,但这种理性又是有限的"。威廉姆森认为,有限理性就是关于领悟能力的一个假定,有了这一条,交易成本经济学(或新制度经济学)才能成立。只要不确定性存在或者复杂性的存在达到了必要的程度,有限理性就会产生[1],并由此推论:所有复杂的协议、契约或合同都不可避免地是不完全的。简单地说,在存在有限理性(和交易成本不为零)的情况中,我们不可能完全通过合同来处理复杂问题。或者说,任何合同都是有局限性的或不完全的。在威廉姆森看来,理性可以分为三个层次:一是强理性,即预期收益最大化;二是弱理性,即有组织的理性;三是中等理性,介于以上二者之间。[2] 新古典经济学强调收益最大化,即第一层次的理性。新制度经济学强调的是中等理性,即有限理性。在威廉姆森看来,理性有限是一个无法回避的现实,因此就需要正视为此所付出的各种成本,包括计划成本、适应成本,以及对交易实施监督所付出的成本。[3]

二、有限理性作为新制度经济学关于人的行为的假定

经济学研究会涉及人本身,因此要比其他自然科学复杂得多。随着人们拥有的知识的变化以及计算方法的变化,决策过程也要发生变化。因此,从一个很小的前提集通过演绎、推导来预测和描述人类经济行为的企图注定是无法实现的。

当经济学者越来越多地介入对不确定性的研究、越来越多地关注企业决策所面对的复杂现实时,分析方法的转变是不可避免的。经济学领域将越来越宽广,它将从心理学角度现实地描绘人的理性受到的限制以及这些限制对人的经济行为的影响,从而取代受环境约束的无所不能的决策者这一过度简单化的假设。

新制度经济学要研究真实的世界,就必须修正传统经济学对人的假设。有限理性作为新制度经济学关于人的三大行为假定(非财富约束最大化、有限理性和机会主义行为倾向)之一,是经济学试图跳出新古典理性假设,致力于描述现实人类行为的一个重大突破。要更深入地理解现实世界中的制度,就必须承认人们只有有限的获取和处理信息的能力。对理性的限制意味着不是所有的经济交易都可以由合同和市场来组织。

三、有限理性的根源

有限理性产生的原因可以概括为外在约束和内在约束两个方面。

---

[1] 参见〔美〕迈克尔·迪屈奇:《交易成本经济学》,经济科学出版社,1999年版,第5页。
[2] 〔美〕奥利弗·E.威廉姆森:《资本主义经济制度:论企业签约与市场签约》,商务印书馆,2002年版,第68页。
[3] 同上书,第70页。

外在约束主要是指人类选择的理性程度受到信息不完全与不确定等外部因素的限制。新古典模型中所描述的完全信息与确定性是不可能存在的。关于这一点,已有学者证明:如果知识是完备的,选择的逻辑是完全的且必须接受的,那就不存在选择问题了,也就是除了刺激和反应之外什么也没有了。如果选择是现实的,那么未来就不可能是确定的;如果未来是确定的,那么就不可能存在选择。

内在约束主要是指人脑有限的信息处理能力这一事实约束着人们的理性水平,这也是西蒙有限理性观的立足点。在一个高度复杂的世界里,人类不可能像新古典理论中所说的那样不停地忙于完全的选择权衡——即使人类拥有相应的信息,也不可能对所有可选择方案中的可能报酬做出完全理性的计算。进一步地,即使信息处理能力不受限制,人们也经常愿意保持"理性的无知"。在现实中,合理的决策需要知识,并且需要在各种可选方案中做有意识的选择。为了做出合理选择,必须了解各种可选方案。然而,获取不同方案的信息所需要的资源和时间都十分稀缺,不可能无止境地收集信息。我们经常宁愿保持无知,因为获取信息太昂贵了。

四、有限理性的形式

根据有限理性产生的原因不同,可以将有限理性分为成本障碍型、生理局限型和理性节约型三种形式。经济学家们一般解释前两种,即强调由于不确定性和信息成本等引起的有限理性(成本障碍型),或者强调由于人脑认知能力局限性引起的有限理性(生理局限型)。我们将此二者归为一类——约束性有限理性。这样,有限理性可以从两个方面予以考察,一是约束性有限理性,二是选择性有限理性(即理性节约型有限理性)。

(一)约束性有限理性

约束性有限理性指人类受认知能力或外界不确定性、信息成本的约束而无法最大化的情况。约束性有限理性从客观上强调哪些因素使人类不能充分运用理性,其又可分为奈特派、西蒙派以及哈耶克派三支。

1. 奈特派

坚持用"根本不确定性"解释有限理性,代表人物有奈特、杨小凯等。他们认为,根本不确定性是指决策者根本不知道变量有几个可能的值,更不知道每一个可能值发生的概率。根本不确定性是思维的"黑箱",是人类决策交互作用时内生的。但是,奈特仅指出了有限理性源于不确定性,并未说明"根本不确定性"是如何产生的。杨小凯则具体指出,不确定性是每个决策者不但不知道他人的生产函数、效用函数,而且对有不确定性的参数个数、取值范围及概率分布等都一无所知。基于此,他认为人们对组织的信息总是有限的。在这种信息不够的情况下,人们不应该对经济理性过于迷信,而应对看似无理性的组织实验充分开放头脑,不要有预先的成见。

2. 西蒙派

强调成本约束(信息成本、交易成本等)限制了人类行为的理性程度。代表人物有西蒙、威廉姆森、科斯、青木昌彦和张五常等。"有限理性之父"西蒙①认为人在主观上追求理性,但只能在有限的程度上做到这一点。限制决策者信息处理能力的约束来自三个方面:不完全信息或知识的不完备性;处理信息的成本;一些非传统的决策者目标函数或经验决策。

3. 哈耶克派

主要强调历史、习俗、习惯、价值观念和惯例对理性的限制。代表人物有哈耶克、森等。哈耶克指出,人在自发秩序面前只拥有有限理性,可以认识、利用自然规律,但不能设计自发秩序,有限理性导致的无知使人类明白了遵循抽象规则的重要性。进一步地,哈耶克认为规则源于传统,个人理性与人类漫长的实践相比,前者有限,后者无限并逐步形成了当今的各种规则系统,个人遵循抽象规则进行决策也符合理性标准。类似地,森也认为不是所有人都只因为自利才行动,公正、正义等伦理价值观同样影响人类的行为决策。

(二) 选择性有限理性

选择性有限理性从主观上强调个人本来可以最大化理性,但他们不愿意最大化,只选择一定程度的理性;其实质是一种理性闲置状态:个人或者具有"不追求最大化"的偏好,或者认识到认知能力的不足,或者意识到"约束"成本太高而不愿充分运用理性。这种有限理性可以理解为个体经过事先权衡而理性地选择"主动退出"。从表面上看,这种有限理性是对脑力的浪费,实际上是一种理性的节约。个人选择的理性程度受两种因素影响:一是偏好,二是心智成本。

1. X 效率理论与选择性有限理性

哈维·莱宾斯坦(Harvey Leibenstein)在他的 X 效率理论中提出了选择性理性的概念。他指出,新古典理论假定人的理性是充分的,但现实中人的行为不具有充分理性。个人行为既非完全理性,也非完全不理性,而是根据偏好选择某一理性水平。有两种相互冲突的人格倾向影响个人偏好:一种倾向是"超我功能",即个体确立或坚持标准,努力追求最大化;另一种倾向是"本我功能",即个体使用"松散决策程序",不愿意(即使他能够)计算和采取理性行为。总之,X 效率理论认为个人人格的一端表现为"完全关心约束",另一端则正好相反。个人会在此二者的共同影响下选择一个自己偏好的理性水平。如果个人可以运用其全部力量去计算成本与利润并做出选择,那他就是完全理性人。否则,他便是"有选择的理性"的个人。

2. 心智成本与选择性有限理性

个人自主选择的理性水平不仅与个人是否追求最大化的偏好有关,还与个人的心智能力有关,心智成本是导致选择性有限理性的另一个重要因素。

---

① 经济学家们从西蒙的概念出发,发展出三支有限理性流派:第一支是主流经济学家们将不完全信息与有限理性挂钩;第二支是以杰弗里·霍奇逊(Geoffrey Hodgson)、威廉姆森、科斯、青木昌彦和张五常等为代表的从信息成本或交易成本角度理解有限理性;第三支是一些行为经济学家、信息经济学家等把非传统的决策者目标函数引入经济分析。

在信息社会条件下,人类可以借助互联网等迅速收集到各种信息,理性的约束条件不是表现在信息太少而是信息太多,决策的成本更多地被信息分析所占用。事实上,理性思维是一种成本高昂的心智活动,它不仅包括理性计算的思维成本,还涉及理解和处理信息的思维成本、认知协调成本(当原有心智模式与外部环境不匹配时,修正、改变心智模式的成本)以及与情感、动机、价值观念、偏好等相关的心理成本。正因为心智成本的存在,人类可能不愿意充分运用本来应该具有的理性能力而保持理性"无知"。

心智成本论(或理性节约论)将思维或心智作为稀缺资源,认为人类倾向于将有限的脑力资源配置到最需要的用途上去。人们在进行决策时首先应该遵循"经济性原则"。也就是说,人类的策略选择总是在决策的逻辑准确性和付出的认知努力之间进行权衡,不会为了追求前者而一味付出稀缺的心智资源。同时,还必须遵循"适应性原则",人类可以通过适应、协调、学习,不断对环境变化做出能动的反应,使自身的心智模式与情境达到平衡与匹配。有时增加更多新信息反而降低了人们预测不确定未来的准确性。所以,"合逻辑性"和"适应性"分别体现了"应然"和"实然"两个完全不同的概念。

概言之,心智成本论的核心思想是,由于人的心智是宝贵的稀缺资源,人们倾向于以最小的心智成本获得最大的心智收益,而理性与非理性都有各自的成本与收益。[①] 因此,在决策过程中,经济主体不仅要比较理性所支付的"思维成本"与非理性所带来的决策偏差成本,还要在理性决策的准确性与非理性决策的简捷高效性方面进行权衡。但无论如何,基本原则是适应性理性的边际努力不高于决策收益的边际改进[②],即运用心智资源的成本与收益在边际上相等。

值得注意的是,选择性有限理性与约束性有限理性的主要区别(虽然有时也相互关联、难以区分)在于,后者中个体是被动的,而前者强调个人的主动性——是事先的权衡而不是事后"碰壁"才停止理性计算。选择性有限理性强调的不是约束,而是约束导致的心智资源配置问题。

五、有限理性的扩展

尽管存在种种内在的、外在的约束,人类仍可扩展自身的有限理性。

一是"眼睛向内",通过资源互补,如非理性对理性的替代,或者"开启"潜质资源来解决心智资源的稀缺问题。扩展有限理性的内在机制主要有直觉、认知图式与简捷启发式等。[③]

二是"眼睛向外",通过制度、组织、秩序、技术等节省交易成本与心智成本、降低思维负担,例如市场、价格、货币等都在无形中扩展了有限理性。再如,技术的人性化使许多物品使用起来更加安全、方便、简单,这节约了人类的思维成本。一项技术越"傻瓜"化,就越有

[①] 理性的成本主要是在深思熟虑、严密推理等复杂心智运算时所花费的成本,非理性的成本是由于使用直觉、图式、简捷启发式等简约法则而导致的决策偏差成本。理性的收益体现在由于决策过程的严密性、逻辑性和精确性而带来的收益增加,非理性收益则是考虑到环境的复杂性、信息不完备性等情况,使用各种简捷启发式做出迅速、节约决策所带来的收益。

[②] 张茉楠:从有限理性到适应性理性,《经济社会体制比较》,2004年第6期。

[③] 同上。

市场,简单的技术节省了学习操作使用所需要的时间和心智资源。

新制度经济学一开始就主张有限理性,即人类的选择受制于高成本的信息及认知能力方面的局限,但当不同的机会集合出现时,人们仍然会依据偏好采取行动。机会集合是由制度决定的,尤其是法律体系,因为制度决定了产权。诺思提出关于制度演变的路径依赖论,即以前的制度限制了个人的选择及偏好。此外,人类的心智模式会对推理过程加以过滤,而心智模式不仅受个人经历的影响,而且也受社会共有信念或规范的左右。

第三节 行为经济学

一、行为经济学是心理学与经济分析相结合的产物

20世纪80年代,理查德·塞勒(Richard Thaler)等人从进化心理学获得灵感,认为大多数人既不是完全理性,也不是皆从自私自利的角度出发进行决策。以此为基础,专门研究人类行为,尤其是非理性行为的行为经济学应运而生,并逐渐在经济学界占有一席之地。[①]

行为经济学是一门试图将心理学的研究成果融入经典经济学理论的科学,它使人们对理性的认识从有限理性发展到非理性层面。经典理论假定人的行为是理性的、不动感情的、自私的、追求自身效用最大化的,个人只是同质的计算机器。行为经济学则认为,人是充满人性的异质的人,他们还关注公平、互惠和社会地位等许多其他方面。异质性的两个基本假定是:第一,认为个体是有限理性的;第二,认为个体不完全是利己主义的,还具有一定的利他主义。

经济学家长期对人性的简化处理导致了理论的"黑板化",即不同流派的理论都存在一个共性的问题,那就是有精密的逻辑和复杂的模型,却无法有效地解释和理解现实的世界。"黑板经济学"的本质就是经济学对人性的丰富性和多样性的抛弃,按照马克·格兰诺维特(Mark Granovetter)的话语体系来说,就是一个低度社会化和过度社会化的问题。格兰诺维特的视角既是一个社会学的视角,又是一个经济学的视角。作为经济社会学的主要拓荒者,格兰诺维特把经济学缺失的社会因素重新纳入进来,以此来矫正个体主义方法论的缺陷,但又避免了完全社会化的整体主义的不足,从而经济社会学的分析对象是适度社会化的人,而不是个体化的理性经济人和完全社会化的理性人。

直到20世纪70年代,心理学家丹尼尔·卡尼曼(Daniel Kahneman)和阿莫斯·特维斯基(Amos Tversky)通过一系列心理学实验证据证伪了理性经济人赖以生存的两大基石——偏好的完备性和传递性公理,才使得许多经济学家转而开始探求理性经济人之外的人性面。在卡尼曼和特维斯基的成果激励下,许多杰出的青年经济学家开始从其他社会科

---

① 2000—2005年期间,阿克洛夫、弗农·史密斯(Vernon Smith)、卡尼曼、谢林,以及被视为"计量经济学家"的行为经济学家丹尼尔·麦克法顿(Daniel McFadden)等人荣获诺贝尔经济学奖,都与其对人类行为所展开的现实研究密切相关。

学中汲取营养,特别是认知科学、心理学和社会学。通过大量的跨学科研究,格兰诺维特提出的适度社会人的假说与西蒙的有限理性假说得以融合,以卡尼曼和特维斯基的个体决策理论为核心,一种新的关于人性假定的经济学理论逐步呈现出来,并极有可能发展成未来新的经济学微观基础,其重构的新的经济学微观基础被称为"偏好的微观结构理论"。

卡尼曼等人发现,当事人在做实际决策和判断时会出现多种认知偏见,这些偏见会导致当事人不那么理性,并深受社会因素的影响。尤其是在1979年发表的论文中,卡尼曼全面反驳了新古典预期效用理论的建构基础,并提出了价值函数的定义,以此来替代新古典预期效用函数。

卡尼曼和特维斯基构建的价值函数明确把人的选择和判断根植于认知心理学和社会心理学,这就摆脱了新古典理性经济人缺乏心理学基础的不足。卡尼曼和特维斯基认为,真实的人在决策时总是采用"启发式",并且受到框架效应等的影响,因而不可能满足偏好的两大公理,当然理性假说也就不成立。同时,当事人评价决策结果时,是采取相对损益法,而不是新古典范式中的绝对损益法。由于相对损益的计算依赖参考点的选择,而参考点取决于社会因素,也就是社会比较,因此这就意味着个体决策必然带有某种社会性,这点和新古典范式完全不同。

与新古典范式对不确定性的处理不同,卡尼曼和特维斯基认为,当事人的主观概率认识可能与实际的概率分布不一致,而当事人的决策恰恰是基于其主观概率分布做出的,卡尼曼和特维斯基称之为"权重函数"。比如,当事人总是出现高估小概率事件和低估大概率事件的偏见。行为经济学指出,人们决策时似乎在运用小数定律。通俗地说,人们认为一个小样本与大样本拥有近似相同的概率分布。依据统计学的大数定律,当样本数不断增加时,样本均值的方差趋于零。但在现实中,人们却从心理学的小数定律出发,认为一个小样本的均值也以平均值为中心分布,这显然不科学,导致了所谓的从少量独立观测中做出的"过度推断"问题,使行为偏离理性层次。例如,当一个投资者观察某个基金经理的业绩表现时,如果投资者发现该经理人连续两年的业绩表现超过平均水平,投资者就很有可能会推断该经理人具有超凡的能力,从而做出向该经理人管理的基金进行投资的决策。

卡尼曼和特维斯基主要从认知心理学来探讨有限理性和人的社会性,并没有更多地涉及经济学的理论逻辑。在经济学中,对个体社会性的有效处理是由行为经济学家和实验经济学家来完成的。沃纳·古斯(Werner Guth)等人设计了一种最后通牒博弈实验,这种博弈实验包含两个参与人:一个扮演提议者,另一个扮演响应者。实验前赋予提议者一定数量的禀赋,响应者没有初始禀赋。实验开始时,提议者针对自己手中的初始禀赋做出一个分配方案,这个分配方案完全由提议者自主做出,和响应者没有任何关系,提议者可以分配任何数量的初始禀赋给响应者,也可以不分配、自己独享;响应者在博弈中是被动的,可以选择接受分配方案,也可以选择拒绝;响应者做出回应后,博弈结束。这个最后通牒博弈的设计非常巧妙,按照新古典范式的理性经济人假说,博弈的纳什均衡解就是:只要提议者分配给响应者任何非负数量的初始禀赋,响应者就会接受。因为对响应者来说,有总比没有好,这符合理性经济人的行为。因此,提议者会分配最少数量的初始禀赋给响应者,而响应者会接受这一分配方案。但古斯等人的实验结果表明,提议者提议的初始禀赋分配比例均值在0.33—0.37,而响应者的拒绝率均值在0.10—0.25。这一实验结果意味着参与实验的被试者并没有呈现出新古典范式所预测的结果,即被试者并不是理性经济人。

古斯等人的实验结果引起了广泛的反响,卡尼曼等人在其基础上加以改进,有学者对卡尼曼等人的改进版进一步精炼,构造了一种独裁者博弈。和最后通牒博弈相比,独裁者博弈取消了响应者拒绝的权利。也就是说,无论作为独裁者的提议者提出什么分配方案,响应者都得接受。从理性经济人假说来预测,提议者应该不分配给响应者任何禀赋。但实验结果再一次证伪了新古典范式,提议者提议的分配比例均值在20%左右。很显然,最后通牒博弈和独裁者博弈的实验结果违背了新古典范式的理论预测,被试的行为没有按照理性经济人行事。

狭义而言,行为经济学是心理学与经济分析相结合的产物。广义而言,行为经济学把五类要素引入经济分析框架:① 认知不协调——C-D gap;② 身份—社会地位;③ 人格—情绪定势;④ 个性—偏好演化;⑤ 情境理性与局部知识。行为经济学的核心思想是,在经济分析中强化心理学基础,并使之更符合现实,这将有利于改进经济学自身的方方面面,提高理论洞察力,更好地预测实际现象,帮助人们制定更合理的政策。

相关链接 4-2

人类行为的利他性

美国《科学》杂志第 84 期曾经做过一个试验,鼓励读者给该杂志寄一张索要 20 美元或 100 美元的明信片;但有一个规定,如果 20% 以上的读者索要 100 美元,所有的读者将一无所获。其结果是,在 33 511 张明信片的邮寄读者中,索要 100 美元的占了 35%,因此所有邮寄明信片的读者一无所获。这个试验结果反映了人类行为特征的两面性:一是与传统经济学相吻合的一面,即人类行为的理性或功利主义特征,以及个体理性对集体合作所形成的阻碍作用;二是与传统经济学相背离的一面,即人类行为同时具有互利主义特征——绝大多数响应者(65%)确实采取了具有集体理性的行动,只索要 20 美元。

从深层次上考察,上述试验所验证的人类行为的利他性可能仅仅是一种"为己利他"——要想增进自己的收益,必须考虑对方的利益;否则,就可能引起报复,反而得不偿失。但我们仍能在现实世界找到一些看似纯粹的利他主义行为案例:2006 年 6 月 25 日,世界第二富豪、"股神"沃伦·巴菲特宣布,将从下个月起逐年将价值 370 亿美元(相当于其个人财富 85% 的股票)捐赠给 5 家慈善基金会,其中 5/6 将由世界首富比尔·盖茨的基金会获得。这一数额巨大的捐款使巴菲特超越卡内基、洛克菲勒、福特以及盖茨,成为有史以来出手最为慷慨的慈善家。而且,巴菲特还准备将手上剩余的股票(按目前的市场价格计算,价值约 70 亿美元)在其死后捐赠给慈善事业。

在慈善家们眼中,给予财富比获取财富更让人感到幸福。财富并非行为的终极目标,相反,财富仅是获取幸福与快乐的工具和途径,是自己能力的一个证明。财富从社会中来,到社会中去,利用积累的财富帮助贫困弱小,可以使金钱在效用最大的地方得以使用,促进人类的共同进步。纯粹的爱与利他、社会责任感、同情心等非财富最大化行为目标与行为特征能更好地解释慈善家们从传统经济学意义上而言的非理性行为。

二、行为经济学的三大基石

前景理论、锚定效应和心理账户原理,共同构成了行为经济学的三大基石。

(一)前景理论

前景理论由下面四个原理组成:

① 确定效应:在确定的好处(收益)和"赌一把"之间做一个抉择,多数人会选择确定的好处。

② 反射效应:在确定的坏处(损失)和"赌一把"之间做一个抉择,多数人会选择"赌一把"。

③ 损失规避:多数人对损失比对收益更为敏感。卡尼曼等在1979年指出,人们对收益和损失的价值函数并不是对称的。从心理上说,人们对损失的感觉往往比得到收益的感觉强烈,拥有某物品的人放弃该物品时要求得到的补偿通常高于他们没有该物品时对该物品的支付意愿。1990年,卡尼曼等通过有名的"瓷杯实验"对此偏好进行了证实。

图4-1体现了人们的这一心理特征。损失曲线比收益曲线更陡峭,表明损失一笔钱给人们带来的痛苦值远远大于获得同样一笔钱给人们带来的欢乐值,这种现象也被称为亏损规避。从价值函数图还可以看出,人们的经济行为在收益区间(参照点以上)是风险规避型的,表现为价值函数下凹;而在损失区间(参照点以下)则是风险趋向型的,表现为价值函数上凸。综合起来,人们的价值函数曲线为"S"形。

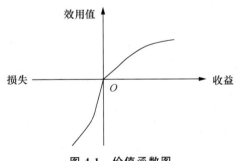

图 4-1　价值函数图

④ 参照依赖:多数人对得失的判断往往由参照点决定。人们常常对一个行动后果与某一参照点的相对差异很敏感,而对这一后果本身的绝对水平不敏感。也就是说,人们更加关心相对水平。以图4-1为例,原点为参照点,人们对越是靠近参照点的差异越敏感,越是远离参照点的差异越不敏感,呈现边际递减规律。即使参照点是任意给出的,对后续行动也有影响。当人们随着时间的推移扩展经验时,通常会做出不完善的估计。如建筑工人估计一年中的伤亡事故概率时,他们报道的是34%,而当时间延长4年时,估计的概率仅为43%。当纳税人被问及两年内进行税收审计的概率时,他们报道的是28%,而当时间延长8

年时,估计的概率仅提高了一点,为 35%。①

(二)锚定效应

人们在进行判断时常常根据一些典型特征或显著经验对这些事件的发生形成一个"锚定值",再根据参照点调整对事件的估计。这样的话,虽然具体决策时会有调整,但调整的范围仍旧锁定在"锚定值"的临近区域,不可避免地导致行为判断中过分夸大或缩小事件的发生概率,出现非理性行为。许多金融和经济现象都受锚定效应的影响,如股票的当前价格就受到过去价格的影响——人们很难知道它们的真实价值,因此在交易中就经常以昨天(或过去一周)的价格为锚,来确定当前价格。

(三)心理账户原理

我们在思考一些问题时,并不会去进行统一的成本—收益核算,而是会在心里构建很多个分门别类的账户,分头进行计算。人们会根据金钱的来源、存储的方式或支付方式,无意识地将金钱加以归类,并赋予不同的价值,进行分别管理。举例来说,我们可能拥有十只不同的股票,按照经典的经济学理论,我们关注的应该是这十只股票所构成的组合的整体涨跌。但在现实中,我们除了关注整体的涨跌外,还会关心每只股票的涨跌状况。当某些股票跌得很惨时,我们也不肯"割肉",把资金放到业绩更好的股票上,而宁愿继续持有它,等着回本。

心理账户的提出对于传统经济学理论的冲击是很大的。例如,传统经济学告诉我们,"沉没成本不是成本",不应该影响进一步的选择。但是,如果存在着心理账户,那么沉没成本就会严重制约进一步的选择行为。不同的心理账户系统具有"非替代性"。按照传统经济理论,金钱具有替代性,不会贴上功能标签。但在行为经济学的心理账户理论看来,小到个体、家庭,大到集团公司,都有或明确或潜在的心理账户系统。金钱常常被归于不同的心理账户中,不同账户中的金钱不能相互替代。如果某人意外拣到 100 元,他可能选择马上到餐馆里搓一顿;但如果是加班得来的 100 元,则可能选择存起来或放在一边,而不是马上挥霍掉。对于同样的 100 元,为什么行为差异如此之大?原因就在于,人们将意外之财和辛苦所得划分得很清楚,分别归入不同的心理账户,二者之间不具有替代性。

三、将效用最大化假设拓展到所有个人

诺思在获诺贝尔经济学奖时指出,新制度经济学分析框架是对新古典理论的修正。它保留了稀缺性的基本假设以及与此相关的竞争和微观经济理论的分析工具。新制度经济学所涉及的方法论在本质上与正统的微观经济学分析是一致的。如威廉姆森声称:"新制

---

① 转引自〔美〕阿兰·斯密德:《制度与行为经济学》,中国人民大学出版社,2004 年版,第 47 页。

度经济学家认为,他们正在做的乃是对常规分析的补充,而不是对它的取代。"①

新古典经济学的基础是一些有关理性和信息的苛刻假设,它隐含地假设制度是既定的。新制度经济学力图将制度理论整合到经济学中。但是,新制度经济学不像早期一些理论那样试图推翻或取代新古典经济理论,而是力图在新古典经济理论的基础上,通过修正和扩展新古典经济学理论,使人们能够把握和处理迄今为止还处于其分析范围之外的大量问题。②

如何将效用最大化假设拓展到所有个人?主要步骤是,首先通过将效用最大化假设拓展到包括商业经理、政府官员在内的所有个人,从而消除消费者选择理论和企业理论的两分法。这种两分法使新古典主义缺乏一般性。与传统理论不同,新制度经济学通过把效用最大化假说扩展至所有人的选择而结束了消费者选择理论和企业理论的区分。一个人,无论他是一个政府官员还是一个资本主义企业主,都被认为是在他所依存的体制所允许的界限内进行自己的选择、追求自己的目标。

新制度经济学为微观经济学理论的标准假设增加了一剂现实主义的"补药"。在新制度经济学看来,个人基于稳定和一贯的偏好排序,尝试使自己的行为效用最大化,但是他们却面临认知限制、不完全信息以及监督和实施契约的困难。当制度给予的收益大于创造和维持制度所引起的交易成本时,制度就会出现并持续下去。③ 在新制度经济学中,人们追求自己的利益,在由现有组织结构确定的约束限制下最大化自己的效用。新制度经济学重视不同约束条件下人的行为的分析,如在不同的制度、产权下人的行为就有很大的差异。不同的制度、产权安排下收益—报酬结构也不一样。新制度经济学与新古典经济学一样,也是强调约束条件下的最大化,但是新制度经济学所讲的约束条件比新古典经济学所讲的约束条件要丰富得多。

新古典经济学认为,人是理性地追求效用最大化的。但是在新制度经济学的代表人物科斯看来,这个假设既没有必要,也会引人误入歧途。他指出,在当代制度经济学中,我们应该从现实的组织体制出发,应该从人的实际出发来研究人,实际的人在由现实制度所赋予的制度条件中活动。显然,新制度经济学是要用"现实的人""实际的人"来代替新古典经济学的"理性的人"。

科斯所说的"现实的人""实际的人"既可以用威廉姆森所概括的两点来描述,即人的有限理性和人的机会主义行为倾向,也可以用行为经济学所讲的非理性行为来描述。新制度经济学对人的行为假设的修正有两个方面的重要意义:一是对"实际的人"的行为分析使经济学更具有了"解释力",二是从"实际的人"出发更有利于对制度问题的分析。

人的行为与组织、契约及制度创新之间有着内在的联系。如果不对新古典经济关于人的行为假设分析的修正,就很难找到对制度问题分析的突破口。和旧制度主义者一样,新制度主义者也是从批判流行经济理论"过于抽象"入手。但是,降低抽象程度意味着要完全或在很大程度上放弃建立于确定性和无限理性基础之上的古典和新古典经济理论的基本

---

① 〔美〕迈克尔·迪屈奇:《交易成本经济学》,经济科学出版社,1999年版,第3页。
② 〔美〕诺思:《新制度经济学及其发展》,载孙宽平主编:《转轨、规制与制度选择》,社会科学文献出版社,2004年版,第3页。
③ 〔美〕沃尔特·W.鲍威尔等:《组织分析的新制度主义》,上海人民出版社,2008年版,第4页。

假设。放弃这一基本假设的方法论意义无论是从整体来说还是从局部来说都是巨大的。①

【关键概念】

理性	有限理性	目标理性	手段理性
本质理性	程序理性	建构理性	演进理性
适应性理性	创新理性	个人主义	行为经济学
前景理论	锚定效应	心理账户	

【思考题】

1. 简述理性概念的历史演化。
2. 试分析主流经济学在研究人与制度上有什么局限性。
3. 如何正确理解个人主义？
4. 为什么会产生有限理性？
5. 为什么说行为经济学是心理学与经济分析相结合的产物？
6. 简述行为经济学的三大基石。

【推荐阅读】

1. 〔美〕阿兰·斯密德：《制度与行为经济学》，中国人民大学出版社，2004年版。
2. 〔英〕霍奇逊：《现代制度主义经济学宣言》，北京大学出版社，1993年版。
3. 〔英〕哈耶克：《个人主义与经济秩序》，生活·读书·新知三联书店，2003年版。
4. 〔美〕加里·贝克尔：《人类行为的经济分析》，上海三联书店、上海人民出版社，1995年版。
5. 〔美〕赫伯特·西蒙：《人类活动中的理性》，广西师范大学出版社，2016年版。
6. 〔美〕理查德·泰勒：《"错误"的行为》，中信出版社，2016年版。
7. 〔美〕理查德·泰勒等：《助推》，中信出版集团，2018年版。
8. 〔美〕理查德·泰勒：《赢者的诅咒：经济生活中的悖论与反常现象》，中国人民大学出版社，2013年版。
9. 周业安：人的社会性与偏好的微观结构，《学术月刊》，2017年第6期。

■ 案例
集体主义与个人主义的历史起源：来自新石器时代的证据

文化和制度紧密结合，不仅影响了人们的生活方式和经济绩效，也影响了人们的价值观。众所周知，世界上有多种多样的文化，那么，是什么原因导致了文化的多样性呢？在已有的研究中，学者们对文化和制度的起源展开了多视角分析，例如地理决定理论、基因多样

---

① 〔美〕埃里克·弗鲁博顿、〔德〕鲁道夫·芮切特：《新制度经济学：一个交易费用分析范式》，上海三联书店，2006年版。

性理论、人种决定理论、战争决定理论等。另外,还有许多学者致力于从各国文化传承、扩散和文化间融合的视角来解释文化的多样性。Olsson 和 Paik 发表在 *Journal of Development Economics* 的文章"Long-run Cultural Divergence: Evidence from the Neolithic Revolution"则提出了一种全新的解释——农耕结构,即新石器时代以来,农耕结构的变化影响了具有不同价值观的人群的分布,这一影响绵延至今,影响了当今文化,进而影响了一国的制度偏好。

具体而言,作者聚焦在文化的两个维度上:集体主义和个人主义。集体主义意味着对传统宗族结构和强势政权有着更高的接受度,这可能是出于人们对不确定性的恐惧和抵御外族的需要。而个人主义则反之。个人主义者相信个体对自身命运的控制,这样的文化有着更强的创新精神,也更可能产生包容性的经济制度。

作者的推断由三部分组成:第一,越早形成农业社会的地区有着越强的集体主义倾向;第二,农业在西方世界的传播主要是通过个体农民的迁移;第三,新石器时代的影响会持续到现在。作者认为,不同国家之所以会产生不同的文化范式,原因在于早年不同的农耕模式影响了人群的分布。成熟的农耕文明不同于原始的"采集+种植"文明,农耕带来更多的人口、产品剩余,以及对水利和天气更多的依赖;而非农耕文明则更多依赖于个人的拼搏和努力。这两种生产模式会产生不同的信念偏好。

历史上,由于农业产出的制约、周期性的疾病和其他文明的竞争,欧洲农业核心区的人们为保护自己形成了较强的集体主义精神,更倾向王国统治和大一统国家。而崇尚自由主义、有较强开拓精神的居民则选择向西、向北移民拓荒,逐步穿过德意志地区到达遥远的英国、北欧等地。当某一地区逐渐被开发成熟、人口密度上升,进而转变为农业核心区域时,前述的人口分流过程就会再次发生,人群分布也会再次出现自选择。

从史实来看,作者的逻辑与历史基本一致。每当一个地区逐渐被开发成熟、人口密度上升时,殖民者和拓荒者就会前往新的地区发展生产,并逐步将新居住地变为农耕地区。

在实证分析部分,作者使用世界价值观调查(World Value Survey)的数据作为文化的度量指标,该数据涵盖了 43 个国家的 492 个地区。上述指标能够反映被访者对个人主义和集体主义的态度。研究结果表明:在欧洲,越晚被开发、越靠北的地区就越倾向于个人主义。随后,作者做了一系列的计量检验和分析。分析显示:在那些新石器时代更适宜农耕的地区,人们更偏向于集体主义;越晚进入农耕模式、越晚被开发的地区,人们对个人主义的偏好就越强。

作者检验了新石器时代农耕模式对地区之间文化多样性的具体影响,丰富了人们对不同文化起源的理解。从更近的历史看,我们同样可以找到农耕制度对文化产生的潜在影响。例如,在美国西进运动中,最有冲劲的年轻人投入了航海和拓荒事业,这一过程产生了大量自给自足的小农场,西部牛仔式的个人主义思潮逐步融入了西部的文化中。从西欧向东扩散的垦荒者则沿着大草原到达了中国的西部和东北部,与中原王朝发生文化交流,逐渐过渡到农耕模式。这篇文章为这类研究提供了一个新的可能。

资料来源:Olsson O., Paik C. Long-run Cultural Divergence: Evidence from the Neolithic Revolution[J]. *Journal of Development Economics*,2016,122:197-213.

第五章 交易成本

交易成本是经济制度的运行费用。

——阿罗

2014年9月23日,马云在回答克林顿千金切尔西"如何看待阿里巴巴上市将带来的价值"的问题时,给出的答案非常经典:"为什么阿里巴巴在中国能取得成功?因为中国的贸易结构实在'太烂了',于是,我们就有了机会。为什么美国的电商却不怎么样?因为基础结构太好了。在美国,电商就是一道甜点,但在中国却是一道主菜。"这个回答直击中国经济的痛点:虽然商品交易量极大,但交易环节过长、交易成本过高、寻租与食租者太多。阿里巴巴成功的关键是通过互联网绕开了各种管制从而大大地降低了交易成本。

本章我们讨论三大问题:一是交易成本是经济制度的运行费用,二是作为一种分析范式的交易成本理论,三是科斯定理。

第一节 交易成本是经济制度的运行费用

一、交易是制度经济学的基本分析单位

交易是制度经济学的基本分析单位。制度经济学研究制度和经济问题是从交易入手的,这类似于马克思研究资本主义经济从商品入手。古希腊思想家亚里士多德是较早使用"交易"概念并对它的功能及类型加以分析的学者。早期制度经济学家康芒斯把"交易"确立为比较严格的经济学范畴并对其做了明确界定和分类。

交易是人类经济活动的基本单位,也是制度经济学的基本分析单位。在康芒斯看来,交易是经济活动中人与人之间关系的最为基本和一般的形式。因而,如果要对协调经济活动中人与人之间关系的组织制度进行研究,那么必然要求把"交易"作为基本的分析单位。

交易是人与人之间的关系,是个人与个人之间对物的所有权的让与和取得,而不是人类与自然的关系。也就是说,交易概念是与以往经济学中的"生产"概念相对应的,生产活动与交易活动共同构成了人类的全部经济活动。

制度经济学中的交易与古典经济学和新古典经济学的交换不同。"交换"是一种移交与接收物品的劳动过程,是一种物品的供给与需求的平衡关系,传统经济学就是对这种供

求平衡关系的描述。而"交易"不以实际物质为对象,而以财产权利为对象,是人与人之间对自然物的权利的让与和取得关系,是转移法律上的控制。

交易作为一种人类基本的活动单位,是使法律、经济学和伦理学发生相互关系的基本单位。不同的具体交易合在一起便构成了经济研究上的较大单位——"运行的机构"或制度,即"制度"不过是无数次交易活动的结果。

具体来说,康芒斯把交易分为三种类型:

① 买卖的交易,即法律上人们之间自愿的平等交换关系,主要表现为市场上人们之间平等的竞争性买卖关系。

② 管理的交易,即长期合约规定的上下级之间的不平等交易,主要表现为企业内上下级之间的命令与服从关系。

③ 限额的交易,这也是一种上级对下级的关系,只是上级是一个集体或它的正式代表,如政府、董事会,主要表现为政府对个人的关系。

康芒斯认为,这三种交易类型几乎涵盖了所有的人与人之间的经济活动,并且三种交易不同程度的组合形成了变化多端的制度形态(例如计划经济与市场经济)。需要注意的是,在康芒斯那里,三种交易与市场交易、企业内交易、政府交易并不是完全对等的。一般来说,市场交易基本属于买卖的交易;企业内交易大多是基于管理的交易;而限额的交易则不仅包括政府交易,还包括企业间的非市场交易和少数企业内交易。因而,买卖的交易、管理的交易和限额的交易与现代社会中的市场、企业和政府三种基本制度安排之间,也不构成一一对应的关系。譬如,市场内不仅包含通常的买卖交易,还包含具有限额交易性质的企业间的非市场交易,如同业协会、卡特尔等组织制度就既不属于企业组织,也不能归于政府体制。

二、交易成本

科斯在经济学上的重大贡献就是发现运用价格机制是有代价的,并把交易成本和产权引入经济分析之中。而威廉姆森的贡献在于把交易成本理论系统化,如分析了交易的维度、为什么存在交易成本、交易成本与组织及治理的关系等。我们可以从多视角分析交易成本:

一是从契约角度来界定交易成本。在科斯看来,交易成本应包括度量、界定和保障排他性权利的费用,发现交易对象和交易价格的费用,讨价还价、订立交易合同的费用,督促契约条款严格履行的费用,等等。威廉姆森把交易成本分为两部分:一部分是事先的交易成本,即为签订契约、规定交易双方的权利和责任等所花费的费用;另一部分是事后的交易成本,即签订契约后,为解决契约本身所存在的问题、从改变条款到退出契约所花费的费用。

二是从产权角度来界定交易成本。巴泽尔把交易成本定义为与转让、获取和保护产权有关的成本。[①] 交易成本就是个体之间为交换经济资产所有权并且执行这些排他性权利而

---

① 巴泽尔:《产权的经济分析》,上海三联书店,1997年版,第3页。

发生的费用。交易成本与经济理论中的其他费用一样是一种机会成本,它也可分为可变成本与不变成本两部分。诺思对交易成本的界定则相对宽泛,认为交易成本是在日益专业和复杂的劳动分工条件下,维持一种产权体系所必需的一般管理成本。[①]

三是从制度角度界定交易成本。在康芒斯看来,交易是人与人之间经济活动的基本单位,无数次交易构成经济制度的实际运转,并受到制度框架的约束。循着这一思路,阿罗将交易成本简明地定义为经济制度的运行费用。具体来说,从这一角度理解交易成本,交易成本应包括制度的确立或制定成本、制度的运转或实施成本、制度的监督或维护成本(违反制度的惩罚等);如果考虑到制度本身的创新或变革,那么还有制度的变革成本。因为要变革旧制度,就需要进行各种活动,例如,劝说、宣传、对旧制度既得利益者的保护或者对受损者的补偿、为避免社会震荡所支付的费用,等等,这些花费都构成制度的变革成本。

从上述的分析中我们可以看出,从广义的角度,交易成本实际上是经济制度的运行费用,是所谓的"制度成本"。那么,交易成本的变化也就可以体现出制度结构的变化。不同制度结构下的交易成本是不一样的,一种好的制度具有降低交易成本的内在动力。

归结起来,交易成本的大小主要取决于以下两个方面:

第一,分工、经济发展水平及产业结构的转换。在市场经济体制下,分工越来越细,交易的层次也越来越多。斯密在《国富论》中研究了交换引起分工和专业化从而大大提高劳动生产率的情况。斯密还探讨了分工与市场范围的关系,其基本观点明确地表达在《国富论》第3章的标题上:"分工受市场范围的限制"。斯蒂格勒在其《分工受市场范围的限制》一文中进一步发展了被他称为"斯密定理"的观点。斯密定理的具体含义是,只有当对某一产品或服务的需求随市场范围的扩大增长到一定程度时,专业化的生产者才能实际出现和存在。随着市场范围的扩大,分工和专业化的程度不断提高。但是,斯密只是单方面地强调了交换的专业化水平提高对生产成本的节约,却没有权衡与此同时增加的交易成本。实际上,市场范围的扩大又受交易成本大小的制约。当经济变得越来越专业化和城市化时,更多的交易是在没有长期关系的个人之间进行的,也即非人性化交易,这时理性的消费者不得不更多地卷入搜寻和收集信息的活动中,从而使交易成本上升。

历史上,分工及专业化的发展严重地受交易成本提高的制约。生产费用曲线的弹性小于交易成本曲线的弹性,也就是说,每提高1个单位的专业化程度,所引起的生产费用的减少小于相应增加的交易成本。因此,新制度经济学的分析表明,制度的出现一定会使专业化程度每一步提高所节约的生产费用,正好大于或等于由此所引起的交易成本的增加,亦即在两条曲线的交点所决定的 A 点右侧(见图5-1)。A 点就是制度出现的转折点。如果 tc(单位的交易成本)能够向右移动,那么专业化程度还会提高。科斯认为,将交易成本引入分析中,是因为经济生活中发生的很多事情要么是为减少交易成本而创造出来的,要么是使以前受过高交易成本阻碍而不可能实现的东西变成可能。换言之,交易成本的降低可以使生产可能性曲线外移。

第二,体制及制度因素。不同体制和制度下的总量交易成本是存在较大差异的。人类社会早期,私人之间的交易成本占有较大比重,随着社会经济的发展,公共部门的交易成本不断增加,并且替代了前者的部分功能,具有规模经济效应。例如,运用政治制度来重构产

---

① 〔美〕沃尔特·W.鲍威尔等:《组织分析的新制度主义》,上海人民出版社,2008年版,第5页。

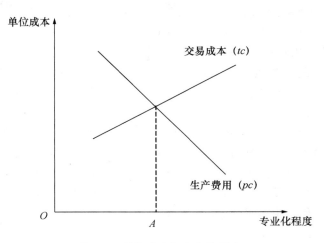

图 5-1 单位成本与专业化程度

权也可以使交易成本不断降低,这是因为由政府行政部门替代了个体决策,把过去私人之间的产权交易变为由政府作为第三方实施者参与的产权交易,从而大大地减少了不确定性和相关矛盾,但同时这也将交易成本附加于经济的其他部门。

科斯提出了运用价格机制是有代价的,但他没有分析为什么会存在交易成本。交易成本在本质上是专业化与劳动分工的费用。交易成本的存在有三种解释:

第一,威廉姆森认为,交易成本的存在取决于三个因素的同时存在:有限理性、机会主义行为及资产专用性。有限理性我们在前面章节已经介绍,现重点分析后两个因素。

所谓的**机会主义行为**,也就是指人们在交易过程中通过不正当的手段来谋求自身的利益。机会主义描述了"狡诈地追求利润的利己主义"。具体来说,机会主义是指在非均衡市场上,经济主体追求利益内化、成本外化从而逃避责任的行为。机会主义行为又分为事前的机会主义行为和事后的机会主义行为。前者是指逆向选择的情况,后者是指道德风险的情况,也就是隐蔽信息与隐蔽行动的问题。由于把机会主义者和非机会主义者在事前区分开来的成本一般很高,完全合同肯定要失败。

资产专用性是指耐用人力资产或实物资产在某种特定贸易关系中被锁定的程度,也即在可供选择的经济活动中所具有的价值。资产专用性是相对资产通用性而言的。资产专用性的高水平意味着双边垄断的存在。威廉姆森用资产专用性来解释交易成本的起源。资产专用性是为支持某项特殊交易而进行的耐久性投入。如果初始交易没有达成,该项投入在另一种用途上或由其他人使用时的机会成本要低得多。这样一来,交易双方的具体身份显然很重要,也就是说,关系的持久性是有价值的。为支持这种交易,各种安排就会出现。

有限理性和人的机会主义都与人性有关。人的本性直接影响了市场的效率。市场上交易的双方不但要保护自己的利益,而且还要随时提防对方机会主义的行为,甚至要防范同行的侵权行为。每一方都不知道对方是否诚实,都不敢轻率地在对方提供的信息的基础上作决定。人的机会主义本性增加了市场交易的复杂性,影响了市场的效率。因此,交易过程中发生在商检、公证、索赔、防伪中的交易成本就会增加。如威廉姆森所说,交易成本经济学借助有限理性和投机这两个概念,把握住了人类的本质特征。

第二，诺思认为交易成本主要产生于量度一种商品或服务的多重价值维度、保护个人产权、整合社会中分散的知识、实施合约等活动中。

改善经济绩效意味着必须降低生产成本和交易成本，并且关键在于变更制度以实现这一目标。例如，发展统一的度量体系，进行技术研究以更好地度量，改进对产权的界定，建立有效的司法体系以降低合约实施的成本，构建制度去整合社会中分散的知识，去监督和度量协议并解决争议。

第三，哈特不完全合同理论解释了交易成本是从哪里产生的，以及什么因素决定了交易成本，这是对交易成本理论的重大贡献。什么是不完全合同呢？哈特是这样阐释的：① 由于世界总是充满了不确定，因此人们总不可能预料到未来的所有情况；② 即使人们可以预料到未来的所有情况，签约双方也难以用共同的语言将这些情况写入合约；③ 即使签约双方可以达成一致，他们也很难将契约的内容交与第三方裁决。

三、交易成本的类型及量度

与康芒斯对交易的分类相对应，交易成本可分为三种类型：

① 市场型交易成本。主要包括合约的准备费用（搜寻和信息费用）、决定签约的成本（谈判和决策费用）、监督和履行合约的费用。

② 管理型交易成本。主要包括两方面。一是建立、维持或改变一个组织设计的费用。二是组织运行的费用，其又可以分为：第一，信息费用，即与制定决策、执行监管命令、度量工人绩效有关的费用，以及代理的费用、信息管理的费用，等等；第二，与有形产品和服务在可分的技术界面之间转移有关的费用，如在企业内的运输费用等。

③ 政治型交易成本。一般来讲，政治型交易成本是集体行动提供公共品所产生的费用，可以被理解为与管理型交易成本类似的费用。主要包括建立、维持和改变一个体制中的正式与非正式政治组织的费用、政体运行的费用。[①]

这三种交易成本既相互区别，又相互联系。如市场型交易成本与管理型交易成本可以部分替代，政治型交易成本的降低也可降低市场型交易成本与管理型交易成本。政府如果出台一些管制，就有可能增加市场型交易成本与管理型交易成本，因为这些管制实施的成本都会由组织或企业承担，从而增加交易成本。

对市场型交易成本、管理型交易成本及政治型交易成本进行分类和测度可以使我们更好地认识交易成本与经济系统运行的关系，我们可以从交易成本的高低更好地分析经济体制绩效的高低。据估计，每单位的市场型交易成本是最终消费价格的 40%，管理型交易成本和市场型交易成本之和可能是最终消费价格的 50%—70%。美国联邦贸易委员会 1975 年的调查数据显示，在消费食品行业，生产者的媒体广告费用支出加上"其他"销售费用平均为 13.4%（其中非处方药市场该费用占比最高，达到 29.8%）。[②]

市场型交易成本、管理型交易成本、政治型交易成本等构成总量交易成本。不同的体

---

① 〔美〕埃里克·弗鲁博顿、〔德〕鲁道夫·芮切特：《新制度经济学：一个交易费用分析范式》，上海三联书店，2006年版，第 60—65 页。
② 同上书，第 55 页。

制下,总量交易成本是有差异的,并且其中的不同部分可以相互替代。如传统计划经济体制下,我们试图取消市场型交易成本,但管理型交易成本急剧上升,并且使市场与管理之间的替代关系不存在了,缺乏竞争和优化机制,从而使总量的行政费用大大地增加。张五常认为,计划经济体制的边际交易成本高于市场经济体制的边际交易成本。科斯定理表明,只有交易成本为正,各种制度才会产生。反过来,有效的制度(尤其是法治)又可大大地降低边际交易成本。市场化程度也会影响总量交易成本。集权体制的总量交易成本与分权体制的总量交易成本不一样,计划经济体制的总量交易成本与市场经济体制的总量交易成本也是不一样的。

另一类总量交易成本还表现在宏观层次的交易成本的测量上。经济体中的每一项经济活动均无可避免地涉及交易成本或其他成本,所以要想具体分析每一次交易活动并详细划分其中的各项成本是绝不可能的。诺思等通过将整体经济活动划分为交易活动和生产转换活动,并加总与交易活动相关的资源耗费,获得了对交易成本的大致估计。他们认为,买卖关系及中介是理解交易成本的关键。从买方(消费者)看,交易成本就是自己支付了、但卖方(厂商)并未收到的那些成本,比如,法律部门运行的成本、销售人员的薪水以及运输部门的耗费等;从卖方来看,交易成本就是那些如果卖方将产品卖给自己就不会产生的成本,比如市场营销人员、律师的费用等;从买卖之间的中介看,金融、保险、房地产、批发零售等部门运行的成本等应包含在交易部门的成本当中。另外,政府服务,比如国防、警察、法院等保护产权部门的开支以及教育、公共交通等部门的开支,也应计入交易成本,因为它们方便了人们的劳动分工和专业化,提高了经济体的运行效率。通过这些方法,诺思等在资料有限的情形下获得了对交易成本总额的大致认识(见表5-1)。

表5-1 国民经济各部门交易性质分类

行业	性质	行业	性质
农林牧渔	非交易服务部门	餐饮业	非交易服务部门
采掘业	非交易服务部门	金融保险业	交易服务部门
制造业	非交易服务部门	房地产管理及咨询业	交易服务部门
电力煤气及水	非交易服务部门	公用事业	非交易服务部门
建筑业	非交易服务部门	教育文化艺术业	非交易服务部门
地质勘查、水力管理	非交易服务部门	卫生体育社会福利	非交易服务部门
交通运输、仓储业	非交易服务部门	广播电视业	交易服务部门
邮电通信业	交易服务部门	科学技术研究业	非交易服务部门
批发零售业	交易服务部门	国家机关社会团体	交易服务部门

在一份度量美国经济的交易成本的报告中,诺思等所作的估算是,1970年美国的交易成本占GNP的比重大体上为46.66%—54.71%。为了作历史比较,沃利斯和诺思计算了1870年、1880年、1890年一直到1970年的GNP中的交易成本比重。1870年至1970年间,美国经济的交易成本比重翻了一番多,由26.09%上升至54.71%。这个结果是令人吃惊的,而且作者得出结论,交易成本的相对增长是获取来自劳动分工和专业化的收益的必然结果。

这些发现与跨国经验一致,即经济发展和收入水平越高,在交易服务方面的开支就越高。1990年,德国的交易成本占 GNP 的比重在 64.2%—69.5%之间,如果不把政府为交易服务支付的交易成本算在内,则该比重为 50%—55%。我们初步估算了中国的宏观交易成本(见表5-2):

表 5-2　中国交易成本占 GNP 的比重　　　　　　　　　　(单位:亿元)

年份	非交易行业、交易部门费用	交易行业费用	交易部门费用	GNP	交易成本占 GNP 的比重
1982	530.1	901.3	1 478.6	5 301.8	27.89%
1990	2 231.8	4 649.6	6 911.2	18 598.4	37.14%
2000	15 098.2	24 163.9	39 314.9	88 189.6	44.58%

资料来源:《1982年全国人口普查资料汇总》《1990年全国人口普查资料汇总》和《2000年全国人口普查资料汇总》。

交易成本占国民生产总值的比重与每一笔交易的成本是两个不同的概念,但两者又有内在的联系。交易有一个规模收益递增的问题,这就需要分工和专业化达到一定的程度,当交易部门实现了规模经济以后,整个社会的交易成本(即为维持交易部门的运转所需要的费用)也会达到一定的规模,但是社会成员用于每一笔交易的交易成本会下降,社会总量交易成本的上升与每一笔交易的交易成本下降这两者并不矛盾,每一笔交易的交易成本也就是微观层次的交易成本。

在微观层次的交易成本计量上,有学者提出了交换成本的概念,认为通过比较不同国家安装一部电话、转让房地产产权、开办新企业等的机会成本,包括时间、金钱和资源耗费等,均可获得对该国家交易成本的具体认识。以下就是一些具体的试验和例子。

曲轴的试验。我们考察一下与进口大型掘土机所需的曲轴相关的交换成本。与美国相比,在1989年的秘鲁,正式获得这种曲轴所花的货币价格是前者的4倍,在等候上花费的时间是前者的280倍还多(即41周对1天)。在阿根廷,该曲轴的货币价格是美国的2倍,等候时间是30天。相反,在马来西亚,货币价格和等候时间与美国大致相同。在匈牙利,在货币和进口管制被解除之前,即大约在1989年之前,为了替换一个西方制造的拖拉机的曲轴要花上30—40个星期;管制解除之后,等候时间下降为2个星期。

相关指标是在港口办理清关手续的平均等候时间。在新加坡,这一指标是15分钟,然而在坦桑尼亚却是7—14天,并且据报道还有长达91天的情况。14天的等候时间是新加坡平均等候时间的1 300多倍。[①]

通过对75个国家开办新企业所需的程序、等待官方批准的时间和金钱成本的跨国比较发现,拥有更多管制的国家,其私人物品、公共物品的质量却较低,腐败和非正式部门比重较高。

德·索托试验。1983年,赫尔南多·德·索托(Hernando de Soto)把他的学生分为两组,分别到两个国家去办服装厂。行前,德·索托对其学生约法三章:按程序办,万不得已不得行贿。一个研究小组在秘鲁利马亲历了依法建立一个新的小型成衣工厂所需的官僚程序。他们试图在不行贿(仅有两次不得不行贿)或不利用政治关系的情况下履行所有的

---

① 〔美〕埃里克·弗鲁博顿、〔德〕鲁道夫·芮切特:《新制度经济学:一个交易费用分析范式》,上海三联书店,2006年版,第 426—434 页。

程序。详细的注释和时间耽搁被记录了下来。结果显示,一个采用了适度手段的人不得不花费289天才能完成依法建立这个工厂的程序。那些没有政治关系的人通常都留在了非正式部门,而没有依法注册。另一个研究小组在美国佛罗里达州的坦帕重复这种模拟时,仅仅花两个小时就获得了开办一个小型企业的许可。因此在秘鲁的时间费用是佛罗里达州的1000多倍。

诺思的试验。 20世纪70年代,诺思做了一个非常简单的试验,目的是看看经济体系在不同地方是如何有效运行的。他们采取如下办法:实际完成对纺织品下订单的全过程。当他们下了订单以后,根据各国按照他们的要求完成订单的质量以及完成订单的时间等打出分数,用一整套标准来间接反映交易成本的状况。他们拿到结果后,把它与不同收入的国家进行对比,结果和他们预想的一致:像美国这样的地方按照效率来分类排在名单的前列,而诸如莫桑比克这样的地方则排在了名单的最末尾。[①]

印度案例。 印度是一个长期被管制困扰的国家。世界银行收集的数据表明,印度卡车在运货过程中有60%的时间处于静止状态,主要用于在检查点缴纳税款和办理许可证。2015年2月提交审议的联邦预算案中最重要的动议为《商品与服务税动议》。根据这一动议,印度将建立全国统一的税收体系,该体系将有助于降低企业交易成本以及商品流通成本。《商品与服务税动议》实行后,可减少大量的时间浪费,也有望成为经济增长的强大推动力。

四、制度性交易成本

科斯所定义的交易成本是市场正常运行(或特定制度环境)中搜集信息和签订及履行合约的成本。但制度性交易成本是指因市场或制度构建不到位而引起的社会运行成本增加。张五常把交易成本界定为"制度成本"。制度性交易成本是由于制度性因素而产生的企业成本,具体讲主要是指企业因遵循政府制定的各种制度、规章、政策而需要付出的成本。准确地讲,这里的制度性交易成本不是指因遵循合理的制度而发生的成本,而是指为了应对不合理的制度而引起的成本,如审批环节过多、检查评比过滥、管制过多等都会产生过多的交易成本。

界定制度性交易成本的难点在于界定不合理的制度。这里的不合理制度是相对正常制度而言的,所以理解制度性交易成本必须从体制或制度入手来研究。

制度性交易成本是非市场交易成本。 制度性交易成本是难以测度的那部分成本,这些难以测度的成本是制度不完善的结果。从计量角度来看,交易成本包括两部分:一部分是经由市场的可能度量的成本,另一部分是一些难以度量的成本,如获取信息、排队等候、贿赂及由不完全监督和实施所导致的损失,这些经济活动中难以度量的成本也被称为非市场交易成本。制度性交易成本也就是非市场交易成本,这是相对于科斯所说的市场交易成本而言的。

大多数非市场交易成本强调的是政府强加的、冗长的规则和规制,如注册和许可、进出

---

① 〔美〕科斯等:《制度、契约与组织:从新制度经济学角度的透视》,经济科学出版社,2003年版,第50—52页。

口规制、各种进入行业的障碍等,这些规则也迫使企业家在正式经济外从事部分腐败交易。有学者用来自普华永道的85个国家的样本数据测度了企业的进入规制成本,研究了进入规制对企业从事创业活动的影响,研究表明额外成本每增加1%,企业市场进入率就降低0.32%。

制度性交易成本概念中的"制度"是指排除私人制度之外的公共制度或政府制度性安排。但很少有学者认识到制度性交易成本还存在必要与非必要之分。公共制度或政府制度性安排的存在是为了保障市场交易和企业利润的实现,而零交易成本在现实世界中是不存在的,因此制度性交易成本具有一定的客观性和合理性,是必要的制度性交易成本。当企业为公共制度或政府制度性安排支付的成本超过一定的限度以后,这种成本就是非必要的制度性交易成本,它会对企业的生产经营活动产生不利的影响,这类成本才是应该降低或消除的制度性交易成本。

从深层次看,这里的制度性交易成本是因为政府与市场的边界没有划清并且缺乏对政府权力的制约而产生的成本。大体上说制度性交易成本主要有三种来源:一是行政审批的时间成本、机会成本和搜索成本等较高;二是中介收费不规范,甚至较为混乱;三是政府市场管理"缺位"带来的成本。

制度性交易成本是一种法律体制的成本。布坎南认为,我们可以这样解释各国经济发展的差异:存在着一套法律制度和一套道德规范,于是人们可以开展交易活动,可以计算交易成本的高低,可以加深和扩张劳动分工与专有化的程度,可以计算经济活动的效率,如果这整个市场体系运行良好的话。可是当没有一套(可以支持广泛交易的)道德体系,或者没有一套(用于监督交换行为的)法律体系时,那么人们也许根本无法从事交易,更谈不上降低交易成本,人们将疲于处理契约监督执行方面的种种问题。[①]

市场经济的现代化涉及各种各样的成本,比如协商或执行合同、提供或转让财产权、转让资本、雇用劳动力、对资源进行分配、对财产实施保险等,所有这些成本,无不与法律制度有关。大量证据显示,不管对于正规经营者还是非正规经营者,交易的成本都高得离谱,这导致了大量资源的浪费。除非法律制度有效降低这些成本,不然这种浪费就不会有终止之日。[②]

在科斯和布坎南分析的基础上,德·索托指出,法律有好的法律与坏的法律之分。如果一种法律能够确保并提升经济效率,它就是好的法律;如果它妨碍或降低经济效率,它就是坏的法律。正规经济活动之所以会产生不必要的成本,是因为存在一种"坏的法律";非正规经济活动导致大量成本,则是因为缺少一种"好的法律"。[③] 在德·索托看来,法律体制的成本都是由政府发布的各种各样的法律法规所导致的。这些规章制度的目的都是修正市场缺陷,进而更好地规划或管理私营活动,但是却取得了截然相反的结果。它们带来了一系列成本,这些成本对低收入者造成了歧视,穷人要进入建筑、贸易和运输领域,几乎没有任何法律保护,而那些在经济上本来比较宽裕的人,却更容易享受到法律带来的好处,因

---

① 高小勇,汪丁丁:《专访诺贝尔经济学奖得主:大师论衡中国经济与经济学》,朝华出版社,2005年版,第174页。
② 〔秘鲁〕赫尔南多·德·索托:《另一条道路:一位经济学家对法学家、立法者和政府的明智忠告》,华夏出版社,2007年版,第210页。
③ 同上书,第158页。

此,这样的法律是一种"坏的法律"。① 企业法律诉讼及维权成本高昂又促使企业或个人把契约的实施或纠纷的解决寄希望于政府,这又增加了行政成本。有学者比较了巴西与智利两国的商业交易成本。与智利相比,巴西的法律和管制结构更为复杂并且透明度更低一些,因此在巴西正式体系的交易成本就显得更高。然而,他们惊奇地发现在被考察的某些竞争性部门中,巴西已经发展起来多种私人制度以减少这些成本,例如,私人服务商为开展某个新业务而提供一种一站式服务,一种创造性的信用信息系统被用来减少通过法院收债的需要。

还有学者比较分析了阿根廷与其他四个发达国家的交易成本,结果发现阿根廷的交易成本占 GNP 的比重高于其他国家,两位学者根据阿根廷历史经验证据解释了其经济长期停滞的原因,也就是政府人为实施的一个"坏"的制度或法律,导致了交易成本上升。制度比较分析方法虽不能精确计算出交易成本的具体数值,但更能真实反映一个国家的制度优劣,例如比较分析不同国家针对某项政策所引致的交易成本等。

制度性交易成本的高低反映营商环境的好坏。制度性交易成本比较高的地方也就是营商环境指数比较低的地方,制度性交易成本比较低的地方也就是营商环境指数比较高的地方。如发达经济体综合指数及分项指标普遍高于中低收入及欠发达地区,以物权登记为例,在澳大利亚登记只需 5 项程序、花费 4.5 天,而也门需要 6 项程序、19 天才能完成。高营商环境指数大多出现在以美国、新加坡、新西兰、丹麦、英国、加拿大等为代表的高收入 OECD 国家或地区,在中国则主要出现在东南地区和环渤海地区。这类国家及地区的经济发展之所以能持续名列世界前茅,在于其有更有力的产权保护、更公正的司法体制、更少的政策扭曲,换言之这类国家或地区有一个更加包容和开放的制度。

20 世纪 90 年代中后期,世界银行认识到制度比价格重要,受德·索托的《另一条道路》等相关思想的启发,世界银行开始编制《世界营商环境报告》。为了衡量世界各经济体营商环境情况,帮助各国制定改善营商环境的法律法规,世界银行特此成立营商环境调查小组,负责各指标体系的创建。自 2003 年首度发布的 5 套指标和 133 个经济体,到 2019 年已覆盖到 10 项分类指标和 183 个经济体。这些分类指标分别是开办企业、办理施工许可、登记物权、获取信贷、获取电力、投资者保护、纳税、跨境贸易、合同执行和办理破产等,全方位衡量中小企业经营便利情况。

《世界营商环境报告》的指标和数据可细分为两类:一类是从市场监管法律环境考虑的得分指标,如纳税、获得信贷、投资者保护、合同执行;另一类是从制度性交易成本进行考察的指标,即公共政策实施过程中企业为完成市场交易而面临的程序数、需要耗费的时间等运行成本,这种成本的本质是在政府与市场关系没有理顺的情况下,企业遵循政府规章制度产生的制度性交易成本。开办企业、办理施工许可、登记物权、产权保护等不合理成本均属于这一范畴。《世界营商环境报告》的目的在于从微观角度分析企业面临的制度困境,横向比较世界每个经济体内部的营商环境和制度监管,为市场经济活动创建良好的规则,清晰界定产权,减少因企业被过度监管而带来的制度性交易成本。

改善营商环境就是降低制度性交易成本,我国通过持续推进"放管服"、商事制度等一

---

① 〔秘鲁〕赫尔南多·德·索托:《另一条道路:一位经济学家对法学家、立法者和政府的明智忠告》,华夏出版社,2007 年版,第 174 页。

系列改革转变政府职能,取消行政审批事项618项,行政审批事项压减74%,多数省份行政审批事项减少了50%—70%。2019年公布的数据显示,开办企业时间成本这一项降低了30%,企业营商环境大幅改善,首次进入前50,表明我国制度性交易成本有所降低。

制度性交易成本是有限准入秩序的产物。有限准入秩序最明显的特征是交易制度人格化、特权普遍存在、社会等级分明、贸易准入严格以及产权得不到保障等。而开放准入秩序最明显的特征是普及的非人际关系化的社会关系,包括法治、产权保护、公正和平等,即平等对待所有人的一切方面。

显然,我国作为转型中的发展中国家,目前还无法达到开放准入秩序的高度,以我国的企业所有制为例,国有企业和民营企业理论上受到的待遇应该一致,但实际还存在着很大差异,因此我国还处于有限准入秩序阶段。有限准入秩序下的制度性交易成本远远高于开放准入秩序下的制度性交易成本,这是因为围绕市场准入的限制与反限制必然导致制度性交易成本的上升。高的交易成本使许多潜在的交易不能转化成现实的交易,同理,高的制度性交易成本使得许多潜在的能够进入的企业无法真正进入市场。

五、交易成本变动的趋势

20世纪90年代以来,诺思一直致力于研究人类历史上交易成本水平变动的一般趋势和演变机理。在历史上,有三个关键因素导致了交易成本的降低。它们分别是:

第一,非人格化交换的实现和可行的市场制度的建立。在诺思看来,从12世纪到14世纪,欧洲历史上的商业革命曾引致了贸易的兴起和经济的增长,而导致这一商业扩张的最关键的要素就在于在欧洲社会内部自发衍生出了一系列法律和贸易制度,从而使得一些非个人化的交换能大范围、跨地区地及时进行。跨地区和跨国的信用市场、保险市场、期货交易合约以及规约贸易和交换的商人法、城市法和海商法等,构成了西欧近代商业革命的制度特征。这些有利于交易的制度创新大大降低了交易成本,从而使非人格化交换成为可能并建立起可行的市场制度来。

第二,政府保护和实施产权的信念的确立。如前所述,巴泽尔把交易成本定义为与转让、获取和保护产权有关的成本。当产权转让等主要是由个人或小团体来进行时,交易成本就比较高,而由政府保护和实施产权则有"规模经济"优势,可以大大地降低交易成本,因此政府保护和实施产权的信念就非常重要。

第三,现代科技革命所带来的收益的增加。互联网的发展为获取大量数据奠定了重要的技术基础。计算机的发展使学者们对数据的统计分析变得极其容易,他们在家里就可以对数据进行复杂的统计分析。这些都可以大大地降低交易成本。但我们应注意,有学者认为,由于信息革命的作用,尽管用于交换的交易成本会下降,但因为文明的差异,用于监督的交易成本的变动可能会在国与国之间出现很大的不同。这是因为:第一,由于计算机和网络的使用,专家咨询等业务能够避开税务当局的管制,人力资本可以像金融资本一样越来越具有流动性。这使税基萎缩到只有非流动要素——非技术劳动力、土地和销售税,而销售税收入也会因设在免税区的电子超市的发展而减少,因为人们可以通过"信息高速公路"来此购物。第二,由于信息革命大大地拓展了市场的范围,使一次性的"匿名"交易迅速增加,所以如果传统的道德被极度的个人主义替代,那么用于监督的交易成本将会大大上升。技术进步和信息革命不可能消除交易成本这个"噪声",因为交易成本来自人的有限理性及机会主义行为倾向。

第二节 作为一种分析范式的交易成本理论

一、交易成本范式

范式是指一套公认的信念、标准、思想方法、统率知觉的条理化规则等。库恩认为,历史上那些具有重要意义的科学著作,都在一定时期里为以后几代的工作者暗暗地规定了在某一领域中应当研究些什么问题、采用什么方法。① 据此,库恩把范式看作一种科学成就,这种成就具有两个特点:第一,它把一批持久的拥护者从与之竞争的科学活动方式中吸引过来;第二,它为一批重新组合起来的科学工作者留下各种有待解决的问题。②

交易成本理论完全具备了这两个特点。交易成本理论这个范式为人们研究制度安排的变化所引起的效果提供了一个基础,并且还为人们在这一领域的研究指出了方向——它说明在这一领域中什么是最重要的、迫切需要解决的问题,这样就为进一步研究规定了方向。

为什么交易成本迟迟未能被引入经济理论?其原因在于大部分经济理论和模型都假设完全信息,而交易成本则在一定程度上与索取有关交易的信息的费用相联系。但信息费用与交易成本这两个概念却不太容易区分。一个生活在荒岛上的个人在进行他的"家庭生产"的时候,要遇到信息费用问题,但他并不进行交易,因而不会有交易成本。当信息是有成本的时候,与个体间产权交易有关的各种行为导致了交易成本的产生,这些行为包括:① 寻找有关价格的确切信息;② 在价格是内生的时候,为弄清买者和卖者的实际地位而必不可少的谈判;③ 订立合约;④ 对对方进行监督以确定对方是否违约;⑤ 当对方违约之后强制执行合同和寻求赔偿;⑥ 保护产权以防第三者侵权。③

现实中交易成本很重要,数量也很大,但为什么它长期被忽视了呢?对此,张五常认为有两个方面的原因:第一,在 20 世纪 60 年代以前,除了科斯以外,经济学家们往往认为交易成本类似于运输成本或类似于关税或佣金。按照传统的理解,运输成本、关税或佣金都只产生于与资源配置和收入分配有关的现象。因此,为了分析的方便,删掉这种价格成分不过是简化假设。第二,交易成本经济学是现实世界经济学,现实世界经常是学院经济学家害怕涉足的地方,因为运用交易成本经济学分析现实问题需要许多经验性观察。

任何经济学流派的产生都与概念革命有关。新制度经济学的产生就是始于科斯进行的概念革命。这里的概念革命并不仅仅是指提出某些新概念,更主要的是这类概念是否具

---

① 〔美〕T.S.库恩:《科学革命的结构》,上海科学技术出版社,1980 年版,第 8 页。
② 转引自张俊山:《经济学方法论》,南开大学出版社,2003 年版,第 65 页。
③ 〔冰〕思拉恩·埃格特森:《新制度经济学》,商务印书馆,1996 年版,第 17 页。

有一般化的意义。科斯用以解释企业存在的交易成本概念,将前人用以解释同样问题的各种因素,如风险因素、信息因素、垄断因素和政府管制因素等包括了进来,而且还有更宽泛的含义。之后新制度经济学家们还将交易成本概念用于许多领域,这样交易成本概念被逐渐地一般化了。在某种程度上讲,这个一般化过程也就是新制度经济学体系形成的过程。

在科学上,从完全没有意识到交易成本的存在,到可以清楚地假定交易成本为零,再到进入对"正交易成本世界"的研究和分析,这意味着完全不同的认识层面。尽管新制度经济学仍然沿袭了新古典经济学的方法,但两者之间存在重大区别。在鲁滨孙的世界里,尽管也存在物质生产活动,并存在知识和信息问题,但交易成本是不可能有的,因为在那个假想的世界里,根本就没有交易行为发生,在这样一个"无摩擦"的世界里,如货币、企业等最基本的制度都是无关紧要的。因此,通过与鲁滨孙一人世界的比较,滤去单纯的物质生产过程中的成本,现实世界中所存在的交易成本便浮现出来。在现实的"有摩擦"的世界里,在不同的制度安排下,交易成本也许存在天壤之别。这说明,交易成本是发生在存在利益冲突的人与人之间的社会关系中,离开了人的社会关系,交易活动就不可能发生,交易成本自然也不会存在,并且在生产成本和组织知识给定时,追求自我福利的个人必然会选择交易成本最小化的组织结构或制度。

交易成本理论提出了一个不同于新古典研究模式的新范式。人的有限理性概念的提出改变了新古典范式的假定。信息经济学的发展使人们对问题的分析深入到最基本的层次。经济学中的一切问题都可以从信息不对称和信息不完全中找到本源。交易成本理论提出了一个不同于新古典研究模式的新范式。主流经济学的生产与交换的标准理论以三个命题为基础:① 所有资源的私人所有权,② 零交易成本,以及 ③ 对商品向下倾斜的需求曲线。从这三个命题出发,生产与交换的标准理论极大地促进了人们对社会选择集合的含义、经济效率的结果、市场竞争的类型以及市场均衡的性质的理解。① 现代制度理论拓展了传统的生产与交换理论:① 强调一个生产组织内的单个决策者所起的作用;② 认为事实上存在多种形式的产权,因而不能保证利润最大化;③ 认识到交易成本大于零在所有情形中都具有的实际重要性。

交易成本是西方新制度经济学的核心范畴。张五常认为交易成本的存在至少有三个可预知的效应:第一,它们会减少交易量,因而会损害资产的经济专门化和资源的利用。过高的交易成本使许多潜在的交易难以转化为现实的交易,这会导致社会财富的净损失。第二,它们可能会影响资源使用的边际等式和使用的密集度。第三,它们会影响合约安排的选择。在不同的交易成本下,合约安排的选择是不一样的。② 交易成本效应在经济中普遍存在。商人在决定以什么方式开展业务和生产什么时,必须把交易成本考虑在内。交易成本不仅影响契约安排,而且影响产品和服务的生产。因此,如果不将交易成本纳入理论,经济体系运行的许多方面都将无法得到解释。③

交易成本理论的实质在于强调合约的不完备性、有关的交易成本,以及对经济组织的影响。任何问题都可以直接或者间接地从最小化交易成本的角度通过某种治理机制,作为合约问题来处理。

---

① 〔南〕斯韦托扎尔·平乔维奇:《产权经济学:一种关于比较体制的理论》,经济科学出版社,1999 年版,第 31 页。
② 参见张五常:《经济解释:张五常经济论文选》,商务印书馆,2000 年版。
③ 〔美〕科斯:《论经济学和经济学家》,上海三联书店,2010 年版,第 10 页。

从理论的角度讲,交易成本理论是一种化约形式的理论。化约形式的理论是相对于从经济现象最基本的原理出发的理论而言的,它是以直觉为基础的、从中间假设或中间结果出发的。所谓"最基本的原理"相当于公理,是大家公认而不用解释的基本出发点。科斯定理把称为"交易成本"的中间结果作为起点,获得了极其丰硕的成果。由于交易成本不是最基础的原理,作为黑匣子,它启发人们如何去构建更基本的理论。

交易成本解释了生产活动对应的制度。生产成本决定技术性(替代性)选择,交易成本决定生产过程的哪些环节交给价格体系、哪些交给企业制度。这两种成本在逻辑上是不同的。交易成本经济学的目的在于探讨企业与市场之间的关系、企业产生和变化的根本原因、企业和市场作为一种管理机制的局限性和互补性等被新古典经济学所忽略的重大命题。它提出并论证了市场交易成本是组织结构和组织行为产生与变化的决定性因素,是理解上述问题的关键。

无论能否准确测度,交易成本都有很大的启发意义。事实上,交易成本概念是任何可被接受的关于资本主义市场经济实际运行方式的解释的关键。威廉姆森认为,资本主义的各种经济制度的主要目标和作用都在于节省交易成本。[①] 交易成本理论使我们能够衡量人们的交换成本,同时也为我们提供了分析经济组织成本和更好地理解低经济绩效来源的工具。

交易成本是分析经济社会问题的约束条件。 在张五常看来,科斯定理重要的不是给出了外部性的市场解,而是促使我们关注约束条件。例如,若忽视了交易成本,我们会认为"法律面前人人平等"是无效的。"法律面前人人平等"是交易成本约束下的有效率的制度安排。一旦考虑了交易成本这个约束条件,私人成本与社会成本分离是有效率的体现,此时私人间的合约安排就可以解决私人成本与社会成本不一致的问题,从而实现社会福利的最大化。

二、组织和制度安排的基本原则

科斯把交易成本引入经济学分析,也就要求正统经济学理论分析制度的构成与运行,发现作为限制条件的制度在整个经济体系中的地位和作用。这样一来,经济学在斯密等古典经济学家之后逐渐被收窄的视野——核心部分甚至是仅仅关注价格决定的价格理论——就得以重新扩展,成为包括分析产业、市场、企业和其他组织、政府与国家,以及一般地在制度约束下所有人类行为的经济学。这样的经济学,如科斯本人所言,才是"本来就应该是的那种经济学"。

按照科斯的分析,无论采取什么样的组织形式,组织交易都是有成本的。现实存在的各种调节交易活动的安排都是有成本的,它们之间的区别仅仅在于存在相对成本的差异。交易成本思想把我们的经济描述为建立在一系列组织和调节经济模式的选择的基础上,科斯把这种模式称为"生产的制度结构"。在这一制度结构中,为了在减少成本的同时增加潜在交易量,将会不断地进行替代活动,这种替代活动的基础是经济计算。然而,这种替代也

[①] 〔美〕奥利弗·E.威廉姆森:《资本主义经济制度:论企业签约与市场签约》,商务印书馆,2002年版,第29页。

需要对无法进行计算的要素进行分析,这既包括组织内部科层安排等组织要素,也包括诸如法律体系等制度要素。① 我们所能见到的各种经济组织形式、市场习惯做法、交易方式,其相对经济优势起源于交易成本,新制度经济学的核心就是运用交易成本来分析它们的多样性。

交易成本经济学的基本方法如下:设想一些预先给定的、在技术上可以分开的单位,必须对这些单位之间的交换加以组织和管理,这些活动需要实际的资源(交易成本)。由此也就引申出:倘若我们要采取节约行为的话,经济机构就将设法使组织资源分配的这些成本为最小,但是制度安排的演变还要涉及其他一些因素,而不仅仅是使交易成本为最小。② 或者说,交易成本经济学研究的一般思路是:在指出交易的特性之后,从交易成本最小化的能力方面探讨可能采用的治理结构,在简化形成的假设基础上,建立交易与治理结构的匹配,并通过实证研究予以确认。③ 交易成本最小化是组织和制度安排的基本原则。

每一种经济组织都是一种治理结构,而描述治理结构的三个关键维度是:

① 激励强度:如果人们在各个自适应阶段都可以获得净收入流,激励就是强的;但是,在成本加成的回报制度下,激励就是弱的。

② 行政式的命令与控制:如果各连续生产阶段置于统一的所有权之下,或者由一个共同的"老板"来协调和处理纠纷,命令与控制就是强的。

③ 契约法制度:如果契约法制度有一套法律规则(法庭秩序),那么它就是强有力的;如果不同阶段的纠纷由私人秩序来解决,此时企业是解决最终诉求的最后法庭,契约法制度就是弱的。

市场的综合特征是:强激励,在(各个生产阶段)接合部上的弱命令和控制,以及强有力的契约法制度;相反,科层制的综合特征是:弱激励,在(各个生产阶段)接合部上的强命令和控制,以及弱的契约法制度。因此,市场与科层制是两种对立的治理模式。除市场和企业这两种治理结构外,在这两种极端之间实际上还存在两种中间的治理结构:三边治理和双边治理。三边治理就是在交易是偶然的且具有混合的或高度专用性的情形中,通过新古典的合约,借助于第三方来解决纠纷。双边治理是指在关系性合约中,通过一种双边安排,使交易双方的自治得到保证,因而两个独立的组织不会融为一体。

威廉姆森用交易成本来解释经济组织,较好地说明了市场与企业的边界及其相互的转换问题。在他看来,如果资产是通用的,那么简单的市场契约就能提供有效的中间产品市场交换;但是,如果因为资产专用性和外部人的干扰形成了双边依赖关系(由此导致了高成本的不适应),那么科层制将变得更有优势。因此,从市场到企业,体现了不同治理结构的变化过程:随着交易具有越来越多的专用性特征,市场交易的激励机制变得越来越弱,而科层制的激励机制越来越强。威廉姆森用资产专用性解释交易成本的起源,再由交易成本研究各类合同,从各类合同中发现相应的治理结构,由此考察各种经济制度,再从效率上对这些制度进行比较。

---

① 〔美〕科斯等:《制度、契约与组织:从新制度经济学角度的透视》,经济科学出版社,2003年版,第69页。
② 〔美〕迈克尔·迪屈奇:《交易成本经济学》,经济科学出版社,1999年版,第5页。
③ 约翰·克劳奈维根:《交易成本经济学及其超越:原因与途径》,载约翰·克劳奈维根编:《交易成本经济学及其超越》,上海财经大学出版社,2002年版,第1—2页。

三、交易成本经济学的特点及基本论点

与研究经济组织的其他方法相比,交易成本经济学有以下特点:① 更注重微观分析;② 在做出行为假定时更为慎重;③ 首次提出资产专用性对经济的重要意义并用以解释实际问题;④ 更加依靠对制度的比较分析;⑤ 把工商企业看作一种治理结构,而不是一个生产函数;⑥ 特别强调私下解决(而不是法庭裁决)的作用,重点是研究合同签订以后的制度问题。经济组织问题的比较研究强调的一个基本观点是:根据不同的治理结构(治理能力及有关成本的不同)来选择不同的(具有不同属性的)交易方式,可以节省交易成本。①

交易成本理论的基本论点有:① 市场和企业是相互替代的而不是相同的交易机制,因而企业可以取代市场实现交易;② 企业取代市场实现交易有可能减少交易的成本;③ 市场交易成本的存在决定了企业的存在;④ 企业在"内化"市场交易的同时产生了额外管理成本,当管理成本的增加与交易成本节省的数量相等时,企业的边界趋于平衡(不再扩大);⑤ 现代交易成本理论认为交易成本的存在及企业节省交易成本的努力是资本主义企业结构演变的唯一动力。

四、交易成本范式的应用

交易成本范式可应用于广泛的领域,如代理关系、外部性问题、寻租活动、企业内部考核、纯粹市场与科层组织之间的各种类型的经济组织形态、经济史,甚至政治制度等。其中,在以下三个领域颇有成效:纵向一体化理论、技术转让理论和跨国公司理论。

张五常用交易成本和风险分担来解释农业中的合约选择问题,提出了分成制也有效率的观点。后来的一些经济学家用交易成本、规模经济和风险分担三个因素,解释了现代工业经济中从个人业主制、合伙制到股份公司的变化。在这些经济学家看来,任何一种经济组织都是为了降低交易成本、更好地分担风险或实现规模经济而存在的,因此,交易成本在解释不同经济组织存在的原因时起到了重要作用。

阿尔钦和德姆塞茨用度量成本(交易成本的一种具体形式)解释了团队生产问题,得出了产权归属的重要性。经济组织的一个功能就是有效地度量各种生产要素的生产率,并据此支付报酬,能否节省这种度量成本成为经济组织能否生存下来的关键。

奥尔森用组织成本(交易成本的另一种表现形式)解释了利益集团的形成及其作用。组织成本与团体规模有关。小团体的组织成本低,而每个成员获得的收益高;一个组织的成员越多,组织成本越高,每个成员获得的收益越低,由此,大团体往往是松散的,而小团体往往掌握了不成比例的大权力。当然,组织的形成与数量多少主要取决于民主法治化程度及政治体制。

---

① 〔美〕奥利弗·E.威廉姆森:《资本主义经济制度:论企业签约与市场签约》,商务印书馆,2002年版,第30—31页。

在制度绩效分析中,交易成本是解释经济绩效的关键。为什么发展中国家的绩效差?这是因为这些国家的产品市场和要素市场都存在高昂的交易成本。诺思指出,事实上,这些国家的社会交往及其经济活动中所面临的高昂成本是产生低水平绩效和贫困等问题的根源。

第三节　科斯定理

一、庇古税和科斯问题

科斯把毕生精力用于分析影响生产的产权制度结构上,而科斯的产权理论可以说是以"外部性"问题的分析为出发点的,其思想主要体现在他1959年的《联邦通讯委员会》和1960年的《社会成本问题》两篇论文当中,科斯通过对十个相互伤害案例的研究来阐述自己的产权理论。所谓科斯定理,实际上科斯本人从未归纳过,它是斯蒂格勒根据《社会成本问题》一文中的一系列案例提出的。

在《联邦通讯委员会》中,科斯认为,面对人们争相广播引起的相互干扰,应通过在频率中划分产权,让市场来解决这一问题。只要对产权做出明确的划分,减少总产出损失的目标就可以通过市场本身轻而易举地达到,而且还会更有效。[①] 这篇论文的观点已包含了后来被称为"科斯定理"的基本内容。

在《社会成本问题》中,科斯不赞同传统的福利经济学解决"外部性"的方法。他认为,当A污染了B,对B产生了"负外部性"后,通过对A征税、追究A的法律责任等方式来解决是不对的。福利经济学在此忽视了"外部性"问题的"相对性":"问题通常被想成是A对B造成损害因而我们应该如何制约A,但这种想问题的方法是错误的。我们所处理的问题是相对的。若想避免对B造成损害则势必对A造成伤害。故真正的问题是:应该允许A损害B,还是允许B损害A。核心乃是怎样避免较大的损害。"[②]在科斯看来,对A的限制会引起A的损失,不限制A会引起B的损失。如果对A的限制所引起的损失大于不对A进行限制,则不限制A(听任A去损害B)的社会总产值要大于限制A(使A不去损害B)的社会总产值。因此,解决外部性问题的宗旨是使社会总产值最大化,而不应该拘泥于使A的私人成本与社会成本相等。

应该强调的是,科斯把对别人造成损害的权利看作一种生产要素,生产要素的使用能为其所有者创造价值,即A"损人"的权利能为他带来"利己"的结果。但A是否能得到这种权利,要根据社会总产值最大化要求而定,即只当A能带来更大的社会总产值时,才应该给予A"损人利己"的权利。在这一意义上,任何外部性损害都是相互的。从法律逻辑上做出谁对损害负责的决定并不能替代经济学的分析,因为经济学的目的是使社会总产值最大。只有符合这一目的的法律行为才是最优的。所以科斯指出:"必须从总体的和边际的角度来看待外部侵害问

[①] 参见〔美〕罗纳德·哈里·科斯:《联邦通讯委员会》,载于科斯:《企业、市场与法律》,上海三联书店,1990年版,第24—64页。

[②] Coase R. *The Firm, The Market and the Law*[M]. University of Chicago Press,1988.

题。"①权利界定后,不论属于谁,只要交易成本为零,资源配置就可以通过市场交易达到最优。为了真正弄清"科斯定理"的含义,我们以空气污染为例来说明,见图 5-2。

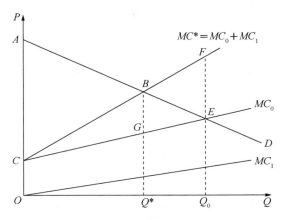

图 5-2　外部性与资源配置效率的关系

我们分析的前提是假设污染问题不能通过价格机制来解决。如果某一地区有许多企业,它们生产某一产品的私人边际成本曲线用 MC_0 表示。企业在生产过程中会导致空气污染,随着产量的增加,污染空气的数量将增加,不同空气污染数量给附近居民带来的边际成本曲线用 MC_1 表示。这样企业生产的边际社会成本曲线就为 $MC^* = MC_0 + MC_1$。由于 MC_1 无法通过价格机制得到实现,所以企业从事生产活动时只考虑它们的私人边际成本,企业的供给曲线 S 将和 MC_0 重合。假设该商品的市场需求曲线为 D,则在完全竞争市场条件下,价格机制实现的竞争均衡产量为 Q_0。但从社会的角度看,该产量水平并不具有帕累托最优的性质。因为当产量为 Q_0 时,企业为生产 Q_0 支付的私人总成本是四边形 $OCEQ_0$ 的面积,强加给附近居民的总成本是三角形 CEF 的面积,因此企业生产 Q_0 的社会总成本是四边形 $OCFQ_0$ 的面积,即 $OCFQ_0 = OCEQ_0 + CEF$。净经济价值为三角形 ABC 的面积减净社会福利损失,即三角形 BEF 的面积。

反之,当我们把产量限定在 Q^*,或者像庇古设想的那样,对企业征收 BG 数量的污染税,使企业污染给附近居民带来的边际成本内部化,企业生产的私人边际成本将等于社会总边际成本,企业的供给曲线将和 MC^* 重合,它与需求曲线 D 相交于 B 点,实现竞争均衡产量 Q^*,避免了以三角形 BEF 面积表示的社会净福利损失,使净经济价值达到最大,实现了帕累托最优。

在图 5-2 中,当企业不考虑空气污染给附近居民带来的边际成本时,竞争性均衡产量 Q_0。我们现在进一步假设产量与空气污染量之间的比例是 1∶1,则所有企业的空气污染量也是 Q_0。这样图 5-2 中企业空气污染给附近居民带来的边际成本曲线 MC_1 就可以用图 5-3 中的 MC 曲线来表示。当我们从左往右看横轴时,MC 曲线表示企业增加空气污染量给附近居民带来的边际成本;当我们从右往左看横轴时,MC 曲线代表企业降低空气污染量给附近居民带来的边际收益,或者表示附近居民对清洁空气的需求曲线。纵轴在这里则相应表示企业不同空气污染量给附近居民带来的边际成本,或者表示附近居民对清洁空气的需求价格。

---

① Coase R. The Problem of Social Cost [J]. *Journal of Law and Economics*, 1960, 3(October): 76.

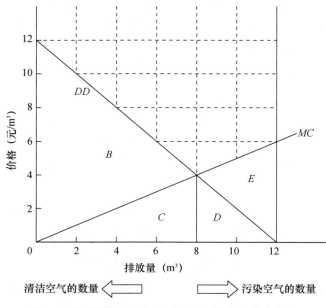

图 5-3　最优污染量为 8 立方米时的成本—收益分析

当企业采用更清洁的生产方法以减少空气污染量时，企业的边际成本将会增加；反之，企业则可节约生产成本、增加收益。假设产量和空气污染量的比例（1∶1）不变，在图 5-3 中我们用清洁空气的数量来表示企业采用更清洁的生产方法，且企业采用更清洁的生产方式付出的边际成本可以看作其污染空气所获得的边际收益，用 DD 曲线表示。当我们从左往右看横轴时，DD 曲线表示企业污染空气的边际收益或对污染空气的需求；当我们从右往左看横轴时，DD 曲线表示企业采用更清洁的生产方式的边际成本或污染的供给。纵轴则代表企业不同空气污染量对应的边际成本，或者附近居民对清洁空气的需求价格。另外，图中 DD 曲线、MC 曲线、横轴和左右两条纵轴一起，将 DD 曲线和 MC 曲线下面的面积分成 B、C、D、E 四部分。

当 DD 曲线表示企业污染空气的边际收益时（从左往右看），它下面围起来的面积表示不同空气污染量所增加的利润。例如，当污染 8 立方米空气时，企业利润为 B+C 元；当污染 12 立方米时，企业利润为 B+C+D 元。当 DD 曲线表示采用更清洁的生产方式的边际成本时（从右往左看），它下面围起来的面积表示企业为减少污染所放弃的利润。例如，企业为附近居民提供 4 立方米的清洁空气，将放弃 D 元的利润；当企业为附近居民提供 12 立方米清洁空气时，企业放弃的利润为 B+C+D 元。

现在我们来分析 MC 曲线，它表示企业空气污染给附近居民造成的边际成本，它下面围起来的面积表示不同空气污染量给附近居民带来的总成本或福利损失。例如，当污染 8 立方米空气时，给附近居民带来的总成本是 C 元；当污染 12 立方米时，居民的福利损失为 C+D+E 元。

由于前面假定企业与居民无法通过价格机制来解决企业制造空气污染这种外部性，那么企业将根据利润最大化原则，制造 12 立方米的空气污染。此时企业收益为 B+C+D 元，给居民带来的总成本是 C+D+E 元。社会净经济价值等于企业获得的收益减附近居民承担的成本，即 (B+C+D)−(C+D+E)=B−E。在此，B 相当于图 5-2 中三角形 ABC 的面积，E 相当于图 5-2 中三角形 BEF 的面积。从图 5-3 中，我们可以计算出 $B=48$(元)，$E=12$(元)；则 $B-E=36$(元)。显然，竞争性均衡决定的空气污染量 12 立方米不具有帕累托最优的性质。如果通过某种途径把空气污染量降低到 8 立方米，此时企业的收益为 $B+C$ 元，给居民带来的总成本是 C 元；附近居民则享有 4 立方米的清洁空气，其福利水平为 $D+E$ 元，给企业带来的成本是 D 元；企业和附近居民的收益减去两者的成本，净经济价值等于 $B+E=48+12=60$ (元)，比企业实现最大化利润时污染 12 立方米空气的净经济价值 36 元高出 24 元；且任何偏离 8 立方米的污染量都会使净经济价值低于 60 元。所以，此时的 8 立方米的空气污染量具有帕累托最优性质。

按照庇古的看法，既然企业与居民无法通过价格机制将企业的空气污染量限制在 8 立方米，那么当企业污染超过 8 立方米时，政府应该对企业每污染 1 立方米空气征收大于或等于 4 元的税收。当然，企业污染的边际成本和边际收益不同，最优污染量也不同，超过最优污染量征收的税收也可能不同。例如，在图 5-4 中，我们将最优空气污染量假设为 4 立方米，则成本—收益的比较都将发生变化。①

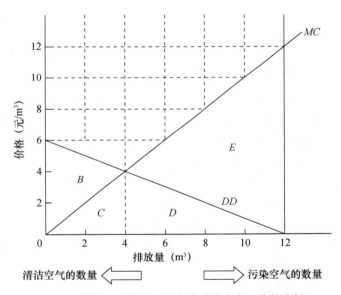

图 5-4　最优污染量为 4 立方米时的成本—收益分析

关于庇古税的传统批评是其可行性，即庇古税隐含着一个假定——调节者已经完全通晓国民经济，因此能够计算最优税收，或者私人经济行为者的策略行为似乎并不根据他们的私人信息。但情况常常不是这样。问题是设法获得这个私人的信息，并使用它计算税收，这是个困难的问题。②

科斯没有走传统批评的老路，而是提出问题：为什么不能在外部性的制造者和受害者之间建立一个外部性市场？或者说，为什么外部性无法通过价格机制得到配置？显然，这个问题在

---

①　在这里我们只考察了解决外部性的方法之一——庇古税，其实还有另一种方式就是关闭污染企业。当污染的成本收益如图 5-3 所示时，关闭企业社会福利将得到改善，因为 $B>E$；相反，当污染的成本收益如图 5-4 所示时，关闭企业将降低社会福利水平，因为 $B<E$。

②　参见《新帕尔格雷夫经济学大辞典》(第二卷)，经济科学出版社，1996 年版，第 282—283 页。

科斯的论文《企业的性质》中就有了答案——因为存在交易成本。在科斯看来,利用市场或居民与企业就外部性进行交易是有成本的。在此基础上,科斯进一步思考的是:当交易成本等于零时,企业和居民将通过交易把最优空气污染量限制到什么程度;当交易成本大于零时,最优空气污染量又是多少。对这些问题的思考,构成了《社会成本问题》的核心内容,也是科斯定理的核心所在。

二、科斯定理 I

科斯在其《社会成本问题》一文中提出了著名的"科斯定理":若交易成本为零,则无论权利如何界定,都可以通过市场交易达到资源的最佳配置。显然,现实经济生活中交易成本不可能为零,由此人们推出"科斯反定理"或"科斯第二定理":在交易成本为正的情况下,不同的权利界定会带来不同效率的资源配置。由此还可推论,不同制度会带来不同效率的资源配置。

相关链接 5-1

塞勒教授的所谓禀赋效应是指当个人拥有某项物品时,其对该物品价值的评价要比没有拥有它时大大增加。在和卡尼曼合作的一项著名实验中,塞勒教授向人们证实了禀赋效应的存在。在这个实验中,他们先发给被试一个茶杯,并用巧克力去交换茶杯,结果人们都不愿意放弃茶杯。而在后来的实验中,他们先发给被试一块巧克力,并用茶杯去交换巧克力,结果却发现人们不愿意放弃巧克力。被试是随机抽取的,按理说不应该存在系统性的偏好偏差,为什么在前一次实验中他们会钟爱茶杯,而在后一次实验中他们却钟爱巧克力呢?原因就在于禀赋效应的存在——一旦我们拥有了某物,那么再让我们放弃它就很难了。禀赋效应的提出对于传统经济学的挑战是很大的。例如,它直接挑战了著名的"科斯定理"。根据科斯定理,当交易成本为零的时候,初始产权的划分并不会影响物品的最终配置状态,因为人们可以通过交换来让物品配置到对其评价最高的那个人手里。但是如果存在"禀赋效应",那么初始产权的配置就很关键了。

在《新帕尔格雷夫经济学大辞典》的"科斯定理"词条中,科斯定理的争论主要被归结为三个方面:第一,从效率的角度来看,只要法定权利可以被自由地交换,那么它们的初始配置便无关紧要。第二,从效率的角度来看,只要交换的交易成本为零,那么法定权利的初始配置便无关紧要。第三,从效率的角度来看,只要法定权利能在完全竞争市场上交换,那么它们的初始配置便无关紧要。

科斯定理 I 是指,当交易成本为零时,只要允许自由交易,不管产权初始界定如何,最终都能实现社会总产值的最大化,即帕累托最优状态。换句话说,当权利可以无成本地通过市场得到重新配置时,可交易的权利初始配置不会影响它的最终配置或社会福利,因为权利的任意配置可以无成本地得到相关主体的纠正。因此,仅仅从经济效率的角度看,权利的一种初始配置与另一种初始配置并无差异。下面我们可以通过几何论证来证明科斯定理 I 的成立。

如前所述,在图 5-3 中,当企业享有污染空气的权利但无权出售这种权利时,它们将污染 12 立方米,我们可以计算出社会净经济价值为 $B-E=36$(元)。同理,我们可以推算出图 5-4 中的净经济价值为 -36 元。反过来,假设居民享有清洁空气的权利但同样不可以交易。在图 5-3 中,附近居民享有 12 立方米清洁空气,获得的总收益是 $C+D+E$,企业为此承担的总成本是 $B+C+D$,净经济价值是 $E-B$,即 -36 元。同理可以求出图 5-4 中的净经济价值是 36 元。我们把上述结果用表 5-3 表示。

表 5-3　权利不可交易前提下的福利影响

	图 5-3	图 5-4
企业拥有空气污染权	净经济价值等于 36 元	净经济价值等于 -36 元
居民享有清洁空气权	净经济价值等于 -36 元	净经济价值等于 36 元

从表中我们可以看出,当产权不可以交易时,产权归属界定影响着经济效率的高低。当空气污染给企业和居民带来的成本—收益具有图 5-3 的形状时,把权利界定给企业比界定给居民有效率;反之,在图 5-4 中,把权利界定给居民比界定给企业更有效率。

现在,我们假设政府把权利判定给企业或居民一方,并允许它们把这种权利用于交易。那么企业和居民就没有必要在污染和清洁空气之间做出非此即彼的选择。因为他们可以通过交易来实现某种组合,且企业和居民都会认为这种组合优于最初的权利界定。

首先,我们假定政府把权利界定给居民,只要愿意,他们可以自由出售这些清洁空气。由于交易成本为零,企业与居民之间的竞争将使企业对空气污染的需求曲线 DD 与居民对清洁空气的供给曲线 MC 相交,见图 5-5。

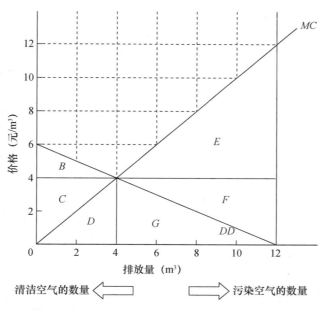

图 5-5　(a) 企业向居民购买 4 立方米空气污染权

在图 5-5(a)中,企业将按每立方米 4 元的价格从居民手中购买 4 立方米的空气污染权。此时,企业将污染 4 立方米空气而放弃污染剩下的 8 立方米空气。在图 5-5(b)中,企业将

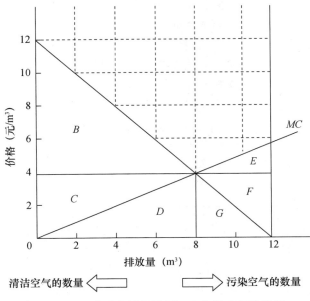

图 5-5 (b) 企业向居民购买 8 立方米空气污染权

按每立方米 4 元的价格购买 8 立方米的污染权。这样,两图中企业污染空气获得的价值是 $B+C+D$,支付的成本是 $C+D$,剩余是 B。居民出售清洁空气的收益是 $C+D$,完全能弥补企业污染强加给他们的福利损失 D,他们的剩余是 C。因此,污染空气带来的净社会经济价值是 $B+C$,居民现有清洁空气的净经济价值是 $E+F$,全社会共享有净经济价值 $B+C+E+F$,即 60 元,实现了帕累托最优。

现在,我们假设把污染权利界定给企业,只要他们愿意,也可以自由出售这些权利。那么,如果居民想降低空气污染,就必须从企业那里购买清洁空气。如果居民在企业那里购买到了清洁空气,那么实际上就是企业放弃了污染权。在图 5-5(a)中,假设居民购买了 8 立方米的清洁空气,在图 5-5(b),则购买了 4 立方米的清洁空气。那么,两图中居民购买清洁空气带来的价值是 $E+F+G$,支付的成本是 $F+G$,剩余是 E。企业出售清洁空气的收入是 $F+G$,完全能弥补它们因放弃污染而失去的潜在利润 G,它们的剩余是 F 元。由此可见,与把清洁空气权界定给居民得到的结果相同:企业污染空气带来的净经济价值是 $B+C$,居民现有清洁空气的净经济价值是 $E+F$,全社会享有的净经济价值是 $B+C+E+F$,即 60 元,实现了帕累托最优。所不同的是它们的最优清洁空气量。在图 5-5(a)中,最优空气污染量是 4 立方米,最优清洁空气量为 8 立方米;在图 5-5(b),两者恰好相反。这说明,无论政府把污染权界定给哪一方,得到的结果都是完全一致的。这一结果使我们看到,在交易成本为零的世界里,产权只要完全界定给一方或另一方,并允许他们把这些权利用于交易,那么就可以通过市场机制有效率地解决外在性问题。这引起了经济学家们的极大重视,斯蒂格勒最先把这个结论归结为科斯定理。

三、科斯定理 II

科斯定理 II 是指,在交易成本为正的情况下,可交易权利的初始安排将影响资源的最终配置。在引入交易成本以后,对外部侵害的权利调整只有在经过调整后的产值增长大于它所带来的成本时方能进行。所以,"合法权利的初始界定会对经济制度运行的效率产生影响,权利的一种安排会比其他安排带来更多的产值"。[①] 换句话说,市场交易成本影响着资源配置的效果。科斯定理 II 有两层含义:第一,在交易成本大于零的现实世界,产权初始分配状态不能通过无成本的交易向最优状态变化,因而产权初始界定会对经济效率产生影响;第二,权利的调整只有在有利于总产值增长时才会发生,而且必须在调整引起的产值增长大于调整时所支出的交易成本时才会发生。

因为权利的初始安排将影响社会福利,所以提供较大社会福利的权利初始安排就更优。产权界定的目标是使净经济价值最大化,或社会福利损失最小化,这正是科斯定理 II 的含义所在。根据这一定理,我们可以推论:第一,在选择把全部可交易权利界定给一方或另一方时,政府应该把权利界定给最终导致社会福利最大化或损失最小化的一方;第二,一旦初始权利得到界定,仍可能通过交易来提高社会福利,但是由于交易成本为正,因此,交易最多只能消除部分而不是全部与初始权利安排相关的社会福利损失。

由此可见,科斯定理 II 揭示了通过调整产权初始界定来提高经济效率的可能性,并提出了两种权利调整的方式——用组织企业或政府管制代替市场交易,但这两种调整方式同样是有成本的。从科斯定理中我们得知,市场并不是唯一配置资源的方式,除此以外,企业和政府也可以配置资源。企业和政府配置资源可以不通过市场进行,从而可以节约市场交易成本。根据科斯的企业理论,企业代替市场的原因是,企业通过市场一次性购买(生产要素)各方的权利,然后企业在内部通过行政决定方式配置资源,这就避免了不断重复进行市场交易所需的费用。政府在这方面的情况虽然类似于企业,但存在重大差别。因为政府的地位是垄断的,而企业存在竞争;政府可以回避市场,企业则与市场存在替代关系;政府可以对社会规定生产要素的使用方向,它甚至可以没收财产,企业不存在这种可能。政府在资源配置上的这些特点,显然不存在市场交易成本。但值得注意的是,无论是企业还是政府配置资源,它们虽然可以避免市场交易成本,但是也会产生非市场交易成本。这种交易成本在企业方面表现为,企业内部组织交易代替市场交易时所产生的管理费用;在政府方面表现为,政府用行政和命令代替市场交易时所产生的行政管理费用(包括收集经济信息、制定法规政策、保证其决定的落实等活动所需的费用)。

总之,在科斯看来,任何一种权利安排都需要费用,问题的实质只在于选择一种费用较低的权利安排方式。现实中不存在某一种安排方式在任何领域费用都最低的情况,从而根据费用较低原则,市场、企业、政府都有其资源配置功能上的最优边界。从动态上看,三者的最优边界会由于某一配置资源方式的费用变化而变化。例如,公司制度的发明使企业内部配置资源的费用降低。因此,社会的经济运转和资源配置过程就是一个以交易成本最低

---

① 〔美〕科斯,1960:《社会成本问题》,载科斯:《企业、市场与法律》,上海三联书店,1990 年版,第 92 页。

为原则,不断地重新安排权利、不断地调整权利结构的过程。

四、科斯定理Ⅲ

科斯定理Ⅲ是指,当交易成本大于零时,产权的清晰界定将有助于降低人们在交易过程中的成本,提高效率。换句话说,如果存在交易成本,却没有产权的界定与保护等规则,即没有产权制度,则产权的交易与经济效率的提高就难以开展。

权利的可交易性能够改善权利的初始安排、增加社会福利水平。同时我们也可以推论出,市场并不是唯一的配置方式,我们也可以通过产权的清晰界定来配置资源。如果政府一开始就能在经济活动主体之间较为准确地分割权利,那么,它将更能增加社会福利水平。① 这种产权配置不仅可以消除所有改善福利的交易,从而消除所有交易成本,而且还可以消除整个净社会福利损失。可这必须有一个前提——政府拥有完全信息。实际上,在交易成本大于零的情况下,政府不可能拥有完全信息。但是,当交易成本大于零时,由政府选择某个最优的初始产权安排,就可能使福利在原有的基础上得以改善,并且这种改善可能优于其他初始权利安排下通过交易所实现的福利改善。这就是科斯定理Ⅲ的内容。其实质是,在交易成本为正的真实世界里,如果政府选择了某种最优的产权初始安排,那么经济主体之间的纠正性交易将变得没有必要,纠正性交易的交易成本就能节约。当然,该定理的假设是较为苛刻的,即政府能够成本较低地近似估计并比较不同权利界定的福利结果,同时它还假定政府能公平和公正地界定权利。②

五、与科斯定理相关的定理

与科斯定理相关的定理包括相对于霍布斯规范定理而言的"规范的科斯定理"、波斯纳定理和政治科斯定理。

(一) 霍布斯规范定理和"规范的科斯定理"

合作能够产生经济剩余,这是经济学的一个基本原理。17世纪著名的哲学家霍布斯看到了尽量使不合作的损失降到最小的重大意义。他认为即使不存在什么严重的谈判障碍,人们也没有充分的理性在分享合作剩余问题上顺利达成一致协议,人们天生的贪财心会使他们在利益分享上喋喋不休,除非有一个强有力的第三方出面强迫他们同意,否则争执将是不可避免的。这些见解意味着一个重要原则,这个原则被称为"霍布斯规范定理",即通过建立法律结构使私人协议难以达成所造成的损失最小化。③

---

① 〔美〕科斯:《论生产的制度结构》,上海三联书店,1994年版,第161—162页。
② 绝对的公正是不可能的。像选民一样,有些读者可能希望政府站在居民一边;像赞助商和说客一样,有些读者可能希望政府站在企业一边。科斯暗示政府可能站在政府的企业和受管制的企业(如机场、公共电信等)一边。
③ "霍布斯规范定理"的思想是由霍布斯提出的,但命名这个定理的是当代产权经济学家R.考特。

根据这一定理,法律制度的设计应该能阻止强制性的胁迫,并将意见不一致所造成的损失达到最小。产权法的中心目的就是消除合作谈判的障碍,其中一个重要原因是一个成功的合作性谈判会创造一个合作剩余,而福利经济学的定理指出,自愿的合作或交易对双方都是有利的,因此产权法的目的必须是保障合作性交易或合作性谈判顺利进行。从这个意义上说,产权经济学的一个重要内容就是找出合作性谈判的各种障碍,以及产权规则如何有助于消除这些障碍。罗伯特·考特(Robert Cooter)和托马斯·尤伦(Thomas Ulen)将阻止谈判顺利进行和达成合作协议的障碍归结为三种费用:信息成本、监督成本和对策成本。产权规则的确立就是要减少这三类成本,推动合作协议的达成,促进经济效率的提高。这个思想是科斯在《社会成本问题》一文中提出的。斯蒂格勒将这一命题称为"科斯定理"。于是科斯定理就有了另一种被称为"规范的科斯定理"的表述——通过建立法律来消除私人协议的障碍。这个命题其实和前面的表述在本质上是一致的,如果没有障碍阻止谈判的顺利进行,那么私人之间一致性的协议将使权利的配置达到最优。因此,法院对这些权利的初始分配不会影响最终的效率。

霍布斯规范定理和"规范的科斯定理"代表了产权规则的两大原则:一是使私人对资源配置的不一致行为所造成的损失最小化;二是使私人在资源配置上达成合作协议的障碍降到最低。这两大原则在交易成本为正的情况下能使资源配置达到"帕累托最优"。

(二)波斯纳定理

霍布斯和科斯虽然强调了法律对私人之间谈判的意义,但他们都没有给出具有操作意义的权利安排应遵循的准则。波斯纳则弥补了这一缺陷。

波斯纳在他1973年出版的《法律的经济分析》一书中,给出了协议中权利安排应遵循的一般性规范:"如果市场交易成本过高抑制了交易,那么,权利应赋予那些最珍视它们的人。"[1]这一结论被人称为"波斯纳定理"。波斯纳还归纳出这一定理的对偶形式,即在法律上,事故责任应该归咎于能以最低成本避免事故而没有这样做的当事人。波斯纳主张,任何法律条款的正当性都必须以经济上的合理性为基础;在一个资源稀缺的世界里,浪费资源是不可能获得正当评价的。

科斯在《生产的制度结构》一文中曾表述过与"波斯纳定理"类似的思想,他指出,契约安排的理想状态是,权利应该配置给那些能够最具生产性地使用权利并且有激励这样使用权利的人。但是,只有在恰当的产权制度及其实施条件下,才会出现这种理想状态。科斯主张,在存在交易成本的条件下,法律对于资源配置就不再是中性的。法律通过明晰产权、界定经济主体之间的利益边界和提供行为规范,发挥着难以替代的效率上的作用。如果说科斯是想借助法律界定产权,改善资源配置,从而达到以法律促效率的目的,那么波斯纳则是以经济效率为法律定向,试图为法律列车铺就一条经济学轨道。

---

[1] 〔美〕理查德·波斯纳:《法律的经济分析》,中国大百科全书出版社,1997年版,第20页。

(三)政治科斯定理

政治科斯定理的提出与科斯定理的局限性有关,即科斯缺乏对产权形成的政治市场的分析。德姆塞茨在研究科斯定理时指出,科斯定理只涉及零交易成本的情况(这里指政治市场的交易),一旦分析外部性问题时要明确地探讨正交易成本,那么没有理论之外的经验性论据,关于如何矫正外部性的标准规范结论就难以给出。因此,要想分析正交易成本条件下的资源配置效率问题,就必须详细地探讨权利的性质,就需要一个分析产权产生、形成、运转的分析框架。诺思也强调,经济效率在正交易成本状况下决定于权利的初始安排。因此,要把握经济增长的根源就必须建立一个所有权产生、形成的分析框架,这个框架就是政治分析框架。

德姆塞茨和诺思分别从不同的角度提出了政治科斯定理。德姆塞茨指出,科斯定理对完全的政治民主的含义是,当政治竞争的功能完好无缺——政治活动中的信息费用或交易成本为零时——个人对从事政治活动的偏好不再与民主制度有关系。诺思则更明确地指出,政治活动决定产权制度的形成,如果政治市场的交易成本为零,那么最优的制度变迁必定产生,并且它与政治禀赋的初始配置无关。低效率产权制度产生的根源在于政治市场的交易成本过高。根据上述各种论述,有学者总结出"政治科斯定理",即"在给定的诸如投票权、游说权等政治权利的初始配置下,并在给定的宪法框架中,如果政治交易成本为零,最优的制度产出将会出现,并与政治权利的初始配置无关。"①

有学者认为,只要允许政治市场进行充分交易,即某一产权制度变迁的获利者补偿受损者,那么导致经济增长的制度变迁便会在一致同意中获得通过,并且这种通过是与政治权利的初始安排无关的。所以,政治科斯定理的逻辑完全是和科斯定理一致的,它将经济中的契约自由原则推广到政治领域之中。

【关键概念】

| 交易成本 | 资产专用性 | 机会主义行为 | 制度性交易成本 |
| 科斯定理 | 霍布斯规范定理 | 波斯纳定理 | 政治科斯定理 |

【思考题】

1. 为什么说交易成本是经济制度的运行费用?
2. 交易成本产生的原因是什么?交易成本有哪些类型?
3. 如何理解作为一种研究范式的交易成本理论?

【推荐阅读】

1. 〔以〕巴泽尔:《产权的经济分析》(第二版),上海三联书店,2017年版。

---

① Vira B. The Political Coase Theorem: Identifying Differences between Neoclassical and Critical Institutionalism [J]. *Journal of Economic Issues*, 1997, 16.

2. 〔美〕威廉姆森:《资本主义经济制度:论企业签约与市场签约》,商务印书馆,2002年版。
3. 〔美〕R.科斯等:《财产权利与制度变迁》,上海三联书店,1991年版。
4. 〔美〕曼瑟·奥尔森:《权力与繁荣》,上海人民出版社,2005年版。
5. 〔美〕罗纳德·哈里·科斯:《企业、市场与法律》,上海三联书店,2009年版。
6. 〔美〕迈克尔·迪屈奇:《交易成本经济学》,经济科学出版社,1999年版。

案例
一只狐狸"创造"一种规则

在现实生活中,人们越来越认识到规则的重要性。有效的规则可以大大地降低人们在社会经济活动中的交易成本,减少摩擦和矛盾。如何选择有效的规则呢?我们可以以一个案例来探讨这个问题。

如何取得初始的财产权?这是财产法必须解决的问题。美国的判例法和有关的财产法理论对此提出了许多规则,其中占主导地位的是"占据"原则。它来源于一则有趣的著名案例"皮尔逊诉波斯特"(1805年)。一天,风和日丽,波斯特先生牵着猎狗在一处无主的海滩边游玩。突然,他发现不远处有一只狐狸,便驱赶猎狗去追捕。不料此时附近的皮尔逊先生也看见了这只狐狸,在明知有他人在追捕的情况下,先下手为强,举枪射死了狐狸,并占为己有。这只狐狸究竟应归谁所有?双方争执不下,并打起了官司。

波斯特先生首先向纽约市皇后区法院起诉,要求获得该狐狸,结果胜诉。皮尔逊先生不服一审判决,向纽约州最高法院提起上诉。受理该上诉案件的五位法官都赫赫有名,其中,多数意见代表丹尼尔·汤普金斯(1774—1825),后任纽约州州长和美国副总统;少数意见代表布罗克霍斯特·利文斯通(1757—1823),后升任美国联邦最高法院大法官。汤普金斯认为,该案诉讼标的是一只野生动物(无主物)。此类无主物只有通过占有才能取得初始财产权。由于渊源于英国判例法的美国财产法尚无令人满意的先例可循,因此汤普金斯就只得旁征博引,寻找理由:第一,古罗马《查士丁尼法典》规定,追赶行为并不构成猎人对被追赶动物的初始所有权;第二,近代德国著名法学家萨缪尔·普芬道夫提出过"占据"原则,即野生动物的占有是指占有者对该物的实际占有。由于皮尔逊射死并第一个实际占有狐狸,因此享有对该无主物的初始所有权。这种观点获得了多数法官的支持。于是,一审判决被推翻,一个确立"占据"原则的先例诞生了。

虽然"皮尔逊诉波斯特"案涉及的仅是野生动物(动产范畴之物)的初始所有权,但是,"占据"原则也适用于土地之类不动产的初始所有权取得。因此,该案对19世纪以来的美国财产法具有深远的影响。这里可分三种情况来讨论:

一是谁先看到就归谁和"占据"原则两种规则都可以。这时法官的权力就大了,两人都可以找法官,甚至行贿法官,最终的结果是不确定的。另外,从社会来看,也会浪费许多时间与精力。这说明执行规则者的权力不能太大,并且要受到制约。执法者的权力太大,就容易导致司法腐败。执法者权力太大主要表现为执法者可以在多种规则中选择、规则太复杂、规则不明确等。因此,有效率的规则就是最简单的规则。

二是确定谁先看到就归谁的规则。这个规则行不行呢?这个不是不行,但会带来一些问题,会增大解决纠纷的费用,因为在海滩看到狐狸的可能不止波斯特先生一个人,还有许多人看到,这些人都会以这个规则去获得狐狸,最终由谁获得也是不确定的,并且费用很高。因为如以当事人的主观意向(此案中,波斯特先生有捕捉狐狸的意向)作为取得财产权的根据,今后势必徒增许多纠缠不休的纷争。这说明,有效的规则必须是实施成本低的规则。

三是确定"占据"原则。这就是本文案例所确定的关于财产所有的一个基本规则。这种规则有两个好处,一是成本很低,为了确定一个人实际占有了狐狸,取证容易。如果确定谁先看到就归谁的规则,那取证的成本就很高了——那天海滩上的人越多,看到狐狸的人就越多。二是避免了许多麻烦。确定了"占据"原则,以后遇到类似问题,就有先例可遵循了。在实际生活中,人们再遇到此类情况,就会私了,一般不去找法官了。"占据"原则反映了普通法内在的经济逻辑。由此我们可以得出有效规则的两个方面:一是规则要简化,二是实施规则的成本要低。

资料来源:卢现祥:一只狐狸"创造"一种规则,《读者》,2013年第3期。

第六章 制　　度

> 人是"追求目的的动物，也是遵循规则的动物"。
>
> ——哈耶克

制度是由正式制度、非正式制度与实施机制构成的。制度结构反映了社会逐渐积累起来的各种信念，而制度框架的变化通常也是一个渐进的过程，反映了过去对现在和未来施加的各种约束。

第一节　非正式制度、正式制度与实施机制

一、制度内涵

近代制度经济学家与新制度经济学家对制度内涵都有界定。近代制度经济学派的代表人物凡勃伦在他1899年出版的《有闲阶级论》一书中比较早地给制度下了一个一般性的定义：制度实质上就是个人或社会对某些关系或某些作用的一般思想习惯；而生活方式构成了某一时期或社会发展的某一阶段通行的制度的综合，因此从心理学角度来说，可以概括地把制度说成是一种流行的精神态度或一种流行的生活理论。康芒斯在他的《制度经济学》一书中有一节专门论制度，有几处给制度下了定义：如果我们要找出一种普遍的原则，适用于一切所谓属于"制度"的行为，那么我们可以把制度解释为集体行动控制个体行动。

新制度经济学的代表人物诺思在《制度、制度变迁与经济绩效》一书中指出：制度是一个社会的游戏规则，更规范地说，它们是决定人们的相互关系的一系列约束。制度由非正式约束(道德的约束、禁忌、习惯、传统和行为准则)和正式的法规(宪法、法令、产权)组成。诺思认为，制度是社会的游戏规则，是为决定人们的相互关系而人为设定的一些制约，它构成了人们在政治、社会或经济方面发生交换的激励结构，通过向人们提供日常生活的结构来减少不确定性。从实际效果看，制度"定义的是社会，特别是经济的激励结构"。

西奥多·舒尔茨(Theodore Schultz)在其《制度与人的经济价值的不断提高》一文中将制度定义为管束人们行为的一系列规则。在舒尔茨看来，制度是为经济提供服务的。他对制度作了经典的分类：① 用于降低交易成本的制度，如货币、期货市场等；② 用于影响生产要素的所有者之间风险配置的制度，如合约、分成制、合作社、公司、保险、公共社会安全计划等；③ 用于提供职能组织与个人收入流之间的联系的制度，如财产、遗产法、资历及劳动

者的其他权利等;④ 用于确立公共品和服务的生产与分配的框架的制度,如高速公路、飞机场、学校和农业试验站等。

格雷夫认为"制度是制度要素的组合,要素共同作用形成了授权、引导激励行为的规则"。① 在这里,制度要素是人为的、非自然的因素,它们对于行为受其影响的个人来说是外生的。制度要素包括组织,制度结构也反映了时间进程中信念的积累。因此,我们可以把制度看成规则、信念和组织的集合。规则协调人们的行为而且使人们不需要过多信息就能开展有效率的行动。格雷夫强调了制度的特定情境分析的重要性。特定情境分析是重要的,因为在给定情况下,可能存在多个制度均衡解,也就是说,在特定环境下,可能出现多种不同的制度。这样,对历史前后细节的分析将有助于阐明特定历史环境下具体制度产生及维持的原因,因为对历史的路径依赖是影响制度演进的重要因素。

后来诺思重新诠释了"制度"这个概念。诺思从制度与意识形态(认知)的关系来看,认为意识形态和制度都可以归结为共享心智模式。同时,心智模式决定了正式规则和非正式规则外在的选择。制度被看成是"共享信念"或协调性知识的总和,缩小了我们为了行事成功而必须了解的东西的范围,这能使我们对他人的行为做出更准确的预期。在青木昌彦看来,制度是人们持有"世界是以这种方式运转"的共有信念,是共同遵守的社会博弈准则。

此外,不同流派的学者对制度的定义是有差别的。"作为规则的制度"分析法主要将制度定义为规则、组织和合同。使用博弈论的学者将制度定义为博弈规则、均衡,或者促成博弈均衡的共有信念。而演化制度主义学派将制度定义为相互交往的人的均衡属性,如行为特征、习惯、惯例、偏好与规范。

二、制度构成

制度分为非正式制度、正式制度及实施机制。

(一) 非正式制度

非正式制度也被称为非正式约束、非正式规则等。非正式制度是指人们在长期的社会生活中逐步形成的对人们行为产生非正式约束的规则,如习惯习俗、伦理道德、文化传统、价值观念、意识形态等,是那些对人的行为的不成文的限制,是与法律等正式制度相对的概念。诺思认为,在人类行为的约束体系中,非正式制度具有十分重要的地位,即使是在最发达的经济体系中,正式制度也只是决定行为选择的总体约束中的一小部分,人们行为选择的大部分行为空间是由非正式制度来约束的。诺思把非正式制度分成三类:① 对正式制度的扩展、丰富和修改;② 社会所认可的行为准则;③ 自我实施的行为标准。

非正式制度来自社会所传达的信息,是被我们称为"文化遗产"的一部分。非正式制度的建立早于正式制度,后者是对前者的逐渐替代,但是,由于非正式制度的文化特征,因此它们对正式制度有强大的排斥能力。非正式制度也是集体选择的结果,它们的产生带有集

---

① 〔美〕阿夫纳·格雷夫:《大裂变:中世纪贸易制度比较和西方世界的兴起》,中信出版社,2008年版,第9页。

体的目的。在许多非洲国家主要是氏族约束；在中国主要是家庭约束；在许多伊斯兰国家，除了氏族约束，还有宗教规则约束；在美国，宗教的意识形态规则也会发挥重要作用；而在德国，法律强制规则是主要的秩序因素。

在非正式制度中，意识形态处于核心地位。因为它不仅可以蕴涵价值观念、伦理规范、道德观念和风俗习性，而且还可以在形式上构成某种正式制度安排的"先验"模式。对于一个勇于创新的民族或国家来讲，意识形态有可能取得优势地位或以"指导思想"的形式构成正式制度安排（或正式约束）的"理论基础"和最高准则。从中国的文明史来看，我们在价值层面、思想层面不比西方文明差（在历史上还有超过的时候），但是我们在把价值层面的东西转化为法律、制度方面却远不如西方国家。

非正式制度中的一项主要内容是习惯。这里首先要把"习惯"与"习俗"区别开来。在英文中，前者是"habits"，后者是"customs"。这里所使用的习惯一词，可以定义为在缺乏正式规则的场合起着规范人们行为作用的惯例或作为"标准"的行为。而在没有正式规则的场合，"标准行为"通常只能表现为前人、年长的人或多数人的榜样式行为。习惯于是可以被理解为由文化过程和个人在某时刻以前所积累的经验所决定的标准行为。约瑟夫·熊彼特（Joseph Schumpeter）认为，若没有习惯的帮助，无人能应付得了每日必须干的工作，无人能生存，哪怕是一天。还有学者认为，一种行为若能成功地应付反复出现的某种环境，就可能被人类理性（工具理性）固定下来成为习惯。诺思将这种过程称为"习惯性行为"（habitual behavior），因此他认为，"制度"的功用在于告诉人们关于行为约束的信息。

相关链接 6-1

节能习惯与行为干预：节能报告促进节能习惯的养成

节能一直是国际政治和政府工作中的重点之一。其中，民众自身的节能习惯应该怎么养成呢？一项研究告诉我们，小小的节能报告就能够促进这些习惯的养成。

研究者利用一家叫 Opower 公司所发放的房屋能源报告来作一个自然实验。Opower 公司随机抽选了一些家庭，并向他们发放节能报告，其中包含了个人化的节能建议和信息等。研究者可以比较那些被选中的家庭和没有被选中的家庭，两类家庭的不同之处即为节能报告所带来的影响。他们总结了如下三个主要发现：① 一般来说，收到报告的最开始是家庭节能反应最强烈的时候，但后面逐步就减弱了；② 这其中，比较持久的成分来自节能电器的购买等，而比较短暂的成分来自习惯的养成；③ 随着时间推移，这种先强后弱的趋势会渐渐减弱，当家庭被停止发放节能报告之后，节能的效果并没有消失，但是以 10%—20% 的速度逐年减弱，即便在 3—5 年之后，节能报告的发放仍然能够促进家庭减少能源的消耗，这说明节能习惯的养成需要花费很长的时间。

价值观念和伦理道德也是非正式制度中的一项重要内容。人们的价值观念规定着制度，制度是人们依据价值观念蓝图建构的。各种因素造成发展的形势，它们反映在人的价值观念里，人们依据形成的观念建构制度。制度所依据的观念不一定是正确的，但一定是自觉的，人们同意接受怎样的观念，人们认可建构的制度也就怎样。在每一种给定的经济制度下,伦理精神和道德规范都可以看成利益的一个自变量,不同的伦理精神和道德规范制约了不同的利益追求机制与方式。当这种方式与经济制度相符时,它就推动经济制度;反之,它将成为与现行经济制度相悖的力量,导致混乱与无序。所以,市场经济只有在物质条件(技术因素的制度硬件)和人文因素(经济伦理和道德规范)都已具备时,才能获得发展。一般来说,结构硬件可以通过人为的、外生的安排来获得,但规范性软件则无法直接输入,它是一个内生的渐变过程。市场经济体制的确立是社会诸因素相互作用的复杂进程,这一过程不仅决定于技术条件,也决定于其内生的人文条件和历史背景。当市场经济依靠价格机制和市场体系对资本、技术、人力进行最优配置时,支持它的是这些表象下的深层伦理精神和道德规范,如不损人的求利、公平的竞争、诚实的信用等,它们才是支持市场经济得以有序、有效运行的大众共同的基本信条和道德认知。

人们有时也将非正式制度称为"软制度",如果用一个较为准确的概念来界定软制度,则是指人们对其他人行为方式的稳定预期,这种预期来源于社会共同知识,传统文化可以说是软制度的主要来源。进一步细分的话,软制度又可分为两类:一是作为外力的社会群体对个人施加的约束,二是个人自我实施的约束。

新制度经济学使用的"制度"与20世纪60年代经济史学家们经常使用的"制度"概念相去甚远。后者的"制度"侧重于形形色色的组织。诺思最近使用的"制度"概念和人类学家使用的"文化"概念十分接近,只是他特别关注文化的那些对交换产生直接影响并有助于"有效市场"出现的侧面。[①]

相关链接 6-2

有研究通过分析驻纽约的联合国外交官们的行为,揭示了各国的公民资本的差异。在2002年修订相关法律之前,来自其他国家的驻联合国外交官不需要支付违章停车罚款,但纽约警察局还是会经常给他们开罚单,只是长期收不到付款而已。因此,对是否乱停车的唯一约束就是各位外交官的公民责任感。这项研究发现,在5年时间里,意大利人平均每人攒下了15张罚单,德国人是1张,瑞典人和加拿大人均为零,此外巴西的外交官们每人得到的罚单是30张,而垫底的科威特是246张。

资料来源:〔美〕路易吉·津加莱斯:《繁荣的真谛》,中信出版社,2015年版,第152页。

哈耶克说认识自发秩序首先要从习俗、惯例、习惯出发。而相反的思路,比如那些通过国王、议会或政府制定的法律,并不是真正的法源,其实是派生的。为什么习俗、惯例和习惯优于制定法?一是习俗、习惯和惯例在形成过程中没有强制性;二是习俗、习惯和惯例在实施中也是没有强制性的;三是那些法条一旦形成,就成为某种僵化的文字了,可能和这个社会的现实逐渐背离。为什么大陆法比普通法更容易移植?这是因为普通法呈现为大量案例,不是法典化的表达,所以它在传播上有先天的困难。

[①] 〔美〕约翰·N.德勒巴克等:《新制度经济学前沿》,经济科学出版社,2003年版,第32页。

（二）正式制度

正式制度也被称为正式约束、正式规则、硬制度等。正式制度是人们有意识建立起来并以正式方式加以确定的各种制度安排，包括政治规则、经济规则和契约，以及由这一系列规则构成的一种等级结构——从宪法到成文法和不成文法，到特殊的细则，最后到个别契约等。这些正式制度共同约束着人们的行为。

正式制度能够补充和强化非正式制度的有效性。它们能够降低信息、监督以及实施的成本，并因而使非正式制度成为解决复杂交换问题的可能方式。同时，正式制度也可能修改、修正或替代非正式制度。社会越复杂，越能提高制定正式制度的收益率。这是因为任何规则的制订及实施都是需要成本的，规则适用范围越广，制度实施的边际成本也越低，换言之，制度的实施也有一个"规模经济"的问题。

正式制度具有强制性特征。虽然这类制度也是人们自己制订或集体选择的结果，但这类制度明确以奖赏和惩罚的形式规定人们的所作所为。因此，社会中就需要有正式制度的维护者、实施者，而对社会成员来说，正式制度对其都是一种外在约束，不论他愿意与否。此外，这种强制性还在于利益的差别性，在有正式制度约束的地方，常常会是一部分人获益而另一部分人受损，因而实施是强制性的。

正式制度的设计通常要考虑依从成本。依从成本包括衡量那些待交换的物品或劳务的多重属性、衡量代理人的表现等活动的成本。考虑这一成本，必须要有办法来识别那些违反规则的行为，衡量其违反的程度，并且识别出谁在违规。在给定技术条件下，当成本超过收益时，制定规则就没有必要了。技术或相对价格的变化将改变制定规则的相对收益。

（三）实施机制

一个制度，不管它是正式的还是非正式的，在其形成之后都面临实施问题。制度的实施既有自我实施，也有第三方实施。对于国家这个制度，第三方是政府；对于一个宗法制度，第三方是宗族的长辈。人们判断一个国家的制度是否有效，除了看这个国家的正式制度与非正式制度是否完善以外，更主要的是看这个国家制度的实施机制是否健全。离开了实施机制，任何制度尤其是正式制度都形同虚设。

实施机制的结构是影响交易成本及契约形式的重要因素。制度实施通常是不完美的，这是因为：第一，制度的实施受衡量构成契约绩效的多种因素的成本的影响；第二，实施是由代理人执行的，因而他们自身的效用函数将影响结果。

为什么要把实施机制也作为制度构成的重要内容呢？关键是正式制度和非正式制度只告诉我们应当干什么、不应当干什么，只给了我们行为标准，但是如果不执行这个标准怎么办？如果不执行，从现实的效果看就等于没有制度。例如，一个国家可能有用来阻止企业垄断行为的不信任法，可是如果政府不去执行这个法律，企业肯定会我行我素地进行垄断经营，如果这样，那么就与不存在这样的法律相比没有两样。所以，从制度功能实现角度看，光有规则、没有执行机制，制度就是不完整的。

制度的执行规则主要表现在对违规行为的惩罚上，这种惩罚要使违规者的违规成本大于违规所得,从而使违规变得不划算。当然,制度执行机制的另一个主要方面是激励性。这种激励性应该让行为主体感觉到,执行制度虽然使自己付出了一定的成本,但是比较起来,收益还是大于成本,执行制度是划算的,从而产生执行制度的正效应。也有一些制度是自我执行的。例如,即使警察不在场,大多数人也驾车右行、遇到红灯便停车,因为若不这样做,生命就可能有危险。

按照诺思的定义,制度是一种博弈规则,那么博弈规则何时是可实施的呢?是不是当实施者降临之时?可是,实施者又怎样才能被激励去实施他理应实施的博弈规则呢?简而言之,实施者怎样才能被驱使去恪尽职守?为了避免循环推理,一种办法是力图说明博弈规则是内在产生的,它们通过包括实施者在内的博弈参与人之间的策略互动最终形成并自我实施。从此观点出发,思考制度的最合理的思路是将制度概括为一种博弈均衡。

在经济活动的复杂交换中,交换品具有许多有价值的特征,衡量这些价值成本很高,实施不可能自动进行,欺骗、违约行为会阻碍复杂交换的出现,因此必须建立制度为合作者提供足够的信息,监测对契约的偏离,通过强制性的措施保证契约的实施。

所有的契约都包括对履约机制的规定,同时所有的契约理论都强调协议应尽可能有效地嵌入履约机制的作用。不确定性是决定契约履行机制的关键因素。实施机制的建立根源于以下三个原因:一是交换的复杂度。交换越复杂,建立实施机制就越必要。在农业社会,人类没有建立质量监督检查之类机构的必要。二是人的有限理性和机会主义行为动机也促使制度实施机制的建立。三是合作者双方信息不对称,这就容易导致对契约的偏离。强制性的实施机制是任何契约能够实施的基本前提。

要真正实现内生于现代经济技术中的、非人际关系化交换的贸易收益,就必须依赖那些以强制力量来实施合约的制度。因为在非人际关系化交换的条件下,纯粹自发的第三方实施系统的交易成本是相当高的。相比之下,由政治组织作为第三方、动用强制力量实施合约,则在监管与实施合约方面存在着巨大的规模经济优势。

双边实施机制又被称为自我实施机制。在一个财富最大化的世界里,只要信守契约对双方来说都更为有利,契约就能自我实施。换言之,考虑到衡量与实施合约的高昂成本,信守契约所带来的收益要大于成本。契约能自我实施的状态是:交换双方相当了解,且进行着重复交易,正如原始社会和小社群的情况。在这些环境中,信守合约是有利的。这时,社会关系网络使得可计量的交易成本极低;欺诈、机会主义行为等现代社会出现的问题,在这里都极为罕见,甚至不会出现,因为这些行为都会导致一无所获。

契约的自我实施适合于稳定环境中的情形,例如技术是稳定的、需求是可预测的、博弈的规则保持不变等;适合于通过市场进行的交易;适合于完全契约或者说古典契约;适合于频繁交易且交易的特点为各方所熟悉;适合于不包括专用性程度很高的资产,从而如果条款不被任何一方遵守时,可以很容易提出终止契约。在极其简化的条件下,当双方拥有完全的信息、博弈是无限延续的且对手相同时,自我实施的合作解就可以达到。

当契约的自我实施机制失效时,契约的执行依赖于第三方的监督。如果交易环境的不确定性很大,资产的专用性程度很高,风险会显著上升,在这些条件下,自我实施机制倾向于无效,这就要求辅助性的机制,即来自契约外的第三方的干预。解决争端的程序是事前由各方商定的,参与调解行动的第三方可以是私人的,也可以是公共的,或者是二者的混合。

契约的第三方实施需要有一个中立方。该中立方有能力在无成本的情况下衡量出契约的诸种属性,并且能无成本地实施合约。这样,第三方就可以迫使侵权一方给予受损一方一定程度的补偿,从而使违反契约的代价变得十分高昂。但实际上,实施合约是有成本的。对各种属性进行衡量需要成本。同时,实施契约的是代理人,他们的利益也会影响契约的实施从而引起成本。此外,即使只是想弄清楚契约是否被违反了,也常常需要成本,而对违约行为进行衡量就更需要成本。

三、人们为什么遵守规则

人们为什么遵守规则?我们现在主要从两个层面去解释:一是经济学,二是心理学。

从经济学层面看,为什么会出现个人遵循规则的行为?这是因为存在:① 信息和决策成本;② 认知及信息处理约束;③ 尝试逐案调整而出错的风险;④ 个人由于其行为被规则决定而得到的某种利益。这四个原因被应用于习惯、常规和个人行为规则,同样也被应用于社会规则及规范。① 人们会比较遵守规范的净收益和违背规范的净收益。当违背规范的净收益超过遵守规范的净收益时,一个理性的参与者会停止遵守规范。按照理性的计算方法,个人参与者遵守一种规范所获得的净收益取决于两个因素:参与者从规范中获得的总收益、执行该规范的总成本。从博弈论来讲,如果一个制度是纳什均衡意味着什么?意味着所有人都要遵守它。反过来说,如果一个制度不是纳什均衡,那么至少有一部分人不会遵守它,也可能所有人都不遵守它。

从心理学层面看,我们缺乏一种令人满意的心理学理论,这种理论应该可以解释为什么人们有时候会感到自己从情绪、心理上强迫自己遵循规范。但也有学者认为,心理学和认知科学家已经发展出成熟的实用心理模型和规范内在化理论。

四、正式制度和非正式制度的关系

正式制度、非正式制度和它们的实施特征的混合决定了经济绩效。② 这些"特征的混合"是什么?不同国家的"特征的混合"的差异能否解释不同国家经济绩效的差异?

我们从正式制度与非正式制度之间的关系来看这种"特征的混合"。从非正式制度的演变来看,人格化交换依赖于互惠、重复交易以及倾向于从发达的互惠关系中演化而来的非正式规范之类的东西。人类社会早期及之后相当长的时间内主要是非正式制度与人类关系的相互演化。③ 从文化中衍生出来的非正式约束不会立即对正式规则的变化做出反应,因而,已改变了的正式规则与持存的非正式约束之间的紧张关系所导致的(社会)后果,

---

① 〔英〕霍奇逊:《现代制度主义经济学宣言》,北京大学出版社,1993年版,第81页。
② 〔美〕道格拉斯·C.诺思:《理解经济变迁过程》,中国人民大学出版社,2008年版,第141页。
③ 〔美〕道格拉斯·C.诺思:《制度、制度变迁与经济绩效》,上海三联书店,1994年版,第51页。

对理解经济变迁的方式有着重要的影响。① 例如，日本的法律明确规定，父母亲的遗产由子女共同继承。也就是说，不管你是否已经结婚、是否在国外生活，每一位子女都对父母亲的财产拥有继承权，都可以通过平均分配获得。但在日本某些地方，尤其是农村，还保留着兄弟姐妹不分家产、全由大哥继承的习俗。

正式制度和非正式制度之间只有量的差异，而无本质的不同。在人类社会早期，正式制度与非正式制度之间基本没有差异，因此对两者的区分也变得没有意义了。在现代社会里，正式制度总是和国家权力、和组织联系在一起：在国家层面上，法律是正式制度的代表；在社会层面上，各种组织的章程也是正式制度的一种。我们要深入研究和把握正式制度和非正式制度，就应该弄清楚非正式制度与正式制度的各自特点及其相互关系。

就表现形式而言，非正式制度是无形的，它一般没有被正式地形成文字、制成条文，也不需要正式的组织机构来实施，它存在于社会的风俗习惯和人们的内心信念之中，以舆论、口谕的方式相互传递、世代承传。从知识表达和传导方式看，非正式制度的形成和运行所依据的是心照不宣的默认的知识，它一般不能被明确表达，也不能通过编码化的知识进行传递，只能在实践中通过传递双方的共同理解和信任获得。正是这种无形的表现方式，使得非正式制度可以渗透到社会生活的方方面面去发挥作用，同时，这种表现方式也增大了认识和研究非正式制度的难度，特别是很难把它纳入一定的固定模式中进行分析。而正式制度都有其相应明确的具体存在和表现形式，它通过正式、规范、具体的文本来确定，并借助于正式的组织机构来实施或保障。这种具体有形的存在方式是正式制度的正规性、严格性的必要保障。

从实现机制来看，非正式制度不具有外在的强制约束机制，而是靠内在的心理约束。个人即使违反了也只受到良心的谴责和道德的评判，一般不会受到法律法规的制裁，如果内心感到心安理得，一般也不会因此而付出什么代价。与此相反，正式制度具有外在的强制约束机制，凡生活在一定的组织机构内，其行为都受到某种正式制度的约束，不管个人愿意与否，都必须遵守和执行这种行为规则，否则就可能招致组织纪律或国家法律的制裁，为自己的违规行为付出代价。

从实施成本来看，由于非正式制度的实行是依靠人们的自觉自愿或社会风尚和习惯，既不需要设立专门的组织机构来执行，也不需要雇用专门的人员来监督，其实施几乎不要花费多大的社会成本。而正式制度的制定和执行是一个公共选择的过程，不仅需要建立一套专门的组织机构，而且需要通过一定的工作程序，其间不乏讨价还价和营私寻租等活动，这些都要耗费一定的社会资源，因而其运行成本较高。

从形成和演变的过程来看，非正式制度的建立和形成需要较长的时间，有的甚至是长期历史发展的产物，而一旦形成就具有较高的稳定性，其变化和演进也是一个相对较慢的、渐进的过程。正式制度可以在一夜之间发生变化，而非正式制度的改变却是一个相当长期的过程。例如，一个国家经历过政权更迭以后，即使整个正式制度都发生了变化，但这个国家的许多社会特征仍然保持着。正式制度的建立虽然需要通过一定的程序，但是建立的过程所需时间较短，甚至一个决定、一道命令即可完成，其变迁也可以在较短的时间内以激进的方式完成。从长期的演化路径来看，非正式约束在制度渐进演化方面起着重要的作用，

---

① 〔美〕道格拉斯·C.诺思：《制度、制度变迁与经济绩效》，上海三联书店，1994年版，第63页。

从而成为路径依赖的根源。如诺思所说,美国在过去的几个世纪里经济运行相对成功,我们必须关注和正式规则一同起作用的非正式约束发挥的关键作用。

在"共享心智模型"中,诺思明确区分了正式制度和非正式制度的演化机制。一个社会的非正式制度是在人类自发的互动过程中形成和变化的,它"确实是人类行为的结果,而非人类设计的结果"。正式制度则是外在强加给共同体的,它是统治者之间相互关系演化的结果,集体学习在国家演化过程中发挥了重要作用,这具体表现在两个方面:第一,不同社会中学习性质的不同,是国家作为一个强制机构出现的关键。这是因为个体的学习内容主要取决于环境反馈,一个在复杂多变的现代社会的个体与那些在原始部落的个体所获得的经验不同。例如,在从人格化交易转向非人格化交易的过程中,由于社会成员可以彼此学习和模仿,放大了机会主义和搭便车行为,为了降低交易成本,人们不得不依靠专门提供保护的机构。第二,在从提供保护的专门机构发展到专门提供保护的国家的过程中,统治者和选民都经过了一个学习的过程,因此,国家具有更高的稳定性。

从制度的可移植性来看,一些正式制度尤其是那些具有国际惯例性质的正式规则是可以从一个国家移植到另一个国家的。如我国在市场化改革的过程中就移植了一些来自西方国家的有关市场的规则。这就大大降低了正式制度创新和变迁的成本。但与正式制度不同,非正式约束(或非正式制度安排)由于内在的根本传统和历史积淀,其可移植性就差得多。一种非正式制度尤其是意识形态能否被移植,其本身的性质规定了这不仅取决于所移植国家的技术变迁状况,更重要的是还取决于后者的文化遗产对移植对象的相容程度。由此可见,正式制度只有在得到社会认可后,即与非正式制度相容的情况下,才能发挥作用。而这一点对我国由计划经济向市场经济转型时期市场秩序的建立与发展具有现实意义。由于制度变迁,国家总想尽快通过改变旧的正式规则实现新旧体制的转轨,但这种旧的正式规则的改变,可能在一定时期内与持续的非正式约束并不相容,即出现了"张力"。这种张力取决于改变了的正式规则与持续的(或传统的)非正式约束的偏离程度,同时还取决于新旧正式规则"破"与"立"的吻合程度,而这两方面中任何一方的偏离,都可能导致秩序混乱或无秩序状态。当正式规则的剧烈变化导致了其与现存非正式约束不相融合时,二者之间无法缓解的紧张和矛盾将带来政治的长期不稳定。[①]非正式制度更多与个人联系在一起,而正式制度则与国家联系在一起,因此,要把非正式制度与正式制度的关系搞清楚,必须把个人与国家的关系搞清楚。

正式制度只有在与非正式制度相容的情况下,才能发挥作用。离开了非正式制度的匹配,再"先进"的正式制度也无法发挥作用。当今世界正式制度越来越趋同,如市场经济制度、法治制度及民主制度等越来越成为"共识"。复制这些正式制度并不难,但是每个国家的非正式制度又有其独特性,这种一般性与独特性的冲突就不可避免。

尽管非正式制度和正式制度有各自不同的特点,但它们同属于社会规则体系,又是紧密联系、相互依存的。把握两者的这种紧密联系,对于我们正确认识非正式制度和正式制度的性质与功能是非常必要的。

首先,两者是相互生成的。就制度起源看,是先有非正式的习俗习惯、伦理道德等制度,然后才在非正式制度的基础上形成正式法律、政治制度的。非正式制度是正式制度产

---

① 〔美〕道格拉斯·C.诺思:《制度、制度变迁与经济绩效》,上海三联书店,1994版,第193页。

生的前提和基础,正式制度常常是依据一定的价值观念、意识形态建立起来的。反之,一定的正式制度确立以后,必将约束人们的行为选择,并逐步形成一种新的行为习惯和伦理观念,进而形成一种新的非正式制度。在人类历史漫长的岁月里,非正式制度在维护社会秩序方面起到了不可替代的作用,并且这一作用还将继续下去。因为从历史来看,在正式约束设立之前,人们之间的关系主要靠非正式约束来维持,即使在现代社会,正式约束也只占整个约束的很少一部分,人们生活的大部分空间仍然由非正式制度来约束。一般来说,非正式约束包括对正式约束的扩展、细化和限制,社会公认的行为规则和内部实施的行为规则。非正式约束的产生减少了衡量和实施成本,使交换得以发生。但是,非正式约束又存在一定的局限性。如果没有正式约束,缺乏强制性的非正式约束就会提高实施成本,从而使复杂的交换不能发生。

其次,两者的作用是相互依存、相互补充的。任何正式制度作用的有效发挥,都离不开一定的非正式制度的辅助作用。比如法律,如果没有相应的伦理观念为基础,人人都在观念上缺乏相应的自我约束意识,法律就不可能得到有效实施,甚至会形同虚设。同时,任何正式制度安排都是有限的,只有依靠各种不同形式的非正式制度的必要补充,才能形成有效的社会约束体系。同样,非正式制度作用的有效发挥,也依赖于正式制度的支撑。非正式制度的约束是非强制性的,只有借助于强制性正式制度的支持,才能有效地实现其约束力,特别是在涉及面广泛的各种复杂经济关系和社会问题上,离开了正式制度的强制作用,非正式制度是软弱无力的。从强制力来看,正式约束由于国家暴力的保障而具有比非正式约束大得多的强制规范力量。但在一个社会,仅仅依靠国家暴力保障的正式约束是远远不够的。诺思认为,非正式约束的功能在于通过一种潜意识的渗透过程来告诉人们关于行为约束的信息。一个国家社会秩序的维护是靠正式约束与非正式约束共同作用的结果,如果革命或军事征服以后制定的正式规则与过去的非正式约束相悖,那么社会中的各利益集团将会运用各种方式以及人们非正式约束的力量来阻挠正式规则的实施,结果必然是社会秩序混乱。

最后,制度是指外在的博弈规则,文化则是个体内在的价值信念和规范。关于两者的关系,存在两种针锋相对的假说。第一种假说是制度会培育出个体内在的文化规范和信念,使个体在偏离这些规范行为时产生不愉悦感,这反过来强化制度本身。其中,国家制度与遵守规则规范的相互作用便是典型,即国家的形成会引导人们内化遵守规则的观念,这种观念又反过来补充相关的国家制度。与此相对的第二种假说是替代假说,它强调与国家形成相关的制度会削弱人们遵守规则的规范。因为人们的规范受父母的投资决策影响,当制度能有效地激励人们采取合作行为时,父母会降低培养子女合作的内在动机的激励,即正式制度会挤出内在动机。

总之,正式制度与非正式制度作为社会制度体系的两个组成部分,是不可分割、相互依存、互为条件、相互补充的。在研究和运用制度创新来促进社会经济发展的过程中,必须同时关注二者的作用。

相关链接 6-3

引进制度有时失败有时成功

美国于 1898 年占领菲律宾,并把它变为自己的殖民地。1935 年菲律宾成立自治政府时,其宪法便是由一批熟悉美国宪法的学者效仿美国宪法制订的,且通过美国总统罗斯福批准。1946年菲律宾独立,这部1935年宪法也一直在1946—1973年间适用。根据这部宪法,除了没实行联邦制外,菲律宾的政体几乎与美国一模一样。但美式的民主架构并没有让菲律宾逃过马科斯的独裁;自1986年"人民力量"推翻马科斯政权后,这套美式制度也没有让菲律宾避免长期的纷争与动荡。20世纪五六十年代,菲律宾人均国民生产总值曾仅次于日本,居亚洲第二;但现在它不仅被"四小龙"远远抛在后面,也落到不少其他亚洲国家或地区后面,包括中国。

  日本在历史上曾出现过两次著名变革:古代有一次"大化革新",以中国的唐朝为楷模重塑日本治理体系,国家发展出现过惊人一跃;现代又有一次"明治维新",以"脱亚入欧"的决绝,放弃传统政经体制,融入现代世界,日本再次一跃成为现代国家。两次维新,分别奠定了日本传统农耕文明和现代工业文明的基础。

  据日本近代史料描述,日本明治维新的功臣伊藤博文,年轻时就被英国的"君主立宪"深深吸引,但做了日本首任首相后,还是就日本具体走什么道路陷入了苦思。身为"总理"的他,带着"教育部长"森有礼走遍欧洲各国,寻找最适合日本的发展道路。日本从1868年明治维新到1889年颁布宪法,中间达21年之久,举国21年间处于"国家大法饥渴中"。而《德意志帝国宪法》的出现,就像是一场及时雨,令日本天皇和内阁如获至宝。1889年2月11日,《大日本帝国宪法》依此颁布。有学者在经过比照后发现,该宪法除第一、三十一和七十二条这三条是日本独创的之外,其余多达46条都与普鲁士及德意志各邦的宪法类同。日本宪法的"天皇总揽大权""内阁从属天皇""军事统帅权独立于内阁"三大特点,更是得到《德意志帝国宪法》的真传。

  从上面引进正式制度的不成功案例(菲律宾)和成功案例(日本)来看,菲律宾全盘复制了美国的正式制度(包容性),但是其制度实质上还是汲取性的。为什么同样的法律和制度在不同国家和社会有不同的社会功能和社会作用?为什么"除了没实行联邦制外,菲律宾的政体几乎与美国一模一样"却实际上还是汲取性制度?按照诺思等人的理论分析,这主要还是在于社会秩序是"有限准入的"还是"开放进入的"。换言之,菲律宾是在社会秩序"有限准入的"情况下复制了美国的所谓包容性制度,但实际上由于缺乏政治竞争及对权力的制约体系,菲律宾还是汲取性制度。我们要把"纸质的制度"与"实际的制度"区别开来。也就是说,菲律宾从形式上看是包容性制度,但实质上还是汲取性制度。

资料来源:http://iask.sina.com.cn/b/9083507.html。

第二节 制度框架

一、制度与组织

  诺思为了更好地分析制度演化问题,从三个重要维度区分了制度范畴:第一,从制度产生的方式看,可分为人造的制度(如宪法等)和演进的制度(如习惯法等);第二,从制度存在的形式看,可分为正式制度(如法律、政治制度等)和非正式制度(如习俗、行为准则等);第三,从制度运行层面上看,可分为制度本身和组织,前者是游戏规则本身,后者是在前者约束下有目的创立的具体机构,如政治团体、经济团体、社会团体和教育团体等。

制度和组织是不相同的。制度是社会游戏的规则,是人们创造的、用以约束人们相互交流行为的框架。如果说制度是社会游戏的规则,那么组织就是玩社会游戏的角色。组织是由具有一定目标、用以解决一定问题的人群所组成,包括政党、议会、市政委员会等政治团体,企业、贸易组织、家庭农场、合作社等经济团体,教会、俱乐部、运动队等社会团体,以及大学、职业培训中心等教育团体等。

西蒙认为,组织一词是指群体内人们交流的复杂模式和其他关系。该模式给群体中每个人都提供了决策所需的大量信息、假设、目标和态度,同时也给他提供了关于群体内其他人所作所为和别人对自己言行的反应的一系列稳定和可理解的预期。从最广泛的意义上说,所有不是由市场这只"看不见的手"指导的生产和交换活动,都是有组织的活动。这些组织作用的变化受游戏规则影响。但是,组织也反过来影响规则的变化。

诺思把组织区分为两种类型:一种是黏合性组织,特征是成员间有自我实施的、激励相容的协议。这类组织不依赖于第三方来实施其内部协议,一个黏合性组织成员间的合作必须在任何时点上、对所有成员都是激励相容的。二是契约性组织,这种组织需要合同的第三方实施,并需要在成员间签订激励相容的协议。

越是发达的国家,组织的平均拥有量就越多。越是开放的经济秩序,创建组织就越容易。在年收入低于2 000美元的最贫穷国家,组织的平均拥有量约为30个,每百万居民平均拥有组织2.8个;而在年收入高于20 000美元的国家,组织的平均拥有量约为1 106个,每百万居民平均拥有量约为64个。在美国,平均每60个人就拥有1个正式的商业公司,每13个人拥有1个正规领域的商业组织。

制度与组织是相互促进的,好的制度环境有利于组织的产生和发展,而组织的发展又有利于制度的建立和完善。从英国、美国的历史来看,这两个国家在制度创新上是走在前面的,它们在组织建立上也是领先于世界的。而落后国家的组织则少得多,一些国家甚至还限制组织的发展。

二、制度框架

制度框架由三部分组成:① 政治结构,它界定了人们建立和加总政治选择的方式;② 产权结构,它确定了正式的经济激励;③ 社会结构,包括行为规范和习俗,它确定了经济中的非正式激励。制度结构反映了社会逐渐积累起来的各种信念,而制度框架的变化通常是一个渐进的过程,反映了过去对现在和未来施加的各种约束。

政治结构。 政治结构又被称为政治的上层建筑,是建立在经济结构之上的政治法律设施、政治法律制度及其相互关联的方式,包括政党、政权机构、军队、警察、法庭、监狱等实体性要素以及政权的组织形式、立法、司法、宪法和规章等制度性要素。这些组织形式及制度性质的相互关系决定着政治结构。政治制度决定经济制度。政治制度搞不对的国家,经济制度也难搞对。

产权结构。 在《新帕尔格雷夫经济学大辞典》中，产权被定义为"一种通过社会强制而实现的对某种经济物品的多种用途进行选择的权利"。① 罗马法规定了几类产权：所有权、邻接权、用益权、使用权及抵押权。根据产权的排他性程度，可分为私有产权、共有产权、国有产权，这些产权在一国经济社会中的比重及不同形式的结合就构成一国的产权结构。交易成本理论与国家理论决定着一国的产权结构。

社会结构。 广义地讲，社会结构可以指经济、政治、社会等各个领域多方面的结构状况，狭义地讲，社会结构在社会学中主要是指社会阶层结构。但是，在欧美社会的理论语境中，社会结构常常还在更加抽象的层次上使用，用来指独立于有主动性的个体并对个体有制约的外部整体环境，经常与"能动性"对立使用。在新制度经济学中，社会结构是指一个国家、部落、部族或地区占有一定资源、机会的社会成员的组成方式及其关系格局，包含种群数量结构、家庭结构、社会组织结构、城乡结构、区域结构、就业或分工结构、收入分配结构、消费结构、社会阶层结构等若干重要子结构，其中社会阶层结构是核心。

社会结构具有复杂性、整体性、层次性、相对稳定性等重要特点。一个理想的现代社会结构，应具有公正性、合理性、开放性的重要特征。社会结构最重要的组成部分是地位、角色、群体和制度。

社会结构是重复博弈中的焦点。尽管各个国家的社会结构都显著不同，但是社会结构通常都包括共享的理念、信念、文化、民族网络或意识形态。它们有一个共同特征——都不会成为政府的政策手段。

韦伯把现代社会的进化分为三个阶段：第一个阶段是"氏族"社会，这时亲属关系高于一切，经济、社会和宗教的基本单位是亲属大团体，这种社会最晚在13世纪就在西北欧消失了。第二阶段中，经济、社会和宗教的基本单位是父母与子女组成的家户，他们或许不同堂而居，但是父母和已婚子女仍然形成了一个共同拥有财产的"农民"单位，这一结构最终也解体了。韦伯认为，这一结构首先是在英格兰自15世纪后期开始解体，后来在其他地方也相继解体，并让位于第三个阶段，即家庭与商业分离、个人经济自立的阶段。

最有用的制度研究框架是由威廉姆森提出来的，这种研究框架得到了越来越多学者的认同。值得指出的是，威廉姆森不仅划分了制度分析的层次，而且还提出了每个层次制度变迁的时间。威廉姆森的框架区分了社会或制度分析的四个相互关联的层次。

1. 社会和文化基础

这是制度层级的最高层次，包括非正式制度、习俗、传统、道德和社会规范、宗教以及语言和认知的一些方面。这个层级的制度是社会制度的基础。社会和文化基础的制度变化非常缓慢，改变和适应的过程至少需要1000年时间。这个层次相当于我们前面分析的非正式制度。

2. 基本的制度环境

这个层级的制度包括基本的制度环境，威廉姆森称之为"博弈的正式规则"。这个层级的制度包括：详细制定的宪法、政治体制和基本的人权；产权及其分配；使政治权利和产权、货币、基本的金融制度及政府的征税权力等得以实施的法律、法院以及相关的制度；规定移

---

① 〔英〕约翰·伊特韦尔等：《新帕尔格雷夫经济学大辞典》（第三卷），经济科学出版社，1996年版，第1101页。

民、贸易和外国投资规则的制度;以及推动基本制度环境变迁的政治、法律和经济机制。在任何时点上,一个社会的基本的制度环境都是对其基本的社会和文化基础的反映,在一个社会动态的均衡中,一个给定的基本制度集将与社会和文化基础在特定时点上保持相容。基本的制度环境的变化比社会和文化基础(第一层次)的变化发生得更快,但是其变化仍相对缓慢,适应周期大致在10年至100年。

3. 治理机制

这一层级的制度包括威廉姆森所说的"博弈的玩法"。给定基本的制度环境后,人们将参照制度(治理)的安排做出选择,通过这种安排,经济关系将得到治理。这个层次的制度包括:个人交易商品、服务和劳动的制度(如竞争性的市场);制约和影响合约及交易关系的结构、商业企业的垂直和水平的结构以及内部调节的交易和市场调节的交易之间的边界的制度;公司治理以及支持私人投资和信用的金融制度等。治理机制的选择在任何时点上都受一个国家的基本的制度环境和基本经济条件(如自然资源禀赋)的很大影响,治理机制的变化比基本制度环境的变化更快,威廉姆森认为时间跨度在1年到10年。

4. 短期资源分配制度

在以上三个层级的制度给定的情况下,这一层次的制度实际上指的是经济的日常运行。在垄断、寡头等不完全市场条件下,价格、工资、成本、买卖的数量等由市场的性质决定。

第三节 信念与制度

信念也会对人的行为产生重要的影响,但这种影响的重要性被严重地低估了。制度变迁的动力到底在哪里?如米塞斯所说,是观念造就了历史,而不是历史造就了观念。哈耶克在《通往奴役之路》指出,观念和意志的力量塑造了今天的世界。到了晚年,诺思也与哈耶克一样认为,制度变迁的最终源泉和动力取决于人们的信念和观念,用诺思自己的术语来说,制度变迁的动力在于人们的"先存的心智构念",从而诺思最终强调人们的信念、认知、心智构念和意向性在人类社会制度变迁中的作用。

不同的行为信念导致了不同形式的制度和组织,那么信念是怎么产生的呢?在诺思看来:① 体现在宗教中的人口/资源约束可能就是信念的来源。② 研究中心不应集中在特定的规范上,而应集中在特定的信念结构以及由此形成的学习过程上。正是学习过程导致了有助于经济增长的适应性调整。③ 把社会中的制度/组织结构置于研究的中心,由此我们可以探讨变革的背景中经济和政治组织的相互作用,变革由参与人感知的变化或外部力量所引起。西方世界兴起的关键是选择的多样性和不断增加的促进经济增长的可能性。[①] 如基督教信念逐渐演化出这样一种观点:自然应该为人类服务,因此宇宙能够也应该为了经济的目的而被控制。这一观点是技术进步必不可少的前提条件。

从意识形态与信念的关系来看,意识形态是有组织的信念系统,它一般起源于宗教。

---

① 〔美〕道格拉斯·C.诺思:《理解经济变迁过程》,中国人民大学出版社,2008年版,第123页。

统一的意识形态不仅可以降低交易成本,而且使得行为可预期。制度构成了人们的外部环境,意识形态构成了精神环境。在诺思看来,意识形态具有双重性:一方面,意识形态对顺从的要求至今仍然是减少维持秩序的成本的主要力量;另一方面,意识形态也有可能阻止制度变革、惩罚偏离常规者,以及在与之竞争的宗教改革冲突中成为无休止的人类冲突的来源,这是另外的社会成本。后者这种社会成本高到使一些国家根本没有办法进行制度变革,因此好的意识形态有利于制度的变革和创新。

一是制度反映了参与者的信念,或者至少是那些能够塑造规则的博弈者的信念。主导信念(那些处在做决策位置的政治和经济企业家的信念)随着时间的推移促进了决定经济和政治绩效的精致的制度结构的共生。① 建立在信念基础上的制度更有利于实施。人们愿意遵守并实施自己认可的制度。

二是信念体系是人类行为的内在表现,制度是这种内在表现的外在显示。从可感知的现实到信念,再到制度,再到政策,最后又改变了可感知的现实,信念体系和制度框架有着密切联系。制度是人们施加给人类行为的结构,以达到人们希望的结果。因此,经济市场的结构反映了制定游戏规则的那些人的信念。当人们的信念存在冲突时,制度会反映那些有能力实现他们的目标的人的信念。信念对制度框架的构建发挥着极为重要的作用。

制度是信念的外在表现形式,好的制度来自好的信念。但是,在真实世界里,根深蒂固的信念和偏见常常导致高不可攀的交易成本。② 从过去继承的制度结构可能反映一系列不受变迁影响的信念,这又有两种情况:一是制度变迁与这种信念体系背道而驰,二是被提议的制度变迁威胁到了现存组织中的领导者和企业家。在从根本上来说相互竞争的信念并存的地方,建立一套可行的制度安排的难度会比较大。解决这一问题的最好办法是建立一致同意的政治规则。③

在诺思看来,我们只有通过认知科学及行为经济学的研究,才能搞清楚非正式约束及其形成。感知、意向性、心智结构、信念等是非正式约束的决定性因素。个体通过基因遗传、文化传统和个体经验学习,由此形成心智结构,心智结构决定信念,信念体系决定制度框架。制度结构是由人类的意识和意向性决定的,而社会不同的绩效特征又是由制度结构决定的。政治、经济和社会制度的发展反映了信念体系的发展。

三是信念会影响制度变迁。在诺思看来,制度变迁是个人和企业家选择的结果,在早期,诺思认为这种选择是依据成本收益进行的,但后来他强调大多数选择仅仅是依惯例而行的。这种变化表明,诺思越来越重视非正式约束在制度体系变革中的地位和作用。变革需要知识,而知识的产生还要受到决策者心智结构和信仰体系的影响。因此,要理解制度变迁,就需要到"信念、意识形态、神话、教条和偏见"中去找原因。这也是为什么诺思非常强调认知科学在经济学研究中的重要作用。在向更复杂的、相互依赖的文化演化的环境中,人类的意识及其意向性已经导致了不同的制度结构,这些制度结构可以进一步解释社会不同的绩效特征。行为经济学的研究将有利于揭示这个作用的机理。主流经济学强调成本—收益在制度形成中的作用,但仅有这些是不够的。

信念在制度选择及制度成功转型中也发挥着极为重要的作用。"谁好、谁适合我就学

---

① 〔美〕道格拉斯·C.诺思:《理解经济变迁过程》,中国人民大学出版社,2008年版,第3页。
② 同上书,第180页。
③ 同上书,第141页。

谁"的信念是日本引进制度能成功的重要原因。制度是人们施加给人类行为的结构,以达到人们希望的结果。经济市场的结构反映了制定游戏规则的那些人的信念。当人们的信念存在冲突时,制度会反映那些有能力实现他们目标的人的信念。① 像日本、韩国等国在建立市场经济制度的过程中,都对非正式规则进行了改造。人们持有的信念决定了他们做出的选择。然后,这些选择建构了人类行为的变化。② 在不同社会中有不同的行为信念,不同的行为信念导致了不同形式的制度和组织。一个好的制度应该反映本社会成员共有的信念。当信念与从外边引进的制度相冲突时,制度引进就难以成功。

制度反映了人们对其与共同体内其他人之间关系的主观理解,对制度的认可和执行完全依赖于社会所主张的文化观念。一个共同体内共有的基本价值支持着社会的凝聚力并激励人们在制度框架内行动。③

人类社会的观念演化与制度变迁是有内在联系的。如果观念的演化还不足以让信奉者强大到扩张至全球,那么大家就在各自局部和传统中挣扎存活。而一旦某个观念使哪怕一小撮人获得了可持续的扩张能力,这一观念就必将随着人们的扩张而迅速传遍他们抵达的每一个地方。人类社会早期,族群采取强制手段实现"丛林法则",在这种观念支配下,大家在各自局部和传统中挣扎存活。后来,科学、理性、自由的发展最终使西方人率先实现了扩张能力,而坚定的自由主义信念则逐步消除了这种扩张所蕴含的原始暴力倾向,使他们的观念最终以自由贸易的方式感染了全世界——虽然其间也不乏大大小小的暴力冲突,最终胜利的仍然是人们对自由的渴望。如今,在这个地球上,再没有与世隔绝的孤立人群。愈来愈多的人们逐步认识到:完全不必通过流血冲突,就能获得分工交换的好处。这个过程也伴随着人类制度变迁的历史。

【关键概念】

制度　组织　正式制度　非正式制度　实施机制　制度框架　习俗　习惯
治理机制

【思考题】

1. 为什么人们遵守规则?
2. 如何理解正式制度与非正式制度的关系?
3. 制度与组织相同吗?

【推荐阅读】

1. 〔美〕道格拉斯·C.诺思:《制度、制度变迁与经济绩效》,上海三联书店,1994年版。
2. 〔美〕道格拉斯·C.诺思:《理解经济变迁过程》,中国人民大学出版社,2008年版。
3. 〔美〕安德鲁·肖特:《社会制度的经济理论》,上海财经大学出版社,2003年版。
4. 〔德〕马克斯·韦伯:《新教伦理与资本主义精神》,北京大学出版社,2012年版。

---

① 〔美〕道格拉斯·C.诺思:《理解经济变迁过程》,中国人民大学出版社,2008年版,第47页。
② 同上书,第22页。
③ 〔德〕柯武刚、史漫飞:《制度经济学:社会秩序与公共政策》,商务印书馆,2000年版,第37页。

第七章 制 度 理 论

> 制度理论是由一个关于人类行为的理论结合一个关于交易成本的理论建立起来的。
>
> ——诺思

本章由三部分构成：一是讲述人类行为理论与交易成本理论及二者的结合；二是讲述制度与人类行为的关系；三是介绍行为经济学视阈中的人类行为与制度。

第一节 人类行为理论和交易成本理论的结合

现实中的经济体系与经济学家心目中的经济体系是不一样的。新制度经济学所分析的经济体系更接近现实中的经济体系。

一、人类行为理论

对于人类行为与制度的关系，经济学的认知经历了三个阶段：一是在完全理性人的新古典经济学里，对人类行为与制度的关系分析得不够；二是在有限理性假设里，人类行为与制度的关系得到了大量的研究；三是现在不少学者开始关注人的认知及人的认知模式与制度的关系，认知科学把神经科学中对人脑的研究和哲学与心理学中对意识的研究结合起来，取得了长足的进步，从而使我们能够更好地理解意识是如何工作的，学习是如何进行的。[①] 越来越多的经济学家认识到早期经济学不注重心理学对人的行为的研究导致了很多问题，遂把社会心理学、认知科学、行为经济学及实验经济学的成果纳入制度经济学的分析中，这是我们认识人类行为与制度关系的重要切入点。

从完全理性假设到有限理性假设的转变是人类行为理论的重大进展。新古典经济学研究存在两个重要前提：一个是理性人假设，即经济决策的主体都是充满理智的，既不会感情用事，也不会盲从，而是精于计算和判断，其行为是理性的；另一个是在完全信息条件下，经济人对自身利益的追求可以同时实现个人利益和社会利益的最大化，市场出清和帕累托均衡将自动实现。然而，在现实中这两个条件都难以实现：一方面，人的理性程度是有限

---

① 〔美〕约翰·N.德勒巴克等：《新制度经济学前沿》，经济科学出版社，2003年版，第20页。

的;另一方面,信息是不完全的。因此,决策者掌握的信息和处理信息的能力都是有限的,交换过程中存在着高昂的交易成本。

在诺思看来,个人计算的局限性是由处理、组织和使用信息的大脑能力决定的。人们处理信息的思维能力有限,加上决策时所面对的环境的不确定性和复杂性,促使人们采取相关联的、规则化的和程序化的简化过程来对待决策问题,这个简化过程就是制度的形成过程。制度构造了人们的相互关系,限定了行动者的选择集合,从而弱化了人们决策时信息不足所带来的问题。

人们是通过某些先存的心智构念来处理信息、辨识环境的,这些心智构念帮助人们解读环境并解决所面对的问题。因此,在分析问题时,必须将参与者的计算能力以及所要解决的问题的复杂程度考虑进去。在古典经济学行为假定的基础之上,诺思探讨了理性选择进路在制度研究方面的缺失,并深入分析了人类行为的两个具体方面,即动机和对环境的辨识。[1]

人类的动机促成了社会的演化,而社会的演化与动物的演化具有许多相似之处,这也使得社会生物学家与经济学家的工作结合到了一起。演化模型中的效率与经济学中的效率并不一致,演化模型中的效率时常与那些通过损害其他群体而获取群体优势的行为联系在一起,因此该模型也可以将利他主义包含在内。问题的关键是如何定量分析这种因素,以及如何设定这种模型的性质。比如,利他主义的边际收益的符号以及边际收益变化率的符号如何设定?其实在博弈论中也有一些与利他主义相关的模型。最后可以发现,财富与这类价值(利他主义等)之间的关系表现为一种斜率为负的函数。也就是说,当个人表达其自身价值以及利益的成本较低时,这类价值就会成为影响选择的重要因素;相反,当个人表达其自身意识形态、规范或偏好所要支付的成本十分高时,这些价值对人类行为的解释能力就要小很多。

这里所说的环境主要是指制度,而环境(制度)是经济学家很少关注的问题。新古典经济学认为在均衡的时候(制度稳定的时候),人们的选择就会是一种理性的选择,其表现就是一天所做的事情中,绝大多数都不需要太多的思考,而这一结果其实正是由于制度的实存而导致的。这是因为交易结构的制度化降低了不确定性。如果面对非人际关系化的、不重复的交易,或者有政策对稳定的制度造成了冲击使其偏离了均衡,那么不确定性就会增加。面对的问题越复杂,不确定性就会越高。以这样的视角来研究人类是如何行动的,才是与有关制度形成的观点相一致的。

二、交易成本理论

科斯先假定一个不现实的零交易成本的世界并以此为基准,然后讨论不同的约束对企业行为的影响。理性选择理论也是从完全竞争的世界开始,然后放宽给定时间或地点这种特殊假设,来研究市场导向的方法在政治经济学中的限度。[2]

---

[1] 〔美〕道格拉斯·C.诺思:《制度、制度变迁与经济绩效》,上海三联书店,1994年版。
[2] 〔美〕埃里克·弗鲁博顿、〔德〕鲁道夫·芮切特:《新制度经济学:一个交易费用分析范式》,上海三联书店,2006年版。

交易成本经济学的问题是不同组织模式间的交易成本在何时会出现差异、为何会出现差异。零交易成本假设因此仅被视为一个入门的楔子,在每一种情况下,紧随其后的研究总是对正交易成本的世界进行解释。正交易成本假设降低了研究中的超理性成分,并将注意力集中在可行的备选组织模式上。①

零交易成本假设对于新古典理论看待制度的方式具有重要的影响。新古典理论的认识是,制度安排在经济发展过程中的影响并不重要。政治、法律、货币和其他制度的存在得到承认,但这些制度对于经济的影响被认为是中性的。换言之,制度被认为是"配置中性的",也即无关紧要的,这主要与零交易成本假设有关,这种假设意味着决策者有完美的信息和预测能力。然而,个人具有超级理性的假设必然影响其结论。在一个无摩擦的世界中所得出的结果,即使非常精确和清晰,也并不适用于真实的世界。正如斯蒂格勒所说的,"与没有摩擦力的物理世界一样,零交易成本世界是稀奇古怪的"。②

分析制度必须从交易成本入手。正是交易成本的存在,使得经济运行中的交易规则、合约及其履行、组织、制度安排——这也可以被称为"生产的制度结构"——成为经济活动不可或缺的组成部分。科斯对经济学的主要贡献是将交易成本和产权引入了经济学分析,也就是要求正统经济学用理论来分析制度的构成与运行,发现作为限制条件的制度在整个经济体系中的地位和作用,由此引起经济学理论,尤其是价格理论或微观经济学结构的彻底变革。这种变革主要表现为一旦引入交易成本分析之后,价格理论重新扩展成为包括分析产业、市场、企业和其他组织、政府与国家,以及一般地在制度约束下所有人类行为的经济学。

三、人类行为理论与交易成本理论的结合

交易成本理论与人类行为理论的结合构成制度理论。交易成本理论从人的有限理性入手,从人的本性(有限理性、机会主义行为)分析了交易成本存在的根源。这是对新古典经济学最大的偏离。科斯指出,如果没有理论使人们明白不同的制度安排能获得什么,就不可能对不同的制度进行明智的选择。因此,我们需要一个理论体系来分析制度安排的变化引起的效果。这样做并不是要抛弃标准经济理论,而是要求将交易成本引入经济分析中,因为经济生活中发生的很多事情要么是为减少成本而创造出来,要么是使以前受到高交易成本阻碍而不可能实现的东西变成可能。由于参与者的动机与环境的复杂性使得潜在的交易可能无法发生,因此制度的必要性在于通过限制参与者的选择集来降低交易的不确定性,减少效率的损失。

制度的目的是降低不确定性和有限理性等带来的交易成本。高交易成本会阻碍交易的扩展和经济发展,而制度可以把人们的决策程序化、规则化,使得人们在相互交往中有一个共同的平台和依据,这就大大降低了交易成本。诺思指出,信息的高昂代价是交易成本

---

① 〔美〕奥立弗·E.威廉姆森:《效率、权力、权威与经济组织》,载约翰·克劳奈维根编:《交易成本经济学及其超越》,上海财经大学出版社,2002年版,第21页。
② 〔美〕埃里克·弗鲁博顿、〔德〕鲁道夫·芮切特:《新制度经济学:一个交易费用分析范式》,上海三联书店,2006年版,第11—13页。

的核心,它由衡量所交换物品的价值属性的成本、保护权利的成本以及监察与实施合同的成本组成,这些成本是导致政治、社会和经济制度变革的源泉。

诺思把制度选择的决定因素归结为三类:行动者的动机(其效用函数)、环境的复杂性(特别是不确定性)、行动者辨识和安排(衡量和实施)环境的能力。在诺思的制度演化模型中,行动者具有有限理性,面对不确定的、复杂的环境约束,进行效用最大化的决策,其决策标准就是交易成本最小。诺思把交易分为人格化交易、非人格化交易和由第三方来实施的非人格化交易三类,这三类交易分别涉及正式规则和非正式规则的作用,围绕交易的演变,制度演化分别表现为两种规则的演进。

用交易成本理论可以研究人类历史上和现实中的各种制度安排。人类行为(机会主义行为、有限理性等)决定交易成本的大小,交易成本又决定制度及其结构,制度又影响人类行为。人类行为、交易成本与制度三者是一种互动关系。

交易成本理论提出了一个不同于新古典研究模式的新范式。有限理性概念的提出,改变了新古典范式的假定。信息经济学的发展,使人们对问题的分析深入到最基本的层次。经济学中的一切问题都可以从信息不对称和信息不完全中找到本源。科斯为了解释企业存在的交易成本概念,将前人用以解释同样问题的各种因素,如风险因素、信息因素、垄断因素和政府管制因素等都包括了进来,并且还拓宽了含义。以后新制度经济学家们将交易成本概念用于许多领域,这样交易成本概念被逐渐地一般化了。

总之,人类行为理论与交易成本理论相结合构成了制度理论。

一是两者的结合解释了制度存在的原因。诺思指出,制度在社会中的主要作用是通过建立一个人们互动的稳定(但不一定是有效的)结构来减少不确定性,而正是人类行为与交易成本让这种不确定性得以产生。一方面,人类行为是有限理性的,人的理性受到两个方面因素的影响——信息不完全与人类能力的有限性;另一方面,人类的有限理性又使得交易成本得以产生。制度能在多大程度上解决协调与生产的问题,取决于参与者的动机、环境的复杂程度,以及参与者辨识与规范环境的能力。制度框架的存在就很好地减少了这种不确定性,保证经济的高效、良好运行。

二是两者的结合很好地解释了制度在经济社会中所发生的作用。一方面,制度有助于塑造个人,扩展人的有限理性;另一方面,一个良好的制度可以减少经济运行中的交易成本,制度的好坏可以通过交易成本得到衡量。完成经济交换所必需的制度的复杂程度各不相同,而专业化程度越高、可变性越强,就越是需要借助可靠的制度,来支撑个人从事复杂的契约活动,并使条款执行上的不确定性降到最低,从而大大减少交易成本。

三是人类行为理论与交易成本理论的结合构成产权制度理论、契约制度理论、企业制度理论等。这种结合构成制度分析的一般理论,也就是本篇所讲的制度基础。也就是说,我们在制度基础篇所探讨的产权理论、契约理论和企业理论等都是建立在人类行为理论与交易成本理论结合基础上的。制度的目的是降低不确定性和有限理性等带来的交易成本。如果没有统一的规则,那么人们在相互交往中面对环境的复杂性和不确定性约束,再加上自身认知能力有限,彼此之间就很难协调,即使最终协调成功,付出的成本也非常高昂。

第二节 制度与人类行为

制度的起源与发展都与人类行为密不可分。受客观不确定性与主观智力资源稀缺的双重约束,人类深受有限理性之苦。如果仅有不确定性,而人类的认知能力是无限的,那么人类能通过理性计算实现最大化;或者人类的认知能力虽然受到限制,但人与人的交往都是确定的、无任何风险的,那么人类也能依靠有限的智力资源实现理性选择。但在此二者的共同作用下,制度不可或缺。

一、制度与人类行为的关系

关于个人与制度之间因果关系的争论持续不断。究竟是个人创造制度还是制度塑造个人?借助于认知科学的相关成果,新制度经济学认为,在社会发展的舞台上,制度与人类行为互补与对比,永远相互塑造。① 青木昌彦特别强调认知能力有限的个体与制度之间的正负反馈机制:制度为个体行为提供信息,同时又对个人的行动决策施加"人为约束";参与人相互作用并影响着制度,或在外部冲击和内部累积性影响下调整主观认知、寻求新的行动可能性,使原有制度陷入危机,从而产生制度变迁和新的制度均衡。② 人类行为与制度相互作用、相互影响,制度塑造个人,并能扩展人的有限理性;个人也能塑造制度,人性的演变影响制度变迁的方向。

(一)制度塑造个人,能扩展人的有限理性

从本质上讲,人与人之间的差异并不大,但为什么有的成为"好人",而有的沦为"坏人"?如果人们在一个地方显得宽宏大量,在另一个地方显得自私,那么并不是他们的本质不同,而只是社会组织不同。在制度分析中,最重要的不是罗列这种或那种动机,而是在动机中起作用的制度结构,通过明确的制度法令,这种结构激发了人类的某一类倾向,而压抑了另一类倾向。③

制度具有塑造个人的功能。人类行为在本质上可以用两种方式来规范:一是直接凭借外部权威,它靠指示和指令来计划和建立秩序,以实现一个共同目标(组织秩序或计划秩序);二是间接地以自发自愿的方式进行,因为各种主体都服从共同承认的制度(自发秩序或非计划秩序)④。现实生活中往往存在这样的情况:一个不讲卫生的人到了一个干净整洁的环境中会自觉地将纸屑扔入垃圾箱,而一个爱干净的人到了一个肮脏的广场上则会将手中垃圾随手扔掉。因此,在这个世界上,没有"好人"与"坏人"之分,只有"好制度"与"坏制

---

① 〔美〕阿兰·斯密德:《制度与行为经济学》,中国人民大学出版社,2004年版,第372页。
② 卓越、张珉:新制度经济学的新发展与政治学新制度主义:比较与启示,《经济学家》,2008年第4期。
③ 〔美〕阿尔弗雷德·S.艾克纳:《经济学为什么还不是一门科学?》,北京大学出版社,1990年版,第171页。
④ 〔德〕柯武刚、史漫飞:《制度经济学:社会秩序与公共政策》,商务印书馆,2000年版,第171页。

度"的差别。好的制度能促进人性中"善"与"美"的一面,抑制人性中"恶"与"丑"的一面,使个人行为朝着促进社会进步的方面发展。以1983年英国强制实行汽车安全带的法律为例,在此法律生效以前,大批司机不系安全带;法律实施后,只有极少数司机不系安全带。引起这种行为变化的最重要因素是,法律本身对驾驶者有一种强有力的合法化影响,使他们的目标和偏好倾向于更安全的行为模式。法律权威的影响力不仅在于通过施加惩罚使人们了解代价与收益从而改变行为决策,而且还改变了那些人本身——"系安全带"的实践变成了他们的习惯。因为人们普遍相信它可以减少伤亡,因而能广泛接受。①

制度不仅塑造个人,还能扩展人的有限理性。人类具有自利、机会主义等行为特征。有人经常会把满口应承的事忘得一干二净或者自食其言,有时还妄图不劳而获地"搭便车"甚至"损人利己"。制度则有助于增加逃避义务的风险,从而促进互利合作,抑制人类的这种本能性机会主义。同时,制度使他人的行为变得更加可预见,为社会交往提供了一种确定的结构。在行为经济学家眼中,制度是对不确定性的反应,节省了稀缺的认知资源。制度增进可预见性,建立起信任,协调各种行动,并减少人们在知识搜寻上的消耗。即使受规则约束的行为并非百分之百地确定,人们仍会觉得它比混乱更恰当、更合理。②稳定的、惯例化的行为建立并再造了一套法则与规范,后者由"习惯、习俗固定下来,默契地或合法地支持社会共识或一致性"。它不一定是神圣不可侵犯的,但重要的是,它能帮助当事者估计其他人可能的行为。③

制度还可以弥补知识的不足。我们对制度经济学的分析并不以"完备知识"假设为基础,而是将知识的不足——"无知"——作为人类存在的必要组成部分。对于研究如何克服稀缺性的经济学来说,人类的无知及其应付无知的办法成了绝对的中心问题。④正如我们将要看到的那样,知识的不足可以靠恰当的制度安排来缓解,恰当的制度安排能在一个复杂的、不确定的世界中引导个人决策者,并能帮助我们减少对信息的需要。⑤

青木昌彦、格雷夫等人的研究则更加直观地诠释了制度对人类行为的影响:参与人的偏好外生于制度,制度通过既协助又制约的方式影响参与人的行为以实现其外生偏好。一方面,制度可以帮助有限理性的参与人节约决策所需的信息加工成本;另一方面,制度为参与人提供关于制度均衡的信息,从而协调他们的信念,并控制参与人的行为决策规则。在多种可能性中,共有信念引导着参与人朝着某一特定的方向行动。格雷夫还进一步指出,不同的制度要素在影响行为方面发挥不同的作用,"规则"提供共享信息并协调行为,"信念"和"规范"提供遵循规则的激励,"组织"产生并传播规则。⑥

制度的存在构成了不确定世界中人们之间的相互关系。正如有些学者提出的,制度起因于个人在面临不确定性时所做的努力,通过限制人们的有效选择使行为成为可预测的,从而减少不确定性。没有制度就没有秩序、没有社会、没有经济、没有国家组织。概言之,制度有助于约束人类某些有碍于合作的本性,有助于增进可预见性,有利于缓解人类知识

---

① 〔英〕霍奇逊:《现代制度主义经济学宣言》,北京大学出版社,1993年版,第163页。
② 〔德〕柯武刚、史漫飞:《制度经济学:社会秩序与公共政策》,商务印书馆,2000年版,第112—113页。
③ 〔英〕霍奇逊:《现代制度主义经济学宣言》,北京大学出版社,1993年版,第158页。
④ 同上书,第51页。
⑤ 〔德〕柯武刚、史漫飞:《制度经济学:社会秩序与公共政策》,商务印书馆,2000年版,第62页。
⑥ Avner G. *Institutions*: *Theory and History*[M]. Cambridge University Press,2006.

的不足,从而扩展人的有限理性。

不确定性被定义为决策是在极其缺乏背景知识的情况下做出的,以至于无法对可能出现的结果的概率进行估算。但是,即使是在不确定条件下也必须做出决策。在这种情况下,奈特用人的感情来代替理性计算,即依靠乐观或悲观这类心理气质来指导选择。奈特把理性计算的不可能归因于缺乏经验,而阿尔钦等把非最大化行为归因于不充分信息和设计不良的激励;与他们不同,西蒙认为非最大化行为是人类智力有限能力的必然结果,他把这种理性称为有限理性。

诺思把不确定性的层次分为以下五种情况:① 给定现有的知识存量,可以通过增加信息的方式来减少的不确定性;② 在现有的制度框架中,可通过提高知识存量的方式减少的不确定性;③ 只有通过改变制度框架才能减少的不确定性;④ 在全新条件下,使信念必须重构的不确定性;⑤ 为非理性信念提供基础的那些不确定性。

在海纳看来,不确定性是"可预测行为的根源"。海纳的论文指向了制度创新的根源,他称之为"C—D之差"——个体能力与所决策的难度之间的差距。人类在这种差距面前,会构造出一些规则以限制这种条件下选择的灵活性,我们把这些规则称为制度。制度把选择导向一个更小的行动集,从而改进人类控制环境的能力。

更重要的是,制度具有传递性,它减少了每一代人都要重新学习的成本。如家庭中的个人消费方式是通过一套以前形成的惯例而保持下来的,它会受社会文化以及有关人员的性格的影响。儿童通过模仿及服从的倾向,把家庭持续已久的消费习惯不断地传递下去。通过建立固定化的人类行为范式,或者设定人类行为的界限,或者订立人类行为的规则,或者约束人类行为,惯例与正式制度实际上都提供信息给当事者。这种不变性或约束告诉每个人其他当事者可能采取的行为,因而他就可以相应地采取行动。① 在所有已经建立起来的社会制度中都有可能发现惯例化行为的广泛影响,包括教育系统、科学联合会、公共服务、贸易联盟以及地方及中央政府的各个部门。惯例以一种类似的方式在所有制度中充当"基因"。②

(二) 个人塑造制度,人性的演变影响制度变迁的方向

唯理主义建构论者认为立法者的理性意志是法律等制度的起源,个人可以塑造制度。我们认为,个人塑造制度应该体现在人类行为会影响制度的构建方面,而不是人类对制度的设计。个人在塑造制度方面发挥重要作用,其中人类价值观念、认知特征等很大程度上决定制度的取舍。

有人曾经提出这样一个问题:为什么社会福利占了欧洲国家GDP的45%,而美国却只有30%? 新制度经济学认为这和人们对贫穷的价值认知有关。60%的欧洲人认为贫穷是环境所迫,美国却只有29%的人这样看;24%的欧洲人同意贫穷是个人懒惰所造成,却有60%的美国人认同这种观点。多数人认为贫穷是咎由自取还是认为贫穷是社会的责任,决定了这个群体的制度,即人们的价值观念、认知特征等决定了欧洲与美国在福利制度上的

---

① 〔英〕霍奇逊:《现代制度主义经济学宣言》,北京大学出版社,1993年版,第158页。
② 同上书,第170页。

不同。

　　个人塑造制度,人性的演变则影响制度变迁的方向。由于人类本身是不断演变的,这决定了建立在人性基础上的制度必然随人性的演变而变迁。最初的原始人类是蒙昧的、单纯的,不存在理性计算的能力,人与人之间的交往是稀缺的,因而约束人类行为的制度不会产生。随着社会文明的向前推进,开始出现剩余产品,人们有了交换的需要,结绳计物、以物易物等制度开始产生。物物交换的范围与数量的扩大又进一步促进了实物货币的诞生,贝壳甚至黏土块等实物货币的价值是建立在人们相互信任基础上的。随着商品经济的日益发展,环境的复杂程度增加了,人性中贪婪自私、损人利己的一面开始凸显。除了习惯、禁忌以及信任等非正式制度,由国家强制执行的法律条例等正式制度开始扮演重要角色。到了商品经济高度发达的时代,人们追逐利益的本性开始松懈,重点逐渐转移到爱与利他、诚信合作、社会公平与共同进步、代际公平与可持续发展等方面,社会制度也由侧重约束(惩罚)功能逐渐转向侧重激励(奖励)功能。人们开始重视惯例、学习的功能,各种促进学习、全面提升人类文明程度的制度也应运而生。

　　人类行为与制度之间存在着互相塑造的关系。因此,在研究制度时,应充分考虑到人类行为的基本特征以及人性的发展状态。既要认识到大脑的有限理性与分层次的认知模式,又要注意人类行为规律与学习过程,并且结合人性的动态发展来研究制度。

二、规则遵循者与理性最大化者之间的关系

　　大多数正统经济学家都用最大化或最优化术语来解释理性,并且试图通过考虑信息成本、认知限制、预先承诺的好处或名声效应等方面的因素,将最大化理性与地道的规则遵循协调起来。[1]

　　新古典经济学是在既定的制度(或规则)下研究理性的人如何最大化利益的。如果我们仔细观察现实中的人就会发现,人们在不少情况中并没有在所谓既定的约束条件下追求最大化,而只是做了规则的遵循者。有学者指出,有各种各样的方式可以使得个人遵循规则或规范,而不是尝试根据每一具体情况做出调整来获利。[2]

　　哈耶克一直主张人是"追求目的的动物,也是遵循规则的动物"。人应在多大程度上被概念化为"规则遵循者"而不是"理性最大化者"？前者建立习惯和常规,更重要的是采纳社会规范和惯例;后者则根据环境和机会的变化调整其行为,以使他的净收益最大化。[3]

　　那么,如何理解规则遵循者与理性最大化者之间的关系？有学者认为,理性选择模型的朴素描述中所隐含的收集信息、进行计算的工作大概要花费任何一个人超过一生的时间和精力,任何企图做出完全明智的选择即理性选择的人,恐怕每周只能做少量决策,而不得不将数百个重要问题搁置一边。我们大多数人都靠习惯和拇指规则来做日常决策。照这个观点看,习惯代表对逐案最大化的偏离。决策的质量虽然下降了,但其损失可能小于信

---

[1] 〔英〕霍奇逊:《现代制度主义经济学宣言》,北京大学出版社,1993年版,第66页。
[2] 〔英〕马尔科姆·卢瑟福:《经济学中的制度:老制度经济学和新制度经济学》,中国社会科学出版社,1999年版,第67页。
[3] 同上书,第62页。

息和决策成本的节约。当然,结果是否如此还取决于所选择的特定规则,取决于它节约信息的程度以及它对所制定的决策的质量的影响。①

西蒙也想脱离最大化计算概念和最优概念。他用作为习惯、决策规则以及试探程序建立者和修正者的个人的思想取而代之,同时又没有将所有的理性概念都抛弃掉。西蒙的要点不是说理性不在场,而是说由于认知的限制,理性是有限的。人没有能力用最优的方式解决复杂问题。②由于理性最大化所要求的信息及计算能力的容量大大超出了人们的能力,要对经济行为的所有方面进行完全有意识的理性思考是不可能的。

纯粹的理性最大化者只会在所采用的规范或所遵循的规则同他的自身利益一致时才肯这么做。新制度经济学试图用理性主义术语解释各种类型的规则遵循。这可以通过将规则遵循归结为理性选择的结果而克服二分法,但是这种努力并非没有困难。有一个替代办法是假定至少某种规则遵循不能用理性主义术语解释,所以人类的行为可以看作既包含理性过程又包括非理性过程。这里的问题不是选择一个模型而舍弃另一个模型,而是要理解理性与规则遵循如何相关,各自发挥什么作用以及它们如何结合。结果有时是妥协,有时是理性制约社会规范,有时理性又受规范制约。③当然,也不是所有遵循规则的行为都可以理性最大化。一旦遵循规则,就不会每换一个环境就重新选择是否继续服从原有规则,从而特定的规则遵循行为有可能是非最大化的。这方面的例子可能包括:个人或企业遵循某项运作良好但有时达不到最优结果的决策规则;个人保持一种特殊的消费模式,尽管相对价格有所变化;个人不惜时间和精力在选举中投票,尽管他的投票无足轻重;个人遵循诚实或"正当"的行为规则,虽然有时违反该规则对他自身有利而又不会被人发觉;个人以高昂的私人成本追求社会正义目标;众人通过不厌其烦地非难不守规范者来遵循规范,尽管不守规范的行为并没有伤害到他们。④许多学者认为,遵循规则,尤其是接受和坚持社会规范的倾向不可能用理性主义术语完全解释清楚,还需要对人类行为做更广泛的探讨。⑤

第三节 行为经济学视阈中的人类行为与制度

行为经济学不仅从理性、行为目标等方面对传统经济学进行了扬弃,而且还从行为和心理规律角度对现实的人进行了全面的剖析,大大丰富了经济学的研究思路。概括起来,行为经济学关于人类行为的研究主要有以下几个方面。

一、人类行为目标

行为经济学主张以"幸福最大化"取代新古典体系的"财富最大化"。衡量人们是否幸

---

① 〔英〕马尔科姆·卢瑟福:《经济学中的制度:老制度经济学和新制度经济学》,中国社会科学出版社,1999年版,第82页。
② 同上书,第83页。
③ 同上书,第63页。
④ 同上书,第66页。
⑤ 同上书,第67页。

福(效用的多寡)时,财富的多少仅仅是一个很小的因素。归根到底,人们在很大程度上追求的是生活的幸福,而非新古典经济体系所描述的更多的金钱。许多人热衷于慈善事业,乐善好施,行为中处处体现了爱与利他主义。对他们而言,"施"比"受"更幸福,善行能带来快乐。因此,以"幸福最大化"作为理性人的行为目标能更好地贴近现实。

客观现实也越来越支持人类行为的"幸福"动机。在过去几十年里,美国的人均 GDP 翻了几番,但是许多研究发现,美国人的幸福程度并没有太大的变化,反而感到生活压力的加大。英国智囊机构新经济基金会针对 178 个国家进行的"快乐排名"(综合考虑生活满意度、平均寿命和环境承受能力等多项指标)显示,世界上感觉自己生活得最幸福的人既不在美国,也不在欧洲或日本这些经济发达、人均收入水平高的国家或地区,而是在一个人口不到 20 万的太平洋岛国瓦努阿图。当地居民虽然收入低,但他们怡然自得地生活在岛上,对自己的生存状态十分满意,因而最幸福!有意思的是,排名前 5 的都是发展中国家,瓦努阿图后面依次为哥伦比亚、哥斯达黎加、多米尼加和巴拿马;而八国集团成员国排名最靠前的意大利只排在第 66 位;亚洲最快乐的国家是越南,位居第 12,中国排在第 31 位。

边际效用递减规律同样适用于幸福和财富。5 元钱能给饿得奄奄一息的人以生的希望,从而带来很大的快乐,但对于千万富翁而言可能没有任何幸福的感觉。这种幸福感与财富之间的关系可用图 7-1 表示。其中,横轴代表财富量,纵轴代表由财富给人们带来的快乐或效用,二者之间存在凸函数关系——在最开始一贫如洗时,财富增加给人们带来的幸福感集聚上升,但幸福感的边际增量在边际效用递减规律的作用下,随着财富的增加而减少,当财富积累到一定程度后,如 M 点所示,幸福感不再与财富相关。可见,幸福并不必然与财富成正比。

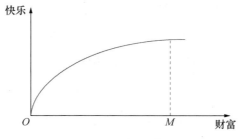

图 7-1　快乐与财富的关系

行为经济学家指出,人们"追求满意"而不是最优化,即仅限于停留在某些较好的解决方法,而不是继续寻找最好的。[①] 由于心智资源是稀缺的,做出最优决策往往是"劳神费心"的,现实中的人类行为经常采用简捷启发式,将目标定位为满意而不是最优,即花费最少的时间和力气,运用拇指规则寻找一个可行的解决方法。[②] 简言之,人类倾向于追求"满意"水平,往往"先设定一个渴望程度,再进行探索,直到发现了能满足渴望程度标准的办法,选择该办法,从而解决了问题并做出了决策"。[③]

[①] 〔美〕科斯等:《制度、契约与组织:从新制度经济学角度的透视》,经济科学出版社,2003 年版,第 328 页。
[②] 〔美〕约翰·N. 德勒巴克等:《新制度经济学前沿》,经济科学出版社,2003 年版,第 330 页。
[③] 转引自〔美〕阿兰·斯密德:《制度与行为经济学》,中国人民大学出版社,2004 年版,第 36 页。

二、大脑模块性与多重自我

理性是解释人类行为的重要因素。行为经济学者运用心理学实验,充分证明了理性行为并非唯一的行为方式——情绪化行为、冲动行为、从众行为等非理性行为普遍存在。应当指出的是,行为经济学所指的非理性行为有时候是以经济学标准而言的,有时候则是以心理学标准而言的,即考虑某一个体的行为是否与他所处的社会环境相符。

行为经济学发展了西蒙的有限理性观,认为大脑的两个特点决定了人们行为与决策的范围。一个特点是有限的信息处理能力(如前所述),另一个特点是大脑的各个模块(即大脑的各个组成部分)具有某种独立地影响人类行为的能力。也就是说,大脑并不是一个单一的整体,且不一定是内部一致的。[①] 行为经济学认为,大脑的模块性导致了人的多重自我与有限的自我控制能力。有别于经典理性人的超强自制力,大脑的不同模块能够在没有其他模块参与的情况下从环境和行为"命令"问题中获取信息,并做出采取某个行动的决策,但随后往往又感到后悔。如一方面计划节食,另一方面却又抵制不住美食的诱惑而大快朵颐。这就是人的两面性和多重自我所带来的有限理性。

多重自我除了使个体行为偏离理性轨道外,还导致了公共政策和集体选择问题。现实中有很多例子可以说明人们作为个人进行行动时会选择做这件事,但在集体选择中却为另一件事投票。

三、心智模式、认知结构与制度

每个人都用自己的心智模式去阐释周围的世界。心智模式一部分源于文化,也就是说它是由知识、价值观以及行为准则通过代际传递而产生的,而这些知识、价值观和行为准则在不同民族和社会中又根本不同;另一部分则是通过经验获得的,这种经验对特殊环境而言具有"本地性",因而不同环境下获得的经验也存在着相当大的差别,以上两方面导致人们心智模式的巨大差异,形成对世界的不同理解以及"处理"问题的不同方式。

诺思建立了制度演化模型。制度实际上是人们认知活动交流的产物,它是在共享心智模式的基础上发展而成,但是只有形成共有信念的制度才能沉淀下来,进而降低交易成本,如果制度不能作为共有信念,就不可能降低交易成本。有限理性的当事人依靠某种心智模式进行决策,并通过预期和意识采取行动,环境变化会通过信息反馈影响当事人的认知,当事人通过其心智模式对这些变化进行评价和判断,继而形成新的预期。这种循环构成当事人认知和环境的一个互动过程,它既是一个心智模式的调节过程,也是一个学习过程。学习过程不仅能够使得个体的心智模式适应环境变化,而且能够促进心智模式本身的演进,产生新的心智模式。因此,环境反馈在决定心智模式的稳定方面起着主导作用。如果环境反馈被同一个心智模式反复认可,那么该模式就趋于稳定,这个稳定的心智模式就是"信念"。

心智是脑和神经的功能,一般而言,有脑和神经系统的动物都有某种程度的心智。而

---

① 转引自〔美〕阿兰·斯密德:《制度与行为经济学》,中国人民大学出版社,2004年版,第33页。

脑与心智之间的桥梁就是认知。认知是脑和神经系统产生心智的过程和活动。认知科学就是以认知过程及其规律为研究对象的科学。认知涉及学习、记忆、思维、理解以及在认知过程中发生的其他行为。21世纪初，文化与认知的互动越来越受到重视，宗教、艺术、道德以及社会关系和组织等都成为认知科学研究的新课题，而一些传统的哲学问题如自由意志、人生意义等也逐渐为其所涉及。

研究表明，个人认知与不同类型的社会结构（如不同类型的人际交流）相互作用产生了不同结果。① 诺思认为，在经济变革的长期趋势中，制度或认知模式的变化往往起源于不同个人群体面临的初始条件的改变。正如不同群落因其所处物质环境的不同而具有不同经验，在此基础上逐渐形成不同语言，并用不同思维模式来解释周围世界。语言和心智模式形成非正式约束力，它们限制了该群体的制度框架，并被当作习俗、禁忌或是神话世代传承下去，产生了我们所谓的文明，从而形成了路径依赖的关键部分。随着劳动分工和专业化的不断发展，群落演化出不同政治与经济形式。随着在解决稀缺性这一根本经济问题上取得各种不同程度的成功，经验和学习的多样化逐渐产生出差异日益扩大的社会和文明。随着人类变得越来越相互依赖，环境的复杂性增加，为了从交易中获得潜在收益，就需要更加复杂的制度结构。②

在人类制度体系中，这些强外在约束大多数情况下是人类集体思考和行动的结果。这样，在制度和组织强外在约束的形成和演进过程中，人类心理起根本作用。对认知科学的最新研究有助于更好地理解这些外部结构的作用和渐进发展。根据认知科学的研究，人类行为受大脑认知结构的影响，可以分为意识行为、直觉行为、前意识行为和无意识行为（见表7-1）。新古典的理性假设属于有意识的推理行为；除这一层次外，人类尚有许多属于半理性甚至非理性的行为（表7-1中的上面三个层次）。在非完全理性的情况下，个人行为不可能实现最大化，人们倾向于沿用惯例或模仿方式行事以节约心智资源。此时，文化传统、宗教信仰等非正式制度将在引导人们的行为方面发挥重要作用。

表7-1　心智结构与行为③

心智结构		行为	
无意识		无意识行为	包含了意识，称为有意识的无意识。如弗洛伊德所说的动机性遗忘、口误、笔误等
			不包含意识，如习惯性动作、肌肉反应、抽搐等
前意识		前意识行为	潜意识的习惯，如熟能生巧的动作等
直觉	灵感	直觉行为	
	顿悟		
意识	从知识形态看，分为观念层、价值层和理念层；从思维活动看，分为感性层（感觉、知觉和想象）和理性层（概念、判断和推理）	意识行为	

---

① 〔美〕约翰·N.德勒巴克等：《新制度经济学前沿》，经济科学出版社，2003年版，第342页。
② 〔美〕诺思：《新制度经济学及其发展》，载孙宽平主编：《转轨、规制与制度选择》，社会科学文献出版社，2004年版，第7—8页。
③ 卿志琼：《有限理性、心智成本与经济秩序》，经济科学出版社，2006年版，第170页。

行为实验证明,许多人类行为是由习惯来协调的,它们在任何一种情况下都不可能由理性的计算来解释:当投票显然对政策的实施毫无可测度效应且与投票者的生命更是相差十万八千里时,人们为什么还要在选举中投票?为什么人们会向其再也不会碰到的侍者付小费?这些都是因为人们常常单纯地因袭习惯模式,模仿他人。①

阿兰·斯密德(Allan Schmid)认为,在竞争世界中,个人需要知道大量的价格以便做出最优决策。但这似乎超出了人脑的信息处理能力,个人用推测填补了他们的知识空洞,正式制度与非正式制度提供了使协调成为可能的习惯和共同预期。预测可能是自我否决的或自我实现的。如果足够多的人共有其预测,那么他们响应该预测的行为可能是自我实现的。预测可以起作用,即使该预测是以错误前提为基础的。就如阿罗说的,"我们可以发现一些情形,社会事实本质上是惯例,而不是潜在事实"。② 斯密德进一步指出,完整的制度经济学必须包括本能、习惯、有意识与无意识推理。习惯特征的固有学习在人类和高级动物中无处不在。渐渐地,心态和意识知觉都得到升华,并且能熟练掌握较基本的学习方法。精神、身体和环境是相互依赖的,行动引起反馈和所谓信仰,而信仰提供了行动基础。③

康芒斯指出,人设立一套"习惯假定",并利用它为常规交易提供基础。他的关键论点是,习惯假定使日常工作不需要经常的思考就能够自然进行④。习惯的存在可以大大地节省交易成本和决策成本,它与我们主题的高度相关性已由凡勃伦在他的许多著作中都作了强调。按照凡勃伦的看法,制度本身就是由"为大多数人普遍接受的固定的思维习惯"所组成的。⑤

不同的认知层次导致不同的行为模式,而不同的行为模式又与不同的制度结构相对应。完全理性的行为模式适合于市场制度,政府只要界定好私有产权,并对国家和私有产权提供保护,个人在"无形的手"的指引下,出于自利的计算可以实现个人和社会福利的一致最大化。

通过将认知科学引入制度分析后,不难发现原来的社会科学有两个致命的缺陷:一个是没有预见性,另一个则是没有回忆。诺思通过认知科学和心理学的研究,发现经济学家也有特定的学习曲线,在很大程度上,经济学家是通过推测和回忆来理解制度过程的。这样就不免在复制历史的过程中,产生了很多有意识的遗漏。诺思认为,我们必须从认知科学领域、从心理学领域再挖掘对制度的理解。从诺思的洞见中可以看出:只有整合政治学、经济学、社会学、历史学、人类学、认知科学,甚至社会心理学等众多学科,我们才能真正理解人类行为,理解制度以及制度的变迁⑥。

因此,个人认知差异如何影响制度和制度结构及制度变迁,人类如何学习,如何把信念和偏好结合起来以做出选择(这个选择是经济理论的基础),在面对纯粹的不确定性时如何

---

① 〔德〕柯武刚、史漫飞:《制度经济学:社会秩序与公共政策》,商务印书馆,2000年版,第69页。
② 〔美〕阿兰·斯密德:《制度与行为经济学》,中国人民大学出版社,2004年版,第75—76页。
③ 同上书,第63—64页。
④ 〔英〕马尔科姆·卢瑟福:《经济学中的制度:老制度经济学和新制度经济学》,中国社会科学出版社,1999年版,第72页。
⑤ 〔英〕霍奇逊:《现代制度主义经济学宣言》,北京大学出版社,1993年版,第49页。
⑥ 2000年诺思在华盛顿大学召开的"规范与法律"研讨会上的演讲:"不确定世界的法律与社会科学"。

发展理论(并据此行事)①,等等,这些都是新制度经济学需要研究的新课题。

【关键概念】

人类行为理论　交易成本理论　心智模式　认知结构

【思考题】

1. 为什么说人类行为理论与交易成本理论的结合构成制度理论?
2. 如何理解制度与人类行为的关系?
3. 简述心智模式、认知结构与制度的关系。

【推荐阅读】

1. 〔美〕阿兰·斯密德:《制度与行为经济学》,中国人民大学出版社,2004年版。
2. 〔英〕马尔科姆·卢瑟福:《经济学中的制度:老制度经济学和新制度经济学》,中国社会科学出版社,1999年版。
3. 〔美〕科斯等:《制度、契约与组织:从新制度经济学角度的透视》,经济科学出版社,2003年版。
4. 〔美〕约翰·N.德勒巴克等:《新制度经济学前沿》,经济科学出版社,2003年版。
5. 〔美〕道格拉斯·C.诺思等:经济学和认知科学,《北京大学学报(哲学社会科学版)》,2004年第6期。

案例
晚清海关最清廉吗

如果说晚清有官方机构不腐败的话,那大概只有一个——晚清的中国海关。

在晚清,中国海关因廉洁而著称,甚至被认为是"世界行政管理史上的奇迹之一"。1854年到1897年被除名的海关关员中,只有一名是因受贿革职。这个"奇迹"是英国人赫德缔造的。赫德从1861年到1908年担任大清海关总税务司,也就是全权负责管理海关事务,任期达半个世纪之久。

晚清的中国海关也称"洋关",与之相对的则是"常关"。"洋关"管理国际贸易,由赫德等洋人主持;"常关"管理国内贸易,仍由清政府官员主管。这是典型的"一国两制"。两种体制产生两种绩效:"洋关"高效廉洁,"常关"贪腐蔓延。"洋关"的工作人员是全世界招聘的,其中的洋人称为"洋员",中国人则称"华员"。在海关之内,无论是"洋员"还是"华员",都能廉洁自守。与之相应的是,同是中国人,在"洋关"工作能廉洁自守,而在"常关"工作则几乎个个腐败。

同在中国的土地上,"洋关"廉洁而"常关"腐败,这个事实说明了一个道理:腐败不是因

---

① 〔美〕道格拉斯·C.诺思等:经济学和认知科学,《北京大学学报(哲学社会科学版)》,2004年第6期,第18—23页。

为中国人的素质差所致,腐败在中国是可以治理的。腐败,主要是制度使然,因此赫德打造廉洁"洋关"的经验,就非常值得总结了。

赫德的制度建设借鉴了英国经验。当时的英国,高效廉洁的文官制度已经建立,而海关管理方面,英国更有完善的经验可资借鉴。赫德做到因事设岗、以事择人、选人严格、公开公正、严格管理、奖惩分明,如此等等。在选择海关雇员时进行全球招考、公开选拔,赫德本人及海关高层管理人员做到了不徇私。赫德在用人上有完全的独立自主权,这是他能够打造廉洁海关的重要基础。

有了这样的基础,再借鉴英国海关内部防范贪污腐败的管理制度,比如监督制度、会计制度、审计制度、巡视制度等,再加上合理的薪酬福利制度和严明的奖惩制度,就使得海关职员不仅不能贪,也不需要贪,廉洁就有了保证。

但是,使海关廉洁的关键,不是海关内部的制度建设和有效监督,而是对海关一把手赫德本人如何监督。一把手的腐败才是反腐制度设计的核心。赫德本人的腐败不能完全寄望于赫德的道德品质,必须有监督使赫德本人也不能贪。

赫德是中国政府的国际雇员,他必须面对三个方面的压力:一是来自清政府的压力。清政府是有选择自己雇员的权力的。二是来自许多觊觎这一职位的其他国家竞争对手的压力。因为许多国家都想通过控制这个职位来操控中国,巩固在华利益,特别是德国人,对这个职位一直虎视眈眈,所以赫德必须面对外在压力,不能因廉洁问题给人可乘之机。三是来自英国政府的压力。赫德在中国的行为不是简单的个人行为,而在一定程度上代表英国政府的利益,因此他不能因自己的失误而损害英国政府的利益,更不能使自己丑闻缠身,给英国政府丢脸。总之,赫德作为中国政府的国际雇员,必须面对来自各方面的压力和监督。他不像大清帝国的其他官员,压力和监督只是来自自己的上级。

赫德控制下的晚清中国海关的廉洁在中国 2 000 余年的帝制历史上可以说是"广陵绝响",但是它的存在到底也说明了贪腐在中国也不是不能治理的。治理贪腐,关键是制度要落到实处。

资料来源:http://bbs.tianya.cn/post-188-63466-1.shtml。

第八章　相互依赖、合作与互惠制度

> 随着环境的变化，人类环境日益提出至关重要的问题，即不断增长的机会使得社会组织的根本转换成为必要。这要求依赖于相互控制、尊重等级和严格实施的以身份为基础的强制社会（人格化交换）向以自由进入和退出、民主治理、能力标准和社会经济结构优化的开放社会（非人格化交换）转变。
>
> ——诺思

人类的相互依赖性及合作关系产生了大量的互惠制度，而互惠制度正是制度分析的微观基础。自私自利在行为中的作用和社会合作的基础等互相纠缠在一起的课题，不仅在经济学中是基础性的，而且在所有的社会科学中，以及大部分生物学中也是基础性的。[①]

第一节　相互依赖

一、相互依赖性

人们的相互依赖性是有效利用稀缺性资源的一种基本形态。一个人的行为影响另外一个人的福利，这就需要给定秩序，否则就会发生残忍的暴力与战争。[②] 人类历史的许多暴力与战争都源于对稀缺资源的争夺。

对社会相互依赖性分析最深刻的是法国社会学家涂尔干。他曾经提出过一对概念：机械联系和有机联系。他的意思是说，在传统农业社会中，分工不明确，大家做着类似的事情，从而形成了大体相同的观念、信仰及生活方式。这种同质性和相似性把人们凝聚到一起，这就是所谓机械联系。而到了近代，分工细化了，大家做着不同的事情，社会呈现出越来越强的异质性，这种整合的机制就失效了。但分工形成了互相依赖，种粮食的依赖做衣服的，反过来，做衣服的也依赖于种粮食的，谁都离不开谁。于是，在这种差异性和互相依赖的基础上形成了一种新的整合机制，他将其称为有机联系。

但我们要注意到，建立在这种异质性基础上的互相依赖，往往需要一种封闭的环境。有点类似于国内统一市场的形成打破了过去传统乡土社会中的互相依存一样，全球化的过

---

① 见《新帕尔格雷夫经济学大辞典》（第三卷），经济科学出版社，1996年版，第662页。
② 〔美〕阿兰·斯密德：《制度与行为经济学》，中国人民大学出版社，2004年版，第100页。

程,特别是在美国这种全球化程度很高的国家,则正在瓦解着有机联系建基之上的国内的互相依赖性。于是,人们看到美国的资本与不发达国家的廉价劳动力形成了一种新的结合,美国的金融和科技精英与其他国家的蓝领形成了一个链条。

分工既提高了效率,同时也形成了人类之间的相互依赖性。新古典经济学认为创新取决于研究与开发上的投资,它不考虑个人专业化水平及社会的分工水平,而古典主流经济学派认为新机器和新技术的出现是由分工网络与相关市场容量决定的。斯密认为,分工的发生将使得生产活动的专业化水平得以提升,专业化水平的提升使企业的生产效率提高、利润增加。企业扩大规模,产生规模经济。供给与需求的增加意味着市场容量的扩大;而市场容量的扩大将进一步促进专业化与分工的发展。这种分工与市场容量之间的良性循环关系是斯密对于经济发展的原理做出的重要解释。

斯密之后,马歇尔以及后来的众多学者都注意到分工对技术进步、经济发展的重要影响。约翰·希克斯(John Hicks)认为最早的市场主体是商人,而商人的专业化取决于"需求的集中程度"。其中暗含了劳动分工与市场规模之间存在联系。佩顿·扬(Peyton Young)把这种联系进一步深化,认为分工和专业化是为了获得规模收益,而规模收益的获取要靠"迂回的生产方式"。迂回的生产方式使产品的单位成本降低,规模收益使给定家庭收入的购买力上升。这样市场规模就会扩大。扬把这种市场规模引致分工的深化、分工深化又引导市场规模的扩大的演进过程称为"经济进步"。在经济进步过程中,市场规模是内生的。扬认为这时限制演进速度的是制度演进的方向与速度、各种资本品的积累程度,以及产品需求的弹性。随后,尼古拉斯·卡尔多(Nicholas Kaldor)在研究了12个工业发达国家经济增长情况后发现,各国劳动生产率与工业规模呈正相关。受扬、卡尔多的影响,杨小凯提出了把交易成本与分工演进相结合的数学模型。杨小凯认为分工使规模收益递增,但分工的深化同时也会使"交易成本"增加。所以,分工的深化会受到交易成本的限制,从而把制度进步引起的交易效率的提高与劳动分工联系起来。

为什么新古典经济学不重视对分工的研究?杨小凯则认为新古典之所以逐渐淡忘了分工问题的研究,是受当时分析手段制约的结果。他认为,对专业化和分工进行数学分析需要能分析角点问题的数学方法,而当时引入经济学的边际分析方法是以内点解为基础的古典数学规划方法,它不能分析角点问题。因此,马歇尔在《经济学原理》一书中研究分工和专业化的部分就没有任何数学分析。

专业化和分工程度越高,从最初生产到最终消费的整个生产环节也就越多,考核费用也就越多。组织形式的选择将受到产品或劳务特性以及特定的考核技术的影响。[①] 产品(或资源)的内在特性是人类社会相互依赖性的条件,一个人的行为对其他人的福利影响的可能性是产品和服务的物理过程和生物过程的函数。正式制度和非正式制度都能解决利益群体中潜在的相互依赖性。内在产品特性包括不相容程度、排他成本、为其他使用者提供产品的成本、生产额外物质单位的成本和各种各样的交易成本。在不同的相互依赖性背景下,确定各种制度。相互依赖性产生对制度的需求,而制度安排又极大地强化了人类的相互依赖性。

---

① 〔美〕道格拉斯·C.诺思:《经济史中的结构与变迁》,上海三联书店,1991年版,第43页。

二、社会相互作用的社会资本分析

人类行为的相互依赖是一种客观现实。相互依赖性既可以产生效率、产生合作,也可能形成低效、内耗甚至冲突和对抗,并会产生外部性,同时,不可避免地产生人的机会主义行为倾向。人们需要确立双向的关系并需要各种持续的群体结合。每一种与他人的联系都给我们一种归属感,但同时也给我们一种制度约束。这样的联系使人们体验到一种深深的满足,并给人以一种认同感和安全感。可以说,社会联系有助于控制我们自私的、机会主义的个人本能。

社会相互作用不仅可以进行制度分析,也可以从社会资本理论的角度进行分析。

制度分析试图利用人类学家的文化概念考察社会相互作用的内涵,这种社会相互作用为人们模拟出了经济秩序,并给人们提供了把其生活同其他人的行为统一起来的指南。① 人类社会的许多制度就是在社会相互作用中形成的。人们由于自然环境、地理位置等的差异在相互作用中形成了不同的文化、生产方式和生活方式,同时也形成了相应的正式制度、非正式制度及其实施机制。正式制度和非正式制度都能解决利益群体中潜在的相互依赖性,并为他们提供秩序和预测可能性。②

1980年,法国社会学家皮埃尔·布迪厄(Pierre Bourdieu)正式提出了"社会资本"的概念,并把它界定为"实际或潜在资源的集合,这些资源与由相互默认或承认的关系所组成的持久网络有关,而且这种关系或多或少是制度化的"。③ 关于社会资本最著名的定义是罗伯特·帕特南(Robert Putnam)给出的,帕特南把社会资本看作对社区生产能力有影响的人们之间所构成的一系列"横向联系"。这些联系包括"公民约束网"和社会准则。构成这个概念的基础是两个假设:第一是关系网和准则以经验为依据相互联系;第二是它们具有重要的经济学影响。在该定义中,社会资本的主要特征是它促进了协会成员相互利益的协调与合作。社会资本,诸如信任、规范以及网络,一般说来都是公共品,而常规资本则一般是私人品。

社会资本的性质主要包括以下四方面:第一,社会资本是一种达成的共识,它在一定程度上是产生凝聚力、认知力和共同意志的社会纽带。第二,我们可以将社会资本看作关系网的集合,即一种社会组织。人们同时属于许多社会组织,而且这些组织可以具有不同的规则。第三,社会资本是声誉聚集和区分的途径。个人投资于声誉,是因为它减少了交易成本,并有助于打破进入各种生产和交易关系的障碍。第四,社会资本包括管理者通过他们的管理风格、动机和支配权、工作实践、雇佣决定、争端解决机制和营销体系等发展起来的组织资本。④

社会资本的作用主要表现为以下三点:

① 共享信息。正规制度和非正规制度有助于避免与不充分或不准确信息相关的市

---

① 〔美〕阿尔弗雷德·S.艾克纳:《经济学为什么还不是一门科学?》,北京大学出版社,1990年版,第172页。
② 〔美〕阿兰·斯密德:《制度与行为经济学》,中国人民大学出版社,2004年版,第123页。
③ 李惠斌、杨雪冬:《社会资本与社会发展》,社会科学文献出版社,2000年版,第3页。
④ 同上书,第76—77页。

场失灵。制度有助于传播充分和正确的信息,以使市场参与者做出合适、有效的决定。例如,日本和韩国通过成立"审议委员会"管理厂商间对于贷款和外汇的竞争,整个过程是透明的,通过消除寻租行为的动机来鼓励厂商间的合作行动与信息共享。

② 协调行动。经济代理人的不协调或机会主义行为会导致市场失灵。例如,许多灌溉工程常常由于缺乏促进产生共享水源的公平协议和正式或非正式途径而失败。在与水源使用者相关的协会中,有效社会资本能够克服这些问题,这些协会通过创建一个成员间频繁接触的平台来提高成员间的信任度,从而减少机会主义行为。

③ 集体决策。集体决策是公共物品和市场外部性管理的必要条件。与政府类似,地方协会和志愿者协会并非总能有效地进行集体决策。集体决策的水平,不仅取决于它们如何较好地提出信息共享问题,而且取决于公平普遍存在的程度。[①]

社会资本对经济增长的贡献主要体现在两个方面:

在微观经济层面上,经济学家主要考虑社会资本促进市场发挥作用的能力。社会资本与市场交易相互作用、相互影响。在这种相互补充和相互作用的关系中,斯蒂格利茨提出了社会资本密集度与经济发展水平的倒 U 形关系。在市场经济发展早期,当市场狭小且不完备时,人际关系的大网发挥了解决分配和分布问题的作用。市场的进一步发展和深化使一些人际关系网被破坏。私人关系的价值以及与之相关的社会资本价值下降了。在发达的市场经济中,似乎存在着不是形成"制度和规则"来代替或补充市场和政府,而是形成一种"达成的共识"的社会资本重构和深化问题。[②] 社会资本能够通过促进合作行为来提高社会的效率。像其他形式的资本一样,社会资本也是生产性的,它可以使得某些目标的实现成为可能,而在缺乏这些社会资本的情况下,上述目标就无法实现。例如,一个团体,如果其成员是可以依赖的,并且成员之间存在着广泛的互信,那么,它将能够比缺乏这些资本的相应团体取得更大的成就。在一个农业共同体中,农民互相帮助捆干草,互相大量出借或借用农具,这样,社会资本就使得每一个农民用更少的物质资本干完了自己的农活。[③]

在宏观经济层面上,经济学家考虑制度、法律框架和政府在生产组织中的作用是如何影响宏观经济绩效的。诺思和奥尔森研究了社会资本更广泛的定义对宏观经济效果的影响。他们认为,国家间人均收入的差别无法通过生产资料(土地、自然资源、人力资本和生产资本)的人均分配解释。制度和社会资本的其他类型及公共政策,共同决定了一国能够从其资本的其他形式中获取的成果。奥尔森指出,低收入国家,即使这些国家拥有大量的资源基础,也无法从投资、专业化和贸易中获取巨大收益。这些国家缺乏公正执行契约、保障长期产权的制度,以及受限于误入歧途的经济政策。[④] 对于实现政治稳定、政府效率甚至是经济进步,社会资本甚至比物质资本和人力资本更为重要。

最后我们从三个方面分析一下社会资本与制度的关系:

第一,制度构成关键的社会资本。可以说,制度是引导人际交往和社会发展的"软

---

① 李惠斌、杨雪冬:《社会资本与社会发展》,社会科学文献出版社,2000 年版,第 59—60 页。
② 同上书,第 81—82 页。
③ 转自〔美〕罗伯特·D. 帕特南:《使民主运转起来》,江西人民出版社,2001 年版,第 196 页。
④ 帕萨·达斯古普特等:《社会资本:一个多角度的观点》,中国人民大学出版社,2005 年版,第 58 页。

件"。实际上,我们已经发现,软件通常要比硬件(有形事物,如物质资本)更重要。①

第二,社会资本与制度一样,都影响经济绩效。社会资本指的是社会联系或网络、准则及信任,它们都能促进社会中的合作,并最终能对经济绩效产生作用。帕特南认为,在社会资本含量很少的社会中,经济绩效很可能会受到损害。更重要的是,在缺乏社会资本的社会,其许多潜在资源难以转化为现实的产出。②

第三,非正式规则是制度和社会资本都共同具有的部分。有学者在对日本企业的对比分析中发现,这个国家的相对效率和技术推动力有相当一部分来自"责任关系联盟",这不同于契约中格式化的条款,而是长期贸易关系中的责任、信任及相互礼让的精神。在企业的内外建立这种联系,是日本工业成功的重要原因之一。③

第二节 人格化交易与非人格化交易

一、人格化交易与非人格化交易的内涵

历史上的交换大致可以分为三种:① 在经济史上出现过的大部分交换,都是与小规模生产以及地方性交易相联系的人格化交易。重复交易、有共同的价值观以及缺少第三方实施是这种交换的典型条件。② 当交换的规模与范围扩大之后,交换双方都将努力使交换客户化和人际关系化。但是交换的种类和次数越多,就越是需要订立更为复杂的合约,从而客户化与人际关系化就越不容易做到。由此交换的第二种一般形式就演化出来了,即非人格化交易。③ 交换的第三种形式是由第三方实施的非人格化交易。

从人格化交易到非人格化交易不仅是一种交易方式的转换,而且是社会、经济、政治关系的深刻变化。现代经济所必需的转型特征,即人格化交易向非人格化交易转变。

什么是人格化交易?什么是非人格化交易?这得从个人谈起。个人包括两个部分:首先,每个人都拥有一个独一无二的身体,包括身高、长相和智力等;第二,每个人都有一系列基于其地位、权力、特权、权利和义务的社会归属特征(此外,法律可能赋予组织等非自然人以人格,从而它们也拥有了法律之下的合法身份。法人是有能力承担权利和义务的实体)。当一个社会中每个人的社会人格面貌都独一无二时,它便是一个由人格化关系主导的社会。相反,当一个社会的主要阶层的个人拥有相同的社会人格面貌时,它便是一个由非人格化关系主导的社会。

在分工的基础上,人们之间必然会产生交换。人格化交易是建立在个人之间相互了解基础上的交换。在这种交换中,由于人们认知水平低、经济规模小,因此交易成本较高。与之相对应的是非人格化交易,非人格化交易是我们对交易的另一方没有任何个人层面的了解,我们不能以任何个人形态来区分交易对方。

---

① 〔德〕柯武刚、史漫飞:《制度经济学:社会秩序与公共政策》,商务印书馆,2000年版,第7页。
② 〔美〕科斯等:《制度、契约与组织:从新制度经济学角度的透视》,经济科学出版社,2003年版,第181页。
③ 〔英〕霍奇逊:《现代制度主义经济学宣言》,北京大学出版社,1993年版,第248页。

人格化交易是在伦理本位社会基础上产生和发展起来的，是市场交换的早期形式。纵观经济史上出现的一系列交换，都是小规模生产的人格化交易。重复交易、拥有共同的价值观、缺乏第三方实施，是人格化交易的典型条件。受这一条件的支配，市场双方交易的约束形式依赖于价值观、道德准则等非正式制度，人们习惯遵守约定俗成的准则和道德规范，不以强制性的法律、法规为保障。市场交换形式局限于传统的"三缘"（亲缘、地缘、血缘），交易形式维持于彼此相熟的特殊关系。因此，在既定的熟人圈子里，人格化交易的确能减少交易成本，投机、欺诈等机会主义行为相对较弱。尤其是在重复交易、人数较少的情况下，交易成本较低。但这种交易成本的降低前提是重复博弈中垫付了一定量的交易成本，并以牺牲熟人圈外的交易机会为代价。随着专业化和劳动分工的出现，人格化交易不能适应现代化生产的需要，无法发展成广泛的信任合作关系，这就需要订立一系列正式合约以促成合作，于是市场交换的第二种形式——非人格化交易孕育而生。

非人格化交易可以理解为陌生人之间的交换，亦是现代市场经济的重要形式。在这种形式中，由于超越了个人之间、企业之间的特殊纽带，交易对象有着广泛的选择范围。他可以是长期合作的伙伴，也可能是从未打过交道的陌生人；既可以是本地区的，也可以是远方的。除了经济的制约因素，交易主体之间不存在障碍和歧视。同时，一次交易和下一次交易的相关性较弱。自主交易、充分竞争、自由流动和机会均等是非人格化交易的基本特征。这一交换形式超越了熟人之间的纽带，有着更为广泛的合作对象。合作对象既可以是未曾谋面的陌生人，也可以是长期信任的合作伙伴，市场交易主体之间存在歧视或障碍的概率较小。

随着市场交易范围的扩大，交易双方信息不对称，市场交易以一次性为主，因而渐渐地机会主义成为影响交易的障碍。在这种情况下，传统的道德、习俗等非正式制度变得苍白无力，合作依赖于正式制度的约束和有效的产权制度，成文的正式制度促使人们以合同的形式与陌生人进行合作，而不必把市场交易范围局限在熟人、亲戚和朋友之间。例如，欧洲中世纪集市衍生了一套法律和贸易制度，这种正式的法律制度为长距离运输和跨文化贸易提供保障。与人格化交易相比，非人格化交易不仅能够适应社会分工和交易发展的需要，而且有助于组织或经济体制的创新与变革。这些基本特征需要以严格的制度约束作为实现条件。因为交易对象选择范围的扩大，意味着进行实际交易的双方彼此之间缺乏了解，交易往往是一次性的，从而"道德风险"将会危及交易的进行。这时，成文的并得到社会权力机构实施和保证的正式制度就具有明显的优越性。在这一严格的制度约束下，每个人事先就会知道其他人对他的行为的反应，从而大大减少了个人决策中的不确定性，交易合同的可信程度也大大提高；当交易双方都知道如果一方违约，另一方可以依据法律进行起诉并使违约方受到严厉的法律制裁时，签订合同之前就不必对对方的"资信状况"进行详尽的调查，也不必对履行合同的每一步都进行监督。因此，对"事后社会惩罚"的预期足以使人们更多地以合同的方式与陌生人进行交易，而不必把交易局限在自己熟悉的、了解的人们之间。

有学者把社会信任结构分为特殊主义和普遍主义两类。特殊主义是指根据行为者与对象的特殊关系来认定对象及其行为的价值高低，维护与行为者的属性有着密切关系的那些价值的至高无上性。而普遍主义则是独立于行为者自己的地位（品质或成绩、分类上的或关系上的)与对象的地位的特殊关系,坚持效率、利润和机会均等的原则。按照彼得·布劳(Peter Blau)的说法,区分特殊主义与普遍主义的标准是独立于还是不独立于行为者之间的特殊关系。一般说来,人格化交易所依赖的主要是特殊主义的关系网络,而非人格化交易则主要依靠普遍主义的信任结构。人格化交易是一种依赖特殊主义人际关系的交易方式,即交易各方的行为取向和价值标准依赖于双方的社会属性,交易建立在个人之间相互了解的基础上。非人格化交易是建立在普遍主义基础上的交易方式,它依赖于监督机制而不是人与人之间的关系,交易可以在互不相识的人之间进行。

有学者从文化比较的角度把社会分为礼俗社会与法理社会。我国历史就是建立在礼俗社会基础上的。礼俗社会与人格化交易存在着相互强化的关系。而法理社会与非人格化交易又有内在的逻辑一致性。对人格化交易的路径依赖制约着我国向非人格化交易的转型。

韦伯把现代社会的进化分为三个阶段:第一阶段是"氏族"社会,亲属关系高于一切;第二阶段是"家户"社会,经济、社会及宗教等以家庭为单位;第三阶段是家庭与商业分离及个人经济自立的阶段。人格化交易发生在第一、二阶段,也就是经济发展的早期——"氏族"和"家户"社会,非人格化交易发生在第三阶段。

从技术层面讲,我们从人格化交易转换到非人格化交易已经没有阻碍了。互联网的技术越来越发达,共享从过去亲朋好友之间的个人化行为,变成普遍的商业模式,变成一种经济形态了。但制约中国从人格化交易到非人格化交易转换的关键还是制度和组织层面的。

二、从人格化交易转向非人格化交易

我们可以从博弈论视角说明从人格化交易向非人格化交易的转换。在反复进行的同一游戏中,当参加游戏的人不多时,当事人在游戏中可能很好地合作。而当游戏只有一个回合、参加游戏的人数很多且相互之间不了解时,在游戏中很好地合作将是非常困难的。诺思试图以此说明两点:

第一,经济发展依赖于专业化和劳动分工的发展,而从人格化交易转向非人格化交易是促进专业化和劳动分工、拓宽市场范围的关键,因而这种转向就成为"经济发展中的关键性制约因素"。

第二,在非人格化交易中,良好的合作依赖于正式制度的约束和确定有效的产权制度。但一个国家的政治制度决定着一个国家的经济制度。随着环境的变化,人类环境日益提出至关重要的问题,即不断增长的机会使得社会组织的根本转换成为必要。这要求依赖于相互控制、尊重等级和严格实施的以身份为基础的强制社会(人格化交易)向以自由进入和退出、民主治理、能力标准和社会经济结构优化的开放社会(非人格化交易)转变。①

---

① 〔美〕诺思:《理解经济变迁过程》,中国人民大学出版社,2008年版,第90页。

由现代经济衍生的非个人化市场,并不会自动形成低交易成本的条件。在博弈论看来,我们之所以愿意与别人合作,是因为博弈会反复进行,我们对于对手过去的表现也能完全掌握,而且参与的只有少数人——换言之,构成了能进行个人化交易的小规模社会。如果博弈并不重复进行,又缺乏对手的信息,而且参与人数众多,那么就难以形成持久的合作关系,这也正是现代经济中非个人化交易盛行的原因。

发达国家发生的交易大多是非人格化交易,发展中国家则基本上处于人格化交易阶段,高收入是与非人格化交易直接相关的,而人格化交易往往会阻碍经济发展。如以英国为代表的发达国家,其支持非人格化交易的制度体系是商人在历史中通过不懈的抗争得来的;而以非洲国家为典型代表的发展中国家,则因为国内政府的过多压迫与控制,不得不保持与无效率的产权制度相联系的人格化交易模式。

从人格化交易转向非人格化交易的条件是,有能力改变规则的人在非人格化交易的条件下得到的好处大于人格化条件下所得的好处(扣除改变规则的转变成本)。在人类历史上,这种规则的变迁是渐进的,随着正式约束与非正式约束的相互影响,人格化交易慢慢变迁,首先从与小规模生产及地方性交易相联系的人际关系化的交换转化为初具规模的以家庭为纽带的非人际关系化交换,再从以家庭为纽带的非人际关系化交换转化到由第三方实施的非人际关系化交换,最终完成转变。

人格化交易转向非人格化交易是促进专业化和劳动分工、拓宽市场范围的关键,而在非人格化交易中,良好的合作依赖于正式制度的约束和确定有效的产权制度。所以人格化交易向非人格化交易的转变需要一定的条件。首先交换形式转化的关键条件是有大量的政治、社会和经济制度,确立正式规则在交换中的权威。人格化交易从本质上讲会将经济活动范围限制在熟人圈里,需要进行重复的面对面的交易。非人格化交易则要求发展经济和政治制度以改变交换中的支付,为合作行为提供激励机制。非人格化交易需要大量的政治、社会和经济制度,这就"破坏了"原始社会数百年演化而成的内在遗传特征。[①]

制度能从根本上改变个人的支付价格,这就使得思想、意识形态以及教条等时常在个人选择中扮演重要角色。我们之所以能够理所当然地行事,正是由于交易结构的制度化降低了不确定性,而当我们一旦离开了人际关系化的、重复的选择环境,转而面对非人际关系化的、不重复交易的选择时,结果上的不确定性就会增加。这种不确定性不仅产生了可预期行为,还是制度的根本来源。面对信息的复杂性与不完全性,我们要努力辨识这些信息,并且有必要建立起有关人类互动的常规模式,将不确定性以及行为与制度的创建联系在一起。

从人格化交易向非人格化交易的社会转型,也给人们之间的合作关系带来许多新的问题。一是交换的非个人化所要求的熟人关系的超越和断裂,不仅意味着在欧洲中世纪普遍存在且互相分隔的封建领主庄园经济中的一些本地交往和熟人关系网络的断裂,也意味着有共同意识形态的共同体的逐渐分化和解体。二是为了降低不断上升的交易成本和交易的不确定性,新的商贸和经济组织的创建和一些新的交易制度的形成和演变,就变成了近

---

① 〔美〕诺思:《理解经济变迁过程》,中国人民大学出版社,2008年版,第65页。

代西方世界经济社会变迁的一个动态过程。

第三节　合作与互惠制度

一、合作与合作剩余

传统经济学强调了经济当事人之间的竞争,而忽略了合作。如果说竞争能够给人们带来活力与效率,那么合作能够给人们带来和谐与效率。其实,竞争与合作是一对矛盾的统一体。在这个意义上讲,制度就是人们在社会分工与协作过程中经过多次博弈而达成的一系列契约的总和。制度为人们在广泛的社会分工中展开合作提供了一个基本的框架。制度的功能就是为实现合作创造条件,保证合作的顺利进行。尤其在复杂的非人际交换形式中,制度更加重要。所以,制度的基本作用之一就是规范人们之间的相互关系,减少信息成本和不确定性,把阻碍合作得以进行的因素减少到最低限度。传统社会中人们的合作都是熟人之间的合作,也就是相互认识的人之间的合作,合作范围很小。市场能够把熟人之间的合作扩展到陌生人之间的合作。今天的人类合作是全球范围的合作,几十亿人之间的合作。

接下来,我们介绍合作剩余的概念。首先,要解释在没有政府的情况下人们如何靠武力来声明对土地的权利。就是人们在"自然状态"中如何行事。这种"自然状态"成为新制度经济学家研究制度起源的"起点"。"自然状态"实质上就是"无政府状态"。通过对"自然状态"的研究既可发现制度的起源,又可分析制度的效率。

其次,我们要阐述建立一个政府并由政府履行和保障产权的优势在什么地方。存在政府的所谓市民社会就相当于我们前面所讨论的"合作解",也就是各方能就一些问题达成一致协议(类似于布坎南的一致同意)。在"自然状态"下人们为保障土地产权所花费的代价与市民社会中产权制度运行成本之间的差值称为"社会剩余",它相当于博弈论中的"合作剩余"。

最后,要描述合作利益的分享协议是如何规定分配比例的。分配制度的好坏又转过来影响"社会剩余"数量的多少。

为了回答上述3个问题,让我们假定"假想的世界"只有A和B两个人。在"自然状态"下,每个人都种植谷物、偷取对方的谷物或防止偷窃,但每个人种植谷物、行窃和反行窃的技术程度有差异。因此在"自然状态"下,A和B得到不同的结果,见表8-1。

表 8-1　自然状态

	谷物收成	偷窃谷物	失窃谷物	实际可消费谷物
A	50	40	−10	80
B	150	10	−40	120
总计	200	50	−50	200

从表 8-1 可以看出，A 和 B 共同生产的谷物为 200 个单位，但是，双方的偷窃活动造成了谷物数量在他们之间的重新配置。表 8-1 所列数字表明，A 的偷窃技术高于 B，因此 B 的损失大于 A。结果是 A 实际可消费谷物为 80 个单位，多于他生产的数量；而 B 则只有 120 个单位，少于他生产的数量。这种偷窃活动造成的谷物的重新配置对于社会进步没有任何好处，它只能扭曲社会的激励机制。

假如 A 和 B 打算摆脱"自然状态"，他们决定达成一个合作协议，互相承认对方的产权和排他权，并建立一个强有力的机制以彻底消除偷窃行为。由此，本来用于防窃措施的大量资源（包括时间和精力），现在就可用于增加谷物生产。假设这种转变可使谷物产量从 200 个单位提高到 300 个单位，那么在这种情况下，就有 100 个单位构成了所谓的"社会剩余"，即合作剩余。我们把这个结果整理在表 8-2 中，它表明，在市民社会里，每个人得到合作剩余的一半，再加上"自然状态"下的风险值即为每个人的实际消费单位。

表 8-2 市民社会

	风险值	分享的剩余	实际消费
A	80	50	130
B	120	50	170
总计	200	100	300

从"自然状态"到"市民社会"的过程，也就是一个制度起源与制度创新的过程。从无规则到有规则，是人类社会从"自然状态"转变到"市民社会"的关键所在。"合作剩余"的大小是我们衡量制度效率的重要指标。

合作以及由合作产生的剩余，可能是我们人类心智、人类社会行为（包括人类文化和人类制度）共生演化的最终原因。建立一个更缜密、更精致、更有效的合作规范，使合作秩序得以维持和扩展，也许是我们人类在生存竞争中最大的优势。在长达数百万年的演化中，最初的动力来自自然本身的选择压力，也就是我们上面所描述的，这是一个合作规范内部化的过程，即自然选择压力迫使人类进化出有利于合作的偏好。这些偏好被圣塔菲学派恰如其分地称作"亲社会情感"，主要包括同情心、愧疚感和感激心，正是它们平衡了进化赋予人类的另一种天性——冷酷的自私与理性的算计。由于依靠自我约束实现社会规范内部化的进程是凭借自然力量建立起来的，因此我们把这一阶段称作"自然为人类立法"。随着人类生产能力的不断提高，自然施加于人类的选择压力开始减少，单纯依靠自我约束也许已经难以维持不断扩展的合作秩序，于是人类开始进入渔猎—采集社会。由强互惠者实施的利他惩罚是一个"进化稳定策略"，它能够在更大范围内维持人类合作，从而显著提高族群的生存机会，在这个阶段，已经内部化的社会规范虽然仍在发挥作用，但强互惠者提供的利他惩罚——其实它就是我们人类固有的"路见不平，拔刀相助"的正义感——对维护合作秩序具有不可替代的作用，因此我们把这一阶段称作"个人为社会立法"。最后，在近现代社会，尤其是工业革命带来前所未有的分工，使人类合作无论在规模还是在程度上都发生了根本的质变，这种合作必须依赖一个建立在理性和民主基础上的不断完善的司法制度，于是我们把当今这个阶段称为"社会为个人立法"。[①]

---

① 叶航：利他行为的经济学解释，《经济学家》，2005 年第 3 期。

综上所述,出现合作的首要条件是合作比不合作对各方都更有利,即合作会给双方带来互惠的利益,可以简单地称作交往惠利,而对于每个人来说,这个交往惠利要大于他的交往成本,即净交往惠利大于零。出现合作的第二个条件是信息和知识完全,即各方都知道合作有大于零的净交往惠利,而且每一方都明了对方具有这种知识,也就是双方要具有共同的文化。净交往惠利和共同文化共同构成合作的充分条件,这两个一般条件的具体内容在不同的人类活动中是不同的。在经济活动中,净交往惠利就是团队生产相对于单干的优越性;分工相对于不分工的优越性;交易相对于自给自足的优越性;在政治活动中,净交往惠利就是结盟或统一战线的优越性;等等。[1]

二、合作与博弈

合作理论基于对追求自身利益的个体的研究,而且这些个体中并没有什么中心权威强迫他们相互合作。个体追求自身利益,彼此之间的合作便不是完全基于对他人的关心或对群体利益的考虑。[2] 合作本身是一个正和博弈,给所有当事人带来好处。但是,由于人类漫长的历史都处在强盗逻辑主导的零和博弈阶段,从进化心理学角度来讲,人类现在的心智模式仍然是零和博弈的心智模式,所以现在好多人理解市场经济,仍然是从零和博弈的角度:当我们看到有人赚钱了,就会认为一定有人的财富受到损失了。市场经济下的人类合作是建立在互相依赖基础上的,而互相依赖又是来自分工和专业化,即每个人做不一样的事情。由于专业化和分工,每个人的潜能才可以得到最大的发挥,每个人做事的方式才可以不断改进,整个社会的财富才得以增长。

我们用产权制度起源的"思想实验"来说明合作剩余的产生。

(一) 囚犯困境

在囚犯困境的游戏中,有两个对策者,他们可以有两个选择:合作或背叛。每个人都必须在不知道对方选择的情况下,做出自己的选择。不论对方选择什么,选择背叛总能比选择合作有较高的收益。所谓的"困境"是指,如果双方都背叛,其结果比双方都合作要糟(如表8-3所示)。[3] 若我们把囚犯困境模型"多次往复",那么囚犯终究会发现:合作比"自私"更有利,同样地,"经济人"在多次交换中发现,遵从某种合作规则要比通过欺诈而自作聪明地获得少数几次不义之财更有利,这时制度便会自发地产生。在这里,所谓制度就是市场交换中的合作规则及习惯。

---

[1] 张旭昆:人类形成合作关系的条件及合作类型的选择,《上海立信会计学院学报》,2005年第4期。
[2] 〔美〕罗伯特·艾克斯罗德:《对策中的制胜之道:合作的进化》,上海人民出版社,1996年版,第5页。
[3] 同上书,第6页。

表 8-3 囚犯困境

		囚犯 1	
		合作	背叛
囚犯 2	合作	(3,3)	(0,5)
	背叛	(5,0)	(1,1)

博弈论着重强调了合作问题,并揭示了为改变支付给游戏者的报偿所采取的具体策略。但是在一个相对明晰的、准确的和简化的博弈论世界,与人类发生关系的复杂的、不准确的和摸索性方式之间,还有一个巨大的差距。①

撇开囚犯困境模型的性质不谈,我们可以从这个模型中归纳、抽象出人类社会运行的一个基本原则,即社会经济生活需要合作。在萨缪尔森看来,在完全竞争的市场上,斯密的"看不见的手"可以把个人的自私自利转化为某种社会福利最大的情形。

有人对最大福利的论断提出了质疑。在一定条件下,每个人"自私"不一定就"自利","恶性竞争"的结果可能是"两败俱伤"。历史上这样的事例并不少见。经济人选择合作规则,就和最初他们选择不合作(欺诈)一样,也是经过成本—收益计算的结果。生意场上的"利他主义",并不是道德说教的胜利,也是基于经济原则。在新制度经济学看来,个人效用函数里,既有利己主义,也有利他主义。人们倾向于哪种"主义",主要受制度因素的影响。

戈登·图洛克(Gordon Tullock)指出,囚犯困境的状况并非像通常所说的那样,是一个特例或不现实的案例;相反,它适用于许多基本的社会经济交换过程。在他看来,几乎所有人类之间的相互作用,都能够在囚犯困境博弈中找到自己的影子,因为对每一个人来说,通过欺骗而获得一次性收益是可能的,但是,在人类历史上通过欺诈而致富的毕竟是少数。当然,合作问题抽象为囚犯困境要忽略许多实际问题本身的重要特点。例如,这种完全的抽象没有考虑语言交流的可能、第三者的直接影响、选择的实现问题以及对方上一次选择的不确定性。②

通过使用实验对象,心理学家们已经发现,在"重复囚犯困境"中,所得到的合作及合作的特定模式取决于博弈的环境、各个对策者的品质特征以及对策者之间的关系等各式各样的因素,由于在这个博弈中的行为反映了人们如此多的重要因素,"囚犯困境"已经变为一个标准的方式,用来探讨社会心理学中的各种问题。③ 倾向于合作的博弈本身还有其内在的条件,如参与者数量有限、每一参与者以往行为的信息丰富、参与者对未来并非完全不予考虑等。④

(二)博弈、合作与制度

传统微观经济学在分析个人决策时,就是在给定价格和收入参数的条件下,分析如何使个人效用最大化。个人效用函数只依赖于他自己的选择,而不依赖于其他人的选择;换

---

① 〔美〕诺思:《制度、制度变迁与经济绩效》,上海三联出版社,1993年版,第20页。
② 〔美〕罗伯特·艾克斯罗德:《对策中的制胜之道:合作的进化》,上海人民出版社,1996年版,第14页。
③ 同上书,第21页。
④ 〔美〕罗伯特·D.帕特南:《使民主运转起来》,江西人民出版社,2001年版,第194页。

言之,个人的最优选择只是价格和收入的函数,而不是其他人选择的函数。在此,经济作为一个整体,人与人之间的选择是相互作用的,但是对单个人来讲,所有其他人的行为都被"抽象"在一个参数里,这个参数就是价格。这样,当一个人做出决策时,他面临的似乎是一个非人格化的东西,而不是面临着另外一个人(或另外一个决策主体)。总之,他既不考虑自己的选择对别人选择的影响,也不考虑别人选择对自己选择的影响。然而,在博弈论里(囚犯困境问题实质上是一个典型的博弈案例),个人效用函数不仅依赖于他自己的选择而且依赖于他人的选择,个人的最优选择是其他人选择的函数。从这个意义上讲,博弈论研究的是存在相互外部经济条件下的个人选择问题。人们之间决策行为相互影响的例子很多,如石油输出国组织成员国选择石油产量,寡头市场中的企业选择它们的价格和产量,等等。显然,传统微观经济学把别人的行为都总结在价格参数里的分析模式并不能解释上述问题。博弈论实质上就是要研究人与人之间的关系问题,如合作、竞争等问题。在这方面,博弈论与新制度经济学"殊途同归"。

博弈分为合作博弈和非合作博弈。人们现在谈到博弈论,一般指的都是非合作博弈。合作博弈与非合作博弈之间的区别主要在于当人们的行为相互作用时,当事人能否达成一个具有约束力的协议:如果有,就是合作博弈;反之,则是非合作博弈。例如,有两个寡头企业,如果他们之间达成一个协议,联合最大化垄断利润,并且各自按这个协议生产,那么就是合作博弈。它们面临的问题就是如何分享合作带来的剩余。但是,如果这两个企业间的协议不具有约束力,就是说没有哪一方能够强制另一方遵守这个协议的话,每个企业都只选择自己的最优产量(或价格),这就是非合作博弈。此外,合作博弈强调的是团体理性、效率、公正、公平;非合作博弈强调的是个人理性、个人最优决策,其结果可能是有效率的,也可能是无效率的。

博弈论进入主流经济学,反映了经济学越来越重视人与人关系的研究,特别是人与人之间行为的相互影响和作用、人与人之间的利益冲突与一致、竞争与合作等。经济学开始注意到理性人的个人理性行为可能导致集体非理性。这一点明显地不同于传统经济学。在传统经济学里,价格可以使个人理性和集体理性达到一致。现代经济学开始注意到个人理性和集体理性的矛盾与冲突,但是其解决这个问题的办法并不是像传统经济学主张的那样,通过政府干预来避免市场失灵所导致的无序状态,而是认为,如果一种制度安排不能满足个人理性,那么它就不可能被贯彻下去。所以,解决个人理性与集体理性之间冲突的办法,不是否认个人理性,而是设计一种机制(或进行相应的制度安排),在满足个人理性的前提下达到集体理性。个人理性与集体理性的冲突是制度起源的重要原因。

一般来说,非合作博弈关注的是人们交互的短期关系,而人们的交互方式更多是长期关系,也就是在进行重复博弈。罗伯特·奥曼(Robert Aumann)正是在这方面做出了开创性的工作。诺贝尔评奖委员会在颁奖词中特别提到:"在现实世界,长期关系比短期关系更加容易合作,并且具有效率更高的博弈结果,因此一次性博弈往往有失偏颇,奥曼通过对重复博弈原创性的全面研究,很好地诠释了长期中的合作行为"。

合作博弈的基本形式是联盟博弈,它隐含的假设是存在一种可以在参与者之间自由流动的交换媒介(货币),每个参与者的效用都与它是线性相关的。但在现实社会中,更为一般的情况是参与者之间的效用是无法比较的,因而也是无法转移的,奥曼把"可转移效用"理论扩展到一般的"非转移效用"理论,并由此引出联盟博弈的核仁、议价集、内核等许多合作博弈理论的核心概念,在可转移效用与非转移效用两个方面发展并极大地丰富了合作博弈理论。奥曼关于长期合作的研究对整个社会科学具有深刻的影响。

对博弈当事人之间长期互动的性质进行考察后可以发现,博弈的不同阶段是相互依赖的,结果是理性博弈当事人的决策不仅受其过去经历的影响,而且还要受未来潜在可能性的影响。现实生活中的许多行为模式,比如奖励、惩罚、传送与泄漏信息等,都可以被看作多阶段动态博弈。在动态博弈理论中,最重要的是重复博弈,即同样结构的博弈重复多次,其中的每次博弈称为"阶段博弈"。经过多阶段的博弈,只要行为人有足够的耐心,任何满足个体理性的可行支付都可以通过一个特定的子博弈精炼均衡达到,并由此产生合作关系。

奥曼提出的"相关均衡"概念对合作的解释更加深刻。相关均衡就是人们根据博弈策略以外的特定相关信号机制进行决策选择实现的均衡。相关均衡最简单的例子就是交通信号灯的作用。在没有交通信号灯时,车辆、行人通过路口时很容易发生事故,原因是驾驶员或行人在选择停或行方面存在多重纳什均衡,而且缺乏协调机制,只能盲目选择。但信号灯的出现就给人们提供了一种协调机制,当大家利用它们来选择时,就有了相互判断对方选择的方法,从而自己就能做出正确选择、顺利通过路口。在奥曼的相关均衡中,相关机制的原理实际上与交通信号灯是一样的,只不过社会经济问题比交通问题更复杂。在博弈存在多重均衡时,也就是人们有多重选择但需要协调时,"相关均衡"就是解决决策选择方面协调困难和避免冲突的重要机制之一。这也说明合作需要通过许多因素来共同作用,比如法律的、道德的、文化的因素。

作为动态博弈中的重要内容,重复博弈既可以是完全信息的重复博弈,也可以是不完全信息的重复博弈。奥曼拓展了该领域的研究空间,并使之成为经济理论中极为重要的"一般"合作博弈。从20世纪60年代中期开始,奥曼和其他合作者一起,发展了不完全信息的重复博弈论,使博弈论研究更接近实际。不完全信息下,行为人一般不会拥有足够的相关信息。在这种情况下,重复博弈的重要性在于能使行为人从其他行为人的行为中获取更多信息,因而重复博弈在一定程度上有促进合作和提高效率的作用。

谢林提出了混合动机冲突概念,这一概念指的是两个或多个团体面临相冲突的合作和竞争动机时的情景。他认为,博弈模型不可能表述双方或多方之间的相互影响。决策主体的期望和行为的决定因素与其说是数学的,不如说是创造声誉、沿袭传统、建立自信、显示大度等经验的。非数理博弈理论分析的就是这样一种状态下的社会和经济行为:行为者本身对其他人的反应也作为其他人的期望而影响其行为。

谢林的聚点均衡思想与奥曼的相关均衡思想是相似的,也是在存在多重纳什均衡时,帮助人们预测均衡并进行选择的。1960年,谢林在其著作《冲突的战略》中首先引入了"聚点"的概念。谢林提出这样一个关键的问题,即如何解释一个讨价还价博弈中均衡的多重性。谢林所说的讨价还价实际上是一个非零和博弈。在效率曲线上,博弈者的利益是对立的,没有帕累托改进的余地(即任何一个人的趋利变动都会损害另一个人的利益),这种所谓的对立只是一种逻辑上的可能性,在效率曲线上必然存在一点,使得博弈当事人的利益是一致的。博弈者都希望避免两败俱伤,这种"双赢"的共同想法就体现为,在效率曲线上能找到一个合适的点来解决彼此之间的冲突。任何因素都有可能使参与者的注意力集中到一个特定点上,继而选择这一点。这种可能的结果成为"聚点"。

三、制度与合作

斯密第一个提出"人都是追求自利的经济人"假设,但也正是斯密,第一个发现人类合作的伟大之处,并视之为社会进步的源泉,将"学会合作"作为"人猿相揖别"的最关键之处。斯密写道:人类进步的根源恰在于人学会了"以物易物、物物交换和把一件东西换成另一件东西",没有人看到"狗赶集市和仔细考虑与另一条狗用一块骨头交换另一块"。新古典经济学在关于市场机制的分析中特别强调竞争的作用,而新制度经济学则特别强调合作在市场机制及社会经济中的作用。如诺思所说,创造经济和政治的非个人交易的合作框架,是社会、政治和经济生活中的问题的核心。①

在人类出现的数百万年前就有合作的基本形式,生物学家找到了合作行为的两个自然来源:亲戚选择和互惠利他。

生物进化的竞争是指有机体内基因的继续生存。这种情形一再出现,以致生物学家将之称为亲戚选择或包容性适存原则。该原则认为,有性繁殖的物种个体,对待亲戚是利他的,利他程度与它们分享的基因呈正比。父母和小孩或亲兄弟姐妹之间分享50%的基因,因此他们之间的利他更强于堂表亲之间,因为后者仅分享25%的基因。这种行为可见证于各种物种。

与遗传上的陌生人合作,被生物学家称作互惠利他。在这里,社会合作取决于如何解答博弈论的"囚徒困境"博弈。在那些博弈中,如果大家合作,参与者都可能获益,如果他人合作、自己搭便车,则可获益更多。20世纪80年代,政治家罗伯特·阿克塞尔罗德(Robert Axelrod)组织了一次解答"囚徒困境"博弈的电脑程序比赛。优胜战略是"一报还一报":如果对方在较早比赛中是合作的,则采用合作态度;如果对方以前不予合作,则采用拒绝态度。阿克塞尔罗德由此证明了,随着理性决策者彼此间长期互动,道德可自发产生,尽管一开始是由自私激起的。② 演化心理学家认为,几百万年的狩猎生活使心智的基因结构能够适应某些特殊条件,并塑造我们文化的大部分特征。与环境条件相比,大部分人类合作行为是由基因决定的。

交换在时间和空间上越复杂,为实现合作结果需要的制度就越复杂,成本也越高。通过建立由第三方实施或降低另一方信息费用的自愿制度,可能使十分复杂的交换得以实现。③ 经济生活中存在许多这样的情形,即与个人各自努力取得的收益相比,合作增加了潜在团体的总收益。这种结果的实现是一个"协调问题"。制度本质就是协调。④ 在一个信息完全的世界中是不需要制度的。然而在信息不完全时,合作方案将会失败,除非创造出的制度为人们监察背离行为提供了充分的信息。一种制度要保证合作必须有两部分:第一,

---

① 〔美〕道格拉斯·C.诺思等:经济学和认知科学,《北京大学学报(哲学社会科学版)》,2004年第6期,第18—23页。
② 〔美〕弗朗西斯·福山:《政治秩序的起源:从前人类时代到法国大革命》,广西师范大学出版社,2014年版,第30页。
③ 〔美〕道格拉斯·C.诺思:《制度、制度变迁与经济绩效》,上海三联出版社,1993年版,第79页。
④ 〔美〕阿兰·斯密德:《制度与行为经济学》,中国人民大学出版社,2004年版,第79页。

形成一种必要的交流机制,以提供知道什么时候进行惩罚的必要信息。通过获取相应的信息,制度使监察成为可能,它们一般能节约信息。第二,由于惩罚常常是一种公共品,共同体成员都能获取收益,而成本却由少数人来承担,因此,制度必须要提供一种激励,使这些人在这样做时能获取适当的收益。

有效的社会合作是可行的,因为人们会从真实的世界中获取经验,更多的人会认识到他们具有共同的利益,同时合作行为也是互惠的。由此可见,恰当的制度安排是要为市场中和组织里的人际合作提供一套框架,并使这样的合作具有一定的可预见性和可信赖性。一套协调框架是由如文化习俗、共同的伦理体系、正式的法律规章和管制条例那样的制度来提供的。

四、互惠制度

(一) 互惠制度及其形成

互惠即互惠互利的制度。布罗尼斯拉夫·马林诺夫斯基(Bronislaw Malinowski)认为,所谓互惠制度就是一种双方承担义务的制度,一方做出给予行动后,被给予的另一方必须给予相应的回馈。同理,一方不正当的欺骗行为也会导致另一方与之断绝关系。可见,互惠行为是人类根深蒂固的本性,自己得到礼物或帮助,一定会以某种形式加以报答。互惠之所以是互助的基本原则,是因为"互惠是典型的劳动交换模式的观念基础",也是一般社会交换所应遵循的最基本的规则。[①]

互惠有两种:一是均衡的互惠,它是指人们同时交换价值相等的东西,如办公室同事互换节日礼物;二是普遍化的互惠,即交换关系在持续进行,这种互惠在特定时间里是无报酬的和不均衡的,但是,这使人们产生共同的期望——现在己予人,将来人予己。

互惠的价值在于以下三方面:第一,个人在做经济决策时,不仅仅会考虑到自己的物质利益,也会表现出一种"互惠"的行为倾向。"互惠"指的是这样一种倾向:对于友善的人,人们愿意牺牲自己的物质利益去帮助他们;对于刻薄的人,人们愿意牺牲自己的物质利益去惩罚他们。这一事实是与新古典经济学中追求物质利益最大化的"经济人"假设相矛盾的,而与新制度经济学关于人的双重动机的假设是相一致的,新制度经济学认为人们不仅追求物质利益的最大化,同时也追求非物质利益的最大化。第二,"互惠"的出现可以支持大量的合作行为,合作问题是传统经济学所忽视的问题,又恰恰是新制度经济学所关注的问题,新制度经济学总是试图在理论模型中引入制度变量,来说明竞争的双方为什么要进行合作,因此,互惠制度是用来研究合作问题的一个新的思路。第三,互惠这种社会性偏好对于经济行为中的双边谈判、对于市场和激励功能的发挥、对于产权与合约结构、对于合作与集体行动的规律,都是非常重要的。

人们一般把"互惠"看作一种动机、偏好、倾向或者行为,致力于论证"互惠"的存在这一事实。互惠是如何形成的?法国人类学家马歇尔·莫斯(Marcel Mauss)在《礼物》一书中

[①] 蒋英菊:苏村的互助:乡村互惠交换体系的人类学分析,《广西右江民族师专学报》,2004年第1期。

提出了一个核心问题:在原始或古代类型的社会中,什么是受赠者必须报偿的原则?所送的东西中有什么力量迫使受赠者要做出回报?莫斯是用物的灵魂来解释交换或赠予、回报现象的。他认为,迫使受赠者做出回报的力量是礼物中一种叫作"豪"的东西,即"礼物之灵"。"豪"总是希望返回其来源地,但只有通过回赠礼物这一媒介才能做到。不回礼可能会引起严重的麻烦,甚至包括受赠者的死亡。

为反对莫斯的礼物之灵说,英国功能学派的代表人物马林诺夫斯基在《原始社会的犯罪与习俗》一书中提出了互惠原则并试图用它来解释地方的交换体系。他认为,经济义务的约束力在于任何一方都有可能诉诸制裁来中断交换联系,一切权利和义务都要"被置入互惠性服务的均衡链中"。在《西太平洋的航海者》一书中,马林诺夫斯基讨论了其称之为"库拉圈"的交换制度。"库拉"是在美拉尼西亚地区的特洛布里恩德岛部落之间涉及面相当广泛的交换形式。在一个封闭的人群圈子里,岛民用手镯交换项链,又用项链交换手镯。库拉圈的交换伴随着巫术和仪式,只在男人之间进行。马林诺夫斯基认为:"库拉"制度具有令人惊叹的规模与复杂性,它并不是单一的经济上的交换,而是包含着许多感情与社会责任的因素在内。马林诺夫斯基关于交换中的互惠原则和对库拉交换的研究在人类学史上具有重要意义,他开启了一条将人类学研究与经济学研究相结合的新思路,同时也为我们正确理解现代社会中的互助交换现象提供了一种理论分析的模式和途径。

莫斯对礼物之灵的诠释在遭受马林诺夫斯基的理性互惠模式的挑战之后,又成为美国人类学家马歇尔·萨林斯(Marshall Sahlins)的批评对象。萨林斯确定了决定馈赠与交换的一般属性的三个重要变量:亲属关系的远近、合群度及慷慨度。在论证了互惠的普遍性后,萨林斯还提出了互惠的三种类型,即概化互惠、平衡互惠和负性互惠。这样,萨林斯使礼物之灵非神秘化,并且强化了互惠原则的可计算性。

在《道德情操论》里,斯密描述了相互依存的关系是如何被"爱、慷慨、友谊和尊敬"来促进的,在这种情况下的社会是"繁荣而幸福的"。[①]

经济人类学家卡尔·波兰尼(Karl Polanyi)提出了"社会整合的三种模式",即互惠、再分配和市场交换。"互惠"是一种交换的形式。"互惠性"不一定是"等价性",交换对象可能只有象征性价值。它并不限于物质与服务的提供,而是一种广义的互助关系。波兰尼认为,互惠行为的动机不是个人私利,而是害怕在社会上受到轻视、排斥或降低声誉与丧失身份。波兰尼的解释扩展和深化了马林诺夫斯基和萨林斯的基本观点,同时也大大丰富了人类学关于交换学说的理论。[②]

圣塔菲学派做过对人类社会的计算机模拟:假如这个社会都是经济学假设的那种"经济人",那么最后是会崩溃掉的。所以,他们就发现一个问题:这个社会还需要有一类人,这类人不仅从自己的利益出发,而且从整个社会的利益出发,从维护整个社会的文明规则这个角度出发,当规则受到侵犯时会挺身而出,去保卫这个规则,为此不惜损害个人的利益。圣塔菲学派管这种人叫"强互惠者",其实这就是社会的精英。任何社会之所以凝聚成社会、之所以形成结构,一定是和社会精英有关的。一个社会总要有这样一些人:一方面要作为"经济人",努力为自己的利益而奋斗;另一方面还要站出来为这个社会而努力,为维护使

---

① 〔美〕亚历山大·J.菲尔德:《利他主义倾向:行为科学进化理论与互惠的起源》,长春出版社,2005年版,第92页。

② 同上书,第95页。

这个社会更加富裕的文明规则而努力。我们仅仅从经济人这个假设是无法分析历史与现实中制度的形成的。

经济学、政治学和心理学的研究已经表明,当博弈重复进行的时候,互惠互动机制是存在并且可以维持的。最新的经济学跨学科研究,主要是美国圣塔菲学派的赫伯特·金迪斯(Herbert Gintis)和萨缪·鲍尔斯(Samuel Bowles)等人的研究表明,利己行为并非一个无可挑剔的"生物进化稳定策略",根据计算机仿真,在具有人类早期演化特点的条件下(已有的人类学知识表明,这些条件存在于距今大约十万年前的人类渔猎—采集社会),较小数量的强互惠者可以侵入自私者人群并获得进化稳定。强互惠的特征是与他人合作并不惜花费个人成本去惩罚那些违反合作规范的人(即使背叛不针对自己),甚至在预期这些成本得不到补偿时也这么做。正如金迪斯和鲍尔斯指出的,这类行为很难用亲缘利他和互惠利他来解释,因此带有纯粹利他的性质。瑞士苏黎世大学的恩斯特·费尔(Ernst Fehr)等人则通过正电子发射线断层扫描技术,观察了强互惠行为的神经基础。这一杰出的研究成果发表在2004年月8月的《科学》杂志,并被作为这期刊物的封面文章。在这篇研究报告中,费尔博士和他的同事们指出,在没有外部补偿的条件下,合作剩余促使合作得以维持的社会规范内部化,即人类在长期进化过程中形成了一种能够启动纯粹利他行为的自激励机制,这种机制是由位于人类中脑系统的尾核来执行的,它使行动主体从利他行为本身获得某种满足,从而无须依赖外界的物质报偿和激励。[①]

(二) 特里弗斯的互惠利他行为模型[②]

罗伯特·特里弗斯(Robert Trivers)提出了这样一个假设:一个溺水者在没有得到营救的情况下有0.5的死亡概率;而如果救援者营救溺水者,二者都会死亡的概率是0.05。很明显,在这个例子中,基于个体的选择将不会表现出利他行为的倾向,因为那些不去援救溺水者的人将会有较高的存活和繁殖后代的概率。但现实中救援者往往会去营救溺水者。

对于在单次囚犯困境中采取合作策略的解释,一直是摆在理论选择模型和个体选择进化分析理论前面的问题。采取合作行为确实是利他的,并且也是非理性的,但合作—合作策略对于一起进行决策的参与者来说,是三个有效结果中最好的。如果一个人能转入这样一个环境,在这个环境中反复互动——尤其是无限次反复互动,能被合理地推断出来,那么利己与利他倾向就能够共同保持着人与人之间的相互作用。但是,个体处于这样一个环境的假设,是不能够充分解释他是如何从一次性互动的情景中转变过来的。[③] 一旦相互之间的关系和更为复杂的社会结构建立起来,那么个体水平上的进化机制和经济学家强调的成本—收益计算就能使它们保持下来,二者的方向是一致的。[④]

特里弗斯指出,他对人们之间出现互惠利他行为的分析前提之一是"生命是微小的、相互依赖的、稳定的社会群体"。但如果这些先驱者群体的成员扩大到直系亲族之外,问题就

---

① 叶航:利他行为的经济学解释,《经济学家》,2005年第3期。
② 〔美〕亚历山大·J.菲尔德:《利他主义倾向:行为科学进化理论与互惠的起源》,长春出版社,2005年版,第101页。
③ 同上书,第102页。
④ 同上书,第103页。

变为：假如在与非亲族的一次性互动中没有了合作倾向带来的利益，那么持续的相互关系是如何出现的。从定义上讲，利他行为是如何在违背个体层面选择情况下出现的。

经济学家和政治学家无数次对合作的起源进行了解释，他们没有放弃理性选择理论常见的自我中心假设。人们一直以为，特里弗斯的理论留下了一个谜团，即一个人是如何从"自我中心"状态走出来并进入"社会性"状态之中的。特里弗斯否定了群体选择的任何可能性作用，他认为群体选择"与已知的自然选择的进行过程是不相符的"。

利他行为一开始是在一些最初行为者身上偶然发生的，这些行为者的适应性成本相对来说非常小，小到我们可以忽略不计。一旦有了第一步，接下来就会有一连串的结论。当然，一旦互惠关系建立起来，这个条件就没有什么意义了。对于这个机体做的几乎其他一切事情也是一样的。在相互利益所维持的互惠中，在所有例子中消耗精力的成本要比享受到的利益小。一旦互惠关系建立起来了，它就成为获得利益的间接手段。[①] 如果人们或其他机体愿意为了别人而牺牲自己，并且倘若他们花费的成本相对较低而行为目标带来的利益相对较高，那么在这种情况下，会有这种为别人而牺牲自己的可能。因此，我们可以预测"英雄"更有可能冒着生命危险援救溺水者的生命。[②]

动物学家们曾经反对特里弗斯的理论，依据是互惠行为在动物王国中是很少见的：吸血蝙蝠之间相互分享对方的静脉血液，这是一个互惠的主要例子，但在动物中却是一个例外。出现这个反对意见的部分原因是"互惠利他行为"潜在地限制了有着积极帮助作用的行为。[③] 人类社会的行为之所以与动物区别开来，正是因为动物仅仅面临自然环境，而人类除了面临自然环境，还面临着复杂的社会环境（制度环境）。

那么，是什么使人类行为在这方面与动物有着显著不同？这是因为：首先，人类本身就有一种和非伤害性利他行为混合的、积极正面的帮助非亲族的倾向——虽然不太明显但却十分重要，而这种倾向在动物王国中却是很少见的。其次，利他行为在人类中没有受到阻碍。利他行为得到发展需要一套特殊的大脑子系统在进化中得到发展，这套大脑子系统会系统性地拒绝逻辑和数理上的推理。[④] 最后，值得指出的是，动物界的相互依赖性与人类的相互依赖性是有本质区别的，那就是人类之间的相互依赖性除了自然属性（如自然环境、资源的稀缺性等），还有社会属性（如制度环境、社会资本等）。制度在形成人类的互惠性方面发挥着极其重要的作用，互惠制度是人类互惠性的"物化"，这种互惠制度更多是以习惯、习俗等非正式形式存在的。

（三）互惠制度与人的行为

新古典经济理论可以解释为什么人们按自我利益行事，也可以解释人们为什么讨厌选举。对于后者，它的解释是这是搭便车的结果，即当个人得利微不足道时人们不愿意参加集体行动。然而，它不能有效地解释问题的另一面，即对自我利益的计较并不构成动机因

[①] 〔美〕亚历山大·J.菲尔德：《利他主义倾向：行为科学进化理论与互惠的起源》，长春出版社，2005年版，第104页。
[②] 同上书，第107页。
[③] 同上。
[④] 同上书，第108页。

素的那些行为。新古典经济理论如何解释利他行为(如自愿献血),以及人们自愿做出巨大牺牲而从事并无明显报酬的活动(历史上无数个人和集团为了抽象的事业而被关进监狱或牺牲)? 如何解释大量参与选举的人或自愿做出大量努力参与一个自发的组织的人(在那里个人得益甚少、甚微)?①

从制度经济学的角度来看,研究产权、交易成本、公共选择及新经济史等问题都涉及互惠制度是怎样形成的问题,我们称之为制度的微观基础研究。这是因为经济人还需要更为具体化的研究,人类的行为演化和互惠行为之间是一种"同等的互惠关系"和"同等经济主义"。无论是正式制度还是非正式制度,其实都涉及互惠的问题。制度实际上涉及人与人之间的关系,这种关系既可以体现为共同的利益关系,也可以体现为一种包含着冲突的利益关系。制度的基本功能之一是减少人们之间交易的冲突或矛盾,为人们之间的合作提供一种解。新制度经济学的一个重要任务就是要揭示各种互惠制度是如何形成的。没有规则结构,互利互惠和复杂的社会组织便不可能产生。

在原则上,有三种途径能使人们为他人利益而努力:① 他们出于爱、团结或其他各种利他主义而努力有益于他人;② 他们受到胁迫,胁迫者以对他们使用暴力(命令)相威胁;③ 他们按其自己的自由意志行动,但出于明智的自利动机,因为他们预期能获得充分的回报,那样,他们为别人做的事会产生对自己有利的效应。②

建立在经济人假设基础上的新古典主义经济学并没有回答"看不见的手"是通过什么机制将自利、互利和社会利益有机地结合起来的。而这正是新制度经济学需要探讨的问题。无论是正式制度和非正式制度,还是相应的实施机制,其实质都包含着把自利、互利和社会利益有机地结合起来。

建立在相互依赖性基础上的个人为了得到分工的好处和合作的剩余,他们有一种对互惠制度的需求,只有互惠制度能给他们带来分工的好处和合作的剩余。此外,互惠制度既强化和维持了人们之间的分工与合作关系,同时也有延续性和跨际的功能,我们的后代生存在一个互惠的制度环境里,他们就不需要像我们的祖先那样,要在博弈中去建立互惠制度。

互惠是人类的本性,但并不是所有的组织和规则都有利于互惠的形成。一个职业团体的活力源泉来自互惠——自由地给予和接受帮助、知识和资源,但是一个公司的设计和文化则有可能对互惠构成阻碍。例如,在只以个人绩效为标准来评价和激励的公司文化中,人们就不会愿意自由地分享知识。相反,好公司是能创造出坚持互惠原则的文化的公司。③

制度就是要解决激励和约束的问题。激励问题在每一个社会经济单位中都会出现。一个人做的每一件事都涉及利益与代价(收益与成本),只要利益和代价不相等,人们就会有不同的激励反应。既然个人、社会和经济组织的利益不可能完全一致,怎样将自利、互利和社会利益有机地结合起来呢? 那就是激励相容。激励相容就是使自利的个人和人们之间的互利统一起来,使得每人在追求其个人利益时,同时也达到了制度安排设计者所想要达到的目标。这样,检验一个经济机制或规则是否运行良好的一个基本标准是看它能否提供内在激励使人们努力工作,激励决策者做出有利于他主管的经济组织的好决策,激励企

---

① 〔美〕道格拉斯·C.诺思:《经济史中的结构与变迁》,上海三联书店,1991年版,第11页。
② 〔德〕柯武刚、史漫飞:《制度经济学:社会秩序与公共政策》,商务印书馆,2000年版,第73页。
③ 曹荣湘:《走出囚徒困境:社会资本与制度分析》,上海三联书店,2003年版,第21页。

业尽可能有效率地生产。一个好的经济制度安排就是要看它是否给主观为自己的个人以激励,使他们客观为社会而工作。①

【关键概念】

相互依赖　社会资本　人格化交易　非人格化交易　合作与合作剩余　互惠制度

【思考题】

1. 为什么人类会产生相互依赖性?
2. 社会资本的作用是什么?
3. 如何从人格化交易转变到非人格化交易?
4. 举例说明合作剩余的形成。
5. 人类形成合作关系的条件是什么?简述制度与合作的关系。
6. 互惠制度是如何形成的?如何理解特里弗斯的互惠利他行为模型?

【推荐阅读】

1. 〔美〕亚历山大·J.菲尔德:《利他主义倾向:行为科学、进化理论与互惠的起源》,长春出版社,2005年版。
2. 曹荣湘:《走出囚徒困境:社会资本与制度分析》,上海三联书店,2003年版。
3. 〔美〕罗伯特·艾克斯罗德:《对策中的制胜之道:合作的进化》,上海人民出版社,1996年版。
4. 〔美〕阿兰·斯密德:《制度与行为经济学》,中国人民大学出版社,2004年版。

案例
出工不出力与见死不救

在一个拉绳实验中,组织者先把被试者分成2人组、3人组和8人组,要求各组用尽全力拉绳;然后,要求这些被试者单独用尽全力拉绳。在实验过程中,不管是分组拉绳还是单独拉绳,都用灵敏度很高的测力器分别测量各组和每个被试者的拉力,并进行比较。测量和比较的结果是,2人组的拉力只是这两人单独拉绳时拉力总和的95%;3人组的拉力只是这3人单独拉绳时拉力总和的85%;而8人组的拉力则降到这8个人单独拉绳时拉力总和的49%。人越多,个人愿意出的力就越少。为什么人越多,合力反而越小呢?这也与我们经常所说"人多力量大"的说法不相吻合。

另外,在我们生活中为什么会出现见死不救的现象呢?我们先来看心理学家是如何分析这种现象的。有两位年轻的心理学家对旁观者的无动于衷、见死不救做出了新的解释,他们进行了下面的试验:让72名不知真相的参与者分别以一对一和四对一的方式与一假扮

---

① 田国强:《现代经济学的基本分析框架与研究方法》,中国经济学教育科研网经济学论坛,2004年11月。

的癫痫病患者保持距离,并利用对讲机通话。他们研究在交谈过程中,当那个假病人大呼救命时,72名不知真相的参与者所做出的选择。事后的统计数据是:在一对一通话的那些组,有85%的人冲出工作间去报告有人发病;而在有4个人同时听到假病人呼救的那些组,只有31%的人采取了行动。这两位心理学家把这种现象概括为"旁观者介入紧急事态的社会抑制",或者通俗地说,就是"旁观者效应"。他们认为,当一种紧急情形出现时,正是由于有其他的目击者在场,才使得一些人没有太强的责任感,从而成为袖手旁观的看客。

第九章 契约理论

> 由于人类只有结合才能生存,社会契约就是要每个结合者将一切权利转让给集体,形成共同力量保护每个结合者的人身和财富,并像以往一样自由。
>
> ——卢梭

2016年诺贝尔经济学奖授给了在契约经济学领域取得卓越贡献的两位经济学家——哈佛大学的奥利弗·哈特与麻省理工学院的本特·霍姆斯特罗姆(Bengt Holmstrom),以往不太受重视的契约理论受到了人们的关注,契约理论被广泛地应用到社会实践中,用于指导经济管理。现代契约经济学是制度经济学的重要内容,它从契约角度解释了企业的存在以及企业与市场的关系,对于设计更好的企业制度和市场制度做出了很大的贡献。

第一节 交易与契约

一、契约——交易的载体

契约与人们的活动紧紧相连,比如,提供学校、医院及监狱等公共服务的组织究竟应当是公有还是私有?教师、医务人员和狱卒是应当享受固定工资还是绩效工资?一个学校的教师薪酬是否要与学生的考试成绩挂钩?为什么京东商城要采用自己的物流配送网络,而淘宝网的卖家却将物流配送业务外包给顺丰、申通等快递公司?为什么我国商业银行给公司高层管理人员的薪酬采取年薪制,而大多数的上市公司对其高层管理人员却要用股权激励?为什么法国分别采用了政府直营、政府与私人合营与对私人特许经营多种不同的方式向居民供水?这些都是契约理论的研究内容。契约是交易的载体,所以经济学家建议,分析交易应该从契约入手。

什么是契约呢?契约,人们常常称为合同、合约或协约,是指几个人(至少两人)或几个方面(至少两方)之间达成某种协议。从现代法律经济学的角度看,契约就是资源流转方式的一种制度安排,它规定了交易当事人之间的各种关系,或者限定了当事人各方的权利与义务。一般来说,契约是当事人在地位平等、意念自由的前提下,各方同时为改进自己的经济状况而在交易过程中确立的一种权利流转关系。①

---

① 易宪容:《现代合约经济学导论》,中国社会科学出版社,1997年版,第9页。

西方的契约思想有着古老的学说传统。契约的含义比较丰富,我们可以从几个不同的层次去理解:第一,契约可以指社会秩序。一个社会的秩序不是处于自然原生状态,而是建立在社会成员的约定之上,这个层面的契约是指社会契约,包括制度、宪法、国家建制、公权力等内容,比如多数表决的规则,其本身就是一种约定,并且假定至少有过一次全体一致的同意,因为如果没有事先约定的话,少数人服从多数人的抉择这一义务又从何而来呢?[①] 霍布斯认为,人在自然状态下是彼此敌意的,通过社会契约使得个体向集体转让其全部自然权利才进入社会状态。卢梭认为,由于人类只有结合才能生存,社会契约就是要每个结合者将一切权利转让给集体,形成共同力量保护每个结合者的人身和财富,并像以往一样自由。第二,契约与组织的形式有关。对此,科斯曾指出企业是一系列契约的联结。伊恩·麦克尼尔(Ian Macneil)把企业组织视为关系契约的典型,认为公司不仅是契约主体,而且这种组织本身也就是契约关系体。企业的横向联合与纵向一体化、企业的相互持股、企业的边界等问题都可以从契约的角度做出解释。第三,契约指交易。人们常常提及的合同就是这个层次上的契约,每一份合同都是一个交易的外在形式。无论是从什么层次去看,无论契约的外在形式如何,其实质都是当事人几方达成的某种约定。

经济学中的契约概念与法律规定的契约概念有所不同。这两者有一定联系,但也有很大的区别。从某种程度上来说,现代经济学中的契约比法学上的契约范围更广,它不仅包括具有法律效力的契约,也包括一些默认契约(比如心理契约、关系契约)。现代经济学中的契约概念,实际上是将所有的市场交易(无论是长期的还是短期的、显性的还是隐性的)都看作一种契约关系,并以此作为经济分析的基本要素。

二、不完全契约

汽车保险合约中会写"附加险条款未尽事宜,以本条款为主",货运合约中也写有"本合同如有未尽事宜,双方可协商修订或补充"。合约中的"未尽事宜"反映了现实中契约的不完全性。

完全契约就是契约条款详细地表明了在契约行为相应的未来不可预测事件出现时,每一个契约当事人在不同情况下的权利与义务、风险分担的情况、契约强制履行的方式及契约所要达到的最终结果等。也就是说,如果契约是能够履行的,那么完全契约就能最优地实现契约当事人的协议所要达到的目标。如果交易中签订的契约都是完全契约,那么交易价格与数量将是市场最优价格与数量。

新古典经济学中的契约可以看作完全契约,比如完全竞争市场中的均衡价格决定本质上是完全契约,人们拥有完全的理性与完全的信息,交易者事前可以预见一切事项,市场的成交价格就是均衡价格,交易的实现不需要额外成本,交易中不存在毁约、欺诈,人们不需要为交易的后续事项费心。

现实中的合约大多是不完全契约。不完全契约与完全契约正好相反,由于个人的有限理性,外在环境的复杂性、不确定性,信息的不对称和不完全性,契约当事人或契约的仲裁

---

① 〔法〕卢梭:《社会契约论》,商务印书馆,2003年版,第18页。

者无法证实或观察一切,就造成契约条款是不完全的,需要设计不同的机制以应对契约条款的不完全性,并处理由不确定性事件引发的有关契约条款带来的问题。[①] 不完全契约的存在可能带来市场无效率与市场失灵,需要交易者事后谈判,采取补救措施。主要有两个原因导致非最优或无效率的合约:一是商品属性集合中各属性数量和质量的易变性,二是高昂的度量成本。

尽管不完全契约留下很多可乘之机,容易带来交易的无效率结果,但也会带来更大的灵活性,很多情况下,经济交易契约并非越详尽越好。麦当劳与可口可乐是全球最著名的跨国企业,而它们长达六十多年的合作竟然是以"君子协定"的口头承诺开始,合作领域分布在联合使用商标、开拓市场、开发新项目上,双方达成的是一种非常松散的不完全契约,依靠的是共识与彼此信任,这种自由的结盟方式带来的内耗小、交易成本低。

相关链接 9-1

假设一个不爱吃辣的人去餐馆吃饭,点菜前问服务员:"这菜到底辣不辣啊?"服务员说:"不辣。"于是此人就放心点菜了。但菜上来一尝,却发现辣得吃不下去,于是,此人拒绝付款。此时,如果双方诉诸法院,那法院也没有办法公正裁决,因为法官也不可能说清楚什么叫辣、什么叫不辣。这个例子很好地说明了不完全契约的主要思想:用餐者到餐馆点菜的过程,就是一个缔结契约的过程。用餐者不能预期到餐馆的菜有多辣,这就是不完全契约的第一层意思。用餐者和服务员可能都知道某个程度的辣,但由于用餐者怕辣、服务员不怕辣,所以两人对同一辣度有完全不同的判断,这就体现了不完全契约的第二层意思。即使双方达成了共识,认为菜是不辣的,但在发生争执时,作为第三方的法院也无法根据这个共识进行裁决,这就体现了不完全契约的第三层意思。

三、契约的履行

(一)契约的自我履行

所有的契约都包括对履约机制的规定,同时所有的契约理论都强调协议应尽可能有效地嵌入履约机制的作用。不确定性是决定契约履行机制的关键因素。

契约的自我履行适合稳定环境中的情形,例如技术是稳定的、需求是可预测的、博弈的规则保持不变;适合于通过市场进行的交易;适合于完全契约或者说古典契约;适合于在频繁的交易中,交易的特点为各方所熟悉;适合于不包括很高的专用资产,从而如果条款不被任何一方遵守时,可以很容易提出终止契约。

---

① 〔美〕科斯等:《契约经济学》,经济科学出版社,2003年版,第14页。

(二) 契约执行的第三方监督

当契约的自我履约机制失效时,契约的执行依赖于第三方的监督。如果交易环境的不确定性很大,资产的专用性程度很高,风险会显著上升,在这些条件下,就要求辅助性的机制,即来自契约外的第三方的干预。解决争端的程序是事前由各方商定的,参与调解行动的第三方可以是私人的,也可以是公共的,或者是二者的混合。

第三方的介入可以采用私人秩序的形式,具体包括几种不同的形式。最小限度的形式是契约双方都同意通过一个纯粹外生的措施解决冲突的程序。一个例子是解释模糊条款的联合委员会,它们会补充契约的空白,或者对无法预测的事件进行调解。当市场交易受到不确定性威胁时,一个更为正式的安排是将契约的规则强加在所有交易者身上,例如商业法体系中的私人审判。当不确定性和资产专用性水平结合在一起时,私人秩序倾向于变得更加严厉,大多数情况下,一个"权威"组织会出现,来管理契约化的安排。正式的规则将由该权威组织实施,以限制各方随着发展起来的相互依赖的资产而出现的机会主义,调整不完全的契约,裁定由于事后不确定性而产生的冲突。

第三方的介入还可以采取公共秩序的形式,法庭和相关的机构(司法管理部门、政策、监狱)是将私人秩序嵌入公共秩序的最杰出的机制。私人秩序几乎总是嵌入在一个制度环境中,而这个制度环境通过特定设置表现出来,并且可以被确认为潜在于公共秩序之下,私人秩序几乎总是被公共执行的形式所支持和限制。公共秩序不仅仅为私人秩序领域制定规则,它也贯彻一套为执行契约和支持交易而设计出来的机制,它持续不断地介入私人秩序,保证了私人秩序的可信性,一旦私人秩序失败它就可以提供辅助性的措施,其结果是大多数契约都是通过公共和私人秩序的一个混合物得以执行的。[1]

(三) 一体化手段

当不确定性的水平和所包含的资产专用性的程度很高时,契约的执行要求采用一体化的形式。对于一体化来说,通过对资产使用权和剩余控制权的配置,所有权能够消除非所有者隐匿资产不投入使用的能力,进而约束"敲竹杠"等机会主义行为。通过消除潜在的第二个交易者,所有权可以有效地免于被"敲竹杠"。在一体化中,企业的高层管理者将对企业内部各部门之间的纠纷施加最终的权威,这是企业自身的最终法庭。

第二节 古典契约理论和新古典契约理论

一、古典契约理论

古典经济学是指经济思想史上从斯密的《国富论》问世,到19世纪70年代初期门格尔、

---

[1] 〔美〕科斯等:《制度、契约与组织》,经济科学出版社,2003年版,第286页。

杰文斯和瓦尔拉斯所代表的边际学派出现这个阶段。尽管古典经济学家们没有系统构建契约理论,但在他们的著作中可以看出契约问题是他们关注的一个重点问题。在斯密和李嘉图的著作中经常可以见到关于契约的论述。

古典契约中,理想的情况下达成契约的当事人只有两方,交易双方关系简单,达成协议的当事人以追求个人利益最大化为目标,除了追求个人自身的利益之外,没有任何其他东西把他们联系在一起。在订立契约时,经过双方的讨价还价,交易条件在事先已协商好,当事人根据双方协议把交易内容明确地写入契约条款中,条款通常还包括对可能出现的争端的调解条款。古典契约是一种标准化的契约,其条款全面、明确、有约束力,完成后不考虑今后的修正或调整。在履行契约时,一定程度上依赖于交易者的信誉,契约得以自动履行。但由于交易多是离散的、偶然性的,仅依赖于交易者的信誉无法完全预防机会主义,因此有时契约的受害者需要通过法院才能得到满意的结果。交易完成时,当事人契约关系终止。

古典契约理论深受古典经济学的影响。在完全竞争的市场中,古典契约的特征是与古典经济学的交易行为相适应的。古典契约的基本特征可以概括为三个方面:

第一,契约的完全自由选择性。契约的完全自由选择性是指契约以具有自由意志的交易当事人之间的协商为基础,他们所签订的契约是在不受外部力量(包括政府和立法机构)的控制、干预情况下自由选择的结果。在一个完全竞争的古典市场中,每一个交易者都有选择是否订立契约的自由,也享有选择与谁订立契约的自由,契约的达成是当事人双方选择的结果,不需要政府来干预他们的契约行为,当一方不履行契约时,另一方依赖法律去实行他要求赔偿的权利。

第二,契约是个别的、不连续的。契约的个别性是指交易者之间除了单纯的物品交易外不存在任何其他关系的契约,而且所签订的契约把交易者事前和事后的其他事情分离开。个别性契约的实质就是限制当事人在交易中的某种承诺。只有那些作为交易一部分的承诺才是合法履行的,而如果一个契约的承诺者不履行一个合法的或可履行的契约,那么他就应该向违约的受害者支付损失赔偿费。

第三,契约的即时性。契约的即时性是指把全部的契约行为、契约活动,无论是过去的,还是未来的,都归结于或转化为当前的事情处理。契约的即时性是契约的个别性的必然结果,同时又反过来强化了契约的个别性。首先,契约当事人之间的交易在瞬时完成,既不与过去相联系,也不与将来相关联,契约是现时的。其次,契约的条款完全清楚地规定了交易当事人现在的责任与义务,因此交易当事人只要按照所达成的协议条款去履行便可,不需要对未来的规划。最后,由于契约对交易当事人的权利与义务做了明确的规定,协议的条款是明确的,因此,契约的谈判、签订、履行都是即时的。[①]

古典经济学的重要性与原创性在于它能够对"何以日渐兴盛的交易活动在道德上是可能接受的"提出了合理的解释。从18世纪后期开始到19世纪后期的一百多年里,英国大体上完成了一般契约法从发展到成熟的过程,古典契约理论发展到了顶峰。随着经济的进一步发展,古典契约理论的不足也日益凸显:第一,古典契约理论忽视了经济外部性问题。即使是在完全竞争的市场,契约不仅对契约当事人发生作用,而且会对契约当事人之外的经济活动产生影响,古典契约赋予了契约当事人追求利益的权利,却忽视了契约对第三方或

---

① 易宪容:《交易行为与合约选择》,经济科学出版社,1998年版,第89页。

公众所造成的后果。第二,古典契约理论忽视了垄断问题。古典契约理论中的交易发生在完全竞争的市场,忽视了垄断问题,其结果是忽视了政府或法律在市场交易中的作用。第三,古典契约强调契约当事人之间的自由选择和平等地位。这仅是一种假设的理想状态,19世纪后期的契约交易中不平等是很普遍的现象。第四,古典契约强调契约的个别性。在现实交易中,一次有限的个别性契约并不是普遍现象,长期契约关系越来越受到经济学家的重视。

二、新古典契约理论

从19世纪初到19世纪60年代末,古典经济学的内在缺陷已经使它无法适应当时社会发展的需要,在19世纪最后的30年里,经济学渐渐地掀起了一场库恩范式的革命,边际革命采用一套全新的经济学概念体系与方法,建构了新古典理论的分析框架,标志着新古典经济学的诞生。到20世纪初,马歇尔的《经济学原理》基本上确立了新古典经济学在主流经济学中的地位,新古典革命也基本完成。

(一)新古典契约理论的模型

新古典经济理论的基本原则是在约束条件下经济主体的最优原则,即个人与企业在一系列既定的背景条件下,最大化各自的特殊利益目标。在一定的产品价格条件下,消费者作为要素的所有者追求收入的最大化和个人消费的效用最大化,企业则追求利润最大化。每个经济主体的选择和行为的结果,都或多或少地体现在市场相对价格中,通过价格机制对其他人产生影响,并在各种约束条件下,最终实现自己利益的最大化和社会资源的最优配置。

在千万种不同类型的市场中,又存在着无数种不同类型的交易行为。新古典理论认为,在市场交易中产品市场的加总价格能够与要素市场的加总价格相配合,而且为得到产品所支付出去的价格能恰好等于要素所得到的收入。但是,这种均衡的结果究竟是怎样达到的呢?而且产品市场与要素市场的均衡是否有一致性呢?如果具有这种均衡,是否具有唯一解?如果有唯一解,这种均衡是否稳定?如果脱离了均衡点,是否有一种自动的力量使其回到均衡状态?这些问题成了新古典经济学必须回答的问题。

1. 瓦尔拉斯的拍卖者喊价模型

对于这些问题,瓦尔拉斯最先以一般均衡理论作了回答,而一般均衡理论最为核心的部分就是交易理论。瓦尔拉斯的交易理论是一般均衡理论分析的基础,其实质就是企业与个人都能满足自身目标的最大化而处于均衡的状态之中,市场机制是实现这个目标的保证。各经济主体在给定的价格体系下,能够选择自己的目标函数,实现自身目标的最大化。

瓦尔拉斯巧妙地构造了一个拍卖者喊价机制,以此来说明市场均衡的实现。拍卖者喊价是实现交易或有效契约的一种预备性价格或数量调整过程。模型中假设所有交易的个人和企业都在市场相遇,由于市场是完全竞争的,所有的企业与个人都只是价格的接受者,因此可以假设存在一个确定价格的拍卖者。开始时,拍卖者随机地报出各种价格。如果报价是固定的,交易者就会接受该价格为供给价格或需求价格,根据该价格做出生产或消费的决策。如果在这个价格下总供求相等,交易者就会签订契约达成交易;如果总供求不能相等,交易就不能达成,原有的契约就可能被取消。在这种情况下,拍卖者就会放弃那种无法实现的、过时的价格,报出新的价格,这一过程反复进行,直到均衡价格确立为止。

2. 埃奇沃斯的重订契约理论

埃奇沃斯也研究了市场运行的均衡状态,但是他没有使用拍卖者这个工具。他假设交易者在签订了契约之后,如果又找到了更好的机会,就可以放弃原有的契约,重新签订新的契约,这种重新签订契约的过程可以反复进行,直到交易双方感到满意、不再签订契约为止。这时整个市场体系达到了均衡,所有交易同时完成。在埃奇沃斯重订契约的过程中,可签订契约是在有限的范围内进行。交易者以商品的初始持有量为起点,两种商品的交换比率是可变的,交易是为了增加双方的效用。契约是不可废除的,交易者可以通过重新签订契约实现均衡。所有的均衡点构成了契约曲线,也就是说契约曲线上的每一点都有可能是均衡契约,因而,每一份契约都是不确定的。

埃奇沃斯的重新签订契约的交易模型创立了契约曲线和无差异曲线,这些理论后来成为现代经济学的重要分析工具。他所提出的契约不确定性思想,后来成为阿罗-德布鲁范式的核心内容。

3. 阿罗-德布鲁范式

在帕累托发展了一般均衡交易模型以后,希克斯创建了一种宏观经济学的动态交易理论。该理论从分析个人均衡入手,推演了交易的一般均衡、企业的均衡和生产的一般均衡。而交易的一般均衡是其他均衡的基础。阿罗和德布鲁在希克斯、萨缪尔森创立的一般均衡交易模型的基础上,进一步发展了一般均衡理论。他们利用当时最先进的两种数学工具——凸性和不动点定理,代替了边际分析工具,解释了帕累托效率的分配与竞争均衡之间的相关性关系,研究了能在某一时点通过商品交换所得到的那些配置。

阿罗-德布鲁模型的基点是创造了一个纯粹的阿罗-德布鲁或有商品(contingent commodities)的概念。一般来说,每一种商品都被假设为可以由一种客观的、可量化的和普遍一致的方式来描述。在现实生活中,不可能将一种商品的特征完全描述出来。但是,对商品进行物质形态上的描述是很重要的,因为商品的种类界定得越清楚,人们在交易中选择的范围就越大。如果两个当事人都有苹果和橘子,用一个人的苹果交换另一个人的苹果就没有意义了。但是如果一个人拿自己的苹果与另一个人的橘子相交换,双方的状况都可能得到改善。商品之间的划分在原则上是没有尽头的,而商品划分越细致,其意义就越小。当一种商品的划分并不能产生可以想象得出的、能够提高当事人满足程度的配置时,这种商品就被称为阿罗-德布鲁商品。

在现实世界中,很难发现一个纯粹的阿罗-德布鲁商品市场。在一般情况下,许多阿罗-德布鲁商品是以不可分离的组合形式,在许多时点上按"次优"交易进行交换的。

阿罗-德布鲁模型在分析一种商品的生产配置效率时提出了"或有商品"的概念。一种商品配置于一种生产是否比配置于另一种生产好,既取决于商品的特性,同时又取决于生产的不同环境。当不存在不确定性时,每一种商品都由其物理特性、所处的地理位置及可供日期规定。但是,当两种不同的环境事件出现时,同一种商品在两种不同的环境中是很不同的。例如,同一把伞在下雨与不下雨时是不同的。或有商品的作用就是要弄清楚我们所研究的商品的可供性要看出现什么样的环境事件。①

阿罗-德布鲁模型中的消费者具有理性选择的能力。每一个消费者都能设想一个计划集合。在这个集合中，明确规定了每一个消费者的偏好都有一个完全的、传递的和连续的次序关系。消费者在做出消费选择的时候，是在完整的消费计划之间做出选择，而不仅仅只是局限于单个商品，单个商品只有在和消费者选择的商品有联系时才有意义。消费者一旦做出理性选择，其选择便是使消费者达到效用最大化的状态。

阿罗-德布鲁模型包含了不确定性的思想，具体来说是资源可获得性的不确定性以及有关消费和生产可能性的不确定性。在现实的经济生活中，不确定性是一种十分普遍的现象，它以不同的方式影响人们的经济行为，影响着消费者的偏好、企业的生产技术和市场价格。而不确定性又可以分为外在的不确定性与内在的不确定性。外在的不确定性是指外在环境的不确定性，例如天气变化、自然灾害、消费者的偏好和企业的技术等。对于外在的不确定性，尽管人们能够通过不同的方式来分散这种不确定性给个人带来的风险，但是没有任何一个经济体系可以减少外在的不确定性。内在的不确定性是指与经济体系本身运行有关的不确定性。内在的不确定性主要在于经济行为者的决策。由于每一个当事人的经济行为都是在他们所掌握的信息基础之上所做出的选择，因此可以通过获得信息减少不确定性。

阿罗-德布鲁模型讨论了信息在经济中的作用。信息在经济中的作用可以分为两种情况：一种情况是在任何一个日期，每个经济行为者关于环境状态的信息都是不完全的，但是所有经济行为者的信息是相同的。在这种情况下，经济行为者具有固定的信息结构，可以实现阿罗-德布鲁竞争均衡的存在性和最优性。另一种情况是不仅每个经济行为者关于环境状态的信息是不完全的，而且所有的经济行为者的信息都是有差异的。在这种情况下，不同的经济行为者对同一环境中不确定性的因素，由于各自所掌握的信息的差异性，其所做出的反应是不同的。这时，人们做出决策不仅依赖于经济变量的分布，而且会根据自己所接受的信息加以调整。这也意味着实际经济行为中有一部分是由非价格变量支配的。而且在存在信息差异性与信息不对称性的情况下，可能出现逆向选择和道德风险等市场失灵的状况，妨碍最优契约的签订。正因为信息和市场是不完全的，契约才变得重要。②

（二）新古典契约的特征

瓦尔拉斯以一般均衡理论为基础形成了他的契约模型，埃奇沃斯建构了第一个系统的契约理论，阿罗-德布鲁模型则为契约理论研究提供了一套理论上的范式，尽管这些新古典经济学家关于契约的含义不同，但其基本特征是一致的，总结起来，有以下三点：

第一，契约的抽象性。无论是在瓦尔拉斯交易模型中，还是在埃奇沃斯契约曲线中，任何契约既是交易当事人卖者喊价的结果，又是交易的均衡点。交易成了实现均衡的手段。从实质上说，这种契约已经剔除了古典契约中的道德伦理因素，变成了市场自然秩序的结果。这与达尔文进化结果是一脉相承的。契约是交易当事人反复摸索、调整的结果。

---

① 易宪容：《交易行为与合约选择》，经济科学出版社，1998年版，第114页。
② 同上书，第119页。

第二,契约的完全性。在新古典的一般均衡交易模型中,所有的契约都是价格与数量的交易,这种交易能够在有秩序、不混乱、没有干扰的情况下顺利进行和完成。每一份契约都是市场供求关系的均衡点,每一份契约都能够得到严格地履行和实施。契约都是完全的。这主要表现在,契约条款在事先都能明确地写出,在事后都能完全地执行;当事人还能够准确地预测在执行契约过程中所发生的不测事件,并能够对这些事件做出双方都同意的处理;当事人一旦达成契约,就必须自愿遵守契约条款,如果发生纠纷,第三者能够强制执行契约条款。在新古典契约理论中,契约对当事人的影响只限于在缔约双方之间,对第三者不存在外部性;每一契约当事人对他选择的条款和契约结果具有完全信息;且存在足够多的交易者,不存在有些人垄断签订契约的情况;契约签订和执行的成本为零。

这种完全契约是以新古典经济理论的完全竞争市场为条件的。这意味着:① 契约条款所带来的影响不存在外在性;② 契约当事人对其契约拥有完全的信息;③ 存在着足够多的交易者,每一契约当事人对整个市场的影响很小;④ 契约交易过程中的交易成本为零。契约的交易过程包括信息的获得、契约的讨价还价过程、契约的签订与契约的履行等。

第三,契约的不确定性。无论是瓦尔拉斯的拍卖者喊价模型、埃奇沃斯的重订契约理论,还是阿罗-德布鲁的或有契约,都涉及契约的不确定性。因此,契约的不确定性是新古典契约的基本特征。

埃奇沃斯开创性地创立了契约曲线,并认为契约均衡在契约曲线上的任一点均有可能达到,因此,就某一时点来说,每一份契约都是不确定的,竞争均衡不存在唯一解。

阿罗-德布鲁则用或有商品的思想来讨论不确定性契约的问题。一个单位的或有商品是这样一种契约,即只有在特定的事件发生后,一方才向另一方提供一个单位的特定商品或支付一个货币单位。如果某一事件必定发生,那么随这一事件出现的交易契约与相应的无条件契约是相同的,由此,或有商品市场的建立没有任何意义。如果这一事件肯定不发生,那么随着这一事件出现的或有商品价格为零,而或有商品市场的存在同样没有任何意义。如果某一事件的出现存在着不确定性,那么为该事件的或有情况签订契约的市场一般来说将是可行的,而且存在一个价格使交易顺利达成,这就是以或有商品的方式达到不确定契约出现的均衡点。①

交易过程中不确定性的存在增加了签订契约的成本,而且使契约的履行受到限制。这样,契约当事人往往会就有关条款留待以后需要的时候再解释。因此,任何契约的条款对契约事件都只能做出部分的描述,不可能完全和确切地规定每一个当事人未来情况下的权利与责任。在新古典契约中,将不确定性契约转换成确定性契约可分为事前的风险和事后的风险两类。事前的不确定性风险可以通过不同类型的保险来转换;事后的不确定性风险可以通过第三者的事后契约调整来实现。

新古典的契约关系是一种长期的契约关系,当事人关心契约关系的持续,并且初步认识到契约的不完全性和事后调整的必要。若双方发生纠纷,当事人首先寻求内部解决,如果内部解决不了再付诸法律。它强调一种包括第三方在内的规制结构。正如麦克尼尔所说,新古典长期契约具有两个共同特征:一是契约筹划时留有余地;二是无论是留有余地还

---

① 易宪容:《交易行为与合约选择》,经济科学出版社,1998年版,第126页。

是严格规定,契约筹划者所使用的技术和程序本身可变范围很大,导致契约具有一定程度的灵活性。正是由于契约的不确定性,新古典交易理论开启了现代契约理论新的思路。

第三节　现代契约理论

现代契约理论由西方经济学家于20世纪70年代后期创立,它是在新古典契约理论基础上发展起来的新契约经济理论。现代契约理论的形成和发展经过两个重要的阶段:非对称信息下的委托—代理契约理论和不完全契约理论。

一、委托—代理契约理论

1. 信息不对称

在新古典契约理论中,每一份契约都是完全契约。新古典的交易是以人的完全理性、完全信息为基础,是在完全竞争的市场中签订,不存在外部性,不需要交易成本,所有信息都可以通过市场的价格反映出来,因此,这样的契约是完全契约。然而,新古典契约理论的假设条件在现实经济中难以成立,因为契约人是有限理性的,信息是不对称的,且信息的获得也是有成本的。如果放松完全信息的假设条件,就是信息不对称条件下的契约选择。

信息不对称是20世纪70年代兴起的信息经济学的一个核心概念。信息不对称是指契约当事人一方所持有而另一方不知道的,尤其是他方无法验证的信息或知识。这种信息也称为"私人信息",这里的"无法验证"包括因验证成本昂贵而使验证在经济上不现实或不合算的情况。

信息不对称大致可以分为两类:一类是外生性信息不对称。它指交易对象本身所具有的特征、性质与分布状况等,不是由交易人所造成的,而是客观事物本身所具有的。这类信息一般出现在契约行为发生之前。另一类是内生性信息不对称。它是指契约签订以后他方无法观察到、无法监督到、事后无法推测到的行为所导致的信息不对称。这两种信息也可以分别叫作隐藏行动和隐藏信息。在现实的经济中,这两类不同的信息不对称往往交织在一起。

信息不对称还可从时间和内容上来划分:一是信息不对称所发生的时间不同,可能发生在事件的开始,也可能发生在事件的中间或事后。发生在当事人缔约前的,叫作事前不对称;发生在当事人缔约以后的,叫作事后不对称。研究事前当事人之间博弈的信息不对称模型叫作逆向选择模型,研究事后当事人之间博弈的信息不对称模型叫作道德风险模型。二是信息不对称的内容不同。信息不对称的发生可能是由于当事人的行动只被他自己知道,或只被契约中所有的签约人知道,而局外人不能观察到,这叫作隐藏行动或隐蔽行动。信息不对称也可能发生在信息分布的不平衡上,签约一方对他本人的知识(个人特征)知道得很清楚,而其他人不知道或知之甚少,或者某个人知道可能影响契约的自然状态的知识而另外的人不知道,这叫作隐藏信息或隐藏知识。①

信息不对称的存在会导致均衡契约或最优契约难以实现,这是因为由于信息不对称的存在,具有机会主义倾向的交易者会利用信息不对称尽量逃避风险,把交易成本转移到他方身上。

2. 委托—代理问题

在现实的经济活动中,委托—代理关系无处不在。例如,经理代表股东管理公司,律师给当事人提供服务,政府向市民征税等。委托—代理关系是人们在经济活动中的一种契约关系。在这种契约关系下,为了使交易双方的利益关系得到协调,委托人希望设计一种契约机制授权给代理人从事某项活动,并要求代理人为委托人的利益活动。这种契约机制要求代理人采取适当的行为,同时实现自己的效用最大化和委托人的效用最大化的目标。这样的契约是最优契约。

一个最优契约要满足以下条件:第一,要求委托人与代理人共同分担风险;第二,能够利用一切可能利用的信息,即在经济行为者隐藏行动和隐藏信息时,要利用贝叶斯统计推断来构造一个概率分布,并以此为基础设计契约;第三,在设计机制时,其报酬结构要因信息的性质不同而有所不同,委托人和代理人对未能解决的不确定性因素和避免风险的程度要十分敏感。②

正如完全竞争市场中的均衡最优解存在的意义一样,尽管人们对最优合约在现实中能否实现存在争论,但是在理论上不妨碍它的存在,并且成为缔约人达成契约的参照系。

一份无不确定性的标准雇佣契约可以描述如下:考虑一份雇员、雇主间的双边契约,雇员拥有的初始禀赋是他的时间,既可以留给自己,也可以作为劳动服务卖给雇主,雇主会将雇员的时间投入生产。令 $U(l_1, t_1)$ 代表雇主的效用函数,l_1 是雇主从雇员那里购买的时间量,t_1 代表雇主可支配的货币数量;$u(l_2, t_2)$ 代表雇员的效用函数,l_2 是雇员留给自己的时间量,t_2 是雇员可支配的货币数量,并且假设他们的效用函数是严格增、严格凹的。

假设雇主与雇员的初始禀赋分别是 $(\hat{l}_1, \hat{t}_1)=(1,0)$ 和 $(\hat{l}_2, \hat{t}_2)=(0,1)$。即交换前,雇主没有时间但拥有所有货币,而雇员没有货币但拥有所有时间。

如果双方不交换,则获得保留效用 $\bar{U}=U(0,1)$ 和 $\bar{u}=u(1,0)$,交换将改善他们的福利水平,提高他们的联合收益。

契约双方都是理性人,各自都为了得到收益最大化,则该问题可以形式化为下面的最优化问题:

$$\max_{l_i, t_i}[U(l_1, t_1) + \mu u(l_2, t_2)]$$

其中,l_i 表示双方交易后实际消费的雇员时间,t_i 表示双方交易后实际消费的产出数量,$i=1,2$,μ 是双方各自的讨价还价能力。

该最优化问题服从约束条件:

$$l_1 + l_2 = \hat{l}_1 + \hat{l}_2 = 1, \quad t_1 + t_2 = \hat{t}_1 + \hat{t}_2 = 1$$

最大值由一阶条件得到:

---

① 〔美〕科斯等:《契约经济学》,经济科学出版社,2003年版,第19页。
② 同上书,第1页。

$$U_l + \mu u_l = 0 = U_t + \mu u_t$$
$$\frac{U_l}{U_t} = \frac{u_l}{u_t}$$

见图 9-1 的无差异曲线图。

对于雇主和雇员来说,他们的货币与闲暇的边际替代率相等时可以达到联合剩余的最大化。

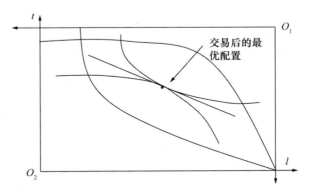

图 9-1 无不确定性下交易的最优配置

当存在不确定性时,雇主与雇员之间的契约要进行风险分担安排。对于不确定性下的决策问题,可以将雇主和雇员的事后效用函数分别用 $U(t)$ 和 $u(t)$ 表示,$U'(t)>0$,$u'(t)>0$,$p_j \in (0,1)$ 表示特定的自然状态下 θ_j 发生的概率,假设仅有两个可能的未来自然状态 θ_L 和 θ_H,令 θ_L 代表不利的产出冲击或衰退,θ_H 代表好的产出或繁荣。假设每个个体在不同的自然状态中各自的禀赋如下:

$$(\hat{t}_{1H}, \hat{t}_{1L}) = (2,1), \text{对于个体 1}$$
$$(\hat{t}_{2H}, \hat{t}_{2L}) = (2,1), \text{对于个体 2}$$

其中,$\hat{t}_{ij}$ 是个体 i 在自然状态 θ_j 下的禀赋。

在自然状态实现之前,每一个个体对消费束 (t_L, t_H) 的偏好都可以用其效用函数表示,对雇主来说效用为 $V(t_L, t_H)$,对雇员来说效用为 $v(t_L, t_H)$。

如果两个个体没有交换,他们的事前效用为 $\bar{V} = V(2,1)$,$\bar{v} = v(2,1)$,他们可以通过共同投保其在经济中的风险来提高事前效用。有效率的保险契约能够实现,当每个状态依存商品的最终配置 $\{(t_{1L}, t_{1H}), (t_{2L}, t_{2H})\}$ 满足:

$$V_{tL} + \mu v_{tL} = 0 = V_{tH} + \mu v_{tH}$$
$$\frac{V_{tL}}{V_{tH}} = \frac{v_{tL}}{v_{tH}}$$

见图 9-2 的无差异曲线图。

事前的效用函数就可以定义为事后效用函数的期望:

$$V(t_{1L}, t_{1H}) = p_L U(t_{1L}) + p_H U(t_{1H})$$
$$v(t_{2L}, t_{2H}) = p_L u(t_{2L}) + p_H u(t_{2H})$$

最优保险条件为

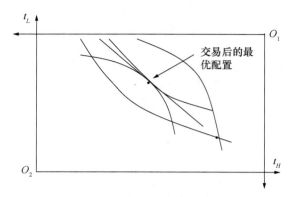

图 9-2 不确定性下交易的最优配置

$$\frac{v_{tL}}{v_{tH}} = \frac{p_L}{p_H} \frac{U'(t_{1L})}{U'(t_{1H})}$$

令(l_{1L}, t_{1L})和(l_{1H}, t_{1H})代表雇主的两种不同状态依存时间/产出束，(l_{2L}, t_{2L})和(l_{2H}, t_{2H})代表雇员的两种不同状态依存时间/产出束，并且令$(\hat{l}_{ij}, \hat{t}_{ij})$表示各自的初始禀赋$(i=1, 2; j=L, H)$。双方签订的保险契约可以表示为下列最优契约问题的解：

$$\max[p_L U(l_{1L}, t_{1L}) + p_H U(l_{1H}, t_{1H})]$$
$$\text{s.t.} \quad p_L u(l_{2L}, t_{2L}) + p_H u(l_{2H}, t_{2H}) \geq \bar{u}$$

并且，

$$l_{1j} + l_{2j} \leq \hat{l}_{1j} + \hat{l}_{2j}$$
$$t_{1j} + t_{2j} \leq \hat{t}_{1j} + \hat{t}_{2j}$$

其中，

$$\bar{u} = p_L u(\hat{l}_{2L}, \hat{t}_{2L}) + p_H u(\hat{l}_{2H}, \hat{t}_{2H})$$

委托—代理问题是由于代理人与委托人之间存在信息不对称，代理人的目标会偏离委托人的目标，或者说代理人在追求自身效用最大化的同时无法实现委托人效用最大化的目标，使委托人利益受损的现象。

委托—代理问题存在的根本原因就在于信息成本的存在与契约当事人之间的信息非对称性。委托人对代理人已经采取了什么行动或应该采取什么行动的信息是非对称的，因为代理人行为不容易观察，或者说完全监督代理人的行为的成本非常高。例如，一个企业的管理者不能完全观察到职员的工作努力程度，一家银行不可能完全观察到借款人的经营活动情况。具体来说，委托—代理问题产生的根源可以分为以下几种情况：第一，保险与信用关系的存在。在信用契约中，一个人给予另一个人某种资源，以换取在今后某个时期归还某种借款的允诺。但是，由于贷款人不能完全观察到借款人的行为，这就存在借款人欺诈的可能性。这样，委托—代理问题就产生了。第二，如果某一个人租借一耐用品给另一人，后者所采取的行动肯定会影响租借品的质量。但是，这些行动是不可以被完全监督到的，这样就产生了委托—代理问题。第三，当委托人对某工作任务或产出结果知情，而代理人不知情时，委托人企图从代理人那里获得更多的租值，尽量压低代理人应该获得的报酬而使自己的租值最大化,这时也会产生委托—代理问题。

既然代理人的行为不可观察,而且代理人的行为又会对委托人产生影响,那么,委托人应该采取什么方式促使代理人在实现自己效用最大化的同时也实现委托人的效用最大化?这个问题包含三个层次的内容:第一层次是委托人如何设计一份契约能够使代理人实现委托人的预期效用最大化;第二层次是在所设定的契约条款下,代理人如何实现自身的预期效用最大化;第三层次是契约中的代理人是否愿意接受这些条款。这三个层次的内容归纳到一点就是经济活动中最核心的内容——激励与约束问题。因此,委托—代理模型的基本问题就是由非对称信息和不完全信息引起的激励约束问题。①

在委托—代理契约中,委托人希望代理人努力工作,而代理人希望少工作、多得报酬,这样委托人必须提供足够的激励,否则代理人不会按委托人的希望而为。委托人在设计契约的时候必须决定他应该给予代理人什么样的补偿,选择成本最低的激励方案。如果委托人知道代理人的行为,并且委托人能够根据他所获得的信息推知代理人会采取什么行动,那么即使委托人不能观察到这些行为,委托人也可以找到最优契约解。但是,委托人会面临着来自代理人的两个约束条件:第一个约束条件是代理人的激励兼容约束,即任何委托人所希望的代理人行为只有通过代理人的行为效用最大化来实现;第二个约束条件是代理人从接受契约中得到的预期效用不能小于从不接受契约中得到的预期效用。在这种条件下,委托人所选择的契约设计不存在最优解。这是因为,在代理人真正决定做什么之前,代理人可能观察到他的行为所导致的某些成本信息,或关于他的预期回报的某些信息,这样代理人可能会根据他所观察到的信息,对将来不可预测的事情采取有利于他的策略,所以委托人的选择只是一种次优解。

二、不完全契约理论

(一)不完全契约的产生原因

既然完全竞争市场中的契约假设条件与现实的经济生活相去甚远,既然人们在交往中的契约总是不完全的,那么是什么原因导致了契约的不完全性呢?人们为什么宁可签订不完全契约而不签订完全契约呢?在不完全契约的情况下,契约又是怎样运行呢?等等。这些都是不完全契约理论要回答的问题。下面首先从个人理性假设入手来讨论。

所谓完全契约,就是契约条款详细地表明了在与契约行为相应的未来不可预测事件出现时,每一个契约当事人在不同情况下的权利、义务与风险分享情况,契约强制履行的方式及契约所要达到的最终结果。换言之,如果一份计划是有效率的计划,那么一份完全契约能够促使其计划达到有效的结果。或者说,如果契约是能够强制履行的,那么完全契约就能最优地实现契约当事人的协议所要达到的目标。

在完全契约中,个人具有完全的理性。契约当事人可供选择的对象是给定的,每种可供选择结果的概率分布是已知的,这样,他就能够把所有信息综合在单一的效用函数中得

---

① 易宪容:《交易行为与合约选择》,经济科学出版社,1998年版,第142页。

出最优契约结果。可是,在实际的经济生活中,尽管人的行为选择是理性的,但人的理性选择不是完全的,而是有限的。

第一,人的有限理性是导致契约不完全的重要原因。由于人在神经和语言方面的能力有限,以及外在事物的不确定性、复杂性,从事经济活动的人在愿望上是追求理性的,但是在实际中只能有限地做到这一点,人类的理性总是有限的。因此,人们既不能在事前把与契约相关的全部信息写入契约条款中,也无法预测到将来可能出现的所有偶然事件,更无法在契约中为各种偶然事件确定相应的对策并且计算出契约事后的效用结果。

第二,交易成本的存在是导致契约不完全的重要原因。在零交易成本的假设条件下,契约信息的收集、契约谈判、契约签订与契约履行都是不需要成本的。契约当事人能够把所有的意外情况都详细地写入契约条款中,并对每一种意外情况的解决措施做出规定,这样也就不会发生任何事后纷争。在现实经济生活中,契约当事人是契约人,其交易活动通过契约实现,任何契约的运作都是要花费成本的。契约人具有有限理性与机会主义倾向,在交易过程中设计契约的事前成本是昂贵的,因此无法在契约中列出将来所有的或然事件,而且事前没有考虑到的可能事件会增加事后成本,因为一旦这些事件出现,就需要重新谈判与重新签订契约。由于当事人预期到将来一定会出现某些事前没有估计到的偶发事件,所以他们又会在最初的契约中增加相应条款,从而增加了相应的契约成本。此外,任何契约的履行都是要花费成本的,尤其是当事人对契约条款产生争议、需要第三者来裁决时,其契约履行成本更高。可以说,交易成本的存在是契约不完全的根源。

第三,信息不对称是导致契约不完全的重要原因。信息不对称是指契约当事人一方所持有而另一方不知道的,尤其是他方无法验证的信息或知识。要完全消除信息不对称是不可能的。产生交易成本的重要原因就是信息不对称,要获得与契约相关的信息要付出成本,有时这个成本相当高。此外,由于存在信息不对称,具有机会主义倾向的交易者会利用信息不对称尽量逃避风险,把交易成本转移到他方身上。

第四,语言使用的模糊性。一个契约有时会因为语言表达模棱两可、不清晰而造成契约的模棱两可或不清晰。语言只能对事件、状况做大致地描述,而不能对它们进行完全精确地描述。这就意味着语言对任何复杂事件的陈述都可能是模糊的。例如,契约法的商业可预见性条款表明,当一个同意签订契约的企业的行为可能被预见时,其契约就应该强制履行。但是,契约中关于条款所适用的环境的语言表述并不清楚。如果把未来可能发生的事件以更多的专门条款加入契约中,也意味着给实际环境划定更多的边界,而哪一条款可以适用这些环境又会出现更多的问题。因此,由于语言使用的模糊性,在契约中增加一些更为详细的条款反而可能会导致契约履行的更多争议。可见,语言使用的模糊性造成了契约的不完全性。[1]

第五,最新理论声称,只要至少市场一方是异质的,且存在足够数量的偏好垄断经营的当事人,那么契约就是不完全的。一个契约是不是完全契约,要取决于当事人的类型。当不知情方不了解对方类型的分布,或者知情方不能令人信服地披露他的类型时,契约将肯定是不完全的。[2]

---

[1] 易宪容:《现代合约经济学导论》,中国社会科学出版社,1997年版,第98页。
[2] 〔美〕科斯等:《契约经济学》,经济科学出版社,2003年版,第103页。

关于不完全契约存在的原因,仍是契约理论研究的前沿领域。"第三方能否验证"是否可以成为契约不完全的原因,尚是争论的焦点。有关研究表明,即使某些内容是第三者无法验证的,只要缔约双方知道双方的预期成本和收入,就不需要把不可验证的内容写入契约,在这种情况下,就可以设计出一份完全契约。这个结果被称为"不相关定理"。

(二) 不完全契约理论的两个分支

不完全契约的思想起源于科斯 1937 年《企业的性质》一文,沿着科斯的思路,发展出了不完全契约理论的两个分支:一支是以威廉姆森为主要代表的交易成本经济学,主张在契约不完全的情况下,通过比较各种不同的治理结构来选择一种最能节约事前交易成本和事后交易成本的制度,也称交易成本学派;另一支是以哈特为代表的产权理论,主张通过某种机制来保护事前的投资激励,也称新产权学派。

1. 交易成本经济学

交易成本理论由科斯首先提出,并由威廉姆森、克莱因、张五常等人发展起来。

交易成本经济学主张,应把交易而不是人作为最基本的分析单位,而任何交易总是或明或暗地在一定的契约关系中进行,所以契约可以成为分析交易最基本的方法,一切经济关系问题都可以转化为或理解为契约问题,并用契约方法来研究。交易成本经济学与古典经济学、新古典经济学的"经济人"假设不同,它建立在"契约人"概念基础上。而"契约人"的行为特征不同于经济人的理性行为,具体表现为有限理性与机会主义行为。所谓的机会主义行为,也就是指人们在交易过程中通过不正当的手段来谋求自身的利益。机会主义行为又分为事前的机会主义行为和事后的机会主义行为。前者是指逆向选择的情况,后者是指道德风险的情况。这也是前面提到过的隐藏信息与隐藏行动的问题。契约人的第一个特征表明,由于人的有限理性,交易双方要想签订一个完全契约是不可能的;契约人的第二个特征表明,仅仅相信缔约者的口头承诺是无法保证契约会自动履行的。所有复杂的契约都是不完全的。由于机会主义的存在,缔约各方都会采取各种策略行为来谋取自己的利益,因此不可避免地会出现拒绝合作、失调、成本高昂的再谈判等危及契约关系持续的情况。

根据交易的性质,可以把交易分解为三个维度:① 交易的不确定性;② 资产专用性;③ 交易发生的频率。

交易的第一个维度是交易的不确定性。交易作为人们的一种经济决策活动,只要人们决策的可能结果不止一种,就会产生不确定性。正是因为不确定性存在,人们的选择才成为必然。当交易受到不同程度的不确定性影响时,人们就会在交易成本尽量低的情况下对不同的交易协调方式进行选择。在不确定性较低的交易中,人们的选择较为明确,也不需要对交易协调方式进行选择。有学者把不确定性分为两类:一种是初级的不确定性,指的是由于自然的随机变化和消费者偏好不可预料的变化所带来的不确定性;另一种是次级的不确定性,指的是由于信息不对称而引起的不确定性。此外,威廉姆森还指出了行为的不确定性,即由于人的机会主义行为以及这些行为的千差万别,人们因无法预见而产生的不确定性。不确定性在不同交易中所起的作用及其对交易协调方式的约束程度是不相同的,因此,这也给交易协调方式的选择留下了广阔的空间。

交易的第二个维度是资产专用性。资产专用性是指某些投资一旦形成某种专门用途的资产就难以改变为其他用途，如果要改变为其他用途肯定会造成较大的经济损失。与资产专用性相对应的是资产通用性，这时资产专用性接近或等于零。资产的专用性是与沉没成本概念有关的。资产专用性的细节只有在不完全契约背景下才会清楚地表现出来，而人们在谈论交易成本之前是不容易发现的。

资产的专用性至少可以分为四类：① 物质资本专用性，是指专为特定用户设计制作工具或模具等装备进行投资产生的专用性。② 场地或区位专用性，当买主或卖主将其设施建立在毗邻交易对象的地方以节约运输成本而产生的专用性。③ 人力资本专用性，指交易者学到的技能和知识只在与特定交易伙伴交易时才有价值，而在该关系之外价值就会减少而产生的专用性。④ 特定资产专用性，是指为了维持与特定顾客生意上的往来而进行的投资产生的专用性。虽然该投资未必专用于该顾客，但是一旦该顾客终止采购所生产的产品，就会使这一生产能力严重过剩。另外，资产专用性还可能表现为时空专用性。时空专用性是在契约履行时或按时履约时至关重要的因素。比如，一些产品的价值天生就与时间有关，如报纸；生产过程的连续性质也将导致这种专用性，如建筑工程。时空专用性在易腐烂的产品那里很明显，例如农产品经常出现这种专用性。再比如，像天然气和电力等产品的储藏成本很高，也易产生时空专用性。在这些情况下，拖延履约就是榨取准租金的有效武器。①

在资产专用性的情况下，契约关系的连续性显得特别重要。这时，当契约双方中有一方投入专用性资产时，一旦另一方采取机会主义行为终止契约，投资方就可能会遭受损失。反之，在资产通用性的环境中，买方能轻易转移他所选择的资源，卖方能够有目的且没有困难地把他的产品由一个买者转移到另一个买者。

交易的第三个维度是交易发生的频率。由于任何交易协调方式的确立与运作都是要花成本的，而这些成本能够在哪一点上为所产生的收益所抵消，又取决于这种交易协调方式中交易所发生的频率。频率越高，建立与运作交易协调方式的成本就越能得到补偿，多次发生的交易要好于一次性交易，因此，交易频率对交易协调方式的选择也有重要影响。可见，该维度并不影响交易成本的绝对值，而只影响进行交易的各种方式的相对成本。

交易的三个维度中最为关键的是不确定性，它与交易发生的频率及投资特异性程度相关。为了说明这点，威廉姆森假定不确定性是在某种居中的程度上存在，而把重点放在所发生的交易专用的频率和程度上。然后，列出三种交易频率和三种投资方式：交易频率可以分为一次性的、偶然的和重复的，投资方式可以划分为非专用性的、混合的和特异性的。

一次性交易和偶然性交易的差别并不大，偶然性交易和重复性交易仍存在差别。大致有三种类型的交易协调方式：非专用性交易或通用性交易、准专用性交易或混合交易、高度专用性交易。

威廉姆森建立了一个交易契约经济学的分析模型。他用 K 来表示交易中资产的专用性程度。应用通用性技术时，所形成的资产也是通用性的，即 $K=0$；应用专用性技术时，相应的资产具有专用性，此时 $K>0$。在后一种情况下，为了满足契约关系中一方的特定需要而采用了专用性技术，形成了专用性资产。这也就意味着，如果这项交易被终止，那么专用

---

① 〔美〕斯科特·E.马斯腾：《契约和组织案例研究》，中国人民大学出版社，2005年版，第14页。

性投资就会受到损失。可见,专用性资产投资具有很高的风险。为了降低这种风险,当事人在进行专用性资产投资时,契约各方当事人有动机设计某种保障机制来维护契约关系中的专用性资产价值。

这里,用 S 来表示这种保障机制的强弱程度。如果在契约关系中没有建立保障机制,$S=0$;如果在契约关系中建立了保障机制,$S>0$。这里所指的保障机制包括了三类情况:建立契约赔偿规则、设立交易中的契约协调机制、制定交易过程中的限制性条款,以此来使当事人的交易风险均衡。把交易中的价格 P、资产的专用性 K 与保障机制 S 三者相互关系作整体分析,就构成了交易中的契约关系模型。威廉姆森采用契约计划图来表示多样性契约关系的形成,如图 9-3 所示。

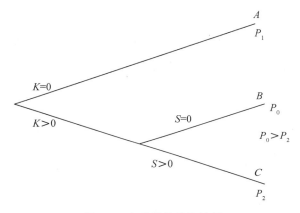

图 9-3 多种签约选择计划

① 当 $K=0$ 时,买方可以在市场上找到很多的卖方,卖方也可以方便且没有损失地把他的资产转移到其他地方。在这种理想的竞争市场上,由于交易双方是相互独立的,没有任何依赖关系,交易往往是一次性完成,因此在契约关系中不需要交易保障机制。② 当 $K>0$ 且 $S=0$ 时,卖方进行专用性资产投资,但是没有保障机制来维护交易的持续进行。一旦交易关系中止,专用性资产的价值将受到重大损失。因此,专用性资产的投资者为了降低自己在交易中的风险,往往会把产品的价格定在较高的水平 P_0 上。这自然增加了买方的成本。③ 当 $K>0$ 且 $S>0$ 时,应用专用性技术进行专用性资产投资,同时契约双方建立某种形式的契约保障机制以较好协调契约关系的纷争,因此,交易价格较低:$P_0>P_2$。这个契约关系模型也表明:在交易中,资产专用性 K、保障机制 S 和交易价格 P 三者是相互联系、相互作用的,它揭示了交易中的技术选择、经济组织和市场价格三者之间的关系。

在图 9-3 中,A、B、C 三点各对应一种价格,各种价格可以进行比较:① 分支 A 表示的是 $K=0$ 条件下的供给量,其预期收支平衡价格应为 P_1。② 分支 B 表示的是用于专用资产交易,即 $K>0$,但无须安全措施,即 $S=0$,预期收支平衡价格应为 P_0。③ 分支 C 表示的也是专用资产交易,由于在这类契约中提供了安全措施,即 $S>0$,因此预期收支平衡价格 P_2 将低于 P_0。在上述三种情况下,第一种情况就需要调整激励契约计划;第二种情况是建立并使用某种专门的契约计划,以应付并解决有关的契约纠纷,其特点是通过调解仲裁来解决各种纠纷;第三种情况是依靠贸易规则,鼓励并判断双方持续合作的意向,用双边互惠方式解决贸易不平衡的贸易计划。契约计划图说明了多样性契约关系的形成,其用途非常广泛。

由此可以得到威廉姆森最基本的命题：交易者将选择那种使交易成本最小的交易协调机制。而哪种交易协调机制使交易成本最小，则要视交易过程的特征而定，即要根据资产专用性程度、不确定性和交易频率这些变量而定。① 如果资产的专用性程度低，那么无论是否存在不确定性或交易频率大小，只要采用古典契约就可以了，因为在这种情况下，交易各方都能够根据市场价格竞争机制容易地、低成本地找到自己的交易伙伴，达成各自交易。② 当资产的专用性或不确定性较高但不是最高时，可以采用不同的关系性契约，如双头式、三头式及等级式契约，采用哪种还要看交易频率。③ 当资产专用性与不确定性非常高时，一般会采取关系式契约，但是这种契约关系并不能防止过高的交易成本，这也许会出现一体化联合。当然，这仅是从静态角度来考虑的，一旦加入动态的因素，如产品的质量控制、企业的市场开发能力等，问题就复杂多了。①

在具有专用性资产安排的契约关系中，产生了一种可占用的专用性准租，出现了一种事后的机会主义行为，这就是前面所提到的道德风险问题，在交易成本经济学中，人们把这种行为叫作"敲竹杠""套牢"或"要挟"。所谓被"敲竹杠"，就是当人们做出专有资本关系投资后，很可能在事后重新谈判时被迫接受不利于自己的条款，或因他人的行为造成自己的投资贬值。一般来说，"敲竹杠"行为并不是建立在非对称性信息或欺骗行为基础之上的，而是当大量不可预见的事件动摇了两个具有相同知识的交易者的契约关系时，它就自然地出现了。也就是说，在契约完全的情况下，由于详细规定了契约当事人在将来不同状况下不同的权利与责任，契约是完全可以严格履行的，因此也就不存在"敲竹杠"问题。只有在不完全契约的情况下，由于契约存在漏洞，当事人就会利用这些漏洞使自己的利益最大化。可见，"敲竹杠"问题只是不完全契约问题的一个方面。

"敲竹杠"的出现将增加事后的不可预见性，在这种情况下就资源配置而言，某种价格或契约条款可能证明是不可取的，当事人可能希望（通常能观察到）就契约进行事后的重新谈判。但当一个实际的"敲竹杠"潜在者出现时，处于劣势条件下的当事人对其他当事人来说并不仅仅是契约重新谈判或给予一次性支付的问题。因为当交易者设法使对手相信"敲竹杠"存在并起了巨大的作用时，真正的资源在契约谈判过程中消散，因此"敲竹杠"会造成资源的浪费。

如何解决"敲竹杠"问题成为契约经济学所要研究的前沿问题。哈特认为，当事人之间可以通过签订状态依存契约、收益分享契约、成本分担契约以及第三方仲裁等来解决。但是这些方式会由于交易成本过高或是信息不对称等因素使交易不能达到最优水平。当"敲竹杠"问题出现时，人们可以求助于法院，法院可以强制当事人履行契约条款或促使当事人重新谈判来减少"敲竹杠"问题，但是这样做不仅不能完全消除"敲竹杠"问题，有时还会导致更为严重的"敲竹杠"问题。在现实的经济生活中，大多数契约依赖习惯、诚信、声誉等方式完成，即使是在发生严重争执的情况下，当事人各方也是尽可能依靠他们自己的力量和努力来解决契约争端，而不是依靠法院去解决问题。因为在当事人看来，利用法律程序是要花费交易成本的。如果契约是不完全的，其中包括了遗漏的条款和模糊不清的陈述，要适当地履行契约就可能要求有许多法官和陪审团，而他们不一定具有这样的能力和知识。

---

① 易宪容：《现代合约经济学导论》，中国社会科学出版社，1997年版，第296页。

在这种情况下,由法院来履行契约可能是一次昂贵的赌博。

因此,在"敲竹杠"问题上,人们更多地是依靠契约的自我履约机制。一个自动履约的契约可以利用交易者的性质和专用关系,将个人惩罚条款加在违约者身上。这个惩罚条款包括两个方面的内容:一方面是终止与交易对手的关系,给对方造成经济损失;另一方面是使交易对手的市场声誉受损,违约者会因此在将来的业务中增加其交易成本。这是因为,一旦与其交易的未来伙伴了解其违约前科,就会更加不愿意相信违约者的承诺。如果要与他进行交易,就会要求有更多优惠的、清楚明白的契约条款。例如,假设某契约协议是一种特许权安排,为了保证特许权契约行为的履行,特许人必须做出保证提供给受许人未来的准租值流,而这租值必须高于受许人通过提供低于承诺质量的东西而出现的"敲竹杠"行为的现值。如果受许人没有在质量上进行欺骗而特许人终止了他们之间的特许权经营,那么所有现有的特许经营者将不会相信特许人关于公正处理的承诺,并会发现他们在利益上欺骗自己,因为对特许人来说,在缺乏信誉的情况下,要想签订任何新的特许权经营是困难的。

但是,如果交易者发现在这个自我履约的范围以外,存在一个比施加的个人惩罚条款损失还要大的收益时,自我履约机制就失灵了。如果个人具有无限的履约资本,缔约当事人对所存在的潜在"敲竹杠"现象是不在乎的,但正是个人履约资本的有限性,才限制了自我履约的范围。

2. 产权理论

以哈特为代表的不完全契约理论可以称为产权理论,它的主要框架由格罗斯曼、哈特和莫尔等人的重要研究建立,其基础与逻辑可概括如下。

如果买方与卖方要交易一个小物品。自然状态和小物品的形状在投资生产前是不可预见的,因此,双方只能缔结一个不完全的契约。假定双方都是风险中性,无财富约束,利率为零,卖方单方面对小物品进行关系专用性投资,投资的结果可能产生 n 种不同的小物品,但是在每种状态下只有一个"特殊品"被交易,而其余 $n-1$ 个小物品的成本按照一定的规则排列。如果当事人不能承诺不进行再谈判,那么当环境足够复杂,即当 n 趋于无穷大时,无论未来状态是否可以事先描述,买方的专用性投资激励都将趋于零。此时,初始契约的价值就收敛于没有契约或者是"君子协议"的价值。哈特和摩尔考虑了更一般的情况,他们将契约看作一系列结果的列表。松弛型契约更具事后灵活性,但是妨碍事前专用性投资激励;而紧密型契约激励事前投资,但是事后可能是低效率的。最佳的契约要在事前效率和事后效率之间做出权衡取舍。产权理论导出的基本含义是:因为契约是不完全的,所以应该设计一种机制保护事前(关系专用性)投资激励,实现次优社会福利效果。

交易成本经济学和产权理论在理论基础上具有相似性,都把有限理性、机会主义和资产专用性作为契约不完全的主要原因。但两者在分析问题的重点上有着明显的分歧。交易成本经济学强调契约不完全性导致的交易成本主要在于事后的失调,因而主张问题的重点在于契约的事后适应性治理;产权理论对于交易成本的界定过于狭窄,认为契约不完全产生的主要问题在于事前的专用性投资激励,因此主张问题的重点在于事前设计一种机制来保护投资激励。在一体化问题上,两者的分歧看上去更加严重,交易成本经济学批评产权理论忽略了一体化前后各方在激励密度、信息分布、行政管理和契约法等方面的差异;而产权理论则批评交易成本经济学忽略了一体化前后资产所有者在产权方面的激励变化。

事实上,二者在内容上可以相互补充。

(三)关系契约理论

1. 关系契约的概念

关系契约并不对交易的所有内容和条款进行具体详尽的规定,仅仅确定基本的目标和原则,过去、现在和预期未来契约方的个人关系在契约的长期安排中起着关键作用。契约服务于交易,而每项交易都嵌入复杂的关系之中,因此,必须将契约与其社会背景联系起来考察才能理解契约的本质。

2. 关系契约的特点

第一,关系契约具有较大的弹性。在关系契约中,缔约双方只是规定一个约束框架,仅仅就交易的原则、程序、解决争议的机制以及谁应拥有权利做出说明,但同时也要求双方未来合作的收益足够大,并且应该存在较好合作关系以降低契约协商中的交易成本。第二,关系契约是自执行契约,关系契约依赖于自我履约机制,关系契约中包含着很强的人格化因素,双方在长期合作中出现的问题都可以通过合作和其他补偿性技术来处理。第三,关系契约是隐性契约,是一种在特定环境下第三方不能强制执行、契约方基于重复博弈的未来关系价值自我执行的非正式协议。关系契约中的交易各方并不是陌生人,信任在关系契约治理中起着关键作用,他们大多数的互动发生在合约之外,不需要法院根据可见的条款来执行,而是代之以合作和威胁、交流与策略这样一种特殊的平衡机制。第四,关系契约是长期契约。关系契约持续时间长,随着时间的延伸而继续,将包含未来不确定时期内的一系列"市场交易"。随着时间的延伸和关系的复杂化,关系契约可能涉及其他人,比如供应商、客户、担保人和银行,因此,关系契约可能涉及两个以上的民事主体,超越了传统分立性交易的界限。长期交易会促进和鼓励有效的交易,并且长期交易所提供的合作方面的信息有助于建立信任、减少机会主义行为。关系契约的长期性使得契约方可以寻求法律以外的保证机制,避免单次交易中因徒困境的发生[①]。

关系契约并不仅仅是依靠"拉关系"维持的契约。有人认为关系契约更多地存在于交易范围狭窄的市场中,比如发展中国家存在大量的关系契约,事实上,在发达国家,关系契约也同样存在于市场交易之中。

相比于正式契约,关系契约具有诸多优点:第一,契约参与方比法院更容易监控对方行动;第二,与法院的有利行动与不利行动的两极判断不同,契约参与方的判断更加细微;第三,契约方可以根据法律不易观察的一些现象做出判断,如某些特别事件,并且关系契约可以随时间变化调整。

关系契约治理较之于正式契约治理在某些方面更为有效,原因在于它赋予了当事人某种具有较高程度的自我强制实施机制,利用交易者的性质和专用关系将个人惩罚条款加在违约者身上。这种惩罚条款通常包括两方面的内容:一是终止交易关系,给对方造成经济损失;二是毁坏交易对手的市场声誉。这种契约的执行是通过习惯、诚信和声誉来实施的,法院只作为最后强制执行的手段。关系契约设计时要让不履约的收益总是小于履约所带

---

① 孙元欣、于茂:关系契约理论研究述评,《学术交流》,2010年8月。

来的长期收益,未来合作的价值是关系契约执行的唯一保障。关系契约的治理不仅依赖于对交易结构的事前规定和理性规划,还依赖于关系性规则,这些关系性规则包括社会过程和社会规则,与正式的制度安排一起,共同保证了关系契约的履行。

    3. 关系契约的作用

第一,关系契约可以减少机会主义行为。威廉姆森把关系契约引入交易成本理论,提出关系契约适用于解决由于专有性投资造成的签约后的机会主义行为。伴随着企业关系由竞争转向竞合,企业越长期合作也使得企业越来越依赖于关系契约。第二,关系契约可以激励专有性投资。在信息不对称的情况下,契约执行不依赖于完善的绩效评价,而取决于保持合作关系的未来价值的大小,即只要双方合作的剩余足够大,契约执行就能得到保证。第三,关系契约可以替代正式契约。在法律等正式约束不完善的环境中,关系契约可以代替正式契约来保证交易的完成。法律制度不健全的地方,全社会的大市场难以形成,因此,在市场规模较小时,关系契约是一种有效的治理结构,但是当市场不断扩大时,关系契约应该让位于法律制度。有研究发现,在法律保障不可行时,关系契约可以保证交易的顺利进行,任何一方违约都将破坏彼此的关系,并且使各方不再能从交易中获益(导致交易的终结)。当关系契约嵌入一个社会网络时效果最好,因为同一网络中的其他主体会联合惩罚违约的一方。还有研究发现,在俄罗斯、波兰、罗马尼亚等东欧国家,关系契约是主要的治理契约形式,并且在转换成本较大、契约双方经由过去的交易获取了对方较多的信息时,关系契约效率优于法律契约。

【关键概念】

契约	完全契约	不完全契约	关系契约	隐性契约
或有商品	非对称信息	逆向选择	道德风险	委托—代理关系
有限理性	资产专用性	"敲竹杠"问题		

【思考题】

1. 什么是完全契约与不完全契约?
2. 试述不完全契约产生的原因。
3. 委托—代理问题产生的原因是什么?
4. 威廉姆森用来分析契约的三个变量是什么?
5. 威廉姆森如何分析交易计划的选择?
6. 什么是"敲竹杠"问题?其产生的原因是什么?

【推荐阅读】

1. 〔美〕科斯等:《制度、契约与组织》,经济科学出版社,2003年版。
2. 〔美〕科斯等:《契约经济学》,经济科学出版社,1999年版。
3. 〔美〕斯科特·E.马斯腾:《契约和组织案例研究》,中国人民大学出版社,2005年版。
4. 〔美〕埃里克·弗鲁博顿、〔德〕鲁道夫·芮切特:《新制度经济学》,上海三联书店,2006年版。

5. 〔美〕科斯:《财产权利与制度变迁》,上海三联书店,1991年版。
6. 〔美〕伊恩·麦克尼尔:《新社会契约论》,中国政法大学出版社,1994年版。
7. 易宪容:《交易行为与合约选择》,经济科学出版社,1998年版。

案例
美国电煤交易的长期契约

美国是世界上除中国以外最大的电煤消费大国,其燃煤发电量占总发电量的一半左右。美国煤炭产区集中在阿巴拉契亚地区、中央地区和西部地区,2008年这三个地区的煤炭产量分别占美国煤炭总产量的33.34%、12.53%和54.13%。从20世纪70年代开始,美国西部地区的煤炭生产迅速提高,2008年怀俄明州一州的煤炭产量已占全美国煤炭总产量的近40%。

美国90%以上的煤炭消费用于发电。在美国的中西部地区、南大西洋地区、东南地区、西部山区,煤炭发电占这些地区发电量的一半以上。2008年,得克萨斯州电煤消费数量超过1亿吨,印第安纳州、伊利诺伊州、俄亥俄州、宾夕法尼亚州的电煤消费数量也都超过0.5亿吨。同中国一样,美国也存在煤炭产出地域与消费地域在地理空间相距很远的问题,电煤平均运输距离超过1100公里,而西部山区所产电煤的平均运输距离超过1700公里。电煤运输主要以怀俄明州、西弗吉尼亚州、肯塔基州三州为起点,采用铁路运输为主(占70%以上)、内河驳船与公路运输为辅的方式。

有关研究显示,1982年美国只有不到15%的电煤供应是由纵向一体化机制完成的,即由电厂所有者拥有的煤矿提供所用电煤;拥有煤矿的电厂中,只有一半实现了煤电完全一体化,即所用电煤完全由所属煤矿提供;美国当时最大的20家电厂中,超过半数未实行煤电纵向一体化,甚至一些电厂因政府对电煤内部转移价格的规制不利于企业,正试图将所属煤矿剥离出去。美国电煤行业之间的纵向一体化程度远远低于美国钢煤行业的纵向一体化程度,钢铁行业所用65%左右的焦炭由一体化企业供应。而且即使在倾向于采取电煤纵向一体化机制的位于美国西部的坑口电厂,仍有相当高比例的电厂未采取电煤纵向一体化机制,而是采用复杂的、结构化的长期契约交易机制,契约期限长达20年到50年,通常为35年。

美国85%左右的电煤供应通过市场交易来完成。美国的煤炭市场契约交易安排(包括美国能源部能源信息署的数据统计)仅分为短期契约交易与长期契约交易两类。煤炭短期契约交易通常是指交货期限在1年以内的交易;而长期契约交易则是指交货期超过1年的交易,长期契约的交货期可以长达50年。从20世纪70年代以来,美国绝大多数的电煤契约交易都是长期契约交易(1982年电煤长期契约交易占电煤契约交易的份额超过90%),少量为短期契约交易。但是,从80年代后期到90年代,电煤短期契约交易呈上升趋势,达到电煤交易量的20%;与此同时,电煤契约的平均交货期则从14年下降到8年。此外,美国煤炭交易的地区差异显著,西部地区几乎不存在短期契约交易,而东北部的阿巴拉契亚地区的短期契约交易远远超过其他地区。

对美国电煤纵向交易关系的实证研究结果表明,美国在20世纪80年代初期的煤电纵向交易与交易成本理论的预测一致。对于只能从特定的煤矿获得煤炭供应、依赖单一的铁路运输并且需要对运煤列车投资的电厂,电煤交易的长期契约占主要比率,此外,电厂可能会考虑纵向一体化策略;只能从特定地区获得煤炭供应、依赖两条不同的铁路运输煤炭,电煤交易的长期契约为主要交易形式,会有少量短期交易契约为补充;可以接受多种品质的煤炭、能够与不同的铁路、驳船公司签订运输契约的电厂采用现货交易与短期契约方式,这样的交易契约占总量的比例较低。

资料来源:钱勇、曹志来,煤炭、电力企业与政府博弈:契约机制与市场界别,《改革》,2010年第9期。

第十章 产 权 理 论

产权明晰是市场交易的前提。

——科斯

经济学是研究如何有效配置资源的科学。产权理论的中心任务是要说明产权如何以特定的和可预期的方式来影响资源的配置及相应的产出。能够使各种经济资源包括人力资源得到有效利用的产权系统,就是好的产权系统。

第一节 产权明晰:市场交易的前提

一、产权明晰的意义

在《新帕尔格雷夫经济学大辞典》中,产权被定义为"一种通过社会强制而实现的对某种经济物品的多种用途进行选择的权利"。产权不是指人与物之间的关系,而是指由于物的存在及其使用所引起的人们之间相互认可的行为关系。产权不仅是人们对财产使用的一束权利,而且确定了人们的行为规范,是一种社会制度。产权关系既是一种利益关系,又是一种责任关系。此外,产权界定保证人们以某种方式承担他们行为的成本。

产权方法从根本上来说是一种新的研究方法,目的是在保留经济学方法的基本要素——稳定偏好、理性选择和均衡——的情况下,使微观经济学理论一般化。欧根·冯·庞巴维克(Eugen Bohm-Bawerk)认为,经济财货本质上就是"权利束"。门格尔认为稀缺性和产权之间存在关系,即稀缺程度的变化会带来产权的(重新)界定。按照门格尔的说法,产权直接来源于稀缺性和人的理性。

产权明晰主要包括三个方面的含义:一是产权必须是明确的,二是产权必须是可自由交易的,三是产权必须是有保障的。产权的清晰界定是市场交易的前提。市场只有在稀有资源的产权得到明确规定时才是有效率的。由此可知,产权明晰对市场有两大作用:

第一,产权制度是自由市场的基石。讨论市场运行必须考虑产权制度的性质,因为产权制度决定了什么能买、什么能卖,而且产权制度通过影响各种市场交易的成本来影响和决定事实上买卖什么、由谁买卖。

产权的存在是产生成本、价格、生产、分工、交换、储蓄、投资等一系列经济行为的前提。科斯把产权(还有制度)分析引入经济运行中,使新古典经济学过去只分析"血液"而没有

"躯体"的框架得到根本改观。在米塞斯看来,市场价格是人们以能够获得满足的方式进行财产贸易的结果,如果没有私有财产,那就不存在反映个人评估意见的市场价格,如果没有市场价格,也就不存在合理的经济计算。[①] 诺思认为产权引致有效的价格体系,因此建立产权是必需的一步。

人们从20世纪60年代中期开始区分新古典价格理论的两个分支:一个分支希望从改进"以价格为媒介的交换经济"这个古典观点着手研究;另一个分支希望将新古典经济学的架构一般化,并予以拓展。现代一般均衡理论家们属于第一个分支,而产权理论家们则属于第二个分支。交易成本是与产权的界定、执行和转移有关的费用。交易成本产生了所有的制度安排。而这些制度安排与标准的一般均衡模型中纯粹以价格为媒介的协调模式是有区别的。如果产权的界定、执行和转移都非常完善的话,那么市场的外部性问题将不复存在,标准的一般均衡模型也得以成立。

第二,产权明晰可以提高市场的效率。巴泽尔困境表明,当产权没有被清晰界定并得到良好执行时(对可用资产的权利缺失,或没有对该权利予以详细说明,或权利的执行不充分时),人们必定争相攫取稀缺的经济资源和机会。个体将为权利而竞争,竞争的花费经常达到或超过资产本身的价值。这显然会降低市场的效率。

二、产权失灵

所谓产权失灵是指产权不存在或者产权的作用受到限制而出现的资源配置低效甚至无效的现象。斯蒂格利茨在其所著的《经济学》中指出有三种情况会出现产权失灵:

一是范围不明确的产权,如大浅滩,由于不存在产权,每个人都尽可能多捕鱼,从而出现竭泽而渔的现象。

二是有限制的产权,如政府对用水权的限制使水资源不能得到有效利用。

三是作为产权的法定权利。法定权利,如在一些大城市里普遍存在的、以受到控制的租金终生租用公寓的权利也是一种产权,但这种情况也很容易出现产权失灵,这是由于住在租金受到控制的公寓里的人不能(合法地)出售公寓的居住权,当他年龄变大时,他维修房屋的动机就会减弱,更不用说对房屋加以改善了。

一个国家产权失灵的程度可以用产权不存在的数量和产权作用受到限制的数量之和占该国GDP的比重来衡量。产权失灵现象在发展中国家更加普遍。如在一个典型的非洲国家,仅有1/10的居民生活在产权属于自己的房子里,只有1/10的劳动力在产权清楚的经济领域内就业。经济学界关于市场失灵与政府失灵的文献很多,这些文献从不同层面揭示了市场失灵与政府失灵的根源。但是,自科斯《社会成本问题》发表以来,不少经济学家开始认识到,与市场失灵及政府失灵相对应的更深层次的失灵是"产权失灵"。

产权失灵实际上是产权的不完备。完备的产权应该包括与资源利用有关的所有权利,这些权利就构成了"权利束"。"权利束"常常附着在一种有形的物品或服务上,正是权利的价值决定了所交换的物品的价值。"权利束"既是一个"总量"概念,即产权是由许多权利构

---

① 〔美〕卡伦·沃恩:《奥地利学派经济学在美国》,浙江大学出版社,2008年版,第47页。

成的,如产权的排他性、收益性、可让渡性、可分割性等,也是一个"结构"概念,即不同权利束的排列与组合决定产权的性质及结构。但是任何权利都不是无限的,都要受到约束和限制。

尽管产权学家对权利束的划分不尽相同,但我们根据已有的文献将产权的构成归结为四种基本权利:所有权、使用权、用益权和让渡权等。

所有权是指在法律范围内,产权主体把财产(产权客体)当作自己的专有物,排斥他人随意加以侵夺的权利。具体讲,这一权利包含三层含义:第一,它表明产权主体对客体的归属关系,排斥他人(违背所有者意志和利益)侵犯的所有物(有形财产或无形财产)。第二,所有者可以对他的所有物设置法律许可的其他权利,即对他的所有权进行分解的权利,如所有者可以把他的房子出租给其他人或将收入权在一定时期内转让给另一个人(如出租车主班司机与代班司机的关系)。第三,利用所有者权能收取一定的经济利益。这里的权能是指产权主体对财产的权利、职能和作用。

使用权是指产权主体使用财产的权利。我们可以将对财产的使用大致分为三种情形:第一,使用而不改变其原有形态和性质,如人们利用机器进行生产时,机器的物质形态和性质不变;第二,部分改变其形态,而根本性质不变,如人们把布做成各式各样的服装;第三,完全改变,甚至使其原有形态完全消失,转换成其他的存在形式,如人们消费食物。应该强调的是,在使用他人财产时,不得将其出租、出售或者改变质量。

用益权,国内一些学者也将其称为"收益权"。西方产权学者认为,财产的用益权是指获得资产收益的权利。例如,一个农民可以拥有获取一块土地的农作物收益的权利,但这块土地不是他的。

让渡权是指以双方一致同意的价格把所有或部分上述权利从一方转让给另一方的权利。让渡权是体现产权完整性的最为重要的组成部分,它确定了产权主体承担资产价值的变化的权利。

根据财产关系的变化,每一种权利还可以进行更细致的分解,产权分解的过程,也就是权利界定的过程,产权的分解产生了多个权利主体。权利界定归哪一方,则该方相对于其他方来说就拥有产权,而其他方不拥有产权。离开了其他方权利主体,即面对一个单独存在的权利主体时,就无从谈及产权的归属问题,这就是产权的相对意义。

与某一资源相联系的权利束一般被分配给了许多人,一些权利可能是公共持有的,所有人都可享用(非排他的和不可转让的);一些权利可能只是用益权(排他的和不可转让的);还有一些权利可能是私人拥有的(既排他又可自由转让)。例如,某人可能拥有一块土地的某些排他性的使用权,如可以耕种农作物,并且同时享有对这块土地的收益权及把这些权利自由转让的让渡权。然而,资源的用途具有多样性,对这块土地而言,另一个人可能拥有穿过这块地进行灌溉的用益权。

因此,产权是一个复数的概念,产权分解的必要性取决于生产力发展与生产关系的矛盾规律。从发展的趋势看,随着生产社会化程度的提高,产权由合一到分解是社会分工的发展在产权权能行使方面的具体表现。值得注意的是,产权学派并不把产权视为使用权、用益权和让渡权的简单相加,而是深入分析可转让条件下产权的全部权利在空间和时间上的分布形态,以及产权内部各种权利之间的边界和相互制约的关系。

产权的完备性只是一种理想状态,实际生活中的产权不可能是完备的,这种不完备性大体可分为两种情形：一是产权的主体由于界定、保护和实现权利的费用太高而自动放弃一部分权利束；二是外来的干预（或侵犯）造成一部分权利束残缺。但是需要指出的是，对任何产权主体来讲，尽管不能做到产权的完备性，但是关键权利束（如用益权、让渡权等）的具备是有效产权的基本条件。

三、产权的分类

我们可以从不同的角度对产权进行分类。例如，我们既可以从产权的排他性程度来划分，也可以从产权的特征来划分，还可以从产权的主体和客体来划分，等等。在此，我们选择两种分类方法加以介绍。

（一）按排他性程度分类

大部分西方产权学者根据产权的排他性程度将产权分为以下三种类型或形式：

① 私有产权。私有产权并不是对物品的可能用途施以人为的或强加的限制，而是对这些用途进行排他性权利分配。换句话说，私人权利的所有者有权排除他人行使这种权利。

私有产权并不意味着所有的权利都掌握在一个人手里，私有产权可以由两个人或多个人拥有。同样是一种有形资产，不同的人可以拥有不同的权利，只要每个人拥有互不重合的不同权利，则多个人同时对某一资源或资产行使的权利仍是私有产权。私有产权的关键在于，对所有权利行使的决策及其承担的后果完全是私人做出的。

② 共有产权。共有产权是将权利分配给共同体的所有成员，即共同体的每一成员都有权分享同样的权利。原始社会中在土地上进行耕作和狩猎的权利常常是共同拥有的，现代社会中在人行道上行走的权利也是共有的。共有产权的特点是，某个人对一种资源行使某项权利时，并不排斥他人对该资源行使同样的权利。与私有产权相比，共有产权最重要的特点在于共有产权在个人之间是完全不可分的，即完全重合的。因此，即使每个人都可以使用某一资源来为自己服务，但每个人都没有权利来声明这个资源是属于他的财产。

由于共有产权在共同体内部不具有排他性，因此，这种产权常常给资源利用带来外部效应。例如，清洁的空气是公有的，但结果是个人造成污染却不对排放有害气体负责。

③ 国有产权。国有产权意味着国家按可接受的政治程序来决定谁可以使用或不能使用某些权利。在国有产权下，由于权利是由国家所选择的代理人来行使，而作为权利的使用者，代理人对资源的使用与转让以及最后成果的分配都不具有充分的权能，因此代理人对经济绩效和其他成员的监督和激励减低，此外由于国家要对这些代理人进行充分监督的费用极其高昂，再加上行使国家权力的实体往往为了追求其政治利益而偏离利润最大化原则，在选择其代理人时也具有从政治利益而非经济利益考虑的倾向，因而国有产权下的外部效应也是极大的。

私有产权、共有产权和国有产权基本涵盖了财产权的范围。这三种产权形式还有各种不同的组合，构成了复杂的产权体系。在当今世界，只存在一种产权形式的国家已经很少了。产权的多元化是一种世界性趋势，当然，还存在以某种产权类型为主导的问题，如我国是以公有制为主导、多种所有制形式并存的社会主义国家。主导的产权决定着社会制度的性质。主导产权的选择并不限于效率标准,它还要考虑到社会的公平、分配及意识形态等。

(二) 按行使对象分类①

① 绝对产权。所谓绝对产权是针对所有其他人的,包括有形物品(如土地财产等)和无形物品(如版权和专利等),它是指对所有物具有个人独占的权利,它保证所有者可以实施于其他所有人身上的权利。绝对产权界定了有关非所有者必须遵守或承担不遵守的成本的行为规范。

② 相对产权。相对产权是指赋予所有者"能够施加于一个或多个特定人身上的权利"。② 相对产权可能产生于自由达成的合约或法庭上的指令(侵权行为发生时)中。也就是说,相对产权包括合约性产权,如信用债务关系或销售关系,以及法律上的强制义务等。

四、不同产权的绩效不一样

不同的产权形式会对资源配置的效率产生不同的影响。例如,在共有产权条件下,由于共同体内的每一个成员都有权平均分享共同体所具有的权利,如果对他所使用的共有权利进行监督和谈判的成本不为零,那么他在最大化地追求个人价值时,还需要承担这部分成本,并且无法排斥其他人来分享他努力的果实,因此,共有产权导致了很大的外部效应。

而在私有产权下,所有者在做出一项行动决策时,就会考虑未来的收益和成本,并选择能使其私有权利的现期价值最大化的安排,而且为了获取收益所产生的成本,也只能由他个人承担。因此,在共有产权和国有产权下的许多外部效应,就在私有产权下被内在化了,从而产生了更有效的利用资源的激励。

五、剩余收入索取权与剩余控制权

2016 年,哈特因其在产权理论和契约理论的贡献,获得诺贝尔经济学奖。其产权理论中最核心的内容就是关于产权的基本性质。在哈特之前,关于产权的性质,要么集中于产权带来的权利束,要么集中于产权的剩余收入索取权。而哈特的理论把核心放到产权的剩余控制权上面去了。

哈特理论的基础是合同的不完备以及由此引发的权利和控制的有效配置问题。这是哈特的"新产权理论"与"旧产权理论"的重要差别。旧产权理论强调对资产的剩余收入索取权,而哈特强调的是剩余控制权。哈特认为后者比前者更为基本。况且,剩余收入索取权通常由众多人共享(比如工人的奖金,甚至政府的税收都可算作剩余收入的一部分),相

---

① 〔美〕埃里克·弗鲁博顿、〔德〕鲁道夫·芮切特:《新制度经济学:一个交易费用分析范式》,上海三联书店,2006 年版。

② 转引自上书,第 103 页。

比较而言,剩余控制权就很少共享。

谁拥有产权,谁就拥有它的最终控制权,即剩余控制权。这是经济学和法学的重大进步。产权的重要性就在于所有者决定了资产的最终控制权,尤其是合同无法事先完全规定的那些剩余控制权。当合同、法律等没能事先清楚规定的事件发生时,支配相关资产、企业的权利将归于产权的所有者。

第二节 产权的功能

产权及制度是经济发展的基础。我们可以从一则有趣的故事引出产权的功能或作用。萨缪尔森在1950年曾预言,经济发展最快的将是南美,因为那里资源丰富、劳动力受教育程度高,但后来他发现自己错了。因为他原先认为产权制度并不是经济结构最基本的问题。但事实上,第二次世界大战后欧洲以及东南亚地区经济发展最快。尽管这些国家资源贫乏,但由于他们的产权制度合理、产权管理得当,因而经济得到了高速发展。这个故事说明,产权的功能和作用是非常大的。没有产权制度、法治、合同规则和规范的组合,一个社会就不可能实现经济的增长。如果人们能自由地开发和使用财产并有权利订立合同,市场就会得到发展,并且一般都伴随着经济的增长与繁荣。产权是经济发展的基础可以从以下四大功能体现出来。

一、产权的资源配置功能

一般的财产关系制度的变迁必然会影响人们的行为方式,进而影响资源配置、产出构成和收入分配等。科斯曾言,在交易成本不为零的社会,有的产权配置会提高效率,而另一些产权配置则可能让民众陷入贫穷。如私有产权赋予了人们拿他们所拥有的(如时间、创造力、技能,以及用这些生产的产品)与他人进行商业交易的权利。如果人们的产品或服务没有产权的保障,那么企业家是无法与消费者进行商业交易的。契约规则为人们提供了社会共同认可的交换准则,这样的商业交易催生了市场,而市场是经济增长的基础。

现代产权理论强调了所有权、激励与经济行为的内在联系。现代产权理论拓展了传统的生产与交换理论:① 对一个生产组织内单个决策者所起的作用给出了全新解释;② 认为事实上存在多种形式的产权,而不能保证利润最大化;③ 认识到交易成本大于零在所有情形中都具有实际的重要性。财产权为创造和保护财产提供了积极的动机。产权能与个人利益紧密联系在一起。无论是个人还是由个人组成的群体,当他们拥有财物时,只要他们能因善用资源而获得利益,他们就会努力去经营。产权通过把投资和其他努力与回报捆绑在一起,提供了这样的激励机制。产权制度产生积极的激励,主要适用于产权明晰的情况下。

格罗斯曼与哈特研究了对非合同规定的投资的激励与资产所有权的关系。在他们的模型中,两家企业(例如上游的供应商与下游的生产商)必须合作才能生产出最终产品,具体来说,双方都必须开展专用投资,但他们的合同是不完备的,对于投资数量和剩余分配都无法做详细规定。每家企业投资于这一合作关系的激励,都取决于它们各自对剩余分配的期望,继而取决于实物资产的所有权。可能采取的所有权结构包括:让供应商拥有全部资产(上游企业开展垂直一体化);让生产商拥有全部资产(下游企业开展垂直一体化);或者两家企业拥有各自的资产(非一体化)。在格罗斯曼与哈特的模型中,不同所有权结构的成本和收益都源于它们对专用投资的影响,但该理论并没有假设谈判或层级式组织决策会导致事后的效率损失。

针对以上两个合作方的特殊案例,哈特与莫尔进一步的研究得出了基本结论:如果某一方的投资更为重要,那么这一方应该拥有更多资产。在只有一方的投资起作用的极端情形下,全部资产都应该归他拥有。哈特与莫尔的研究还表明,共同所有权是没有效率的,因为每一方都可能使另一方套牢(在分手后拒绝对方使用资产),造成双方的激励都被削弱。出于同样的原因,具有严格互补性的资产应共同拥有。外部所有权则总是无效率的,因为外部人可以拒绝代理人和委托人使用资产。对超过两个合作方的情形,哈特与莫尔用"沙普利值"[①]来分析事后的剩余分配,根据谁才是关键参与方,他们推断出了广泛的所有权结构类型。格罗斯曼与哈特的产权研究的一个重要观点是,通过给予某个参与方更多的资产所有权,可以提高他对非合同规定的投资的激励,但必然以削弱另一方的投资激励为代价。因此,拥有更重要的投资的一方应该拥有更多的资产。

二、产权保护的价值功能

诺思提出了一个关于中国经济增长的制度问题:如果没有正式的、基于法治的合同和制度安排,没有独立的司法体系,长期来看产权在中国是安全的吗?如果没有安全的产权,中国经济增长能够长期持续吗?

产权保护的价值是指有产权保护的财产与无产权保护的财产之间的差额。这个差额是产权所有者自己努力加以保护、他人企图夺取和政府予以保护程度的函数。这三个因素中,政府保护是最重要的,政府既可以限制他人对财产的夺取,又可以降低产权所有者保护的成本。政府在产权保护方面有规模经济的优势。一个积极的政府应该实施产权保护、便利私人契约和公平的司法。同时,这个政府也应该受到充分的约束以避免强制和掠夺。因此,为了实现对产权的保护,需要建立两种制度:促进交易的法律制度和限制政府官员权力的政治制度。[②]

产权保护的价值是多方面的。主要表现在两个方面。

一是无形的价值。斯密强调保护私人契约是自愿和互利交易的关键前提条件之一,这些交易促进了专业化、创新和经济发展。哈耶克认为保护私有产权对阻止强制、保障自由和促进个人福利是至关重要的。人类的繁荣依赖于是否赋予每个个体决定如何最佳实现其独特能力的权利。如果我们相信每个人都有权过上其想要的美好生活,那么我们必须认

---

① 沙普利值的核心就在于利益的分配取决于对联盟的边际贡献。
② E.赫尔普曼:《经济增长的秘密》,中国人民大学出版社,2003年版,第121页。

识到缺少财产权是无法实现这样的愿望的。因为产权制度为商业交易和市场运行提供了基础,它是脱贫运动中的关键因素。

产权是否得到足够的保护将会对人们产生不同的影响。产权保护不好的国家更多地使人们致力于保护财富而不是获取,而产权保护好的国家则更多地使人们致力于获取财富而不是保护。① 产权保护不好的国家的人们会选择粮食采集、手工艺品制造等劳动密集型的生产活动,而产权保护好的国家的人们可以选择资本密集型生产。为什么会有这种不同的选择? 这与制度性质有关,选择前者是因为劳动密集型生产或多或少具有自我保护的性质,从而可以降低被汲取的可能性;而选择后者是因为资本密集型生产要求有价值昂贵的资产,如机器和工厂,它们无法被藏匿起来,因此就有被攫取或充公的可能,所以只有在产权保护好的国家才能从事资本密集型生产。②

二是有形的价值。研究文献表明,一国私有产权的保护程度和该国的经济发展正相关。通过对150个国家的经验分析表明,总体上说,产权保护最好的国家的人均收入(按购买力平价)是保护较好国家的人均收入的两倍。在知识产权保护严格的美国,研发投资的私人回报率是物质资本投资回报率的两倍多。研发的私人回报率的高低取决于专利保护的时间长度、商标保护的范围、司法系统的效力、企业运营监管制度等。③ 敲诈勒索行为严重地阻碍了经济的发展,此外,不同国家和不同企业面临的敲诈勒索程度存在差异。发达国家几乎不存在敲诈勒索行为,但是发展中国家则较为严重。一些企业没有被敲诈勒索,另外一些企业面临的敲诈勒索成本则高达一年收入的10%。企业面临的敲诈勒索的多少与一国的产权保护水平密切相关。产权保护水平越高,敲诈勒索行为越少,从而有助于资源达到最优配置状态。采用2005年世界银行商业环境和企业绩效的调查数据,波兰低水平的产权保护使得它国内的敲诈勒索行为非常普遍,用波兰的数据对所建立的模型进行校准,敲诈勒索行为使得波兰总资本较最优资本使用量下降4%,总产出比最优产出下降1%。

产权保护是有成本的。为了有效生产,人们需要一些可以保护财产权的制度安排。为了从相互贸易中获得利益,还需要一个第三方的执行机构,因为社会中的个人需要确立制度安排以确保合约的执行。因此,界定和保护财产权,以及执行合约和解决纠纷的机制就成为大家的共同利益。④ 但是,人们对资产的权利(包括他们自己的和他人的)不是永久不变的,在富裕的国家更容易进行产权的公共执行,因为人们愿意负担执行的成本。完善产权执行能够加快经济增长,这样可以让人们愿意长期地实施产权保护。而产权保护不力会大大增加人们保护产权的成本。

三、产权转让的经济功能

可转让性是产权的另一重要属性,它涉及所有权的出售或捐赠。可转让性促使资源从低生产力所有者向高生产力所有者转移。例如,某一块土地在张三手中只价值200万元,但

---

① 〔美〕安德烈·施莱弗、罗伯特·维什尼:《掠夺之手:政府病及其治疗》,中信出版社,2004年版,第18页。
② 〔美〕曼瑟·奥尔森:《权力与繁荣》,上海人民出版社,2005年版,第144页。
③ E.赫尔普曼:《经济增长的秘密》,中国人民大学出版社,2003年版,第40页。
④ 〔美〕曼瑟·奥尔森:《权力与繁荣》,上海人民出版社,2005年版,第29页。

若卖给李四这块地就价值 220 万元,扣除各种费用 10 万元,也增值了 10 万元,其中增值的原因就是资源从低生产力所有者转向了高生产力所有者。当权利可以被用来交换时,其潜在的价值就会大大提升,发现新知识(创新)将会得到鼓励。

不可转让的产权不能被出售和使用,并因此而经常不能在使用上充分发挥其潜能。也就是说,在禁止出售产权的地方,尽管其他人对该财产具备更好的知识和技能,从而可以更好地利用财产,使财产的价值更高,但由于产权被束缚在一个既有的所有者手里——不可转让,结果减少了这些财产对其所有者的价值。除非产权是可转让的,否则我们不能把资源从低价值使用者手里转移到高价值使用者手里。如果出售权或进行资本化的权利受法律或其他制度安排的限制,财产的价值就会下降。

四、产权的秩序功能

产权的形成与控制资源的自由使用是紧密联系的,从某种意义上说,产权的起源就是为了避免资源的过度自由使用。随着人口数量的增长,如果不建立对资源利用的排他性权利体系,就不会有任何经济秩序,社会将通行霍布斯的"丛林规则",即处于"一切人反对一切人的战争状态"。产权的政治秩序功能就在于产权是政治与经济之间的"隔离带",从而使政治与经济协调发展。

一个拥有产权的人有能力去决定如何使用财产以促进自我繁荣。他们通常会探索创造性的、可能此前不被认可的方法使用财产,以应对所面临的挑战。他们还可能会进行自我投资,去寻找可以让自己过上更好生活的机会。

第三节 产权界定中的经济权利和法律权利

一、经济权利与法律权利

(一)产权界定的路径

我们可以将制度变化过程理解成两条路线:通过非正式规则演化或逐步转化,以及正式规则的立法或标准的转变。同样地,创造或界定产权也有两种基本途径:一是非正式的演变,二是正式的立法。前者是自发的、自下而上的、自然出现的演化,而后者是自上而下的政府干预。

在很多情况下,政府通过立法的形式来创造正式的产权,比如建立新的权利,或者将现有的权利编成法典。但是,这种立法途径容易出现寻租,经常被那些身为立法者的精英阶级利用来获取权利、控制产权。这个路径下会出现两种情况:一是立法会夺取一部分公民手中的产权,而这就会造成贸易机会的压缩、产权价值的减少,以及财产保有者的不安全感增加。二是一个新的产权结构被强加在旧的安排之上,比如说,在很多发展中国家里,传统的、本地的、非正式的规则制度、习俗系统都相当顽固,会抵制正式的、现代化的立法系统。

制度变化还可以经历非正式演变。长久以来,习惯法为满足特殊环境中的特殊需求而不断演化,但习惯法的演进道路并不是完美的。在产权从公有向私有的转变过程中冲突频发。这个过程中的利益博弈及产权界定方式选择上的冲突是不可避免的。这种产权的演进道路是分权式的,那么相较于中央集权的产权构建方式,它应当有更少的寻租机会。相对于中央集权性的、法规式的方式,演化路径更有利于试验不同产权的类型。

构建一个更加稳定有效的产权体系并且保障这些权利的实施,已经越来越被人们认为是发展中国家经济增长函数中的一个必要元素。构建产权体系的过程是复杂的,因此,在特定时期、特定地域,要根据当地的环境和真实需求来选择产权改革路径。不论用何种方法,绝对不能忽略的因素包括技术、激励、制度变革所导致的经济条件,以及辅助性制度与技术条件等。

例如,在过去的几十年,博茨瓦纳以持续的经济增长率引领非洲大陆,其维持了1966—1991年世界上最高的经济增长率之一,平均年增长率为6.1%。并且年人均收入从不足600美元增长到4000美元。博茨瓦纳的另外一些发展领域,包括教育、医疗以及清洁饮用水等都得到了巨大的改善。这种发展很大程度上要归结于明智和有节制地使用该国钻石采矿业所贡献的财政收入。另外一个因素就是该国的产权环境。1968年颁布、1993年修缮的《部落土地法令》规定了有关公共土地的使用、转让与收购的明确规则。这种透明性提升了产权的保证力度。1967年《矿山和矿物法令》将地表下的矿物产权转移给了政府,之前这些权利都是属于部落的。然而不同于其他非洲国家,虽然博茨瓦纳实行了钻石财富的国有化,但它得益于一个强有力的制度环境,从而避免了"资源诅咒"。[1]

(二)经济权利和法律权利的内涵

假如人们新发现了一个山洞,这个山洞应该归属谁?是发现山洞的人、山洞入口处的土地所有者,还是山洞顶上的土地所有者?这取决于财产法。但如果涉及这山洞的用途,那么就与财产法无关了,这是产权经济学要探讨的问题。

可以将产权定义为经济权利和法律权利。经济权利指的是个体直接消费某一资产服务的能力,或者通过交换间接消费这种服务的能力。经济权利的界定取决于个人的最优化。交易的商品有诸多属性,一个给定的商品会拥有不同属性的产权,或者一个交易会涉及不同属性的产权。随着财产价值的变动,拥有资产的能力也发生变动,因此,该定义与未来有着一定的联系,是一个预期性的术语。

法律权利是资产的索取权,它是由国家以特定个体或机构的财产来进行界定的。法律将某项资产的所有、占有、使用、收益、处分等权利赋予某个人,权利人依法享有这些权利,并受法律的保护,这就是法律权利。定义中的"资产"是包罗万象的,其中包括物质资产、智力产品、品牌产品和声誉等。国家所提供的法律权利实施和保护措施可以防止某人对他人合法资产的无偿使用或损害。

---

[1] 柯武刚等:《经济、法律与公共政策的规则》,重庆大学出版社,2013年版,第183页。

经济权利和法律权利是相互联系的。在法律权利缺失的情况下，如果一个人拥有一筐苹果，那么这一筐苹果有可能是他自己种植采摘的苹果，也有可能是从邻居家的苹果树上偷摘的苹果，甚至也有可能是从别处抢劫而得的苹果，因此，此时的个体对于所拥有的财产没有任何法律权利。个体为了最大化自身经济权利的价值，可以通过使用暴力或其他技能来获取新资产的经济权利并保护已有资产的经济权利。在法律权利缺失的情况下，该资产的经济所有权是模糊的，通过对某一资产提供保护并进行法律界定，就降低了该项资产属于公共领域的部分，提高了经济所有权。

但我们要注意的是，由于商品具有多种属性，且人们的认识水平有限，此外还存在交易成本，部分界定才是产权界定的常态。此外，成本和收益的比较使得追求最大化的个人放弃持有部分权利，公共领域和共同财产问题始终存在便是个人选择的结果，因此产权界定的结果必然是经济权利小于法律权利。

（三）资产与资产的属性

"所有资产均是复杂资产"是巴泽尔理论研究的逻辑前提，由于资产是多重属性的集合体，因此，巴泽尔认为抽象谈论"资产"的权利并无任何意义，权利的客体应该是"资产的属性"。经济学意义上的产权更加适合于"属性"而不是"资产"本身。

但是，几乎所有法律对产权的规定都只是基于"资产"而不是"资产的属性"，巴泽尔认为，这一现象出现的原因在于高昂的测度成本阻碍了对资产所有属性的明确界定。从这个意义上讲，人类社会从来没有出现过完全明晰的绝对产权。对资产属性的不完全测度导致资产的部分属性暴露在"公共领域"，从而出现资产在法律上的所有权和经济上的所有权不一致的现象。法律上的所有权是形式上的所有权，而经济上的所有权才是实际的所有权。因为经济上的所有权反映"所有者"实际控制资产属性的能力，它最终决定"所有者"通过资产能够获取的预期净价值的大小。由此可见，资产权利的有效性不仅取决于法律保护（国家或独立第三方为保护权利所做的努力），而且受到"所有者"个人保护权利的努力和他人企图攫取权利所付出的努力。

（四）产权具有相对性，从来不存在绝对的产权

法律上的产权是"绝对的权利"，而经济权利是在实际经济生活中所能实现的权利。法律所规定的权利是经济生活中实现权利的依据，但法律权利在经济生活中很难完全实现。而法律权利在经济生活中很难完全实现的原因是存在着交易成本。

巴泽尔以盗贼为例说明经济上的产权与法律上的产权之间的区别为何因盗贼的存在而变得更加明显了，以及为何经济上的产权并非"绝对的权利"：虽然盗贼对赃物没有法律产权，但这并不妨碍他们从中获益，他们可以获得经济上的权利。

产权在法律上容易界定清楚（法律规定是谁的，权利就应该归谁所有），看似绝对；但是经济权利的确定却不单纯依据其法律权利，法律权利会增强经济权利，但是，对于经济权利的存在来说，法律权利既非必要条件，也非充分条件。

在巴泽尔之前的产权经济学家中，都不自觉地犯有将产权绝对化的错误。在奈特和戈

登对于道路利用和公海捕鱼的研究中涉及产权之后,经济学家们对产权一度表现出淡漠的态度,认为产权并不是特别有用。这种观点正是产生于对产权绝对化的理解,那就是权利"要么全部,要么没有"。而权利"要么全部,要么没有"的观念,显然与将产权绝对化为"法律所规定的权利"不无关系。由于将产权绝对化为"法律所规定的权利",把经济权利与法律权利等同,于是权利被置于公共领域的情况在传统上都被看作政府的错误。即便是奈特和戈登也暗示,如果政府把道路和捕鱼业转变为私有财产,那么有关的共同财产浪费就会消失。巴泽尔针对将产权绝对化的谬误,指出把商品视为仅有一种属性的同质实体,加之将经济权利等同于法律权利,并把后者看作要么存在要么不存在,那就会得出商品要么被拥有要么不被拥有的结论。这就在理论上揭示了将产权绝对化谬误的根源,论证了产权具有相对性。

绝对的产权意味着产权的充分实现,但由于产权的行使需要花费成本,产权人不能不考虑行使产权的成本,因此会对行使产权的边际成本和边际收益进行比较。当行使产权的边际成本大于边际收益时,进一步行使产权就是不划算的,因为继续下去的净收益将是负值。于是,产权人不得不放弃一部分权利。因此从经济学的视阈看,绝对的产权是不存在的。毋庸置疑,只要个人追求最大化和权利界定要耗费资源,那么产权就不会是完全界定的。

相关链接 10-1

财产权的事实与法律

权利的英文为"right","right"有正当的意思。正当不仅仅是道德伦理上的正当,更是法律上的正当。法律上的正当意味着,如果他人侵犯这种权利,那将是"不正当"的,权利人有权运用法律手段恢复权利,或者采取其他补救措施。有法谚云"无救济则无权利",权利是一种法律关系,其核心便是法律对这种关系的承认与保护。因此,当我们判断有无财产权以及谁有财产权时,关键不在于由谁占有或使用的状态,而在于这种状态被破坏后,占有者或使用者能不能得到有效的法律救济。如果不能,那实际上他就没有财产权。

以房屋的所有权为例,权利人享有权利靠的不是对房屋的占有和使用,而是法律的承认与保护。非所有权人即使住在该房屋中,并更换了门锁,或设置了围墙栅栏,或聘请了保镖,可以在事实上有效地排除权利人对该房屋的进入或占有,但仍然不能享有财产权。所有权人可以凭借法律的力量排除妨害,恢复其对房屋的权利,并且可以自由地处分其所有权,而不受非所有权人的影响。

通常的说法认为,中国古代实行的是私有产权,其实很值得怀疑。如前所述,产权制度是一种法律制度,而不是事实状态。如果说中国古代是实行私有财产制度,那我们需要关注中国古代法律对私有财产的保护如何,特别是财产权遭到侵犯时法律提供的救济如何。

而中国古代法律最大的作用是维护和保障等级结构。法律根据每个人的地位不同,规定了不同的特权和义务。其中,地位低下者主要是对地位更高的人履行义务,而几乎不享有什么权利。实践中,卑下者的财产如果被尊上者所掠夺侵犯,要通过法律程序讨回公道获得救济十分困难,除非在更上位者看来,侵犯了他所看重的某种更为重要的利益。这造成的后果是,人们倾向于迎合比自己地位高的人,牺牲相当的成本也在所不惜,因为这可以减少其对自己的合法伤害;同时又倾向于侵害比自己地位低的人,因为这既有利可图又相对安全。由此而形成了层层欺压的金字塔形的社会结构。

那么,是不是位于金字塔顶端的皇帝就享有财产权呢?不然。虽然"普天之下,莫非王土,率土之滨,莫非王臣",但如果皇帝的财产真的被侵犯了,而且他无法依靠皇权解决问题,那么以皇权为后盾的法律就更是无能为力了。例如,帝国的疆域是皇帝的财产,如果被外敌侵占了,那他只能凭自己的力量去收复失地,而没有近现代的国际法之类的法律给他一个说法。换言之,即使是皇帝,他富有四海也只是一种有效控制的事实状态,而非法律权利。

资料来源:http://www.360doc.com/content/18/0317/19/42119615_737841750.shtml。

二、排他性产权的起源

产权中的经济权利是如何形成的?产权的界定与人类的社会经济发展是什么关系?对这些问题的回答涉及产权的起源以及产权对社会经济发展的影响。从20世纪60年代后期开始,一批学者开始使用新古典主义的研究方法研究产权的起源问题,通过比较排他性权利的成本和收益以及对于众人分享产权的内部控制成本来解释排他性权利为什么被确立或没有被确立。

(一)德姆塞茨的产权模型

德姆塞茨在1967年发表了《关于产权的理论》一文,这篇文章是原始产权理论中的经典之作。他的主要论点是"新的产权的形成是相互作用的人们对新的成本—收益的可能渴望进行调整的回应。"[①]当内在化的收益大于成本时,产权就会产生,将外部性内在化。内在化的动力主要源于经济价值的变化、技术革新、新市场的开辟以及对旧的、不协调的产权的调整。在社会偏好(对于私人所有还是社会所有的偏好)既定的条件下,新的私有或国有产权的出现总是根源于技术变革和相对价格的变化。[②]

德姆塞茨运用海狸的相对价格的变化解释了加拿大北部印第安部落土地私有权的产生。在18世纪之前,印第安人猎取海狸获得肉和毛皮只为了自己消费,排他性权利并没有出现,因而土地使用的机会成本为零。随着毛皮贸易的发展,对海狸需求的增加提高了其相对价格,因而大大刺激了狩猎活动,这就要求增加投资以保护海狸资源(例如对野生动物的驯养)从而实现海狸价值的最大化。这时如果没有产权的界定就会产生"公地悲剧",即谁都可以去自由猎取海狸,最终谁也猎取不到海狸了。对海狸资源的最优化利用需要对狩

---

① H.德姆塞茨:《关于产权的理论》,载于〔美〕R.科斯等:《财产权利与制度变迁》,上海三联书店,1991年版,第100页。
② 〔冰〕思拉恩·埃格特森:《新制度经济学》,商务印书馆,1996年版,第224—225页。

猎者的行为进行一定的控制,于是在18世纪早期,这些印第安部落之间通过划分狩猎区的方式逐步确立了获取海狸的排他性权利。正因为在没有排他性权利的条件下,海狸的私人价值为零,而排他性权利的确立可以提高社会的净财富量,所以印第安人才有了确立这一权利的经济激励。德姆塞茨还进一步分析了美国西南部的印第安部落之所以没有发展起相似的产权,是因为建立私有狩猎区对他们来说成本太高而收益较小,在那里没有像海狸一样具有重要商业价值的动物。

(二)安德森和黑尔的产权模型

安德森和黑尔进一步扩展了原始产权模型,增加了界定排他性费用的因素。他们使用了一个模型,包括用于界定产权的投入的边际成本函数和边际收益函数,并分析了影响这两个函数的关键参数的变动情况。如图10-1所示,横轴表示界定和实施(排他性权利)的行为,界定排他性权利的投入品的价格降低或界定排他性技术的改进将使排他成本曲线向下移动,从而导致建立排他性权利行为的增加。排他收益函数则代表对排他性的需求,当一种资产价值上升或外界侵权的可能性增加时,曲线向右移动。

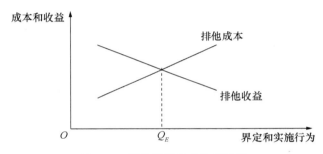

图 10-1 排他性行为的均衡数量

安德森和黑尔模型具有原始产权理论的典型特征:关于产权的决策制定仅仅与私人的成本和收益相关。这一理论并未涉及搭便车等影响团体决策的问题,也没有涉及政治过程。

(三)诺思的产权模型

诺思利用原始产权理论,在排他性权利界定的成本—收益分析中,增加了外生变量——人口,从而对远古时期各种产权制度的演变,尤其是史前农业的发展提供了一个新的解释。诺思将人类从狩猎和采集向定居农业的这一演变称为"第一次经济革命"。

诺思通过描述100多万年前的人类生活,说明了人口与资源基数之间的关系如何导致排他性产权的形成。最初,在这个世界上,人类赖以为生的动植物的供应似乎是无限的。当动植物相对于人类人口的需求还算丰盛的时候,就没有激励机制去承担因建立对动植物的产权所产生的费用。只有在稀缺性增大的过渡时期内,人类才愿意去承受建立和行使产权所必需的费用。当某个地区人口的扩张威胁到食物供应时,群落就会分化并迁移到新的地区,于是逐渐分离出一些新的群落。

从这一模型来看,在这个世界上,每个新增的劳动力的报酬都是固定不变的,以至于人口的增长导致产出也成比例地增长。只要有相同生产率的空地可供新增人口开发,这个报酬不变的世界就会存在。只要这个条件满足,就不会有试图取得对动植物的排他性所有权的刺激。

一旦人口扩大到资源基数被充分利用的程度,人口的进一步增加就会导致狩猎和采集劳动的边际产品下降。当人口压力持续增大,就会出现为了占有公有财产资源而展开竞争的情况,这些资源更会日渐稀缺,并使得获取资源所需的劳动时间相对"高昂"。与这些发展相适应,单个的群落开始不许外来者分享资源基数,然后逐渐定居下来。

解决史前人类所面临的公有财产的两难困境(人口增长和资源枯竭)的办法就是建立排他性的公有产权。排他性公有产权的建立使得群落努力提高资源基数生产力。因为一旦确立了排他性领地,除草、原始灌溉和选种等都在不断摸索中逐渐开展起来了,因而提高了种植的生产率,农业劳动产品的边际价值也上升了。

排他性产权能够限制开发资源的速度。从历史来看,产权的演变过程首先是不准外来者享用资源,然后是制订规则限制内部人员开发资源的程度。[①] 可以说,建立排他性的产权制度是人类经济发展史上的一次伟大革命。排他性产权弱的地方也就是外部性严重的地方。

(四) 强力产权论

在阿姆拜克(Ambeck)之前,还没有关于产权形成和初始分配的一般理论,而阿姆拜克通过对19世纪加利福尼亚淘金热的描述,指出在实践中权利得以界定的基础是"强力"。强力在产权的形成中起着极为重要的作用。阿姆拜克批评阿尔钦的产权概念,后者认为产权是某些人能够有效使用某种物品的预期(能力),譬如只有一个会爬树的人,则椰子树就为他所占有。而阿姆拜克把强力引进来之后这个说法就有问题了,因为即使某个人不会爬树,但是他可以将树砍倒,这样能爬上树的人的产权就难以实施了。那么,对财产的所有权只有当其他人遵守协议或者能够把不遵守的人用武力排除在外的时候才会存在。阿姆拜克的产权模型首先描述两个具有相同强力的淘金者对无差异的土地(地下含金矿)的争夺。如果第一个淘金者占有所有土地,则对他来说,土地的边际产出率低,而劳力的边际产出率高。比较两人的土地和劳力的边际替代率(两个边际产出率之比),就会发现第二个淘金者更渴望拥有土地,当他诉诸武力竞争的时候,第一个淘金者认为使用相同的武力与之对抗是不合算的,所以,第二个淘金者取得了一块土地,如此下去,竞争的均衡结果是两个人平分土地。这个模型可以推广到三人、多人和不同质量的土地的情况。而且,阿姆拜克证明,即使有多人联合对付一人也不足为惧。因为联合行为存在成本,所以以寡敌众的人仍能够获得一块价值相当于众人联合排挤他所付出的成本的土地,因为所有人都要考虑成本和收益,他们都是理性的人。

比较阿姆拜克与阿尔钦的产权概念,我们也可以看到,后者把排他性建立在某些技术性因素的基础上,而前者直接把它托付给强力来解决。但是遵循阿姆拜克的分析理论,这

---

① 〔美〕道格拉斯·诺思:《经济史中的结构与变迁》,上海三联书店,1991年版,第80—98页。

两种产权导致的结果可能相差无几。因为在具有相同强力的条件下,边际产出率高的人会为排斥他人付出更多的努力。所以,即使存在武力,产权初始的分配结果仍然可能与不同的人的使用效率成正比。当然,阿姆拜克的分析是深刻的,他为产权的初始界定和实施提供了一个强有力的框架。但是巴泽尔认为,阿姆拜克的研究结果难以应用到更有秩序的情形。在我们看来,阿姆拜克所描述的暴力威慑在存在国家时将不起作用,而且国家的暴力威慑对于保护产权可能更为有力并更符合规模经济。如诺思所说,国家的"暴力潜能"使国家在产权保护方面有比较优势。

阿姆拜克应该把国家或政府纳入分析,而引入国家或政府也可能产生另一种情况。道格拉斯·阿伦(Douglas Allen)研究了美国1862—1934年在一些州实行的宅地运动(一种"先入为主"的土地政策)。他指出,在国家以暴力实施产权的成本很高的情况下,由私人无偿(或者近于无偿)拥有产权将是一种最低成本的替代方式。与阿姆拜克不同,阿伦认为财富最大化追求者也讨厌永远采用武力,他证明使用武力的高成本促使人们选择其他方式保护产权。在阿伦的案例中,印第安人的敌对行动使政府军队不堪重负,于是政府把公地转让给愿意为土地投资的人,或者说政府诱使渴望土地的人保证对土地投资,方能得到土地。当一个地区的人口密度达到一定程度时,就可以应付印第安人了。从政府行为的角度,阿伦的研究表明成本问题是重要的考虑因素。同时可以看到,巴泽尔对阿姆拜克的批评同样也适用于阿伦。在一个有秩序的经济里,政府的责任是保护个人的产权,而不是由个人来保证自己的权利。①

在前面分析的基础上,若引入政府,那么模型假设政府会创造一个一般的产权框架,使个人能够通过劳动分工和市场交易实现社会净财富最大化。在存在较高的交易成本的情况下,政府或者将产权直接分配给个人,或者重新用其他方式界定产权以使财富最大化。

现代产权理论的研究已经远远超越了"很好地发挥作用的市场需要可信的产权"这样相当普通的观点,它已经深入到更基础性的层面,如产权怎样形成、意味着什么、怎样得到实施、这些权利怎样被限制,以及在不同的制度下怎样进行调整等。历史角度的、跨国家的、跨文化的和发展中国家的研究是富有成果的,尤其是在形成一个对产权及其效应的更完整的理解方面。

(五) 影响产权变动的因素

根据前面的分析,我们可以将影响产权变动的因素归结为以下四点:

① 要素和产品相对价格的长期变动。要素和产品相对价格的长期变动是历史上多次产权制度变迁的主要原因之一。如前所述,随着毛皮贸易的发展,对加拿大北部海狸需求的增加提高了其相对价格,因而大大刺激了狩猎活动的开展,因为海狸比以前更有价值了。以前海狸是公共的,谁要谁猎取。现在如果海狸还是公共所有,那么最终这个地方的海狸会绝种。因此,相对价格的变化要求产权更加明晰。某种要素价格的上升,会使这种要素的所有者相比其他要素而言能获得相对更多的利益。某种产品价格的上升,也会导致用来生产这种产品的要素的独占性(包括建立更明确的排他性产权)使用更具吸引力。此外,相

---

① 吕之望:一个关于产权保护和实施的文献述评,《江苏社会科学》,2003年第1期。

对价格的变动还会影响产权变迁的方向、速度和规模。

② 技术和生产力发展。相对价格变动带来的产权变革还必须建立在技术和生产力发展的基础上。只有当产权所有者来自产权的收益大于其排他费用时，排他性产权才会被确立。当排他费用过高时，财产将成为共同所有。在原始社会里，一个猎人出去打猎不一定能够打到猎物，打到猎物之后也没有办法保存。在那样的生产力水平和储存条件下，公社里一个猎人让大家分享他的猎物，他也有权利分享别人的猎物，公有是使每个人生存福利最大化的制度安排。

人类历史上最早的土地产权是从山区开始的，因为当时界定和保护产权的技术还比较落后。我们前述加拿大北部人对有海狸的土地的产权界定就是在山区。只有技术进步后，土地界定才从山区扩展到平原。例如，历史上，用带铁蒺藜的铁丝构成的低费用围栏的创新，引起了美国西部公共牧场中出现私人所有和牧场出租。技术因素是制约产权制度演变的一个重要因素。

当然，今天界定产权的技术发展比较快，技术已经不成问题。为了达到对产权的控制，测量成本—收益的技术、监控技术是必不可少的。如果没有适当的技术来完成辨别资源数量的任务，那么资源不可能被占有和交易。今天成本相对低廉的地理信息系统技术，包括手持全球定位系统设备，已经帮助人们划出非常精确的土地边界。这项技术的优点是随着精确度的上升，有关资源的争议和冲突将会减少。

③ 排他性费用。我们在前面分析了加拿大北部印第安部落成功界定产权的例子。而同时，美国西南部的印第安部落没有发展起相似的产权，这是因为建立私有狩猎区对他们来说成本太高而收益较小。创建产权是昂贵的。人们必须付出时间和努力，去界定一项权利由哪些因素构成，去辨别什么人可能以及不可能拥有这些权利，更重要的是，还要执行并维护这些权利。只有当潜在的所有者对于排他性权利的期望收益为正时，对一项资产的排他性权利才会被界定。如果强制的边际成本上升而边际收益下降，那么排他性权利很少是完全的，而且所有者一般也只在度量和强制成本较低的方面实施这一权利。

④ 人口压力和资源的稀缺程度。人口压力和资源的稀缺程度对产权的影响表现在以下三个方面：一是在影响制度和产权的成本与收益的多个参数中，"那种最重要的参数的变化就是人口的增长，它可以导致制度的创新从而给西方世界的起源提供一种说明"。[①] 人口变化还通过影响土地和劳动的相对价格，在改变经济组织和产权中起到同样的决定性作用。二是随着人口的增长，一些资源也逐步开始变得稀缺起来。某一资源稀缺程度的增加也必然伴随其价值的上升，从而对其产权的界定更加合算。因此，人口与资源的矛盾必然促使人们建立排他性的产权。三是随着人口数量的增长，资源配置问题的复杂性增加。这些发展迫切要求建立社会法律制度，推动独立行动者之间的交易，因为行动者在绝大多数情况下都是相互陌生的，而且在这样的交易环境里，有效利用问题的复杂性已经"超出"了集体控制制度所固有的计算能力和动机倾向。稀缺会引导人们去尝试不同的财产规则，人们会致力于寻找一套体系来通过提高资源价值的利用率以提高福利效用。这种演化式产权观通常被解释为通过将稀缺资源分配给价值最高的使用者来促进稀缺资源的高效配置。

---

① 〔美〕道格拉斯·诺思：《经济史中的结构与变迁》，上海三联书店，1991年版，第11页。

相关链接 10-2

新石器时代的农业革命与产权制度的起源：一个先有"鸡"还是先有"蛋"的问题

考古学的证据显示，原始社会的生产方式在相当长的一段时间内都以渔猎和采集植物果实为主，"产权"的理念尚未形成，劳动所得多为部落公社的公有财产，只有对大自然赏赐之物"先到先得"的朴素观念；进入定居农业之后，对财产权利的界定才变得丰富多样，例如土地的占有权和收益权、房屋的产权等。因此，从渔猎采集农业转型为有意识地栽培农作物、圈养牲畜的定居农业不仅是人类经济史上的一次重要技术进步，也伴生着重要的制度创造，即产权雏形的诞生。

如果从产权的视角理解新石器时代的农业革命，那么我们需要进一步思考一个问题：到底是先有产权制度的完善才使得农业革命成为可能？还是先有农业生产方式的变革，而后才促进了产权制度的形成？或者是有其他因素同时导致了制度与生产方式的变迁？

研究者曾构建过一个新的模型，将产权引入新石器时代的农业革命的分析当中。他们首先考察了现有研究对于渔猎采集农业向定居农业转型的多种解释，并指出了它们各有不同程度的缺陷。第一种经典的解释是人口压力促进了采集农业向生产率更高的定居农业转型，但是越来越多的考古研究更加倾向于新石器时代农业革命时期的人口处于静态甚至下降的趋势，人口增长与资源稀缺的论断缺乏令人信服的证据支持。

定居农业产生的第二个可能原因是气候恶化导致了自然界动植物数量的减少，完全"靠天吃饭"已经不现实，这迫使远古人类不得不转向"自己动手、丰衣足食"的农业生产。然而，新的研究证据表明，在农业革命发生之前，全球气候条件出现改善，虽然适合农作物生长，但渔猎采集的旧模式并没有受到气候恶化的冲击。更重要的是，定居农业出现的时间在世界不同地区有非常大的差别。例如澳大利亚，虽然沿海地区适合多种农作物生长，但是并没有自发地形成定居农业。所以，气候对农业革命的解释也并不完美。

还有一种说法是定居农业的生产效率比渔猎采集的更高，在相同的劳动力投入下能够生产更多的食物。不过一些生物学上的研究表明，经过人类培育改进的农作物，卡路里水平要比它们的野生"亲戚"们低，采用定居农业反而更不容易吃饱！

研究者认为，之前这么多研究都不能很好地解释农业革命，其原因在于没有将产权制度摆在一个合适的位置上看待。新制度经济学代表人物之一德姆塞茨认为"新的产权制度的形成是对技术进步的反馈"，即技术革新在产权变化之前。但有的研究者持另一种看法，即产权制度的形成并不是定居农业转型成功的结果，而是一种推动力量。

基于这一想法，研究者构造了一个分析模型，将产权制度作为一种正反馈机制，考察行为人对渔猎采集模式和定居农业模式的选择行为。研究者认为定居农业与产权制度是一体两面，对土地和农作物的排他性占有就是对产权的承认。动态分析的结果显示，由于存在产权制度下的激励，即使新的生产方式并没有带来生产效率的提升，也可以实现新石器时代的农业革命。

这篇论文中的制度先于技术革新的理念可以应用到许多经济发展的解释中，例如18世纪工业革命中英格兰的工资制度如何促进了各种降低劳动力成本的发明创造等。也许在事实上分出制度与技术谁先谁后并没有那么重要,在大多数情况下两者是共生的,并不存在"先有鸡还是先有蛋"的问题。但是,不同的视角可以让我们对很多问题有不一样的认识。

资料来源:Bowles S., Choi J. K. The Neolithic Agricultural Revolution and the Origin of Private Property [J]. *Journal of Political Economy*,2019,127(5).

三、产权界定中的法律权利与法律制度

对产权明晰的需求与限制之间的冲突一直贯穿于人类社会。产权明晰的技术已经不是主要问题,但是信息的高昂代价导致法律权利和经济权利从来没有被完全界定。在人类历史上,经济权利与法律权利的不一致是经常的,这种不一致也是诺思所认为的人类历史上大多数时期产权制度效率低下的原因之一。如果山洞的法律权利不清楚,那么会引起许多纷争,其经济权利也难以发挥作用。法律在决定市场的运行和范围方面发挥了根本作用。科斯说,在市场上交易的不是物质产品,而是权利束,是执行特定行为的权利。交易什么、交易多少,依赖于个体和组织所拥有的权利和义务,而这是由法律制度确立的。法律制度将对经济体制的运行产生深刻的影响,并且在某些方面可以说是控制了它。

不同的法律体系对产权保护的效果也有差异。对投资者的保护与各个国家的法律制度起源密切相关:以英国判例法为起源的国家表现得最强,以法国成文法为起源的国家表现最弱,以德国、北欧各国法律体系为起源的国家表现则居中。

普通法系和大陆法系的所有权法律制度差异对资本形成的影响主要表现在以下几方面:

首先,由于信息成本,任何一项财产权利都不是完全界定了的。随着新信息的获得,资产的各种潜在有用性被技能各异的人们发现,因而普通法系自由创设财产权利,可以为融资提供更多的抵/质押等担保品,且可以入股成为股本和公积金。普通法系的"法官造法"制度和"法无明文禁止即可为"的契约自由使得普通法系的财产权利在不断分解和界定过程中,很容易得到法律的承认和保护,法律的不确定性小。大陆法系的物权法非常僵硬严格,滞后于经济实践和社会生活的需要,没有法律规定为物权的财产不能进行担保融资,更别说成为权益资金了。修改法律条文和立法要走漫长的程序,这使得对有经济价值的资源的财产权利进行法律界定非常迟缓,时间的机会成本非常高。

其次,普通法系的所有权制度顺应了人类专业化分工和有效率地利用资源的优势。因为不同个体的人力资本是异质的,各有专攻,对同样的生产要素利用的效率不一样,普通法系对所有权的分解方式最有利于人类的分工合作,其中最典型的是信托财产权利制度,即委托人把财产信托给受托人,受托人运用专业知识和技能管理、运用、处分财产,受益人享有财产收益,受托人受信托义务拘束。但是,大陆法系的所有权制度强调所有权和占有,很容易增加交易成本,阻碍分工利用资产变换为资本。

最后,普通法系所有权交易制度中的信托义务(忠实义务和谨慎义务)制度便于治理人类普遍存在的机会主义行为、减少负外部性和代理成本。大陆法系的所有权法律制度却没有这种灵活的矫正制度。比如,对于英美金融活动中利用互联网信息技术产生的欺诈,不需要新的立法,法官就可以根据衡平法原则判决,而我国最近两年互联网金融平台事故频出,法院反应却有些滞后,这就容易造成更多的隐患。①

为什么法国成文法对投资者的保护较差?探究中也可以看出产权界定中经济权利与法律权利互动的重要性。英国判例法能把产权的经济权利与法律权利保护以最低成本匹配起来,而法国成文法却有点"高高在上"的感觉。一是实行以法国成文法为起源的法律体系的国家,其资本市场的发展速度比较慢。二是大陆法系国家比普通法系国家表现出更高的程序形式主义特征,而同时却没有为司法体系带来更高的效率、更多的一致性和更大的公平。三是大陆法系国家对经济活动干预较多,但更多的干预并没有带来良好的经济和社会效果,不仅如此,采纳大陆法系的国家通常有更为低效的公共部门和更多的腐败。

四、发展中国家产权界定中法律权利的缺失

秘鲁经济学家和政府智囊德·索托发现某些贫穷的第三世界国家和地区所缺少的不是财富和企业,而是没有建立起把资产转换成资本的所有权法律制度。他的《资本的秘密》一书的核心思想是:这些国家的问题一是法律不能确定财产权利,二是缺少财产权利进行抵/质押,三是司法系统不能有效保护产权交易,由此深深影响了资本的形成。

法律权利的缺失将严重地制约经济权利的实现,从而成为发展中国家产权制度效率低下和经济落后的重要原因。德·索托反复说道,虽然发展中国家的绝大多数居民占据了庞大的资产而且创造出巨大的财富,但是他们掌握资产的方式有很大缺陷,这主要表现为产权界定和保护中的法律权利与经济权利是不匹配的。发展中国家产权界定中的法律权利的缺失表现在以下三个方面:

一是大多数资产没有被恰当地记录下来,因此不能被所有权管理机构跟踪。这样的资产在市场中是无形的,无法用来产生资本。于是,发展中国家多数居民对资产的使用,仅限于物质方面的用途,而不能像西方国家居民那样将其转化为资本,不能用作抵押。

二是发展中国家的法律没有达到惠及所有人的目的,没有为绝大多数人的创业行为提供帮助,相反"这些国家中至少有80%的人口不能为他们的资产注入生命力,不能使资产创造出资本,因为法律把他们排斥在正规所有权制度之外"。这样的法律是一种有限准入秩序,只保护少数精英人士的财产权,而大多数人被排斥在法律保护之外。

三是如何把不合法资产转化为合法资产的问题。在有限准入秩序下,会不断产生不合法资产,这就产生了不合法资产转化为合法资产的问题。在秘鲁,经营不合法企业的企业家,每年要把10%—15%的年收入用于向政府行贿和交纳佣金,为了避免受罚也要付出很多费用。这都是制度性交易成本。如何把不合法资产转为合法资产?德·索托的解决方

---

① 汪其昌:《发现内生于人性和金融本质的法律规则:司法审判视角》,中国金融出版社,2016年版,第89页。

案很简单:对穷人事实上拥有的财产予以法律承认,这样他们的国家就能够变得资本充裕。政府应该提供和实施产权的法律权利。19世纪美国国会和最高法院承认了西部移民和金矿占有者的财产权,从而促进了美国经济跃居世界前列。

相关链接 10-3

"布罗代尔钟罩"

布罗代尔在使用"钟罩"一词时,本意指的是隔开资本主义与市场经济的某种障碍物,这种障碍物让"资本主义"这样的高级经济形式只局限在很小的范围,不能扩张到全部的市场经济活动中。若用德·索托的术语来理解布罗代尔说的"钟罩",那就可以说,这样的钟罩"不是玻璃做的,而是用法律做的"。换言之,是现有的正式所有权法律形成了障碍,让一部分经济体能够创造资本而成为布罗代尔说的"资本主义",同时阻止了另一部分经济体创造资本,使其因缺乏资本而长期停留在低级的市场交换活动中。

资料来源:刘守刚,《财政经典文献九讲:基于财政政治学的文本选择》,复旦大学出版社,2015年版。

【关键概念】

产权	产权明晰	巴泽尔困境	产权失灵	权利束	所有权
使用权	用益权	让渡权	所有权残缺	私有产权	共有产权
国有产权	经济权利	法律权利			

【思考题】

1. 为什么说产权明晰是交易的前提?
2. 哪些情况下会出现市场失灵?
3. 简述产权的四大功能。
4. 简述排他性产权的起源。
5. 如何理解产权界定中经济权利与法律权利的关系?

【推荐阅读】

1. R.科斯等:《财产权利与制度变迁》,上海三联书店,1994年版。
2. H.德姆塞茨:《所有权、控制权与企业》,经济科学出版社,1999年版。
3. 约瑟夫·费尔德:"科斯定理1-2-3",《经济社会体制比较》,2002年第2期。
4. 科斯:《社会成本问题的注释》,载于盛洪:《现代制度经济学》(上),北京大学出版社,2003年版。
5. 巴泽尔:《产权的经济分析》,上海三联书店,1997年版。
6. A.爱伦·斯密德:《财产、权力和公共选择:对法和经济学的进一步思考》,上海三联书店,1999年版。

7. 德·索托:《资本的秘密》,华夏出版社,2007年版。

案例
土地划界与长期经济影响

对土地划界是有组织的人类群体最早的活动之一。它有助于明确土地产权边界、形状以及位置,是土地使用和交易的基础。在历史上,占主导地位的划界方式主要有两种:界标界限法(metes and bounds,简称 MB)与矩形法(the rectangular system,简称 RS)。前者(MB 法)是分散化的,其规则通常是非标准化的、非永久的自然特征(如岩石、溪流、树等)、人工建筑(如墙、纪念碑等)、相邻的物产(如东至张三等)。以此划界的结果是,地块的形状和大小不一,边界往往是暂时和模糊的,产权信息只是地方知识(local knowledge)。后者(RS 法)则是集中化的、独立于地形而规定了形状和大小,其中每一块土地都在一个大的网格中标准化为同等面积的方块。这种网格甚至给那些身在远处的个人也提供了每一地块的位置和面积等信息。虽然这两种土地划界的方法在各地都很常见,在城市化推进过程中更是如此,然而少有研究分析 MB 法和 RS 法对土地使用及其经济后果的影响。Libecap 和 Lueck 在 2011 年发表的文章"The Demarcation of Land and the Role of Coordinating Property Institutions",利用 19 世纪美国俄亥俄州因历史制度原因导致相邻土地使用了两种划界方法作为自然实验,首次分析了土地划界制度的经济影响。

美国的 MB 法继承自英国,并在最初的 13 个州中采用。为了处理西部的联邦土地、降低土地纠纷和增加土地收益,1875 年 5 月 20 日颁布《土地法案》,结束了 MB 法在美国的使用。美国中心化的 RS 法是通过主轴线、基准线、镇和列来划界的。这套体系从位于宾州边界的东俄亥俄作为初始点。一根主轴线(经线)和基准线(纬线)穿过这个初始点。全美共有 37 组主轴线和基准线来界定土地。在主轴线的两边,被分成 6×6 英里(mile)的一方块单元叫作镇(township),从北到南的一排镇叫作列(range)。每个镇又被平分成 36 个一平方英里(640 英亩)的小方块。这些小方块从东北角开始按 1—36 进行标号识别。每一小块又再进行两等分或四等分。这些小方块下面的等分方块用罗盘方位识别,如(东北、西北、西南、东南)。每个镇则通过主轴线和基准线识别。

俄亥俄州于 1803 年建州,并且是第一块试用 1875 年《土地法案》的联邦领土。在 1874 年时,中俄亥俄州的弗吉尼亚军事地区(The Virginia Military District,VMD)划给了弗吉尼亚州,由此导致该区域是按照 MB 法划分土地边界的。这种历史机缘使得俄亥俄州在建州后具有了由两种土地制度划界的相邻土地。

利用上述制度特点,作者使用俄亥俄州处在 VMD 边界的两个样本数据发现,MB 区域内土地的形状、大小等都比 RS 区域内的更加不规则,且在山区更加明显。同时,RS 区域内土地价值更高,尤其在平原地区极为显著,平均比 MB 区域土地价值高出 20%—30%。同时,在 19 世纪,RS 区域围绕土地的纠纷也明显少于 MB 区域。

作者也进一步考察了在 19 世纪早期采取 RS 法后的长期影响。1850—2000 年之间,在样本的 RS 和 MB 区域内,人口密度、地价存在着很大的差异:RS 区域内人口的增长和地价的上升更快。这意味着,产权制度能够导致长期经济增长的差异。

上述结果可归因于统一集中的 RS 制度下低的交易成本和良好的产权执行。RS 法使得土地标准化,形成了更精确、更安全和更具高流动性的土地产权,它降低了土地的执行成本、市场的交易成本以及基础设施建设的协调成本(比如公路、栅栏等)。当然,这些优点是以土地界限的调整刚性为代价的,然而本文的经验结果表明这不能否认 RS 规则的相对优越性。该文的研究对于中国大规模城镇化过程中的土地使用具有一定的参考价值。

资料来源:Libecap G., Lueck D. The Demarcation of Landand the Role of Coordinating Property Institutions [J]. *Journal of Political Economy*,2011,199(3):426-467.

第十一章 企业理论

> 把真实世界的企业与经济理论的企业相混淆,是一个错误。新古典经济学的首要任务是理解价格机制如何与资源的利用相协调,而不是去理解真实企业的内部运作。
>
> ——德姆塞茨

本章重点介绍新制度经济学的企业理论,为保证理论的延续性,我们首先比较新古典经济学和新制度经济学的企业理论,解释企业的本质和边界;其次分析企业的产权安排和企业内部权力配置,解释以"行政命令配置资源"[1]的企业内部权威的来源;再次在委托—代理理论的框架下分析公司治理结构;最后分析企业家在企业创立和成长中的作用,探讨创业型企业的生存与发展。

第一节 企业的本质与边界

一、企业的本质与边界——新古典经济学观点

迄今为止,新古典经济学仍然是世界范围内标准经济学教材的核心内容,新古典范式对经济学的后续发展依然存在根深蒂固的影响。而现代企业理论的发展大多也是源于对新古典企业理论的修正和补充,因而重新回顾新古典经济学对企业问题的认识将有助于我们理解现代企业理论发展的脉络。

1. 企业的本质

新古典经济学的核心在于通过分析家庭和企业两个微观经济主体的经济行为,阐释价格的决定机制。秉承古典政治经济学"看不见的手"的经济思想灵魂,新古典经济学引入微积分等数学分析工具,利用替代分析和边际分析等研究方法,力图证明市场机制(价格机制)作为唯一完美的资源配置方式足以实现稀缺资源的有效配置,从而为实施自由放任的资本主义市场经济体制的合法性提供理论辩护。

新古典经济学中的企业是以向市场提供商品和服务的"生产者"的身份存在的,企业唯一的目标就是实现利润最大化。作为完全理性的经济人,企业拥有产品市场和要素市场的完全信息,可以根据市场传递的价格信号及时调整生产要素的技术组合以实现利润最大

---

[1] Coase R. The Nature of the Firm [J]. *Economica*, 1937, 4: 386-405.

化。在新古典经济学的视阈内，企业纯粹是将投入（生产要素）转化为产出的生产转换器（如图11-1）。根据马歇尔"四位一体"的要素理论，企业可以描述为利用劳动、资本、土地、企业家才能生产产品和服务的生产函数。由于存在充分有效的市场竞争机制，要素价格和产品价格完全由市场的供求关系决定，要素所有者的收入也完全取决于要素市场的价格水平。因而，给定技术水平，在完全竞争的市场条件下，企业被简化为根据要素边际产品价值等于要素价格的原则实现利润最大化的产品和服务的供给者。

图 11-1　新古典经济学中的企业

2. 企业的边界

新古典经济学对企业边界的分析等同于对企业规模的分析。新古典经济学更多从技术和要素不可分性的角度阐述企业规模（边界）的决定。由于认为企业的本质是将投入转化为产出的生产技术转换器，因而企业的规模也唯一取决于生产的技术水平，企业的最优规模将由长期平均成本曲线的最低点决定。企业存在适度规模是因为长期内存在规模经济作用原理。当企业规模较小时，由于专业化分工、技术不可分性等因素导致的规模报酬递增会诱致企业规模的扩大。但是，当企业规模大到一定程度时，信息费用、管理层级的增加会导致规模报酬递减。由此可见，服从于对"利润最大化"目标的追求，为了最小化企业的生产成本，企业应该选择适度的生产规模。

二、企业的本质与边界——新制度经济学观点

由于新古典经济学将企业设定为一个反映投入产出关系的生产函数，而生产的技术水平又是外生给定的，因而他们舍弃了对企业存在和企业内部组织问题的研究。正是在这个意义上，传统新古典经济学的企业理论（更准确地说是厂商理论）被冠以"黑箱论"的称谓。为弥补新古典经济学企业理论的缺陷，科斯在其1937年的《企业的本质》一文中，沿用了新古典经济学边际替代的分析方法，通过对新古典范式中那些"脱离实际"的假设条件的修正，将对企业问题的分析牢固建立在个体主义方法论的基础上，打开了现代企业的"黑箱"，开创了被威廉姆森称为"新制度经济学"的新的经济学分支。继科斯以后的新制度经济学家围绕企业存在和企业治理问题展开了深入研究，取得了一系列卓有成效的研究成果。从企业交易功能的角度来阐释企业性质与企业边界的主要理论包括：以科斯、威廉姆森为代表的交易成本经济学的企业理论，以格罗斯曼、哈特和莫尔为代表的产权经济学的企业理论，以及从企业生产功能角度切入的德姆塞茨和阿尔钦的团队生产理论。

（一）科斯关于企业本质与边界的观点

1931年，年仅21岁的科斯考察了包括福特公司在内的主要美国汽车生产厂商。在对"产业纵向和横向一体化"的课题研究中，科斯构思和起草了《企业的本质》一文。在该文

中,科斯对新古典经济学中企业这个"自然存在之物"产生了疑惑,提出"假如生产是由价格机制调节的,生产就能在根本不存在任何组织的情况下进行,面对这一事实,我们要问:组织为什么存在?"科斯对此问题给出的答案是:利用价格机制是存在成本的,而其中最明显的成本就是发现相关价格的成本,因而我们可以假定企业的显著特征就是作为价格机制的替代物。科斯引入了被后人定义为交易成本[①]的概念,开创了利用正统经济学的成本—收益分析方法分析包括企业在内的各种社会组织和制度安排本质的新纪元。也正是在该文中,科斯全面分析了包括企业本质、企业边界在内的现代企业理论的基本问题。

1. 企业的本质

探寻企业的本质需要回答企业是什么以及企业为什么会存在的问题。科斯继承康芒斯[②]的传统,将"交易"作为经济分析的基本单位,重点考察社会组织的契约性质。科斯从经济协调和资源配置角度分析企业的本质,认为企业与市场一样是作为经济协调工具和资源配置方式而存在的。企业作为一种资源配置方式存在的原因在于,市场利用价格机制配置资源是存在交易成本的,其中最明显的交易成本就是发现相关价格的耗费。在新古典经济学完全信息和完全理性的假设下,经济主体可以免费获得与其经济行为相关的所有价格信息。但科斯认为,即使存在买卖信息的专业人士,也只可能减少这类成本,而不可能消除。除此以外,交易成本还包括每一笔交易的谈判和签约费用。虽然在某些市场(如农产品市场)可以设计一些技术来最小化契约的成本,但也不可能消除。

在利用价格机制配置资源存在交易成本的情况下,通过形成一个组织,并由权威(企业家)来支配资源,就能节约某些市场运行成本。科斯继而分析了企业相对于市场(价格机制)具有成本优势的原因:第一,企业的存在减少了签约的数量。因为当企业存在时,某一生产要素(或它的所有者)可以充当中心签约人,与其合作的其他要素签订一系列契约,从而将要素所有者之间的多边契约关系转变为要素所有者与中心契约人之间的双边契约关系,减少了契约数量。另外,企业用一个长期契约代替若干短期契约,可以节省部分签订契约的费用。第二,企业可以以低于它所替代的市场交易的价格得到生产要素(否则要素交易将重新回到公开市场)。第三,企业契约关系的特性在于,生产要素所有者通过签约获得一定的报酬(固定或浮动的)并同意在一定限度内服从企业家的指挥。企业家在限定的范围内,利用其权力在不确定性环境中将生产要素配置到"最优"的用途。由此可见,企业的存在是为了节省交易成本,是在利用价格机制配置资源存在较高交易成本时对价格机制的替代。

2. 企业的边界

企业的存在是因为利用价格机制配置资源存在交易成本。与此相对应的问题是,既然企业能够节约交易成本,而且事实上也确实节约了交易成本,那么为什么市场交易仍然存在?为什么所有生产不是由一个大企业进行?科斯的回答是利用企业配置资源并不是免费的,而是存在组织成本。在资源数量既定的前提下,是采用价格机制配置资源还是采用企业配置资源取决于二者相对成本的高低。由于利用企业进行资源配置的组织成本并不总是低于市场的交易成本,因而将所有的资源配置完全交由企业完成并不是最优选择。资

---

① 交易成本的概念是由阿罗在1969年最早使用的。
② 康芒斯是旧制度经济学的主要代表,提出将"交易"作为经济分析的基本单位。

源最优配置的条件是满足"等边际成本"原则——利用市场价格机制配置的最后一单位资源的边际成本(交易成本)等于利用企业配置的最后一单位资源的边际成本(组织成本)。由此可见,市场交易成本和企业组织成本的高低决定了企业可以配置的资源数量的多少,从而决定企业规模的大小(企业的边界)。当追加的交易由企业家组织时,企业就变大;当企业家放弃对这些交易的组织时,企业就会变小。

科斯具体分析了(随着所配置资源数量的增加)企业组织成本的上升导致企业不能无限扩张的原因:一是随着企业规模的扩大,企业家函数存在的收益递减规律会导致在企业内部追加单位交易的成本上升;二是当组织的交易增加时,企业家或许不能成功地将生产要素运用在它们价值最大的地方,即不能实现生产要素的最佳利用;三是一种或多种生产要素的供给价格可能会上升,因为小企业拥有大企业不具备的"其他优势",从而导致需要对大企业的企业家提供更多的报酬,以弥补其丧失经营小企业机会的非货币性收益。基于上述原因,科斯在企业—市场两分法下,通过对"在企业内部生产,还是通过市场购买"问题的分析,研究了联合和一体化问题,认为企业作为市场机制的替代物,替代程度是有限的。企业只会扩张到在企业内部组织交易的成本等于在另一个企业组织中的组织成本,或是等于由价格机制"组织"这笔交易所包含的成本为止。在满足上述条件的"边际点"上,企业的最优边界也随之确定。

(二) 威廉姆森关于企业本质与边界的观点

作为将科斯的交易成本概念推向"可操作层面"的经济学家,威廉姆森从资产专用性、人的有限理性和机会主义三个层面拓展了对交易成本产生原因的分析,并以交易作为基本分析单位,提出了资产专用性、交易不确定性和交易频率三个刻画交易的维度。威廉姆森认为,应该根据交易的不同属性采取相应的治理结构,以降低事前和事后的交易成本,而企业[①]就是作为一种交易的治理结构而存在的。其理论的基本逻辑思路为:由于人是有限理性的,在交易中并不能够预见未来的各种意外事件(contingencies)[②],更加难以用双方都没有争议、能被第三方证实的语言缔约,因而任何一项交易的契约必然是不完全契约。在契约不完全的情况下,具有机会主义倾向的经济主体为牟取个人私利,在缔约后不可避免地会出现拒绝合作、制造条件违约及阻碍再谈判等危及契约有效执行的行为。为保证契约关系能够持续、良性地发展,就必须根据不同性质的交易或契约采取不同的治理结构,并通过对不同治理结构的比较,最终选择交易成本最小的治理结构。

1. 企业的本质

威廉姆森借鉴麦克尼尔的"三分法",将契约分为古典契约、新古典契约和关系契约[③],并在暂时不考虑不确定性的情况下,根据交易频率及资产专用性的程度所确定的交易类型,划分了与四种不同交易类型相适应的治理结构,如表11-1所示。

---

① 在威廉姆森的著作中,"企业治理""一体化治理""科层"似乎是同义语。
② 目前国内的很多译著将"contingencies"译为"或然状态",个人认为译为"意外事件"更能体现原意且通俗易懂。
③ 〔美〕奥利弗·E.威廉姆森:《资本主义经济制度》,商务印书馆,2002年版,第100页。

表 11-1　交易性质与治理结构

		资产专用性		
		非专用	混合	专用
交易频率	偶然	市场治理 (古典契约)	三方治理(新古典契约)	
	经常		双方治理(关系契约)	统一治理(关系契约)

由表 11-1 可见,只要是非专用资产,无论是经常交易还是偶然交易,都属于古典契约。古典契约所强调的是法律原则、正式文件及自我清算,在任何一种双方自愿的交易中,交易双方的身份确定与否不会影响交易的进行。交易双方没有维持持久交易的愿望,而且一旦发生纠纷,可以交由法律完美地加以解决,因而都可以采取市场治理的方式。如果是混合资产或资产专用性程度较高,而且交易的次数又较少,由于低频率交易无法弥补建立专门治理机构的成本,因而只能寻求第三方(仲裁机构、管制当局)来实施契约,采用三方治理。如果资产专用性较高,而且交易也频繁,足以弥补专门治理机构的成本,这种契约便属于关系契约,可以采取双方治理①或统一治理的形式。具体而言,对于交易频率较高的混合型非标准投资,应该采用双方治理。因为在这类交易中,双方具有长期交易的愿望,可以利用诸如抵押、互惠、特许权等方式解决契约纠纷。在双方治理中,交易各方仍然是平等的市场关系,混合型投资依然由分立的组织独自进行。但如果是经常交易的高度专用性资产,则需要采用统一治理,将契约双方原本各自的独立所有权统一起来,即一体化为一家企业。由此可见,威廉姆森认为企业的本质在于企业是一种交易的治理结构。

在明确了企业的本质是作为一种治理结构的论断以后,威廉姆森又进一步从激励、控制和固有的结构优势三个方面阐明了企业这种治理结构的特点(企业作为一种治理结构的相对优势):一是就激励而言,企业作为内部组织强调面对面谈判,这样即使不能完全协调利益冲突,至少也能使契约各方从狭隘的机会主义中摆脱出来;二是企业最显著的优点是控制手段更多且更有作用,一旦发生冲突,企业能够以命令或权威的形式解决冲突,相对于讨价还价方式的成本更低;三是企业固有的结构优势,这种优势突出表现为企业存在信息经济,即由于组织内部的长期共处和共同的培训经历所形成的对信息阻塞的缓解和预期集中。简言之,威廉姆森认为企业这种治理结构相对于其他治理结构的突出优势在于企业具有更强的适应性效率。

2. 企业的边界

威廉姆森采用"离散的结构选择分析方法"分析了市场、混合组织、科层组织三种主要的治理机制。威廉姆森在对纵向一体化进行分析的过程中,综合考察了资产专用性和生产成本对企业边界的影响。随后从激励强度、管理控制、契约法②等维度进一步考察企业的边界。

在假定产出水平不变的前提下,威廉姆森建立了一个"启发式模型"(heuristic model),以分析治理成本(用资产专用性表示)和生产成本对企业边界的决定,如图 11-2 表示。

---

① 威廉姆森认为"双方治理"的功能远未被人了解,因而在《资本主义经济制度》一书中,专辟第七、八两章分析双方治理结构。

② Contract laws,注意这里的契约法不是"合同法"的意思,威廉姆森用 law 的复数形式表示不同契约对应不同的规则和法律。

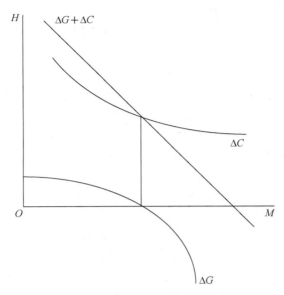

图 11-2　生产成本与治理成本的比较

用 $H(k)$ 代表内部组织的官僚主义成本，$M(k)$ 代表相应的市场治理成本，其中 k 是资产专用性指数。由于假设市场能够提供高能(high-powered)激励，当资产专用性很低时，市场能够更有效地减少官僚主义成本，从而 $H(0)>M(0)$。令 $\Delta G=H(k)-M(k)$，用以反映市场和企业两种治理机制的治理成本差别。再考虑生产成本，令 ΔC 为企业自己生产所需产品的生产成本和从市场购买同样产品的成本的差额，并令 ΔC 为 k 的减函数。由于存在规模经济和范围经济，显然 $\Delta C>0$。威廉姆森认为，最优的治理结构应该能够实现交易成本和生产成本之和的最小化，即 $\Delta G+\Delta C$ 最小。

通过上述分析，威廉姆森只是解释了交易采用企业治理或市场治理的原因，但是并没有解释为什么随着资产专用性程度的提高，企业并未出现规模无限扩张的趋势。威廉姆森曾经尝试用"控制损失"(control loss)来解释企业不能无限扩张的原因。所谓控制损失是指，随着企业规模的扩大，企业内部管理的层次增加，从而导致企业内部因为信息传递偏差而产生的损失。[①] 但后来威廉姆森认为，如果允许企业采用选择性干预[②]，则可化解控制损失问题。当然，即使采用了选择性干预也不可能使企业规模无限扩大，原因在于不可能在企业内部引入高能激励。因为在企业内部实行高能激励会导致两类问题：一是会导致代理人过度使用委托人的资产，因为代理人无须为资产损害负责；二是委托人会利用自己的权威，通过内部定价盘剥代理人的利润。基于此，威廉姆森认为，企业只适宜采用虽然有较高的官僚成本、但适应性较强的（低能）弱激励机制。由此可见，威廉姆森是通过比较不同治理结构进行交易治理的收益和成本来界定治理结构边界的。企业的边界取决于企业这种治理结构的收益和成本的权衡。

---

① 产生原因在于人是有限理性的，其直接管理下属的人数是有限的，企业规模扩大必然导致企业的管理层级增加，从而导致控制损失。

② 选择性干预是指委托人给予代理人独立自主的地位，但是代理人必须无条件满足委托人的特殊需要。

(三)企业的本质与边界——产权经济学观点

通过建立形式化的数学模型,产权经济学具体分析了一体化的收益和成本,界定了企业的本质和边界。产权经济学对企业的分析是建立在不完全契约[①]基础上的,哈特认为企业产生在人们不能拟定完全契约、从而权力和控制变得极为重要的地方。其基本的逻辑思路是:契约的不完全性导致交易各方缺乏进行事前关系专用性投资(relation-specific investment)的激励,因此应该通过最优的产权安排获得最大化的联合产出。生产应该由两个独立的企业分别进行还是由一个企业进行取决于企业之间资产的互补性程度。

1. 企业的本质

格罗斯曼和哈特将契约权利(contractual rights)分为两种类型:确定性权利(specific rights)和剩余权利(residual rights)。前者是指已经在契约中做了明确规定的契约方对资产的权利,后者则是在初始契约中没有明确规定的所有与资产相关的权利。格罗斯曼和哈特对企业所下的定义为企业由其所拥有的资产(如存货、机器)所组成。因而,两人认为企业的本质是一种物质资产的集合体。基于此,有关契约权利中的剩余权利也是对物质资产的权利,即"剩余控制权"。哈特将资产所有权等价于资产的剩余控制权,认为剩余控制权和剩余索取权应该是对应的。谁拥有剩余控制权谁就应该拥有剩余索取权,否则这种权利配置就不是最优的,会导致企业效率损失。

由于人力资产天然属于私有,因此企业之间的兼并只是对非人力资产(机器设备、厂房、专利、客户名单、商标等)的兼并。正是在这个意义上,哈特认为只有从物质资产角度定义企业才有解释力。假定事前专用性投资必须借助某种物质资产才能实现,则签约各方谈判力的大小将最终取决于谁拥有物质资产所有权(剩余控制权)。由于拥有控制权的一方在决定资产用途和企业剩余方面具有权威性,因而谁控制了物质资产,谁就相应地控制了人力资产。剩余控制权的权威性表现在,物质资产的所有者如果不满意员工的表现,将有权解雇任何雇员,带走所有的非人力资产。由此可见,剩余控制权的配置不仅影响控制者的专用性投资激励,也影响被控制者的专用性投资激励。因而,企业获得最大化联合产出的关键在于实现控制权这种稀缺资源的最优配置。

2. 企业的边界

产权经济学认为,企业边界取决于纵向一体化收益和成本的权衡。假设存在甲、乙两家独立的企业,它们各自拥有对企业物质资产的所有权。若两家企业实行一体化,伴随企业规模的扩大,企业边界无疑也被扩展了。因而,企业边界与一体化问题息息相关。在GHM[②]模型中,产权经济学得出的基本结论是:虽然任何一种纵向一体化模式在事后总是有效率的,但无一例外都会对事前的投资产生不同程度的扭曲。这种扭曲表现为谁在纵向

---

① 我们可以暂时将不完全契约和完全契约的主要区别理解为契约是否可以经由第三方证实和实施。具体而言,导致不完全契约产生的原因有三:一是在一个充满不确定性的世界中,有限理性的个体无法预知所有情况;二是即使签约各方能够预测未来,他们也难以用共同语言将这些意外事件写入契约,而且过去的经验也无助于事;三是即便签约各方能够就未来计划达成一致意见,这些计划也很难得到第三方(外部权威)的证实。

② 限于篇幅,这里不介绍形式化的 GHM 模型,有兴趣的读者可参考 Grossman & Hart(1986)、Hart & Moore(1990)两篇文献。

一体化后的企业中拥有控制权,谁就会出现投资过剩,而处于被控制的一方则会投资不足。因而,纵向一体化的必要性取决于所有权的配置能否最大限度地减少投资扭曲,只有当拥有控制权的一方提高的生产率超过被控制方损失的生产率,从而能增加总剩余时,纵向一体化才有意义。

如果两家独立企业的资产具有高度互补性,则应该实施纵向一体化,将其合二为一,并将"新企业"的所有权或剩余控制权给予投资不可或缺的一方。因为如果高度互补的资产属于不同的所有者,则任何所有者都不具有真正的权利,离开谁也无法获得最大化的产出。如果双方的资产同等重要,则应该实行联合所有权。如果双方资产没有任何互补性,纵向一体化后在"新企业"中拥有控制权的一方没有获得更多的投资激励,而处于被控制的一方由于失去资产支配权而丧失投资激励,其结果必然是降低联合总剩余,因而,如果企业拥有的资产是互不依赖的,则最好维持企业的独立性。由此可见,产权经济学认为纵向一体化决策决定企业边界。当一体化的收益高于成本时,企业实施一体化扩张其边界,相反,当一体化的收益低于成本时,企业则维持不变的规模和边界。①

(四)企业的本质与边界——团队生产理论观点

作为对科斯的回应,阿尔钦和德姆塞茨提出了企业的团队生产理论(team production)。他们虽然仍坚持主流的契约论方法,但是开始意识到企业的生产性,并将研究重点从企业与市场的关系分析转向企业内部激励与监督问题的分析。由于主要研究企业的内部组织问题,团队生产理论几乎没有涉及对企业边界②的探讨,而只是回答了企业本质问题。

阿尔钦和德姆塞茨首先否定了企业契约和市场契约之间存在的权威性差别。他们认为,将企业的特征定义为通过命令、权威或约束行动解决问题是一种错觉。③ 企业并不拥有其所有的投入品,它没有发号施令的权力,没有权威,没有约束行动,这和任何两个人之间的一般市场契约完全一样。因此,企业无非是一种特殊的契约安排,其本质是生产的团队性质。

所谓团队生产是指具有以下特征的生产过程:第一,企业使用不同类型的生产要素;第二,生产使用的要素属于不同的所有者;第三,总产出并不是单个要素产出的简单加总,因为每种要素都会影响其他要素的边际生产力(边际产量)。由于团队生产中的要素具有相互依赖性,导致具体测度每种要素对产出的贡献变得困难,进而导致根据要素边际产出进行报酬支付变得困难。在此情况下,自利的团队成员便有了偷懒的动机。如果企业不能对这种偷懒行为进行有效监督,就必然导致团队生产效率下降。由于团队成员之间的相互监督非常困难,因此应该设立专门的监督人。监督人通过观察和指导投入品的活动或用途,减少偷懒活动,获得剩余收入。④ 在这个意义上,企业被赋予能有效解决团队生产中偷懒问题的"监督机制"的含义。

---

① 严格意义上讲,产权经济学是在企业存在的前提下讨论企业的边界,并没有追溯企业的起源问题。
② 由于否定企业契约和市场契约的区别,团队生产理论可能难以探讨企业边界问题,或者像张五常一样,认为企业不存在边界。
③ Alchian A., Demsetz H. Production, Information Costs, and Economic Organization [J]. *The American Economic Review*, 1972, 62: 777-795.
④ 监督人拥有团队生产产生的合作剩余的索取权。

第二节 企业产权理论

在解释了企业的存在性,并且明确了企业的本质和边界以后,我们需要进一步分析业已存在的企业应该归谁所有的问题。企业产权问题的核心是企业的产权配置与企业绩效,即如何通过产权的优化配置提高企业的"合作剩余"的问题。我们将在介绍企业产权内涵和配置原则的基础上,探讨与不同企业制度相匹配的产权安排,并利用现有的产权理论分析国有企业的产权和产权改革。

一、企业产权

企业契约区别于市场契约的特殊性在于企业内部能够利用权威和行政命令配置资源。企业契约中各个缔约方的权利安排是不对等的,存在"雇主"和"雇员"的区别。套用委托—代理理论的术语,企业内部存在委托人与代理人的区分。企业产权安排主要解决在参与企业生产的众多要素所有者中,由谁充当委托人、谁充当代理人的问题,即谁雇用谁的问题。

(一) 企业所有权、剩余索取权与剩余控制权

广义的所有权具有产权概念的全部内涵,它集中体现为对财产排他性的占有、使用、收益和处分的权利。剩余索取权是指对企业进行团队生产产生的合作剩余的要求权,或者是对企业总收入中扣除固定契约性报酬(固定工资、固定利息等)后剩余收入的要求权。剩余控制权的概念则是由格罗斯曼和哈特提出的,如前所述,他们将剩余控制权定义为没有在契约中明确规定的权利,并认为拥有剩余控制权的一方有权决定资产除最终契约限定的特殊用途以外的所有用途。上述三种权利都内在地具有普遍性、排他性、可交易性、可分割性、行为性等产权的基本属性。

从严格意义上而言,剩余索取权和剩余控制权概念的提出都是为了从经济学角度更好地解释企业所有权。但是,在新制度经济学的视阈内,关于所有权、剩余控制权和剩余索取权的相互关系却至少存在三种不同的认识:以阿尔钦和德姆塞茨为代表的传统产权经济学将所有权定义为剩余索取权,以格罗斯曼和哈特为代表的产权学派则将所有权定义为剩余控制权,米尔格罗姆和罗伯茨则主张用剩余索取权和剩余控制权的统一来定义企业所有权[①]。阿尔钦和德姆塞茨将剩余索取权的概念建立在所有权的法律意义上,认为企业的所有者就是企业的剩余索取者。但是,哈特批判了这一观点,他主张将企业所有权定义为剩余控制权,因为只有企业的所有者才有权利决定资产在最终契约所限定的特殊用途以外如

---

① 这种观点反映在由弗鲁博顿和芮切特编著的经典新制度经济学教材(中译本《新制度经济学:一个交易成本分析范式》,上海三联书店)中,他们认为企业的所有权主要包括剩余控制权、剩余索取权及将这两种权利按照自己的意愿进行交易的权利。

何使用。只有所有者才可以拥有完全的控制权,可以按照不与先前的契约、惯例或法律相违背的方式决定资产的各种用途。

表面上看,传统经济学和产权学派对企业所有权的认识存在较大分歧。但是阿尔钦和德姆塞茨认为,剩余索取权应该赋予专门进行生产监督的"监督者",我们可以将这里监督者拥有的监督权理解为哈特意义上的剩余控制权。同时,哈特自身也认为拥有剩余控制权的目的在于获得企业剩余收入。剩余索取权和剩余控制权是具有高度互补性的权利,因此应该配置给同一缔约方,否则就会产生激励扭曲,出现敲竹杠问题①。有控制权而无收益权,经济人就会缺乏实现最优产出的激励;相反,有收益权而无控制权,经济人就会只顾实现私利最大化而不关心资源的损耗。

(二) 企业产权配置

根据科斯定理,在正交易成本的世界中,产权的配置是非常重要的。企业作为要素所有者之间的契约联结,其产权配置的核心是确定企业的所有权归属。因为企业契约中的缔约方一般都被认为是自利的经济人,他们都有自己的私人利益,所以需要通过合理的产权配置尽量减少私人利益与企业集体利益的冲突。但令人遗憾的是,无论是企业理论研究还是企业运行实践,都没有为企业产权配置提供统一的认识。在企业究竟应该为谁所有的问题上,仍然存在太多的分歧。主流的经济理论和企业理论坚持"资本强权观",认为企业的所有者天然属于资本家或非人力资产所有者②。但是在现实世界中,劳动管理型企业却一直存在,其历史甚至比资本管理型企业还要久远。世界范围内广泛出现的合作社组织似乎昭示了这种企业的生命力。尤其是20世纪80年代,日德企业展现出了强大的竞争力,并且社会对企业伦理、企业社会责任和环境问题日益关注,使人们开始质疑"资本强权观"和"股东利益至上论",提出企业不仅是"股东"的企业,而应该是利益相关者的企业的新的企业产权配置观。

1. 资本雇用劳动

无论是马克思的政治经济学还是西方主流的新古典经济学和现代企业理论,都不约而同先验性地给定资本主义企业是"资本家"的企业,"资本雇用劳动"是资本主义企业的逻辑起点。但是,对于资本家(非人力资产所有者)为什么会成为企业的所有者,却存在不同的解释。

马克思以资本主义生产关系为基础,认为拥有劳动的工人和拥有资本的资本家地位不平等导致资本对劳动的雇佣。"正是非劳动者对这种生产资料的占有,使劳动者变成雇佣工人,使非劳动者变成资本家。"③资本主义企业产生的充分条件是资本雇用劳动,资本家之所以能够占有剩余劳动,原因就在于资本所具有的社会属性。虽然萨缪尔森曾说过"在完全竞争的世界里,谁雇用谁并不重要",但从新古典经济学的逻辑本身可以推理,他们仍然暗含了"利润最大化"的利润应该属于资本家(投资者)的假设。对于为什么这一假设成立,

---

① 敲竹杠的详细解释可参见〔美〕奥利弗·E.威廉姆森:《资本主义经济制度》,商务印书馆,2002年版。
② 非人力资产包括"硬"的方面,如企业的存货、厂房、机器设备等;也包括"软"的方面,如客户名单、商标、声誉、专利、档案等。
③ 马克思:《资本论》(第三卷),人民出版社,1975年版,第49页。

新古典经济学并不同意马克思的解释,而是认为资本作为生产要素的稀缺程度超过劳动,因而使资本雇用劳动成为必然。

奈特从风险和保险的角度出发解释"资本雇用劳动"的合法性,认为企业存在"保险功能"。在《风险、不确定性与利润》一书中,奈特认为资本家(企业家)和工人存在不同的风险偏好,资本家或雇主是风险中性的,而工人或雇员则是风险规避的。企业在劳资之间建立起一种长期契约关系,规避风险的工人将市场不确定性带来的风险转嫁给风险偏好中性的资本家,同时由于劳动市场的竞争性,工人把全部"风险佣金"付给资本家作为他承担风险的报酬,自己则自愿领取一份低于期望收入的、固定的"确定性等价"工资。这样,资本家因承担了由市场不确定性带来的风险而成为剩余索取者,同时也获得企业内部管理的权威以控制道德风险、减少风险损失。

哈特认为,非人力资产是企业的基本特征。企业的非人力资产代表将企业黏结在一起的黏结物(glue),如果没有非人力资产,企业的人力资产只会是一盘散沙,企业就会仅仅是一个幻影。正是在这个意义上,哈特认为企业的所有权应该赋予物质资产所有者,并通过物质资产实现对人力资产的控制。如果人力资产必须结合某种非人力资产才能实现生产力,那么人力资产就有激励按照资产所有者的意图行事。这必然导致非人力资产所有者对人力资产所有者的指挥和控制,形成事实上的"资本雇用劳动"。

张维迎从企业家能力甄别的角度论证了资本雇用劳动的合法性。他认为,只有具有足量个人资产的人才能被人们信赖其能够成为合格的企业家,因为资本可以传递有关经营能力的信息。当存在信息不对称时,只有资本家才能充当企业家,只有资本雇用劳动才能保证合格的人被选作企业家;相反,如果是劳动雇用资本,则企业家或经营者市场上将会被"东郭先生"所充斥。可见,资本雇用劳动的合法性在于能够把不符合资格的人从企业家或经营者队伍中排除出去,以增进企业绩效。

2. 劳动雇用资本

与坚持"资本雇用劳动"的汗牛充栋的文献相比,"劳动雇用资本"的相关文献少得可怜。因为资本管理型企业在发达市场经济国家占据主导地位,所以对劳动管理型企业的研究被长期排斥在主流企业理论以外。即使在新制度经济学中涉及"劳动雇用资本"的主题,更多也只是证明这种产权配置的低效率。在对"劳动雇用资本"持肯定态度的稀有文献中,具有代表性的是汉斯曼从交易成本经济学角度提出的劳动管理型企业在特定条件下更有效率的观点。

汉斯曼秉承组织存在是为了降低交易成本这一交易成本经济学主旨,认为劳动管理型企业是一种交易成本很低的企业产权安排。他将交易成本分为市场交易成本和企业所有权成本两类,并采用制度的比较分析方法,比较了劳动管理型企业相对于资本管理型企业在交易成本节约方面的优势和劣势。汉斯曼认为,由于下述原因导致劳动管理型企业在节约市场交易成本上具有比较优势:① 劳动管理型企业中的雇员具有相互监督的激励,有助于减少企业的偷懒行为;② 劳动管理型企业中的雇员有进行专用性人力资本投资的激励;③ 劳动管理型企业中的管理者和雇员之间存在较经济的信息沟通机制,能更有效地克服企业内部的机会主义行为。在论证了劳动管理型企业的上述优势以后,汉斯曼不得不面对劳动管理型企业相对于资本管理型企业分布较少的困境①。为此,汉斯曼进一步从代理成本、风险分担成本和集体决策成本三个方面分析了劳动管理型企业相对于资本管理型企业在所有权成本节约方面的弱势。特别地,劳动管理型企业面临高昂的集体决策成本,因为雇员要对诸如工资、投资决策等问题进行集体决策,但不同雇员存在的偏好、期望等个体差异将提高决策成本、降低决策效率。通过上述两个方面的比较,汉斯曼得出的结论是,出于节约集体决策成本的需要,劳动管理型企业即使存在,也只适合较小的规模。

3. 利益相关者

利益相关者理论质疑主流企业理论"股东至上论"的观点,认为公司本质上是受多种市场力量影响的企业实体,而不应该是由股东主导的企业组织制度。考虑到债权人、管理者和员工等众多参与者为企业提供的特殊资源,股东并不是公司的唯一所有者。利益相关者理论认为,公司的出资不仅来自股东,还来自员工、供应商、债权人和客户。这些主体都为企业进行了专用性投资,因此应该赋予他们剩余控制权和剩余索取权,由他们共同分享企业的所有权。利益相关者是指那些能够影响企业目标实现,或者能够被企业目标实现过程所影响的任何群体和个人。根据这一定义,企业的利益相关者包含了股东、雇员、债权人、分销商、供应商、消费者、社区、政府等在内的相当宽泛的组织和个人。

利益相关者理论并不否定主流企业理论将企业看成"契约黏结物"的观点,他们同样认为企业是相关利益方之间的一系列多边契约。只是在契约签约主体和契约执行方式上,利益相关者理论与主流企业理论产生了分歧。通过前面的介绍我们知道,主流企业理论区分了企业契约和市场契约,认为企业与消费者、债权人、供应商的契约是市场契约,企业契约则具有利用权威和命令配置资源的特点。但利益相关者理论认为利益相关者都是企业契约的主体,只不过他们所签订的契约存在显性契约和隐性契约之分。企业的股东、管理者和雇员一般都有明确的契约关系,而企业与社区、政府、消费者之间则存在隐性的契约关系。但隐性契约并不能被简单看成主流企业理论的市场契约,因为签约方同样存在专用性投资的利益和风险。在契约执行方式上,利益相关者理论认为契约的执行是签约方相互协调的结果,而不是依靠资本的强权进行命令和指挥。如果将企业所有权理解为状态依存(contingent)所有权,即在企业不同的经营状态下,对应着不同的剩余索取权和剩余控制权的安排,那么就可以进一步佐证利益相关者分享企业所有权的合法性。若企业经营状态发生变化或者某个财产权利主体的利益受到损害,受损方就会启动某种机制,保护自己的利益。在企业的正常经营状态下,债权人取得契约确定的收入,工人获取固定的工资,因而债权人和工人一般没有企业的控制权,此时,是股东拥有企业的剩余控制权和剩余索取权。而当企业经营不善、不能按期偿还债务时,企业已不存在剩余收入,此时债权人便拥有了企业的剩余控制权。由此可见,企业所有权并不天然属于股东,而是可能在不同签约方之间发生转移。

---

① 交易成本经济学认为,只有有效率的组织形式才能存续下来。

二、企业制度与企业产权

企业制度主要是指以产权制度为核心的企业组织制度。从企业产生和发展的历史看，企业制度依次经历了业主制、合伙制和现代公司制三种组织形式。时至今日，三种企业制度仍然不同程度地存在于国民经济的不同行业中，形成了相互影响和共生的局面。

（一）业主制和合伙制企业的产权

业主制和合伙制企业是主流企业理论意义上的"古典式企业"，其基本特征是企业的产权结构单一，所有权、剩余控制权和剩余索取权高度统一。严格意义上讲，这两类企业中不存在谁雇用谁的问题，因为委托人和代理人不是分离的。

业主制企业是企业发展的历史起点和逻辑起点，又被称为个体企业，是指企业由业主个人投资兴办，直接经营和控制，获取全部剩余并对债务承担无限责任的自然人企业。从产权配置角度看，业主制企业天然属于业主所有。

继业主制企业之后出现的合伙制企业，是指由两个或两个以上的投资者共同出资、共同经营、共同所有和控制、共同分享企业剩余、各出资人对企业承担连带无限责任的企业。合伙制企业实际上是叠加的业主制企业，与业主制企业的唯一区别在于两个或多个合伙人按照契约规定分享企业剩余。由于将企业所有权赋予了多个主体，合伙制企业的"监督者"就会存在"偷懒"的动机和搭便车的行为，以及缺乏相互监督的激励。因此，根据团队生产理论，合伙制企业只应存在于要素边际产出测度成本很高的行业，比如律师、会计师等。同时，合伙制也只适用于规模较小的企业，因为企业规模的扩大会进一步诱发合伙人的机会主义行为，降低企业的效率。

（二）现代公司制企业的产权

随着技术和资本市场的发展以及市场范围的扩大，20世纪30年代，西方市场经济国家相继出现艾尔弗雷德·钱德勒（Alfred Chandler）所言的"大企业时代"[①]。"经理革命"的发生使得经理管理的大企业逐渐代替家族小企业成为国民经济的主导力量。企业规模的扩大使原本由价格机制协调的市场交易一体化更多地转变为企业内部交易，企业内部的契约关系复杂化了。在股权高度分散的现代股份公司中，企业往往被仅有少数股权、甚至没有股权的内部经理所控制，形成事实上所有权和控制权分离的局面。规模庞大的现代公司制企业融入了多个要素所有者，为防范机会主义行为和降低交易成本，现代公司制企业实行了不同于业主制和合伙制企业的产权安排。

---

① 钱德勒是美国企业史的权威，著有三本经典之作：《战略与结构——美国工商企业成长的若干篇章》（1962）《看得见的手——美国企业的管理革命》（1977）和《规模与范围——工业资本主义的原动力》（1990）。

1. 有限责任制度

现代公司制企业,无论是有限责任公司还是股份有限公司,都无一例外地摒弃了古典企业的无限责任制,采取了有限责任制度。有限责任是指当公司破产时,股东仅以其投入公司的股本为限对公司债务和亏损承担责任。有限责任制度作为股东利益的保护机制,旨在降低股权分散情况下不同所有者因为机会主义行为可能导致的损失。股份公司内部,所有股东都成为公司剩余的索取者,剩余索取权的分享会加剧股东的机会主义行为。有限责任制度可以保护股东免受机会主义引起的更大的损失,这对于资本额超过股东个人财富的企业尤为重要。

2. 用手投票和用脚投票

在股权高度分散的情况下,如果公司的所有决策都要由股东共同制定,那么公司必然面临高昂的谈判成本(交易成本),出现类似于劳动管理型企业的集体决策成本。而且股权越是分散,单个股东占有的企业剩余的份额越低,股东越容易出现决策上的偷懒行为(廉价投票权)。为此,所有股东会将决策权交由一个小团体(董事会)执行,但是保留对诸如更换小团体成员、企业并购重组等重要问题的决策权。由于这种权利通过股东大会举手表决的形式实现,因而被形象地称为"用手投票"。如果单个股东认为公司行为不能满足个人利益,而通过"用手投票"方式改变公司行为又面临较高的交易成本,那么此时股东便可以"用脚投票",即通过在股票市场出售股东被企业控制的那部分财产,以实现自我利益的保护。

3. 股东和经理层分享企业所有权

股东和经理层分享企业所有权是现代公司制企业所有权和控制权分离特征的主要体现。如前所述,为降低集体决策的成本,全体股东将部分剩余控制权委托给代表自己利益的董事会。而董事会为进一步提高决策效率,又将企业的日常经营权委托给了经理层。但在企业运行实践中,由于经理层的信息优势,他们掌握了企业的部分剩余控制权,形成事实上股东和经理层分享企业所有权的产权配置格局。对这种产权格局的形成,我们可以从"主动分权"和"被迫让权"两个角度理解。独享企业所有权的股东主动让渡部分权利的原因在于权利让渡实现的收益大于所导致的损失。因为在企业生产经营活动日趋复杂的背景下,适度分权有利于利用专业化分工的优势,发挥经理层的人力资本优势,提高企业效率。当然,权利让渡本身可能也是作为非人力资产所有者的股东在谈判力量被削弱情况下不得已的选择。经理层进行的人力资本投资既具有专用性也具有专有性[①],为保护人力资本专用性投资免受敲竹杠和套牢的风险,理应赋予投资者剩余控制权。另外,经理层人力资本的专有性在于他们或者拥有核心技术,或者拥有市场销售网络等特殊的经营才能,一旦他们退出企业,会对企业造成巨大损失。正是经理层这种人力资产的专有性,增强了他们与作为非人力资产所有者的股东进行谈判时的谈判力,促使股东被迫让渡企业所有权。

4. 员工持股计划

员工持股计划是使公司员工有条件地拥有公司股份的一种产权制度安排,它是指企业内部员工出资认购本公司部分股权,委托专门机构(一般为员工持股会)集中管理运作,并

---

① 专用性投资和专有性投资的具体区别见杨瑞龙、杨其静:专用性、专有性与企业制度,《经济研究》,2001年第3期。

参与持股分红的一种新型企业内部股权形式。员工持股计划的实施是现代公司制企业所有权的又一次分离,反映了企业所有权在非人力资产所有者和人力资产所有者之间的重新配置。尽管员工持股计划在西方发达国家的实施具有复杂的政治和社会背景,但从经济学角度看,员工持股计划作为一种产权配置主要源于两方面原因:一是通过员工持股计划进一步分散公司股权,增加敌意并购和接管难度。在此意义上,员工持股计划可以理解为股东和管理层为自身利益建立的保护机制。二是通过员工持股计划使普通员工成为公司的所有者,承担风险和享有剩余,这反映了普通员工作为人力资产所有者对企业所有权的分享。

三、国有企业的产权与产权改革

国有企业[①]是指由国家代表全民行使所有者职能的企业。从产权归属上看,国有企业"清清楚楚"属于国家所有,似乎不存在理论界常言的"所有者缺位"或"产权不明晰"问题。但是,正是由于国家概念的抽象性,导致"产权明晰"的国有企业找不到真正为之负责任的所有者。当始于20世纪80年代的国企改革进入第四阶段[②]以后,我们开始从改革理论和实践上审视国有企业的产权问题,并尝试逐步通过产权改革来改善国有企业的绩效。

(一)国有企业产权

国有企业的特殊性在于,国有企业的资本全部或部分由国家投入,因此其资本或股份全部或部分由国家所有。由于国家作为一个经济主体直接占有或经营企业,从而使国有企业表现出与一般私有企业不同的产权特征。

1. 国有企业"国家利益至上论"

国有企业既然是"国家"的企业,那么就应该实现国家利益,这并不违背坚持"资本强权观"的主流企业理论的逻辑。从这个意义上讲,国有企业天然具有"政企不可分性",必然成为政府机构的附属物。但国有企业的这种产权属性,导致国有企业被赋予了除实现经济利益以外的大量其他国家利益的职能,背负了沉重的政策性负担。受国家意志左右的国有企业,成为国家实现"战略目标"、国家安全、社会稳定、充分就业等非经济目标的手段,显现出不同于私有企业以"利润最大化"为目标的价值追求。

2. 国有企业产权"虚置"

作为国有企业所有者的国家,其所有者职能的行使只能通过各个具体的政府管理部门来实现。在我国,长期以来,国有资产管理部门、财政部门及国家发改委等政府部门,由于对国有企业的人事任免、资产管理及技改项目投资等企业活动拥有最终决定权,从而成为国有企业事实上的所有者代表,共同分享企业的剩余控制权。所有权的分散使"监督活动"本身成为一种"团队生产活动"。部门利益的差异使得同时作为国有企业所有者的各个政

---

① 国有企业在世界范围内广泛存在,但无特别说明时,这里的国有企业均指中国的国有企业。
② 我国从1984年开始全面展开国有企业改革,在产权改革之前,依次经过放权让利、利改税、承包制三个阶段改革。

府部门在行使"监督"职能时,存在"偷懒"的动机,从而导致国有企业缺乏全面负责任的所有者,形成事实上的产权"虚置"。不仅如此,所有权的分散还容易使得国有企业的目标从受"国家意志"左右变为受"部门利益"左右,进一步加剧了企业资源耗散的风险。

3. 剩余控制权和剩余索取权错配

现代企业理论表明,剩余索取权和剩余控制权的不统一将导致廉价投票权。例如,如果某一权利主体行使某项控制权能够带来的剩余为 S,当他能够占有全部剩余 S 时,要使他放弃该项控制权,则至少应向他提供 S 单位的补偿,即与 S 单位剩余索取权相对应的剩余控制权的价格为 S。如果该权利主体只能占有剩余 S 的 $1/n$,则只要向其提供 S/n 单位的补偿,就可能使其放弃控制权。由此可见,剩余控制权和剩余索取权的错配将导致剩余控制权的廉价。在国有企业中,上述两种权利的错配问题相当严重,突出表现在:第一,国有企业控制权分散配置在财政部、国资委及发改委等政府部门,而这些部门并不是合法的国有企业剩余的最终索取者;第二,国有企业中的人力资本所有者(特别是经理层)由于拥有信息优势而占有剩余控制权,但却没有任何合法的剩余索取权。原因在于为了彻底消除生产资料被个人占有的任何可能性,公有制的法权体系规定全部生产资料归国家和集体所有,并宣布个人不得拥有任何生产性资源的合法权利。不仅如此,个人也不准拥有其本人人力资源的法律所有权,只要这部分资源具有生产性。也就是说,否定了人力资产所有者法律上①的所有权,也就从法律上根本否定了其对企业剩余的索取权。结果导致拥有剩余控制权的人力资产所有者不关心国有资产保值增值,形成事实上的"内部人控制"。

(二) 国有企业产权改革

作为推进国有企业改革、提高国有企业绩效的一项重要举措,国有企业产权改革自始至终都是存在争议的论题。② 关于国有企业产权改革是国有企业改革的充分条件、必要条件还是充要条件,以及国有企业产权改革究竟应该怎样改这些问题,在理论层面上仍然存在较大分歧。从新制度经济学的角度看,产权改革至关重要,因此,我们尝试介绍一些国有企业产权改革的设想和举措。

1. 从战略上收缩国有企业

在党的"十五大"以后,我们对公有制和公有制的实现形式形成了新的认识,明确提出股份制和股份合作制是公有制的实现形式,并且认为公有制为主体主要体现在公有制经济的控制力,而不再盲目追求公有制经济占国民经济的比重。在此背景下,国有企业产权改革开始进入从战略上收缩国有企业的阶段。突出的政策表现就是全国范围实施的以"国退民进""抓大放小"为特征的国有经济结构性调整和国有企业战略性重组。理论上已经证明,国有企业天然具有"政企不可分性",而且容易受到国家意志左右。从战略上收缩国有企业是通过减少国有企业数量来治愈国有企业的"顽疾"。改革的结果是国有企业主要存在于公共产品领域、非竞争性、非营利行业,成为承载国家为社会提供公共服务职能的主要载体。

---

① 由于人力资本天然属于私有,因此即使否定了法律上的所有权,也无法否定事实上的所有权。
② 突出表现在张维迎和林毅夫 20 世纪 90 年代的争论,以及 21 世纪以郎咸平为代表的经济学者与"主流"经济学者的争论。

2. 建立人力资产分享企业所有权的机制

所有权和控制权的分离是现代公司制企业的普遍特征,而且随着非人力资产在企业中地位的削弱,人力资产分享企业所有权是企业产权配置的必然趋势。由于国有企业名义上是国家代表全民所有的企业,全体人民均拥有国有企业法律上的所有权,是企业剩余法律上的索取者。国有企业的人力资产所有者分享所有权的关键是将法律上的索取权转化为事实上的索取权,以纠正控制权和索取权的错配。为此,我们在借鉴和引进国际经验的基础上,进行了诸多的探索和实践。我们相继通过实施经营者年薪制、股票期权制度、管理层收购等制度安排建立了经理层分享企业所有权的机制。又通过职工持股、内部股等安排确认了国有企业普通员工人力资产所有权对企业剩余的分享。

3. 建立合理的产权流转机制

无论是从战略上收缩国有企业还是建立人力资产所有者(甚至是利益相关者)分享企业所有权的机制,无不要求国有企业的物质资本所有者让渡企业的部分剩余控制权和索取权,因而都面临国有企业产权合理流转的问题。从已有的国有产权改革实践看,能否建立合理的产权流转机制甚至直接关系到前两项产权改革举措实施的合法性[1]和效率。一直以来,困扰产权流转机制的主要问题是国有资产的定价问题。由于国有资产的形成过程非常复杂,并且捆绑了诸多的利益群体,加上经过几十年的变动,因此要形成各方满意的、完全公平合理的价格几乎没有可能性。在目前产权市场不发达的情况下,我们暂时只能依靠评估认定、职工代表大会通过、国有资产管理部门批准等办法确定价格。但是,资产定价原则要求我们确定价格时主要以其未来收入的现金流为基础,而不是以其重置价值或资产原值为基础。坚持上述原则,我们就能在利益各方充分博弈的基础上,拟定各方都能接受的价格,实现国有产权的合理流转,推进国有企业产权改革。

第三节 公司治理

明确了企业的产权安排就确定了企业的委托人和代理人,至此,我们可以在给定委托人和代理人的前提下,研究委托人对代理人进行激励和控制的最优契约安排,进入公司治理层面。从广义的角度理解,公司治理是保护公司所有者利益实现的一系列制度安排,是包括公司产权制度、激励约束机制、财务制度、企业文化等在内的公司利益协调机制。从狭义角度理解,公司治理主要解决公司的委托—代理问题。由于我们在第二节已详细讨论了企业产权问题,因此本节对公司治理的讨论将仅限于狭义角度。我们将主要在委托—代理理论的分析框架下,探讨企业的委托—代理问题和相应的激励机制设计,并比较成熟市场经济国家不同的公司治理结构。

---

[1] 围绕国有资产是否流失、国有股减持的争论直接影响国有企业产权改革的合法性。

一、委托—代理理论

委托—代理理论(principal-agent theory)是现代企业理论的重要构成部分,主要研究所有权和控制权分离的现代公司中,经济主体之间在信息不对称分布情况下的激励和约束问题。

(一) 委托—代理理论的基本概念

委托—代理关系最早用于法律领域。在法律上,当 A 授权 B 代表 A 从事某种活动时,委托—代理关系就发生了,A 称为委托人,B 称为代理人。在委托—代理理论中,我们一般将"委托人"定义为不拥有私人信息、在信息占有上处于劣势的参与者;"代理人"则定义为拥有私人信息、在信息占有上处于优势的参与者。根据信息不对称发生的时间和内容,我们可以对信息不对称进行具体分类。从时间上看,信息不对称既可以发生在当事人签约之前,也可以发生在签约以后,委托—代理理论分别用逆向选择(adverse selection)和道德风险(moral hazard)模型描述签约之前和签约之后的信息不对称问题。从内容上看,信息不对称可能是参与人的行动,也可能是参与人的知识,我们将研究不可观测行动的模型称为隐藏行动模型(hidden action),研究不可观测知识的模型称为隐藏知识(hidden knowledge)或隐藏信息模型(hidden information)。我们主要介绍与公司治理密切相关的两个委托—代理模型[①]:隐藏行动的道德风险模型和逆向选择模型。

(二) 隐藏行动的道德风险模型

我们分两种情况讨论隐藏行动的道德风险模型,分别分析两种情况下,委托人如何制定针对代理人的激励计划。首先假设产出结果是确定的,只受代理人的努力程度的影响,求最优解;然后假设产出成为受到外生冲击影响的不确定函数。

1. 产出结果确定

代理人控制着委托人拥有的公司,公司的利润唯一地取决于代理人的努力程度,并与代理人努力程度呈正方向变化,可以假设利润函数为

$$Q = e$$

委托人不能直接观测到代理人的努力水平,但是可以通过产出间接观测,代理人存在主观努力的成本函数,为

$$c = \frac{k}{2} e^2, \quad k > 0$$

委托人给代理人提供的激励为工资 w,代理人的效用表现为工资与努力成本的差额,

[①] 对委托—代理理论其他模型感兴趣的读者,可进一步阅读张维迎所著《博弈论与信息经济学》(上海三联书店,1996年版)。本部分模型主要参考了弗鲁博顿和芮切特所著《新制度经济学:一个交易费用分析范式》(上海三联书店,2006年版)。

代理人以效用最大化为目标,效用函数为
$$A = w - \frac{k}{2}e^2$$

假设委托人给代理人提供线性激励,激励报酬函数为
$$w = r + \alpha Q, \quad 0 \leqslant \alpha \leqslant 1$$
即报酬等于固定工资 r 加提成(α 是分成比例)。这样代理人的决策问题可以采用下述模型表示：
$$\max_e A = r + \alpha Q - \frac{k}{2}e^2$$
$$\text{s.t.} \quad Q = e$$

根据最大化的一阶条件可得：
$$\alpha - ke = 0$$
或
$$e = \frac{\alpha}{k}$$

此式为代理人对委托人提供的线性激励的反应函数。

现在假设委托人知道代理人的反应函数,从而可以通过提供 α^* 的利润分成诱使其达到 e^* 的努力水平,因而上式构成代理人的激励约束(incentive constraint, IC)[①]。我们可以进一步假设代理人可以自由决定是否接受委托人的激励计划,当且仅当代理人能够实现其保留效用($\overline{A}$)时才会接受委托人的激励,此条件为代理人的参与约束(participation constraint, PC)[②],因而参与约束可以表示为
$$r + \alpha Q - \frac{k}{2}e^2 \geqslant \overline{A}$$

委托人的目标函数为净利润最大化
$$Q^n = Q - w$$
或
$$Q^n = (1-\alpha)e - r$$

进而委托人的决策问题变为
$$\max_{r,e} Q^n = (1-\alpha)e - r$$
$$\text{s.t.} \quad e = \frac{\alpha}{k}$$
$$r + \alpha Q - \frac{k}{2}e^2 \geqslant \overline{A}$$

由于追求利润最大化的委托人理所当然想尽量支付较少的报酬来换取代理人的努力,假定参与激励起作用,并进一步假定代理人的保留效用为零。利用拉格朗日函数求解上述最优化问题,我们可以得出此时均衡的分成比例、努力水平、总利润及固定工资和总工资：
$$\alpha^* = 1$$
$$r^* = -(2k)^{-1}$$
$$e^* = \frac{1}{k}$$

---

① 代理人总是选择自己效用最大化的行为,委托人希望代理人采取的行动都只能通过代理人的效用最大化行为来实现。

② 即代理人从接受合同中得到的期望效用不能小于不接受合同时能得到的最大期望效用。

$$Q^* = \frac{1}{k}$$

$$w^* = r^* + \alpha^* Q^* = \frac{1}{2k}$$

$$Qn^* = -r^* + (1-\alpha^*)e^* = \frac{1}{2k}$$

这里，我们隐含假设了委托人和代理人都是风险中性的。由模型可以发现，由于分成比例等于100%，代理人获得全部提成，成为公司完全的剩余索取者。

2. 产出结果不确定

假设产出不仅受代理人努力水平的影响，而且受到外生的随机冲击的影响，委托人和代理人都不能控制外生冲击发生的可能性。给定总利润函数为

$$\widetilde{Q} = e + \widetilde{\theta}$$

其中 $\widetilde{\theta}$ 是呈正态分布的随机变量，均值为零，方差为 σ^2。产出结果可以被委托人不费成本地观测到，相应的线性激励为

$$w = r + \alpha \widetilde{Q}, \quad 0 \leqslant \alpha \leqslant 1$$

此时需要考虑委托人和代理人的风险偏好。如果两者都是风险中性的，则风险完全由代理人承担，结论与产出确定情况下的相同。由于委托人可以利用证券市场分散风险，而代理人主要在一个企业工作，因此更为现实的假设是，代理人是风险规避的，而委托人是风险中性的。为简化起见，我们利用绝对风险规避型的冯纽曼-摩根斯坦期望效用函数[①]对委托人和代理人进行分析，并假定代理人的效用函数具有不变的绝对风险规避特征。

代理人的效用函数为

$$u(\widetilde{A}) = -\exp(-a\widetilde{A}), \quad a > 0$$

相应的确定性等价为

$$C(\widetilde{A}) = E(\widetilde{A}) - R$$

其中，$C(\widetilde{A})$ 代表确定性的效用水平，$E(\widetilde{A})$ 代表期望效用水平，R 代表风险贴水。利用 $u(\widetilde{A})$ 的表达式和正态分布的随机变量 $\widetilde{\theta}$，可以得到风险函数为

$$R = \frac{a}{2} \alpha^2 \sigma^2$$

根据总利润函数式和线性激励安排式，可得代理人相应的保留效用函数为

$$\widetilde{A} = r + \alpha \widetilde{Q} - \frac{k}{2} e^2 = r + \alpha e + \alpha \widetilde{\theta} - \frac{k}{2} e^2$$

相应地，

$$E(\widetilde{A}) = E\left(r + \alpha \widetilde{Q} - \frac{k}{2} e^2\right) = r + \alpha e - \frac{k}{2} e^2$$

故确定的效用为

$$C(\widetilde{A}) = r + \alpha e - \frac{k}{2} e^2 - \alpha^2 \frac{a}{2} \sigma^2$$

---

① 有关冯·纽曼-摩根斯坦期望效用函数更为详细的介绍，可参阅微观经济学中级或高级教程。

委托人的决策问题简化为

$$\max_{a,r,e} E(\widetilde{Q}^n) = (1-\alpha)e - r$$

$$\text{s.t.} \quad C(\widetilde{A}) = r + \alpha e - \frac{k}{2}e^2 - \alpha^2 \frac{a}{2}\sigma^2 \geqslant \overline{C}$$

假定信息对称,委托人了解代理人的保留效用并且可直接观测到代理人的努力水平,假定参与激励起作用,并假定 $\overline{C}=0$,则

$$r = -\alpha e + \frac{k}{2}e^2 + \alpha^2 \frac{a}{2}\sigma^2$$

对委托人的目标函数求相应的一阶条件可得:

$$\alpha^* = 0 \quad e^* = \frac{1}{k}$$

相应的固定工资和总工资为

$$r^* = (2k)^{-1}$$

$$w^* = r^* + \alpha^* Q^* = \frac{1}{2k}$$

由此可以发现,代理人获得固定工资,委托人承担全部风险。

在信息不对称的情况下,委托人不能直接观测到代理人的努力,但是可以通过结果间接观测,此时的均衡结果仅仅是次优的。现在重新考虑代理人的决策问题:

$$\max_e C(\widetilde{A}) = r + \alpha e - \frac{k}{2}e^2 - \alpha^2 \frac{a}{2}\sigma^2$$

代理人的激励约束 $e = \frac{\alpha}{k}$,相应的参与约束为

$$r + \alpha e - \frac{k}{2}e^2 - \alpha^2 \frac{a}{2}\sigma^2 \geqslant \overline{C}, \quad \overline{C} = 0$$

从而委托人的决策问题简化为

$$\max_{a,r,e} E(\widetilde{Q}^n) = (1-\alpha)e - r$$

$$\text{s.t.} \quad r + \alpha e - \frac{k}{2}e^2 - \alpha^2 \frac{a}{2}\sigma^2 \geqslant 0$$

$$e = \frac{\alpha}{k}$$

同样假定参与约束起作用,并将两个约束条件带入目标函数可得

$$\max_{a,r,e} E(\widetilde{Q}^n) = (1-\alpha)e - r = (1-\alpha)e + \alpha e - \frac{k}{2}e^2 - \alpha^2 \frac{a}{2}\sigma^2$$

即

$$\max_{\alpha} E(\widetilde{Q}^n) = \frac{\alpha}{k} - \frac{1}{2}\frac{\alpha^2}{k} - \alpha^2 \frac{a}{2}\sigma^2$$

相应的一阶条件为

$$\alpha^{**} = \frac{1}{1 + k\partial\sigma^2} < 1$$

$$e^{**} = \frac{1}{k(1 + k\partial\sigma^2)} < \frac{1}{k}$$

α^{**} 说明风险规避的代理人并没有承担全部风险,而是与委托人签订了"分成契约"。

e^{**} 说明代理人的努力水平相对于信息对称分布而言降低了。

(三) 逆向选择模型

委托人只知道代理人类型分布的概率,而不知道代理人具体的类型,信息非对称发生在签约之前。

假设代理人 j 努力的成本函数为

$$c_j(e_j)$$

假设存在 n 个代理人,而且每个代理人对产出的贡献是可分离的,代理人对产出的贡献与努力水平呈正比,则总利润函数为

$$Q = \sum_j Q_j, \quad Q_j = e_j, \quad j = 1, 2, \cdots, n$$

委托人提供的工资水平激励为

$$w_j = w_j(e_j)$$

代理人的效用函数为

$$A_j = w_j(e_j) - c_j(e_j)$$

假定代理人的保留效用为零,且努力的成本函数为

$$c_j = \frac{k_j}{2} e_j^2$$

存在两类不同的代理人, $j=1,2$,而且代理人 1 具有较低的边际努力成本,即满足

$$k_1 < k_2$$

我们先考虑签约前后信息是对称的,委托人确切知道每个代理人的类型,在此条件下实现利润最大化:

$$\max_{w_1, w_2, e_1, e_2} Q^n = e_1 + e_2 - w_1 - w_2$$

$$\text{s.t.} \quad w_1 - \frac{k_1}{2} e_1^2 = 0$$

$$w_2 - \frac{k_2}{2} e_2^2 = 0$$

以上两式分别为代理人 1 和代理人 2 的参与约束条件。将两式带入目标函数,并求得相应的一阶条件为

$$e_1^* = \frac{1}{k_1}$$

$$e_2^* = \frac{1}{k_2}$$

相应的均衡工资水平为

$$w_1^* = \frac{1}{2k_1}$$

$$w_2^* = \frac{1}{2k_2}$$

委托人获得的总利润水平为

$$Q^{n*} = e_1 + e_2 - w_1 - w_2 = \frac{1}{2k_1} + \frac{1}{2k_2}$$

上述结果说明在信息对称情况下,委托人可以根据代理人的努力程度确定不同的工资水平,越是努力的代理人将获得越高的报酬激励。

现在我们考察签约前信息不对称的情况:委托人不知道代理人的类型,从而要诱使代理人说真话,而诚实的前提是诚实的收益比不诚实的收益高,实际上形成代理人的激励约束:

$$w_1 - c_1(e_1) \geqslant w_2 - c_1(e_2)$$
$$w_2 - c_2(e_2) \geqslant w_1 - c_2(e_1)$$

将代理人的努力成本函数

$$c_j = \frac{k_j}{2} e_j^2$$

带入上述两式可得激励约束条件为

$$w_1 - \frac{k_1}{2} e_1^2 \geqslant w_2 - \frac{k_1}{2} e_2^2$$
$$w_2 - \frac{k_2}{2} e_2^2 \geqslant w_1 - \frac{k_2}{2} e_1^2$$

假设某种类型代理人的概率用其占总代理人的比例来表示:

$$\pi_j = \frac{m_j}{m}, \quad \sum_j m_j = m$$

假设委托人是风险中性的,实现期望利润最大化:

$$\max_{w_1, w_2, e_1, e_2} \hat{Q}^n = \pi_1(e_1 - w_1) + \pi_2(e_2 - w_2)$$

$$\text{s. t.} \quad w_1 \geqslant \frac{k_1}{2} e_1^2 + \left(w_2 - \frac{k_1}{2} e_2^2\right)$$

$$w_1 \geqslant \frac{k_1}{2} e_1^2$$

$$w_2 \geqslant \frac{k_2}{2} e_2^2 + \left(w_1 - \frac{k_2}{2} e_1^2\right)$$

$$w_2 \geqslant \frac{k_2}{2} e_2^2$$

根据 k_1、k_2 的基本关系并同样假设参与约束起作用,则上述约束条件可简化为:

$$w_1 - \frac{k_1}{2} e_1^2 = w_2 - \frac{k_1}{2} e_2^2$$

$$w_2 = \frac{k_2}{2} e_2^2$$

$$e_1^2 > e_2^2$$

解此最优化问题可得相应的努力水平和工资值:

$$e_1^{**} = \frac{1}{k_1} = e_1^*$$

$$e_2^{**} = \frac{1}{k_2 + \frac{\pi_1}{\pi_2}(k_2 - k_1)} < e_2^* = \frac{1}{k_2}$$

$$w_1^{**} = \frac{1}{2k_1} + \frac{1}{2\left[k_2 + \frac{\pi_1}{\pi_2}(k_2 - k_1)\right]^2} > w_1^* = \frac{1}{2k_1}$$

$$w_2^{**} = \frac{k_2}{2} + \frac{1}{\left[k_2 + \frac{\pi_1}{\pi_2}(k_2 - k_1)\right]^2} < w_2^* = \frac{1}{2k_2}$$

由此可见,低成本的代理人(高能力代理人)在付出与信息对称情况相同的努力水平下,信息不对称将会使其获得更高的薪酬激励,有的学者将此称为低成本代理人获得的"信息租金"[①]。由于低成本的代理人获取了足够的剩余,因而不存在伪装成高成本代理人的动机。这也从反面说明,如果企业不给予低成本代理人足够的激励,则低成本代理人会隐藏自己的能力,即出现高能力代理人偷懒的现象。

二、企业的委托—代理问题

现代企业实行了所有权和经营权的"两权分离",而且伴随资本市场的发展,股东分散化程度提高,企业所有者对经营者的控制力受到削弱。在关于企业经营状况、经营者努力程度等与企业相关的信息占有方面,企业的所有者和经营者之间存在信息的不对称分布,前者在信息占有上处于劣势,成为企业委托—代理关系中的委托人,后者由于占有信息优势而成为委托—代理关系中的代理人。在代理人与委托人存在目标冲突的情况下,代理人可能利用信息优势不为委托人利益服务,甚至损害委托人利益,从而导致现代企业的委托—代理问题。

(一)代理成本

由于代理人是一个具有独立利益和行为目标的经济人,其行为目标与委托人的目标不可能完全一致。委托人与代理人之间存在严重的信息不对称和契约的不完全性,使对委托人来说,想不费成本就确保代理人做出按委托人观点来看的最优决策,一般是不可能的。委托人和代理人的目标冲突所导致的效率损失以及为协调这种冲突所付出的成本就是代理成本。可以将代理成本定义为委托人的监督支出、代理人的保证支出(bonding expenditures)以及因代理人决策与使委托人福利最大化的决策存在偏差而使委托人遭受的剩余损失的总和。具体而言,委托人付出的监督费用包括观察代理人行为和测度代理人产出的费用,以及与预算约束、补偿措施、操作规则等相关的交易成本;代理人的保证费用是指由代理人承担的保证契约履行的费用,如代理人支付给委托人的保证金或承诺违约后对委托人的补偿费等;剩余损失则是在交易成本存在的情况下,委托人实际实现的剩余与"新古典利润最大化"剩余的差额。简言之,代理成本是现代公司制企业"所有权和控制权分离"的费用,是一种特殊的交易成本。

[①] 〔美〕埃里克·弗鲁博顿、〔德〕鲁道夫·芮切特:《新制度经济学:一个交易费用分析范式》,上海三联书店,2006年版,第270页。

（二）激励约束机制设计

为降低企业的代理成本，现代企业内部普遍建立了针对代理人的激励约束机制①。我们将根据委托—代理理论总结激励约束机制设计的基本原则，并介绍具有代表性的针对企业经理层的激励约束机制。

1. 激励约束机制的设计原则

根据前述的委托—代理模型可知，最优的激励机制设计需要考虑委托人和代理人双方利益，具体需要满足三个条件：① 参与约束，是指代理人从契约中得到的期望效用不能低于不接受契约时能得到的最大期望效用（保留效用）；② 激励相容约束，即代理人总是选择使自己效用最大化的行为，委托人希望代理人采取的行动都只能通过代理人的效用最大化行为来实现；③ 效用最大化，即委托人支付代理人报酬后所获得的纯效用，不低于采取任何其他契约的效用。在满足上述条件的情况下，激励约束机制设计的基本原则为：在任何满足代理人参与约束和激励约束且使委托人预期效用最大化的激励契约中，代理人都必须分担部分风险；如果代理人是风险中性者，则可以通过代理人承担全部风险的方法达到最优结果；由于激励契约的执行是存在交易成本的，因此激励约束机制的设计不能只强调契约的激励效果（收益），还要考虑机制设计成本。

2. 企业经理层的激励约束机制设计

伴随企业规模的扩大，"经理革命"发生以后，为有效激励和约束企业经理层，现代企业相继实施了一系列具有代表性的经营者激励制度。

年薪制。经营者年薪制是以企业一个生产经营周期（一般以年度）为单位确定经营者的基本报酬（基薪），并视其经营成果浮动发放风险收入的工资制度。企业经营者的年薪收入包括"基薪"和"风险收入"两个部分，前者是固定收入（无风险收入），后者是委托人对经营者风险分担的回报。年薪制实质上是一种线性激励制度，体现了委托人和代理人共担风险的原则。

经营者股票期权制度。经营者股票期权制度最初产生于美国，目前已发展成西方国家普遍采用的企业激励机制。基本做法是给予企业经营者一种权利，允许他在特定的时期内按照某一约定的价格购买企业普通股。这种权利不能转让，但所购股票仍能在市场上出售，持有这种权利的经营者可以在规定的时期内以股票期权的行权价格购买本公司股票（此购买过程称为"行权"），而在行权以前股票期权持有人没有任何现金收益，行权以后个人收益即为行权价格与行权日市场价格之间的差价。当行权价格一定时，行权人的收益与股票价格成正比。由于股票价格是股票内在价值的外在体现，股票价值是公司未来收益的贴现，于是公司经营者的个人利益就与公司未来发展建立起一种正相关的关系。经营者股票期权实际上就是让经营者拥有一定的剩余索取权并承担相应的风险，使经营者更加关心投资者的利益、资产的保值增值和企业长远发展，因此经营者股票期权常常也被形象地称为经营者的"金手铐"。

管理层收购。管理层收购是指目标公司的管理层利用自有资金或外部融资所获得的

---

① 除内部约束以外，还可利用证券市场、产品市场、要素市场、经理人市场实行外部约束。

资金购买目标公司的股份,通过收购,企业的经营者变成了企业的所有者,实现了所有权与经营权的新统一,使管理层同时具有所有者的表决权,进而达到重组本公司并获得预期收益的一种收购行为。有学者认为,股权的日趋分散和管理层对企业控制权的日趋上升,使得那些成熟的企业和行业中产生了大量的自由现金流,使管理层有了进行多元化并购的自由选择空间,任意使用自由现金流成为管理层代理成本的主要体现。管理层热衷于多元化经营和扩大企业规模,而不是热衷于最大化股东收益,结果出现了高现金流和低效投资并存的现象,企业资源被低效利用,由此就产生了潜在的效率提升空间。一般来说,只要提高企业负债率,就可以通过强制性的债务利息支出缩小管理层自由支配现金流的空间,降低因自由现金流而产生的代理成本,负债和破产压力也会迫使管理层提高经营效率,因此高负债成为降低管理层代理成本的控制手段。从经营者激励机制看,管理层收购是非人力资产所有者通过企业所有权分享(股权)对管理层进行的激励和控制,其本质是通过"消灭"代理人来降低代理费用。

三、公司治理结构比较

由于公司治理是公司所有者实现利益保护的机制,因此对"企业应该归谁所有"的不同认识必然产生不同的治理机构,即企业的产权安排决定相应的治理结构。但是,作为一种制度安排,公司治理结构还受到不同国家和地区的法制环境、金融体制、企业文化等诸多因素的影响。因而,在公司治理结构的组织体系大致相同的情况下,各国公司治理结构的具体模式呈现出多样性的特点。

(一)公司治理结构的组织体系

公司治理结构的组织体系一般由股东大会、董事会、监事会和经理层构成。

1. 股东大会

股东大会由公司全体股东组成,是公司的权力机构,即公司的最高决策机构。股东大会的主要职权在于对涉及公司的重大事项做出决策,例如,决定公司的经营方针和投资计划;选举和更换董事、监事,决定董事、监事的报酬;审议批准董事会、监事会的报告;审议批准公司财务预算、决算方案;审议批准公司的利润分配、弥补亏损的方案;增减公司注册资本、发行公司债券、变更公司形式、解散和清算方案;修改公司章程等。

2. 董事会

董事会是股东大会的常设机构,由股东大会选举出的董事组成,是公司的管理、执行机构。董事会的主要职责包括:执行股东大会的决议;决定公司的经营计划和投资方案;制定公司财务预算、决算方案;制订公司利润分配、亏损弥补的方案;制订公司增减注册资本、发行公司债券、变更公司形式、解散方案;决定公司内部管理机构的设置;决定公司经理层和财务人员的聘用及报酬事项等公司经营管理事项。董事会须向股东大会报告,董事会制订的方案须经股东大会审议批准,董事会须对股东大会负责。股东会与董事会之间是决策与执行的关系。

3. 监事会

监事会是公司内部的专职监督机构。监事会对股东大会负责,以出资人代表的身份行使监督权力。监事会的基本职能是监督公司的一切经营活动,以董事会和总经理为监督对象,在监督过程中,随时要求董事会和经理人员纠正违反公司章程的越权行为。为了完成其监督职能,监事会不仅要进行会计监督,而且要进行业务监督。不仅要有事后监督,而且要有事前和事中监督(计划、决策时的监督)。监事会成员必须列席董事会会议,以便了解决策情况,同时对业务活动进行全面监督。监事会向股东大会报告监督情况,为股东大会行使重大决策权提供必要的信息。

4. 经理层

经理人员受雇于公司董事会,以契约形式明确与公司之间的委托—代理关系。经理对董事会负责,可以列席董事会会议,行使相应的职权。经理人员应当遵守公司章程,忠实履行职务,维护公司利益,不得利用在公司的地位和职权为自己谋私利。

四者之间的基本权利配置可见图11-3。股东大会产生董事会和监事会,董事会雇用经理层,监事会负责对董事会和经理层的监督。

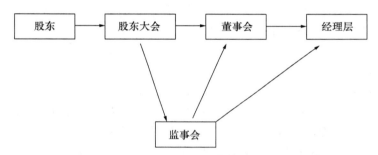

图 11-3 股东大会、董事会、监事会和经理层关系

(二) 公司治理结构的比较

在公司治理结构的组织体系基本相同的情况下,世界范围内主要存在两种具有代表性的公司治理机构:以美国为代表的基于市场型公司治理和以日本为代表的关系导向型公司治理。两者的比较见表11-2。

表 11-2 美国和日本公司治理结构比较

	美国	日本
股权结构	相对分散,法人持股比例受到限制	相对集中,法人相互持股
董事会	外部董事相对较多	主要由内部董事构成
经理报酬	高	低
资本市场	流动性很强	流动性较弱
激励机制	高薪、股权激励	低薪、内部提升
监控方式	外部市场监控力度大	内部利益主体监控

1. 组织体系

在组织体系设置上,美国实行"单层制"模式,而日本实行"三角制"模式。美国的公司设股东大会、董事会、董事会的附属机构以及首席执行官职位,不设监事会。为加强董事会的监督和控制职能,美国法律规定公司必须要有一定数量的外部董事,客观地监督和评价公司的运作。在公司治理的组织体系中,股东大会是非常设机构,常设机构是董事会,这就是所谓"单层制"的公司治理结构。日本的公司采取三权分立的管理制度,其机构主要有董事会、监事会和成员大会(股东大会),它们之间相互制约。监事会是公司内部专职的监督机构。但事实上,由于日本法人持股现象突出,监事会难以发挥有效的监督职能。

2. 股权结构

美国公司,尤其是上市公司,股权结构高度分散,虽然机构投资者(养老金、投资基金等)持有公司的部分股权,但是单个机构投资者持股比例都较低,而且美国制定了严格的《反托拉斯法》,对公司法人持股比例做了极为严格的规定。股权结构的高度分散提高了股东集体决策的成本,因而董事会的作用极为重要。为防止"内部人控制"及经理层和内部股东的合谋,美国公司董事会中设立了为数不少的外部董事(独立董事)行使监督职能。股权结构高度分散导致内部控制机制的相对弱化,经理层享有事实上的企业控制权,也必然利用高薪和股权分享企业剩余。相比美国公司而言,日本公司由于主要由法人持股,因而股权相对集中。握有股权的法人成为日本企业的"利益相关者",使企业的内部监控变得更有"主动性"和"积极性"。

3. 激励约束机制

公司治理结构的核心是解决代理人的激励约束问题。美国公司治理遵循个人主义的文化理念,通过拉大经理层和普通雇员的收入差距对经理层进行激励。同时高度发达的证券市场使企业面临接管和并购的威胁,迫使经理层注重企业绩效。另外,经理人的职业化和市场化也使经理层面临外部市场竞争,形成经理层的自我约束机制。日本企业奉行集体主义文化,经理层和员工收入差距较小,因而对经理层的激励主要偏重内部职位提升。相比美国企业而言,日本企业更加注重经理层的"精神激励",注重利用非经济手段满足经理人的个人效用(被企业和社会认同)。

第四节 企业家与企业

全球范围内自主创业的复兴,迫切要求我们从理论上重新审视企业家在企业成长中的作用。前述的主流企业理论主要以成熟的大企业作为研究对象,对企业家和创业企业着墨较少。本节将在全面梳理企业家理论的基础上,探讨企业家理论和企业理论的区别与联系,分析企业的起源与演进,探讨企业家在新企业成长中的作用以及企业成长所需的社会条件。

一、企业家理论

企业家理论一直是企业理论的重要构成部分,但与浩如烟海的主流企业理论的文献相比,正统经济理论中有关企业家的文献不仅数量少,而且常常空洞无物,理论没有提供任何描述、分析企业家职能的有效工具。我们尝试在介绍企业家概念的基础上,对现有的企业家理论进行梳理,以帮助读者从总体上把握企业家理论的研究进展。

(一) 企业家

企业家(entrepreneur)一词源于法语 entreprendre,最初的含义是"冒险家",指当时领导军事远征的人。根据《新帕尔格雷夫经济学大词典》,企业家这一术语最早由法国古典政治经济学家理查德·坎迪隆(Richard Cantillon)引入经济学理论。综合现有的关于企业家的文献,对企业家的定义主要存在以下四种。

企业家是协调者。法国古典政治经济学家 J. B. 萨伊(J. B. Say)在提出劳动、资本、土地"三要素论"的基础上,将企业家界定为"生产的指挥协调者"。萨伊认为,企业家是组织劳动、土地和资本三种要素进行生产并为产品寻求价值的代理人,但并非由自己提供资本或借贷资本。他认为,将稀缺资源从效率低、产量小的领域转到效率高、产量大的领域的人就是企业家。

企业家是套利者。奥地利学派著名学者柯兹纳将企业家定义为"中间商"的角色。他是从市场进程角度考察企业家的,认为市场是一个持续不断的过程,而这个过程的推动者就是企业家。企业家具有常人所不具备的敏锐捕捉市场获利机会的能力,这种能力使企业家能够通过"低买高卖"实现"套利"。与萨伊不同的是,柯兹纳不认为企业家是一种生产要素,企业家不需要组织协调和选择最优产出比之类的特殊技能,企业家需要的是对未被利用的机会的洞察力,节俭和追求产出最大化不是企业家需要具备的知识。

企业家是创新者。熊彼特将企业家定义为打破现有秩序和市场均衡的创新者。他认为企业家的"灵魂"就是创新,企业家是经济发展的第一推动力。具体而言,熊彼特将创新解释为建立一种新的生产函数,将一种从未有过的生产要素和生产条件的新组合引入生产系统。创新的具体形式有五种:引进新产品、引进新技术、开辟新市场、控制原材料或半成品的新的供应来源,以及实现新的企业组织形式。熊彼特认为,作为以"创新"为基本职能的企业家并不是风险承担者,企业家只是制定和实施创新决策并产生"新组合"的人,而风险承担者应该是贷款人或资本家。

企业家是不确定性风险的承担者。坎迪隆最早赋予企业家"不确定性承担者"的角色。他认为企业家履行了重要的经济职能,他们在不知道消费者愿意为最终产品出价多少的情况下,就承诺购买生产要素。奈特明确区分了"风险"和"不确定性",认为风险是管理者可以通过保险解决的,但是面对不确定性,管理者无能为力,只有企业家才能对不确定性问题进行决策,而"利润"则是对企业家不确定性决策的回报。

（二）企业家理论

主流的新古典经济学先验性地假设企业是投入产出的生产函数，在完全信息和完全理性的假设下，企业家自然被排除在理论分析范围以外。但是，在经济学强调更为彻底的个人主义分析方法和全球创业浪潮掀起的背景下，企业家必然从"游荡于经济学模型以外的幽灵"逐渐被"带回经济学模型中"。

1. 马歇尔的企业家理论

虽然在新古典经济学理论中并不存在企业家发挥作用的场所，但是作为新古典经济学的集大成者，马歇尔对企业家问题的详细论述仍然是后续许多企业家理论的思想源泉。马歇尔的企业家理论全面涵盖了企业家的定义、报酬及企业家和股东利益的协调三个方面。

企业家的定义。马歇尔对企业家的定义是实实在在的"大综合"。他认为，"依据手边工作的不同"，企业家可以是生产的协调者、套利者、风险承担者和创新者。马歇尔认为，产品生产和销售都是协调生产要素卖方和产品买方关系的"中介行业"，企业家的作用就是在潜在的要素所有者和消费者之间建立联系。因此，他将生产和销售统一纳入经济学分析框架，认为企业家不仅包括生产产品的制造商，还包括从事商品销售的商人。此外，马歇尔认为企业家不仅要组织企业资源配置、管理生产过程，而且要承担经营决策的风险。在此意义上，马歇尔认为，股东和金融中介因为承担了公司风险，因而也是企业家。

企业家的报酬。马歇尔在定义生产函数时，将"三位一体"要素公式拓展为"四位一体"，并将要素和要素所有者的收益一一对应：劳动—工资，资本—利息，土地—地租，组织—利润。我们通常将"组织"要素理解为企业家才能，因而马歇尔认为企业家作为一种独立的生产要素，其报酬就是企业的利润（更为准确地说是正常利润）。

企业家和股东利益的协调。马歇尔已经认识到当时的股份公司存在资本所有权和使用权的广泛分离，并且提出承担风险的股东和被委以管理权的企业家是以"事业上的信任和确信"为媒介联系在一起的，但这种联系的脆弱性需要提供稳定的组织保障加以弥补。马歇尔认为组织内部的这种利益冲突可以通过声誉机制、集体决策和股东投票方式加以解决。

2. 奥地利学派的企业家理论

奥地利学派在现有经济学流派中是最推崇企业家在经济发展中的作用的。由于对企业家问题的重视，奥地利学派形成了被理论界广泛引用的企业家理论。奥地利学派企业家理论的形成得益于熊彼特、马克·卡森（Mark Casson）[①]等学者的贡献。

熊彼特的企业家理论主要强调企业家的创新职能，如前所述，熊彼特认为风险分担不应该成为企业家的职能。在此基础上，熊彼特严格区分了企业家和资本家，并且认为企业家也不是发明家。企业家的本质是将发明的技术引入生产活动中，形成新的经济增长活力。卡森在综述现有企业家理论的基础上，将企业家定义为稀缺性资源的"判断性决策者"。判断性决策就是完全依靠决策者个人判断的决策，其本质在于决策中不存在一条明

[①] 卡森是《新帕尔格雷夫经济学大辞典》"企业家"词条的撰写者。

显是正确的而且只使用公开可获信息的规则。① 卡森的定义强调了企业家在缺乏信息的情况下对自己判断力的自信,并且认为在市场经济中,对自己的判断缺乏信心的人,可以将决策权委托给企业家。我们可以将卡森的企业家理解为以自信判断为基础的投机者。此外,由于决策所需的某些信息不仅获取成本高昂,而且靠直接观察是得不到的,在此背景下,企业家的判断力不仅受制于客观信息,同时也受到企业家主观信仰的影响。因此,卡森也强调文化和个人信仰对判断力的影响。

3. 奈特的企业家理论

奈特的企业家理论包含于企业理论中,将企业存在的根源解释为企业家和员工之间风险重新分摊所带来的收益。因而,在奈特的企业理论中企业家的作用至关重要。具体而言,奈特认为在不确定性存在的前提下,"实施某种具体的经济活动成为生活的次要部分,首要的功能是决定干什么和如何去干",而"首要的功能"就是企业家的基本职能。企业家作为自信和敢于冒风险的人承担了不确定性成本,他们通过保证向胆小的雇员提供固定回报获得权威,并以企业的剩余收入或利润作为回报。由于对人和物支付了按照在人的服务和物的服务竞争中所规定的支付价格之后,留下的产品剩余才是利润,因此利润既可以是正数,也可以是负数,所以承担"不确定成本"的企业家的收入本身也具有"不确定性"。

二、企业家的企业理论

由于现有企业理论缺乏对企业"生产属性"与"交易属性"的综合研究,也就必然忽视对能够有效整合两大企业理论分支的理论工具——作为企业创立者的企业家角色的考察。但是,如果在应用交易成本范式研究企业交易属性时,进一步追问以权威和行政命令为特征的资源配置方式,即企业权威的来源,我们就会发现,正如企业家和企业天然不可分一样,企业家理论和企业理论之间也存在密不可分的联系。

(一) 企业家理论与企业理论②

基于交易属性的企业理论都将企业抽象为一种不同于市场的资源配置方式,这种对企业的"同质性"假设抹杀了不同企业之间的相互区别,也抽象掉了企业的"主观主义"成分,忽略了企业家与企业本质、企业边界和企业内部组织的必然联系。但是,如果深入考察企业家和企业的关系,我们就会发现,交易成本经济学的企业理论和企业家理论应该存在我们尚未深入探究的理论上的逻辑联系。事实上,交易成本经济学将企业视为不同于市场的资源配置方式,企业家理论将企业视为企业家的创造物,两者都认为企业的存在源于市场失灵。由于市场配置资源存在交易成本,因而企业的产生是为了矫正市场不能有效配置资源而产生的市场失灵,这是我们熟知的交易成本范式对企业本质的认识;企业家创造企业的原因在于企业家拥有的"创新理念"无法通过市场进行交易,面对市场价格机制失效导致

---

① 〔英〕约翰·伊特韦尔等:《新帕尔格雷夫经济学大辞典》(第三卷),经济科学出版社,1996年版,第163页。
② 主要是指新制度经济学中交易成本经济学的企业理论。

的"市场失灵",企业家只有通过创立企业来实现对"创新理念"的间接定价。此外,交易成本经济学认为,企业能够节约交易成本的原因在于企业家的权威,企业配置资源的本质是企业家配置资源,企业家与交易成本节约密切相关。

然而,令人遗憾的是,现有的交易成本企业理论或许由于关注的理论重点不同(或许由于企业家问题难以用现有的最优化方法模型化),一方面该理论将企业定义为以企业家权威为特征的资源配置方式(治理结构),另一方面,又在理论研究中几乎完全割裂了企业家和企业的内在联系。我们认为,无论是基于企业家和企业天然融为一体的事实,还是基于交易成本经济学对企业本质的理论定义,在交易成本分析中缺乏对企业家的考察都是一种理论缺憾。为了弥补这种缺憾,需要在现有交易成本分析中引入企业家维度。现有的交易成本分析虽然认识到有限理性的存在,但只是从道德风险、激励角度分析交易成本(机会主义、敲竹杠问题等)。实际上,有限理性不仅意味着经济个体对客观世界认识的不完全性,而且暗含不同经济个体在"意图实现完全理性"时表现的认知差异,即有限理性意味着认知不完全和认知不一致。企业的出现是基于认知能力差异进行社会分工的结果,由企业家专司"判断性决策"的职能,节约了由于认知不一致产生的交易成本。

此外,现有交易成本分析范式都是基于市场存在的前提,通过分析企业和市场的相互替代研究企业的本质和企业的边界,而现实是市场并不是天然存在的。放松"市场天然存在"的理论假设,将市场作为一种"进程"考察,我们就会发现企业的出现并不仅仅是"成本推动"(交易成本节约)的结果,它同时也是敏锐的企业家为满足消费者需求的创造物,是"需求拉动"的结果。无论是新企业的创立,还是成熟企业的扩张或收缩,都可能不仅仅是基于企业和市场相对成本的考量,因为在没有市场存在的情况下,市场成本无从谈起。现实情况表明,新企业的出现,包括很多新兴产业的出现和传统产业的转型、价值链的重组等,都是逐利的企业家为抓住潜在赢利机会的行为所致。只有在交易成本分析中融入企业家因素,我们才能从动态角度对企业和市场的关系做出更为合理的解释,进而完善交易成本经济学的企业理论。

(二) 企业家与企业本质

企业和企业家、企业理论和企业家理论在现实及理论层面固有的内在联系,预示着在现有企业理论中引入企业家因素的分析,或者从企业家视角观察企业,能够让我们对企业本质及其边界产生新的认识。

我们认为前述对企业家的不同定义只是从不同侧面反映了企业家的"特质",而所有这些特质都是企业家人力资本的特殊表现。因此,我们认为企业家不同于资本家、企业经营管理者或其他普通要素供给者的关键在于其独特的人力资本价值。企业家凭借自身的人力资本价值去组织实施创新理念所需的物质资本或其他人力资本,企业家是具有创新理念并能将创新理念付诸实施的人。

企业家与其他普通要素所有者一样,需要通过某种合理渠道实现其独特的人力资本价值。理论上,任何生产要素的所有者在实现其价值时,都有三种方式可供选择:① 自己生产并出售商品(不是自己生产、自己使用);② 直接出售生产要素;③ 进入一种契约安排,将要素的使用权委托给代理人以换取收入。其中,第二种方式是直接通过要素"市场"实现要素价值,第一种方式和第三种方式都是通过"企业"实现要素价值,因为这两种方式都涉及将要素转化为用于销售的产品的过程。如果我们承认任何产品(服务)的生产都是多要素合作的结果,那么第一种方式和第三种方式无非是从不同要素所有者的角度观察企业这种特殊的契约关系。

由于企业家人力资本的特殊性,企业家只能通过"企业"实现其人力资本价值,而且只能选择上述价值实现方式中的第一种方式。这种选择源于企业家人力资本"市场直接交易的不可能性"(第二种方式不可能)及企业家"被雇用的不可能性"(第三种方式不可能)。

"市场直接交易的不可能性"的本质是企业家的人力资本难以通过市场直接定价,即传统意义上的市场失灵。因为市场定价的过程实际上是买卖双方讨价还价,最终就交易对象价值取得"一致意见"的过程。但是,由于企业家的人力资本价值在于其"创新理念",在存在认知差距的情况下,这种理念的价值难以获得其他市场主体的认可。因此,即使企业家希望通过市场出售其创新理念,也会由于高额交易成本产生的"议价"困难而使交易缺乏效率。另外,即使企业家的价值得到市场认同,市场交易的严重道德风险仍然会使企业家望而却步。因为企业家拥有的"创新理念"都是涉及新产品、新技术、新组合等一系列蕴含潜在赢利机会的私人信息,这些私人信息很难通过专利制度获得产权保护,导致卖方放弃市场交易。

企业家"被雇用的不可能性"意味着企业家不可能将其人力资本的使用权委托给其他代理人,而只能作为代理人接受其他要素所有者的委托。契约理论表明,真实世界的所有契约都是不完全契约,但是相较于物质资本,涉及人力资本的契约面临更高的测度成本,因而存在大量的落入"公共领域"的人力资本属性。企业家的人力资本相对普通人力资本更加难以度量,而且也不可能通过"产权转让"实现对企业家人力资本的控制。因此,在这个意义上,企业家是企业家人力资本具有技术不可分性的所有者和控制者,企业家不可能受雇于其他人(企业家自身不愿意,其他人也不愿意"购买"企业家),所以企业家只能通过自己创立企业来实现自身价值。

综上所述,从企业家的视角认识企业,我们发现企业的本质是企业家实现自身人力资本价值的工具,是企业家在面临人力资本市场交易障碍的情况下,通过组合其他生产要素建立的为企业家"间接定价"的组织。在这个意义上,企业发挥了类似专利保护制度的功能,有效保护了难以界定的企业家人力资本的产权。

(三) 企业家与企业边界

从企业家角度认识企业,将企业的本质界定为企业家实现其人力资本价值的工具,可以把我们研究企业的目光重新带回到企业的逻辑起点和历史起点,便于我们从企业创立、经营的动态成长过程分析企业边界的形成和变迁。

1. 企业边界决策是企业家基于价值最大化进行主动选择的结果

企业既然是企业家创造的、用于实现其人力资本价值的工具,那么企业边界决策必然也是企业家基于价值最大化主动选择的结果。与交易成本经济学分析不同的是,此时的企业不再是基于比较成本优势的"交易治理结构",而是企业家的价值实现手段。企业边界的扩张或收缩也不再以节约交易成本为目的,而是从属于企业家价值最大化的目标。因而,在这个意义上,交易成本是内生于企业家边界决策的,是企业家价值最大化目标函数的"约束条件"。企业家之所以将原本由其他企业家(市场)从事的交易活动纳入企业内部(企业边界扩张),或者将原本由自己从事的交易活动推向市场(企业边界收缩),是因为认识到自己配置资源与其他企业家配置资源存在价值差异。由于面对高度不确定的环境时个体之间认知不一致的表现更为明显,因而我们发现企业边界的大规模变迁均发生在技术革新、产业政策大幅度调整(加强管制和放松管制政策)等外部环境动荡时期。不确定性加剧了理性计算的困难,却为企业家实现创新理念带来机遇。

2. 企业边界变迁受制于企业家获取资源的能力

由于企业家不能通过要素市场直接出售其"创新理念"实现人力资本价值,因而企业家必须依赖自身人力资本"黏合剂"的作用动员其他要素所有者以组成企业。只有企业建成后,企业家才能通过资本市场出售企业或者继续企业运营,通过产品市场"迂回"实现人力资本价值。但是由于认知差距,要素所有者并不会随便地将其拥有的要素交给企业家去实现其"创新理念",企业家能够配置的资源并不是现成的,他必须说服资源所有者认识到资源在现有用途和企业家创新用途之间的"价值差距",并将资源投入企业家设想的"事业"。

企业家越是容易获取组织相关生产活动所需的资源,企业边界变迁过程就越是顺利。由于企业家的人力资本属性较难测度,因而需要相应的担保机制为其"可变性"提供担保以保证交易实施。但是,由于人力资本与人本身的不可分性(人力资本天然的私有性质),人力资本本身不具备担保功能(在没有建立声誉的情况下),必须借助其他担保物实现对人力资本的担保。由于企业家投入的自有资本反映企业家对"创业理念"的认同,因而自有资本发挥了对企业家人力资本的担保功能,从这个意义上讲,富人相对于穷人更容易成为企业家。在缺乏自有资本担保的情况下,外部资源所有者对企业家人力资本的评价和行为选择至关重要。因为在寻找投资(广义的资源投入,不一定是货币资本投资)机会的过程中,投资者往往存在"搭便车"的心理,因而投资者不会首先耗费成本对企业家的创业理念进行评价。对此,企业家必须给"先行者"更加优越的激励(如以优先股的形式赋予优先权等),"先行者"注入的资源实际上行使了类似自有资本的担保功能,"诱发"其他投资者积极评价企业家人力资本价值,并将资源使用权委托给企业家。如此,企业家方能通过资源的重新组合实现其对生产活动的组织,为执行企业边界决策提供可行性。

三、新企业的起源与演进

无论是新古典经济学还是主流的契约理论,其对企业问题的分析基本都是静态分析,至多是比较静态分析,缺乏对企业成长、发展"过程"的动态考察。但是,任何成熟大企业都是从"新生小企业"演化而来的,而且在为数众多的新企业中只有少数幸运者能够成功演变为大企业。影响新企业成功的因素有很多,但优秀企业家的存在似乎是企业成功的必备条件。我们将在分析新企业成功必须具备的特质的基础上,融合企业家理论和企业成长理论,分析企业成长和演进的过程。

（一）新企业的起源

企业的起源和企业的本质经常被作为一个问题来考察，但是，无论是从社会分工角度还是从交易成本和治理机制角度，对企业本质的研究都忽视了企业家作为一种"能动"要素在企业创立中的作用。但现实的情况是，企业的创立离不开企业家的参与。因而，在对新企业起源的分析中，我们将主要关注成功企业所依赖的企业家特质。根据阿玛尔·毕海德（Amar Bhide）的分析，有前途的新企业应该具备以下特质：

1. 初始条件（禀赋）

多数的企业家在筹建新企业时都面临资本约束，他们大都只能依靠自有资金进行"自力更生"式的创业。企业家面临资本约束的主要原因在于企业家人力资本的特殊性。前面已经提及企业家必须具备常人所不具备的洞悉市场获利机会的能力，但这种能力通常难以获得外部资本家的认可。企业家人力资本价值难以得到认同和人力资本缺乏抵押功能，共同导致企业家创业初期主要依赖个人资本。

2. 行业的性质

资源有限的创业企业家所从事的行业往往具有事前投资低、不确定性高和可能利润低的特点。这一方面源于企业家初始禀赋的约束，因为对于能够获得巨额收益的项目，他们往往支付不起所需的先期投资；另一方面，也可能是源于收益—成本的考虑，因为较小的事前投资即使没有回报也不会给本来就"财务匮乏"的企业家带来多大损失。

3. 企业家的品质与技能

创办不确定的企业要能高度容忍模糊性。原因在于企业家所在的行业具有高度的不确定性，不可能通过调研获得有价值的信息，而且资本约束也不容许企业家有更多的事前计划和研究。在此情况下，企业家必须充当"判断性决策"的角色，进行"机会主义"式的策略调整。同时为获取外部资源支持，企业家还必须具备说服资源所有者的能力，找到愿意为"创新"分担风险的机构和个人（风险资本、天使投资者等）。

（二）新企业的演进

企业演进过程是指企业从新企业到转型企业再到成熟企业的角色转化过程，企业演进过程伴随企业边界的扩张和企业规模的扩大。主流企业理论基于交易成本分析范式，主要用一体化考察企业边界的变化。但正如前面所言，即使纵向一体化对企业边界的考察也只是比较静态分析。相反，非主流企业理论（演化企业理论、企业能力理论、基于资源的企业理论、基于知识的企业理论）由于强调企业的异质性和生产属性，对企业动态成长和演进的分析似乎更有解释力。

1. 企业成长理论

非主流企业理论大都从企业的生产属性考察企业的性质，无论是将企业作为资源的集合体、能力的集合体还是知识的集合体，都是为了探讨企业作为一个生产单位的起源和演化。演化经济学的代表人物纳尔逊和悉尼·温特（Sideny Winter）在其著作《经济变迁的演化理论》中明确将企业的特点定义为"惯例"（routines）。他们认为企业惯例涉及企业的特质性知识,这种特质性知识很多是无法用语言和文字清楚表达的默许知识(tacit knowledge)。就像每个生物都有自己的遗传基因一样,企业惯例成为每个企业都拥有的独特"组织基因"。企业的差异来源于不同的企业惯例,并因惯例的稳定性而得以不断延续。

纳尔逊和温特用惯例的"搜寻"解释企业的行为演进。企业在适应性生存的压力下,如果发现现有惯例不能获得"满意"的结果,就会通过模仿和创新来寻求新的惯例进行矫正。企业的演化过程部分是"惯例"的演进过程,但同时强调由于环境的不确定性和企业的程序理性,偶然性因素有时会成为影响企业成败的重要力量。比如,企业在搜寻新"惯例"时,并不知道备选惯例的优劣,企业能否在允许的时间内获得满意的结果,有时要靠运气的关照。

2. 企业家与新企业成长

与主流企业理论以成熟大企业作为分析对象一样,现有的企业成长理论主要着眼于对大企业的分析。但相对已经在长期演化的过程中建立了可供遵循的"惯例"的大企业而言,新企业显然缺乏"组织基因",而且通常难以遇到明显的增长机会。在这些"客观条件"均不完备的情况下,新企业的成长更多依赖企业家的主观判断。因而,考察新企业成长时必然考察企业家在企业成长中的作用。毕海德将企业家在新企业成长中的作用概括为三个方面[①]:

第一,制定大胆的目标。任何想建立能持续发展公司的企业家几乎都制定了"难以实现"的目标。大胆的企业目标会刺激创新活动和对企业的投资。毕海德认为,哪怕是不合逻辑的理由也会产生心理上的诱因,从而对企业的员工产生推动力。另外,大胆的目标昭示企业家强烈的事业心,这种声誉可以为企业获取更多的外部资源。毕海德认为,制定大胆的目标对于处于转型期的公司有着非同寻常的意义。但是,对于新企业的创立而言,大胆的目标并不是创业的必备前提。许多企业家进行创业活动仅仅只是基于做自由职业者、获得更多的经济收入等朴素的个人主义想法,有前途的新企业在创业初期主要关注企业的生存和现金流。

第二,确定实施目标的战略。新企业的创立更多依靠企业家的"判断性决策"和机会主义的投机行为,他们很多只是通过对现有概念的模仿或稍加修改进行"创新"。但是,在企业进入转型期以后,为保证创新活动的一致性,企业家必须将有限的资源投入在一定范围内,以获取协同效应和规模经济。除此以外,企业战略还需考虑企业面对的其他"约束条件",如现有的市场环境、顾客资源、声誉等,企业已经进行的创新活动也会对企业战略决策形成"路径依赖"。企业进入转型时期,企业家必须根据各种"意外情况"对战略进行适应性调整以保证企业具有适应性效率。此时,企业家真正充当了企业"权威"和领导者的角色,通过制定实现长期目标的战略为企业"长寿"奠定基础。

第三,有效执行战略。为获得企业员工和外部资源所有者对企业战略的认同,企业会让自己的战略成为公共信息。如此,企业战略会成为竞争对手的"共同知识",企业的竞争力关键取决于战略的执行。通常意义上讲,战略的有效执行需要资源保证和组织保证。人力资源是企业的第一资源,新企业成长初期难以吸引高质量的人力资源。但是,伴随企业的转型,企业家必须为企业战略的实施提升资源质量,重构资源供给者。此外,创业初期的企业基本没有组织可言,进入转型期以后,企业家必须注重建立组织的基础设施,适时进行

---

① 以下的分析更像管理学的分析"范式",体现出了企业理论研究中经济学和管理学融合的趋势。

组织结构改造并不断植入"企业文化",增强企业组织的"黏性"是保证企业战略有效执行的重要举措。

四、新企业成长的社会条件

当钱德勒所言的"大企业时代"受到世界性创业浪潮的冲击以后,人们又重新将注意力投向新生的小企业。我们发现,在企业生存的"丛林"中,大企业和新生小企业是共生和互补的关系。企业家创立企业的目的可能只是基于"自利",但是自利的企业家具有的企业家精神却有明显的"正外部性"。由于新企业的大量涌现具有重要的社会意义,我们也必须创造有利于新企业成长的社会条件。

(一) 新企业的社会意义

新企业的社会意义主要阐述新企业对经济增长的作用,着重强调企业家的创新活动如何推动经济增长。毕海德认为,如果忽视了企业家的角色,对过去所取得的增长中的相当大一部分我们就无法做出充分的解释。在发展经济学中,经济成长理论将企业家作为经济起飞的两个"先行资本之一"。有学者提出的产出非平衡发展战略也将投资者和经营者具有的企业家精神以及对产业链变动的反应作为产业实现平衡发展的两个重要条件之一。在经济学中,推崇企业家精神在经济发展中的重要作用的,当属奥地利学派的经济学家熊彼特。

熊彼特将企业家置于整个创新活动的中心,主要研究成熟企业的创新活动如何通过"创造性破坏"推动经济增长。但实证研究表明,新企业(小企业)的创新并不比大企业少,企业规模和企业创新活动之间并不存在显著的正相关关系。在通过创新活动推动经济增长的过程中,新生小企业和大企业仍然存在互补性的特征。新企业具有从事小规模、高不确定性创新的能力。由于很多"破坏性"技术一开始并不能在主流市场竞争,新企业开拓的非主流市场填补了市场空缺,容纳了这些"破坏性"技术。而且新企业的企业家精神具有"扩散效应"和"溢出效应",新企业的成功会激发更多的创业激情。新企业所从事的小规模、高不确定性的创新也在一定程度上削弱了创新活动的"破坏性",使创新沿着稳定、渐进的路径发展,而不是激进的路径发展。

(二) 新企业成长的社会条件

我们特别强调企业家在新企业成长和创新中的作用,但并不是忽视新企业成长的客观社会条件。实际上,企业家自身的成长就需要良好的社会条件,良好的外部环境能加速企业的成长和创新活动。

1. 信任

信任在新制度经济学中是作为非正式制度而存在的,信任对经济发展的意义在于降低交易成本。如果将企业作为一种契约的联结,那么缔约方的相互信任将减少签约前的谈判成本、契约执行的保证成本及监督成本。相互信任可能使原本无法进行的交易变为可能，并且有利于克服妨碍合作的"囚徒困境"。但是，由于企业家人力资本的特殊性，创业的企业家缺乏令人信任的"资本"，在此情况下，整个社会的信任程度的高低将对企业创业产生重要影响。张维迎的研究表明，一个国家和地区的经济绩效与信任度之间存在高度的正相关关系。

2. 金融市场

高度发达的金融市场为企业家摆脱资本束缚创造了条件，从而降低了非人力资本在企业中的地位，使企业家的人力资本成为企业的"关键资源"，从而相应获得企业的控制权。虽然多数的新企业在创业初期并未获得金融市场的支持，但是经济发展实践表明，完善的金融市场体系会便利新企业的成长。美国"新经济"的出现和硅谷模式的兴起，都源于风险投资制度和证券市场对创业的金融支持。世界范围内出现的专门为解决中小企业融资困境的中小银行和政策性银行，也说明了在信息不对称情况下，金融体制对创业资本约束的改善。在企业家人力资本难以被"第三方证实"的情况下，金融市场充分发挥了其分散风险的功能，通过对不同风险的企业家人力资本的配置，从总体上改进了企业家人力资本的利用效率。

3. 政府公共政策

由于根本不存在完全自由竞争的市场经济体制，政府的公共政策必然对所有的社会活动产生影响。几乎所有的发达国家都制定了专门针对中小企业的产业政策，通过限制垄断、降低企业的市场控制力来鼓励创业和中小企业发展。同时，很多政府对创业企业制定了相对优惠的税收政策，使企业相对于个人具有纳税优势，以此鼓励新企业的成长。相对于产业政策和税收政策而言，政府管制政策对创业的影响更为深远。理论和实践都证明，严厉的政府管制将限制企业家的创业活动。比如，对公司注册资本、股东人数的下限进行管制，就将提高企业创业的交易成本。政府对企业创业活动的层层审批和行政低效率，以及伴随的"寻租"行为，将浪费企业家本就稀缺的物质资本和时间资源，降低创业活动的效率甚至消灭企业家的创业激情。因此，相对自由宽松、鼓励竞争的市场环境更加有利于新企业的成长和演进。

【关键概念】

剩余索取权　剩余控制权　激励相容　用手投票　用脚投票　员工持股计划
管理层收购　利益相关者　企业家　　公司治理　代理成本　企业成长理论

【思考题】

1. 如何科学评价新古典经济学的企业理论（厂商理论）？
2. 结合企业理论，分析企业和市场的主要区别。
3. 试分析契约不完全的原因。
4. 试分析企业边界的决定因素。
5. 试述企业产权配置与企业绩效的关系。
6. 试述委托人和代理人的风险偏好对激励契约的影响。

7. 结合我国国有企业改革实践,谈谈国有企业经营者的激励问题。
8. 分析企业家理论与企业理论的主要区别,如何从企业家角度理解企业的本质?
9. 结合新企业成长的社会条件,分析我国创业型企业成长的主要障碍和解决对策。

【推荐阅读】

1. 〔美〕阿玛尔·毕海德:《新企业的起源与演进》,中国人民大学出版社,2004年版。
2. 〔美〕奥利弗·E.威廉姆森:《资本主义经济制度》,商务印书馆,2004年版。
3. 〔美〕奥利弗·E.威廉姆森、西德尼·G.温特:《企业的性质:起源、演变和发展》,商务印书馆,2007年版。
4. 〔美〕弗兰克·H.奈特:《风险、不确定性与利润》,商务印书馆,2006年版。
5. 张维迎:《企业的企业家:契约理论》,上海人民出版社,2004年版。
6. 聂辉华:《声誉、契约与组织》,中国人民大学出版社,2009年版。
7. 杨瑞龙:《企业理论:现代观点》,中国人民大学出版社,2005年版。

案例
通用-费雪车体公司收购案例[①]

费雪车体(Fisher Body,以下简称费雪)是由费雪六兄弟创办的家族企业,专业从事汽车车体生产,并为全美主要的汽车生产厂商提供车体。为保证车体供应,通用公司于1917年与费雪签订了按成本加成17%的价格购买车体的协议,并在1919年将此项协议的有效期延长到1929年。此外,1919年的协议条款还包括:通用收购费雪60%的股份;费雪融资委员会5名成员中的3名由通用公司任命。1921年,费雪六兄弟之一成为通用的一名主管。1924年,另外两兄弟加入通用,其中一名成为通用卡迪拉克分公司总裁。此后,由于通用公司对车体的需求大幅增加,通用要求费雪关闭离通用距离较远的底特律工厂,而将工厂搬迁至离通用较近的弗林特,以节约运输费用。在通用的这一要求遭遇费雪的拒绝以后,通用于1926年收购了费雪剩余40%的股份,费雪六兄弟中又有一人(第四人)加入通用公司董事会。同时,通用公司成立了费雪部,关闭了费雪位于底特律的工厂,在弗林特建立了新工厂。

作为在企业理论的经验研究中被广泛引用的案例,不同经济学家对通用收购费雪的动机进行了不同的解读。其中最为人熟知的解读来自克莱因、克劳弗德和阿尔钦(Klein, Crawford and Alchian,1978)。他们将这一案例作为对交易成本经济学企业理论(主要是威廉姆森观点)的有力经验支持。其研究认为通用收购费雪是企业替代市场,是通过纵向一体化将通用与费雪之间原本的市场治理变为企业治理。收购动机在于解决由于车体制造的物质资产专用性和地点专用性所带来的"敲竹杠"问题。但克莱因在随后的研究(Klein,1988)中改变了初衷,认为收购的主要动机在于解决费雪六兄弟的人力资产专用性,而不是物质资产专用性。现代企业理论的开创者科斯在全面查阅了这起收购案的原始文

[①] 通用收购费雪是企业理论中广为引用、但颇具争议的案例。由于无法获得与这起收购案有关的原始资料,我们只能根据掌握的研究文献对案例进行分析和评论。

件以后,于 2000 年发表了对这一问题的看法,他认为通用收购费雪的唯一动机是希望费雪兄弟全面融入通用所有业务。

资料来源:威廉姆森等:《企业的性质:起源、演变和发展》,商务印书馆,2007 年版,第 213 页。

第三篇　制度体系

【教学目标】

1. 了解制度体系种类与制度质量衡量。
2. 了解利益集团与制度选择的关系。
3. 重点掌握国家的基本理论。

【素养目标】

1. 掌握构建全国统一大市场,深化要素市场化改革,建设高标准市场体系的意义。
2. 深刻领会党的二十大报告关于全面建设社会主义现代化国家,走中国特色社会主义法治道路、建设中国特色社会主义法治体系、建设社会主义法治国家的意义。

我们前面分析了基础制度要素（产权、交易成本、契约、企业等）的不同组合会产生相应的制度。这些不同制度的组合构成制度体系。科斯对经济学的主要贡献就是"促使将经济体系的特征纳入我们的经济学分析"。一个制度体系理论应该包括四大问题。① 制度体系的存在问题。一是不同制度体系存在于哪些国家，二是制度体系是如何形成的。② 制度体系的内容。任何制度体系都涉及制度基础里的一些内容，如人类行为与制度、产权、交易成本、契约、企业等。③ 制度体系的结构。具体包括不同的产权结构、契约差异、企业治理的差异、政府与市场的关系等。④ 制度体系的特征。当今世界不同经济体系的特征是不一样的，新制度经济学将历史上和当今的制度体系从三个维度来分析，分为两类：建立在扶持之手、开放准入秩序及包容性制度基础上的制度体系，以及建立在掠夺之手、有限准入秩序及汲取性制度基础上的制度体系。

第十二章　制度体系与制度质量

> 任何一种理论社会科学所提供的模式,肯定是由某种类型的要素所组成,选出这些要素,是因为它们的相关性可以用一个严密的原理体系来解释,而不是因为它们有助于解答有关具体现象的某个特殊问题。
>
> ——哈耶克

我们可以从社会的两难选择分析两种制度体系的形成:如果制度不能制约掠夺行为,那么就会形成有限准入秩序、掠夺性的制度体系;而当制度能限制掠夺行为,并为生产性和创造性行为提供有利的环境时,就会形成开放准入秩序和包容性制度体系。对制度体系的比较研究则涉及制度质量的问题。

第一节　制度体系

一、社会的两难选择

人们在分析法律在社会秩序中的地位和作用时,使用的一个主要模型就是社会的两难选择模型。两难选择模型是在不考虑特定历史事实本身的情况下,人们为了捕捉人类社会生活中某些固有的、永久存在的特征,精心设计出来的一种符合逻辑的构造。

让我们想象鲁滨孙和星期五所生活的小岛。鲁滨孙起初是孤身一人,运用自己的自由意志和自有权,了解了自己的需求和价值观,并懂得了如何运用劳动改造自然资源来满足这些需求。因此,他从事生产并创造了财产。现在假设星期五登上了小岛的另一部分。他面临两种行为方式:一种可以像鲁滨孙一样,成为用劳动改造未开发土地的生产者,然后很可能会用自己的产品去交换他人的产品;或者他也可以选择另一种方式,从生产和交换中解脱出来,直接用暴力掠夺鲁滨孙的劳动成果,即他可以对生产者进行掠夺。① 那么星期五选择什么样的劳动方式是由什么决定的呢?图12-1反映出了两个参与者之间天然的不平等状态。

---

① 〔美〕穆瑞·罗斯巴德:《自由的伦理》,复旦大学出版社,2017年版,第94页。

		星期五	
		交易	掠夺
鲁滨孙	交易	(200,100)	(10,160)
	掠夺	(220,20)	(30,40)

图 12-1　社会两难选择

如图 12-1 所示，如果两人都选择交易行为，则鲁滨孙的收益净值 200 是星期五 100 的 2 倍。若两人不采取交易行为，而是肆意地掠夺对方，则鲁滨孙的收益净值会下降 85%，降至 30，星期五的收益净值下降 60%，降至 40。两个参与者都会因掠夺而遭受损失，只是由于鲁滨孙在一开始就比星期五有优势，他从市场中获利较多，所以在掠夺中也会损失较多。如果一方采取掠夺行为，另一方遵守交易原则，那么采取掠夺行为的一方将比他采取交易行为时获利更大，而采取交易行为的一方将比他采取掠夺行为时损失更大。尽管最好的结果是双方都采取交易的行为而不采取掠夺行为，然而，对星期五来讲，只有采取掠夺行为，他的收益净值才会高于鲁滨孙的利得。

社会两难选择模型把霍布斯的设想具体化了。霍布斯认为，社会的所有参与者在避免战争的情况下一定比卷入战争的情况下生活幸福。在模型中，双方如果都使自己不卷入掠夺，那么双方都比卷入掠夺收益净值更大。如果社会能控制掠夺行为，人们就能撤销为防止掠夺行为而采取的各种措施，从而把所有的精力都投入贸易和交换里去。如果双方都采取交换行为，其结果就代表了一个财产私有的世界；而如果双方都采取掠夺行为，其结果就代表了一个财产共有的世界。换言之，双方采取交易代表的是一个企业自由的世界，而双方采取掠夺行为代表的是重商主义的约束秩序。

对于人类社会来讲，最好的选择是参与双方避免相互掠夺，转而采取相互交易的方式，签订合约。根据霍布斯的说法，参与者把权力授予某个君主，这个君主自己可以不受合约约束，而且可以获得其他所有人由于签约带来的部分或全部收益。当代学者要探讨的基本问题就是，如何才能让这些收益由参与者本人获得。为了摆脱社会选择的两难困境，同时也为了不走把权力授予君主的老路，我们可通过社会两难选择模型来说明合作是怎样从契约中产生的。

有秩序的合作是怎样从社会两难选择的困境中产生的呢？在重复博弈的环境里，如果参与博弈的人都不知道博弈何时结束，那么采取合作的态度就会增进理性的利己主义者的利益。否则，即使博弈是重复进行的，不合作的态度也会占上风。换言之，为了保证合作的持续，每一个参与者都会采取"以牙还牙"的策略。

制度经济学中的自愿交换和制定合约的中心作用已经引起批评者的争论，批评者认为这种方法设想了这样一种社会，在那里缺乏冲突和剥削，经济关系仅局限于在平等的和独立的当事人之间对共同利益的交换。[①] 新制度经济学早期也不太重视对掠夺与冲突的研究。新制度经济学建立在新古典理论框架下，一开始强调生产与交换所涉及的交易成本、相对价格等是决定制度安排以及引致制度变迁的重要因素；然而，对冲突与掠夺的忽视使其无法很好地解答无效率制度为何长期存在的难题。近年来，新制度经济学逐步将有限理

---

① 〔美〕李·J.阿尔斯通等：《制度变革的经验研究》，经济科学出版社，2003 年版，第 15 页。

性的含义从单纯的信息成本约束扩展至人的信念和认知,将政治交易、群体冲突和协调等难题明确列为其研究主题,同时也引入演化博弈的动态分析以弥补新古典的静态成本—收益分析方法的不足,研究的领域和方法都得以大大开拓。

二、两种制度体系

在上述两种劳动方式的基础上形成了两种类型的制度体系,此外还有介于这两者之间的制度体系。

(一)制度体系理论

从经济体系来看,人类社会演化到今天主要存在两大制度体系,即包容性制度体系与汲取性制度体系。一个制度体系理论应该包括以下四大问题:

1. 制度体系的存在问题

这涉及两个问题。一是不同制度体系存在于哪些国家。即包容性制度体系存在于哪些国家?汲取性制度体系存在于哪些国家?既然包容性制度优于汲取性制度,为什么这个世界上大多数国家没有建立包容性制度?二是这两大制度体系是如何形成的。即形成制度体系的条件是什么?包容性制度不是一天形成的,问题是是否存在核心的包容性制度?一旦具备了这些核心的包容性制度,是否就会形成包容性制度体系?

2. 制度体系的内容

任何制度体系都涉及制度基础里的一些内容,如人类行为与制度、产权、交易成本、契约、企业等。这些内容我们已经在第二篇作了分析。这其中核心的范畴又是交易成本、产权与契约。这可以从制度经济学研究的文献统计中看出,如图12-2所示。

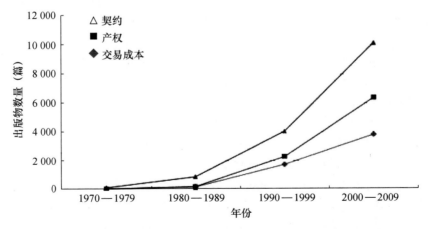

图12-2 标题、关键词与摘要中包含新制度经济学核心观点的出版物数量
资料来源:作者基于 www.aeaweb.org/econlit 中的数据进行计算得出。

3. 制度体系的结构

这里的结构是指不同的产权结构、契约差异、企业治理的差异、政府与市场的不同关系等。诺思在《经济史中的结构与变迁》中所说的结构是指那些决定经济绩效基本因素的社会特征，如一个社会的政治和经济制度、技术、人口及意识形态等。阿西莫格鲁等把诺思意义上的"制度"细分为"产权制度"和"契约制度"。他们发现，对于经济增长来说，产权制度较之契约制度更加重要。这是因为产权制度对私人投资的激励、金融市场的发展乃至长期的经济增长来说，都具有至关重要的决定性影响，而契约制度仅仅影响经济发展中经济纠纷的调解形式。因此，产权保护制度将有利于私人投资的增加，从而影响到一国经济的长期增长。此外，个人往往能找到改变他们正式契约和非正式契约的各种方法，从而避免遭受恶劣的契约制度安排所带来的不良影响，但他们很难以这种方式减少财产被政府没收的投资风险。

4. 制度体系的特征

自人类社会产生以来，制度体系主要有两类，可以从三个维度来分析：

一是从制度性质层面，美国麻省理工学院经济学教授阿西莫格鲁与哈佛大学政治经济学教授罗宾逊在合著的《国家为什么会失败》一书中把人类社会所经历的政治和经济制度主要分为包容性制度和汲取性制度。斯密所描述的促进国家富裕的制度其实就是包容性制度。包容性制度是拥有确立得最好的个人权利的发达民主社会，同时也是拥有最为复杂、最为广泛的交易以实现贸易收益的社会，同时一般也是拥有最高人均收入的社会。① 而诺思、阿西莫格鲁、奥尔森等对汲取性制度的分析使我们在包容性制度基础上完善了对与两种不同的劳动方式相适应的制度分析。《国家为什么会失败》用了很多篇幅来讲述制度是怎么演变的。早期的制度多数都是汲取性的经济制度和政治制度，到15世纪以后才渐渐分化，但是演变过程中有很多曲折，并且会产生一些新的因素，其中有些因素往往在关键时刻起了很大的作用，可能会引起巨大的、转折性的变化。比如，15世纪曾经非常繁荣的威尼斯，从包容性制度转向汲取性制度后，逐渐走向衰落，现今变成了一个"博物馆"。

二是从秩序层面，诺思把秩序主要分为有限准入秩序和开放准入秩序。我们中文中对"秩序"一词的理解通常只是指社会治安、街道上的状况之类，英文中"秩序"的含义则深刻得多，它强调的是结构化的政治和社会关系。在大多数社会中，政治、经济、宗教和军事权力是通过一系列型构人类的组织和联系的制度而创造出来的。这些制度同时作用于个人，使他们能控制资源和社会功能，这样就可以通过形塑有暴力使用权力的个人和群体所面对的激励，来限制暴力的使用。我们将这些社会组织模式称为社会秩序。② 诺思较早意识到制度好坏对经济发展的影响，其在《西方世界的兴起》《经济史中的结构与变迁》等书中开始关注到不同制度类型对一国经济发展的影响。但这些分析大多数还是案例分析，没有上升到系统的理论层面。只有到《暴力与社会秩序》一书，诺思才开始在系统的理论层面讨论制度类型。他把社会秩序分为三种：一是原始社会秩序，即狩猎采集社会秩序；二是有限准入秩序，即通过对经济体系实行政治控制来解决如何约束暴力的问题，也即通过限制进入产生租金，以此来维持社会秩序；三是开放准入秩序，即通过政治和经济上的相互竞争而非创设

---

① 〔美〕曼瑟·奥尔森：《权力与繁荣》，上海人民出版社，2005年版，第145页。
② 〔美〕道格拉斯·C.诺思、约翰·约瑟夫·瓦利斯、巴里·R.温格斯特：《暴力与社会秩序：诠释有文字记载的人类历史的一个概念性框架》，上海三联书店，2013年版，第2页。

租金来维持社会秩序。诺思认为，人类社会在大多数时期都没有生活在好制度里，由此可知，通过制度变迁来挖掘人类社会的潜力非常重要，从有限准入秩序转变到开放准入秩序是人类的共同任务。

三是从政府层面，从政府与社会的关系来看，政府有"三只手"，即无为之手、扶持之手与掠夺之手。扶持之手的基本前提是国家的目标是使社会福利最大化。而掠夺之手的基本前提是统治者会使自己的收益最大化，例如他们为社会选择的产权是为了最大化自己的利益，并且由于交易成本和竞争约束，这些收益并不一定使社会福利最大化。

综上所述，两大制度体系分别就是指建立在扶持之手、开放准入秩序及包容性制度基础上的制度体系，以及建立在掠夺之手、有限准入秩序及汲取性制度基础上的制度体系。

三、制度体系与制度基础的关系

为什么一些国家尽管有着丰富的资本、自然资源和受过良好教育的人口，但由于制度不能对这些条件善加利用，导致人口外流或者经济发展陷于停滞？什么样的制度才能带来经济繁荣和可持续发展？一些人认为，这些发展中国家应该去模仿那些发达国家的制度，因为发达国家自有让经济发达的制度。有证据表明，多数中低收入国家还没有准备采用发达国家的制度。也有一些发展中国家试图移植这些发达国家的制度，但运行情况和结果与发达国家并不一样。上述这些问题从根本上讲都涉及制度体系与制度基础的问题。

所谓制度体系就是理解各个国家的政治、经济与社会力量动态互动的一种框架。这一框架最初由诺思、沃利斯和温格斯特提出，即他们从秩序视角提出了原始社会秩序、有限准入秩序和开放准入秩序。在此基础上，阿西莫格鲁等又提出了汲取性制度和包容性制度。这些分类构成了对制度体系特征及性质的分析。制度基础是我们在第二篇分析的产权、契约、企业等制度，也是新制度经济学所研究的核心制度，它们构成了制度体系的基础。制度体系与制度基础有共同点，也有不同点。

制度体系是如何形成的？人们对经济体系的认知往往从新古典主义的假设出发，这些假设认为，在任何时候，只要存在有利可图的机会，"看不见的手"就会发挥作用，经济增长就会发生。其实，这些假设只适用于建立了成熟市场体制的国家，或者说建立了包容性制度或开放准入秩序的国家。从诺思与阿西莫格鲁等人的分析来看，发展中国家都处于有限准入秩序或汲取性制度下，而发达国家则处于开放准入秩序或包容性制度下。离开了制度体系我们很难搞清楚为什么有的国家发达、有的国家落后。21世纪的"华盛顿共识"主要想把开放准入秩序的制度，如产权、市场准入、选举、良好治理等，直接移植到有限准入秩序中。但因为这种改革忽视了有限准入秩序的逻辑，所以它们通常无法带来发展的成果。

在两种制度体系中，同样存在产权、契约及企业，但为什么它们的作用或功能不一样？制度体系决定着各种制度功能的发挥。在描述一个国家的制度，比如所有权模式、管制结构和法律机制的时候，经济学家们过去常常关注制度发展的促进作用。但是在最近，人们发现很多制度的结果恰恰是阻碍了增长，而不是促进了增长，不少国家选择的制度并不是有效率的，例如，管制机构阻碍了产业进入，法院在解决纠纷时容易武断甚至缺乏诚实，政治家们利用政府财产来讨好自己的支持者，而不是服务于大众。要弄清楚这些功能紊乱的制度是如何产生的,又是如何长期存在的,我们就必须了解这些制度的设计者和执行者的政治目标以及他们手中的权力。

诺思等人发现,尽管在具有有限准入秩序的国家可以像开放准入秩序一样有法律,甚至有"法治",但是这些法律和"法治"只对一些精英才有实际意义。这是因为所有这些机制只有在开放和竞争存在的条件下才能顺利展开运作。没有开放准入秩序,既有的产权、契约及企业也难以发挥作用。换言之,有限准入秩序必然会导致形式上的好制度在实质上成为坏的制度。

有限准入秩序经常模仿开放准入秩序的制度,尤其是20世纪中期以来。国际援助机构也会鼓励这些国家,将开放准入秩序的制度作为改革方案的一部分。然而,这些制度在有限准入秩序的环境中以不同方式运行,因此,其效果与在开放准入秩序中的效果也不同。例如,大多数有限准入秩序的国家都有银行、股市,但其效果并不是集中大量公民的储蓄向企业投资,让所有公民都拥有商业机会,这是因为这些国家的资本市场发展程度低,通常是向内部人、精英和政府提供贷款,而不是向新的市场参与者和企业家提供资金。[1]

第二节 制度质量

一、制度质量的内涵

所谓制度质量是指制度体系的性质、构成、实施程度及绩效的总称。发展中国家并不是缺乏制度,而是缺乏高质量的制度。发展中国家存在大量低效、无效甚至是阻碍经济发展的制度。人们普遍认为拉美各国的制度质量较低,腐败、司法体系效率不高,且存在缺乏独立性、执法不严等问题。研究表明,制度质量高、宏观经济政策差的国家比制度质量低、宏观经济政策好的国家增长速度快一倍。[2] 一国的经济绩效不仅取决于制度数量,更取决于制度质量。那么,我们应该如何测度制度质量呢?

二、制度质量的测度

对制度质量的测度可从以下三个层面进行:

一是对制度体系的比较研究,可以看出制度质量的高低。制度体系对经济发展的影响是不一样的,尽管我们对不同制度对经济发展的影响进行度量还比较困难,但包容性制度与汲取性制度对经济影响的差异还是比较明显的。有学者在研究中发现"制度结构的选择对经济效率和增长有深远的影响。将法律条例、个人财产、资源市场配置相结合的开放社

---

[1] 〔美〕道格拉斯·诺思等:《暴力的阴影:政治、经济与发展问题》,中信出版社,2018年版,第369页。
[2] 〔美〕科斯、诺思等:《制度、契约与组织:从新制度经济学角度的透视》,经济科学出版社,2003年版,第111页。

会,与那些自由被限制和剥夺的社会相比,其增长率是后者的 3 倍,其效率是后者的 2.5 倍。"① 前者是包容性制度,而后者是汲取性制度,包容性制度更有利于经济发展。需要注意,即使在同一制度体系下,制度质量也是不一样的,比如同是西方市场经济国家,不同国家的制度质量也有高有低。

二是对制度绩效的研究。效率是制度绩效的常用指标,即所谓帕累托最优。德姆塞茨等区分了理想的效率以及在既定约束下能够实现的效率。他们认为,比较制度分析应当集中于后者。制度影响着工作、储蓄、投资和创新、生产和交易等行为决策,所以制度差异会影响经济绩效。计量分析表明,更好的产权保护、更强有力的法律、更高的信用度与更好的经济绩效之间是相关的。②

诺思区分了帕累托效率和适应性效率,他认为后者是一个更有用的分析标准。主流经济学强调配置效率,但不重视适应性效率的研究。配置效率主要来源于市场竞争,而适应性效率主要来自制度结构及其对经济环境变化的反应能力是刚性还是弹性,是适应还是阻碍。适应性效率建立在有效的制度结构上,这种制度结构面对不确定性时能灵活地尝试各种选择,能有效地处理不断出现的新问题、新挑战。这种制度结构建立在鼓励和允许进行实验的信念结构基础上。③

转型国家涉及大量的适应性效率问题。适应性效率不仅是经济增长的关键因素,而且有利于经济体制的演化。然而,适应性效率只能被观察到,即只能通过长期观察看到过程演化的结果,却不知道是如何创造出来的。从制度、组织层面考察资源配置的效率更全面、更有解释力。西方主流经济学是在同一制度或组织框架下分析价格、市场作用如何有效配置资源,这对于一个成熟的市场经济体制是适合的,但对于转型国家或发展中国家,这种方法就不那么适用了。

诺思认为,好的制度应该可以降低社会运转的交易成本或者说租金损失,而由于利益和认知的限制,产生较高无谓损失的制度在现实中往往无法被改变。于是,无论是按照社会财富最大化还是适应性效率的标准,高交易成本的制度都降低了该社会的经济效率。与之相反,布坎南则认为交易成本与效率无关。在给出了形成交易成本的三个原因(信息不对称、搭便车和策略性的讨价还价行为)后,布坎南指出:按照主观主义的成本观,虽然交易成本必然存在,但是只要交易是基于自愿协议的,那么结果就是有效率的。④ 故重要的研究主题应该是不同的交易制度,从而相关参与方找到按照一致同意原则来说最优的制度。相应地,公共政策的效率标准不是科斯所谓的客观的社会财富最大化,而是基于交易各方主观成本—收益评估的交易成本约束下的最优。

三是制度指数化研究。制度的效率对经济有着直接的影响,但是在估算制度对经济影响程度的过程中会遇到无法将制度量化的问题。为此,我们可将制度指数化,建立一个制度效率的评价体系。一种制度测算体系由 9 个指标构成:政治架构变动的可能性、社会稳定、竞争团队上台执政的可能性、劳动力的稳定、与邻国的关系、恐怖主义、法律体系的公正性、政府部门和官僚主义作风、贪腐。另一种制度测算体系由两部分组成:第一部分与政府

---

① 转引自〔美〕詹姆斯·A.道等:《发展经济学的革命》,上海三联书店,2000 年版,第 9—10 页。
② 阿夫纳·格雷夫:《大裂变:中世纪贸易制度比较和西方的兴起》,中信出版社,2008 年版,第 4 页。
③ 诺思:《理解经济变迁过程》,中国人民大学出版社,2008 年版,第 138 页。
④ 〔美〕詹姆斯·布坎南:《自由、市场与国家:80 年代的政治经济学》,上海三联书店,1989 年版,第 152 页。

作为产权保护者的角色有关,包括法律与秩序、行政质量;第二部分与政府作为破坏者的角色有关,包括贪腐、强行掠夺的风险、毁约。这种制度测算体系与我们对制度类型的分类是相一致的,前者可用来测度包容性制度,而后者可用来测度汲取性制度。

三、制度的代理变量

由于制度是不可观测的,所以学者一般都用制度的代理变量来衡量正式制度质量的高低。国内外学者在进行分析时,常用表 12-1 中的指标来代理制度变量。

表 12-1 制度质量的代理指标

正式制度指标	考夫曼指标:衡量各国政府治理水平
	经济自由度指数:衡量各国经济自由度状况,是目前运用非常广泛的综合衡量一国正式制度质量的指标
	合约密集型货币比率:衡量各国或地区有效保护产权和合约的水平
	企业经营环境指数:衡量国家和地区的商业环境
	全球清廉指数:衡量各国腐败的程度
	法治指数:衡量各国的法治水平
	国家国际风险指南:评估各国的政治、经济和金融风险
	盖斯泰尔指数:衡量各国的政治自由度(包括公民自由和政治权利)
非正式制度指标	信任指数:衡量社会的信任程度

我们这里简单地介绍一下考夫曼指标、经济自由度指数、全球清廉指数等,这些指标量化了制度质量。

考夫曼指标从 37 个不同来源的数据库中选取了几百个指标进行综合分析,从而给出对各国治理状况,包括对法治水平的评分。这个法治评分度量了一国司法体系的效率、法庭的公平程度、法庭的判决,以及契约的执行程度、产权的被保护程度等方面。其原始评分范围为 $-2.5—2.5$。

经济自由度指数是由美国传统基金会(The Heritage Foundation)编制的经济自由化指数,它是商业自由、贸易自由、财政自由、政府规模、货币自由、投资自由、金融自由、产权保护和腐败 9 个方面的综合得分。100 是最高分,0 是最低分,较高的得分表示更高的质量。美国传统基金会编制的经济自由度指数从 1995 年开始发布,每年发布一次,2008 年我国经济自由化指数为 52.8(排名第 126),阿尔巴尼亚、阿根廷、巴西、加拿大、丹麦、埃及、法国、德国、印度、日本、韩国、利比亚、墨西哥、挪威、俄罗斯、瑞典、美国分别为 63.3、55.1、55.9、80.2、79.2、59.2、65.4、71.2、54.2、72.5、67.9、38.7、66.4、69、49.9、70.4、80.6。

世界银行、世界经济论坛、瑞士洛桑国际管理发展学院等机构和组织均构建了各自的腐败指数。全球知名的反腐败机构、总部设在柏林的"透明国际"(Transparency International,TI)每年公布年度全球清廉指数排行榜。从这个排行榜中可以看出,在所有的 163 个国家和地区中,腐败比较严重的国家占了约 75%,几乎包括所有的低收入国家。

相关链接 12-1

如果可以抢，为什么要买

一群英国水兵因为不堪虐待，叛逃到了太平洋的土著海岛上。相对于当地土著，他们拥有绝对的武力优势。因此，只要英国水兵愿意，他们就可以任意对待土著居民，甚至把土著居民当作食物吃掉。他们没这么做的唯一原因就是自身的道德自律。但这不是稳定状态。只要道德感稍有动摇，他们完全可以做出抢劫杀人之类的事情。无论英国水兵本身的意愿如何，他们与土著之间绝无可能建立平等的关系。简而言之，力量对比影响社会结构。

如果可以抢，为什么要买？我们要讨论的不是个人动机，而是特定体制存在和延续的条件。根据"协作法则"，自由贸易可以促进各参与方的利益，无论他们的自然禀赋和具体处境如何。这是一个普遍法则。然而，协作法则并未断言某个个人或集团的最佳策略是什么。也就是说，协作法则，或者一般意义上的自由主义思想，讨论的是共同体的组织形式（的运作机制），而不是具体的政治决策，更不是什么个人行动指南。如果一部分人认为破坏自由贸易将使他们自身获利，那么为什么还要关心集体福祉？自由交换固然很好，但也许抢劫更好——对于个人来说。

一般而言，要让某个个人或集团主动遵守规则，应该保证遵守规则的收益大于破坏规则的收益。这就需要一套互相配合的肯定规则和否定规则，否定规则是说如果破坏肯定规则将会得到何种惩罚。当然，影响支付矩阵的因素还有很多，包括破坏规则的群体的比例。比如，如果大部分人都不遵守规则，那么遵守规则本身就成了一种惩罚。

单边自由贸易政策就是万能的良药？事实证明，它可以是一个好的原则，却不一定是好的策略。经济学家容易忽略这里的问题。他们更加关心的是给定规则下（也就是假设不会有人主动破坏规则的情况下）经济系统的运作机制或效率。据此，他们可以比较不同社会规则和体制的优劣。但是，社会演化是否必然通往某种特定的规则体系？这点并不清楚。米塞斯意识到了这个问题，但却轻率地把它归结为一个思想因素：观念战胜观念。哈耶克讨论了规则本身的演化，但也仅限于一些特例。

观念固然重要，却也只是规则的一部分，而且还是约束力较弱的部分。我们把"观念"孤立出来讨论本身就是一个误导。脱离了具体的社会土壤，观念又能起什么作用呢。米塞斯认为人们放弃自由体制是因为无知。但一个人即使了解并且承认自由主义原则，也仍然可能做出相反的决定。至于安·兰德在《阿特拉斯耸耸肩》里描述的那种世外桃源，完全就是空想资本主义了。

重要的是，特定规则体系的演化动力和存续条件是什么？或者，给定初始条件，一个社会的演化方向是什么？不是说这些条件"决定"了历史进程，也不是说观念不起作用，但有一点想强调：单纯诉诸说理，只是没有行动能力的知识分子的最后手段，而企业家和政治家则会通过实际行动传播观念。

行为学家（和经济学家）有时会把社会赖以存在的条件视为理所当然。他们觉得，既然私有制和自由贸易是好的，那么就会因此自动实现。现在我们面临一些更加复杂的问题。技术进步、太空殖民，甚至人的体质的变化，都会永久改变我们的世界。我们需要关心的是，这些变化是否可能动摇经济学和社会学的主要结论？我们并不清楚，因为我们还没有彻底研究过那些条件。

相关链接 12-2

在阿西莫格鲁广为引证的论文《欧洲的兴起：大西洋贸易、制度转变与经济增长》中，他阐明了这样的观点：1500—1850年，大西洋贸易促进了欧洲的兴起，这不是因为得自对外贸易的直接利益，而是因为贸易改变了政治权力的分配格局。政治权力的变化导致经济制度的改变并最终决定了社会产出的变化。16世纪初期，英国和荷兰的专制控制相对较弱，从事大西洋贸易的机会被赋予各社会阶层，而在西班牙和葡萄牙，对外贸易权却一直被王室垄断。大西洋贸易为英国和荷兰造就了一个王室之外的富裕阶层，他们与国王存在利益上的冲突，因而进一步要求限制王权保护私人财产的安全。在1642年的英国内战和1688年的英国光荣革命中，富裕的商人、贵族都支付了大量的军费来支持议会打败国王。而西班牙和葡萄牙尽管也从事大西洋贸易，但贸易没有改变政治权力格局并引发制度变革。

第三节 包容性制度和汲取性制度

我们前面分析的交易成本、产权、契约、企业等都是制度的重要组成部分，制度会促成社会的激励结构，因而，政治经济制度也就是决定经济表现的基础性因素。一个社会的经济政治表现并不仅仅由可利用的资源所确定，还取决于制度的相关制约条件。穷国与富国的关键区别在于体制，富国培育了包容性的政治经济体制，而穷国则将权力和机会集中在少数精英手中。历史证明，如果解决不好政治问题，就解决不好经济问题。

阿西莫格鲁与罗宾逊把人类社会所经历的政治和经济制度主要分为包容性制度和汲取性制度。与此相对应，诺思在《暴力与社会秩序》一书中也有类似的分类，即原始社会秩序、有限准入秩序、开放准入秩序。

一、经济制度与政治制度的性质

阿西莫格鲁和罗宾逊用包容性和汲取性、经济和政治两个维度对制度进行刻画，从而提出了包容性政治制度、包容性经济制度、汲取性政治制度和汲取性经济制度等概念。他们没有对这些概念进行界定，而是借用历史上不同国家或地区的政治经济制度进行了描述性说明。

具体来说，经济制度分为汲取性经济制度和包容性经济制度。汲取性经济制度的特点包括弱产权保护、行业进入壁垒和不公平竞争，这些特点阻碍市场运行的管制，合同得不到有效实施。汲取性经济制度的结果往往有利于某些内部人或社会中某些有权有势的政治群体，是一种再分配型经济。汲取性经济制度的不利后果还表现在以下两方面：一是权势之辈借助各种垄断权、特许专卖权等市场控制手段,汲取生产者的一部分甚至大部分利益,最终导致生产者的生产激励不足;二是汲取性经济制度具有基础性作用:如果一个国家或地区的经济制度具有汲取性,那么其政治制度也必然是汲取性的,从而形成恶性循环。

与汲取性经济制度相反,包容性经济制度的特点包括安全的产权保障、零壁垒的行业进入和政府支持市场,这些特点有助于维护合同、创造一个公平竞争的环境。包容性经济制度使得具有不同家庭背景和能力、来自社会各阶层的公民都能公平参与经济活动,是一种共享经济。具体来讲,包容性经济制度有三大好处:第一,通过制度保护财产权。英国工业革命成功的前提是1688年光荣革命建立了一套宪政规则。这套游戏规则既限制了政府的机会主义行为,也减少了人们交易之间的机会主义行为,从而建立了保护财产权的制度。第二,通过制度创造平等的竞争环境。任何经济主体都可以平等地获得生产要素,如土地、资金及劳动力等。除了少数国防领域(行业)不能进入,任何经济主体都可以自由地进入任一行业,没有进入门槛,也就是"法不禁则市场可为"。这些平等竞争的环境并不是自然而然地产生的。第三,通过制度保障各阶层机会均等。在这种社会基础结构下,不但给人自由以从事最适合发挥个人才能的职业,也提供平等的环境让人有机会这么做。有好点子的人可以开创事业,工作者则倾向从事自己有较高生产力的活动。

政治制度也分为汲取性政治制度和包容性政治制度。汲取性政治制度指的是权力集中于社会的一小部分人手里,缺乏权力的约束、监督和平衡,缺乏法治,这种制度支持的往往是汲取性经济制度。政治制度的汲取性表现在两方面:一是既得利益者及其精英代表人物把持政治,结果是很多政治制度成为他们汲取他人利益的工具;二是公共秩序不佳甚至缺失,权势之辈在乱世中敛财暴富。

与汲取性政治制度相对应的是包容性政治制度,这里的包容性可以用"多元主义"来概括:权力在社会中广泛分布,无论谁当权,政治权力都要受到不同集团、不同形式的约束和监督,包括选举、公民社会组织、媒体,等等。另外要注意,只有足够集中化和多元化的政治制度才能被称为包容性政治制度。"足够集中"的条件是韦伯、奥尔森、诺思等都强调过的,这是现代国家治理体系必须具备的条件。韦伯曾将国家定义为"合法暴力的垄断者"。如果没有这种合法暴力垄断,国家无法实施法律和秩序,更不要说提供公共服务和鼓励、规制经济活动。比如,索马里政治权力广泛分布在相互敌对的部族手中,没有足够的集中,这样是无法支持最低程度的法律和秩序的。包容性政治制度也是奥尔森所讲的强化市场型政府,即政府的权力强大到可以保护私人财产,同时又受到限制。

包容性经济制度得到包容性政治制度的支持,往往会更加稳固;而汲取性经济制度得到汲取性政治制度的支持,也会更难改变。

二、经济制度与政治制度的四种组合

汲取性经济制度和包容性经济制度与汲取性政治制度和包容性政治制度两两组合,可以形成四种不同的经济和政治制度组合,具体用图12-3的2×2矩阵来描述:

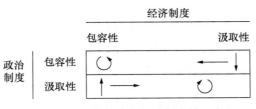

图 12-3 经济制度和政治制度的组合

首先,图 12-3 左上角是包容性政治制度和包容性经济制度的组合。从历史上看,许多国家通过革命建立起了包容性政治制度和包容性经济制度,现在大多数发达的民主国家采取的就是这种组合,如美国、英国、法国、日本、韩国、澳大利亚等。所谓包容性,从政治上讲,是强调人民或者说广大群众具有政治权利,任何人都有成为领导人、当权者或政策制定者的机会或可能。从经济上讲,强调自由进入和竞争,不论谁都没有垄断权,甚至像世界首富比尔·盖茨也会受到联邦法院的反垄断调查。人们都可以获得生产性收益的绝大部分或者全部,具有很高的生产性激励。从包容性政治制度和包容性经济制度的关系来看,它们是一种良性循环,在阿西莫格鲁和罗宾逊看来,富国之所以富有,主要原因就是这些国家在过去三百年的某个时间点上建立了包容性制度,这些制度又通过良性循环过程得以延续和扩展。

其次,图 12-3 右下角是汲取性政治制度和汲取性经济制度组合,这种制度也是稳定的,即制度类型相同的国家往往稳定。从历史上看,大部分国家在大部分时期内采取的是汲取性政治制度和汲取性经济制度。比如,光荣革命前的英国、大革命前的法国、殖民地时期的北美、南美及非洲和亚洲。所谓汲取性,从政治上说,是指人民或者说广大群众没有决策权或表决权,精英人物或既得利益者在制度的选择或政策制定中起着重要作用,结果他们所选择的制度或制定出来的政策成为一部分人汲取利益的工具。所有的经济制度或经济政策都是由当权者、统治者或精英人物制定出来的,他们通过各种垄断权、专卖权、市场控制等方式掠夺生产者,使得生产者只能够得到所生产产品的一小部分甚至得不到所生产的产品,结果就是生产性激励不足。比如,历史上欧洲殖民者对南美洲秘鲁、巴西和北美洲墨西哥等的殖民以及欧洲殖民者从非洲大量贩运奴隶到美洲、亚洲等国家或地区进行奴役等,建立起来的就是典型的汲取性政治制度和汲取性经济制度。汲取性政治制度和汲取性经济制度这种组合是一种恶性循环,穷国之所以穷,主要原因就在于这些国家无法摆脱汲取性制度的恶性循环,权力与机会都只集中于很小一部分人身上,这样的国家便会衰败。

再次,图 12-3 右上角是包容性政治制度和汲取性经济制度组合,这种组合在现实中比较少,因为政治制度决定经济制度,如果政治制度是包容性的,那么经济制度是汲取性的可能性比较小。这样组合的国家不太可能存在。

最后,图 12-3 左下角是汲取性政治制度和包容性经济制度组合。阿西莫格鲁和罗宾逊认为,采取汲取性政治制度和包容性经济制度的国家是存在的,比如只进行了经济改革而没有进行政治改革的国家,但是这种国家的包容性经济制度难以长期存在,很快就会由于汲取性政治制度而发展成汲取性经济制度。这种国家往往是为了刺激人们的生产性激励而制定包容性经济制度,但是不会从根本上触动既得利益者或当权者的利益,而他们刺激生产是为了能够更多地汲取资源。无论是在人类历史上还是在当今世界,汲取性政治制度与包容性经济制度组合的情况都最为常见。很多独揽政治权力的人,即便是出于最大化其可汲取利益的考虑,也都衷心希望其统治之地的财富快速增加,因此他们会采纳一些包容性经济制度,以提升人们的生产性激励。掌握资源配置权力的统治精英,也会将有限的资源配置到那些业已证明较优甚至最优的产业,从而实现最大限度的经济增长。因此,在汲取性政治制度之下也能够实现经济增长,这一现象被阿罗称为"威权型增长",但他们强调,威权型增长的可持续性很弱。

综上所述,后两种组合是不稳定的,因为政治制度和经济制度类型不相同,即使在短期内这两种制度可以共存,但随着时间的推移,制度的矛盾和冲突会越来越明显。这两种情况意味着政治经济制度存在内在冲突的过渡性体制,结果既可能退化为汲取性政治经济制度,也可能发展成包容性政治经济制度。如果政治制度将所有的政治权力给予一个人或小部分人,则向其余的人提供产权保护和机会均等的经济制度就难以持久,所以包容性经济制度与包容性政治制度的退化比较容易。

第四节 不同制度体系下的经济发展

制度如何起源和制度如何影响经济发展是我们需要探讨的两大问题。前面我们分析了影响产权制度起源的一些因素,现在我们来探讨汲取性制度与经济发展、包容性制度与经济发展的关系。制度假说表明,人们为组织社会所选择的制度的差别——那些影响社会中的个人和企业面临的激励差别——是导致他们的相对繁荣程度有所差别的原因。从人类的认知能力来讲,我们很早就知道什么样的制度是好的、什么样的制度是不好的,但为什么还找不到转型为好制度的路径?由此可知,通过制度变迁挖掘人类社会的潜力非常重要,从汲取性制度转变到包容性制度是人类的共同任务,必须从制度层面去寻找人类繁荣的根源。

一、为什么汲取性经济制度不利于经济发展

在17世纪之前,汲取性制度是历史的常态,而且诺思认为现在世界人口中的85%还生活在有限准入秩序(或汲取性制度)里,这也是诺思所讲的大多数人在大多数时期没有生活在好制度里的原因。

增长不等于发展,这是发展经济学家的一个基本共识。任何制度下都可能有增长,但不是所有的制度都能带来发展。汲取性经济制度有利于数量型增长,但不利于以创新为基础的增长。任何时期任何统治者都希望看到更多的经济增长,因为经济增长意味着可以有更多的钱做想做的任何事,意味着统治合法性的增强。但是,不同制度下经济增长的过程、质量及结果都不一样。我们需要进一步分析以下四个问题:

一是汲取性经济制度下的增长激励机制是否有利于生产性活动和企业家数量的增加。我们认为,汲取性经济制度减少了企业家数量。如图12-4所示,我们先通过按企业家才能从高到低对潜在的企业家进行排序得到企业家才能回报曲线。机会成本曲线表明了潜在

企业家从事最佳的替代活动的价值。这两条曲线的交点给出了均衡企业家的数量,如图12-4(a)。我们现在引入汲取性经济制度,会产生两大效应:① 汲取性经济制度会使企业家才能回报曲线向左移动,如图12-4(b),这是因为弱产权阻止了企业家获得他们的全额回报,以及由于缺乏法律保护,合同得不到实施,供给更加昂贵、收益更加不确定,因而盈利能力降低。② 汲取性经济制度使机会成本曲线向上移动,如图12-4(c),这是因为进入壁垒增

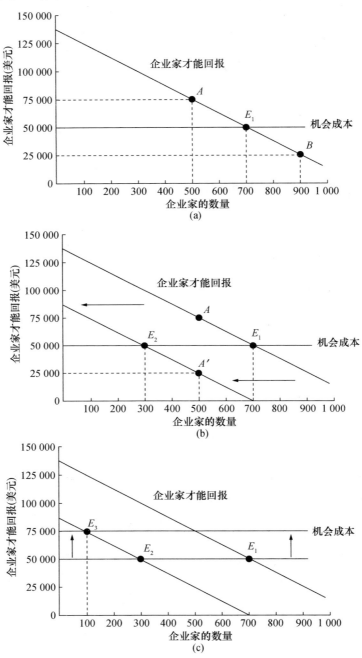

图 12-4 汲取性制度对企业家数量的影响

加了创业的成本,而企业家才能回报曲线向左移动和机会成本曲线向上移动使均衡企业家数量大大减少。

二是汲取性经济制度下的增长是否有利于创新。汲取性经济制度中有限的包容性将对创新以及经济持续增长形成约束,它破坏激励机制、阻碍创新,通过建立一个不公平的竞争环境和剥夺民众的机会来削弱民众的才智,这种增长是运用已有的创新,而不会产生"创造性破坏"。当"创造性破坏"的重要性日益增大时,新的利益对制度变革的要求增大,汲取性制度中的统治集团面对的变革压力也将加大。

三是汲取性经济制度下的增长是否是可持续的增长。在投资拉动型经济中,汲取性制度能够通过资源的重新配置,把资源从一个部门配置到另一个部门,但这样做对增长的影响是有限的,因为资源的重新配置只能在之前众多受抑制因素被释放出来的初期推动高速的增长。随着资源逐渐得到重新配置,投资拉动型增长的收益也将迅速降低。而一旦完成了追赶,就必须转变成创新驱动的增长方式。汲取性制度下有经济增长,但没有经济发展,这是不少发展中国家存在的共同现象。

四是汲取性经济制度下的增长对谁有利。汲取性经济制度会导致收入和财富较大的差距,是一种再分配式增长。汲取性制度在历史上之所以如此常见,是因为它们有一套强而有力的逻辑:它们可以创造有限度的财富,同时能将它分配给少数精英,即让部分人富起来,而不是让所有人富起来。这种经济增长不能威胁到社会中那些政治上有权有势的群体的政治和经济利益,这种经济增长的目的是要有利于社会中现有的企业和精英。

然而,为什么汲取性经济制度能够长存?一是"经济利益集团阻力"观点,比如那些可能因为新技术而失去垄断地位的企业,他们往往会认为,取代汲取性制度的新变革将使其在经济利益上受损,因而尽力阻碍变革。二是"政治利益集团阻力"观点,既得利益集团认为那些"创造性破坏"及其相关的政治变革将侵蚀其政治权力,改变使其拥有巨大政治权力的社会结构。三是这些经济利益集团和政治利益集团会联合起来形成更大的制度变革阻力。综上所述,汲取性经济制度没有理由会自动消失。

二、包容性经济制度与经济繁荣

与世界上大多数国家的制度相比,北欧国家制度的最大特征是其包容性。迄今为止,北欧国家以其赋予公民最广泛的普选权和相对应的平等社会,可以被称为包容性制度发展最好的地区。我们可以从包容性经济制度对一国经济发展的四个方面的影响来看:

一是包容性经济制度促进生产力发展,并有利于长期增长。包容性经济制度有利于发展生产力和促进经济繁荣。安全的财产权是核心,因为只有拥有这种权利的人才愿意投资和增进生产力。企业家若预期他的财产会被窃取、征收或因为课税而荡然无存,那么他将失去工作的动力,当然更不会有投资和创新的动机。但这种权利必须赋予社会中绝大多数人。当国家建立起包容性政治经济制度,就会释放每个公民进行创新、投资和发展的一切潜能,给予他们以力量,保护他们,由此国家便会兴盛。

二是包容性经济制度有利于创新。以菲利普·阿吉翁(Philippe Aghion)为代表的新经济增长理论认为,经济增长需要建立在技术创新的基础上,而创新则依赖于经济自由和公平竞争环境,由此,不同背景和社会地位的人能够为创新而竞争,新的创新企业能够不受制于老的创新企业,这些都是包容性经济制度的特征。也就是说,需要由包容性经济制度来支持所谓的熊彼特"创造性破坏",即新技术取代旧技术,新人代替旧人,新企业打破旧的垄断。

三是包容性制度能让更多人共享发展的成果,形成一种共享式增长。包容性制度是有利于更多人的制度。法律面前人人平等,从而保障人的财产权,鼓励人的主动性,进而保障了社会的进步、经济的繁荣和人们生活水平的持续提高。

四是包容性制度具备适应性效率。采取包容性制度的社会能够最大限度地抵挡各种冲击、战争和根本性变化,并通过不断完善自身的制度结构而实现长期持续增长。欧美国家已经演化出一种制度结构,非正式行为标准和更重要的正式规则为国家嵌入了这种适应性。这一制度结构提供了一系列引导原理,制约着经济社会的发展形成适应效率的方式。[①]从深层次看,汲取式制度适应性效率比较低,存在较大的不稳定性,当这些制度为精英创造可观的收益时,其他人会有强烈的诱因想取代既有的精英。

相关链接 12-3

一个具有创新能力的伟大文明,必然是一个能够为创新者带来回报的文明。那么,怎样的文明才能够为发明者带来回报呢?首先,这个文明必须保障新技术发明人的技术专利,以使其拥有获利的制度基础;其次,这个文明必须拥有使新技术发明人将新产品和新工艺迅速变成财富的商业文化;最后,这个文明必须建立相对完善的金融机制,使创新者有渠道融到资金,实现规模化。这些极为苛刻的条件,最早在西方现代文明的发源地英国得到了实现。1623年,英王詹姆斯一世设立专利权保护法令,国家在特定时间段内保护新技术发明者的专有权,17世纪晚期,该法令得到进一步完善。到了1689年,荷兰执政奥兰治亲王登基为英国国王,即威廉三世,奥兰治亲王引入了荷兰式成熟的商业和融资模式,废除了大多数贵族专卖制度,使得英国市场逐渐开放,商业环境走向成熟。不久之后,英国的技术创新开始井喷:1733年,农民约翰·凯发明了飞梭,开设自己的工厂后获得了大笔财富;1765年,织工詹姆斯·哈格里夫斯发明了珍妮纺纱机,由此开设了自己的纺织厂,赚了不少钱;1781年,学徒詹姆斯·瓦特发明了改良蒸汽机,由此开设机器工厂,得到了丰厚回报;1797年,学徒亨利·莫兹莱发明了机床,开设了工厂,也赚到了巨额财富。仔细分析这些新发明就会发现,它们其实都是西方农民、工人在日常生活中的偶然创造,但在西方现代文明的制度支持下,为其发明者带来了财富和声誉。相比之下,包括中国文明在内的其他文明不仅没有专利权保护之说,而且还有着根深蒂固的皇家垄断专卖制度(市场不向民间开放)和愈来愈严格的人口迁徙限制(为了方便统治和征税,历史上的中国与伊斯兰国家都有着严格的户籍制度),这就使得即便民间有可供应用的新发明,也无法找到获取回报的商业市场,平民发明者唯一的获利出路就是将发明贡献给官府。不过,且不说日理万机的官府能否立即意识到新发明的商业价值,实际上发明者的发明权也基本不可能在这个过程中得到保护。因此,其他文明体中的无数发明及其创造者,最终都湮没于历史的浪潮中。

资料来源:https://www.sohu.com/a/223878259_788172,2018-02-24。

---

① 诺思:理解经济变迁的过程,《经济社会体制比较》,2004年第1期。

三、中等收入陷阱

"中等收入陷阱"是 2007 年世界银行在其报告《东亚复兴：关于经济增长的观点》中提出的概念，其基本含义是：一个经济体从中等收入向高收入迈进的过程中，既不能重复又难以摆脱以往由低收入进入中等收入的传统发展模式，很容易出现经济增长的停滞和徘徊，从而难以跻身高收入国家，导致陷入既无法在工资方面与低收入国家竞争，又无法在高科技研发方面与高收入国家竞争的困境。按照世界银行的划分标准，1960 年全世界共有 101 个处于中等收入水平的经济体。到了 2008 年，其中只有 13 个经济体成功地从中等收入晋升为高收入，而绝大多数中等收入国家依旧陷在中等收入状态。这个经济增长过程中的非收敛现象，被称为中等收入陷阱。兰特·普里切特和劳伦斯·萨默斯对 125 个经济体在 1950—2010 年的经济表现进行了广泛的实证研究，也得出了中等收入陷阱的结论，他们能想到的最好结果是增长不连续和均值回归的强烈趋势。

经济体在中等收入阶段持续一段时间之后，常常会出现生育率下降、人口增长放缓、劳动年龄人口负增长的趋势，导致人口红利消失、劳动力短缺，资本的回报率也开始下降，像过去那样单纯依靠劳动力和资本等要素的投入，已难以保持经济增长的可持续性。此外，人均收入达到世界中等水平后，快速发展中积聚的矛盾集中爆发，导致体制与机制的更新进入临界点。除了经济增长回落或停滞，有的国家还会出现贫富分化、腐败多发、过度城市化造成畸形发展、社会公共服务短缺、就业难、社会动荡、金融体系脆弱等问题。这其中的许多特征相互之间具有内在联系，并会相互强化。

中等收入陷阱发生的主要原因是低端制造业转型失败，低端制造业可以带来中等收入，但带不来高收入，而且伴随而来的资源耗竭、环境污染、低质低价等都会形成恶性循环。低端制造升级为高端制造需要仰仗高科技的力量，但高科技不是短期内就可以追赶上的，因为一个国家在追赶的时候，别人也在飞速进步。

需要注意，中等收入陷阱是一个相对的概念，并不是指绝对增长速度为零，而是指中等收入国家中有很高比例的国家的平均增长速度没有系统性地表现出明显高于发达国家在同等时段里的平均增速。按照这种相对增长速度的概念，的确存在"中等收入陷阱"这种非收敛的增长现象。而且，并非所有增长放缓都是相同的。一个国家的国内生产总值是多个行业、企业的生产活动的广泛集合。从一个行业向另一个行业的结构性转变，可能会造成增长不连续的现象，而这可能只不过是经过深思熟虑的再平衡战略的结果。如今的中国就是如此——中国正从高增长的制造业以及其他第二产业转向增长较慢的服务业或第三产业，从进口技术转向自主创新。

中等收入陷阱也是一种均衡状态，是指在一个促进人均收入提高的因素发挥作用之后，由于这个因素具有某种程度的不可持续性，其他制约因素又会将其作用抵消，会把人均收入拉回原来的（生存）水平上面（见图 12-5），从而达到一种均衡状态。

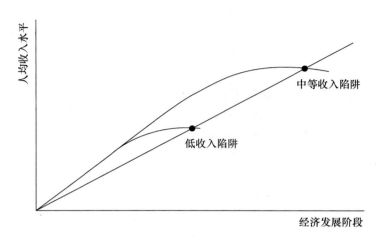

图 12-5 低收入陷阱与中等收入陷阱

资料来源:蔡昉:中国经济如何跨越"低中等收入陷阱",《中国社会科学院研究生院学报》,2008 年第 1 期。

■ 相关链接 12-4

根据现实中的中等收入陷阱现象,特别是拉丁美洲和东南亚一些国家长期徘徊于中等收入阶段的经验教训,经济学家蔡昉教授总结出了一个"不幸"的经济体落入中等收入陷阱里的四部曲:

第一,经济体经历一定时期较快增长后开始减速。美国经济史学家埃肯格林等人收集了大量国家的历史统计数据,通过计量研究发现,一个经济体在中等偏上收入阶段的某个特定时点上,会发生明显的经济增长减速,平均减速幅度可高达 60%。也就是说,高速增长之后的减速其实是正常现象。

第二,如果对减速原因误判,就会导致政策选择不当,使减速演变为停滞。例如,如果减速的原因在于供给侧的潜在产出能力降低,而政府的政策却是着眼于在需求侧刺激的话,则不仅难以产生政策效果,还会导致一系列的扭曲和不良结果。其中,最严重的扭曲莫过于政府过度使用产业政策,导致生产要素的价格背离比较优势,从而造成泡沫经济、产能过剩和对落后产能的不当保护。落后产能占据的资源不能被释放,新经济就难以成长。一旦如此,原本可能是正常的减速,反而沦落为长期的超低速增长甚至增长停滞。

第三,面对经济增长停滞带来的一系列社会问题,政府如果采取饮鸩止渴的方式应对,则会造成经济社会体制的全面扭曲。例如,在经济增长停滞、"蛋糕"不能再做大的情况下,重新分配"蛋糕"成为普遍存在的动机,滋生寻租行为,腐败泛滥。由于具有特权的群体往往能够得到更大的收入份额,以及收入分配中存在的马太效应,收入分配状况愈加恶化,进而激化社会矛盾。这时,财力拮据的政府往往只能借助于仅有承诺却难以兑现的民粹主义政策,不仅于事无补,反而伤害经济活动中的激励机制。

第四,伴随经济增长停滞的是资源和收入分配严重不平等,由此造成既得利益集团,不利于打破"中等收入陷阱"的体制弊端,积重难返。一旦进入这种体制状态,相关的经济社会政策就被既得利益集团所俘获,不仅经济增长陷入停滞,改革和制度变迁更是举步维艰,妨碍经济社会发展的体制便被固化。

资料来源:蔡昉:中国经济如何跨越"低中等收入陷阱",《中国社会科学院研究生院学报》,2008年第1期。

对于一国能否跨越中等收入陷阱可以从两个方面分析。

一是从国内体制或制度层面分析,一个基本判断是:包容性制度有利于一国跨过中等收入陷阱,而汲取性制度是使一些国家陷入中等收入陷阱或使一些国家难以跨越中等收入陷阱的重要原因。那些陷入中等收入陷阱的国家大多具有汲取性制度的特点,这类国家的特点突出表现为两个方面:一方面收入差距比较大,社会经济内在矛盾越来越多,社会稳定成本高,从而大大地降低了国际竞争力;另一方面,在汲取性制度下靠资源重新配置追赶的空间越来越小,数量型增长的效率越来越低,更重要的是在汲取性经济制度下无法实行创造性破坏式的增长。

二是从国际环境来分析,是否陷入中等收入陷阱是一个相对增长速度下降的问题,因此,必须要进行国与国之间的比较。研究中等收入陷阱可能需要将其放在一个贸易全球化的开放环境里去理解。一个中等收入国家是否陷入中等收入陷阱,不仅取决于自身体制、制度、政策与禀赋,而且还取决于外部贸易伙伴国的特征与行为。

从拉美和东南亚一些国家的经验看,要避免落入中等收入陷阱,既要正确认识经济增长减速的原因,防止把自然的减速转化为万劫不复的经济停滞,又要解决好收入分配不公、差距过大等问题,保持社会凝聚力,同时打破既得利益对改革的阻碍,以体制改革促进资源配置效率的提高,实现经济增长的创新驱动和长期可持续。

确认保护产权、激励创新、拓宽机会的制度组合,也就是包容性政治经济制度,是国家兴旺繁荣的制度性必要条件,而致使产权不稳、创新不足、机会不彰的制度组合,也就是汲取性政治经济制度,是国家积弱衰败的制度性充分条件。能否跨越中等收入陷阱的关键在于能否建立包容性政治制度和包容性经济制度。

关键概念

制度体系　两种类型的劳动方式　两种制度体系　制度质量　代理制度变量　包容性制度　汲取性制度　包容性政治制度　包容性经济制度　汲取性政治制度　汲取性经济制度　中等收入陷阱

【思考题】

1. 简述两种类型劳动方式的内涵。
2. 制度体系理论包括哪四大问题?
3. 分析制度体系与制度基础的关系。
4. 什么是制度质量?如何测度制度质量?
5. 简述经济制度与政治制度的四种组合及其特点。
6. 包容性制度是如何形成的?

7. 为什么汲取性经济制度不利于经济发展?
8. 为什么包容性制度能带来经济繁荣?
9. 如何跨越中等收入陷阱?

【推荐阅读】

1. 〔美〕杰克·赫舒拉发:《力量的阴暗面》,华夏出版社,2012年版。
2. 〔美〕詹姆斯·布坎南:《自由、市场与国家:80年代的政治经济学》,上海三联书店,1989年版。
3. 青木昌彦、吴敬琏:《从威权到民主:可持续发展的政治经济学》,中信出版社,2008年版。
4. 〔美〕道格拉斯·C.诺思等:《交易费用政治学》,中国人民大学出版社,2011年版。
5. 〔美〕曼瑟·奥尔森:《权力与繁荣》,上海人民出版社,2005年版。
6. 〔美〕德隆·阿西莫格鲁、詹姆斯·A.罗宾逊:《国家为什么会失败》,湖南科学技术出版社,2015年版。
7. 〔美〕曼瑟·奥尔森:《权力与繁荣》,上海人民出版社,2005年版。
8. 〔美〕道格拉斯·诺思等:《暴力的阴影:政治、经济与发展问题》,中信出版社,2018年版。
9. 〔美〕曼库尔·奥尔森:《国家兴衰探源:经济增长、滞胀与社会僵化》,商务印书馆,1999年版。
10. 〔美〕埃德蒙德·菲尔普斯:国家的经济繁荣:繁荣依赖于活力,活力取决于制度,载吴敬琏主编《比较》(第41辑),中信出版社,2009年版。
11. 〔美〕德隆·阿西莫格鲁、詹姆斯·A.罗宾逊:《政治发展的经济分析:专制和民主的经济起源》,上海财经大学出版社,2008年版。
12. 〔美〕道格拉斯·C.诺思、约翰·约瑟夫·瓦利斯、巴里·R.温格斯特:《暴力与社会秩序:诠释有文字记载的人类历史的一个概念性框架》,上海三联书店,2013年版。
13. 〔美〕安德烈·施莱弗、罗伯特·维什尼:《掠夺之手:政府病及其治疗》,中信出版社,2004年版。
14. 〔美〕查尔斯·K.罗利:《财产权与民主制度》,商务印书馆,2007年版。

案例
包容性制度的历史根源——从诺曼征服到大改革法案

在制度经济学著作《国家为什么会失败》中,阿西莫格鲁和罗宾逊通过对不同时代的不同国家的研究,解释了国家兴衰的本源。他们认为,一个国家制度的优劣可以直接导致国家的繁荣或是动荡:包容性制度可以促进新技术的研发,是经济可持续发展的基础;而在汲取性制度下经济增长仅是基于现有技术条件的效率提升,难以有持续的趋势。那么,哪些因素决定一个地区能否建立包容性制度呢?

Angelucci,Meraglia 和 Voigtlaender 三位学者在最新的工作论文"The Medieval Roots of Inclusive Institutions: From the Norman Conquest of England to the Great Reform Act"中探索了包容性制度在英国的历史根源。英国议会被誉为"议会之母",早在 14 世纪,市民阶级就已经在议会中有广泛的参与,故探索其背后的因素对于理解包容性制度的历史演变至关重要。

本文的分析始于 1066 年的诺曼征服。以威廉一世为首的法国封建主率军攻入大不列颠,建立诺曼王朝。一统英格兰的威廉一世剥夺了在征服战争中反抗自己的贵族的土地,分封给诺曼底的宗亲贵族。这使得英格兰出现大量制度相近的地区,为本文的分析提供了一个理想的起点。

后诺曼征服时代的英格兰出现了一些城市定居点,被称为市镇。市镇的特点是拥有市场和贸易社区,是中世纪英格兰商人活动的主要地点。这些市镇的所有权属于国王或封建领主。两者根据所属不同,主要的区别在于:封建领主所属区由于其面积较小,由领主直接选择市镇官员;而国王所属区由于面积大,在国王与市镇之间多了"郡守"这一中介。国王任命郡守,郡守享有行政、司法和财政大权,在包税制下负责每年征缴下属市镇的包税,并在其行政区内通过竞价拍卖的方式来选择管理市镇的官员。由于信息不对称且市镇官员的任期短暂,他们在收税和执行商业合同时容易滥用权力,这在当时引发了贸易市场的扭曲以及一大波投诉。尤其在商业革命的发展下,由于对可移动资产征税,信息不对称的问题越来越严重,导致税收效率愈发低下。

面对低效带来的经济损失,商人和市民要求下放自主征税权,并与国王商议了一个互利的方案:从 12 世纪开始,国王授予部分国王市镇一定的自治权——最为突出的是税收特许权(farm grants),给予了市民任命地方税务官员、法官和市场官员的权利。这一互惠协议使得一些中世纪的商业城镇以向国王支付更多的年税为代价,获得了自主管理税收和执法的高效自治制度。

英国议会于 1295 年开始召集,并在此后定期举行会议,会议讨论的中心通常是税收问题。由于有特许权的市镇实行的是内部税收管理,国王并不了解当地可移动资产的信息,故缺乏向地方收取超额年税的手段。为解决这一信息不对称问题,国王逐渐吸纳自治市镇内的优秀商人进入议会做代表。随着时间的推移,这些自治市镇的经济发展越来越快,制度的优势慢慢凸显出来。其他地方开始认同并逐渐采纳这一自治制度,最终它在英格兰全国得到推广。

三位作者编绘了一个包含中世纪英格兰 550 个市镇的数据集,数据集还涵盖了 8 个世纪以来这些市镇的地方机构(是否有税收自主权)、议会选举权等信息以及当地财富状况和地理特征。这些市镇级别的信息主要来自电子化的历史文献。

基于这一丰富的数据集,作者首先探索了哪些市镇能获得税收特许权。研究显示,税收特许权基本都被授予了国王市镇。1348 年的 550 个市镇中共有 91 个获得了特许自治权。其中在 146 个国王所属区中,有 73 个获得税收特许权(50%);与此形成鲜明对比的是 404 个封建领主所属区,特许权的比例仅有 4.5%。这一结果并不令人感到意外,因为税收特许权本来就是为解决国王所属区的信息不对称和税收低效问题而提出的。进一步的回归结果表明,这一结论在加入经济和地理因素后仍是稳健的。

作者发现经济因素,尤其是有利于贸易的地理条件(包括河流、道路等)对中世纪英格兰的镇级政治制度产生了重要影响:贸易条件越好,国王越可能从这些地方的可移动资产中攫取超额税收,故这些地区就越有可能被授予自治权。

接下来,作者探索了税收特许权与英国议会代表权的因果关系。1348年,有129个市镇在议会获得了席位:其中73个是国王市镇,56个是封建领主市镇。大多数拥有税收特许权的市镇在议会中获得了席位(91个镇中有62个),而对于没有特许权的市镇这一比例要小得多(459个镇中仅有67个)。这一现象得益于自治市镇拥有较强的议价能力:鉴于其自治,国王必须与他们就超额税收进行谈判。

在文末,作者还讨论了自治权的长期影响:具有早期自治权的市镇在随后的几个世纪中保持了更加包容的行政特征,甚至到了几百年后这些地方仍进行着更具包容性的议员选举;相比之下,早期没有经历自治的地区更可能由统治者提名议员,而提名过程往往伴随着腐败和低效的情况。

在1642年的英国内战中,大多有自治权的市镇召集志愿者组成议会军,代表议会派同保皇派进行了一系列武装与政治斗争。内战最终以议会获胜而告终,这些自治镇的代表在议会中也拥有了更大的权力,并对英国国王进行了更为有效的制衡。在1823年,他们也大力赞成英国议会的大改革法案,使中产阶级在议会中得到了更广泛的参与,扩大了民主化,被认为是英国民主化进程中的一个里程碑。

本文为我们了解包容性制度的演变提供广泛的信息。研究结果显示了一个"权力更迭"的过程——一个最初强大的中央政府通过赋予地方自治权来解决行政效率低下的问题。这些自治权使得关于税收的谈判非常必要,从而打开了市民阶级广泛参政议政的民主化大门。

资料来源:Angelucci C.,Meraglia S.,Voigtlaender N. The Medieval Roots of Inclusive Institutions:From the Norman Conquest of England to the Great Reform Act [J]. *NBER Working Paper*,No. w23606。

第十三章　秩序与寻租

> 如果贸易是主要的政治收入来源,那么其结果就会出现大国;若租金是主要的收入来源,则往往出现小国。
>
> ——弗里德曼

制度体系从秩序层面看,可分为有限准入秩序和开放准入秩序,而寻租是有限准入秩序的重要特征。本章在分析了有限准入秩序和开放准入秩序后,又分析了寻租的含义与寻租行为、有限准入秩序中的租金创造与租金分配、寻租的后果等。

第一节　有限准入秩序和开放准入秩序

一、秩序与自发秩序

秩序作为一种正式概念是由哈耶克提出的,他在1973年《法律、立法与自由》第一卷中对秩序进行了阐述:"我们将一以贯之地意指这样一种状态,其间,无数且各种各样的要素之间的相互关系是极为密切的,所以我们可以从我们整体中的某个空间部分或某个时间部分所作的了解中学会对其余部分做出正确的预期。或者至少是学会做出颇有希望被证明为正确的预期。"对于任何一种复杂现象,秩序都是一个不可或缺的概念。每个社会必须拥有一种秩序,用以保障任何人都有能力做好自己的事情、满足最基本的需求。

哈耶克把秩序分为"人造的秩序"和"增长的秩序"两种类型。前者被哈耶克定义为"组织",可以理解为外生性创造的秩序或人为的秩序,后者则被定义为一种自我生成的或源于内部的秩序,即自发秩序。哈耶克最早提出"自发秩序"这一概念是在《自由秩序原理》一书中。哈耶克指出,人们在自由的基础上发展出一系列具有明确目的的制度,这些制度是极其复杂但条理井然的,而且根源不是设计、发明,而是诸多并未明确意识到其所作所为会有如此结果的人的各自行动。

秩序的自我形成和进化理论之间的联系是哈耶克组建自发秩序理论的基石。在独立个体的相互作用下生成的秩序,通过形成那些由个体实践着的规则系统自我实现。哈耶克一直致力于研究人的思想观念改变在人类社会制度变迁中的作用,因此,自发秩序这一术语在他的著作中前后表述不一。哈耶克在20世纪40年代萌发出"经济秩序"的思想,在20世纪六七十年代又将其诠释为"自发社会秩序",到了20世纪80年代,这一理念进一步发展为"人类合作的扩展秩序"。

制度的重要功能是增进秩序：它是一套关于行为和事件的模式，具有系统性、非随机性，因此是可理解的。社会秩序的特征表现为社会是如何设计制度以保证各种特定类型的人类组织的存在的，社会限制或开放创建这些组织的权利的方式，以及组织模式到底能产生什么样的激励。

二、有限准入秩序与开放准入秩序

诺思在《暴力与社会秩序》一书中把人类秩序分为三种：原始社会秩序，即狩猎采集社会秩序；有限准入秩序，即通过对经济体系实行政治控制来约束暴力，也即通过限制进入产生租金，以此来维持社会秩序；开放准入秩序，即通过政治和经济上的相互竞争而非创设租金来维持社会秩序。开放准入秩序与哈耶克的"人类合作的扩展秩序"是基本一致的。

有限准入秩序，也称为权利限制秩序或自然国家的社会，产生于第一次社会革命期间。有限准入秩序其实是政治体系控制经济体系、限制经济通路，从而产生租金，而统治集团使用租金来稳定政治体系、限制暴力，同时统治的精英集团会有寻租的倾向。由于暴力会破坏秩序、影响租金的提供，这就会激励租金的受益者去抑制暴力，支持现有政权。有限准入秩序的特征包括：经济增长缓慢且容易受到冲击；政治未获被统治者的普遍认同；组织的数量相对较少；政府较小并且较集权；主要的社会关系是沿着人际关系这条线路展开的，包括特权、社会等级、法律实施上的不平等、产权缺乏保障，以及一种普遍的观念——人并不是生而平等的。

开放准入秩序是经济与政治组织均有开放通路和进入自由。开放准入秩序的社会不再是通过产生租金，而是通过开放的政治与经济竞争维持社会秩序。而从有限准入秩序到开放准入秩序的转型，是理解现代社会发展的关键。开放准入秩序的特征包括：政治和经济协调发展；在经济中负增长出现得较少；公民社会拥有大量组织，充满活力；庞大的、较为分散的政府；普及的非人格化交易的社会关系，包括法治、产权保护、公正和平等，即平等对待所有人的一切方面。开放准入秩序并不是特指某套政治、经济和宗教制度，而是指组织社会的一种根本方式。

三、有限准入秩序与开放准入秩序的比较

我们重点从以下四个方面比较有限准入秩序与开放准入秩序：

一是精英阶层与非精英阶层的关系问题。可以从奥尔森的利益集团理论来分析利益集团与有限准入秩序之间的相互强化问题。有限准入秩序之所以能延续如此长的时间，是因为它将有权势的个人的利益联系在一起，形成了一个支配联盟，以此来限制暴力并使社会互动能在一个更大的规模上维持。由于支配联盟中的精英地位、特权和租金的获得依赖于现存政权实施的"限制进入"，因此，所有的精英都有支持和维持联盟的动力。

二是人格化交易与非人格化交易的关系。非人格化的一个重要特征是法治：权利、正

义以及实施机制是受规则约束的,也是公平的。非人格化交易大大增加了经济机会,使现代市场经济中的规模经济得以实现。在有限准入秩序社会里,人际关系,特别是那些有权有势的人之间的人际关系,构成了社会组织的基础和个人互动的平台。而在产生于第二次社会革命的开放准入秩序中,人际关系仍然是重要的,只是人们无须确切地知道各自的身份。在有限准入秩序中必不可少的人格化交易的"身份",在开放准入秩序中则被定义为一系列的非人格化的特征。在有限准入社会中,精英通过结盟来维持在诸多领域的垄断,并获得垄断租金。这些特权包括在某些行业使用法人等合法组织的权利,也就是行业准入的权利。为了获得稳定的垄断租金,精英克制彼此间的暴力与争夺,依靠血缘、地缘、校友等身份维护关系,在政治、经济、意识形态等诸多领域维持了权力的联盟。在开放准入社会中,准入和组织不再是少数精英的特权,而是全体公民普遍享有的"非人格权利"。社会秩序的维持不再依靠垄断获得的租金,而是依靠政治与经济的开放竞争。非人格化从根本上改变了竞争的本质。

三是租金的创设与租金的分配关系。有限准入秩序利用设立租金和限制权利来维持秩序的稳定,而开放准入秩序利用竞争和权利开放来达成这个目标。我们可以从寻租理论来看寻租与有限准入秩序之间的相互强化。国家通过限制进入创造经济租,而这些租金又被精英阶层用以支撑现存政治制度和维系社会稳定。开放准入秩序并没有消除租金,而只是对那些会对社会产生负面影响的设立租金的行为进行严格约束,同时,那种只对一部分人有利的设立租金的行为不是不可能出现,只是比之有限准入秩序,其发生的概率要小得多。相反,对大型包容性群体有利的设租,即设立租金是为提高而不是降低生产力,在开放准入社会比有限准入秩序更有可能出现。在开放准入社会,个人和组织与有限准入秩序一样,努力地追逐租金,但非人格化的经济和政治竞争会使租金迅速减少。经济的创造性破坏过程使经济利益分配持续地发生变化,政治官员因此很难通过设立租金来稳固他们的优势。从有限准入走向开放准入,要求垄断行业的精英开放行业的准入,但这会削减精英依靠特权获得的垄断租金。在政治或行政带来的垄断中,如果把权利放开,允许所有人皆有进入的权利,那么开放竞争会导致行业中有垄断权利的人的租金收益下降。

四是创建组织的权利。创建组织的权利是有限准入秩序与开放准入秩序之间最大的区别。创建组织的非人格化的权利,是开放准入秩序的核心。组织是一种工具,个人利用这个工具去提升他们的生产能力,去寻求和建立与他人的互动和联系,去协调个体与群体的行动,去支配或强迫他人。在不同的社会,组织工具的范围大小及可用程度也是不同的。在这两种社会秩序中,都存在公共组织和私人组织,但在有限准入秩序里,组织的创建是受限的,在开放准入秩序中则不会。在有限准入社会中,政治权力与经济权利紧密结合,少数精英群体垄断了合法使用法人等永续组织的权利,普通公民不能成立银行、石油公司、教会、慈善组织、政党等组织。在开放准入社会中,政治权力与经济权利相分离,公民有普遍地组建合法组织的权利。

在有限准入秩序和开放准入秩序中都会积累一定的技术和人力资本,但这两种秩序下使用这些资本的效率是有差别的。在有限准入秩序中只能对这些资本实现部分利用,而在充满竞争的开放准入秩序,将会有远超于此的利用收益,这正是开放准入秩序在历史上的独特之处。

四、从有限准入秩序向开放准入秩序转变的条件

诺思的理论体系中存在一种制度的典范模式——光荣革命后英国的开放秩序[①],这相当于为诺思的比较制度分析设定了一个默认的规范参照系,但是诺思最终认识到,在人类历史上,发生如英美等国一般地朝向开放秩序的根本性制度变迁是一种非常小概率的事件。

精英群体接受"非人格交换"的新规则,是从有限准入社会向开放准入社会转型的关键。在基于身份和人际关系的重复交易实施合约的社会中,市场交易的范围很小。而在借助法院等第三方实施合约的社会中,陌生人之间可以不依靠重复博弈而达成交易,从而扩大了交易的范围。

诺思等人指出,要在精英群体内实现"非人格交换",需要满足三个必要的"门阶条件":① 在精英中实现法治;② 精英有权建立永续的组织(包括国家本身);③ 对军事的政治控制。这三个门阶条件极大地拓展了分工与交换的范围。

在精英群体内实现法治,促进了精英间的交易,将缔约范围从少数精英内部扩大到了全体精英。可永续存活的组织为精英提供了协调资源和积累资本的工具。对军事的政治控制极大地减少了暴力的威胁,提高了交换的范围和收益。门阶条件为在精英群体中实现非人格交换创造了可能。把更多人纳入法治和永续组织的非人格交换体系中,可以极大地拓宽精英的缔约范围,提高精英的潜在收益。精英将"非人格交换"的权利范围逐渐扩大,最终使全体公民获得了法治、产权保护、组建法人等权利。社会从有限准入走向了开放准入。

社会转型对于经济发展的意义在于,原始社会、有限准入秩序和开放准入秩序的组织方式不同,而一个社会支持复杂、成熟组织的能力是维持经济增长的核心。原始社会根本无法维系复杂的组织。有限准入秩序也能维系复杂组织,但精英阶层会对此类组织的数量与通路实施限制,并通过这种限制来设立和分配租金。而开放准入秩序则支持组织的开放进入,培育经济与政治竞争,从而产生了大量复杂的经济与政治组织,成为经济增长的基础。

第二节 寻租的含义与寻租行为

寻租理论旨在揭示私人或群体行为如何影响政策的抉择和制度的选择,特别是按照图洛克的范式,着重于模型化个人或群体,旨在获取不可分的政策倾斜过程中的竞争性行为,以及刻画诸如此类寻租行为的总支出。[②]

---

① North, D. Weingast B. Constitutions and Commitment: The Evolution of Institutions Governing Public Choice in Seventeenth-century England [J]. *Journal of Economic History*, 49(4): 803-832.

② 〔英〕蒂莫西·贝斯利:《守规的代理人:良政的政治经济学》,上海人民出版社,2009年版,第70页。

一、寻租的含义

寻租这个术语是安妮·克鲁格(Anné Krueger)于1974年在《寻租社会的政治经济学》一文中最先使用的,而在此之前,图洛克已于1967年在《关税、垄断和盗窃的福利代价》一文中阐述了有关理论。图洛克把寻租定义为利用资源通过政治过程获得特权从而构成对他人利益的损害大于租金获得者收益的行为。这个定义有两个侧重点:第一,寻租以损害其他人的福利为前提,并且对其他人的福利损害要大于寻租者的福利所得;第二,这里的政治过程主要指人们如何操纵民主政府,通过损坏别人而使自己获得租金的行为。还有学者则侧重于寻租行为的零产出特征,他认为定义寻租的最好方法是把它定义为花费稀缺资源追求纯粹转移的行为。不同的学科对寻租活动的含义给出了不同的解释。政治学从政治制度和法律规范的角度出发,认为寻租是公务人员为私利而违反法律和制度的一种权力滥用行为;传统经济学立足经济租金,认为寻租是指"经济人"通过合法或非法手段谋求经济租金的政治经济活动;而公共选择学说则同时从政治学和经济学的角度论述了寻租行为,他们认为寻租是指有关利益集团通过游说、行贿等行为追求一种高额垄断利润(租金)的行为。

有限准入秩序所说的租金与寻租理论所说的租金是有区别的。从有限准入秩序来看,寻租理论忽视了暴力,默认租金的创造与社会的潜在性质无关。有限准入秩序框架中对暴力和不稳定的关系的分析表明,提升理论上的经济效率与减少暴力、创造稳定之间,总是存在此消彼长的权衡。正是因为有限准入秩序里的租金创造是促成稳定的手段,所以租金是发展问题的结果,而不是其原因。

寻租可以说是为谋求财富转移而造成的稀缺资源的耗费。换句话说,是利益集团利用政治过程获得超过他们机会成本的经济报酬。在完全竞争市场,没有任何生产要素的所获能超过它们的机会成本,即使存在超额报酬,也会被土地、劳动和资本等的进入竞争所消除。因此,寻租就是在非市场领域,通过政治行动(政治手段)获得比通过市场活动所获更多的报酬。我们将拓展运用图洛克在他的《The Transitional Gains Gap》(1975)里的一个模型来解答这个问题。

图洛克是寻租理论创始人、公共选择理论之父,是国际上著名的公共选择经济学家。他致力于将经济学的理性分析方法引入政治决策过程的研究,研究领域覆盖国家起源理论、官僚主义、民主和法庭内部的决策行为等。

在这篇文章里,图洛克举了"出租车牌照"市场的例子。如图13-1所示,一开始的分析很模式化——如果出租车市场是完全竞争市场,那么它的供给曲线是平的,于是,出租车服务的价格是P_1,最终在市场上提供服务的出租车数量是Q_1。

假定政府出于某种考虑加强对出租车市场的管理,并颁发数量为Q_2的出租车牌照,那么市场的供给曲线一下子变成垂直的了,出租车服务的价格由P_1提升至P_2。这时,获得牌照的出租车司机将获得超额的利润,这种超额利润就是政府限量供给出租车牌照造成的,其每年的利润总量为椭圆形对应的矩形区域,图洛克称之为租金,利益集团通过影响政府行为,获得这种超额利润的行为被称为寻租。

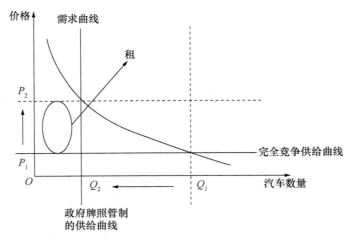

图 13-1 出租车牌照市场与寻租

图洛克这篇文章的高明之处在于,他的分析并未仅限于此,他进一步推论,利益集团在获得这种租金之后,会通过市场把这种超额收益资本化。也就是说,获得大量牌照的人并不一定会去当出租车司机,也不一定会开出租车公司,他们会把这些牌照卖给后面进入这个市场的出租车公司或出租车司机。后面在这个市场里经营的人,只能获得 P_1 的社会平均利润(完全竞争市场的价格),P_2 减掉 P_1 的超额利润早就被最开始寻租的人以资本化的方式拿走了。最后,出租车市场也就造成了一个特别诡异的局面:一方面消费者承受了很高的打车价格 P_2;另一方面,出租车司机却只能赚到 P_1 的社会平均利润。

正如布坎南所说的,租金是指支付给要素所有者的报酬中,超过要素在任何可替代用途上所能得到的报酬的那一部分。寻租则是为了获得政府特许而垄断性地使用某种市场紧缺物资,或者任何其他方面的政府庇护,所寻求的政府对现有干预政策做出改变,以保证寻求租金者能按自己的意愿进行生产,或者防止他人对这类活动的侵犯。政府对现有干预政策的改变通常可以给寻租者带来高于、甚至远远高于改变之前所能得到的利润额。寻租行为所得到的利润并非生产的结果,这一特点被称为寻租行为的非生产性。寻求租金的行为如果离开了政府干预,即没有政府干预所提供的特殊垄断地位,便无处可得;寻求利润的行为则不同,利润是指作为经济人的生产者通过自身的市场竞争力而获得的高于生产成本的那部分收入,并不需要借助政府干预。

二、政府的寻租行为

寻租是所有政府都共同具有的特点。寻租是在两个层次上进行的:一是机构的寻租,二是机构中的官僚寻租。政府的寻租行为一般可分为三类,即政府无意创租、政府被动创租和政府主动创租。之所以采用这种分类,主要是要与传统的政治经济学分析相区别,这种分类本身已经暗含着这样一个前提,即政府只是社会经济大系统中的一个内生变量,它的行为同样遵循经济学的规律,这就使得采用经济学的研究方法分析政府行为成为可能。

政府无意创租。这主要有两种情况:一是指经济租金是作为政府干预经济的副产品而出现的,政府在此前并没有预料到自己的干预政策会引发寻租行为;二是从经济人或利益集团方面而言,经济人或利益集团并没有去主动影响政府干预政策的选择和制定,而是利用政府已经出台的各种政策中的漏洞为自身谋求利益的行为。因此,这种寻租活动属于事后寻租。

政府被动创租。政府被动创租是指政府受私人或利益集团左右、为其所用,制定并实施一些能给私人或利益集团带来巨额租金的经济政策和法案。政府被动创租是事前寻租,政府代表的公共权力已成为某些利益集团的牟利工具。

政府主动创租。政府主动创租是指政府中的行政机构和官员利用其手中掌握的公共权力主动为自己谋求经济利益的寻租行为。其寻租的实质是公共权力的商品化,政府机构和其中的官员作为拥有特权的、同质的特殊利益小集团,对自己能够影响到的经济领域中的经济活动主体进行寻租,如政府主动干预经济活动,扩大自己管辖的范围。

政府的寻租方式较多,主要有以下三种:

第一,政府的特许权,指政府对某类商品发放的特别生产许可权或特别销售许可权,如烟草专卖局对烟酒的零售发放专卖许可。假若某一地区获得这种专卖许可十分困难,因而烟酒零售单位或个人数目很少时,得到专卖许可的单位或个人就能凭借其垄断地位寻到租金。

第二,政府的关税与进出口配额,如果某些产品在国内十分畅销,但是一些关键的部件或原材料需要进口,那么得到进口配额的厂家就有机会获得高额利润。政府的关税政策主要是为了保护民族工业的发展,但是当国内市场被少数几家企业垄断时,这些企业可能就没有很强的激励去改进技术、提高产品质量而增强市场竞争力,从而使关税政策成为对它们的保护。

第三,政府订货,美国有不少私人企业生产政府订购的商品或承包政府工程,如军需品的生产与高速公路的建设。所承包工程与产品的质量同时是由政府工作人员负责验收的,当双方形成某种默契时,厂商就有机会通过虚报成本或降低工程与产品质量等,来达到寻求租金的目的。经济学家们分析实际工程承包案例时发现,政治家们来自企业的竞选经费与企业获得的承包额之间是强相关的。并不是所有厂商都有机会承包政府项目,也不是所有厂商都向政治家提供竞选经费。竞选经费来自那些寻求政府订货者,厂商所提供的竞选经费与他们从联邦和州政府得到的订货额成正比,这种正比例关系在统计学上是显著的。

寻租者与设租者之间的联盟在现实世界中可以从许多时代和国家得到证明,并可以在集体行动的所有层面上见到。例如,英格兰女王伊丽莎白一世、法国路易四世和其他重商主义的君主都曾把与世界某一地区贸易的垄断权(如印度和美洲的贸易权)授予与之联系密切的商人,作为交换,政府同商人们共享垄断收益。在近代,政府靠关税和配额阻挡国际竞争的保护为国内的农业和工业创造了租金,同时也为保护主义政府创造了回扣的好处。在这些设租—寻租过程中,制度的重点从生产性的效率心态转向收益再分配性的政治维护心态,导致了经济停滞。

各种现代议会制民主政体都由投票联盟支配,这类联盟往往受惠于利益集团。"投桃报李"(log rolling)①变成了许多议会里的一种生存方式——议会的多数向他们的客户集团提供歧视性特惠。这极大地助长了政治性维护心态在分配和寻租活动中的兴起,同时也导致了人们对民主制的普遍幻灭和对政治过程的玩世不恭。在政府代理人卷入设租活动的地方,他们会对收入和生活机会进行再分配,并使公共生活政治化和情绪化。

政府寻租有三个层次:第一层次是如果政府创造出一种人为的稀缺性,且获取租金的权利对每个人来说存在机会的不平等,那么潜在的进入者将通过游说政府给他们以优惠的差别待遇来进行寻租。第二层次是如果政府职位的薪酬和额外收入包含经济租金,且这些薪酬和额外收入高于私人部门类似职位的待遇,那么潜在的政治家和官员将会花费大量的资源来谋取这种政治职位。布坎南认为,对于寻租的分析来说,这一层次的寻租更为重要。第三层次是个人和集团为保护对自己有利的差别待遇或避免对自己不利的差别待遇而展开的活动。布坎南认为,寻租现象的出现不是由于人与人之间本性的差异,而是由于人们所处的制度背景存在问题,即制度因素造成了寻租与寻利的差异。

三、寻租行为源自政府对市场的控制

寻租行为的产生源自政府对市场的过度干预。事实上,只要政府行为主要限于保护个人权利、人身与财产安全以及确保自愿签订的私人合同的实施,市场机制这只"看不见的手"将能保证市场中所出现的任何租金都随着各类企业的竞争性加入而消失,这时企业家们对租金的预期能够促进经济的发展。但是,如果政府行为超出了最低限度或保护性状态所规定的限度,那么租金下降或消失的趋势将被抵销,以至于最后停止。在这种情形下,虽然租金仍然存在,而且对潜在竞争者具有同样的吸引力,但是获得的方式与效果完全不同了。

寻租活动与政府在经济系统中的活动范围与区域大小以及国营部门在整个系统中的相对规模成正比例关系。如果允许人为地随意限制供给以制造短缺,从而使产品的市场价格上升到竞争环境下的市场均衡价格以上,那么寻租活动就会变得十分活跃,有机会从事寻租活动的那些人的租金将会增加。

首先,为了获得政府的特殊保护,寻租者需要花费时间与精力去进行游说,或者用礼品、金钱去疏通层层关系。这种对寻租者来说极有效率的活动,对社会却没有任何效率。政府部门的工作人员为了应对寻租者的游说与贿赂,也需要付出时间与精力。作为经济人的受贿者也需要学习和寻找方法,让寻租人支付的贿赂达到使受贿者满意的水平。即使政府的廉政工作做得好,能够保证每个工作人员都不受贿,但是寻租者出于自身利益,仍然有游说与行贿的企图,为此,政府部门工作人员仍需耗费时间与精力进行反游说与反行贿。如果寻租行为得以实现,相关的生产者与消费者将由于政府的干预而付出代价,这种代价比寻租者所得到的利润额还要高,因而导致社会福利的净损失。

其次,如果人们试图通过政治过程获取应通过市场活动获取的经济利益,对政府的利

---

① "log rolling"源于英语中的一条谚语,"Roll my log and I'll roll yours."按字面直译,是指在运送木材上相互帮助。在涉及政治家的活动时,它寓指政客间的相互捧场和支持。(参见〔德〕柯武刚、史漫飞:《制度经济学:社会秩序与公共政策》,商务印书馆,2000年版,第397页。)

益的需求就会不断增加。为满足寻租需求所需要的高税率会抑制生产性活动,并减少产生政府收入的税基。当公民保护自己,免被政府将其收入拿去用于使特殊利益集团获益时,逃漏税行为就会越来越普遍。

再次,当人们越来越认识到,游说和政治活动比从事市场活动更有利可图时,就会使资源脱离生产性用途,降低生产部门的效率。政府支出增加与税基缩小的结合,就会造成巨额的政府预算赤字。

综上所述,在有些情况下,市场的解决办法并不是最好的解决办法,因而需要政府的干预。然而,值得注意的是,政府的加入只是一种能将事情办得更好的可能,并不具有必然性。事实上,选民与政治家的经济人特点及政治市场运行的特殊性,决定了政府机构的工作效率往往比较低,而且政府的政策很容易发生偏差,也就是政策失误。此外,组成政府的政治个体的自利动机与理性决定了政府部门有一种内在的超编、超支倾向。政府的存在还会导致寻租行为的出现,而寻租行为的结果是社会资源的浪费。对于这类"政府失灵"问题,公共选择理论家们强调,当我们发现政府及与政府相关的一些低效率现象时,不应该单纯从政治家是否正直上去找原因,而是应该去检讨一下选拔与制约政治家的程序与规则;当发现低效率现象很普遍时,我们就应该问一问现行的体制是不是有问题了。

第三节　有限准入秩序中的租金创造与租金分配

图洛克把经济学的研究从资源在生产领域的配置问题扩展到资源在生产性和非生产性领域之间的配置问题,把人们追求新增经济利益的行为(生产性的寻利活动)和追求既得经济利益的行为(非生产性的寻租活动)区别开来,增强了经济学对现实生活的解释能力和对政策制定的指导作用。特殊利益集团通过推行某些措施来最好地实现自己利益的事实,很容易不为人了解或者一般不大可能为人注意,这种行为对经济效率造成的损失要比他们得到的直接或无条件补贴大得多。[1] 如果再分配性组织占主导地位,政体也会发展出一个制度结构来促进那些特殊类型的交易,这样的路径是难以逆转的,拉丁美洲的经济就证明了这一点。事实上,在经济史中无效路径要比增长路径更为常见。[2]

一、有限准入与租金的关系

有限准入逻辑的核心是创造和安排租金。根据有限准入的逻辑,对于协调支配性联盟成员之间的关系,租金是至关重要的,因为租金让他们的行为变得可预测。租金抑制联盟内部暴力的前提是:当暴力发生时,租金会下降。因此,有限准入的逻辑强调由暴力引致的租金创造,这种租金创造有助于协调支配性联盟中的成员关系。

---

[1] 〔美〕曼瑟·奥尔森:《权力与繁荣》,上海人民出版社,2005年版,第75页。
[2] 〔美〕道格拉斯·C.诺思等:《交易费用政治学》,中国人民大学出版社,2011年版,第12页。

有限准入秩序限制社会群体组成政治、经济、社会、军事及其他组织并参与社会活动的能力，以此抑制暴力。由这种机会限制产生的租金，构成抑制暴力的激励机制。在有限准入社会，通过限制权利来系统性地创造租金，并不仅仅是为了充实支配联盟成员的私囊，还是控制暴力的一种基本手段。创造租金、限制竞争组织的权利，是这些社会以及其制度和社会绩效的关键所在。通过限制权利来创造租金，使得支配联盟凝聚在了一起，并且使得精英群体内部能建立起支持政权、履行职责和克制暴力的可信承诺。将支配性联盟内部的租金分配机制与个人追求租金最大化的新古典主义理念相结合，我们就能理解有限准入秩序动态变化的不确定性。由此，有两个重要的推论：一是有限准入秩序通常没有强烈的意向去采纳能提高社会组织生产效率进而增加总租金的社会安排。二是限制成立组织及获得经济权利的机会，必然会限制竞争和降低经济效率。换言之，这个解决暴力问题的方案，可能构成长期经济发展的障碍，尽管它并不构成对经济增长的绝对限制。①

运用有限准入秩序概念对租金创造和租金分配的界定与分析比布坎南等公共选择学派的分析更进一层次。布坎南等人把"寻租"定义为"人们凭借政府保护进行的寻求财富转移而造成的浪费资源的活动"，而且布坎南指出，"寻租活动的原因在于制度规则，而不在寻租者个人本身。当制度从有秩序的自由市场转向直接政治分配的混乱状态时，寻租就作为一种主要的社会现象出现"。公共选择理论家们强调指出，寻租与制度的互动将导致制度租金，即把寻租的规则制度化，并形成路径依赖。

埃格特森认为，个人既可以在既定的制度框架内专心生产，也可以从规则制定者、立法者和政府机构中争取规则或法律的有利变动，以实现个人财富最大化，具体途径取决于改变权利结构的相对成本。个人正是在制度限定范围内，参照制度提供的相关信息，做出从事何种经济活动的选择的。如果特定的制度安排鼓励人们从事发明创造和生产性活动，经济就会持续增长；如果这种制度为人们提供的是不良刺激（如从事寻租活动更为有利可图），那么非生产性活动就会盛行不衰，经济也会走向停滞和衰退。

二、为什么寻租比创新更有利

在开放准入秩序里，竞争、创新及创业更有利，而在有限准入秩序里，寻租比创新更有利。从前面社会的两难选择就可以发现，有志创业者面临两种抉择：一是发掘政治机会，在社会整体收益不增加的情况下，通过谋求个人收入份额的增加而致富；二是通过开发技术的或商业的机会，使社会获益并使自己致富。工业革命以多种方式促成了政治形态的变化，寻租和机会主义行为不再盛行，而生产性活动变得更具吸引力。但是在有限准入秩序里为什么寻租比创新更有利？

一是奥尔森现象。在奥尔森看来，任何组织在原则上都可通过两条途径为其成员谋取福利，其一是通过生产与交换使全社会的财富增加，从而使其成员按原有份额分配到更多的产品；其二是在既有的总产量内为其成员争取更大的份额。一般经验表明，很少有组织

---

① 〔美〕道格拉斯·诺思等：《暴力的阴影：政治、经济与发展问题》，中信出版社，2018年版，第10页。

选取前一条途径。① 我们可以形象地将前者叫作"做蛋糕",后者叫作"分蛋糕"。若没有制度约束,大多数组织都会选择分蛋糕,这就是奥尔森现象。如果一个社会分蛋糕比做蛋糕有利且这种现象持续而普遍存在的话,那么这个社会就是一个寻租社会。这种现象一般产生在有限准入秩序里。为什么寻租的回报比较高?甚至比寻利还要高?也就是为什么非生产性报酬高于生产性报酬?其内在作用机制体现在两个方面,第一是建立这样一套寻租体系可能需要固定成本,比如一套法律制度。这个世界上没有任何国家会说自己建立了一套有利于寻租的制度体系,但是寻租已经渗透到一些国家的制度体系中却是客观现实,寻租体系产生了路径依赖。第二是寻租者"人多力量大"。就像如果只有很少的人行窃或抢劫,他们就会被抓获;但如果许多人这样做,每个人被抓获的可能性就小得多。② 另外一个值得注意的现象是,从事寻租的往往是社会精英,从这个层面我们可以解释为什么寻租是高回报的。寻租收入高于寻利收入就会把精英引导到寻租上来。寻租还存在一定的风险,更高的收益才能补偿人们去冒险。寻租的高收益示范效应会吸引更多的人来寻租。

二是图洛克悖论。与寻租带来的巨大收益相比,寻租者付出的成本要低得多。应该讲,这是寻租为什么存在、寻租不利于创新的重要根源。一般来讲,收益与成本是对应的,在竞争的条件下,一般利润率趋于平均化,而寻租的收益却远远大于成本。图洛克对图洛克悖论从六个方面进行了解释,其中重要的有三点:① 寻租的成本可以转移,因此寻租的成本实际上是由选民或纳税人直接承担的。中央集权的政府更容易转移这个成本,因为利益受损者无法投票。③ ② 寻租实质为那些特殊利益集团创造了公共产品,因此这些特殊利益集团的成员就有可能搭便车,从而不用承担成本。③ 寻租是一种不道德的行为,结果许多人根本不愿意参与这一活动。④为什么寻租者付出的成本低?其深层次原因还在于制度上。因此,寻租者直接承担的成本低,但社会为此付出的成本却非常高。

三是创新者更容易受到寻租行为的影响而处于不利地位。任何经济主体之间都是相互影响的,寻租对于所有部门都会产生影响,但是对创新者的影响最大。这里有四个主要原因:首先,创业者没有已建立的游说团体。其次,创业者通常信用受限而不能轻易获得现金来行贿。再次,创新项目通常是长期的,这给了寻租者未来掠夺的充分机会。最后,创新项目通常也是需要冒险的,这使他们特别容易受到寻租。⑤ 从这些分析可以看出,寻租会从多方面阻碍创新。

四是私人寻租和公共寻租都不利于创新,而公共寻租的存在更不利于创新。⑥ 私人寻租采取偷窃、盗版、诉讼和其他种类的私人转移的形式。私有产权保护不严的国家就容易产生私人寻租。在极端有利于私人寻租的情况下创新就很难产生了。而公共寻租则包括从私人部门向国家的再分配,比如税收,以及从私人部门到政府官僚的再分配,因为这些政府官僚影响着私人部门的命运,后一种类型的公共寻租包括游说、腐败等形式。私人寻租和公共寻租对创新的影响是不一样的。私人寻租会对经济中的生产部门而不是创新部门

---

① 〔美〕曼库尔·奥尔森:《国家兴衰探源:经济增长、滞胀与社会僵化》,商务印书馆,1999年版,第51页。
② 〔美〕安德烈·施莱弗、罗伯特·维什尼:《掠夺之手:政府病及其治疗》,中信出版社,2004年版。
③ 〔美〕迈克尔·S.格雷弗:《真正的联邦主义》,陕西人民出版社,2011年版,第9页。
④ 〔美〕戈登·图洛克:《特权和寻租的经济学》,上海人民出版社,2008年版,第5—7页。
⑤ 〔美〕约翰·范·奥弗特瓦尔德:《芝加哥学派》,中国社会科学出版社,2010年版,第118页。
⑥ 〔美〕安德烈·施莱弗、罗伯特·维什尼:《掠夺之手:政府病及其治疗》,中信出版社,2004年版,第80页。

造成冲击。相反,公共部门的寻租更多地会冲击创新者,而不是已有的生产者,因为创新者需要许多政府提供的服务,比如审批、许可证、进口配额等。公共寻租(政府职员和官员的寻租行为)对创新领域的负担尤为沉重的。值得强调的是,私人寻租和公共寻租是相互强化的,尤其在公共寻租存在的情况下,私人寻租会更加严重。不限制公共寻租就很难限制私人寻租。

综上所述,寻租对创新的影响主要表现为在资源(包括人力资源)已定的情况下,寻租会把资源,尤其是人力资源引导到寻租上来,从而减少了一个社会在创新、创业上的投入;寻租的回报高于寻利的回报扭曲了社会的激励机制,更不利于创新者;寻租的首要受损者是创新者;公共寻租对创新的影响更大。

第四节 寻租的后果

一、寻租模型

寻租模型致力于建立政治体系的利益集团模型,界定一种决策规则结构,然后分析这些决策规则的后果。寻租现象的存在及其程度与制度密切相关。一个社会是把资源(包括人力资源)用于生产性活动(寻利)还是用于非生产性活动(寻租)主要取决于一个国家的制度。换言之,好的制度激励人们去做蛋糕,而坏的制度则诱使人们去分蛋糕。

布鲁克斯和黑吉德拉在1988年设计了寻租竞争与科技竞争的动态比较模型,分析了寻租对社会进步的阻碍作用,也从动态的角度揭示了在中国古代的制度背景下出现的寻租竞争取代科技竞争的恶果。他们认为,社会生产水平随着时间不断发展,当发展到某一时刻,突然产生了一种竞争(可能是科技竞争,也可能是寻租竞争),该种竞争耗费了一定量的社会资源。如果发生的是科技竞争,那么虽然是从较低的生产水平出发,但是由于科学技术的进步,生产可能性曲线可以大大地向外伸展;然而如果发生的是寻租竞争,因为寻租只是把社会资源白白消耗于非生产性领域,对生产力发展不能起到推动作用,所以整个社会的进步都将停滞。

二、寻租与经济发展

奥尔森用集体选择理论解释为什么不同社会的增长率不同。他的主要观点是:寻租过程给社会带来了限制和约束,降低了这个社会的增长率。在寻租模型中,其决策规则结构的特点就是通过确立一种特有的产权规则来形成人为垄断、限制竞争的格局。本森把寻租看作个人或团体对既有产权的一种重新分配方式。政府的作用在于定义或维护产权。人们可以通过正常的市场来处理产权,也可以通过政府来重新定义或分配产权。张五常则对这些规则进行了一般性的分类。他认为,约束人们行为的规则一般可以分为三类:以规制来限制财产的使用;以"人"本身为界定权利的单位或以等级来分配权利;以资源或物质本身来作为界定权利的单位。寻租的一个重要意义就是,它产生了比较统计预期。这是指资产越值钱,个人就越愿意耗费更多的资源去获取它。总体而言,想得到资产的竞争者们会根据收获的价值来投入。当权利条款的说明不是足够详尽时,为竞争某资产,人们会大量浪费社会净资产,直至其变为零。用于寻租的资源越多,社会财富就会变得越少。寻租带来的社会经济影响主要有以下三个方面。

(一) 把企业家引导到非生产性活动中,大大降低科技竞争力

鲍莫尔提出了三条定理:① 各时代、各社会决定企业家资源各种用途酬劳的游戏规则不一样;② 各个社会中企业家资源应用的方向因游戏规则的不同而不同;③ 企业家资源在生产性领域和非生产性领域的应用配置,对于一个社会的技术创新及其应用有着深刻的影响。鲍莫尔三条定理中所说的游戏规则就是制度。在不同制度下,企业家的知识积累、信息收集及选择不一样。换言之,一个社会可以形成寻利的游戏规则,也可以形成寻租的游戏规则。人类历史上并不是所有制度都促进生产力发展和技术进步的。寻租的制度就是阻碍技术进步的游戏规则。

相关链接 13-1

Joshua C. Hall 和 Russell S. Sobel(2008)以及 Russell S. Sobel(2008)使用美国 48 个州 2002—2007 年的数据得出了以下结论。该研究以人均风险资本投资、人均专利数量、独资企业增长率、所有新注册企业的增长率和所有新注册的大型企业(雇员在 500 以上)的增长率代表生产性企业家活动水平,以各州首府的政治和游说组织数量代表非生产性企业家活动的指标,以弗雷泽研究所发布的经济自由度数据代表各州的制度质量。实证研究表明制度质量与生产性企业家活动正相关,与非生产性企业家活动负相关,从而首次从经验上证实了鲍莫尔的理论:制度结构决定了企业家从事生产性的市场活动与非生产性的政治和法律活动(例如,游说和法律诉讼)的相对报酬;好的制度鼓励生产性的企业家活动,进而能够保持较高的经济增长率。

企业家是进行生产性配置还是进行非生产性配置,对创新能力和技术扩散有着重要的影响。当企业家的供应发生变化时,企业家活动对社会的生产性贡献也很不一样,因为他们在创新和非生产性活动方面配置不同。这种配置在很大程度上受到这些活动相对收益的影响。社会对企业家生产性活动的报酬是引导企业家沿着生产性方向努力的重要因素。否则,社会对企业家非生产性活动的报酬引导会导致企业家的非生产性努力。这意味着,企业家报酬政策比企业家供应更能影响企业家的配置。在古罗马、早期中国、中世纪及文艺复兴时的欧洲,社会发展与企业家生产性努力正相关,与给予企业家的报酬(地位)正相关,可以证实这种假说。

鲍莫尔曾比较过中国的科举制度、欧洲中世纪的骑士制度和政教制度，以及现代的发达国家与不发达国家。他认为所谓企业家资源，即具有开拓精神、富有创造力的精英人才及其才能，在社会发展的各个阶段及经济发展水平不同的各个国家中都是存在的，但这种资源又是有限的。关键在于，不同社会经济制度为企业家资源的发挥提供的机会不同。如果社会制度为企业家资源的非生产性应用（如科举试第）甚至破坏性应用（如骑士争斗）提供了比生产性应用（如科研、工商经营等）更高的报酬，那么企业家资源就会被引离生产性用途，社会生产力将因此而停滞甚至倒退。因此，一个社会的生产力发展和科技进步是快还是慢，主要不是取决于该社会企业家资源的多少和优劣，而是取决于该社会的制度设计将稀缺的企业家资源引向何处。

寻租不利于创新主要体现在人力资本的使用和浪费上。图洛克和鲍莫尔都把科举制界定为一种寻租制度。① 一是科举制作为一种选拔人才的制度，其导向是为"上层建筑"选择人才，而不是为"经济基础"选择人才，它使中国潜在的企业家变成了"政治企业家"，最终演化为追求非生产性的既得经济利益的活动。二是科举制作为选拔人才的制度，其形式是公正的，但其考试内容导向是非生产性的"四书五经"，而不是生产性的"数理化"。三是如图洛克所说，科举制使"几乎所有的才能和精力都花在了获得或者维持权力的惠顾上"，它把社会的精英引导到从政上来，从而大大地降低了人们生产性的努力，并且使社会把过多的资源用于非生产性知识的投入和积累。孔多塞认为，比起那些在政治上争夺权力的政客，从事经济活动的企业家更值得赞扬，因为政治上的权力斗争往往都是零和游戏，而企业家们的活动却能提高生产率。②

相关链接 13-2

日本的律师数量和经济诉讼数量都很低，这一事实常常被认为是日本经济的优势所在，因为至少减少了一部分用于寻租的资源。这是为什么呢？主要有两个原因：① 日本的国民性，即文化上对诉讼的厌恶。② 制度原因。以反垄断诉讼为例，在美国，像三倍罚金的法律制度提供了太强的激励，使得企业喜欢以违反反垄断法的诉权对别的企业提起诉讼；而在日本，其制度不鼓励企业之间的诉讼，要诉讼必须先获得日本公平贸易委员会的批准，而获得批准又不容易。

---

① 〔美〕威廉·鲍莫尔：《企业家精神》，武汉大学出版社，2010年版，第37页。
② 〔美〕埃德蒙德·菲尔普斯：国家的经济繁荣：繁荣依赖于活力，活力取决于制度，载吴敬琏主编《比较》（第41辑），中信出版社，2009年版。

(二)寻租产生寻租成本,导致社会资源损失

在早期的寻租理论文献中,计算寻租成本的方法是假定寻租成本等于租金收入(即租金被完全消耗掉)。例如,波斯纳举了这样一个例子:有10家企业竞争一项可带来价值100万美元的政府垄断权。假设每家企业获得该垄断权的概率为1/10,每家企业的固定成本也相等,同时它们是风险中立者,那么在这些假设条件下,每家企业愿意投入价值10万美元的资源以获得预期价值100万美元的特权收益。当然,10家企业竞争的结果是只有1家企业获得垄断权,它的收益远远大于它的投资。但是,寻求垄断权的社会成本——把失败者与成功者的投资加在一起——将与成功者获得的租金价值相等。完全租耗模型以寻租行为的完全竞争为前提,它不仅有利于我们理解寻租的性质,而且也使寻租成本的定量分析变得比较容易。只要拥有垄断企业的生产成本和需求价格弹性方面的基本信息,我们就可以近似地计算出垄断乃至全国的寻租成本。寻租活动所导致的社会资源浪费极其惊人。克鲁格在《寻租社会的政治经济学》一文中,推算了印度与土耳其两国由于政府过度干预市场所形成的租金数量。她发现,1964年印度由此形成的租金数量约占当年该国国民收入的7.3%,而在土耳其,仅在1968年,该国政府颁布进口特许一项所形成的租金数量,就已达到该国当年国民收入的15%!更多对寻租成本的估计可见表13-1。

表 13-1 寻租成本估计

研究者	所研究国家	年份	寻租成本
克鲁格	印度	1964	7%GNP
克鲁格	土耳其	1968	15%GNP(贸易部门)
波斯纳	美国	不同年份	3%GNP(管制)
科宁和穆勒	美国	1963—1966	13%GCP(私人垄断)
罗斯	肯尼亚	1980	38%GDP(贸易部门)
默哈芒德和沃利	印度	1980—1981	25%—40%GNP
兰邦德和索芙勒斯	美国	1985	50%GNP

资料来源:王先根,王后根:护租的经济学分析,《广州市财贸管理干部学院学报》,2000年第2期。
注:科宁和穆勒用公司生产总值(gross corporate product, GCP)作为估计的基准。

布坎南从三个方面系统分析了寻租的社会成本:

第一,为获得和保持垄断权,寻租者所进行的努力和支出,即这些企业和个人向政府开展各种游说活动的支出费用,包括人力、物力和财力等。寻租者进行这些活动所花费的资源对整个社会而言是财富的净损失,是完全的资源浪费。

第二,"政治创租"所需的费用,即政府官员为获得潜在垄断者的支出或对这种支出所作反应的努力。寻租扭曲资源的正常配置,同时对政治生活也有着严重的负面影响。寻租活动是对政治权力的一种异化和蜕变,从本质上讲,它是公共权力的非公共利用;对政府来说,它也是政府存在和发展的一个毒瘤,如果任由寻租向腐败发展,将会导致政府的灭亡。

第三,寻租所造成的垄断和资源配置的扭曲,也是一种社会福利的净损失。寻租行为所导致的社会资源的再分配,可以说是一种"大鱼吃小鱼"的过程。在寻租活动中,受到损害的是分散的消费者、寻租行为的失败者以及没有进行寻租的企业。对消费者来说,寻租

企业会把其寻租成本化入产品成本中,从而转嫁给消费者;而对于其他企业,他们为了也从政府政策中捞取好处,必然会展开寻租竞争,即会引发第三方资源配置的扭曲,这就是寻租的恶性循环趋势。也就是说,最终大多数人都是寻租的成本承担者,而只有那些寻租者能获利。

(三)把社会潜在精英集中到非生产性活动中,降低未来竞争力

寻租阻碍经济增长有两种途径:其一是寻租使资源的配置从生产领域转移到非生产领域,从而资源被白白浪费掉了;其二是经济租金作为收入与财富再分配活动,意味着对生产活动收税进而降低要素的生产性报酬,因而由于对生产性的投资激励不足而阻碍经济增长。

最有才能的人选择什么样的职业会对资源配置产生很大的影响。当有才能的人成为企业家时,他们会改进自己所从事部门的技术,进而带来生产效率和收入的提高。相反,当有才能的人成为寻租者时,他们的个人报酬将大部分来源于对他人财富的再分配,而不是来源于财富的创造,结果,有才能的人便没有机会来改进技术,经济也陷入停滞。

人才向寻租部门配置是有害的。原因是:第一,随着寻租部门的扩张,它们吸收了劳动力和其他资源,这样就减少了收入,一些欠发达国家庞大的政府官僚机构就说明了这种现象。第二,寻租部门给生产性部门所强加的税收减少了对生产活动的激励,从而也减少了收入。第三,若大多数有才能的人成为寻租者,企业家的能力就会较低,因此,技术进步率以及增长率就会更低。当寻租部门给最有能力的人提供的报酬比生产部门更高时,收入和增长就会比潜在的水平低很多。[①]

奥尔森认为由寻租造成的"累积性扭曲"降低了增长。鲍莫尔认为,企业家才能可以是生产性的,也可以是非生产性的,人才在两种活动之间的配置取决于相对收益。表13-2概括了影响人才配置的各种因素。

表13-2 有利于寻租活动和有利于企业家活动的因素

	提高寻租活动吸引力的因素	提高企业家活动吸引力的因素
市场规模	• 大量资源被"官方"寻租部门占有,比如政府、军队等 • 产权界定不力,使得财富容易受"非官方"寻租者的掠夺 • 大量财富被掠夺,特别是相对于较小的产品市场而言	• 产品市场大 • 良好的通信和交通有利于贸易的发展
企业规模	• 寻租者(政府官员、军队等)拥有相当的权威和机动权,可以不受法律和习惯的约束收取大量的租金	• 容易进入和扩张,规模报酬递减不明显 • 容易利用资本市场
合同	• 保留大部分已收取的租金的能力 • 在组织中,可以清晰观察到能产生适当报酬的产量	• 清晰的产权、专利保护 • 没有寻租者来掠夺租金 • 可以开办企业,以收取才能的准租

资料来源:〔美〕安德烈·施莱弗、罗伯特·维什尼:《掠夺之手:政府病及其治疗》,中信出版社,2004年版,第63页。

---

① 〔美〕安德烈·施莱弗、罗伯特·维什尼:《掠夺之手:政府病及其治疗》,中信出版社,2004年版,第52页。

寻租的社会也会出现增长,但是这种增长是缓慢的。寻租理论作为制度分析的一种方法,可以解释为什么历史和现实中一些不利于经济发展的制度是如何产生的,又是如何阻碍一国经济发展的。有利于寻租的制度会引导人们把精力和时间用在非生产性努力中,更糟糕的是,有利于寻租的制度会把社会的精英引导到非生产性活动中来。

为什么英国最早发生了工业革命?这与英国的制度变迁有关。在工业革命之前,英国的寻租及腐败也非常严重。对权力的制约及相关的制度变迁使英国在工业革命之前遏制了寻租。就像诺思所讲的那样,到18世纪,西方国家建立起有效率的经济组织,建立了使私人收益等于社会收益并激励人们从事生产性努力的制度,这时寻租已经不划算了。寻租在西方国家被遏制正是制度创新、工业革命、市场经济等共同发展的原因。没有制度变革也不会有工业革命。制度的创新可以大大地提高寻租成本,使寻租成为一种不划算的事情。[①]

【关键概念】

秩序　人造的秩序　增长的秩序　有限准入秩序　开放准入秩序　租金
寻租　图洛克悖论　图洛克命题　无谓损失

【思考题】

1. 比较有限准入秩序与开放准入秩序。
2. 用图洛克的模型说明寻租就是在非市场领域,通过政治行为获得比通过市场活动所获更多的报酬。
3. 简述政府寻租的三个层次。
4. 分析有限准入与租金的关系。
5. 为什么寻租比创新更有利?
6. 寻租会带来哪些社会经济影响?

【推荐阅读】

1. 〔美〕戈登·图洛克:《特权和寻租的经济学》,上海人民出版社,2008年版。
2. 〔美〕安德烈·施莱弗、罗伯特·维什尼:《掠夺之手:政府病及其治疗》,中信出版社,2004年版。
3. 〔美〕道格拉斯·诺思等:《暴力的阴影:政治、经济与发展问题》,中信出版社,2018年版。
4. 〔美〕道格拉斯·C.诺思、约翰·约瑟夫·瓦利斯、巴里·R.温格斯特:《暴力与社会秩序:诠释有文字记载的人类历史的一个概念性框架》,上海三联书店,2013年版。
5. 〔美〕曼库尔·奥尔森:《国家兴衰探源:经济增长、滞胀与社会僵化》,商务印书馆,1999年版。
6. 〔美〕威廉·鲍莫尔:《企业家精神》,武汉大学出版社,2010年版。
7. 〔美〕埃德蒙德·菲尔普斯:国家的经济繁荣:繁荣依赖于活力,活力取决于制度,载

---

① 〔美〕戈登·图洛克:《特权和寻租的经济学》,上海人民出版社,2008年版,第67页。

吴敬琏主编《比较》（第41辑），中信出版社，2009年版。

案例
开放与利益集团：20世纪金融发展的政治经济学

　　大量研究表明，金融发展有利于经济增长，但很多国家的金融还是非常不发达。为什么这些国家的金融不能够发展起来呢？芝加哥大学的 Raghuram G. Rajan 和 Luigi Zingales 教授发表在 Journal of Financial Economics 上的论文 "The Great Reversals: The Politics of Financial Development in the Twentieth Century" 指出，这些国家的企业和金融界既得利益集团的反对是重要原因，然而一国的开放程度能够减缓他们的反对程度，促进金融的发展。

　　目前对金融不发展的解释之一是需求缺乏。但这无法解释为什么同等经济发展水平的国家却在金融发达程度上差异显著。另一个解释是，可能存在供给增长的制度障碍，比如一个国家内部没有必需的社会资本或智慧，或者没有合适的法律、文化、政治体系。已有研究表明国家制度因素十分重要。但是，这些结构性障碍一般不随时间变化，因此难以解释不同国家金融发展水平在时间上的变化。

　　基于此，Rajan & Zingales（2003）收集了24个国家自1913年至1990年众多金融和经济的数据，构建了金融发展指标。他们发现从大多数指标来看，各国在1913年的金融发展水平都高于1980年，直到20世纪90年代才超越了1913年的水平。金融发展水平在20世纪出现了大逆转，这为作者考察金融发展与不发展的原因提供了便利。

　　作者发现，1913年这些国家的金融发展水平较高与这些国家当时的开放程度相关，而20世纪80年代之后世界金融发展水平才恢复1913年的水平，则是由于第一次世界大战、第二次世界大战及之后的布雷登森林体系都不利于资本的国际流动。只有布雷登森林体系瓦解后，国际资本流动加剧，各国开放程度不断提高，各国金融才得到进一步发展。

　　随后，作者构建了一个简单的理论来解释开放对利益集团的影响。金融发展并不总是会带来多赢的结果。比如，一个产业里面的大企业通常情况下并不需要发达的金融市场。原因在于：一方面，他们通常不需要外部融资，因为他们自身的收入可以支持他们新的投资；另一方面，即使需要外部融资，他们也有足够的抵押品和声誉，而这并不需要很发达的金融体系，即使是很落后的金融体系也能够应对抵押借贷。但是，金融一旦发展起来，发达金融体系要求的信息披露和合约执行不仅仅会使得他们的抵押品和声誉价值下降，更重要的是，也会使得他们的竞争对手变多。同样，对于金融行业的在位者，金融发展一方面为扩大业务提供了机会；另一方面，在发达金融市场中，他们基于关系开展业务的比较优势会丧失，甚至从业者的人力资本也会降低。

　　那么，开放又是如何使得在位者不那样反对金融发展呢？作者认为，单独的开放贸易或资本流动都不能起到作用，只有当贸易和资本流动都开放的时候才有效。产品市场开放，来自国外的竞争加剧，在位者的利润下降，需要进行外部融资，但是，这时放贷的风险也会上升，从而对借贷信息和透明度的要求也增加。同时，资本的流动使得政府需要投入大量精力在宏观经济稳定上，使得政府为在位者提供倾斜性的信贷和补贴的能力下降。在这些在位者当中，实力最强的在位者有能力参与国际竞争，这使得他们更需要外部融资，从而不会反对金融市场的发展;而实力较差的那部分企业,由于产品市场竞争加剧,利润下降,需要更多的投资。但这时在位的金融企业不再轻易给他们借贷,因为一方面,这些企业利润下降,需要的融资会更多;另一方面,金融市场竞争的加剧使得在位的金融企业与在位的产品企业建立长期关系变得困难。这样,为了融资,实力较差的在位企业也不得不提高透明度,并希望有更多的融资机会,从而希望推动金融的发展。

最后,作者利用跨国数据进行回归分析,证实金融发展程度与开放程度高度正相关。但这里的开放需要产品市场和资本市场共同的开放。单独开放产品市场,没有开放资本市场,对金融发展并没有什么促进作用。上述分析也有助于我们理解中国金融市场发展的变化轨迹以及未来的发展方向。

资料来源:Rajan R. Zingales L. The Great Reversals:The Politics of Financial Development in the Twentieth Century [J]. *Journal of Financial Economics*,2003,69:5-50.

第十四章 利益集团、集体行动与制度选择

> 开放准入秩序的主要特征是任何组织的进入通路都是开放的,同时存在许多大型的、复杂的、组织良好的利益集团,它们彼此之间能有效竞争。
>
> ——诺思

利益集团与制度的关系是本章的核心问题。为此,本章将涉及四个问题:一是利益集团,二是集体行动与集体行动困境,三是公共选择理论与自主组织理论,四是利益集团与制度选择。

第一节 利益集团

一、利益集团不等于分利联盟

利益集团又称利益团体、压力集团、院外活动集团等。杰弗利·贝利(Jeffrey Berry)将利益集团定义为"一个由拥有某些共同目标并试图影响公共政策的个体构成的组织实体。"[①]按照奥尔森的看法,为实现某种特定群体利益而采取集体行动的组织就是利益集团。利益集团最广义的定义既包括了自愿成员也包括了非自愿成员,还包括各类合法并机构化的形式,如公民利益集团、非营利机构、公共部门组织、企业利益集团等。利益集团之间在规模、资源、力量和政治导向上有显著区别,但它们的共同点是成员间存在着某种程度的共享利益。利益集团可以代表消费者、生产者、行业、选民、工人、政府、地区、无家可归者和几乎人们能想象到的所有其他分类。

利益集团的实质在于最大限度地追逐特殊利益。利益集团为其成员谋取利益的唯一途径是尽量在社会的总利益中争取较大份额,即尽量切更大的蛋糕,而不顾社会的总利益是增加还是减少。

利益集团在任何制度下都会存在,问题在于这种利益集团会不会转化为特殊利益集团、分利联盟、既得利益集团。答案取决于许多条件:一是利益集团能否采取集体行动,能否解决搭便车问题;二是生产有利还是再分配有利;三是秩序是有限的还是开放的。

奥尔森对利益集团的一个贡献是提出分利联盟(distributional coalitions)理论。奥尔

---

① 转引自:〔美〕乔·B.史蒂文斯:《集体选择经济学》,上海三联书店,1999年版,第239页。

森指出,存在着一种"特殊利益集团",这种特殊利益集团可被称为"分利联盟"。所谓分利联盟是指由一批希望采取集体行动来增加自身收入份额的个人所形成的组织。这类分利联盟的建立,其前提必定是成功运用"选择性刺激"和"人数控制"的方法克服了人们普遍怀有的、集体行动的两大障碍:"搭便车"心理和"理性的无知"。政治的、部门或行业的、地区的及"阶级"的群体,在一定条件下都可以组成分利联盟。分利联盟的存在将带来三大负面影响:

第一,社会中的分利联盟会降低社会效率和总收入。经济学家喜欢用"分蛋糕"的例子来比喻社会分配平均与否的事实,其含义是"你多占的就是我损失的"。然而在奥尔森看来,更恰当的比喻应该是:许多人一起冲进瓷器商店争抢瓷器,结果是,一部分人虽争抢了一些,但同时还会打碎一些本来大家可以分到手的瓷器。奥尔森认为,分利联盟的存在、扩张和增多对一国的经济增长、社会平等与效率、政治和谐与稳定都会造成极大的阻碍作用。分利联盟的瓦解、缩小和减少往往意味着国家经济易于繁荣、社会易于平等、政治易于稳定。分利联盟因而是影响国家兴衰的重要因素。

第二,分利联盟将使政治生活中的分歧加剧。由于社会上大部分分利联盟的目的都在于重新分配国民收入而不是创造更多的总收入,必然导致社会对再分配问题的过多重视;而与此同时,一部分人的收益增加必然伴随另一部分人收益的减少,甚至减少的比增加的还多,因此人们之间就产生了怨恨。于是,当分利联盟的地位愈来愈重要、分配问题格外突出时,政治上的分歧将愈演愈烈,进而引发政治选择的反复、政局的多变和社会的失控。从宏观的视角来看,在近代经济史中,分利联盟的博弈及斗争使货币供给成倍增加,这既是现代世界主要的不稳定力量,也是通货膨胀的重要根源之一。

第三,分利联盟还会造成"制度僵化"。分利联盟一旦从某种制度安排中得利,为了守住他们的利益,就不愿意推动制度创新。分利联盟拒绝对迅速变化了的环境做出反应,决策或行动迟缓,对凡是可能威胁到自己既得利益的创新一概排斥,并且为了分利联盟利益而不惜牺牲全社会的利益。莫吉尔提出的名为"卡德威尔"的定律指出:当新的技术进步可能会影响分利联盟时,分利联盟会阻碍有利于新兴产业和技术的政策的通过。如何抵御分利联盟对技术创新及应用的不利影响?关键就看各个部门是否存在竞争。[①]

相关链接 14-1

研发新能源汽车本来是底特律汽车制造商的事情,但由于既得利益阻碍,汽车制造商无法推动这项研究。1996年,通用汽车倒是推出过一款电动汽车EV1,该车受到很多用户的喜爱,但EV1的出现触犯了石油公司的利益,经过一番波折,通用被迫收回并销毁EV1。其后,底特律的汽车制造商再也不敢碰新能源汽车了,转而搞一些"微创新",比如改变一下汽车的外形和内饰,汽车从一个科技产业变成了一个工匠产业。

---

① 陈志武等:《量化历史研究》(第一辑),浙江大学出版社,2014年版,第87—88页。

二、利益集团对政治行动的需求

(一) 公民需要政府的保护

公民为了保证自己的基本权利得到实施,必须借助政府的力量。靠集体行动保护秩序和法治的做法可谓源远流长。[①] 人类早期的仲裁者(第三方裁决者)角色被授予那些受人尊敬并富有经验的长者,在远古时期永久定居的村落、中世纪的集镇和城市等共同体内,为了裁决冲突,并尊崇或制定能据以解决或避免共同体成员间冲突的原则(正式制度),出现了国王、高级僧侣和法官。后来出现了正式的、产生统治者的正式制度安排,集体行动、政治权力和政府的概念也由此而产生。在当代,利益集团院外集团与政党之间的相互作用极大地影响着公共选择。

如果我们处于无政府状态,一部分公民为防止被另一部分公民强制,就必须抵抗他人以保卫其财产。根据交易成本理论,这种排他性成本和强制执行成本是极高的,它们将抑制大量的有利劳动分工并阻碍繁荣。所以,在这里,保卫公民的生命财产安全就成了集体利益。如果公民雇用一个代理人——国家或政府(国家理论中将详细阐述其职能),赋予它保卫和平的使命(合法使用暴力),安全成本将大大降低,更多社会资源被节约下来。为了保护公民的安全,公民必须让他们的代理人掌握实施强制的权力,同时必须保证代理人(政府)不用这些权力反对委托人(公民)。

政府如何保护公民的安全及维护公民的自由权利呢?答案就是必须建立和实施一套制度,以维护社会秩序。这套制度适用于所有公民,它不允许公民使用暴力、欺骗或其他非法的暴力方式来实现自己的目的。如果没有这样的制度安排,自由就会变成放纵和无序。在现代社会里,公民赋予政府实施强制的权力都被正式地制定在宪法、刑法和民法之中。因此,我们可以说,公民的集体行动或选择产生了制度,制度反过来服务于公民。

(二) 其他利益集团对政治行动的需求

供应商或有组织的供应商利益集团(行会),为了减少他们的竞争压力和节省他们的竞争成本,总是试图获取政治干预,即愿意付出代价谋取政治偏袒(采取寻租行动)。而政治代理人因代理人的机会主义会倾向自愿地通过管制市场和限制市场进入机会来做出回应。也许有些干预是合理的,例如政府制定统一的货币制度,有利于降低市场的交易成本。但在大多数场合,政府的管制排除或阻碍了潜在竞争者,增加了市场参与者的服从成本,限制了缔约自由。

在民主国家中,从事寻租的企业集团会对靠政治努力"强化"对他们有利的市场环境形成一种很强的需求。当政府主体向生产者发放特许权或征收关税以设置市场进入障碍时,会促使供应商由经济竞争转变为卡特尔或垄断。卡特尔是指卖方所达成的只按统一销售

[①] 〔德〕柯武刚、史漫飞:《制度经济学:社会秩序与公共政策》,商务印书馆2000年版,第358页。

条件进行供应的协议。这样的卡特尔协议干扰了买方的自由权,购买者自由选择销售者的权利会因卖方的联合行动而变得毫无意义。

议员、官僚和其他政治主体同样有很强的动力来提供偏袒,保护生产者利益集团,因为政治家本身要为连任、政党赞助或宣传而竞争。这些政治权势的掌控者们,通过立法、管制或通过司法裁决降低市场中供应商之间的竞争强度,并以此来证明他们自己对于那个行业中的少数供应者和工人具有重要意义。政治企业家们借助政治权势对产权进行再分配,并追求由此产生的回报。实施干预的政府官员和议员可以通过征收特许权费、政党经费赞助、政治支持或为退休官僚和政治家提供有利的企业职位,或者通过直接的贿赂等方式,共享他们分配给受管制行业的利润。

对竞争过程的政府干预一般都以供应商利益集团为后盾,并有害于众多无组织的购买者。因为相对于同一市场中成千上万的购买者来说,供应商是更有组织性的"特殊利益集团"(小集团),他们更容易达成一致,采取集体行动来强化他们对政府的谈判力。相反,有损竞争的政府干预(供应商集体行动的结果),由于对每个购买者的损害都很小,不值得他们为抵制这种干预而劳神费力地进行游说。因此,干预政策的公共物品性质及购买者潜在利益集团(大集团)的特征,决定了购买者不关注且不采取政治行动来反击供应商的院外集团和政治偏袒是完全合乎情理的。最终,一项干预政策就可以在无人注意的情况下被付诸实施。因此,我们可以得出结论:当政治权势的掌控者与少数有影响力的供应商串通一气时,必然将企业家从通过经济竞争和创新争取有利的市场环境,引向通过寻求政治偏袒——寻租行为——来实现他们的目标。

总之,利益集团的产生和激增说明利益集团确实有向被选出的政治代理人转达企业或公民偏好的作用。在一个有关政治参与的调查中发现,美国有90%的公民卷入了集团。他们调查的这些人每人平均参加四个团体。而且,很多利益集团以保护和增进企业、专业、工人和地区经济地位的形式存在:企业寻求进口限制,专业人员集团希望政府授予能力合格证书从而限制人数,国内工人寻求对非法移民的限制,城市和地方则想获得设备工厂或国防工厂。所有这些集团的努力都是在创造稀缺性,以使受保护利益获得的价格上涨,并为那些能影响公共政策的人创造租金。

三、奥尔森的利益集团理论

在奥尔森集体行动理论产生之前,除了马克思主义的阶级分析深刻地揭示了不同阶层的利益矛盾外,很少有学者系统地研究集体行动问题。奥尔森探讨的集体行动困境问题为我们分析制度的性质、制度的变迁及制度的绩效提供了一个分析的视角。奥尔森的《集体行动的逻辑》的核心前提是"组织费用"假设,组织费用是一组不同的交易成本,它们的重要性随着组织规模的增大而不断地发生着变化。他为"特殊利益"的不对称权力提供了一个现代制度经济学的解释。[1]

---

[1] 〔美〕埃里克·弗鲁博顿、〔德〕鲁道夫·芮切特:《新制度经济学:一个交易费用分析范式》,上海三联书店,2006年版,第87页。

奥尔森思想的特点可以概括为以下几个方面:

第一,奥尔森把集团利益区分为相容性的和排他性的两种。前者指的是利益主体在追求这种利益时是相互包容的,如处在同一行业中的公司在向政府寻求更低的税额以及其他优惠政策时利益就是相容的。用博弈论的术语来说,这时利益主体之间是一种正和博弈。后者指的是利益主体在追求这种利益时是相互排斥的,如处于同一行业中的公司在通过限制产出而追求更高的价格时就是排他的,即市场份额一定,你多生产了就意味着我要少生产。这时利益主体之间是一种零和博弈。与此相适应,奥尔森把集团分为相容性集团和排他性集团。在他看来,较之排他性集团,相容性集团就有可能实现集体的共同利益。奥尔森的集体行动理论的基本思想可以简单地概括为,个人理性不是实现集体理性的充分条件。

第二,按照奥尔森的分析,集体行动的形成取决于两个重要条件:组成集团的人数足够少,并且存在着某种迫使或诱使个人努力谋取集体利益的激励机制(他称之为"选择性刺激")。对于规模较小、组织较好的特殊利益集团,如果通过产权结构调整,集团的成员都会有较大的收益,而且集团较容易获得、控制和加工信息,那么这一集团对于议员们的影响能力往往很强。在利益集团中失利的往往是那些从属于大集团的个人,例如消费者作为一个整体(对他们来说产权结构的调整,如新的关税往往对单个人影响很小),其组织费用很高、搭便车也很容易,个人信息成本也过高。越是小的利益集团越是容易达成一致意见,从而可以影响统治者。一些文献分析了少数团体成员怎样过度滥用其投票权,致使产权结构变得有利于他们,而使大多数选民付出了代价。为什么少数人能愚弄多数人呢?有人认为有两种相互联系的原因:产权结构的边际变化能导致人们的收益和成本的不公平分配,而在这些变化中,得益者和受损者之间的信息分布不对称。① 从奥尔森的集体行动理论我们可以做出这样的判断,在利益博弈的过程中,社会最终会形成强势利益集团和弱势利益集团。

第三,集体行动跟个人行动一样是自然的,一旦"公共品"被控制,特殊利益集团将发展起来。奥尔森用集体选择理论解释为什么不同社会的增长率不同。那些有利于生产性活动的制度有利于创新和增长,而那些有利于非生产性活动的制度则不利于创新和增长。

奥尔森对"科斯定理"(亦即在交易成本为零时,个人理性可以通向集体理性)进行了批判和拓展。在他看来,科斯定理的核心在于交易成本和自愿交换,其基本结论是人们会为了实现他们的共同利益而采取集体行动。对此奥尔森评价说,"科斯定理"仅仅适用于集体规模很小的情况。一旦集团成员足够多,即使交易成本为零,其成员也不会受到激励去为集体产品的提供做出贡献,因为这时搭便车的潜在收益相对会更高。再者,科斯定理只注意到理性的自利会使自愿交换产生互利结果,但却忽略了理性的自利也会引导人们用手中的权力强迫别人就范的可能性。恰恰后者才是解释政府的不同类型——强化市场型政府还是作为其对立面的政府——的有效工具或途径。还有,源于自愿交换之收益的最终实现有赖于契约的执行。

奥尔森关于利益集团一些特点的分析可以解释制度经济学的一些问题,例如,为什么我们历史上选择的制度不都是有效的。这可能与小利益集团在社会中的话语权更大有关,也就是说,对这些小利益集团有利的制度选择,对全社会来讲可能是低效的。此外,利益集

---

① 〔冰〕思拉恩·埃格特森:《新制度经济学》,商务印书馆,1996年版,第60页。

团的目标是双重的,一方面寻求利润的最大化,即寻利,另一方面寻求租金的最大化。如果利益集团和国家仅仅拥有利润最大化(寻利)这个单一的目标,那么我们选择的制度就一定是最有效率的制度了。奥尔森利益集团理论还可以解释为什么一些低效的制度长期存在,从而为我们分析制度变迁中的"路径依赖"问题提供了解释。

奥尔森分利联盟理论的内容主要集中于以下九个推论中:① 不存在这样的国家,其中所有具有共同利益的人群都可能组成平等的集团并通过全面协商而获得最优的结果。② 凡边界不变的稳定社会中,随着时间的推移,将出现愈来愈多的集团或组织。③ "小型"集团的成员具有较强的组织集体行动的能力,而这种优势随着社会稳定时间的延长而递减。④ 总的来说,社会中的特殊利益组织或集团会降低社会效率和总收入,并使政治社会中的分歧加剧。⑤ 广泛性组织一般都倾向于促使其所在的社会更加繁荣昌盛,并力图在为其成员增加收入份额的同时,尽可能地减轻其额外负担,从而只有当国民收入在分配中所产生的利益与由此引起的全社会损失相比增大时,才支持这种再分配行动。⑥ 分利联盟进行决策较其中的个人与企业决策迟缓,从而使议事及协商日程拥挤,其决策多半倾向于固定价格而不是固定数量。⑦ 分利联盟使全社会采用新技术延缓以及在生产情况变化时阻碍重新分配资源,从而降低了经济增长率。⑧ 当分利联盟发展到足以取得成功的规模时,它必须采取排他性的政策,并力图使其成员限制在收入相近与贡献相近的范围之内。⑨ 分利联盟的扩大将增加法律的繁文缛节,强化政府的作用,造成协议的复杂性,并改变社会演化的方向。

第二节　集体行动与集体行动困境

一、集体行动的要素

参与者、决策方式和选择标准是集体行动的关键要素。

(一) 参与者

我们可以把集体行动简单地看作一个集团的每个成员都聚集起来决定他们共同关心的事情。这使人想到共同体、归属和责任,但这些概念仅仅刻画了集体行动的部分性质。[①] 集体行动中可以有很多(或很少)参与者,他们可以被选举、任命或雇用参与,也可以自愿参与,并且他们对于如何解决一个问题可以有非常不同的看法。参与者并不限于选民、参议员和政府工作人员。工商企业、同业公会、工会、非营利组织以及很多其他利益集团也可以参加。参与者往往是由获益机会和担心损失而自我选择的。

---

① 〔美〕乔·B.史蒂文斯:《集体行动经济学》,上海三联书店1999年版,第2页。

（二）决策方式

集体行动的第二个要素是决策方式,这些方式多种多样,并且往往不止一种方式被用于特定的情形。具体来讲有以下六种决策方式:

第一,集权的独裁决策方式。这是指在以宗教或军事力量作为权威基础的高度集权化的社会里,所有重要决策都是由独裁者一人做出,决策正确与否取决于独裁者的智慧和人格。

第二,分散的个人决策。这是指以市场作为分散化决策方式,由个人选择他们买卖什么。为什么把分散的个人决策也看作集体行动的一种方式呢?因为当大家都反对将上述选择集中控制时,我们就已共同决定要让个人选择起作用。

以上两种决策方式是极端的决策方式,现实中大部分决策既不是由独裁者一人决定,也不是完全由分散的个人决定,而是介于这两者之间。也就是说,除了这两种极端决策,还有其他决策方式。

第三,专家决策。这种方式主要是依赖于拥有专门才能或知识的人,即人们从专家那里获得忠告,听取专家意见,做出决策。专家的作用究竟有多大是一个复杂的问题,它取决于专家的权威与人们自我决策间的张力。

第四,一致同意或通过的方式。在这种方式中,一个群体即使在某些细节上有不同意见,但在基本问题上只有当所有成员都达成一致时,才能做出决策。但是,达到一致同意的过程可能是缓慢的,而有些问题却不容拖延,而且一致同意是否正确也有争议。

第五,授权决策或代议制决策。这种集体决策主要是靠定期选举、权力分立和法治来控制代理人。其基础在于承认某些统率其他规则的、不可剥夺的个人权利,以及人民在向其集体代表授予暂时性权力上所享有的终极主权。授权决策又可分为以下4种:① 投票决策方式。因为我们往往等不及达成一致意见,所以需要以投票的方式来决定一个议题。在投票前我们必须决定我们为什么投票、投票的规则及投票资格的认定。我们究竟采用过半数规则、一致同意、简单多数还是其他投票方式?通常情况下都是采用过半数规则投票。② 选举代表决策。即通过挑选校务会、城市议会、州立法机构和国会代表进行决策。这里的问题不是我们是否应该有代表,而是什么类型的规则和激励才能让代表对我们的需要和愿望负责,也就是如何解决委托—代理问题。③ 精英决策。在对中世纪城邦的经典研究中,罗伯特·戴尔(Robert Dahl)发现,大多数重要的共同体都是由少数地方领袖做出决策,他们中的很多人都是商人和专业人员,而不是被选举的官员。④ 自愿人员做出决策。通过国会操纵者、政府工作人员、为利益集团或其他非政府组织效劳的人进行代议或决策的过程,实际上包含大量的自愿性。由于他们是自愿人员,因而对某些议题的看法可能更为有力,并且往往其他持相反意见的自愿人员也会参与。

第六,摸索。被查尔斯·林德拉姆(Charles Lindblom)定义为"摸索"(muddling through)的集体行动方式,是一种同意行动而非以目标、目的为特征的集体行动的过程。林德拉姆认为,这种方式是有效的和可操作的。这种方式侧重于手段而非目的的协调一致。

（三）选择标准

集体行动的第三个关键因素是选择一种而非另一种集体行动的标准或理由。在我们的生活中，人们已经接受了一些简单的决策标准，例如，孩子上学的年龄标准是每年的9月1日前必须满7岁，办理身份证的年龄标准是必须年满16岁。然而，当问题变得更复杂时，简单标准对集体行动就不够了，我们经常需要为采取一项特定行动考虑好几种理由。

然而，现实中很可能没有明确表述的集体行动的标准，只有对特定结果感兴趣的个人和集团对标准加以含混及歪曲的表述。对标准缺乏清晰、准确表述的原因之一是，人们很难、甚至不可能说清楚他们支持一项行动的理由。例如，人们可能喜欢临近的小公园，但他们也许很难准确表达他们为什么喜欢。所以，人们在集体行动时往往能就一项行动程序达成一致，而不必要考虑标准一致。换句话说，有人可能因为公园提供开放的空间而喜欢它，另一些人可能因为喜欢公园的树木和草地。虽然他们喜欢的理由或标准不同，但幸运的是他们都喜欢这座小公园。正因为表达集体行动的标准存在非常现实的困难，所以人们在集体行动中往往轻视标准的作用，而热衷于通过联盟形式、策略选举和操纵投票范围等政治手段来达到一定的结果。

鉴于上述集体行动标准上的特征，经济学家考虑的两种集体行动的标准是效率和公平。经济效率是考虑经济成果的大小，公平是考虑经济成果如何在社会成员间分割。当效率和公平这两个标准在某一议题上不能在相同方向起作用时，就需要我们能够基于其他人可以接受或拒绝的明确标准，提出我们的建议。有效率可能不公平，公平的也许无效率，因而在集体行动中，必须经常进行效率和公平的取舍。明确标准和进行取舍这两种活动都有助于经济学家从事集体行动。

二、集体行动的特征

公共选择或集体行动是指那些与个人决定的产权运用决策有关的行为。尽管个人都懂得，当他们缔结财产运用的契约后必须承担全部成本并享有全部获益，但在要由许多人来同意一项选择的决策中，这一点通常并不十分明确。这些人还很少能处于充分影响决策的位置上。然而，在成本和收益不能全部内部化的时候，公共决策是必需的。但公共决策经常会被延伸到可以留给私人选择的领域中去。由于公共选择不涉及双向的付出和收益，只涉及非相互性的好处，它就很容易导致搭便车、道德风险、公地悲剧和代理人机会主义。因此，集体行动经常要依靠自上而下的命令和合法强制。与私人选择相比，集体行动会在配置上和信息搜寻上更为复杂，具体来讲有以下五个特点：

第一，集体行动的交易成本比私人选择高。在互惠、等价的私人交易中，付出和获取是明确相连的。这样，决策者从自己的决策得到完全的反馈。相反，集体行动涉及多边的付出和获取。其中，利益通常是间接和非相互性的，所以决策制定者得不到直截了当的反馈。在集体行动的"一揽子交易"中，成本和收益被混在一起且不相等，这就必然会产生道德风险的诱惑、公地悲剧的危险，以及很高的监督成本和强制执行成本。另外由于集体决策牵涉较多的参与者,他们的机会成本不断变化,目的也各不相同,所以要达成明确的决策比较困难,而且制定决策的交易成本大都要比私人的双边选择高。

第二,集体行动不能满足个人偏好的多样性。由于个人的偏好必须合为一体,形成一致,集体决策就不可能像私人选择那样充分地满足个人偏好的多样性。这个特点与阿罗的"不可能定理"有关。阿罗证明,个人偏好的混合不可能靠表决程序来加总,从而不可能确保个人所偏好的选择也被集体决策所选中。

第三,除了极小的群体外,集体行动必须靠代表来进行。这种代表可以是自封的,也可以是选举出来的。他们将各种个人偏好掺合在一起以便做出具有可行性的决策。由代表来集体行动需要有三个基本的安排:第一,必须就集体表决的规则和程序达成一致。例如,该规则可以是全体一致同意(这要求耗费极高的协商成本),也可以是 2/3 多数或 51% 多数同意。第二,集体决策中的"付出"必须靠政治选择来决定,如靠规定税率来决定。这样,监督和强制执行就变得必不可少,这必然会产生相应的代理成本。在小集体中,代理成本相对较低,但在大集体中,监督和强制执行成本会上升。第三,要规定应如何分配集体创造的效益,当公民们相互争利时,他们应根据什么准则来获取那些共同财产。这需要政治权力,并会造成政治权力自身的委托—代理问题。

第四,在集体行动中,往往"多数派被贪婪的少数派所利用"。① 由于集体行动必须依靠政治权力,当政治系统全部由追求其自己目标的政党组织、有组织的利益集团和谋求私利的官僚所占据时,运用政治权力所造成的委托—代理问题将层出不穷。

第五,在集体行动中,大多数公民处于理性无知的状态。在一个复杂的社会中,公民若想了解全部公共选择,要承受极其高昂的信息成本,且往往只能得到有限的获益。因此,公民消极无为并容忍在一定程度上于己不利的集体行动往往是合算的。这种理性无知会减弱群体团结,助长不安全感和权利丧失感。因此,在靠有组织的供应者集团来推进寻租活动的那类群体中,理性的无知成了一个组成部分。

三、影响集体行动的因素

一个人是否参与集体行动是其理性分析和选择的结果。这一理性体现为对两方面因素的比较:为产生集体利益所做的投入(成本)和集体利益能够给个人带来的效益。这种比较与集团的规模、个人获益程度、组织成本和"选择性"激励等有关。

(一) 集团的规模

对每一个成员而言,为集体公共物品生产付费只有在团体的边际收益超过个人的边际成本时才是"经济的"。"个人能够分享一个集团的总收益,其份额取决于集团的人数以及与集团的其他人相比他能够从那一物品获益多少。集团总收益取决于获得集团物品的比率或水平,以及集团的'规模'。集团的'规模'不仅取决于集团中的人数,也取决于某一集

---

① 〔德〕柯武刚、史漫飞:《制度经济学:社会秩序与公共政策》,商务印书馆 2000 年版,第 354 页。

体物品对集团中每个人的价值。"①也就是说,集体效益的净增值要不小于个人在集体中所占份额的倒数。如果某人在一集团中占 1/100 的份额,则他只有在预期集体效用在投资后会增长 100 倍(1/100 的倒数)以上才合算,他此时才会为集体效用投资。由此可见,集体公共物品的供给和集团规模有关:集团规模越大,个体越多,个体的份额就越小,集团的公共物品的供给量就越远离最优水平。这说明,一方面,集团中微不足道的个人极难为集体利益贡献;另一方面,小集团的组织成本较低,达成共识的可能性高于大集团。

(二) 个人获益程度

如果集团规模相同,集体公共物品能否产生就取决于集团中每个成员从一定水平的集体物品供给中的获益程度。一般来讲,在个体份额接近的集团中,公共物品的供给状况要差于个体份额差异较大的集团。这是因为个体份额差异大的集团中,那些大份额的成员更有可能接近效益独占状态,因此有较高的激励来为集体公共物品的生产作贡献。另外,在集团中,成本负担的分配也是不合比例的,份额较大的个体负担较多的费用,但在公共物品消费时又是个体均等的。所以,在具有共同利益的小集团,"存在着少数'剥削'多数的倾向"。②

(三) 集团的组织成本

不同规模集团的组织成本也存在较大差异:在小集团(特权集团)中,一个成员可以获得总收益中很大的一部分,即使他个人承担全部的成本,比起没有这一物品他仍能获得更多的好处,这时,集体物品就有可能被提供——甚至不需要任何集团协议或组织。但在比这类集团大的集团中(中介集团和潜在集团)③,不借助于某些集团协议、合作或组织,就不可能获得集体物品。而且,集团越大就越需要协议和组织,且包含在集团协议或组织中的成员数目就越大,这样必然增加讨价还价的组织成本。

(四) "选择性"激励

只有一种独立的和选择性的激励才会驱使潜在集团中的理性个体采取有利益于集团的行动。这些"选择性"激励既可以是积极的,也可以是消极的,就是说,它们既可以通过惩罚那些没有承担集团行动成本的人来进行强制,也可以通过奖励那些为集体利益出力的人来进行诱导。换句话说,选择性激励就是对个人偏好的价值要大于个人承担的集体物品成本的份额。价值较小的制裁或奖励不足以动员一个潜在集团。例如,工会这种潜在集团之所以能够维持至今,就是利用选择性激励机制,即强制入会的"封闭工厂制"和"工会工厂

---

① 曼瑟尔·奥尔森:《集体行动的逻辑》,上海三联书店 1995 年版,第 20 页。
② 同上书,第 26 页。另外,"剥削"一词带有道德色彩,从一个纯粹的逻辑分析中得不出一般的道德结论。在这里"剥削"是用来描述不同人们的获益和牺牲不成比例的情形。
③ 中规模集团(中介集团),即未大到无法监督每个成员的行为后果,也未小到个人可以单独付费的集团。潜在集团的特点是,如果一个成员帮助或不帮助提供集体物品,其他成员不会受到明显影响,因此没有理由做出反应。

制"，乃至工人纠察与暴力，以及靠某种非集体利益，如工会为其会员提供的保险、救济、互助等。

四、集体行动的成本

布坎南与图洛克在1962年出版的合著《同意的计算》中，首先提出以成本分析为基础，考察最优公共选择规则的观点。因为某种特定规则一旦被选中，就将适用于集体决策的所有参与者，所以这种集体决策的内在强制性使得每一个参与者在集体决策规则的选择过程中都面临着性质完全不同的两种成本：外在成本与决策成本。

所谓外在成本，是指在规则的选择中，由于其他人的行动而使单个参与者预期个人所需承担的成本。外在成本在个人的控制能力之外，是通过集体决策的内在强制性而施加给单个参与者的。当集体选择结果与参与者个体的实际偏好一致时，该个体承担的外在成本为零；而当两者不一致时，由于该个体必须接受与自身偏好不相符的集体选择结果，因而他所需承担的外在成本为大于零的正数，并且随着这种不一致程度的增加，外在成本额也随之增大。

决策成本则指单个参与者为了使集体决策得到所需的同意人数规模而耗费的时间与精力。当集体决策只需要一个人做出时，决策成本极其微小，可以忽略不计。当集体决策需要全体一致同意时，每一个参与者的偏好对最终的集体决策结果都起着决定性的作用，所以做出集体选择的耗费最大、决策成本最高。在所需赞同人数处于一个到全部参与者人数之间时，集体决策的形成需要参与者之间不同程度的讨价还价，随着人数的不断增加，讨价还价行为发生的可能性也将成倍增加，从而使决策成本以递增的比率上升。这样，决策成本与做出集体决策所需赞同人数之间存在着一种增函数关系。

外在成本与决策成本之和构成社会相互依赖成本。作为理性的选择者，当面临决策规则的选择时，追求自身效用最大化的动机将驱使他按最低的相互依赖成本进行规则的选择。用这时所对应的集体决策所需要的赞同人数，我们就能确定出投票规则所对应的赞同比例。例如，若总参与人数为101人，根据上述方法所得到的最低社会相互依赖成本，要求一项集体决策有63人赞同才能做出，那么这时的最优规则就是一种以63/101为比例的多数规则。

上述成本分析很直观，但不论是在理论分析还是在实际应用中都存在着问题。通常，我们只能一般性地了解这两种成本与决策规模之间的关系，而几乎无法具体地测量这两种成本。再者，上述最优规则的选择只是就个体而言，不同的个体可能有不同的最优规则要求，如何综合以解决个体之间的差异，在现实中也不易做到，因为第一个问题就是信息不完备，特别是当人数众多时。

集体行动的代理人——政府，为了履行各种职能必须耗费相应资源，这被称为政府的代理成本。这部分成本必须弥补，通常是靠强制征税。而征税和管理公共资金又会进一步引出各种代理成本。不仅如此，集体行动还强加给公民服从成本。这些成本都是公民们在服从政府法律和政府管制时所必须承受的资源消耗。例如，公民在服从税法时，纳税人必须准备各类复杂的文书，或者厂商必须监视并报告特定的活动。

此外，在政治组织和行政组织中，委托—代理问题存在于集体行动的每一个层面。因为，代理人（官僚、政治家）作为内部人，比他们的委托人（外部公民）更了解情况。然而，与企业代理人（经理）要受竞争约束的企业不同，在政府里，对委托—代理问题缺乏自动监察，这就造成了更大的信息不对称，并最终为代理人机会主义造成了更多的机会，它往往源于有组织的利益集团与政府机构之间的共谋。

五、搭便车和集体行动的困境

（一）搭便车

集体行动的最大问题在于两个方面：一是信息不对称；二是搭便车的机会主义行为倾向。搭便车是参与人在通过计算自己参与行动与否的成本收益后做出的选择，当计算成为一种习惯时，集体行动的困境似乎无可避免。搭便车之所以发生还在于信息不对称，所以集体行动难以达成的根本原因在于信息不对称。对集团成员的搭便车是难以监督的，也就是说无法通过获得准确的信息来知道哪一个个体没有为集体物品付出代价却享有了它。正是由于这些方面的信息不对称，才导致了集体行动难以达成。总之，信息不对称阻止了集体行动的达成。

集体行动是一种困境，是由于集团利益的公共性导致了个体成员之间的"囚徒困境"及搭便车行为。只有当集团中每一成员都想搭便车的时候才会导致集体行动的失败。因此，搭便车的普遍程度是集体行动是否成功的关键。在囚徒困境中，是某些人而不是每个人都搭便车，不同情况下搭便车的人数是不一样的；当博弈者缺乏其他博弈者个人贡献的信息时，如果是一次性博弈，发生搭便车的可能性较小，但如果是重复博弈，搭便车的程度就会大大提高；搭便车的程度还与参与博弈的人数有关，随着博弈者人数的扩大，搭便车现象会增加。这些结论都佐证了奥尔森关于集体行动理论的正确性。

无论是马克思主义方法，还是新古典方法，都没有解答"搭便车"问题，而这个问题是解释集体行动的关键。[①] 有学者考察了制度供给过程中的集体行动。当制度在团体层次上予以供给时，会遇到严重的"搭便车"问题。即每个人都只想其他成员去做出组织的努力或承担维持组织的成本，而自己却坐享其成。因此，这种集体行动过程中的搭便车行为会严重损害制度的供给能力。解决这一问题只有两种方式：一是强迫成员参与；二是提供超常规的经济利益激励。

经济学家对个人利益的思考源于个人效用的思想，经济学家将之称为"人们拥有效用函数"，但这仅仅意味着人们会评价和界定自己的需要与偏好，并不代表他们必然是自私的或仁慈的。然而，确定集体利益将涉及不止一人的偏好加总，从而引发了关于个人偏好能否或是否应该加总的许多问题。私利和集体利益相互冲突的可能性，是奥尔森的经典之作《集体行动的逻辑》的核心主题。他对自愿组织或联盟的存在是为了推进其成员的共同利益这一社会学家的传统假定提出了挑战。

---

① 〔美〕道格拉斯·诺思：《经济史中的结构与变迁》，上海三联书店1991年版，第69页。

传统理论认为,集团和组织之所以存在,是因为个人可以通过组成集团实现其"共同利益",因此,集团的基本目标也应是实现共同目标,即"集体利益"最大化,马克思的阶级理论、制衡权力理论即如此。但奥尔森认为,从个人理性和自利的前提中推演不出人们会为增进集体利益而行动。他的论证逻辑是,集体利益是一种"公共物品",集团中任何一个成员对此类物品的消费都不会影响其他成员的消费。因此,如果我们假设个人都是自利且追求效用最大化的,那么团体中的成员就会在集体利益这一公共物品的生产和消费上采取以下行为:在公共物品的生产上尽量少投入,将自己应付的成本转嫁到他人身上;而在消费上却尽量多地消费公共物品。这种搭便车的倾向使得公共物品的生产和消费都存在着较大的"外部性",最终结果是,如果以自愿作为行为的基准,则无人愿意为公共物品的生产付费,却有很多人愿意免费消费公共物品。

相关链接 14-2

搭便车试验

在这个试验中,若干斯德哥尔摩的成年居民有偿参与了一个访问。他们被问到愿意为观看由两名受欢迎的喜剧明星演出的节目支付多少钱,而节目只会在所有受试者愿意支付的金额大于节目制作成本的情况下才会上演,一旦决定了节目要上演,所有受试者都可以观看。研究人员根据五个不同的收费标准,告诉受试者节目演出后需要缴付的金额:其中一个标准是他们在访问中表示的支付意愿是多少就付多少,另一个标准是只收取支付意愿的一个百分比,再另一个是需要支付任何费用。结果是:不论采用哪一个收费标准,受试者都愿意支付相同的金额。

资料来源:〔英〕诺斯古德·帕金森等:责任人几个最好,《读者》,2005 年第 7 期。

奥尔森运用搭便车原理作为利益集团形成的理论基础,揭示了个体理性与集体理性之间的矛盾,并从这一理论出发解释了许多重要的宏观经济现象。这些假说和理论的逻辑简单扼要,而其解释含义却极为广泛。

传统的利益集团理论认为,追求自身利益最大化的理性的集团成员会从自身利益出发采取一致的集体行动。但是,许多符合集团利益的集体行动并没有发生。奥尔森指出,有理性、寻求自身利益最大化的个人不会采取行动来实现他们共同的或集团的利益,主要原因在于集团利益的公共性会导致集团成员普遍的搭便车行为,这在大集团中尤其普遍,奥尔森由此把大集团称为潜在集团,并称这种现象为"集体行动的困境"。

(二)集体行动的困境

在社会中,集体行动的困境阻碍了人们为了共同利益而进行合作的尝试。第三方强制执行不足以解决这一问题。自愿性合作依赖于社会资本的存在。普遍互惠的规范和公民参与网络鼓励了社会信任与合作,因为它们减少了背叛的动力、减少了不确定性,为未来的合作提供了模式。集体行动的困境可以通过利用外部的社会资本来加以克服。①

集体行动的困境表现为以下三个方面：

第一，集体决策很难，并且集体内的任何一个人追求纯粹的效用最大化都是不可能的。当涉及集体决策时，我们会遇到很大的困难。在许多制度环境中，组织的决策由一个人做出的观点无法成立。一旦决策由集体做出，各种问题就会出现，集体以和个人相同的方式决策吗？最大化集体效用是什么意思？组织并不具有偏好，它们并不是有意识和理性地——像人一样——做出选择。当许多独立的决策者——他们的目标分散并相互冲突——被迫相互影响时，集体效用最大化也是不可能的。由于集体决策牵涉较多的参与者，他们的机会成本不断变化，目的也各不相同，所以要达成明确的决策会比较困难。而集体制定决策的交易成本大都要比私人的双边选择高。②

第二，不同规模的集团在社会经济中的影响并不与该集团的人数成正比，社会经济的多数规则的实施更多是形式上的。在奥尔森看来，在社会经济体系中，那些人数较少的利益集团在社会利益的分配中往往处于有利的地位，而人数较多的大利益集团由于自身受"搭便车"问题的困扰而往往处于不利的地位。奥尔森批评了有组织的压力集团之间的讨价还价可以使冲突利益达成合理、可行的妥协的观点。

第三，不同社会利益集团博弈的结果并不总是能达到均衡，而往往形成特殊利益集团。例如，钢铁行业工会会主动要求政治保护，限制进口。在这种保护中，他们认识到了自己的利益，并且他们会为这种利益而采取行动。保护带来的收益会相对集中到对该行业进行投资经营的少数几个人身上。他们的收入明显要受此影响。保护会带来较大的成本，但通常能分散出去，由为数众多的纳税人和消费者来承担。成本的淡化使得成本的承受者在政治上变得无效率。

第三节　公共选择理论与自主组织理论

一、公共选择理论

根据布坎南的概括，公共选择理论有三个核心假设：第一个假设是人类行为中"方法论上的个人主义"。第二个假设是政治人也是经济人，穿上官袍或回归社会都不会改变政治人的自利本性。第三个假设是"基于共赢的政治契约"，政治与公共政策制定不是作为一个整体一致运作的，而是一个各种理性人进行交易与竞争、摩擦与妥协的市场，最终得到的不是某个人控制的最优结果，而是多方博弈演化而来的次优局面。

公共选择的核心逻辑有二个：一是主观主义，每个人有着独特的个人观点与偏好，且会随着外部环境的改变而自我调整。社会规则（制度）与个人行为是互动内生关系，即个人行为由社会规则所引导，而汇总后的无数个人行为又会对社会规则起到修订作用。二是契约

---

① 罗伯特·帕特南：《使民主运转起来》，江西人民出版社 2001 年版，第 198 页。
② 〔德〕柯武刚、史漫飞：《制度经济学：社会秩序与公共政策》，商务印书馆 2000 年版，第 350 页。

型逻辑。阿罗不可能定理与布坎南和图洛克的"同意的计算"理论告诉我们,集体行动中的一致同意只是一个遥不可及的理想。例如,对拆迁中最后一个"钉子户"只能以赔偿契约的方法来实现集体协同。

基于以上核心假设与核心逻辑,公共选择理论在狭义上一般被定义为"政治的经济学"。政治是一个无数理性人参与的市场,而不是简单的政府作为决策个体的优化选择。很多政治现象都可以用约束条件下的最大化经济学理论来分析,例如在投票法则下的候选人竞争,在个人偏好下的选民行为,理性官员与理性企业家的互动博弈等。

公共选择理论视角下公共经济学的基本问题包括以下三方面:

一是广义的公共选择理论可以理解为以经济学方法来分析正式制度与非正式制度下的非市场决策,特别是对社会困境的理解。每个社会人的收益取决于其他社会人的行为,在无法预知他人行为的时候,个人只能根据有限信息做出个人最优化选择,由此很容易产生互相损害的局面,比如常见的搭便车、寻租、公共地悲剧即是如此。大量的公共选择理论都致力于研究在非正式规则不变的情况下,如何产生合理有效的正式规则以避免社会不合作,增强社会合作共赢。

二是认为需要指挥,但不认为指挥是万能的。由于公众无法达成一致同意,所以只能通过协商来制定合作法则,单纯的市场竞争无法产生协商机制,即"市场失灵"。政府作为协商机制可以推动契约型合作,特别是惩罚不合作者。但是,政府本身也可能失灵,因为它本身只是各方利益汇聚的载体,并不能保证强势利益就一定会惠及弱势利益。

三是认可自发秩序的效率,但不认为自发秩序就足以解决社会困境问题。在人们因乡邻、血源或重复交往而相互认可、相互谦让的社会规则下,自治社会组织确实有可能取得成功,比如奥斯特罗姆在美国一些村镇所做的小规模社会实验。但如果上升到大规模社会组织,迄今尚无实践案例证明自发秩序可以成功。社会规模越大,人群中对异质陌生人的认可就越低,因而合作型契约越难达成。

二、自主组织理论

集体行动困境是社会科学中的一个难题。为了克服这一难题,人们应用了国家和企业制度,但两者都存在一定程度的失灵问题。针对这种情况,奥斯特罗姆在《公共事务的治理之道:集体行动制度的演进》一书中提出了一个新思路,即强调一定条件下的人们能够为了集体利益而自主组织起来采取集体行动,并由此开发了自主组织和治理公共事物的集体行动制度理论,即自主组织理论。该理论为当今世界性的公共改革提供了一条不同于国家和企业制度的自主治理的新思路。

在治理公共事务特别是利用和开发公共资源时,传统的集体理论认为,与公共事务密切相关的个人(或者是公共资源的使用、开发者个体)是难以组织起来就他们的长远和公共利益采取集体行动的。因此,只有借助于国家外部干预的方式来维护公共利益,或者通过产权私有方式单独经营。对此,奥斯特罗姆认为,上述观点的立论基础是"公地悲剧""囚徒困境"和"集体行动困难",但它们"只是一些使用极端假设的特殊模型,而非一般理论。当特定环境接近于模型的原有假设时,这些模型可以成功地预测人们所采取的策略及其结果,但是当现实环境超出了假设的范围,它们就无法预测结果。"①上述模型的前提假设主要有两个:一是个体之间沟通困难,二是个人无改变规则的能力。这适用于一些大规模的公共事务治理,因为在这种体系中的个体往往缺乏沟通,每个人都独立行动,个人改变现有结构的成本很高。而对于其他一些情况,特别是规模较小的公共事务治理和资源利用而言,就完全不适用。因为在那种环境下,人们之间能够在相互接触中经常沟通、不断了解,并且在彼此之间建立信任和依赖感。由于长时间的共同居住和交流,人们之间建立了共同的行为准则和互惠的处事模式,个体与个体之间能够就维护公共利益而组织起来、采取集体行为,进行自主治理。为探讨这个问题,奥斯特罗姆教授从研究小规模公共池塘资源问题出发,在调查研究了世界众多实际案例的基础上,应用制度分析与经验分析的方法,得出了许多重要观点和结论,形成了自主组织理论。

自主组织理论的中心内容是研究"一群相互依赖的委托人如何才能把自己组织起来,进行自主治理,从而能够在所有人都面对搭便车、规避责任或其他机会主义行为形态的情况下,取得持久的共同收益。"②奥斯特罗姆讨论这一问题时采用的是理性人的假设。在她看来,复杂不确定环境下影响个人策略选择的内部变量有四个,即预期收益、预期成本、内在规范和贴现率。人们选择的策略会共同在外部世界产生结果,并影响未来对行动收益和成本的预期。个人所具有的内在规范的类型受特定环境中其他人的共有规范的影响。如果这一规范成为与他人共享的规范,那么采取被其他人认为是错误的行动所要受到的社会非议便会对他形成制约。贴现率既受个人所处的自然和经济保障程度的影响,又受居住在特定社会或地方社群的人们在比较未来与当前的相对重要性时所共有的一般规范的影响。总之,内部贴现率受个人在外部任何特定环境中所拥有的机会的影响。通过这一理论,我们可以预测,理性个人的策略应是预期收益大于预期成本的策略。收益、成本、共有规范、机会都是影响个人决策选择的总和变量,但是在现实中,这些内部的、主观的总和变量很难有准确的汇总方法;即使有,个人也不可能把有关净收益和净成本的信息完全而准确地转化为预期收益和预期成本,更何况还有大量机会主义行为的存在。因此,判断理性个人的策略选择应把重点放在影响总和变量的、可以观察的环境变量及环境变量组合上。

自主组织理论认为,任何集体行动都需要解决三个问题:第一个问题是制度供给问题,即由谁来设计自主组织的制度,或者说什么人有足够的动力和动机建立组织。不确定条件下的重复博弈理论的研究结果表明,"在一个有限重复的囚徒困境中,对局人确切收益的不确定性能够产生合作均衡和其他许多均衡。在这样的条件下,一个对局人会向另外一个对局人显示合作的意图,为的是使他们形成一系列互利有效的对局"。③就现实的协会等自主组织的产生过程而言,发起人就是第一个向其他人显示合作意图的人。制度起源和制度变革是结合在一起的,两者共同组成了统一的制度变迁。在促进型政治体制的良好推动下,自主组织的制度变迁正是一个渐进、连续和自主转化的过程。

自主组织面临的第二个问题是可信承诺问题。奥斯特罗姆认为,复杂的和不确定环境下的个人通常会采取权变策略,即根据全部现实条件灵活变化的行动方案。"我会遵守承

---

① 〔美〕埃莉诺·奥斯特罗姆:《公共事务的治理之道:集体行动制度的演进》,上海三联书店 2000 年版,第 275 页。
② 同上书,第 51 页。
③ 同上书,第 71 页。

诺,只要大多数人也都这么做"是权变策略的基本写照。在一个自主组织的初始阶段,一个人对在大多数人同意遵循的规则下他的未来预期收益流量作了计算后,可能会同意遵守这套规则。但是在以后,当违反这条或那条规则所得到的利益高于遵守规则的成本时,他也有可能违反规则,除非这种行为被人觉察并受到制裁。[1] 由于大家都采取权变行为,组织成员违反组织规则所带来的必然是成员之间承诺的可信度降低。

因此,遵守规则的权变承诺只有在存在监督的情况下才是可信的,一个自主组织必须有适当的监督和制裁,这也就是自主组织所面临的第三个问题,即相互监督问题。奥斯特罗姆认为,只要人们对遵守规则做出了权变的策略承诺,就产生了监督他人的动机,为的是使自己确信大多数人都是遵守规则的。同时,监督成了人们实施规则、进行自主治理的副产品,因为不必付出太多其他额外成本。所有这些都使自主组织内部的相互监督得到增强,而相互监督的增强又增加了人们采取权变承诺的可能,提高了人们对规则承诺的可信度,两者相互补充、相互加强。

奥斯特罗姆在分析世界各地案例的基础上,归纳出了实现自主治理的八项具体原则:① 分享资源单位的个人或家庭的边界界定清晰,即公共池塘资源本身的边界必须予以明确规定,有权从公共池塘资源中提取一定单位资源的个人或家庭也必须予以明确规定。② 使用、供给与当地具体情况相适应。③ 集体选择安排。绝大多数受操作规则影响的个人应该能够参与对操作规则的修改。④ 有效监督。积极检查公共池塘资源状况和占用者行为的监督者,或是对占用者负有责任的人,或是占用者本人。⑤ 违规的分级制裁。违反操作规则的占用者很可能要受到其他占用者、有关官员或他们共同的分级制裁。⑥ 低成本,如论坛式的冲突协调机制。占用者和他们的官员能够迅速通过低成本的地方公共论坛,来解决占用者之间或占用者和官员之间的冲突。⑦ 对组织权的认可。占用者设计自己制度的权利不受外部政府威权的挑战。⑧ 分权制组织。在一个多层次的分权制企业中,对占用、供应、监督、强制执行、冲突解决和治理活动加以组织。[2] 上述这些原则既包含对制度供给问题的具体解决,也包含对可信承诺与相互监督问题的具体解决。

奥斯特罗姆认为,在个人能够组织起来进行制度创设和自我管理的情况下,从体系外部通过政府的力量实施管制和干预或者干脆实行产权私有都是错误的,都弊大于利。其实,奥斯特罗姆能够进行自主组织的部分也就是那些小范围的集体或组织,这类似于奥尔森所说的小集团。从这个方面看,奥斯特罗姆与奥尔森从不同层面研究了同一问题,即小集团容易形成集体行动,这类组织可以自主组织。但是,在大范围内的集体行动还是要采用政府干预和产权私有等方式解决集体行动的困境。

我们以德国为例来说明自主治理的有效性。在德国境内,莱茵河畔有大大小小的企业3 000多家,产生的污水也不少,但莱茵河的水总是清的。为什么德国人能把莱茵河的水变清?在任何国家,企业处理污水都是一种成本负担,但德国人把处理污水变成一种能够收取回报的产业投资。其做法也不难,就是几家企业合建污水处理厂,并成为一家独立的股份制企业,再由政府派人、出钱来管理,政府也占其中一部分股份,企业分占余下的股份。以后政府还可动员新企业加入,更可降低排污成本。因为有利可图,企业都非常乐意兴建

---

① 〔美〕埃莉诺·奥斯特罗姆:《公共事务的治理之道:集体行动制度的演进》,上海三联书店2000年版,第71—73页。
② 同上书,第14—16页。

污水处理厂。在这里,几家企业合建污水处理厂并成立独立的股份制企业,解决了制度供给问题;由政府派人、出钱来管理,政府也占其中一部分股份的安排解决了可信承诺问题;企业不多,加上政府的介入有效地解决了相互监督问题。当然,这些问题的解决最终是建立在企业有利可图的基础上。

第四节 利益集团与制度选择

一、比制度更重要的是制度背后的利益集团

经济学对社会制度有两种不同的理解。一种解释是由康芒斯在他的《制度经济学》里提出的,可以称之为"集体主义"(collectivist)的解释。另一种解释是在门格尔的《经济学和社会学问题》里提出的,可以称之为"有机的"(organic)理论。康芒斯将社会制度视为理性的经济行为人有意识的集体行动的表达,[①]并强调制度是集体行动对个体行动的控制。由于资源的稀缺性,对它们就需要由集体行动加以管理,而集体行动的结果便是制度安排,以防止发生无政府状态。在康芒斯看来,在制度行为背后的一致原则是执行制度的集体的和有目的的行动。没有对集体行动的研究,我们就难以解释历史与现实中许多制度的形成及其演化。

拉詹与津加莱斯认为,越来越多的研究者提出建立经济增长所需的制度基础是非常重要的,但这是不够的。他们认为,人们在初期得到的人力和物质资本禀赋的数量有差异,这种初始资源和机遇的差异决定了人们有不同的偏好,并结成了不同的政治利益集团。各种集团将通过投票来决定国家的政策和制度,从而影响未来的资源分配甚至未来的政治利益格局[②](见图 14-1)。所以,与其关注制度的缺失,不如关注需要良好制度的利益集团的缺

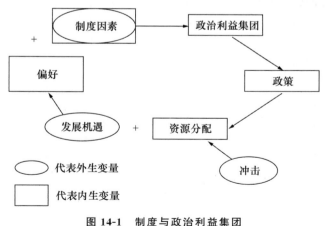

图 14-1 制度与政治利益集团

---

① 〔美〕安德鲁·肖特:《社会制度的经济理论》,上海财经大学出版社,2003 年版,第 5 页。
② 拉古拉迈·拉詹、路易吉·津加莱斯:痼疾难消的贫困:政治制度、人力资本还是利益集团,载吴敬琏主编《比较》(第 25 辑),中信出版社,2006 年。

失。这将使未来的讨论转移到要素禀赋的问题上:我们怎样才能改变贫穷国家的要素禀赋,特别是克服占据统治地位的利益集团的阻力?这个问题可能比如何改变制度更有指导意义。

我们如果考虑到利益集团对制度选择及制度的影响,转型时期的改革和制度建设就并不像我们认为的那样简单。"发展陷阱"的本质在于,不利于经济发展的初始条件(比如教育资源的初始分配)造就了其特定的支持者,这些支持者构成的利益集团又成功地使那些坏的政策得以延续,并继续产生新的支持者,从而自我复制。因此,要改变不发达状况,就"必须把注意力从坏的制度,转向需要这些制度的人们",否则徒劳无功。①

二、利益集团对制度的影响

在康芒斯看来,制度是集体行动对个体行动的控制。奥尔森是第一个系统全面地研究利益集团与制度变迁关系的经济学家。利益集团的特征对制度的形成和选择有如下影响。

制度非中性论。我们可以从制度的普适性上把制度分为两类:一是中性制度,即对社会的每一个人都有益或至少不受损的制度;二是非中性制度,即给社会的部分成员带来好处但以另一部分人受损失为代价的制度。如货币制度和交通规则等,均可以被算作以公共产品的形式被创造出来并存续下去的增进全社会福利的中性制度。而另一些制度,如井田制、王莽的币制改革等,则可归入非中性制度一类。换句话说,在中性制度下,没有使什么人的利益受损,却至少使一人获益,从而使整个社会福利水平提高。相应地,在非中性制度里,却有人受损、有人获利。

制度的非中性主要体现在以下几个方面。

第一,制度可能只为部门利益服务,而且还可能损害其他群体或社会整体。新制度经济学对国家的考察,尤其是对寻租和分利联盟影响的研究,就常有这种含义。老制度主义有时候也把制度看作牺牲他人或长期社会利益而为某些集团利益服务的东西。这在凡勃伦对有闲阶级和金融精英的分析中非常明显。② 利益集团对制度安排的影响是巨大的,这就有可能导致制度的非中性。中立的国家是很难的,没有偏向的国家是不存在的,不同利益集团之间的博弈及其不平衡将会影响国家目标及其行为。这些组织往往代表一个群体的利益,他们与国家之间的博弈关系对于一个国家的制度及体系的形成产生了重要的影响。

第二,制度非中性表现为产权变化的再分配效应。一个群体为使产权发生有利于其成员的特殊变化,可能会投资于游说或政治捐款。尽管这种产权安排给国民收入总水平带来负面影响,但仍然有可能发生。根据奥尔森的说法,一般认为,再分配的趋势是从"广义利益到狭义利益,从非集中产业到集中产业,从无组织者到有组织者",但到底"哪些群体能充分组织起来赢得再分配的利益",可能因时、因地而异。③

---

① 国际货币基金组织(IMF)首席经济学家拉古拉迈·拉詹(Raghuram Rajan),在清华大学经济管理学院主办的"世界计量经济学会 2006 年远东会议"的演讲。
② 〔英〕马尔科姆·卢瑟福:《经济学中的制度:老制度主义和新制度主义》,中国社会科学出版社 1999 年版,第 98 页。
③ 同上书,第 139—140 页。

第三,许多制度都是由独裁者、强势利益集团和政治上的多数派创立的,他们建立这些制度就是为了牺牲他人利益从而使自己获利。例如,公共选择理论就认为国家所有权就是在任的政治家用来向庇护人分配职位和取得政治支持的一种手段。① 在同一制度下不同的人或人群所获得的往往是各异的东西;而那些已经或将要能够从某种制度安排中获益的个人或集团,也定会竭尽全力地去为之奋斗。这一观点所展现的便是有关制度非中性和利益集团理论的精神实质。个人及其在自愿基础上结成的集团,为获取制度收益而"争权夺利"本无可非议,但是这里的关键点在于,那些最终给某些个人带来好处的制度安排,很可能使其他人的"经济"选择既与其预期目标又与整个社会福利相脱节。② 由于存在交易成本、搭便车和信息的非对称性,一些仅对特殊利益集团有利的产权制度的建立给整个社会的产出造成了重大损失。

强势利益集团决定论。如诺思所说:"制度并不一定是,甚至经常不是按社会效率来设计的,相反,它们(至少正规规则)是为了服务于那些具有创造新规则谈判能力的利益集团而创造的。"诺思等学者专门研究了利益集团之间的博弈对经济制度变迁的影响,认为制度的演化方向是由社会中处于强势地位的利益集团决定的。制度演化的方向与一个社会中利益集团之间的博弈过程和结果相关。强势集团主要是通过获得权利决策机构的大多数席位来控制国家政权以影响制度的制定。许多制度都是由独裁者、强势利益集团和政治上的多数派创立的,他们建立这些制度的目的就是牺牲他人利益从而使自己获利。

相关链接 14-3

1993 年 1 月,克林顿一上台就着手改革美国的医疗保健制度,他宣布将在百日内向国会提出一项医疗保健改革计划。这项计划将采取有力的行动来控制美国的医疗保健成本,并向所有美国人提供医疗保健的需要。应该讲,这是一项非常有社会效率的制度,但结果如何呢?克林顿的夫人希拉里被任命为医疗保健改革计划的负责人,她后来在《亲历历史》一书中讲:"我们原先设想的是向国会提交一份原则大纲,这份大纲将指导形成具体的医疗保健改革法案。但接下来我们获悉,罗斯滕科斯基议员希望我们提交详细的草案,并且以法律文字的形式定稿。我们本来认为草案最多只有 250 页,然而随着起草过程进行下去,很显然草案必须加长,而且要长很多。部分是因为计划本身就很繁复,部分则是因为我们接受了来自某些利益集团的具体要求。比如美国儿科学会坚持说,法案必须在福利配套方案中保证儿童期有九项疫苗接种以及六项儿童健康探视……白宫 10 月 27 日提交国会的《健康保障法》厚达 1 342 页。"希拉里慨叹说:"我们正在提倡把重要的社会政策流畅化和简单化,但我们似乎无法让我们自己的法案流畅化和简单化。"制度设计中由于要平衡各种利益集团的要求,原来的社会效率设计就被放在次要位置了。

资料来源:陈东晓:困境与出路:谈克林顿的医疗保健制度改革计划,《国际展望》,1994 年第 5 期。

制度决定的"数量悖论"。按照奥尔森的分析,在社会经济政策和制度的决定中,往往

---

① S. 詹科夫、R. 拉·波塔等:新比较经济学的新视角,载吴敬琏主编《比较》(第 4 辑),中信出版社,2002 年版。
② 张宇燕:《经济发展与制度选择》,中国人民大学出版社 1992 年版,第 145—153 页。

是人数少的利益集团容易形成一致行动,容易克服搭便车现象,从而能影响社会经济政策和制度的决定,而人数多的利益集团存在集体行动的困境,在社会经济政策和制度的决定中往往处于不利的地位。这就是制度决定中的"数量悖论"。

经济政策(包括制度设计)的制定是一个动态博弈,其条件是不确定的和不断变化的,其规则在形成过程中至少有一部分由参与者制定。每个参与者都想竭力控制随后的博弈,以尽量获得有利于自己利益的结果。① 在这个博弈过程中,小利益集团在制度选择方面往往处于主导或有利地位。现假设小利益集团决定着制度的选择,如果小利益集团与大利益集团的利益是相容的,那么制度是有效率的,如果这两者的利益是不相容的,那么有利于小利益集团的制度从整个社会来看就不是最有效的。

如在日本,自20世纪初就开始实行农业保护政策,其主要农产品特别是大米的价格远远高过了国际市场价格。究其原因,就在于日本农民具有较强的利益表达能力,在政治市场上处于优势地位。目前日本农业人口不足全国总人口的5%,但控制着全国25%的选票,并且有自己的得力的团体,这迫使政府决策顾及农民的要求。②

奥尔森振荡论。奥尔森在其《国家的兴衰》中扩展了他的早期分析,用寻租理论来分析经济制度。奥尔森认为,集体行动跟个人行动一样是自然的,一旦"公共品"被控制,特殊利益集团就将发展起来。奥尔森用集体选择理论解释为什么不同社会的经济增长率不同。他的主要观点是:利益集团的寻租过程给社会带来了限制和约束,减慢了整个社会的增长率。他认为,如果一个国家不经历战争等突发性的制度变化(有人把这种变化称为"奥尔森振荡"),那么就不能打破这些既得利益集团,经济增长将变得越来越缓慢,最终停滞。

【关键概念】

利益集团	分利联盟	制度均衡	集体行动
外在成本	决策成本	搭便车	选择性激励
集体行动的困境	公共选择理论	自主组织理论	制度非中性论
强势利益集团决定论	制度决定的"数量悖论"	"奥尔森振荡"论	

【思考题】

1. 什么是利益集团?利益集团的特征是什么?
2. 什么是集体行动?影响集体行动的因素有哪些?
3. 什么是搭便车?集体行动的困境是什么?
4. 比较公共选择理论与自主组织理论。
5. 分析利益集团对制度的影响。

---

① 〔美〕阿维纳什·K.迪克西特:《经济政策的制定:交易成本政治学的视角》,中国人民大学出版社,2004年版,第21页。
② 李成贵:国家、利益集团与"三农"困境,《经济社会体制比较》,2004年第5期,第62页。

【推荐阅读】

1. 〔美〕曼瑟尔·奥尔森:《集体行动的逻辑》,上海三联书店,1995年版。
2. 〔美〕乔·B.史蒂文斯:《集体选择经济学》,上海三联书店,1999年版。
3. 卢现祥:《新制度经济学》,武汉大学出版社,2004年版。
4. 汪翔、钱南:《公共选择理论导论》,上海人民出版社,1993年版。
5. 张宇燕:《经济发展与制度选择》,中国人民大学出版社,1992年版。
6. 〔美〕埃莉诺·奥斯特罗姆:《公共事物的治理之道:集体行动制度的演进》,上海三联书店,2000版。
7. 〔美〕曼库尔·奥尔森:《国家兴衰探源:经济增长、滞胀与社会僵化》,商务印书馆,1999年版。
8. 卢现祥等:《有利于穷人的制度经济学》,社会科学文献出版社,2010年版。
9. 拉古拉迈·拉詹、路易吉·津加莱斯:痼疾难消的贫困:政治制度、人力资本还是利益集团,载吴敬琏主编《比较》(第25辑),中信出版社,2006年版。
10. 〔美〕阿维纳什·K.迪克西特:《经济政策的制定:交易成本政治学的视角》,中国人民大学出版社,2004年版。
11. 〔美〕詹姆斯·M.布坎南、戈登·图洛克:《同意的计算:立宪民主的逻辑基础》,中国社会科学出版社,2000年版。

案例
公地悲剧

1968年,英国科学家哈丁在美国著名的《科学》杂志上发表了《公地悲剧》(The Tragedy of the Commons)一文,此文描述了理性追求最大化利益的个体行为是如何导致公共利益受损的恶果的。哈丁设想古老的英国村庄有一片牧民可以自由放牧的公共用地,每个牧民的直接利益的大小取决于其放牧的牲畜数量,一旦牧民的放牧数超过草地的承受能力,过度放牧就会导致草地逐渐耗尽,而牲畜因不能得到足够的食物就只能挤少量的奶;倘若更多的牲畜进入拥挤的草地,结果便是草地毁坏,牧民无法从放牧中得到收益。个人理性不是实现集体理性的充分条件,其原因是这时便发生了"公地悲剧"。同时,尽管每个牧民在决定是否增加饲养量时都会考虑其对现有牧畜的价值的负效应,但他考虑的只是对自己牧畜的影响,并非对所有牧畜的影响。于是,最优点上的个人边际成本小于社会边际成本,纳什均衡总饲养量大于社会最优饲养量。

经济学家认为"公地悲剧"产生的根源就在于"公地"的产权是非排他性的或者缺乏一套有效使用公地的规则。人人都想在公地上追求自己利益的最大化,但是最终谁也得不到好处。个人的理性不等于集体理性。历史上的"圈地运动"就是迫使人们寻找到的一种解决"公地悲剧"的方法。在16世纪,海外羊毛价格大幅度上涨,于是人们纷纷往公地里增加牧羊的数量,牧场被所有想从涨价中获得好处的人搞得拥挤不堪,地力衰竭,结果是羊主人无法获得市场变化可能为他带来的利益。这样就出现了要求对所有权做出新规定的压力,这就是历史上有名的"圈地运动"。当时"圈地运动"有三个特点：一是养羊最多的人圈地最积极，因为不分地他们的损失最大；二是圈地是从人口稀少的地方开始，因为人越少，分地就越容易，利益矛盾也少得多；三是国王反对圈地，因为公地分到个人（私人土地）以后国王的权力就小多了。但圈地是一种群众性的、自发性的经济运动，国王最终也没能阻止圈地运动。我国西部一些草原的牛羊承载率曾达到世界平均水平的三倍。为什么？难道是牧民积极性高？非也。是因为我们草原的产权模糊不清。当大家都可以不受限制地在草原上放牛放羊的时候，"公地悲剧"就会产生。

资料来源：Hardin G. The Tragedy of the Commons [J]. *Science*, Dec., 1968,168.

第十五章 国家理论

> 使用强制和暴力手段,迫使那些危害社会的人遵守社会共同生活规则的社会机构,我们称之为国家;人们必须共同遵守的规则,我们称之为法律;操纵强制机器的机关,我们称之为政府。
>
> ——米塞斯

理解制度结构的两个主要基石是国家理论和产权理论,又因为是国家界定产权结构,所以国家理论是根本性的。在国家理论方面,新制度经济学的主要贡献是把国家作为影响经济绩效和制度变迁的内生变量纳入分析框架,并运用经济理论研究了国家的起源、作用和演变等问题。

第一节 国家的定义与职能

一、国家的定义

什么是国家?按照巴泽尔的定义,国家包括两个部分:第一,一群个体,这些个体臣服于一个使用暴力执行合约的单一的终极第三方;第二,一个疆域,这是这些个体居住的地方,也是实施者权力所及的范围。诺思认为,国家拥有多重身份:首先,国家是一个经济主体;其次,国家是一个强制性机构。在诺思看来,国家既是暴力的合法垄断者,又是公共服务的供给者;既具有生产性,又具有再分配或掠夺性。需要说明的是,国家与政府尽管有区别,但在本章中我们不考虑这些区别,把它们当作同等的概念交替使用。

第一,国家是一种具有暴力潜能的组织,并且国家是一种具有垄断权的制度安排,它的主要功能是提供法律和秩序。近代制度经济学的代表人物之一康芒斯认为国家是接管物质制裁权力的组织。[1] 诺思也把国家定义为具有暴力潜力的组织。新古典经济学把非市场的制度,例如国家和组织,看作市场的替代物;与此相反,新制度经济学认为国家既可能发挥增进市场制度的补充作用,又可能由于自身利益而阻碍市场的发展。[2] 国家作为一种具

---

[1] 〔英〕马尔科姆·卢瑟福:《经济学中的制度:老制度主义和新制度主义》,中国社会科学出版社,1999年版,第122页。

[2] 〔日〕青木彦昌:《比较制度分析:起因和一些初步的结论》,载孙宽平主编《转轨、规制与制度选择》,社会科学文献出版社,2004年版,第129页。

有垄断权的制度安排在许多方面不同于一些竞争性的制度安排(如市场、企业等)。

第二,国家是一种第三方实施的暴力机制,它在一定程度上比其他机制更有利于契约的实施。新制度经济学认为国家由个人组成,这些人受制于一个单一的、以使用暴力作为强制实施手段的最终第三方,它的地域边界是以它的强制实施力来划分的。国家愿意实施的法律权力取决于对界定权力与调解纠纷的交易成本的比较。

第三,国家决定着产权制度的效率。诺思论证了国家常常会导致为了收益而进行产权的交易(如在一个封闭的市场中发许可证),这样做的结果是抑制了经济增长。产权内容的改变,取决于统治集团对改变现有的产权安排所带来的收益的事前估计与监察和执行权利结构的改变所带来的成本的事前甚或事后估计之间的相互关系。①

国家的实质可以用国家作用的"本质两难"、国家的三只手和国家的四大职能这三组概念来概括。

二、国家作用的"本质两难"

关于国家作用的"本质两难"(fundamental dilemma)的内涵,最先是由政治学家温格斯特这样表述的:国家需要足够强大,才能具有足够的强制力去做它该做的事,即执行合同;但国家又不能过分强大,强大到它可以不受约束、滥用自己的强制力,任意侵犯公民的财产和权利。经济学家施莱弗把国家需要足够强大、但又不能过分强大的思想,表述为国家问题上的"基本权衡",虽然与温格斯特的用词不同,但所要表达的意思并无差别。那么,怎样才能解决这个本质两难的问题?即怎样使国家强大,使它能做它该做的事,同时又受到限制,不能滥用权力成为掠夺之手? 这是处理国家与经济关系时最棘手的问题。

国家是一种强制性的制度安排。一方面,国家权力是保护个人权利的最有效的工具,因为它具有巨大的规模经济效益,国家的出现及其存在的合理性,也正是为了保护个人权利和节省交易成本之需要;另一方面,国家权力又是个人权利最大和最危险的侵害者,因为国家权力不仅具有扩张的性质,而且其扩张总是依靠侵蚀个人权利实现的,在国家的侵权面前,个人是无能为力的。

在国家提供的基本规则中,主要是界定形成产权结构的竞争与合作的基本规则。一方面,没有国家权力及其代理人的介入,财产权利就无法得到有效的界定、保护和实施,因此,国家权力就构成有效产权安排和经济发展的一个必要条件。就此来看,没有国家就没有产权。另一方面,国家权力介入产权安排和产权交易,又是对个人财产权利的限制和侵害,会造成所有权的残缺,导致无效的产权安排和经济的衰落。这就是有名的"诺思悖论"。

诺思悖论实质上揭示了这样一个道理:没有国家办不成事,但有了国家又有很多"麻烦"。在诺思看来,因为是国家界定产权结构,所以国家理论是根本性的,最终是国家要对造成经济增长、停滞和衰退的产权结构的效率负责。国家的存在是经济增长的关键,然而国家又是人为经济衰退的根源。诺思悖论可从"纵"与"横"两个方面解释:从纵向来看,在

---

① 〔美〕科斯、诺思:《财产权利与制度变迁:产权学派与新制度学派译文集》,上海三联书店,1991年版,第206—207页。

同一国家里,国家过去是阻碍经济发展的,而现在则变成促进经济发展的一个因素了;从横向来看,在同一时期,甲国的政府有利于经济发展,而乙国的政府不利于经济发展。诺思是把"国家"放在人类历史长河和世界格局中来分析的,因此我们也必须从这个视角去理解诺思悖论。

三、国家的"三只手"

在经济学中,国家的分析模型主要有三种,即"无为之手""扶持之手"和"掠夺之手"。这"三只手"都有其理论基础。国家的"三只手"理论是对国家与市场、国家与经济关系的一种理论概括。

无为之手。按照斯密的理论,正因为有了充分信息的市场这只有效的"看不见的手",国家在多数情况下就应该充当一只"无为之手",政府应当越小越好。无为之手实际上是把国家作为一个外生变量来处理。无为之手模型所描述的是一个交易成本接近于零的世界。

相关链接 15-1

亚当·斯密的"看不见的手"理论在实践中长期被美国人奉为经典。1776 年,英属北美 13 个殖民地独立。1781—1787 年,这 13 个州组成联邦国会。在这以后的很长时间里,政府对经济的干预都非常有限。以税收为例,直至 1913 年第 16 次宪法修正案通过,联邦政府甚至无权征收个人所得税。由于收入有限,1803 年,杰弗逊总统想要筹集 1 500 万美元从法国手上购买路易斯安那都非常困难。在美国,大政府是两次世界大战和罗斯福"新政"的产物。至 20 世纪 70 年代,大政府的种种弊端以及它所带来的很多问题都变得非常清楚,所以 1980 年里根总统一上台,就着手大刀阔斧地改变这种状况。里根的执政理念在他的一句名言中得到最充分的体现:政府不是问题的答案,而是问题的根源。

扶持之手。扶持之手是建立在福利经济学基础上的。扶持之手假设的基本前提是,国家的目标是使社会福利最大化。扶持之手依据市场失灵分析了政府通过制度设计来完善市场的思路,但是扶持之手对于政府与市场的边界没有进行研究,在国家权力没有受到制约的情况下,通过制度设计来完善市场的目标难以有效实现。

掠夺之手。掠夺之手是建立在新制度经济学基础上的。国家也有自身利益,并会使用强制力来实现自身利益,国家这样做时,它就成为掠夺之手。掠夺之手的基本前提是统治者会使自己的收益最大化。他们为社会选择的产权是为了实现自己利益最大化的产权,并且由于交易成本和竞争约束,这些收益并不一定使社会福利最大化。在掠夺之手的模型下,政治家理性的自利行为可能会导致无效率的结果。这种理论是把国家作为一个内生变量来处理的。

掠夺之手模型可以作为新制度经济学国家理论的分析框架。掠夺之手模型主要回答两个问题:一是政治家的利益是什么;二是这些利益将如何体现在政策和制度中,以服务于政治家的目标。布坎南和图洛克以及奥尔森等人的研究主要是针对第一个问题,应该说,对政治家目标的分析,把理性理论贯穿到政治家的行为分析中已经取得了较大的进展和成果。而当前的研究更关注于第二个问题。在他们看来,许多政策和制度实施其实是为了增加政治家自己的财富和权力,政治家的政治目标在大多数时候与社会福利最大化的目标并不一致,有时甚至是冲突的。掠夺之手模型指出,最好的改革时机正好就是政府的政治利益与社会福利相一致的时候。

新制度经济学的国家理论都是围绕着政府的"三只手"来展开的,实质上是政府权力如何限制的问题。政府伸出的是无为之手、扶持之手还是掠夺之手,就是国家的基本理论问题。限制了政府的掠夺之手就是确定了政府与市场的边界。

四、国家的四大职能

国家的职能是什么?这是政治学和经济学都要探讨的问题。制度是国家的核心。新制度经济学关于国家职能的分析有四个方面。

(一) 作为最大制度供给者的国家

斯密列举了国家的三大义务:第一,国内政策和国家安全;第二,公正体制;第三,特定的公共事务与制度。国家作为一种具有垄断权的制度安排在许多方面不同于一些竞争性的制度安排(如市场、企业等)。国家独特的地位决定了在任何长期变迁的分析中,国家模型都将占据显要的一席。

国家最重要也是最困难的任务是建立一系列的游戏规则,并将之付诸实施,以鼓励全民充满活力地加入到经济活动中来。[①] 一国的正式制度大多数由国家供给。国家在供给制度时涉及三个主要问题:

1. 提供什么性质的制度

国家制定什么样的规则(是鼓励生产性的活动还是非生产性的活动)将决定一个国家经济发展和人们选择的基本方向。如果制定的规则是鼓励生产性的活动,那么就会大大有利于社会财富的增长;如果制定的规则是鼓励非生产性的活动,那么不仅不利于财富的增长,而且还会耗费社会的资源。如诺思所说,国家制定的规则将不仅决定何种经济活动是可行的、是赢利的(比如,生产性活动与再分配活动的对抗),而且还将决定公司和组织的内部结构转变的效率。那些用来鼓励增长知识、培养有创造力的天才企业家的规则将尤其重要。[②]

2. 制度供给的数量

能否及时供给有效数量的制度,对满足社会不同经济主体对制度的需求十分重要。国家在提供制度时会出现三种情况:第一,制度的供给与制度的需求基本相等,这是国家供给制度最理想的情况;第二,制度供给不足,由于认知、成本及制度供给中的滞后等原因,历史和现实生活中会出现制度供给不足的现象;第三,制度供给过剩,在一些集权和政府管制较

[①] 诺思:《国家经济角色的昨天、今天与明天》,载斯蒂格利茨《政府为什么干预经济:政府在市场经济中的角色》,中国物资出版社,1998年版,第163页。
[②] 同上书,第164页。

多的国家,制度供给过剩是一种经常出现的现象,供给主导型制度变迁(或者政府主导型制度变迁)也容易产生制度供给过剩问题。无论是制度供给不足还是制度供给过剩,都会增加社会经济生活中的交易成本。

3. 制度供给的效率

制度供给的效率在很大程度上取决于制度供给的性质。在人类历史上,人们选择的制度并不总是最有效率的,这其中的原因是什么呢?第一,许多制度的建立并不完全取决于成本—收益分析,还要受政治制度的制约,而政治市场按照经济学的效率标准往往是低效的。许多制度基于公平的考虑,不得不牺牲一些效率。第二,利益集团对制度的选择及制度的变迁起着极为重要的作用。第三,路径依赖引起的转换成本太高。第四,受人类认知能力的限制,我们的制度选择集及构造制度的能力是有限的,制度的完善过程也是一个试错过程。第五,国家将制定使统治者及其集团收益最大化的规则,并以此为前提,设定降低交易成本的规则。

(二) 作为产权界定和保护者的国家

国家与产权关系是新制度经济学所探讨的一个重要问题。新制度经济学认为,离开国家,人们很难对产权做出有效的分析。因为产权的本质是一种排他性的权利,在暴力方面具有比较优势的组织处于界定和行使产权的地位。国家可以被视为允许行为人通过保证他们产权的安全而获得帕累托最优结果的一个有效率的制度。总之,离开了国家理论,我们很难对产权及其演变做出分析。

按照新制度经济学的分析,政府从来就不能被当作发展政策的一个外生角色,只有恰当地安排并执行一系列产权时(这些将会产生竞争的市场条件),适宜价格的产生才能实现所要的结果。[1] 国家在产权的界定、保护等方面是有自己优势的,与私人保护产权相比,国家大大地降低了产权保护的成本。对于界定和保护产权的国家,我们主要探讨两个问题。

1. 国家为什么要界定和保护产权

第一,界定和保护产权是建立市场经济的必要条件。尊重和保护产权之所以有利,是因为它将企业家精神、人的精力、创造性和竞争性导入建设性的、和平的方向。战争或盗窃只能将企业家精神引入零和博弈(或负和博弈),而保护私人产权则带来大量正和博弈。这些正和博弈将汇入总的经济增长,并使社会成员更易于实现自己的愿望。[2] 第二,对于国家或地区来讲,特别是对于在财产或资源能够流动的地区来说,产权的界定和保护会更加重要。欧洲在经历了"黑暗时代"之后,私人财产逐渐在有效的政府行动下受到系统的保护。在小而开放的欧洲国家里,机会主义的统治者们常要对付有钱人和商人及企业家逃离其领土的问题。有的国家开始强化产权,其主要手段是发展可以进行产权交易的自由市场。那些国家通过制定法律和建立有效的法庭来保护契约。他们建立了有序的税制,并使其服从于法律。哪里产权保护好,财产和资源就流向哪个地方。像威尼斯、佛罗伦萨、热那亚,以及后来的葡萄牙、纽伦堡、荷兰、英国等地区,都受益于资本和企业的流入,这使它们的收入

---

[1] 诺思:《新制度经济学及其发展》,载孙宽平主编《转轨、规制与制度选择》,社会科学文献出版社,2004年版,第10页。
[2] 〔德〕柯武刚、史漫飞:《制度经济学:社会秩序与公共政策》,商务印书馆,2000年版,第252页。

不断增长。于是,那些为财产提供良好制度保护的国家繁荣了起来,而财产保护差的国家则变得越来越贫穷。历史与现实表明,国家与国家之间的竞争以及地区与地区之间的竞争,最终很大程度上是产权保护的竞争。如何衡量国家保护产权的程度?巴罗用法治测量产权保护程度。只有在法治国家才能更好地保护产权,法治程度越高,产权保护也会越完善。实践也证明,在法治环境下,产权保护的成本是最低的。第三,从理论上来看,产权的极端重要性被启蒙运动时期的哲学家和经济学家们发现和强调。在 1739 年,休谟在其《人性论》中写道:"财产必须稳定,它必须靠一般规则来保护。尽管在某一场合,公众可能是受害者,但这种暂时的毛病可以靠始终不渝地执行规则以及这种规则在社会中所建立起来的平安和秩序来完全补偿。"在他们看来,要使社会系统按最大多数人的利益运转,排他性是必需的。他们还将注意力集中于保障自主运用产权的基本经济自由,并谴责政府垄断和对私人特权的政治庇护。

2. 为什么国家在大多数情况下提供的是低效率的产权

诺思认为,政治制度有一种形成低效率产权制度的天生倾向,这种制度导致了经济停滞或衰退。诺思主要从三个问题中得出现行政治制度无效率的看法:信息不完全、各种交易成本和第三方行为者的后果。假设存在一个"中立"的国家,那么在给定现行技术、信息成本和不确定性的约束条件下,在稀缺与竞争世界中以最小成本解决方案而存在的产权形式将是有效率的。事实上,无效率统治的源头,不外乎出自竞争限制(统治地位被竞争对手取代的威胁)以及交易成本限制(有效率的统治可能会耗费过高的征税成本,反而导致统治者的收入减少)。

(三)作为第三方实施者的国家

作为第三方实施者的国家在一国制度体系的有效性方面起着极为重要的作用。按照诺思对制度的定义,制度有正式的制度、非正式制度及实施机制。非正式制度主要起源于民间及社会各主体之间的博弈。而正式制度的制定及其实施机制的运作则主要是由国家来完成的。国家作为第三方实施机制的有效性和权威性主要源于其法律制度及其法律的威慑作用。由国家实施的合约构成了通常所称的市场交换,与以其他方式实施的合约相比,这些合约更加非人格化。

国家最终作为正式的具有强制力的第三方实施者是与其规模经济、比较优势及相对较低的成本有关的。从历史来看,我们观察到商法仲裁这种私人裁决制度最终让位于正式的第三方机制,这种第三方机制以法典为准绳,由国家实施。诺思和温格斯特认为,当国家最终掌握了强制性权力,可以没收不履行裁决的人的财产或将他们投入监狱时,惩罚犯规者的成本大为减少。他们同时也指出,国家实施的全面性税收制度代替个人对商法仲裁者的付费可大大降低维护第三方组织的成本。① 国家不是唯一的第三方实施者,它以使用暴力进行强制实施为特点。在商品交易中,共有标准是最有效的。第三方权力的累积,以及国

---

① 青木昌彦:《比较制度分析》,上海远东出版社,2001 年版,第 79 页。

家强制实施的合同下的商品交易都具有规模经济。①

发达国家与发展中国家在契约实施过程中是存在较大差别的。在发达国家,有效的司法系统包括完善的法律以及各种各样的相关人员。人们在一定程度上相信影响结果的是法律依据而非私下交易。与此相反,在发展中国家,法律实施是不确定的。这不仅因为法律条例本身存在疑义,还因为代理人的行为也存在许多不确定性。

(四) 作为利益关系协调者的国家

国家的一个重要职能是协调不同利益集团的利益关系与利益矛盾。利益集团在制度的形成,尤其是在各种正式制度的形成中发挥着极其重要的作用。在制度变迁中协调不同利益集团的利益关系是国家的一个重要职能。

制度设计过程实际上是不同利益集团博弈的结果。国家在某种程度上讲是不同集团的集合体,统治者就是这些不同利益集团的"均衡者"。制度安排(包括产权制度)的变迁经常是在不同选民群体中重新分配财富、权力和收入。如果制度变迁中受损者得不到补偿,那么他们将明确地反对这一变迁。一个强有力的集团也可能促进那些有利于这个集团收入再分配的新制度安排,尽管这种变迁将损害经济的增长。显然,包括产权在内的各种制度安排并不完全取决于效率(或经济)原则,它们还取决于不同利益集团的规模、地位以及与统治者的关系。在民主与法制健全的制度环境下,在经济上强势的利益集团一般不会转变为政治上的强势利益集团,或者会大大地受到限制。

制度均衡是这样一种状态,即在行为者的谈判力量及构成经济交换总体的一系列合约谈判给定时,没有一个行为者会发现将资源用于再建立合约是有利可图的。要说明的是,这一状态并不意味着每个人对现有规则和合约都满意,只是由于改变合约的相对成本和收益使得这样做不值得。现存的制度制约确定和创立了均衡。② 如果一个社会允许某些特殊利益集团具有强权地位,那么他们会拼命剥夺整个社会的利益,但如果有不同的利益集团形成相对均衡的态势,则会对社会产生正面影响。③

利益集团与政府的关系有多种组合。在民主和政治体制成熟的国家,在有效权力制约体系下,利益集团对政策和制度的形成都会有影响,但不会形成特殊利益集团或既得利益集团,从而可以形成制度均衡。而在政治体制不成熟的国家,由于缺乏有效的权力制约体系,不同利益集团的博弈中会产生特殊利益集团或既得利益集团,少数利益集团成为强势的利益集团,他们直接或间接地影响政策和制度的制定。这些特殊的利益集团在追求自身利益最大化的过程中,往往是以牺牲其他利益集团的利益为代价的。

---

① 科斯、诺思等:《制度、契约与组织:从新制度经济学角度的透视》,经济科学出版社,2003年版,第269页。
② 道格拉斯·C.诺思:《制度、制度变迁与经济绩效》,上海三联书店,1994年版,第115页。
③ 转引自罗金生:《利益集团与制度变迁:渐进转轨中的中小商业银行》,中国金融出版社,2003年版,第2页。

第二节 国家理论(上):诺思与巴泽尔

一、诺思的国家理论

(一)诺思国家理论的特征

国家理论是诺思制度理论的重要组成部分。

第一,诺思把国家视为一种组织。他把国家定义为"国家可视为在暴力方面具有比较优势的组织,在扩大地理范围时,国家的界限要受其对选民征税权力的限制。"① 既然国家可被视为一种组织,那么关于企业的理论也就可以用来分析国家问题了。尽管过去政治学、社会学和人类学等学科对国家问题进行了一系列理论分析,但对国家行为进行深层次分析必然要依赖经济学。② 将经济学用于政治学的公共选择理论至多仅仅在解释政治决策上取得了初步成功。新制度经济学把国家视为一种组织和制度安排,无疑为国家问题的研究提供了一个新的视角。

第二,诺思的国家理论揭示了国家与产权的内在联系。在众多揭示国家起源的理论中,都未能把国家与产权的确立联系起来。新制度经济学认为,离开产权,人们很难对国家做出有效的分析。因为产权的本质是一种排他性的权利,在暴力方面具有比较优势的组织处于界定和行使产权的地位。正如诺思所指出的那样,国家理论"关键的问题是解释由国家界定和行使的产权类型以及行使的有效性。最富有意义的挑战是,解释历史上产权结构及其行使的变迁"。③ 诺思在后来的研究中已经放弃了专门使用效率解释的做法。他首先建立探讨政府的理论,这里的统治者是按照他们自己的利益要求设计产权的。这种理论再加上交易成本,就能解释"整个历史进程中……不曾带来经济增长的产权的广泛存在"。

第三,诺思的国家理论揭示了国家的内在矛盾。在当今世界上,对国家问题的研究远没有对企业、消费者问题的研究那么成熟。国家还身披不少神秘的"面纱"。公共选择理论用经济学诠释国家尽管取得了初步成功,但还有不少深层次问题尚未涉及。新制度经济学在对历史的研究中发现,"国家的存在是经济增长的关键,然而国家又是人为经济衰退的根源"。④ 这一悖论使得那些国家干预论者与自由主义经济学家们不得不重新"审视"自己的理论。国家行为比企业、消费者和其他经济主体的行为更复杂一些。意识形态上的一些"禁区"限制了理论家们对国家问题的研究。此外,国家问题上还有不少理论上的难点,如国家的目标问题、公共决策的一致性问题、国家增长现象的原因及国家的职能问题,等等。新制度经济学是把国家置于一种"矛盾状态"中来分析国家在制度变迁以及社会经济发展

---

① 〔美〕道格拉斯·C.诺思:《经济史中的结构与变迁》,上海三联书店1991年版,第21页。
② 同上。
③ 同上。
④ 同上书,第20页。

中的作用的。

(二) 国家的起源

关于国家起源的理论中主要有两种最有影响力：一种是契约理论，另一种是掠夺或剥削理论。

契约理论认为，国家是公民达成契约的结果，它要为公民服务。契约的达成是多重博弈的结果。近年来，由于新古典经济学在逻辑上拓展了交换定理，认为国家在其中起着使社会福利最大化的作用，因而这一理论得以复兴。由于契约限定着每个人相对他人的经济活动，因而它对经济增长来说是十分重要的。社会分工及协作受契约与交易成本的约束。契约的有效性制约着社会分工向纵深方面的发展。有的经济学家甚至将"制度"定义为人与人之间关系的某种"契约形式"或"契约关系"。[①] 市场经济在某种强度上讲就是一种契约经济。国家的存在有利于契约制度的建立和契约的实施。假设没有国家，那么契约实施的交易成本将相当高。过高的交易成本将使任何契约都失去意义。

掠夺或剥削理论认为国家是某一集团或阶级的代理者，它的作用是代表该集团或阶级向其他集团或阶级的成员榨取收入。掠夺性的国家将界定一套产权，使权力集团的收益最大化而无视它对社会整体福利的影响，即这种产权制度对某一权力集团是有益的，但并不能促进整个社会效率的提高。从长期来看，这必然演变成无效率产权。

以上两种理论所说的国家都能在历史和现实中找到佐证，但它们均不能涵盖历史和现实中的所有国家形式，因而不具有一般性、普遍性。新制度经济学将这两种理论有机地统一起来。从理论推演的角度看，国家带有"契约"和"掠夺"的双重属性。诺思提出了有关国家的"暴力潜能"分配论。若暴力潜能在公民之间进行平等分配，便产生契约性的国家；若这样的分配是不平等的，便产生了掠夺性（或剥削性）的国家，由此出现统治者和被统治者，即掠夺者（剥削者）和被掠夺者（被剥削者）。可以看出，若国家之手不受限制，就有可能伸出掠夺之手；若国家之手受到限制，就有可能伸出无为之手或扶持之手。

诺思提出的"暴力潜能"这个范畴具有丰富的内涵，它既包括军队、警察、监狱等暴力工具，也包括权威、特权、垄断权等"无形资产"。国家的"暴力潜能"类似于企业拥有资金、劳动力、技术等生产要素后所具备的"生产能力"。暴力实质上也是一种资源。国家的比较优势就在暴力方面。在国家未产生以前，这些暴力资源都分布在"社区"或"庄园"之类组织的手里。显然，暴力资源的这种分散配置方式无疑是低效的。在这种情况下，产权保护的费用也就相当高了。这时的一个基本规则是，暴力潜能形成的边际成本等于产权保护的边际收益。

不同于市场和企业，国家这种制度安排的特点是它的强制性。强制性的后盾是国家暴力。但是需要注意两点：第一，国家暴力是对付暴力的暴力，即对付非法暴力的合法暴力，这种合法性起源于每个人捍卫自己利益、抵御别人侵害的合法权利。第二，国家暴力只有在能够实现某种社会合作，并且比其他制度（如市场和其他组织）更有效时，才被采用。国家暴力资源之所以能更有效的使用在于其能达到规模经济和防止搭便车问题。

---

① 汪丁丁：制度创新的一般理论，《经济研究》，1992年第5期。

(三) 国家模型

统治者也是一个具有福利或效用最大化行为的"经济人"。他们也面临着生存和发展的问题，也面临着潜在竞争对手，他们与选民是一种"交换关系"。具有一个福利或效用最大化的统治者的国家模型具有三个基本特征：

第一，国家为取得收入而以一组被称之为"保护"与"公正"的服务作为交换。由于提供这些服务存在着规模经济，因而作为一个专门从事这些服务的组织，它的社会总收入要高于每一个社会个体自己保护自己拥有的产权的收入。换言之，国家为选民提供"保护"与"公正"，选民交纳税收维持国家正常运转，在某种程度上讲就是一种"交换关系"。

第二，国家为使收入最大化而为每一个不同的集团设定不同的产权。在这里，国家实际上是一个"带有歧视性的垄断者"。

第三，国家面临其他国家或潜在统治者的竞争。在这里，国家并不能"高枕无忧"，它面临着强有力的外在竞争压力。国家面临的外在竞争压力与开放程度相关，越是开放的国家，统治者所感觉到的竞争压力就越大。

新制度经济学的这个"国家模型"对于认识国家的起源、演变以及职能是颇有启发意义的。其最大贡献就在于抓住了国家与产权的内在联系。历史上国家在产权结构及其行使的变迁方面起着至关重要的作用。历史上和当今世界上各种产权制度、产权结构的差异只能在国家理论上找到完整的答案。

■■ 相关链接 15-2

中国历史上没有产生严格意义上的公债。西方的公债跟战争有很大关系。但中国也不缺少战争，为什么中国的战争不会产生公债？这个问题最早是韦伯提出来的。有一种简单的说法：中国的皇权是至高无上的，产权是绝对的，正像在晚清的时候，大臣跟皇帝提议要建立大清银行、发行公债，皇帝说："所有的东西都是我的，怎么还要去借呢？"这个说法其实不完全，欧洲也有根深蒂固的绝对王权与产权的传统。区别在于，给欧洲王权贷款的银行家往往在这些国家的疆域之外。所以，要想继续向银行家贷款，这些欧洲皇帝就必须遵守"有借有还"的原则，这当然和欧洲分裂的政治架构有关。中国政治上的大一统始于秦朝，宋朝后得到巩固，也许是大一统和绝对皇权这两个条件的并存制约了公债的发展。

资料来源：马德斌：为什么工业革命发生在18世纪的英国，《文汇报》，2016年12月5日。

二、巴泽尔的国家理论

(一) 国家是基于合同的组织形式

巴泽尔试图用"公共领域"概念替代"交易成本"，从而对国家做出新的解释。巴泽尔提出了"公共财产"的概念,用来对企业、市场、中间性组织以及国家等组织进行不同于威廉姆森交易成本概念的解释,其逻辑关系是这样的:这些组织形式是人与人之间各种合同的表现形式,它们都可以还原成个人以及与之联系着的一组合同;它们的不同在于合同的完全性不同,这又是由于权利(产权)的界定及其变化的差异;由于信息成本,任何一项权利都不是完全界定了的,而没有界定的权利把一部分有价值的资源留在了"公共领域"里;产权的界定是一个演化的过程,随着新信息的获得,资产的各种有用性和潜在有用性被技能各异的人们发现,因而各种组织形式实乃是恰当利用资产有用性的不同方式。例如在一个企业中,大型设备往往易于产生惠及大家的外部性,具有形成公共财产的重要属性,这样它们将由某一集权的组织所拥有;再如管理技能,对其界定的成本较高,具有形成公共财产的外部性,因而通过一定的组织就能使其资产价值发挥出较大的效用。仅就国家层面来看,大量存在着难以界定产权的公共财产。为了有效利用这些财产,于是出现了各种各样的组织形式,而政府提供和国有制仅是其中一种,并不是在公共财产领域中的唯一形式。

交易成本就是权利的转让、获取和保护所需要的成本,其之所以存在是因为获取关于资产的各种有用性和潜在有用性的信息是有成本的。由于信息成本,任何一项权利都不是完全界定了的。公共领域中的财产既可扩大,也能缩小,随着商品各种属性的价值不断变化,随着产权界定之测算成本不断增减,人们会相应地改变原来的决定,放弃某些财产,使其化作公共领域的财产;或者对现有的公共领域的财产进行重新界定,使之归于自己名下。

(二) 产权和国家演化的模型

巴泽尔提出了产权和国家演化的模型,论述了从专制到法治过程中产权的变化以及作用。统治者和臣民都被假定是利益最大化的,统治者面临着一个两难选择:自身安全和财富追求。控制臣民可以提高统治者的内部安定,代价是产出的降低和专制者财富的减少,而增加财富是抵御外部威胁的保障。巴泽尔认为在现实中不存在绝对的独裁者,因为统治者无法掌握个人能力的完全信息。于是,收取定额租金(这里假定臣民起初没有财产)比给臣民支付固定报酬对双方都有利。统治者开始允许臣民拥有财产,私有产权就产生了。下一步臣民可以接受一个更高的定额租金,以换取更多的自由,显然,财产和自由在这里是正相关的。巴泽尔证明,由于信息成本、侵权的交易成本以及信誉等问题的存在,使得统治者侵犯产权的行为会得不偿失。所以,统治者愿意诱导臣民形成一个集体行动的机制,以使自己建立可置信的承诺。在巴泽尔的模型里,集体行动机制乃至法治并非统治者和臣民权力斗争的结果,而是统治者寻求合作和利益最大化的产物。

巴泽尔虽然描述了产权和国家演化的过程,其结果却可以通过比较静态分析得出,譬如定额租金和固定报酬的替代关系。所以,巴泽尔的模型里面并没有真正起作用的时间因素。另外,产权既然是一组权利束,那么私人产权的演化实际就是个人权利不断丰富的过程。但是在巴泽尔论述的从专制到法治的过程中,他更重视的是财富数量上的增加以及与之对应的自由的增加。

巴泽尔认同对保护者(统治者)权力的制约("捆住掠夺之手")是国家内部组织的核心问题。但是,巴泽尔认为存在走出"诺思悖论"困境的方法。他认为解决"诺思悖论"的方法是建立集体行动机制。当集体行动机制能够有效控制保护者使用强制力时,国家将成为法治国家。只有建立法治国家才能有效地"捆住掠夺之手"。与此同时,受保护的臣民通过决定税收种类、税率和税收用途控制保护预算的支出,进而制约政府行为。然而,由于集体行动机制天然存在搭便车问题,导致臣民难以有效遏制保护者的权力。其结果是,由保护者控制保护预算的独裁国家成为国家组织的常态。

(三) 企业理论与国家理论

在《产权的经济分析》中,巴泽尔已经全面展现了产权模型在分析各种经济现象时的威力。晚年,巴泽尔从价格理论转向国家理论,并仍然坚持利用产权模型解读国家的起源、规模及国家治理的特征。

巴泽尔企业理论和国家理论的分析思路具有内在的一致性。[①] 以"交易"作为基本分析单位,从考察交易执行方式入手,巴泽尔将企业和国家全部还原为"契约"。在巴泽尔的视野中,企业和国家无非只是两种不同的交易实施方式,据此巴泽尔把企业定义为是由集中的股权资本和声誉资本为协议的可变性提供担保的协议的联结。基于对权利和权力的重新界定,巴泽尔推断企业和国家的共同特征在于利用权威保证交易的实施。所不同的是,企业内部权威的来源是股权资本和声誉资本的所有权,而统治者的权威则与资产所有权无关。

企业和国家的内部组织与企业和国家的本质存在极为密切的联系。就企业内部组织而言,关注的主要问题是受制于企业产权安排的企业治理机制。给定企业是利用权威来实施交易的一种交易执行方式,那么企业产权安排就会决定企业权威的来源,从而决定雇佣关系中的雇主、雇员身份。根据巴泽尔的产权分析思路,谁承担交易的可变性,谁就拥有交易剩余的索取权。在交易中,缺乏股权资本(物质资本)和声誉资本的参与者,由于不能为交易的可变性提供担保,因而成为雇佣的对象;反之,拥有上述资本的参与者因为具备为可变性提供担保的能力而成为雇主。雇佣关系确定以后,企业内部组织问题便可以简化为激励问题,由于委托—代理理论已经对激励问题有充分的研究,巴泽尔并未对此进行详细分析。他只是提醒学者注意委托—代理模型中委托人和代理人的道德风险应该是对称分布的,资产法律上的所有权和经济上所有权的差异导致委托人和代理人都可能存在道德风险问题。

巴泽尔对作为两种不同交易实施方式的企业和国家范围的界定方法,仍然是新古典经济学的"边际分析"方法。由于采用任何一种交易方式均存在交易成本,因而企业和国家的范围被限定在"等边际"点上。

巴泽尔认为除科斯以外,现有的交易成本企业理论均不能有效界定企业的边界和范围。[②] 为此,巴泽尔利用规模经济、测度成本和公共物品三个变量,从组织功能角度全面分析了企业的规模和边界问题。所谓规模经济是指股权资本或声誉资本发挥担保功能的规模经济。与企业边界相关的测度成本,主要是对中间产品的测度成本。巴泽尔认为中间产品测度成本上升会提高纵向一体化程度,从而拓展企业深度,延伸纵向边界。另外,巴泽尔

---

① 巴泽尔认为在很多方面国家和企业是相似的。
② 在巴泽尔的企业理论中,范围(scope)和规模(size)并未严格区分,但在国家理论中却不然。

认为企业需要提供市场或其他企业所不能提供的公共物品(比如为产品生产和交换提供诸如市场条件和创新方面的信息)。这些公共物品的生产水平决定企业的宽度,即决定企业的横向边界。

从巴泽尔对国家所作的定义,我们可以推断所谓国家规模主要是领土规模和人口规模,而国家范围是"暴力维系的第三方所实施的协议价值与一国境内总产品的价值之比"。由此可见,规模和范围在国家理论中并不是同一语义,规模扩大并不意味范围扩大。因为国家规模扩大只是表明一国境内总产品价值上升。如果总产品交易很多是在企业内部完成的,那么国家规模扩大甚至会导致国家范围缩小。巴泽尔举例说明,纵向一体化程度提高导致很多交易在企业内部完成,从而缩小国家范围。在对规模和范围进行概念区分的基础上,巴泽尔分别从保护的规模经济和签约的规模经济两个方面进一步分析了国家规模和国家范围的影响因素。

(四)国家起源与演变的三大判断

巴泽尔的国家理论总体上说是在科斯的产权理论框架下,运用博弈论的基本分析方法,对新制度经济学国家理论的进一步发展。这个理论主要集中在解释国家是如何起源的以及阐述法治国家的演变路径等方面。巴泽尔运用他对产权分析的深厚功力,提出了国家起源和演变的三个重要观点:

1. 国家是一种第三方实施的暴力机制,它在一定程度上比其他机制更有利于契约的实施

巴泽尔的国家理论认为,人类社会一开始处于"霍布斯丛林"状态,即人们独立行动而且缺乏组织力量的原始状态。在这种世界里,人们仅依靠自身的力量就能够控制商品的分配,这种配置状态下个人享有的权力就是所谓的"经济权力"(与第三方暴力实施机制状态下的"法律权力"相对应)。

霍布斯认为人性是恶的——自私自利、残暴好斗。因此,在还没有社会和国家之前的原始时代,人们是处在一种充满互相争斗、恐惧不安的自然状态中。自然状态受着自然法的支配。所谓自然法就是一种合乎理性的规律或法则,例如人人都是天生自由的,人人都有保存自己、企求安全的欲望,人人都有大自然赋予的理性和平等的权利,等等。既然自然状态如虎狼之境般可怕,出于人的理性驱使,人们会要求摆脱它而寻求有组织的和平生活,于是就互相订立一种社会契约,愿意放弃原来享有的自然权利,并把它交托给一个统治者或主权者(一个人或一个集体),从此国家建立了。所以,根据霍布斯的理论,国家不是根据神意创造的,而是人们通过社会契约创造的;君权不是神授的,而是人民转让的、托付的。换句话说,国家不过是一个人工模拟的人,主权则是人工模拟的灵魂。创建国家的目的是出于人们的理性和幸福生活的需要。这样一来,霍布斯就彻底推翻了君权神授之说,摧毁了封建专制制度的理论基础。[①]

根据诺齐克的理论,当一个社会里的行为人为了裁决他们相互之间的争端,并相互保护以免外部人对自己不利时,他们形成了保护性的联盟,这时国家就产生了。如果在这样

---

① 〔英〕托马斯·霍布斯:《利维坦》,商务印书馆,1996年版,第12页。

的保护性联盟的形成中存在任何对集体的规模递增收益的话,一个稳定的"巨大的保护性联盟"将形成,所有的行为人将归属于它,并且它具有裁决所有争端的力量。这个巨大的保护性联盟就是诺齐克所称的"最小的国家"。结果,行为人并不需要抱着创生一个国家以使之出现的明显目的而坐在一起,国家可以作为个人的保护行为的均衡结果而被无意识地创生出来。①

在霍布斯的世界里,为了占有物品,侵占与抵抗构成了人们之间的大部分活动。然而,人们最终认识到了平等交换的好处,并拓展了平等交换的机会。但是这又使得物品的分配产生了新的问题,即互惠的交易或交换行为在很多状况下并不能同时完成,而且在很多时候,人们对交易商品的品质也不能直接观察。因此,为了成功地进行贸易,需要有一种可实施的机制,以保证契约各方的合作,比如确保已承诺的商品按时交付或提供符合品质要求的商品等。因此,为了促使契约的成功达成,第三方实施的暴力机制开始出现。

国家实施和企业实施还存在三方面区别:一是企业的组织者和他们的合作者所签订的合约,通常由国家认可并得到国家保护。因而,企业在实施交易时产生的合约冲突,最终可以诉求于国家这个独立的第三方来实施。但是,国家作为保护者和委托人之间的协议必须是自我实施的,即使存在明确的协议,也没有第三方来保证协议的实施。二是两种实施方式对交易产生剩余的分配不同。在企业实施的交易中,交易剩余的分配与可变性的分配是一致的,而且这种分配机制受国家保护,国家的存在可以有效约束企业内部的"攫取"问题。但是,由于缺乏第三方保证机制,对国家的"攫取"只能依赖自我实施,最终可能导致国家作为保护者成为"剩余索取者"(国家的掠夺之手)。三是国家实施的典型特征在于暴力实施。国家拥有暴力实施的规模经济效益,可以充分利用军队、警察等专业化的暴力机构保证协议执行。

2. 人们只有当暴力实施者滥用权力的倾向能被有效制约时,才会使国家这种实施机制出现

人们发现,这类暴力实施者会滥用其权力。对此,巴泽尔认为人们会认识到这种危险的存在,从而在这种第三方暴力实施者产生前与之进行斗争,即为避免这种不利局面,人们会要求这些暴力实施者与其他的权力专家分享权力,以制约他们的侵权行为。人们于是会创建一种集体行动机制,以限制产权保护者们的过度侵权行为。为保证多样化交易契约的实施所选择的不同方法组合决定了国家的规模和性质。此外,随着交易商品日益标准化和贸易领域的不断扩大,国家控制的领域也会不断拓展。两类规模经济会部分地影响国家的规模。一类规模经济包括积聚保护所需必要权力时产生的规模经济;另一类规模经济与合约贸易有关。巴泽尔是从制度不存在开始研究的,也不存在法律权利。巴泽尔探讨了制度是如何产生的,探讨了人们要维持这些制度将采取的行动。在他的模型中,限制保护者成为独裁者对于法治社会是一个长期关心的问题。对独裁制度的防范和制度的建立都是集体行动问题。

---

① 〔美〕安德鲁·肖特:《社会制度的经济理论》,上海财经大学出版社,2003年版,第68页。

相关链接 15-3

牛气 40 年的日本"钉子户"

到过日本东京成田机场的旅客,在走出机舱的那一刻都会注意到,机场内居然矗立着民宅!民宅怎么会被允许建在国际机场里?成田机场还有一个特色:不提供航班夜间起降服务。成田机场地处东京东北的成田市三里镇,是日本最重要的国际机场,为什么连航班夜间起降服务都无法提供?是技术原因还是另有隐情?

事实上,这些民宅在这片土地上"扎根",比机场还要早,是这里不折不扣的"钉子户"。原来,在20世纪60年代,日本政府决定建设成田机场。机场原本设计有3条跑道,可征地没有征得当地农民的同意,多次发生冲突,历时12年,直到1978年3月30日,1号跑道建成5年后才得以启用。根据机场和"留守"居民的协议,夜间禁止航班起降,以免影响居民们休息。

1999年,为了承办2002年韩日世界杯,迎接各国来宾和游客,日本政府不得已启动了成田机场2号跑道的修建工程。但是,谈判僵持了3年,7家"钉子户"拒绝妥协。没办法,政府只好妥协,决定让2号跑道避开顽固的"钉子户",北移800米,由2500米缩短为2018米,终于在世界杯之前投入使用。但因跑道长度不够,一些大型客机无法在此起降。

2005年1月11日,政府再次和7家"钉子户"展开谈判,甚至由首相出面道歉,希望能买下他们的地,以便将跑道延长到足够的长度,但遭到了拒绝。万般无奈之下,政府只好再次决定,将机场跑道向北侧延伸。

2006年11月,时任日本首相安倍晋三在主持内阁经济财政会议时指出,希望东京的机场可以24小时运作,夜间也能起降,以提高运转效率。很快就有媒体评论说,安倍的提议很可能进一步打击成田机场的地位。

时至今日,3号跑道仍然停留在图纸上。据说,日本政府已经失去了耐心,打算不再与"钉子户"们谈判,放弃3号跑道。

从最初决定征地到现在,"钉子户"们已与机场斗争了40多年。经过旷日持久的"战争",政府不再劝说他们搬走,还对他们的生活照顾有加。为了减少噪声对居民生活的影响,政府给他们的住宅加装了隔音设施;为了不影响居民们休息,机场管理方至今仍不准飞机在夜间起降。

3. 国家愿意实施的法律权力取决于对界定权力与调解纠纷的交易成本的比较

第三方暴力实施机制(国家)的创立还直接导致了法律体制的出现。在巴泽尔的分析框架里,"经济权力"与"法律权力"是两个重要的基本概念,经济权力是指由个体自发界定的权力,而法律权力是指由国家界定的权力。为了使实施机制有效,国家必须界定可实施的权力和可用于解决纠纷的调解机制。巴泽尔的分析主要集中在这种过程中交易成本的核心作用:"界定本身是有成本的,因此对一种资产要不要进行保护取决对产权界定成本的权衡。"例如,特质性资产很难进行界定,从而国家也不太可能对此给予保护;同样地,如果某些商品很容易导致纠纷且调解成本很高时,国家会简单地选择禁止这些商品的交换。此外,在现有技术条件下,法律权力界定和实施成本是决定国家对什么进行保护和如何保护的关键。[1]

第三节 国家理论(下):奥尔森与福山

一、奥尔森的国家理论

1998年在巴黎国际新制度经济学年会上举行的纪念奥尔森的专题会议上,有人提出按照奥尔森的思想,用现代制度的构建、演化和分析方法来构建一个新制度主义的国家理论。在构建新制度经济学国家理论的过程中,吸收奥尔森理论的部分观点是必要的,但仅建立在奥尔森思想上又是不够的。新制度经济学所需要的国家理论要解决两大基本问题:第一,国家的目标是什么?政治人物的利益是什么?这些利益将如何体现在政策和制度中,以服务于政治人物的目标?[2] 第二,如何限制国家的掠夺之手?奥尔森所提出的理论框架有利于第一个基本问题的解决,但是对于如何限制国家的掠夺之手,奥尔森采取的是悲观的态度,所以我们还要研究如何限制国家的掠夺之手。

奥尔森理论的最大可取之处在于能够解释各种利益集团的利益如何体现在政策和制度中。而这些恰恰是新制度经济学国家理论所缺乏的。建立在新古典经济学的制度经济学理论对人类行为与制度的关系进行了分析(如诺思等),也有经济学家对国家与制度关系进行了分析(如诺思、巴泽尔等),但是缺乏对集体行为与制度关系的分析,而奥尔森的分析有利于这个问题的解决。其实,人类社会的许多制度是不同利益集团博弈的结果。更重要的是,奥尔森的理论可以使我们从不同层面揭示国家与制度的关系。

(一)匪帮模型

奥尔森建立了一个"匪帮模型"以说明国家的起源。当这些匪帮是四处掠夺的"流寇"的时候,每一个匪帮都只拥有有限的权力,他们不在乎整个社会的产出,在无政府状态下,流窜的匪帮所进行的非协调一致的竞争性偷盗,摧毁了投资和生产的积极性,无论大众还是匪帮都不会有更多的资源。但是,如果他们能够组织起更大的暴力潜能,拥有更多的权力,那么就会整合各种势力,由"流寇"变成"坐寇",在更大范围的固定辖区内活动。如果其中一个匪徒能成为独裁者,那么对大众和匪帮两方面都会更好些——只要他是一位长驻的匪徒,即以各种税收的形式垄断偷盗物品并使之合理化。一个稳固的独裁者会因为他的地盘对其有切身的利益,而提供和平秩序和其他增加生产力的公共物品,独裁者对大众的掠夺一旦以税收的形式固定下来,就会给大众以恢复生产的信心,因为掠夺不再是不确定的。正常情况下,和平秩序和其他公共物品所带来的产出的巨大增加使长驻匪徒获得的利

---

[1] 朱华等:国家的起源、作用与演变——关于国家理论的比较分析,《浙江工程学院学报》,2004年第4期。
[2] 〔美〕安德烈·施莱弗、罗伯特·维什尼:《掠夺之手:政府病及其治疗》,中信出版社,2004年版,第13页。

益比他未治理前要大得多。于是"看不见的手初次赐福":流窜匪帮中的理性的、自私自利的匪首被"看不见的手"牵引着,驻扎下来,戴上王冠,并以其统治来代替无政府状况。随着组织暴力能力的增加,这些"坐寇"逐渐成为统治者。由于从无政府状态摆脱出来的收益非常大,所以社会成员也愿意接受统治者的统治。

流窜的匪帮与常驻匪帮的问题,和渔场的排他性所有权分配前后的渔夫问题非常类似。即拥有自由进入权的渔夫掠夺了渔场,在排他性所有权下,他们的策略是获得最大收入。奥尔森运用一个简单的新古典模型来分析为什么一个自利的稳定独裁者会提供公共品,并限制税收。一个理性的、追求税收最大化的统治者肯定知道高税收的负面影响,以及公共品增加对税收的积极影响。利益最大化的统治者会继续在公共品和公共服务上进行投资,从而获得高于所花费成本的税收收益(通过经济增长)。

奥尔森也用他的模型分析了当一个独裁者和一个民选的领导者进行长期决策时,两者在行为决策上的巨大差异。他的模型显示,在以增长为目标的公共服务上,民主环境中自私的领导者会比一个增长友好型的独裁者投资更多的资源,因为后者感兴趣的只是增长对税收的影响。大多数民主人士都只会关注公共服务对税收以及个人收入的影响。与独裁者相比,他们从公共品投资中所得的收益会更多,因此他们也就会投资更多。由于个人的原因,当独裁者给予增长足够大的优先权时,民主可能会导致增长竞赛的失败,独裁的增长路径是不稳定的。

对于国家起源的问题,奥尔森认为,在人口众多的社会中很难产生社会契约式的政府,否定了国家的契约起源论而将最初创建国家的功劳归于匪帮。历史上有些国家成功地限制了国家的掠夺之手,并且是通过制度安排来限制国家的掠夺之手,这些制度安排往往是不同利益集团博弈的结果。奥尔森的理论框架有利于解释这个问题。新制度经济学国家理论所要解释的基本问题可以在奥尔森的理论框架下进行,这也是一些经济学家为什么主张以奥尔森思想为基础构建新制度经济学国家理论的原因。

(二) 强化市场型政府

奥尔森去世前的四个多月曾主持召开过一次讨论会,也恰恰是在这次会议的发言中,奥尔森创造了一个可以高度浓缩其长期增长理论的重要概念:强化市场型政府(market-augmenting government)。一个政府如果有足够的权力去创造和保护个人的财产权利并且能够强制执行各种契约,与此同时,它还受到约束而无法剥夺或侵犯私人权利,那么这个政府便是一个"强化市场型政府"。这也是关于国家作用的"本质两难"问题:国家需要足够强大,才能具有足够的强制力去做它该做的事,即执行合同;但国家又不能过分强大,以至于它可以不受约束,滥用自己的强制力,任意侵犯公民的财产和权利。

研究如何制约国家比研究国家起源更重要。政府的权力受到约束是国家理论要解决的核心问题。在共和时代的罗马,国家权力的确受到了重要的约束,但这种约束来自罗马政府的制度结构,而不是来自人民的利益。[1] 国家权力的行使需要制度设计。[2]

---

[1] 〔美〕斯科特·戈登:《控制国家:西方宪政的历史》,江苏人民出版社,2001年版,第15页。
[2] 同上书,第2页。

强化市场型政府设立的目标在于获得所有潜在的得自贸易的收益。为此就必须建立一套法律体系和政治秩序来强制执行合同或抵押协议,提供有限责任的公司制度安排,并且保障资本市场的长期稳定及有效运转。在这里,财产权利、契约权利以及由此催生的资本市场,便成为区分市场强化程度之"色谱"的重要尺度。该"色谱"的两端分别为产权密集型和产权粗放型,各国的经济也就可以据此被划分成不同的类型。显而易见,为创新提供必要资本支持的金融市场属于产权密集型产业,因而对强化市场型政府的依赖性就特别高。当把贸易领域和生产领域联系起来考察时,我们还会发现一个有趣的现象:产权密集型经济通常对应的是资本密集型经济。其背后的逻辑十分简单,如果机器或工厂总是面临着被没收或充公的高风险,那么人们就不愿意从事资本密集型生产。这也顺带解释了在"产权—资本粗放型"经济中,往往是那些具有自我保护性质的产业比较发达,比如人力资本密集的手工艺和种植业。①

强化市场型政府的产生条件,也就等价于如何使政府或执政者具有共容利益的条件。对此,奥尔森的回答是:民主政体,或者至少是代议制政体。奥尔森谈论的民主,其核心或本质不在于它是否赋予公民普遍选举权,而在于它是否保证了政府产生于自由的政治竞争过程,从而确保拥有共容利益的精英掌握政治领导权。他的这一思想倾向,与熊彼特在《资本主义、社会主义与民主》中所持的立场如出一辙:政治的民主原则,即应该从争取选票的竞争性斗争中产生出来。在奥尔森看来,如果统治者的继承存在着很大的不确定性,统治者缺乏长期眼光,那么就会进行掠夺。这个命题的另外一个关键之处在于,如果统治者被替换的可能性比较大,也就是说,如果存在替换统治者和限制统治者权力的制度和集体行动,那么就可以将统治者的权力引导到保护产权和契约执行的轨道上来。

二、福山的国家理论

福山在《政治秩序的起源》开篇就认为,构成现代政治文明的是三种制度,即国家、法治与问责制政府(后来又称为"民主问责制")。基于其跨越从前人类时代到21世纪初的研究,福山说,尽管人类尝试过多种多样的政治秩序和统治模式,但随着时间的推移,一个立足于国家、法律和问责制三者平衡基础上的政治制度,对所有社会而言,无论在实践上还是在道德上都是必需之物。这样,福山实际上给所有国家开列了一份政治现代化的"标准菜单"。成功的现代自由民主制应该把这三种制度结合在稳定的平衡中。这一点本身就是现代政治的奇迹。

为什么这种平衡如此重要?福山认为,一方面,国家功能是集中和行使权力,要求公民遵从法律,保护自己免遭他国的威胁。另一方面,法治和问责制政府又在限制国家权力,首先是国家依据公开和透明的规则来行使权力,再确保国家从属于民众愿望。

首先是有效国家。基于韦伯的概念,福山认为,国家是确定地域范围内一个等级制的、中央化的组织,它垄断了合法的暴力。此外,现代国家不是围绕君主的私人或家族关系展开的,而是"非个人化的",或者说超越了世袭制传统,并能克服使很多社会陷于腐败的恩

---

① 张宇燕:强化市场型政府,《读书》,2005年第2期。

惠—庇护主义。简单地说,有效国家应该包含三个元素:第一,国家能合法地垄断暴力,亦有能力控制暴力冲突;第二,拥有一套韦伯意义上的官僚制;第三,实际运行规则实现对世袭制和庇护主义的超越,整个系统能基于非个人化的一般规则来运转。

其次是法治。法治不同于法制,前者是法律的统治,而后者是用法律来统治,或者说是把法律作为统治的手段。在福山看来,法治是一系列的行为规则,这些规则反映了一个社会内部的广泛共识,能够约束一个社会中甚至最有权力的行为者——无论是国王、总统或总理。由于对法治的破坏更有可能来自统治者,所以法律不仅要约束普通人,更要约束统治者。福山指出,如果统治者能够改变法律以适应自己所需,法治就不会存在。简而言之,法治的含义包括有效地约束统治者、拥有独立的司法体系,以及法律面前人人平等。

法治的含义不是政府以法律来管理社会,而首先是政府的行动在法律约束之下。哈耶克认为,法治意味着:政府在一切行动中都受到事前规定并宣布的规则的约束——这种规则使得一个人有可能十分肯定地预见到当局在某一情况中会怎样使用它的强制权力,并据此计划他自己的个人事务。

以法治为特征的社会有两个密切相关的特点:一是它拥有能够限制和界定国家行为的合法边界的制度,二是制度是自我维系的。在确定了能够限制和界定国家行为的合法边界的制度后,关键是建立制度的自我维系,制度能得到有效实施。后者比前者更难。

最后是民主问责制。在福山看来,"问责制意味着政府对整个社会的利益做出回应,而非仅仅顾及政府自身的利益"。到了现代社会,"问责制通常都被视为程序的问责制,也就是通过周期性的自由和公正的多党制选举,使得公民能够选择和约束他们的统治者"。这样,问责制就等同于民主问责制或民主制。一个社会落实民主问责制的过程,也就是实现民主化的过程。把权力"关"进制度的"笼子"里是必要的。在现代欧洲和越来越多的国家里,使统治者、当选政治家和官员受制于一般性约束规则的宪法设计变得十分常见。权力制衡系统涉及三个问题:一是每一层级的权力是什么;二是这些权力来自什么地方、受谁的监督;三是权力之间是否相互制约。美国社会就是依靠推行多种制度,来约束和平衡某一种制度可能会带来的统治和支配地位,从而取得成功。权力不受制约源于制度结构中完全缺乏制衡力量,而这一问题显然与民主的缺失有关,而民主实践这一问题与一个多元化社会中权力制衡的存在和运行密切相关。

《政治秩序的起源》一书也提供了大量与这一"标准菜单"偏离的案例。在19或20世纪之前,符合这一"标准菜单"的国家才是特例,偏离则是常态。借助对撒哈拉以南非洲、拉丁美洲跟东亚国家发展绩效的比较,福山认为,前面两个地区的绩效更低,主要是因为这两个地区缺少古老的国家制度传统,它们如今就更难达成优良的治理绩效。比如,1999年以后恢复定期选举的非洲大国尼日利亚难以实现善治,主要原因是既缺乏强大有效的现代政府,又缺乏提供产权、公民安全和交易透明度的法治。从独立以来,尼日利亚人均GDP年均复合增长率仅1%,与东亚国家相比简直就是"龟速"。

【关键概念】

国家　　无为之手　　扶持之手　　掠夺之手　　　　　　国家模型
诺思悖论　匪帮模型　强化市场型政府　国家作用的"本质两难"　统治者的双重约束

【思考题】

1. 什么是国家？国家的职能是什么？
2. 如何理解国家作用的"本质两难"与诺思悖论？
3. 如何理解国家的"三只手"？
4. 比较诺思与巴泽尔的国家理论。
5. 比较奥尔森与福山的国家理论。

【推荐阅读】

1. 〔美〕斯蒂格利茨：《政府为什么干预经济：政府在市场经济中的角色》，中国物资出版社，1998年版。
2. 〔美〕斯科特·戈登：《控制国家：西方宪政的历史》，江苏人民出版社，2001年版。
3. 〔美〕安德烈·施莱弗、罗伯特·维什尼：《掠夺之手：政府病及其治疗》，中信出版社，2004年版。
4. 〔美〕道格拉斯·C.诺思：《经济史中的结构与变迁》，上海三联书店1991年版。
5. 〔美〕曼瑟·奥尔森：《权力与繁荣》，上海世纪出版集团，2005年版。
6. 〔美〕约拉姆·巴泽尔：《国家理论：经济权利、法律权利与国家范围》，上海财经大学出版社，2006年版。
7. 弗朗西斯·福山：《政治秩序的起源：从前人类时代到法国大革命》，广西师范大学出版社，2014年版。

案例
都是面积大惹的祸：19世纪中国财富逆转的政治经济学解释

历史的经验证据表明，18世纪的中国商业化和市场整合程度都很高，尤其是长江三角洲地区的经济可与西欧比肩。然而，在19世纪，中国却没有抓住工业革命和现代化的机会。因此，一个问题是：如果18世纪的中国表现很好，为什么中国在19世纪会出现逆转呢？中国在19世纪的相对经济落后是历史偶然，还是有其他的结构因素在起作用呢？Tuan-Hwee Sng 于 2014 年发表在 *Explorations in Economic History* 上的 "Size and Dynastic Decline: The Principal-agent Problem in Late Imperial China, 1700—1850"一文，从理论和实证两方面，对这一问题进行了阐释。

清朝从建立直到19世纪50年代太平天国起义前都是高度中央集权的，所有大的决策都需要皇帝裁决。皇帝通过吏部来分配上至中央大员、下到地方知县的人事任命；通过户部来管理和审计各级政府的各项收入和支出；通过刑部来批阅整个帝国的司法决定，所有死刑判决都需要皇帝的批示。清代的政府有四个主要层级：中央、省、府、县。处在最底层的1500个县处理大量的实质性地方事务。这些事务主要包括两类：税赋的征收和司法管理。一个县通常只任命一名非本地的知县管理，任期一般三年。由于知县任期短且非本地人，他还需要书吏、衙役和地方士绅共同作为帝国基层代理人来管理地方事务。

在这种高度集权的官僚行政体制下,委托—代理问题不可避免。为此,清政府通过每三年一次的"大计"来考核地方官员,以税赋和司法两项任务完成情况做一票否决并进行相应惩罚;同时,设立御史来检举和弹劾那些渎职的官员,并允许百姓上诉,以此监督和约束地方官员。

然而,清代庞大的国土面积和经济规模极大地限制了统治者管理和监督地方代理人的能力。幅员广阔意味着远距离传送信息成本高昂,也意味着极大的区域多样性,这使得收集信息更加困难。区域的多样性还意味着要赋予地方政府更多执行中央政府政令的灵活性,又增加了统治者判断地方官员的行为的困难。在统治者高度集权的情况下,统治的领域越广,统治者的精力就越分散,委托—代理问题也就越严重。这些都使得统治者的地方代理人有很强的私人激励对纳税人进行压榨和剥夺租金,正所谓"天高皇帝远"。皇帝出于监督困难的考虑不得不保持较低的税率和较小规模的官僚,以降低地方官员对平民的压榨,从而降低叛乱的可能性。

在存在严重的委托—代理问题情形下,经济的扩张对清政府的财政也产生了一正一负的影响。一方面,经济的扩张增加了税基,但是另一方面,也增加了帝国代理人压榨的激励,这迫使统治者要继续降低税率来确保人民不会因剥夺过重而反抗。因此,当委托—代理问题非常严重时,经济扩张的负效应就会超过正效应,政府的总财政收入反而下降。而萎缩的财政能力极大影响了政府对公共品的投资能力,尤其是军事和政府管理能力。

作者首先使用一个府距北京的距离,即府治到省会城市最小地理成本距离加省治到京城栈道路程,作为解释变量,代表委托—代理问题的严重性,以每府人均税收和每府单位地域的县个数,作为被解释变量。结果发现,距离京城越远,人均税率越低,每一千公里的县个数越多,即离京城越远,统治者监督越弱,委托—代理问题就越严重,地方官员私人激励就越强,统治者为了降低平民被压榨的程度,不得不降低税率和官员数量来平衡地方代理人的压榨。这证实了国家规模导致的委托—代理问题严重性对税收和官僚数量影响的假说。接着,作者使用来自《清实录》和其他档案的清代税收数据,发现清朝的税收能力早在18世纪中期就在不断下降,这与经济扩张反而导致税收下降假说相一致。

由于清政府财政能力弱化,占大头的两类财政支出——军费(占60.6%)和行政费用(占23.4%)——受到极大影响,导致军备和地方政府提供公共品(尤其是司法服务)的能力极大下降。受到财政紧缩的影响,清政府不得不裁军,八旗和绿营军的总数量一直在下降,考虑到作战能力下降和18世纪人口的大幅增长,到19世纪时人均军事实力的下降更大。由于人口大幅增长,而新县设立和县官员却增长很少,官员的工作负荷大增,繁重的公务使得官员不得不压制司法诉讼并放松了对盗匪的司法裁决,结果社会动乱不断增加。这些都降低了清政府应对外来挑战和内部稳定的能力,因而导致了19世纪的衰落。

初看之下,中华帝国晚期是一个谜:它专制却虚弱,征税很轻、实际税负却很重,看起来无效率却能存活200多年;它支持了斯密式的增长,使人口在18世纪翻了一番,然而,当工业化的机遇与挑战敲击大门时却止步不前。这些互相矛盾的地方可以由帝国庞大的国土面积和经济规模导致的财政和组织能力下降来解释。

资料来源:Sng T. H. Size and Dynastic Decline: The Principal-agent Problem in Late Imperial China, 1700—1850[J]. *Explorations in Economic History*, 2014, 54, 107-127.

第四篇　制度变迁

【教学目标】

1. 了解制度变迁理论。
2. 了解博弈论与制度多样性的关系。
3. 掌握人口数量、技术变迁与制度变迁的关系。
4. 了解经济发展与制度变迁。

【素养目标】

1. 深刻领会党的二十大报告关于深化改革开放、不断增强社会主义现代化建设的动力和活力、把我国制度优势更好转化为国家治理效能的意义。
2. 加深对科技体制改革、科技评价改革、多元化科技投入,以及知识产权法治保障的认识。
3. 正确理解企业在科技创新中的主体地位。

本篇将从新经济史学、博弈论及演化经济学三个视角探讨制度如何兴起的问题。新制度经济学研究的两个基本问题是：制度如何影响经济增长，以及制度如何兴起。制度的兴起和演变是一个长期的过程，对于这个过程中制度演变规律的研究必须到历史的长河中去寻找。博弈论是一种思考方式，它在互动的假设前提下对决策行为进行理性分析，而在互动中寻求均衡正是现代经济学的一般特征。博弈论方法重点研究经济运行秩序或制度是如何产生的，是什么驱使它们产生，即从更为普遍的和更为基本的假设出发，探讨经济运行秩序或制度的起源与形成。门格尔和哈耶克认为，决定社会秩序的制度是在社会和传统的自然演化中浮现出来的，并且他们认为自然演化的结果对于社会而言是最优的。而诺思则认为，我们现在比较清楚的是什么样的制度有利于经济发展，不太清楚的是怎样才能从一个不利于经济发展的传统制度过渡到一个有利于经济发展的好制度。

第十六章 制度变迁的历史分析

> 制度变迁一般是对构成制度框架的正式规则、非正式规则和实施机制三方面的组合所做的边际调整。
>
> ——诺思

制度、利益集团和作为历史过程的制度变迁之间是不断相互影响的,认识到这一点是理解不同制度变迁路径的影响、起源和存续的必要前提。本章主要分析三个方面的内容:一是新经济史学中的计量方法;二是新经济史学的制度变迁分析;三是制度变迁的路径依赖理论。

第一节 新经济史学中的计量方法

新经济史学(new economic history),也称历史计量学(cliometrics)或计量经济史学(econometric history),是与现代西方经济理论相结合、主要以计量经济方法对经济史进行研究的一门学科。20世纪90年代以来,又出现了新制度主义经济史(new institutionalism economic history)。

经济史学是一门历史学和经济学的交叉学科。其研究方法主要有描述法、分析法、比较法、跨学科分析法、分期法、定量分析法等。这些研究方法都是由经济史学的研究对象——历史上的经济发展所决定的。由于研究方法上的差异,可以把经济史学分成两类:传统经济史学和新经济史学。

传统经济史学采用历史学的分析方法,以叙事性描述和定性判断为特征,且大都是先收集大量史料,在此基础上凭着鉴别力与直觉得出一个见解,从不使用"假设"。而新经济史学的精髓,就是用经济理论和计量经济方法来研究经济史。新经济史学家认为,经济史研究不只是搜集、考证、分析史料和叙述史实,更重要的是要解释史实,说明彼此间的相互关系。

新经济史学和传统经济史学研究方法的不同体现在以下四个方面:

第一,新经济史学将经济理论与经济史相结合,强调经济理论的分析框架意义。例如,在进行历史计量分析时,新经济史学家主要是以宏观经济理论、经济增长理论等理论为分析框架的。在制度分析阶段,新经济史学家主要运用制度经济学特别是产权理论的最新成果,解释整个人类经济史,特别是欧洲的兴起。

第二,新经济史学将计量方法和经济史相结合。运用了计量方法中的数理统计方法,主要包括计算频率分布、算术平均数、标准差、平均增长率、相关分析与回归分析等方法。其中,回归分析方法是新经济史学家最常用的数理统计方法。艾伯特·菲什洛(Albert Fishlow)对美国内战期间铁路的投资情况进行重新研究时采用了回归分析;威廉姆森研究都市化过程也大量运用了回归分析。经济史学家还采用线性代数来研究社会结构及经济结构各因素之间的联系。近年来,欧美一些新经济史学家们又试图采用模糊数学、博弈和决策理论、曲线拓扑理论等更先进的数学方法来分析历史研究中所遇到的复杂结构。

第三,新经济史学通过构建数理模型,开展对历史的模拟研究,计量经济分析方法得到了广泛的运用。其中,我们可以特别关注间接计量法和反事实计量法。不过需要注意的是,由反事实推断得出的结论也只能是概率性的,因此,反事实方法不适于研究个别层次,而适于研究包括众多个别事件的类别性现象。[①]

第四,新经济史学运用了假设—演绎模式。罗伯特·福格尔(Robert Fogel)认为"新经济史学在方法学上的根本特征是用行之有效的假设—演绎模式建立起对过去经济发展的全部解释。"[②]假设—演绎模式运用数学方法,来分析经济变革的各种变量在特定环境下如何相互作用和影响。这种模式将各类要素联系起来,从而可以衡量每个要素在某个时期的相对重要性。

一、间接计量方法与海洋运输生产率

间接计量方法实际上就是把不能直接相比较的数据通过转换处理,甚至选取一些可操作的"中间变量",从而使这些数据变成可比较的样本的一种计量方法。这是经济学的优势所在。福格尔认为,尽管传统经济史学也运用一些数据资料,但只限于把简单可比的数字拿来相比较,局限性非常大;而采用间接计量方法,就可以扩大经济史的研究范围,对因缺少资料或因资料不能量化而无从着手的课题进行新的解释。他还特别指出,要把不能直接比较的数据变成可比的数据,必须首先有经济理论作指导,经济理论的作用体现在两个方面:一方面,理论被用来决定究竟在哪些方面需要计量方法;另一方面,理论被用来指导间接计量中数据的转化和换算问题。

诺思运用间接计量方法对 1600—1850 年间海洋运输生产力变化的原因进行研究,他观察到这 250 年间海运生产率显著提高,特别在 19 世纪海运成本的降低是尤为明显的事实。对于海运生产率显著提高的原因,传统的解释认为最主要的是技术进步,然而事实上这一期间海运技术并没有明显的进步,或者说技术的进步虽然是重要的,但并不是不可或缺的,贡献远没有想象的那么大。诺思认为,效率的提高主要来自全要素生产率的增长,可能出现的问题是:全要素生产率水平的提高是根源于技术提升还是其他的创新因素?为此,诺思作了如下的分析:由于 1600—1850 年间的海洋运输生产率没有直接可比的数据,所以可以用单位航运成本作为测度海运生产率变化的中间指标,接下来就可以对影响航运成本的各个因素作因果分析。从 1600—1784 年,要素生产率增长得很慢,而且主要的影响因素是

[①] 庞卓恒:《西方新史学述评》,高等教育出版社 1992 年版,第 228 页。
[②] 葛懋春、姜义华:《历史计量研究法》,山东教育出版社 1987 年版,第 150 页。

船员的人数减少和在港口浪费的时间缩减,而在1814—1860年,生产率快速地增长,年增长率几乎是前两个世纪年数据的10倍,诺思证明了这一期间的增长原因主要集中在船只的装载量增加和更大的装载因子方面。通过对这两个时期的考察,诺思有一个令人惊讶的发现:技术的进步对生产率提升的贡献要远远小于其他因素——组织形式的变化、海盗的减少等。结果表明,在1600—1850年,平均每吨货物所担负的成本是下降的,并且这一下降主要来自全要素生产率的提高,全要素生产率的提高又主要得益于制度,而技术进步在其中的作用几乎可以被忽略。这一经典研究的重要结论是:在经济史学和经济发展理论中制度因素和技术因素是交互影响的。诺思随后将注意力转移到对制度相关问题的研究上。

二、反事实计量方法与铁路运输成本

反事实计量方法是指在经济史研究中,根据推理的需要,提出一种并没有发生或与既定事实相反的假定来建立相应的模型,以此为依据,估计经济史上可能出现而没有出现的情况,来与历史事实作比较。一些新经济史学者认为这种对比分析是可行的,甚至在某种程度上是必要的。

福格尔用反事实计量方法,假定19世纪后期美国西部不存在铁路,而存在另外两种可供选择的运输形式——水运和马车运输,这样可以分别建立铁路存在情形下与不存在情形下的运输成本模型。他运用了当时主要的工业统计资料和数据、主要农产品(小麦、玉米、猪肉、牛肉)贸易量的分布状况等作为影响运输成本的诸种因素。结果是,在存在铁路的条件下运输成本较为低廉,但是,两个模型中得到的国民生产总值相差不大。这里福格尔使用了社会储蓄的概念,它测度的是运输成本的降低所带来的社会剩余的增加。福格尔计算出,如果通过水路运输(加上部分的陆路运输),那么跨地区的社会储蓄下降小于0.16个百分点,地区内的社会储蓄下降大约是1890年GDP的1个百分点,也就是说铁路的存在使得整体社会剩余的增加要小于1890年GDP的2个百分点。这表明铁路作为一种运输手段,虽然在美国经济增长中起到一些作用,但这种作用在传统观点中被夸大了。也就是说,美国经济增长的原因应该更多地从铁路以外的其他因素中去寻找。福格尔这种反事实分析给后来的经济史学者以有益的启示,有一些经济学家就欧洲的铁路对经济增长的影响这个论题作了类似的分析。

三、工具变量与新政治经济学

制度经济学的量化分析可以检验一些假设或命题。我们凭直觉可能判断某种类型的制度(例如产权)与经济繁荣具有正相关性。但是,这种相关性究竟是前者与后者之间的因果关系所致,还是后者与前者之间的逆因果关系所致,或者是由于其他因素(例如资源禀赋、文化、地理位置等)所致,尚不清楚。例如,工业革命一般被认为是光荣革命后的产物,但这也无法排除各种偶然因素所起的重大作用。事实上,在新制度经济史兴起的同时,世界史研究领域兴起的"加州学派"[①]以及新激进主义的历史学,就认定工业革命发生在英国或在西方兴起纯属偶然,当然不同的学者强调了不同的偶然因素。这对于新制度主义者所强调的制度对经济增长的重要性是一个挑战。

因此,对于新制度经济学来说,要分析制度如何作用于经济发展,就需要解决如何把制度因素纳入经济增长模型,进而分清它们之间的因果关系的问题;换言之,就是必须把制度变量内生化。进入21世纪之后,一些经济学家在经济增长模型制度变量内生化的研究中取得了突破,从而将新制度主义从新制度经济学阶段推进到了新政治经济学的新发展阶段。

新制度经济学通过理论推演和案例分析来探究制度的重要作用,但缺点是难以将其发现的重要作用进行实证检验。政治经济学(political economics)是经济学中一门方兴未艾的亚学科,其特点是通过数理建模和计量分析将政治因素(亦包括制度因素)内生化于各种经济现象(包括经济增长)的模型之中。由于有别于社会科学中对政治经济(political economy)现象进行分析的各种研究传统,我们将新兴起的政治经济学称为"新政治经济学"。

由于制度是好是差很难直接加以度量,也缺乏相关的数据,因此要检验制度因素到底对经济发展有无决定性影响,必须找到能够替代制度因素但又能反映制度好坏的可度量变量,作为计量分析模型中的自变量。

第二节 新经济史学的制度变迁分析

是什么决定了经济演化的不同模式?什么是经济增长的源泉,是技术进步,还是制度变迁?新古典经济学派将技术创新、规模经济、教育和资本积累等看作经济增长的源泉,特别是技术的进步推动了人类社会的发展。但新经济史学派代表人物诺思却大胆提出,对历史进步起决定性作用的因素是制度而不是技术,人类社会的历史是一部制度认知、选择、演变的历史。[②]

一、新经济史学研究制度的三个流派

格雷夫认为新经济史学研究制度存在着三个不同派别。

[①] 加州学派这一新学派源自以英国剑桥大学与美国哈佛大学为代表的传统经济学研究阵地,以研究中国经济史为主。他们重视应用新古典经济学和新制度经济学的理论和框架,运用计量分析方法,进行研究视角探索和创新,并对欧洲中心论和英国现代化道路的普遍性意义提出了学术挑战。

[②] 〔美〕埃里克·弗鲁博顿、〔德〕鲁道夫·芮切特:《新制度经济学:一个交易费用分析范式》,上海三联书店,2006年版,第86—87页。

(一) 新古典分析

该派别主要是使用新古典的理论和方法分析不同的经济制度或产业革命,科斯、威廉姆森是这一派的代表。诺思曾对新经济史学的分析框架作过解释。这一分析框架是对新古典理论的修正。它所保持的是稀缺性的基本假设和由此产生的竞争及微观经济理论的分析工具,修改的是理性的假设,引入的是时间维。① 用修改过的新古典理论重新分析历史事实,这本身就是一场方法论革命。以往的经济史学一般是按时间顺序、以重大的经济史实为基础来描述经济史。由于缺乏理论分析"范式"(或工具),史学家们不可能对经济史的演变作深层次分析,更不可能建立经济史演变的一般分析框架。史学家们只能根据自己的价值观及偏好"议论"一下经济史。而新经济史学家们则应用经济理论分析历史(这就类似于经济学家们用经济理论分析现实问题),尤其运用计量经济学的方法重新构造了经济史的数据库,这就使他们对历史的分析包含了更多"经济性"原则,减少了个人主观判断,从而使经济史成为名副其实的经济史。

(二) 新制度经济史

这一派别主要有三个基本判断:第一,制度(包括产权、规则和管制)是通过国家来定义和强制的,并通过它们对交易成本的影响来决定经济绩效。第二,制度变迁的经济含义被归结为技术变迁、人口增长和市场一体化及其他要素供给潜力的增加,因此,经济产出依赖于不同的制度变迁,它的一个更深刻的应用是专业化导致了发达经济交易成本的上升。第三,一旦制度是通过政治来决定的,那么制度通常是无效率的,并且会受到契约的讨价还价、度量和强制的交易成本的影响。因此,制度选择和路径依赖反映了不同利益集团的利益。

(三) 历史制度分析

这一派别的特点有:① 它是一种方法论,为制度分析提供了一种可操作的制度概念。格雷夫称制度为"具有自我强制非技术性的行为约束",它直接来自博弈论。在他的理论中,两个主要的相互影响的制度性构成因素是预期和组织。预期影响行为,一个博弈参与者关于其他参与者行为的预期是非技术性的约束,这些约束是每一个博弈的参与者都必须面对的。组织也是非技术性的约束,它通过引入新参与者来影响博弈结构中的信息交流、行为以及各个参与者的收益权衡。② 它是一种均衡分析,但是超越了博弈论中的经验均衡研究,它的目的是经验地解释制度选择过程和制度的路径依赖。它认为制度选择过程是一个历史的、耗时的历态过程(ergodic process)。③ 它特别强调国家的制度基础。初始的文化信仰对于组织的演化和国家的出现是非常关键的内生变量。④ 由于制度具有文化信仰的基础,制度变迁过程就是知识增长的过程,它体现出来的过程,首先是斯密式的经济增

---

① 引自诺思在诺贝尔经济学奖颁奖仪式上的演讲:按时序的经济实绩,《经济学情报》,1995年第1期。

长,然后是通过国家强制应用影响经济运行的效率。

制度变迁实际指的是制度变迁的历史。诺思有句名言:历史是最重要的。由此引申的具体含义是,现在的以及面向未来的选择决定于过去已经做出的选择。经济的、社会的变迁不是骤然发生的,而是许多因素长期累积的结果。要理解现在、展望未来,就要重新认识过去。解释一国长期的经济发展必须从制度方面去寻找原因。新古典经济学在解释经济发展时就显得力不从心。诺思指出:"新古典经济学在分析经济发展或经济史时,只有当它针对某一个时期或运用比较统计学时,才能很好地说明某种经济的实绩,一旦用它来说明某种经济在整个时期的实绩时,它就不大济事了。"诺思认为,经济史是关于按时序的经济实绩的学问。我们研究它的目的不仅在于使我们对经济的过去有新的认识,而且在于通过提供一种能使我们理解经济变迁的分析框架而在经济理论上有所建树。[①] 新经济史学实际上是运用西方经济理论(尤其是交易成本经济学、产权理论以及计量经济学)去"透视"人类经济社会发展史,从中找出有规律的东西,进而提炼出一个对经济变迁理解分析的基本框架,为提高经济实绩的政策制定服务。

新经济史学家为研究经济史和制度变迁史提供了一般分析框架。新经济史学与新制度经济学的关系可概括为:一方面,新经济史学家们对历史数据的"复原"为制度经济学家研究制度变迁与经济发展的关系提供了可靠的数据;另一方面,一些新经济史学家(如诺思等)实际上是运用了包括制度分析在内的一些现代经济学方法来分析历史的。制度变迁是一个有着内在规律且缓慢变化的历史过程,我们只有在历史长河中才能揭示制度的构成和运行,并去发现这些制度在经济体系运行中的地位和作用。

在总结人类历史发展规律的过程中,我们不得不上升到制度这个层面。制度在不断演变、完善,这种制度既有正式的,也有非正式的。制度与人类社会历史发展的关系还有许多问题值得探讨。以经济学理论为指导去写经济史,可以在一定程度上克服过去经济史只是历史资料罗列及分类的弊端。

二、新制度经济史与历史制度分析

(一) 诺思的制度变迁理论

制度变迁是指制度的替代、转换和交易过程。作为一种"公共物品",制度的替代、转换和交易也存在诸多技术的和社会的限制条件。诺思认为,制度变迁是制度创立、变更及随着时间变化而被打破的方式,结构变迁的参数包括技术、人口、产权和政府对资源的控制等,正是制度变迁构成了一种经济长期增长的源泉。有效的制度变迁是指一种效益更高的制度对另一种制度的替代过程;无效的制度变迁则是一种本来有效的制度被无效的制度代替了。

诺思认为,制度变迁一般是对构成制度框架的正式规则、非正式规则和实施机制三方面的组合所作的边际调整。所谓"边际"是指,执行规则的成本限制了规则的适用范围,执

[①] 道格拉斯·诺思在诺贝尔经济学奖颁奖仪式上的演讲:按时序的经济实绩,《经济学情报》,1995年第1期。

行成本越高，规则的边际就越大。在边际上，正式规则的执行成本通常很高，使得它实际上不起作用，而非正式规则在此发挥了协调作用。非正式规则之所以取代正式规则，是因为这时前者的运作成本小得多，行为可以在边际上逃避正式规则的约束。

制度惰性在制度的存续中起着重要作用。甚至当制度不再符合一个给定环境的要求时，它也会持续下来，其原因正如诺思所言，是由于替代和改变这些制度的预期成本高于预期收益所引起的。因此，对于诺思等人来说，由于制度变迁存在交易成本，制度的持续才获得了某种支撑。

诺思对制度变迁的认知过程也是在不断变化的。

一是诺思与托马斯在合著的《西方世界的兴起》一书中将制度作为一个内生变量引入了新古典理论体系，并按新古典的逻辑解释制度的起源，即制度源于个人的最优化决策，并随着相对价格的变化而变化。贯穿全书的是一种效率观点：历史变迁是从一种有效制度走向另一种有效制度的过渡。

二是诺思在《经济史中的结构与变迁》一书中用交易成本理论、国家理论和意识形态理论补充了新古典经济学的不足，以此为分析框架考察了人类社会经济发展的全过程。制度有效性假设被放弃了，取而代之的是一种讨价还价理论，无效率的制度是常态，而有效率的制度是例外。

三是在诺思以后的著作和文章中，他偏向于用"非经济因素"来解释制度问题。在诺思看来，制度变迁是个人和企业家选择的结果，但大多数选择仅仅是依惯例而行的。变革需要知识，而知识的产生需要有生产知识的积累，新知识的产生还要受到决策者"心智模型"和信仰体系的影响。因此，要理解制度变迁，需要认识"观念、意识形态、神话、教条和偏见"是如何随着时间发生变化的。

1. 制度变迁的动力

制度变迁的诱致因素在于主体期望获取最大的潜在利润。"潜在利润"是一种在已有的制度安排结构中主体无法获取的利润。潜在利润的存在说明可以通过新的制度安排对社会资源的配置进行帕累托改进，制度变迁的目的就在于使显露在现存制度安排结构外的利润内部化。

2. 制度变迁的条件

制度结构处于均衡的必要条件是，在既定的制度安排下，已经获取了各种资源所产生的所有潜在收入的全部增量；或者潜在利润仍然存在，但改变现有制度安排的成本超过潜在利润；或者如不对制度环境作某些改变，就没有可能实现收入的重新分配，那么既存的制度结构就处于一种均衡状态，即现存制度安排的任何改变都不能给经济中的任何个人或任何团体带来额外的收入。然而，这种均衡状态未必能永久保持，因为某些因素的发生往往导致收益与成本的变化，导致潜在利润的产生，从而产生制度创新的诱致因素。没有潜在利润，绝不会有制度变迁；即使有了潜在利润，制度变迁也不一定发生。只有当通过制度创新可能获取的潜在利润大于为获取这种利润而支付的成本时，制度创新才有可能。

3. 制度变迁的内容

制度变迁的主要内容包括正式规则、非正式规则和实施机制三方面。其中的研究重点是非正式规则。非正式规则的一个主要作用是去修正、补足或延拓正式规则。正式规则和实施机制的变迁就会导致一种非均衡的状态。一种正式制度的变迁会改变交易成本，并引发新的习俗与准则。也就是说,一种新的非正规均衡将在正式规则变迁后逐渐演化。总之,在制度的稳定时期,习俗和准则仍经常在变化,以补足固定存在的正式规则,但在变迁时期,非正式规则却常常被正式规则所推翻。

4. 制度变迁的方式

诺思区分了制度变迁的两种不同方式:一种是非连续性变迁,指正式规则的一种根本变迁,发生这种变迁的条件是出现革命和武力征服;另一种是连续渐进性变迁,指交易双方(至少是交易双方中的一方)为从交易中获取潜在的收益而再签约。这种再签约既可能是最简单的形式,也可能是政治革命的形式,后者可以为双方从事新的谈判和妥协提供一个基本框架。一般来说,制度变迁中绝大部分是连续渐进性变迁,制度变迁对经济发展的作用也是以连续渐进性为主的。

5. 制度变迁的源泉

相对价格的变化是制度变迁的重要源泉,因为相对价格的变化改变了个人在人们相互关系中的激励。这里所说的相对价格变化主要包括:要素价格比率的变化(如土地与劳动、劳动与资本或者土地与资本的比率的变化)、信息成本的变化和技术的变化(包括十分重要的军事技术)。这些相对价格的变化有些是外生的,但其中大部分是内生的。因此,政治、经济和军事方面的"企业家",将通过改变可观察到的衡量成本与实际成本来改变相对价格,从而诱致制度变迁。但是,如果仅按照相对价格的变化来解释人类的复杂行为,就显得过于简单了。诺思发现,相对价格在一定时期的根本变化,既会改变人们的行为模式,也会改变人们对行为标准的合理解释。

诺思发现,在欧洲近代历史上,一个成功的例子是英国。在英国,相对价格的变化曾引发了政治与经济体系的演化,导致了一系列法律制度和宪政民主政治的生成,从而使英国解决了财政危机,并于19世纪在工业革命和西方世界近代兴起中成了领头羊。另一个相反的例子则是西班牙。尽管西班牙的初始条件比英国更为优越,但是其内部相对价格的变化带来的却是无法解决的财政危机、破产、资产充公及无保障的财产制度,最后导致西班牙经济在长达三个多世纪中相对停滞了。

6. 制度变迁中的企业家

企业家和他们的组织会对(可观察的)相对价格的变化直接做出反应,通过估计成本和收益将资源用于新的获利机会。在这一过程中,(政治或经济的)企业家扮演着重要的角色,他们必须用他们的知识、经验、技能和胆识来寻找获利边际,估计成功的可能性,并且冒险将组织的资源用于捕捉潜在的利益。同时,大量的支付也会影响变迁的进程。企业家必须向经济组织和政治团体之间的中间组织(如贸易协会、游说团体、政治行动委员会等)支付报酬,以实现政治变迁的潜在收益。一般来说,社会资源受政府决策的影响越大,为减少变迁的阻力所需要投入的资源就越多。

7. 制度变迁中的意识形态

尽管诺思的经济思想主要源自新古典分析以及以交易成本为核心的产权经济分析的理论成果,但他指出,一个有关制度变迁的动态理论,不能囿于严格的对个人理性活动的新古典主义经济分析的窠臼,这是因为理性人假定下的成本—收益价值观不能解释人类行为的一切方面。解释制度变迁必须借助意识形态理论。

不同的意识形态起源于地理位置和职业专门化。最初,它是经验各异的相邻的人群在地理上的分布。这种各异的经验逐渐结合成语言、习惯、禁忌、神话和宗教,最终形成与其他人群相异的意识形态。这些今天幸存下来的民族的差异性,导致了相互冲突的意识形态。①

意识形态在一定程度上是纯粹知识的发展。知识发展的方式会影响人们关于他们周围世界的观念,因而会影响他们对世界所进行的理论化、解释和评价,这些反过来又会影响合约议定的成本。如果人们对体制规则结构的感知是公平和公正的,就会降低成本;如果他们认为体制是不公正的,则会提高合约议定的成本。②

诺思提出要注重意识形态的以下三个方面:

第一,"意识形态是种节约机制"。③ 它使人们认识了自己所处的环境,并被一种"世界观"所引导,从而使决策过程简单明了。意识形态的存在以思想和经验间的一致为条件。在这种观点中,诺思已经在一定程度上离开了新古典范式,因为意识形态问题与理性选择是矛盾的。他的文化理论(非正规约束制度)同样有这样的特征。

第二,个人的意识形态不可避免地与其所持的道德、伦理评价交织在一起,这意味着人们会在相互对立的意识形态中做出选择,当人们的经验与其思想不符时,他们就会试图改变其意识形态。诺思认为,意识形态不同于道德,虽然两者都是对世界总体认识的方法,并都起着节约信息费用的作用。意识形态与对制度特别是对交换关系的正义或公平的判断相关。

第三,对制度公正与否的评价是意识形态的重要内容。一种制度能否诞生、诞生之后能否在低成本状态下运行,与人们对该种制度的合理性、公正性的理解高度相关。在社会成员相信这个制度是公平的时候,由于个人不违反规则和不侵犯产权,规则和产权的执行费用就会大量减少。否则,制度的执行费用将上升。

为什么诺思重视意识形态在制度变迁中的作用?他认为,当个人之间的交易变得日益专业化和复杂化时,契约就需要第三方来强制实施,而政治机构才能满足第三方实施这个要求,因而政治机构在界定和实施产权制度方面发挥了积极的作用。但是,不同国家在界定产权的方式上往往存在很大的差异,不同的市民也往往会视不同的政治机构为合法的或非法的,这些又要取决于他们的意识形态。当意识形态共识很强时,机会主义就会受到限制。当意识形态共识较弱时,契约成本就会较高,更多的精力将花在促进制度变迁的努力上。因此,意识形态共识是对正式规则的一种有效补充和替代。④

相关链接 16-1

竞争与意识形态的多样性:来自美国报纸行业的研究

在美国的新闻行业里,几乎每一家媒体都有自己的政治偏好。电视台方面,比如福克斯(Fox)相对来说比较保守,而 CNBC 相对来说就更加激进。报纸方面,一般认为《华尔街日报》相对于《纽约时报》要保守一些。究竟是哪些因素影响了媒体对于意识形态的选择?

---

① 〔美〕道格拉斯·C.诺思:《经济史中的结构与变迁》,上海三联书店,1991 版,第 56 页。
② 〔美〕诺思:《制度、制度变迁与经济绩效》,上海人民出版社,上海三联书店,1993 年版,第 103 页。
③ 〔美〕诺思:《经济史中的结构与变迁》,上海三联书店,1991 年版,第 53 页。
④ 〔美〕沃尔特·W.鲍威尔等:《经济分析的新制度主义》,上海人民出版社,2008 年版,第 5—6 页。

这其中又有多少是出于经济因素的考量呢？

意识形态多样性可以通过不同政治偏好的报纸的数量和竞争程度来衡量。常识告诉我们，当持保守观念的选民数量增加时，持保守观念报纸的订阅量也会增加，因为人们更喜欢阅读和自己意识形态相近的报纸；但同时，意识形态类似的报纸之间存在竞争关系，新进入报纸需要避免竞争更为激烈的意识形态。

研究发现：对于一家新进入的报纸，尽管它有动力去选择某种选民更多的意识形态，但为了区别化自己的意识形态和避免更强的竞争关系，新进入者往往会选择选民更少的意识形态，这样就增加了当地意识形态的多样性。

另外一个问题是，政策制定者应该如何对待报纸行业内的市场结构问题呢？政府是否应该为了鼓励意识形态多样性来允许报纸行业的垄断或者寡头定价呢？经营一家报纸，最重要的两个收入来源是报纸本身的订阅费以及商家所付的广告费。针对这两点，有研究发现了如下的重要启示。

当政府允许报纸之间相互勾结来决定订阅费时，经济福利降低，对于意识形态多样性的影响不明确；当政府允许报纸之间相互勾结来决定广告费时，经济福利上升，且多样性也上升。这是因为当广告费上升之后，广告商的利润间接转移给了报纸，报纸进一步降低订阅费，从而导致报纸之间的竞争更为激烈，促进了更多样化的意识形态。意识形态是有组织的信念系统，它常常有自己宗教上的起源，这些宗教对人类行为做出了一定的要求。但是无论是有组织的还是散漫的，意识形态在使得行为可预期方面与制度相辅相成。制度构成了人们的外部环境，意识形态构成了精神环境，因而，个人选择要获取预期，就要横跨与意识形态相关的问题。

（二）历史比较制度分析

格雷夫的历史比较制度分析综合了德国历史学派的传统和现代博弈论的理论成果，并将其研究称为历史制度分析（historical institutional analysis）。他的研究领域主要是欧洲商业革命之前——11世纪至12世纪——地中海地区的经济史。他认为，在研究制度之前不能给制度下一个先入为主的定义，从博弈论的角度看，制度起源于积极的文化信仰，是自发演化的产物。在处理制度之前，首先必须处理组织。他认为，一个社会的组织——它的经济、法律、政治和社会以及道德强制制度——是伴随着它的社会建构、信息传递和协调机制的，并且对长期制度演化具有非常重要的影响。①

格雷夫的历史制度分析的特点与贡献主要表现在以下四个方面：

第一，格雷夫等人对中世纪商业革命中行会的研究表明，行会起源于具有共同知识的协调、诚信和契约的强制。一个重要的延伸是，作为强制契约和产权并提供公共物品制度的国家引起了一个困境：具有充分的力量来做这些事情的国家也具有权力保护或强制征收私人财富，并削弱市场经济的基础。通过检验中世纪欧洲部分城市的行会兴起，他们认为，

---

① Avner G. Reputation and Coalitions in Medieval Trade: Evidence on the Maghribi Traders [J]. *The Journal of Economic History*, 1989, 4: 857-882.

行会之所以成为一个制度出现而且普遍存在于许多城市,是因为国家困境的存在。行会因为具有文化信仰的依托,所以能够广泛地在不同的商人集团之间建立信息名誉机制,并对行会成员产生诚信和道德强制。在多边名誉机制形成的过程中,长距离的贸易才成为可能,并形成了分散化的信息交流网络,最终才是产权的形成。[①]

第二,格雷夫的制度分析修正了诺思对欧洲经济增长过程分析的结论,并促使诺思对其理论进行反思。格雷夫把缺乏集中的中央法律实施体制条件下的"自我实施制度"及其运行机制作为自己的研究对象。近似地看,"自我实施制度"就是诺思制度定义中的非正式规则部分,诺思虽然意识到了制度变迁的渐进性在很大程度上与非正式规则的演化性质有关,但由于诺思的理论框架基本上是新古典的,因而无法对此进行深入分析。格雷夫的历史制度分析恰好在诺思理论停步的地方,讨论了制度变迁轨迹和路径依赖问题。诺思将制度定义为"社会中的博弈规则",或者说是"一些人为设计的,塑造人们互动关系的约束"。至于人们为什么遵守这种"约束",诺思没有分析。因此,诺思设置了这种约束从外部被执行的假定,其结果是在具体的历史研究中,就把对象限定在由国家保护所有权。格雷夫提出了更好的方法,并解决了诺思研究中存在的问题。格雷夫把制度定义为"由技术以外的因素决定的对自我实施行为的制约"。这里说的"自我实施"是指构成社会的人们具有遵守这种制约的激励。在理论上,这种制约表述为构成社会的人们进行博弈的纳什均衡。格雷夫将分析对象延伸到国家对所有权保护以外的各种制度上,明确了这些制度为什么、怎样制约人们的行为。

第三,格雷夫成功地将重复博弈论方法运用到制度分析中,用子博弈精炼均衡的概念来表征制度选择和变迁过程。重复博弈中的无名氏定理及其扩展证明,相同的个体进行无限次重复博弈,如果参与人有足够的耐心,则互利的结果可以作为子博弈精炼均衡出现。与单阶段博弈的囚徒困境不同,重复博弈的未来合作的长期收益超过了交易主体采取欺骗策略所能获得的短期利益,从而有力地促使理性的经济人放弃欺骗、选择合作。

有学者进一步将不完全信息引入重复博弈过程,建立了博弈参与人的声誉模型,指出尽管博弈的次数不是无限的,但各方都会建立和维护自己合作的声誉,而长期合作收益的补偿证明这种声誉的建立是最优的策略,从而互利的结果同样可以出现。合作行动是一切制度的本质要求,重复博弈的特征可以解释大量人类合作行为,从而为我们理解人类社会自发秩序的形成和变迁提供了强有力的理论基础。

第四,格雷夫的制度分析在解释制度变迁路径依赖问题上有其独特的贡献:一是扩展了制度分析的范围,研究视野从特定的制度安排转向社会的制度结构,指出制度变迁的路径依赖是政治、经济、文化和社会诸因素综合作用的结果,强调文化传统、价值观念和信仰结构对制度选择的影响。二是将博弈论和路径依赖分析结合起来,清晰地展示了制度变迁路径依赖的微观机制,进而有力地解释了不同社会经济体制差异的根源,避免了诺思路径依赖理论形式化不足的缺陷。

---

① 秦海:《制度的历史分析》,载吴敬琏主编《比较》(第四辑),中信出版社,2002年第189页。

第三节　制度变迁的路径依赖理论

路径依赖(path dependence)的概念最初来源于自然科学中对生物物种进化路径的描述,后来延伸到关注历史偶然事件对未来技术或制度选择的影响。在经历了从技术变迁领域到制度变迁角度的不断完善与发展后,路径依赖分析框架被广泛应用于经济学乃至新经济史学的研究范畴之中。该理论不仅把"时间"带回了新经济史学,而且把历史的分析方法重新引入经济学,它的引入使经济史在经济学中的位置得到了提升。

一、路径依赖

路径依赖的概念最早是由生物学家斯蒂芬·古尔德(Stephen Gould)提出的,他在研究生物进化中的间断均衡和熊猫拇指进化问题时,用路径依赖来描述生物的演化路径。古尔德发现,在物种进化过程中,基因的随机突变、外部环境与基因本身存在的等级系列控制两方面机制,使物种进化会产生各式各样的路径,从而并不一定沿着最优路径演化。同时,路径依赖也是一个物理学和数学的概念,与混沌理论有关。在混沌理论的非线性模型中,一个系统的潜能取决于系统的初始状态,系统可能会因为一些小概率事件和无关紧要的事件而发生锁定。

路径依赖可定义为,具有正反馈机制的体系一旦在外部性偶然事件的影响下被系统所采纳,便会沿着一定的路径发展演化,而很难为其他潜在的甚至更优的体系所取代。

在经济学中,路径依赖是指"人们过去的选择决定了他们现在可能的选择"。[①] 类似于物理学中的"惯性",经济系统一旦进入某一路径(无论是"好的"还是"坏的"),就可能对这种路径产生依赖。这意味着,"历史是至关重要的",我们今天的各种选择,实际上受到历史因素的影响。从简单意义上来看,路径依赖也意味着"无效率",即一旦我们选择了某种路径就意味着我们将会被长久地锁定在这一路径上,即使在此之外存在其他更加有效的路径,由于转换成本的存在,经济系统只能被锁定在这种已经被历史上的"小概率事件"或者是"无关紧要的事件"所引导的路径上。

美国经济史学家保罗·戴维(Paul David)将路径依赖的概念纳入了经济学的研究范畴之中。戴维以 QWERTY 键盘为例,说明了技术变迁中的路径依赖问题,即当一种技术由于偶然因素被选定后,随后的技术选择便被锁定在一定的发展路径上了,而这条路径却未必是最佳路径。随后,美国圣塔菲研究所的布莱恩·阿瑟(Brian Arthur)进一步发展了路径依赖理论,他描述了报酬递增对路径依赖的影响以及导致报酬递增的自我强化机制。

---

① 〔美〕道格拉斯·C.诺思:《经济史中的结构与变迁》,上海三联书店,1991年版,第1—2页。

相关链接 16-2

"键盘"的路径依赖

戴维的路径依赖思想来源于他对打字机史的研究。1985年,他发表了著名的文章——《历史与QWERTY经济学》。在这篇文章中,他通过对计算机为什么至今还采用QWERTY键盘的分析,说明了技术变迁的路径依赖性质。

1936年,美国发明家奥古斯特·德沃夏克(August Dvorak)博士历经十余年的研究,发明了一种新的键盘,起名为ASK键盘(American Simplified Keyboard,美式简化键盘,后被称为DSK键盘),声称比打字机发明者美国人克里斯托弗·肖尔斯(Christopher Sholes)于1870年设计的、现在通用的QWERTY键盘的效率更高。其实,美国海军曾经就QWERTY和DSK键盘进行过打字处理速度测试,结果表明,无论是在手指灵活性上,还是在击键的速度上,DSK键盘都具有明显优势。但现实情况是,即使DSK键盘之后进行了大规模的广告宣传,它依然没有取代QWERTY键盘。戴维在分析上述现象的原因时指出,使QWERTY键盘能够打败其他竞争对手而在市场中取胜的主要原因在于,QWERTY键盘是首先进入市场并被接受的。已经熟悉这种键盘的使用者,尤其是打字员,要重新接受另一种键盘的成本很大。比如,在打字员和公司之间的博弈中,一方面,对于打字员来说,由于QWERTY键盘被大部分公司所接受,当打字员决定是学习QWERTY键盘还是DSK键盘时,他们不得不考虑公司里所采用的是哪种键盘;另一方面,对于公司而言,由于打字员开始学习并掌握的是QWERTY键盘的打字技巧,因此,公司也不得不去考虑在他们将要雇用的打字员中,哪种键盘的打字技巧较为普及,以便购置新的打字设备。在这种相互博弈过程中,最终的均衡结果必然是公司采用QWERTY键盘,而打字员学习QWERTY键盘的打字技术。结果,QWERTY键盘的使用越来越普遍,一直延续至今。另外,尽管当初设计QWERTY键盘的种种理由早已不存在了,但电子计算机键盘的设计仍然沿用了这一方案。尽管人们完全可以为计算机键盘设计出好多种更为简捷更为合理的安排,人们也都在抱怨Alt、Ctrl和Esc等键的布局缺乏一致性,可大多数人仍然在使用着QWERTY键盘。

戴维利用QWERTY键盘这一经典案例说明了技术变迁的路径依赖及其原因。此后,他对这一问题进行了不懈的研究与探索,发表了大量的研究成果,使得路径依赖和路径依赖理论不断地丰富和完善。

资料来源:David P. Clio and the Economics of QWERTY, *American Economic Review*, 1985, 76: 332-337.

关于是否存在不同程度的路径依赖,学术界一直存在争议。

有学者根据不同程度的可获取信息区分了三个层面上的路径依赖。[①] 他们认为,第一层面的路径依赖是指,行为主体拥有足够的信息,也知道什么方案是自己的最优选择,然而考虑到完全放弃原先选择的路径将引发若干费用,因此实际上进行的是次优(但与既有路径相吻合的)选择。第二层面的路径依赖则源于决策进行时的信息不完全。随着时间的推

---

① Margolis S, Liebowitz S. Path Dependence, Lock-in and History [J]. *Journal of Law, Economics and Organization*, 1995, Summer.

进,行为主体逐渐发现最初的决策并非最优,但考虑到先期投入的资源,经济行为只能按次优路径继续展开。第三层的路径依赖是,行为主体可能意识到存在更优的选择,但还是拒绝其他方案,而坚持具有路径依赖性的选择。

对于前两个层面的路径依赖,在新古典范式下,面临许多难以解释的理论问题:一是放弃既有路径的费用难以计算;二是行为主体据以判定最优选择的信息的获取同样具有选择导向性,信息获取过程同样是路径依赖的,一个特定的决策之所以发生是因为既定的路径令行为主体相信该选择是最优的。如果说前两个层面的路径依赖在引入有限理性概念后仍可置于新古典范式之下,则第三层面的路径依赖在该范式下却是完全没有理解力的,而这一层面的路径依赖又是广泛存在的,甚至占据了路径依赖事件的绝大多数。

还有学者把路径依赖按照强度分为三种:弱型路径依赖、半强型路径依赖和强型路径依赖。[①] 弱型路径依赖对作为最终结果的制度形式作了解释,但只说明了相对效率,它不需要对过程有太强的解释;半强型路径依赖引致了缺乏效率的路径,人们后悔这种结果,但不会出钱改变它;强型路径依赖虽然也导致了缺乏效率的路径,也值得去花钱去改变,不过由于公共选择和信息问题导致行动的实际成本较高,人们无法重建,只能维持现状。

而戴维则对于这些分类提出了批评。他认为,这样的分类基本上都误解了路径依赖这一概念的实质,使得这一概念的含义变得更加混乱,他们完全是根据自己的需要来解释这一概念的。事实上,路径依赖这一概念并不是一个市场选择失败的问题,它是一个"历史经济学"的范式。基于这样的考虑,戴维给出了路径依赖的积极定义和消极定义。积极定义就是"路径依赖是一个随机动态过程,它是作为这一过程的自身的历史渐进分布的结果",而消极定义是"路径依赖的过程是一种非历态的过程,因此,不能动摇摆脱他们的历史约束,进而导致了路径依赖的产出"。因此,从戴维对于路径依赖澄清的角度来说,路径依赖是一个随机动态的过程,这一随机动态过程严格地屈从于历史瞬间的偶然事件的支配,这种支配的强弱并不是市场选择的结果,而是因为没有分叉过程的占优的概率分布所决定的,它特别遵从史实性,因而这一过程中不存在所谓的"路径等级性"。

相关链接 16-3

大家知道,美国铁路两条铁轨之间的标准轨距是 4 英尺 8.5 英寸。为何是这样一个标准呢?它源自英国铁路标准,因为英国人是修建美国铁路的指挥者。英国人又从哪里得到这样一个标准呢?英国的铁路是从电车车轨标准中脱胎来的。电车车轨为何采用这样一个标准?原来最先造电车的人以前是造马车的,而他们是把马车的轮宽标准直接搬用过来。为何马车要用这样一个标准?因为英国传统路程上的辙迹的宽度为 4 英尺 8.5 英寸。这一宽度又是谁制定的呢?是古罗马军队的战车。古罗马军队为何以这一数字作为轮距宽度呢?答案极为简单:两匹拉战车的战马的屁股的宽度。这样一个宽度有利于战马的驰

---

① Bebchuk L., Roe M. A Theory of Path Dependence in Corporate Ownership and Governance [J]. Columbia Law School, Center for Studies in *Law & Economics Paper* No. 131.

骋。这就是典型的"路径依赖"。再例如,美国于20世纪上半叶在海军中引入航空母舰时,遭到强烈的反对,认为航空母舰没有什么意义;20世纪80年代美国政府要求政府机构与商业机构一样采用计算机技术时,同样遭到了政府部门的反对,认为计算机技术只是一种无用的摆设。

二、制度变迁的路径依赖理论

(一) 制度变迁中路径依赖的内涵

20世纪90年代,西方学者在对技术变迁的路径依赖理论研究的基础上,逐渐把研究的重心由技术变迁转向了制度变迁。在制度变迁的历程中,一个国家的初始禀赋状况深刻影响着制度变迁路径的选择,这种初始禀赋产生路径依赖。确切地说,制度变迁的路径依赖是指,一种制度一旦形成,不管是否有效,都会在一定时期内持续存在并影响其后的制度选择,就好像进入一种特定的"路径",制度变迁只能按照这种路径走下去。

首先创立制度变迁的路径依赖理论的是诺思。诺思研究了不同社会的制度变迁和经济发展的关系,并从制度经济学的角度指出:当人们最初选择的制度变迁路径是正确的,那么沿着既定的路径,经济和政治制度的变迁可能进入良性循环的轨道,制度得到迅速优化;反之,则有可能顺着最初选择的错误路径一直走下去,并导致制度陷入无效率状态中。这种无效率的路径依赖,是造成一些发展中国家政治与经济长期停滞不前的一个主要原因。诺思还将路径依赖的研究拓展到了社会发展方面。诺思的研究揭示出,路径依赖的形成不仅仅是历史偶然事件或小事件引起的,更多是由行动者的有限理性以及制度转换的较高的交易成本所引起的,并且诺思认为,由于经济、政治的交互作用和文化遗产的制约,制度变迁比技术变迁更复杂。

(二) 制度变迁中路径依赖的根源

1. 博弈论视角

关于制度变迁中路径依赖产生的根源,戴维认为,一般说来制度变迁的路径依赖的发生根源有以下三方面原因:① 制度是协同博弈(coordination games)的解,在这一博弈过程中多重预期(multiple expectations)总是存在的,而这些预期又无一例外地植根于初始条件,于是制度变迁必然是初始条件依赖的;② 组织内部交流体系编码投资具有不可逆性;③ 组织要实现的目标和任务彼此之间具有不可避免的交错性和相关性,新目标的附加具有时间上的继起性,因此它们总倾向于在既定的路径中发展。[1]

---

[1] David P. Why are Institutions the Carriers of History? Path Dependence and the Evolution of Conventions,Organisations and Institutions [J]. *Structural Change and Economic Dynamics*,1994,5(2):205-220.

2. 制度的报酬递增与不完全市场视角

诺思认为制度变迁的路径依赖来自两个方面：一是制度的报酬递增；二是由显著的交易成本所决定的不完全市场。他认为，制度变迁如同技术变迁一样，也存在着报酬递增机制。在《制度、制度变迁与经济绩效》一书中他指出，技术变迁的路径依赖方法也可以用来分析制度变迁，因为报酬递增的技术的竞争实质上是拥有这些技术的组织竞争。所不同的是，制度变迁比技术变迁更复杂。这里的报酬递增指的是，市场状况的复杂性需要制度的初始设计尽可能地与市场实际相吻合，以便保证制度实施的可行性。

虽然路径依赖在经济学中的应用属于报酬递增经济学的范畴，但是它却与新增长和新贸易理论所代表的报酬递增经济学有着本质区别。路径依赖理论所代表的报酬递增经济学更加强调历史、偶然事件以及制度等因素的重要性，放弃了均衡分析的方法，而不像新增长和新贸易理论那样仍然试图通过外部性的概念把报酬递增重新引入一般均衡分析框架。简言之，一种制度矩阵的相互依赖的构造会产生巨大的报酬递增，而递增的报酬又会使特定的制度轨迹保持下去，从而决定了经济长期运行的轨迹。然而，报酬递增所决定的制度的长期变迁，并不必然导致经济长期增长的良性轨迹，而很可能恰恰相反，这主要取决于市场的完全程度。

另外，由显著的交易成本所决定的不完全市场，使得非效率制度在相当长的时期内存在。在报酬递增的前提下，如果相应的市场是竞争性的，或者是大致接近零交易成本，那么报酬递增造成的对低效率路径的依赖就很容易得到校正。但在现实世界中，由于存在心智模式的不完备及其信息反馈的不完备和政治市场高昂的交易成本，在一些对生产活动无激励效应的制度初始安排中所具有的报酬递增这个特征，将衍生出一些维系现存制度约束的组织或利益集团，这些组织和利益集团将按他们的利益来决定政治（进程），从而使得一些低效率的制度可能长期存在，甚至导致制度路径锁定。因此，在从技术报酬递增转向具体的制度时，诺思从心智模式、政治过程两个方面对路径依赖做了解释，并据此断言，由于经济、政治的交互作用和文化遗产的制约，制度变迁比技术变迁更复杂。

3. 认知视角

为了从更深层面解释路径依赖，诺思又进一步揭示了路径依赖的传递途径和认知根源。他认为，制度变迁的路径依赖先从认知层面开始，经过制度层面，最后达到经济层面。信念决定了制度结构，认知的路径依赖使得制度也呈现出路径依赖的特性。在制度框架既定和社会激励结构不变的情况下，借助价格信号，市场当事人的信念与技术互动可能会引导该社会沿着一种鼓励技术进步的方向前进。因此，认知和制度的路径依赖将会导致经济的路径依赖。

诺思与他人1994年合作的论文《共享心智模型：意识形态和制度》标志着诺思对制度变迁的路径依赖分析已全面转向认知科学。文中指出，具有相同文化背景和经历的个人将会共享合理收敛的心智模型，并因此可以更好地交流和分享知识，意识形态和制度都可以视为共享心智模型的种类。新的经验不断地重新确定心智模型，这种学习也被称为表象重述（representational redescription），其过程包括概括、推理和类推。个人会由于经验的不同而形成独特的心智模型，而文化遗产则提供了减少心智模型分歧的途径，并使统一的认知在代际的转换成为可能，这种机制可以称为文化学习。

制度变迁实质上反映了心智模型的演化，而心智模型的演化具有刻点均衡的特征。对认知科学的研究使得诺思在提出"历史是重要的"的基础上又进一步提出了"思想起作用"的观点。一般地说,当共享心智模型在长期内保持稳定时,就会产生认知上的路径依赖,进而造成制度变迁的路径依赖,最终导致了经济发展的路径依赖。

相关链接 16-4

过去城市中的雨水和污水都是集中排放和集中处理的,但是随着城市化的发展和技术的变化,新建小区实现雨水和污水的零排放就成为一种趋势,而且新处理系统建设成本低,处理后的中水可以循环利用。但是,零排放的技术路线和制度设计同集中处理的技术路线和投资体制不可避免地发生冲突,原来的技术路线和投资体制决定了新制度只能在很有限的空间中生存。因此,需要协调好两者的矛盾,尽可能保障在发展中实现双赢,使零排放的新制度获得更大的发展空间。

(三)制度变迁中路径依赖的自我强化机制

诺思认为,制度的报酬递增会导致自我强化机制的发生,进一步增强曾经给出的路径的方向。具体来看,制度变迁的自我强化机制表现为以下四种形式:

① 制度的初设成本。设计一项制度需要大量的初设成本,而随着这项制度的推行,单位成本和追加成本都会下降。

② 学习效应。为适应制度而产生的组织,会抓住制度框架提供的获利机会;制度变迁的速度是学习速度的函数,但变化的方向取决于不同知识的预期回报率;行动个体所具有的思维模式形成了其对回报率的预期;现有制度框架提供竞争激励,迫使人们和组织进行学习,获得技术和知识以求生存;而这些技术和知识与组织取得这些技术知识的方法将逐渐地改变现有制度。

③ 协调效应。协调效应是通过适应制度而产生的组织与其他组织或政治团体缔约以及具有互利性的组织产生对制度的进一步投资而实现的。一项正式规则的产生将导致其他正式规则以及一系列非正式规则的产生,以补充和协调这项正式规则发挥作用。

④ 适应性预期。适用性预期的含义是,随着以特定制度为基础的契约盛行,这项制度持续下去的不确定性将减少。

总而言之,制度的相互联系网络会产生大量的递增报酬,而递增的报酬又使特定制度的路径保持下去,从而决定经济长期运行的轨迹。以上因素决定了制度变迁路径依赖的结果具有以下四个特征:① 多重均衡,它表明经济演化的最终结果即使趋于定态,可能趋于的定态也并非唯一,具体达到哪个均衡可能取决于外界随机因素。简言之,即可能存在多重解,而结果又不确定。② 可能的非效率,即经济演化最后趋向的结果可能不是效率最优的,高效率的制度可能因为一些历史原因而未能被采纳。③ 锁定,当经济系统达到一个均衡态后,由于它在一定范围是稳定的,因而很难从中摆脱出来,即被锁定。④ 路径依赖,一些小事件或随机环境的结果决定某些解,而这些特定的解一旦形成,就导致一种特定的制度变迁路径。

（四）制度体系的路径依赖

制度体系的路径依赖比单个制度依赖更严重。这是因为制度体系是由多种制度组成的具有内在逻辑联系的系统，它的变革将是整体性的转变，而单个制度的变革阻力要小得多。

不同的制度体系演化是路径依赖的。诺思用路径依赖理论分析了美洲的经验，他把南北美洲后殖民地时期的表现与它们各自的殖民地传统联系起来。独立后，美国和拉美诸国都享有宪政民主、丰富的自然资源和相似的国际机遇。但是，北美得益于其分权的、议会制的英国遗产；而拉美则深受集权专制、家族主义和庇护制之苦，所有这些都来自中世纪晚期的西班牙。换言之，北美继承的是公民传统，而拉美得到的则是垂直的依赖和剥削传统。导致这一差别的不是南北美洲的个人偏好，而是在于历史的社会环境给这些个人提供了一整套不同的机遇和激励。[①]

【关键概念】

新经济史学　　间接计量方法　　反事实计量法　　　工具变量　　意识形态
历史制度分析　路径依赖　　　　制度变迁的路径依赖　锁定

【思考题】

1. 什么是新经济史学？新经济史学研究制度的流派有哪些？
2. 简述新经济史学的研究方法。
3. 比较新制度经济史与历史制度分析。
4. 举例说明路径依赖的经济学含义。
5. 怎样理解制度变迁的路径依赖？

【推荐阅读】

1. 庞卓恒：《西方新史学述评》，高等教育出版社，1992年版。
2. 〔英〕罗德里克·弗拉德：《计量史学方法导论》，上海译文出版社，1997年版。
3. 秦海：《制度、演化与路径依赖：制度分析综合的理论尝试》，中国财政经济出版社，2004年版。
4. 〔美〕杰里米·阿塔克、彼得·帕赛尔：《新美国经济史：从殖民地时期到1940年》（上，下），中国社会科学出版社，2000年版。
5. 〔美〕诺思、托马斯：《西方世界的兴起》，华夏出版社，1999年版。
6. 〔美〕罗伯特·威廉·福格尔、斯坦利·L.恩格尔曼：《苦难的时代：美国奴隶制经济学》，机械工业出版社，2016年版。
7. 阿夫纳·格雷夫：《大裂变：中世纪贸易制度比较和西方的兴起》，中信出版社，2008

---

① 〔美〕罗伯特·D.帕特南：《使民主运转起来》，江西人民出版社，2001年版，第211页。

年版。

案例
发展的路径依赖——来自墨西哥革命的证据

种种经验证据表明,重大历史事件会对经济发展产生持续的影响,比如数世纪前的殖民或被殖民经历、大西洋奴隶贸易等。这些重大事件能从根本上撼动社会组织或制度,从而对当今的政治经济发展产生影响。同时,一些看似微小的且无关紧要的事件可能由于其发生的时间点较为关键,也能对国家或地区产生持久的影响。如果这些微小的突发事件能使该地区的制度进入某一路径,人们就可能对这种路径产生依赖且不能轻易摆脱。这就是诺思建立的关于制度变迁的路径依赖理论。

哈佛大学的 Melissa Dell 在她的工作论文中使用了实证研究方法对这一理论加以佐证,探究了20世纪初墨西哥的干旱如何影响墨西哥革命期间的地方叛乱,并至今仍持续地影响着各地区的经济和政治发展。

墨西哥革命是一场始于1910年的多方内战,旨在推翻长期独裁者迪亚斯的统治。在1910年的大选后,马德罗因迪亚斯操纵选举而落选并入狱,他从监狱发出了一封信件。在信中,他呼吁民众反抗,并提出新政权会实施土地改革。这一模糊的承诺得到了广大农民们的支持,他们向迪亚斯及其联邦军队发起多次攻击,并于1911年击败原政府。然而,马德罗对农民的承诺并未实现,之后又发生了数次政权更迭和武装革命,最终由一个支持国家集权的"革命制度党"赢得革命。这整个过程被统称为"墨西哥革命",其战斗口号是"土地与自由",体现了墨西哥农民关于土地分配以及政治权力集中程度的核心诉求。

在革命快要结束的1918年,尽管武装斗争已减少,但土地上的冲突仍未解决,中央政府在首都以外的权力也有限。面对蓬勃发展的农民运动,宪政主义元首卡兰萨召开了制宪会议并批准了一项新宪法条例(第27条)。该条例规定一切土地属于国家:由国家收回迪亚斯统治时期卖给天主教教会的土地,把地产分配给村镇,转让给中小农户使用和经营。

在革命结束后的几十年里,政府通过建立"合作农场"(ejidos)贯彻实施了宪法第27条,即由国家分配土地给无地农民组成的集体农庄耕种。"合作农场"成员没有土地的所有权,只有使用权和种植收益权。土地所有权归国家,即便是集体组织"合作农场"也没有权利出售、出租土地或将其转为非农业用途。直到1992年墨西哥修改了宪法第27条,授予"合作农场"法人资格,允许其对土地进行市场经营,并授予农民一定土地权。由于至今"合作农场"土地仍占墨西哥国土面积的54%,成员数目约占农村人口的一半,因此第27条的影响必定仍将是深远而重大的。

正是基于如上的背景,Dell实证探究了短暂的降雨冲击是如何加剧地区革命叛乱的,进而又如何影响革命后土地改革的强度,并造成当今各市镇政治和经济结果的不同。

文中使用工具变量方法,在第一阶段的回归中首先量化了1906—1910年降雨冲击与革命叛乱之间的关系。1906—1910年降雨的数据来源于墨西哥217个市镇政府发布的降水数据集,而地方叛乱的数据来源于多个历史文献以及市镇百科全书里的时间简表,包含了所有由市民发起的针对地方政府和军队的暴力袭击。

研究发现,1906—1910年市镇的干旱越严重,就越有可能在1910—1918年发生叛乱。

利用外生的降雨变化,作者识别了干旱对武装叛乱的导火索作用。所有估计都控制了州的固定效应和不随时间变化的地理条件,包括长期气温、长期降水、高度、坡度等。加入控制变量后的第一阶段结果表明:干旱程度与地方叛乱之间存在很强的相关性。当降水量从长期平均降水量的一半(严重干旱)增加到正常降水水平时,叛乱发生的可能性会降低约38个百分点。

革命时期的反政府冲突在之后的几十年中可能会增加土地改革和联邦机构扩张的强度,因为政府当局会更有可能回应当地农民的诉求。土改的数据来源于1916年至今以"合作农场"为单位的农业历史数据集。作者将数据集记载的31 000个"合作农场"按地理位置分配到它们所在的市镇,作为各市镇土地改革强度的代理变量。工具变量第二阶段估计结果表明,发生叛乱的政府当局的确通过土地改革比未发生叛乱的市镇多分配了22个百分点的土地。但意外的是,在发生叛乱的地区并没有发现较多的公共品供给,也就是说叛乱对于联邦机构的规模扩张影响不大。

作者接着使用1900年、1910年、1930年、1940年、1960年、2000年以及2010年的墨西哥人口普查数据来探究武装叛乱持续至今的影响。工具变量估计结果发现,发生叛乱的城市要比未发生叛乱的城市贫穷30个百分点;工业化程度较低表现在从事农业的人相对多,而从事工业生产的人相对少;政治竞争程度低表现在地方选举的政党更替次数少。

作者认为,革命时期的叛乱对这些政治、经济和人口的持续性影响主要是通过土改产生的。从长期来看,土地改革减缓了工业生产的脚步,把更多的劳动力固定在土地上。从本质上来讲,墨西哥的土地改革以牺牲市场经济的发展来换取政治权威的巩固,导致了经济发展的无效率。作者发现在1900年的人口普查中原本相似的市镇,仅仅因为在关键时期干旱程度不一,随后的发展轨迹竟完全不同且难以摆脱,这就是发展的路径依赖。

资料来源:Dell M. Path Dependence in Development: Evidence from the Mexican Revolution [J]. Working Paper.

第十七章 制度变迁的博弈分析

> 制度是关于博弈如何进行的共有信念的一个自我维系系统。
>
> ——青木昌彦

制度会随着时间、技术、偏好等因素的变化而发生改变,这就是制度变迁。制度变迁的过程也是一个社会主体之间的博弈过程。同时,人们又会在新的制度安排下相互作用(博弈),如此循环往复。本章从博弈的视角分析制度,包括制度的性质、制度的起源、制度的实施及制度变迁等问题,考察制度的多样性与均衡选择问题。

第一节 博弈论与新制度经济学

本节主要探讨新制度经济学与博弈论的内在联系。博弈论的出现丰富了制度分析的工具,也使得新制度经济学得到了进一步发展,博弈论与新制度经济学的结合将大大地深化对制度起源及制度演变过程机制的分析。

一、博弈论与新古典经济学

自从博弈论被引入经济学以来,现代经济学的许多领域都发生了巨大变化,诸多按新古典经济学思想写作、出版的教科书纷纷被作者用博弈理论来重新演绎。可以说,博弈论冲击着新古典经济学的思维方式,也引导着人们重新认识经济世界和人们的经济行为。

(一)个体主义与整体主义

新古典经济学主要以价格制度作为研究对象,它有两个很强的假设:① 市场是竞争的,市场参与者都是在价格给定的情况下做出决策;② 市场参与者的信息都是对称的。在这两个假设下,人们接受的都是相同的信息,个人的行动决策对其他人并没有影响,因为反映人们行动决策的价格参数并没有改变,人们只是在既定的价格参数和收入下最大化自己的效用,因此,理性经济人的选择与行为既无须考虑自己的选择对别人选择的影响,也无须考虑别人的选择对自己选择的影响。显然这里所描述的世界与现实世界有很大差距。

反观博弈论,它强调经济活动过程中利益主体的行为所产生的相互作用和相互影响,主要研究主体之间行动决策的相互影响以及在相互影响下个人如何做出决策，从而使经济分析更能反映社会经济系统的本质，这无疑是在研究方法上对新古典经济学的一次突破。在博弈论中，人们需要更多的信息，在预期其他参与者行动决策的情况下，做出自己的行动决策。以参与者追求效用最大化为例，这不仅取决于他自己的行动决策，而且还取决于其他博弈参与者的行动决策。如果强调理性个体之间的相互作用和影响，那么就不可避免地会出现群体之中的理性个体如何相互协调的问题。在新古典经济学中，价格机制可以使个体理性与集体理性必然地达成一致，不会出现"囚徒困境"，而在强调了个体间相互作用和影响的博弈论中，个体的理性不一定会导致集体理性，即博弈的均衡可以使所有的博弈参与者都不满意，"囚徒困境"的问题会常常出现。

（二）均衡的多重性和唯一性

在非合作博弈中，解的一般形式是纳什均衡，并且有可能存在多重纳什均衡，特别是在多阶段动态博弈中，多重纳什均衡更为普遍。这些纳什均衡的性质往往差异很大，有的纳什均衡是没有效率的或者低效率的，而且有的纳什均衡之间根本不能用帕累托最优原理来比较。也就是说，博弈过程本身并不能够自然地筛选出高效率的纳什均衡，而把低效率的纳什均衡排除掉。这种博弈过程中的"多重均衡状态"意味着现实社会的高度不稳定性和不确定性。它们的存在是与社会分工以及各种知识分立状态的社会现实相联系的。因此，在博弈形成的多个可能的均衡状态中，人们究竟会选择哪一个均衡状态取决于人们的知识结构等多种因素，包括社会习俗、心理、行为习惯等诸多非理性因素的影响。这样，基于一般均衡的必然性和唯一性的新古典统经济学的经济社会观就受到了博弈均衡的不确定性和不稳定性的挑战。

由此可见，不论是新制度经济学，还是博弈论，都更重视现实世界，对新古典经济学中的理想化假设状态进行了修正，如果说新古典经济学是说明"尘埃落定后，世界是怎么样的"，那么新制度经济学和博弈论则更像是解释"尘埃是如何落定的"，只不过前者开创了新的研究领域，而后者则修正了研究的方法。

二、博弈论与新制度经济学

博弈论与新制度经济学的结合将大大地深化对制度起源及制度演变过程机制的分析。一方面，博弈论的方法对制度的分析是很有用的，尤其是应用越来越广泛的演化博弈和重复博弈分析方法。当然，博弈论分析作为系统研究制度的理论工具本身尚不完备，从该框架出发考察制度的相互依存性可能会得出制度安排的多重性、次优性和帕累托不可比性，也就是说，即使面对相同的技术知识和被相同的市场所联结，制度安排也会因国家而异，单单囿于博弈论框架本身是不够的。

另一方面，博弈论中的许多思想本身可以作为新制度经济学的重要组成部分。一些经济学家为了更好地分析制度的变迁以及解决一些悬而未决的问题，就尝试从博弈论的角度定义制度。其实，以博弈论来分析经济社会现象早在亚当·斯密时代就已经出现，在斯密看来,博弈是个体参与者从各自动机出发的一种相互作用的状态,可见,博弈的观点可谓是无处不在。根据青木昌彦对制度观的分类,通过将经济过程类比于博弈过程,不同的经济学家分别将制度看作博弈的参与者、博弈规则和博弈过程中参与者的均衡策略。① 我们可以看到,在博弈论视野下主要有三种制度观:

① 将制度明确等同于博弈的特定参与者。这种定义符合《牛津简明英语词典》中制度是一种形成了的组织的定义,诸如行业协会、技术协会、大学、法庭、政府机构、司法等。

② 将制度视为博弈的规则。在《制度、制度变迁与经济绩效》一书中,诺思认为"制度是社会的游戏规则,更规范地说,它们是为决定人们的相互关系而人为设计的一些制约"②,以及"用经济学的行话来说,制度确定和限制了人们的选择集合"③。有学者对制度的博弈规则论作了更为技术性的定义,他认为,博弈规则可以由参与者能够选择的决策行动以及参与者决策的每个行动组合所对应的后果函数来描述,他将这一设定称为"机制"或"博弈形式"。④

③ 将制度视为博弈的均衡。这一观点的最早倡导者是安德鲁·肖特(Andrew Schotter),他用博弈论的语言来定义他所研究的制度:制度是各个博弈参与者互动行为的均衡结果,而偏离这种均衡结果是不利的。格雷夫也从博弈均衡角度给制度下了一个简明的定义,他认为"在博弈论框架中,两个相互联系的制度要素是(关于别人行为的)预期和组织……组织是非技术因素决定的约束,它们通过引入新的参与人即该组织本身,改变参与人所得的信息,或者改变某些行动的报酬来影响行为。"⑤这里的组织指的是作为博弈参与者集合的一部分,受到博弈均衡衍生的约束的制约。

青木昌彦在《比较制度分析》一书中将制度定义为:制度是一个关于博弈如何进行的共有信念的自我维系系统。制度的本质是对均衡博弈路径显著和固定特征的一种浓缩性表征,该表征被几乎所有参与人所感知,认为是与他们策略相关的。这样,制度就以一种自我实施的方式制约着参与人的策略互动,并反过来又被他们在连续变化的环境下的实际决策不断再生产出来。⑥

在这三种制度观下,将制度视为博弈均衡的观点得到了许多经济学家的认可,尤其是从事比较制度分析和制度变迁理论研究的经济学家,这是因为这种定义对于解释制度内生性和解决现实问题很有帮助,同时,将制度视为博弈均衡的观点更能表明制度的实质,因为传统的制度观点以及将制度视为博弈参与者、博弈规则的观点都是将制度当成一个静止的状态,而博弈均衡的观点则是从动态的角度定义制度,从而可以把制度系统与生物系统等其他生态系统相比较,因此也就可以借鉴自然科学的研究方法来研究社会经济系统的演化。

---

① 〔日〕青木昌彦:《比较制度分析》,上海远东出版社,2001年版,第5页。
② 〔美〕道格拉斯·诺思:《制度、制度变迁与经济绩效》,上海三联书店,1994年版,第3页。
③ 同上书,第4页。
④ 转引自〔日〕青木昌彦:《比较制度分析》,上海远东出版社,2001年版,第7页。
⑤ 同上书,第10页。
⑥ 同上书,第28页。

三、制度分析中的博弈论

（一）重复博弈论

在传统博弈论中，通常都假定参与者在信息收集、信息形成、后果推断和决策制定方面是理性的。不同于一次性博弈的是，重复博弈中的参与者不只关注局部利益和短期利益，而是更多地考虑整个博弈过程的总体利益和长期利益。因此在重复博弈中，参与者就有可能采取更为合作的方式，从而避免囚徒困境的出现，实现比一次性博弈更有效率的均衡。这种博弈模型主要用于分析需要界定明确的实施机制的制度，包括诸如规范、合同和治理结构之类的制度。与一次性博弈相比，重复博弈运用的均衡概念更为精细，比如用子博弈精炼纳什均衡来分析制度的变迁过程，子博弈精炼纳什均衡是指只有当某一策略组合在每一个子博弈（包括原博弈）上都构成一个纳什均衡时，这一策略组合才是子博弈精炼纳什均衡。

最早将博弈论引入制度变迁分析的是肖特，他在1981年出版的《社会制度的经济理论》一书中按照国家创生理论假设了一个洛克式的自然状态，并用博弈论的模型再现了制度演化的情景，从实证的角度表明了博弈参与者的行为具有一种制度化倾向，以此验证了哈耶克的自发社会秩序理论。在肖特的分析中，制度是一个博弈的均衡解，制度的变迁是经济行为人通过不同的策略最大化其收益的结果，而在重复博弈中，博弈参与者为避免无效率的博弈行为出现，博弈就会演化为某种有效率的规则或制度。

应用重复博弈论研究制度变迁的最具代表性的人物当属进行比较制度分析的格雷夫，他将博弈论引入了经济史的研究，尤其是制度变迁的研究。他认为，制度根源于积极的文化信仰，是长期历史自然演化的产物。这种分析方法在学术传承上综合了德国历史学派的传统和现代博弈论的理论成果，在博弈论分析框架下运用历史经验的归纳分析方法研究制度选择与变迁。

艾德纳·乌尔曼-马加利（Edna Ullman-Magalit）认为当协调问题、囚徒困境问题、保持不平等问题中的任何一个发生时，社会制度将有可能得以产生。以下，我们通过交通博弈的例子来考察传统博弈论的制度分析方法及理论。

假定有两辆汽车正在一条路上以相同的速度相向而行，他们几乎同时到达一个十字路口，而碰巧这个十字路口的交通灯坏了，也没有交通警察维持秩序。此时，司机甲想要左转，而司机乙想要直行。显然，如果这时司机甲左转而司机乙直行，两辆汽车就会相撞。假定他们在撞车后都要去修理汽车和去医院看病，损失都为4，则收益向量为（−4，−4），前者表示甲的收益，后者表示乙的收益。如果司机甲左转，而司机乙等待司机甲，让甲先过，那么虽然司机乙有损失，但也小于因两车相撞而遭受的损失，假定此时双方所得收益向量为（5，−2）。如果司机甲等待，让司机乙先过，而司机乙也心领神会地先过了，那么双方的收益向量为（−2，5）。但是，如果司机甲和司机乙都等待着对方先过，那么双方都会因等待对方而受到一定损失，假定他们的损失为（−1，−1）。甲乙双方的博弈如图17-1所示。此时，司机甲和司机乙应该怎么做呢？如果按照新古典主义的看法，应当建立一个市场，出售在十字路口处优先行驶的权利,价格制度会解决一切问题,一名类似于瓦尔拉斯均衡中的拍卖人从两名司机那里接收出价,谁出价高,谁就得到优先行驶的权利。现实社会中会有这样一个拍卖人存在吗?显然,由于这种拍卖过程不可能有高效率,因为等待司机出价以及司机的讨价还价都会浪费更多时间和成本。如果此时存在一种规则或一种制度对谁应当先过而谁应当后过作了详细的规定,包括违反这一规定的惩罚,那么这个问题就比较好解决了,司机甲和司机乙只需遵循这种规定就行了。下面,我们就来看看这种规则或这种制度是怎么形成的。

图 17-1 甲乙过马路的收益矩阵

在图 17-1 中,存在两个纳什均衡——(等待,直行)和(左转,等待),而且不存在一个纳什均衡帕累托优于另一个纳什均衡。从收益矩阵中可以看出,这是一个协调问题,协调问题是指在任何均衡点,不仅在给定其他参与者行为条件下没有参与者想改变行为,而且没有参与者希望其他参与者改变行为。假定社会中存在两个群体:一个是诸如司机甲在十字路口左转的群体 A,另一个是诸如司机乙在十字路口直行的群体 B。在这个博弈中,群体 A 希望群体 B 可以等待让他们先左转,而群体 B 则希望群体 A 可以等待让他们先直行,此时还没出现相应的交通法规。假定群体 A 正好住在十字路口的左侧,群体 B 也正好住在十字路口的前面,这样可以将他们在十字路口的博弈看成一个重复博弈。如果每当群体 A 中的个人在十字路口碰见群体 B 中的个人时,他们总是要做出到底让谁先通过的决策以此来进行协调,那么这种协调是高成本和低效率的。这样,博弈参与者与其在博弈出现时尝试去解决它,还不如期望社会中的群体 A 和群体 B 建立起某种惯例的均衡模式,每当这种博弈出现时,博弈参与者都遵循这个惯例。这样的话,一个惯例就演变为一种社会制度,也就可以避免出现无效率的非均衡收益。但是,这里出现了两个均衡,也就是说有可能形成两种惯例,即群体 A 等待让群体 B 先直行,以及群体 B 等待让群体 A 先左转。到底哪一种惯例会最终形成取决于一些历史、政治、随机因素等,但是一旦这种惯例建立起来,就没有人愿意违背它。

在交通博弈中,由于人们在博弈中面临着协调问题,在反复的博弈中,一种制度将演化而成,从而决定在该博弈中谁先通过、谁后通过。但是我们可以发现,在存在协调问题的博弈中,一种博弈均衡并不比另一种博弈均衡好,因此建立起来的制度虽然解决了博弈中的协调问题,但是它也是一种不平等的制度,可见,制度的出现在一定程度上也就维持了一种不平等的状态。在交通博弈中,群体 A 偏好"先左转"这样的制度,而群体 B 则偏好"先直行"的制度,不论最后演化而成的制度是怎么样的,都肯定会对其中的一个群体不利。

(二) 演化博弈论

在传统博弈论框架下,重复博弈能够很好地解释制度的演化,然而,这种制度分析方法仍然遭到人们广泛的质疑,质疑的根本点就在于传统博弈论对博弈参与者完全理性的假设。这种对理想化假设的批评使得经济学家逐渐将眼光转向演化博弈论的研究领域。演化博弈论摒弃了传统博弈论对博弈参与者完全理性的假设,认为参与者的理性是非常有限的,他们的行动被惰性和简单模仿所驱使,受制于他人行动的基本经验的信念,而且收敛于效率结果,还依赖于无法解释的随机事件。①

进入20世纪90年代,博弈论制度分析在扬、萨格登、青木昌彦、奥野正宽等人的努力下取得了许多研究成果,而演化博弈论的制度分析理论也在不断成熟,其基本理论可分为以下四个部分。

1. 制度内生性理论

这种均衡导向的内生博弈规则方法对制度的分析前景是光明的,这是由于① 制度内生化的处理;② 对多种制度形式的认可;③ 给出了分析制度相互依赖性的工具;④ 对制度多种作用的洞察;⑤ 揭示了制度演化变迁的性质;以及⑥ 对与制度演化路径不相适应的一些有害政策建议的提防。②

制度是怎么产生的呢?制度的元制度又是从何而来呢?萨格登、扬等人运用演化稳定均衡策略(ESS)概念以及内生博弈规则论证了制度的内生性,在一定程度上解决了新制度经济学曾经遇到的制度循环论证问题。持演化博弈论观点的人认为,在现实世界中,存在着当一个博弈群体采用一种策略,而该群体之外的其他人所采用的策略都不能干扰该群体所采用的策略,这种状态就是演化稳定均衡状态。这种演化稳定均衡中的任何一方都不愿偏离这种均衡状态,因为偏离均衡的一方所得的收益总是少于不偏离均衡所得的收益。另外,个别参与人选择偏离演化稳定均衡的策略也不会对其他人产生采取偏离该均衡策略的动机,因为无论其他个别参与人选择什么,对他们而言,在演化稳态均衡时的选择是最有利的。在长期中,通过模仿和对过去形成的预期,这种均衡就会逐渐成为一种习俗或惯例,而一旦这种习俗或惯例在一个群体中演化而成,每个社会成员都会自觉地遵守它。如果遵守这种习俗或惯例的人越来越多,时间维持得足够长,那么它就越稳定,这就是所谓的"吸同状态"(absorbing state)或"局部遵同效应"(local conformity effect)。因此,制度的演化过程可以看成从惯例到成文法的过程。可是,由于博弈过程中确实存在着多重均衡解的可能,模型虽然可以内生地决定均衡解,但是却无法决定社会到底处于哪一个均衡解中。

2. 制度化关联理论

为什么同样一种经济制度在不同国家有着不同的效率呢?出现这种问题很大程度上是因为制度存在关联性与互补性,旧制度的遗留或者已经存在的非正式制度影响了制度变迁,导致了最后博弈均衡处于帕累托无效率的状态。为了分析这一问题,青木昌彦将制度空间划分为公共资源、交易(经济交换)、组织、组织场、政治、社会交换六个"域",域是由博弈参与者集合以及他们在随后各个时期所面临的技术上可行的行动集组成。青木昌彦认为在博弈中,关联在于协调博弈参与者在不同域之间的策略,这样就会产生在单独域分别做决策而得不到的结果,同时由于制度化关联的存在,组织信息体制中的内在缺陷也可以得到克服,制度环境的治理合约也会更加有效率。而制度的互补性则保证了制度的有效

---

① 〔日〕青木昌彦:《比较制度分析》,上海远东出版社,2001年版,第197页。
② 〔法〕梅纳尔:《制度、契约与组织:从新制度经济学角度的透视》,经济科学出版社,2003年版,第30页。

性,因为一种制度的演化需要其他相关制度的配合,而且在其演化过程中,非正式制度的作用不可小觑,与此同时,这种制度的演化也影响组织信息体制和制度化关联方式,并进而影响到市场交易的效率。可见,制度的关联性和互补性导致了路径依赖,因为目前已经存在的制度是经过长期博弈筛选后得到的制度,由于关联性和互补性,这个制度不仅影响着其他域中的制度,也被其他域中的制度所影响,如果要保证制度移植的成功进行,那么所有域中的制度都要根据与将要移植的制度的关联性和互补性做出相应的变换,显然,其间困难重重。

3. 制度多样性理论

长期以来,我们常常为制度的多样性感到困惑,为什么具有相似生态、相似技术条件的地区没有演化出相同的社会结构和社会习俗呢?演化博弈论者认为制度是博弈的均衡状态,而在博弈中难免会出现多重均衡,因此制度的多样性取决于均衡的多重性,最终会实现哪一种均衡依赖于历史、政治和其他社会因素。在演化博弈论中,博弈参与者的有限理性扮演着一个极为重要的角色,也许是因为他们有不断试错的勇气,也许是因为他们掌握的是不完全的信息,所以,社会中总会存在一些博弈参与者采取非惯例行动的概率,这使得即使社会中存在着某种惯例或制度,而且这种惯例也进入了锁定状态,但这种惯例仍会不断演化,而演化的未来状态也是极为不确定的,它可能会依然保存下来,也可能会演化成另一种惯例或在未来社会中消失。因此,演化博弈论学者认为,即使两个社会以相同的初始状态演化,即它们有相同的习俗,在经过一段足够长的时间后,这两个社会也有可能处于不同的惯例之中,这就是所谓的"整体多元化效应"(the global diversity effect)。

4. 制度变迁理论

青木昌彦将制度变迁划分为两个阶段:第一阶段为相对短暂而失序的制度危机阶段,急剧的环境变化和内部危机导致了超过临界规模的社会群体的认知危机,各种相对于现有制度而进行的变异性试验纷纷涌现;第二阶段为进化稳定阶段,各种变异试验在进化压力的作用下展开竞争,接受进化过程的考验,一些决策也因此在演化过程中成为主导策略,制度进化调整的过程便逐渐稳定下来。[①]

下面我们引入一个简单的演化博弈模型来说明制度的变迁。

在社会中,假定人们有 A 和 B 两种策略可以选择,社会的收益矩阵为用概率加权平均后的收益,并且社会中的人均为有限理性,他们在多次博弈过程中不是采取相异的行动,而是在每次博弈中均采取同一行动,这样,他们初始的平均收益矩阵便如图 17-2 所示。此时,该博弈是一个囚徒困境,博弈双方都选择 B,同时(B,B)策略向量也是一个演化稳定均衡策略,在社会的历史初期,采取 B 行动是一种习惯抑或一种惯例。如果在该社会里发生了环境上的变化,平均收益矩阵发生了变化,如图 17-3 所示,此时存在着两个纳什均衡,(A,A)和(B,B)。这时,由于社会中受历史初期条件约束的人们是处在采取策略 B 的状态之中,即使收益上发生了变化,存在帕累托更优的策略组合,但如果其他博弈参与者采取策略 B 被视为给定的话,最佳反应也就只能是 B,这就是制度演化中的路径依赖性。

---

① 〔日〕青木昌彦:《比较制度分析》,上海远东出版社,2001年版,第246页。

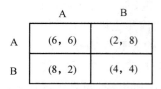

图 17-2 初始的平均收益矩阵

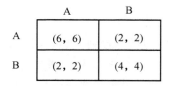

图 17-3 变化了的平均收益矩阵

如何才能摆脱这种低效率的均衡状态呢？青木昌彦和奥野正宽认为,此时至少存在三种方法[①]:

① 社会中的创意和实验。在图 17-3 中,存在两个演化稳定均衡,一般演化过程无法将劣势的均衡状态调整到具有优势的均衡状态,但是通过引入比较系统的突然变异可以达到这一目的,即由于博弈参与者都存在着一个改变策略的概率,当社会中的博弈参与者选择某一策略的人数达到一定比例时,所选择的博弈均衡状态就将发生改变。

② 政府的政策性介入。如果政府可以颁布法律对选择策略 B 的人进行惩罚,那么社会的平均收益矩阵就发生了改变,如图 17-4 所示,选择策略 B 的参与者的收益都因为惩罚而减少了 3,这时帕累托更优的策略向量(A,A)就会成为支配策略向量。

	A	B
A	(6, 6)	(2, −1)
B	(−1, 2)	(1, 1)

图 17-4 政策介入后的平均收益矩阵

③ 加强与其他具有不同习惯社会的交流。通过与不同文化习俗的社会的交流,同样可以改变社会的平均收益矩阵,使得(A,A)成为支配策略向量。

因此,制度变迁主要是因为外部冲击和内部博弈均衡结果影响的积累,正是这种积累的效应导致了原有制度的危机,所以,如果现有制度遭遇到了外部制度环境的冲击,那么现有制度就会有出现变革和创新的可能。值得注意的是,制度演化过程既是一个渐进的过程,又是一个间断地被一些转折点打断的过程,这就是"刻点均衡效应"(the punctuated equilibrium effect),即偶尔被短时期迅速出现的制度所打破的长时期的静态均衡状态,或者被制度的突变所打断的长期状态。因此,可以认为制度的变迁在一定程度上综合了路径依赖与制度创新的因素,在渐进中存在突变,是"刻点均衡"和进化选择的结果。

---

① 〔日〕青木昌彦、奥野正宽:《经济体制的比较制度分析》,中国发展出版社,1999 年版,第 270—276 页。

（三）博弈学习理论

与一般演化博弈论相比，博弈学习理论中参与者虽然是有限理性，但是他们具有学习的能力，是一种适应性理性。博弈参与者即使面临着有限的信息，他们依然可以使用简单的预测模型进行决策，总体而言，他们也是追求效用最大化，只不过在追求过程中受到环境约束和自身能力方面的限制。事实上，在演化博弈论从生物学领域转向经济学领域的过程中，经济学家并不满足于仅仅对博弈参与者采用有限理性的假设，人类显然不能和大自然中的生物相类比，人类理应当具有更高的理性，他们不仅可以模仿成功的策略，也可以通过学习，使得自己对博弈结构更加了解，并且可能产生了改变博弈策略的动机。制度分析中的演化经济学毫无疑问地已经采纳了部分博弈学习的相关理论，这点从肖特和扬在其著作中的观点就可看出来。肖特在其《社会制度的经济理论》一书中写道："学习是导致制度出现的机制，个体学习了约束自己，也因此依赖于别人的自我约束。"[1]扬也曾形象地指出这一点："他们仍环顾四周，他们收集信息，在多数时间里，他们在所掌握的信息的基础上相当理智地行动。简言之，很明显看出来他们是人。"[2]

一般而言，在博弈学习理论中，学习主要有三种类型：

① 路径学习。路径学习又被称为心理刺激反应模型和强化模型，即参与人根据他们最近关于成功或失败的经验来调整他们选择策略概率的过程，它并不要求博弈参与者考虑其他人的选择和支付，只需关注自己的选择和支付，并坚信如果一个行动策略在过去是有用的，那么在将来也会是有用的。

② 模仿。模仿是指博弈参与者对获得成功的参与者的模仿，它与路径学习的区别在于其他人的成功会影响参与者选择策略的概率。

③ 信念学习。信念学习比较复杂，它是指博弈参与者能够利用关于其他博弈参与者过去的选择与支付情况的信息来改变当前博弈阶段他们对其他博弈参与者的选择的信念。[3]

在制度分析中，博弈学习理论依然延续着演化博弈论的思想，认为制度应被看成一个动态的演化过程，只不过这里的博弈参与者虽然不至于完全理性，但也因学习的过程而更精于计算，此时的博弈参与者通过不断学习来调整预期。当参与者的预期与观察相符合时，理性的参与者便不会改变自己的行为策略，一种固定的行为模型就会出现。一旦这种符合观察的预期与固定的行为模式出现，一种制度也就产生了，它是具有有限理性的人类在社会发展进程中，依据各自专有知识长期策略互动的结果。

博弈学习理论以参与者是有限理性但具有学习能力的假设，突出了制度分析中学习的重要性。简言之，制度就是博弈参与者利用后天学习到的和以前积累的知识，预测下一次博弈中其他博弈参与者的行为，并在此预期的基础上根据自己的目标和可能的行动集来确定自己的策略，由此形成的博弈均衡就演绎成了制度。显然，这一过程是漫长的不断反馈和调整的过程，博弈参与者学习认识现存的制度约束，但他并不是完全的被动接受，而是有一个与外部制度环境相互认知的过程，通过不断加深对制度环境的认识并提高学习的能

---

[1] 〔美〕安德鲁·肖特：《社会制度的经济理论》，上海财经大学出版社，2003年版，第26页。
[2] 〔美〕H. 培顿·扬：《个人策略与社会结构：制度的演化理论》，上海三联书店，2004版，第9页。
[3] 〔法〕克里斯丁·蒙特、丹尼尔·塞拉：《博弈论与经济学》，经济管理出版社，2005年版，第258页。

力,博弈参与者有可能解决博弈协调问题和囚徒困境。可以说,制度的形成与变迁是在博弈参与者各自的不同知识基础上进行博弈的均衡结果。

第二节 制度与制度起源:博弈论视角

一、制度与制度起源

制度有两层基本含义:第一,制度是行为规则,它决定了社会主体在社会生活中可以选择的行动方式;第二,制度是人们结成的各种经济、社会、政治等组织或体制,它决定着一切社会经济活动和各种关系展开的框架。

制度规范人与人之间的关系,而人与人之间的关系是一种社会关系或相互之间进行的博弈。博弈论描述各参与方理性地选择自己的行动所实现的结果,分析各决策主体及其行为发生相互作用时的决策以及均衡。制度对于社会经济的发展来说是重要的,而产权是人类社会最重要的制度之一,它规范、调整人与人之间的权利和利益分配。下面我们通过一个简单的博弈模型说明元产权制度的产生。①

设想在人类社会早期,一个以畜牧业为主的农业社会,有两个牧人甲和乙以及两个草场 A 和 B。设两个牧人与草场之间的距离相等,但是草场 A 比草场 B 有更好的放牧条件(面积大、草嫩、离水源近),以上是共同知识。每个牧人都愿意在草场 A 放牧他们的牲畜,但是如果两个牧人都在同一个牧场放牧,那么那里的草场会被过度放牧,这对双方都有害。于是,每年放牧时节来临时,每个牧人都必须决定将他的牲畜迁往哪个草场。表 17-1 表示了两个牧人博弈的支付状况。

表 17-1 二人博弈支付矩阵

		牧人乙	
		A	B
牧人甲	A	(3,3)	(10,6)
	B	(6,10)	(3,3)

从上述支付矩阵可以看出,如果两个牧人都将他们的牲畜迁往同一牧场,那么他们都将获得比较低的收益,然而如果他们分别在不同的牧场放牧的话,他们都将得到一个比较高的收益,但是,其中一个牧人获得的收益高于另外一个牧人的收益。

两个牧人在缺乏对方风险偏好等信息不完全的情况下,可能出现成本高昂的冲突以及外在不经济,而且由于缺乏自然的界限,两个牧人之间可能出现无秩序的状态,并且持续一定的时间。因此,两人之间产生了一种内在的规定性需要来协调二者之间的行为。当然,

---

① 对于制度的起源,博弈规则论的经济学家倾向于设计的观点,即制度规则是立法者、政治企业家或从事机制设计的经济学家明确设计的结果。

在一次性交往过程中通常不太可能会产生互利的结果。但是,在重复交易(博弈)过程中,在足够长的时间内,两人基于对历史事件(先前的博弈历史)的回忆以及试错的经验,可能产生一个"收敛"的时间系列,从而这种资源分配方式就变成一种惯例,分别规定了谁拥有在草场 A 和草场 B 放牧的权利。①

一旦这种界定各方行为的规范或制度得以建立,那么每个人都会将惯例隐含规定的资源分配方式中自己的那部分视为当然的权利,同时也会将其他的部分视为别人的权利,而这种衍生出来的惯例影响人的预期、约束人的行为,也相应决定了资源配置方式。这种惯例就是产权制度。

惯例或产权制度一旦形成,所有人都将获益,尽管其中一部分人的获益可能高于另外一部分人的获益。人们从重复博弈的历史经验中认识到,在资源约束一定的条件下,遵循这样一种惯例约束有助于每个人对于目标的追求,如果相关的人不能认识到这一点,或者说相应的惯例规范不能产生,就会出现资源的退化和衰竭。可以想象,在上面的模型中,两个牧人如果没有协调而导致其中的一个牧场被过度放牧出现草场退化以后,另外一个牧场也会相应退化,那么两个牧人不得不减少羊群数量,最终收益都减少。以上的简单模型表明:社会主体之间形成合作的总产出与不合作时的总产出之间有一个差额,这就是合作的剩余,也就是制度的红利。

随着环境的日益复杂,人与人之间的相互依赖程度不断提高,为了获取交易的潜在收益,许多规范人与人之间行为的规则(制度)就会产生。从社会的角度看,这些制度是有效的,因为它带来了社会总产出的增加。正是由于这个原因,制度也被视为一种社会资本。

与没有产权制度安排的不合作状况相比,建立合作关系或某种制度安排是比较难以实现的一种均衡,最终能否实现这种均衡状况取决于许多因素。而在重复博弈中更有可能实现这种合作的均衡,即形成某种形式的制度安排。

当然,如果资源约束不是很严重,例如在上面的模型中,优质草场数量相对于牲畜来说存在明显过剩,或者是迁往其他地区草场的成本很低,个体行为的外部性也很小,那么产权制度就会延迟产生甚至根本不会产生。可见,生产要素或资源的相对价格的变化影响了制度的产生和变化。

从长期趋势看,随着社会的发展和人口数量的不断增加,相对价格发生变化,人们为了消除个体行为的外部性的影响,逐渐产生了不同形式的制度。至于形成对谁有利的惯例,或者说制度对谁更有利,取决于多种因素:可能按照风险偏好的大小或者信息收集能力,也可能按照时间先后或者力量的强弱对比,等等。

二、制度与博弈规则

随着社会分工等经济环境的变化,人与人之间的相互依赖性不断提高,人与人之间利益不一致的情况几乎出现于所有的人类活动中,相关各方的最终目的是通过自己的选择以

---

① 与以上的简单模型相比,扬提出了一个稍复杂的模型来说明产权制度的产生,其中涉及信念的调整。扬还证明了在有限理性情况下,任何一种初始状态的随机过程几乎确定地收敛于一种惯例或规范。见 The Evolution of Conventions, *Econometrica*, 1993, 61: 57-84。

期实现一个对己方有利的结局。另外,在社会生活之中,各经济主体一般只能控制部分局势或变量。当人们的利益出现或大或小的冲突时,每个人所获得的利益不仅取决于自己所采取的行动,也取决于其他人采取的行动或者其他人对自己行动的反应,即某一经济主体的决策既受到其他经济主体决策的影响,而且该经济主体的相应决策又反过来影响到其他经济主体的决策。所以,经济过程本身就是一个博弈过程,博弈参与人的范围很广,参与人可能是普通社会个体,也可能是企业家或组织。组织是由为实现特定目标而联系起来的个人组成,包括政治机构(如政党)、经济机构(如企业)、社会机构(如教会)和教育机构等。我们将经济过程类比于博弈过程,可以更好地理解制度及其性质与功能。

以上我们已经通过一个简单模型说明了元产权制度的产生,说明了在没有第三方理性设计的情况下,自利而理性的个体如何在稀缺资源的竞争中自组织一种互惠互利的产权制度。哈耶克关于自发秩序的阐述为我们理解制度产生及其演化提供了更多启发。哈耶克认为,规范和习俗能够通过人们之间的相互作用而自发地形成,秩序被定义为其中的一种状态。

人是有限理性的,所以制度可以解释为所有人之间相对稳定的最优应对策略。在复杂的社会经济生活中,博弈的最终结果既取决于参与人自己的行为,也取决于对方的行为。由于未来的不确定性以及交易过程中机会主义行为的存在,一个人的行为可能严重损害其他人的利益,由于有限理性以及信息的不完全,合作过程所必需的互信的建立需要一定的条件,而每个人都需要对对方的行为做出预期,然后决定自己的行为。那么,人们依据什么来形成自己的预期并做出相应的选择呢?只要人们反复地发生交易或其他经济关系,就会通过逐步演化或人为的有意识的设计产生规则、规范和惯例或制度。所以,制度也是人与人之间"合作"的游戏规则。

制度在社会经济发展过程中无处不在,制度可以提供信息传递或明确预期的功能,进而影响人的行为。制度影响并决定了个人与资本存量、劳动产出与收入分配。它通过提供规则和秩序,增加了信息流量,降低了信息成本和交易成本,以便有效利用资源,构建了一个社会的激励结构,因而制度成为经济发展的核心要素之一。[①]

三、制度及其实施

在上面的产权制度模型中,与没有产权制度相比,产权制度对于互利的个体来说是一个必要条件,因为它使得人们能够协调他们之间的生产性活动,避免相互的冲突以及资源的浪费。产权制度可能是多样化的,其中部分人可能偏好这种产权制度,而另外一部分人偏好另外一种制度,最终实现的产权制度究竟对谁有利取决于多重因素。无论如何,产权制度的存在决定了一个社会协调问题的均衡,尽管并不是唯一的均衡。

尽管某种制度规定的资源分配方式可能不平等,但是,给定时间、偏好以及风险偏好等约束,所有的人都愿意接受有产权制度时实现的结果(制度的均衡),而不愿意接受所有的产权制度都被取消时的冲突状态(无制度均衡)。这就是说,在一定的约束条件下,接受制

---

① North D. Economic Performance Through Time [J]. *American Economic Review*,1994,84(83):359.

度的收益高于拒绝制度的收益,这个时候制度就是可自动实施的。

制度规范人与人之间的关系,可自动实施制度安排的出现是基于相关社会主体的以下稳定的预期:如果我尊重别人的权利,别人同样尊重我的权利。一旦制度得到确立,它将在纳什均衡的意义上自我实施:除非其他人改变自己的行为,否则没有人有动力单方面偏离这种均衡状态,也就是说,制度是博弈的均衡,因而一旦某项制度成为均衡的选择,也就成为关于人们行为选择的信念的一部分。

制度规范一旦建立,人的策略行为反过来就会受到它的影响。制度规范与信念以及人的行为选择之间的这种关系一旦形成,就会产生自我增强效应。除非出现技术、环境、偏好等因素的变化和随机冲击,并且这些变化达到一定的程度,否则制度建立后就会持久不变,并将自我实施。从这个意义上说,如果社会主体的行为没有遵从制度的约束,或者违反制度的规定,进入非均衡路径,可能是社会主体的理性程度不足,也可能是条件的改变导致的制度非均衡。此时,制度的实施需要强制执行。但是,进一步的问题又会出现。强制执行的行动者的行为选择集合往往包括多个元素,那么,强制执行是不是制度执行者的均衡选择呢?更进一步,强制执行是不是博弈的均衡结果呢?对于制度执行者的实施行为问题的思考给了我们进行制度建设的一个重要启示:一个制度得到自动实施的必要条件是该制度安排是当时约束条件下社会主体的博弈均衡。

随着条件的改变,原有的博弈均衡也可能发生改变,相应的制度可能发生改变。在先前两个牧人的博弈中,假设产生了对甲相对有利的产权制度安排,并且这种博弈的均衡持续了很长的时间,制度规范也得到自动执行。但是,二位牧人的后代继承了前人的权利以后,相关的条件可能发生改变,比如乙的后代更强大或风险偏好增强,此时原有的均衡就转换为非均衡,制度安排也可能发生变化,使得产权有利于乙的后代,从而产生新的制度安排、达到新的均衡。

在上面关于制度起源的模型中,制度是人与人在重复博弈中合作的结果,高效率的制度能够增加社会的总产出。然而,制度并不一定具有社会效率。制度是由正式约束和非正式约束以及它们的实施机制构成的。隐含的非正式约束与明确的正式约束相互影响,共同确定了社会的尤其是经济的激励结构,现实之中存在许多低效率甚至是负效率的制度。

以上对于制度起源以及制度实施问题的讨论,还没有圆满回答制度规则的形成方式:制度是内生的,还是外生的?

关于制度形成存在两种不同的观点:一种观点认为制度是外生的,制度是给定的,人们在给定的制度约束条件下通过策略行为优化资源配置,同时实现自己的目标;另外一种观点则认为制度是内生的。

从博弈均衡与内生的角度分析制度可以清晰地揭示制度的双重性质:制度既是参与人策略互动的产物,同时又稳定地独立于个体的行动选择。将制度视为外生的观点会面临以下困境:这些制度规则是如何产生的?它们又是怎样被实施的?因此,关于制度的起源和实施需要到该规则实施的经济领域的外部去寻找,如经济领域之外的政治领域,也就是说,还需要存在一个"超级博弈"。但是,这种分析方法并没有彻底解决问题,因为在政治领域的博弈存在同样的困境,即政治领域的博弈规则是如何决定的?或者说,超级博弈的博弈规则是如何决定的?博弈的规则又是如何执行的?因此,制度外生的观点就会产生循环论证的问题。所以,解决这个问题的正确方向是:把制度起源看作经济领域、社会或政治领域博弈过程的内生的稳定的结果,避免从博弈的开始就确定博弈的规则。

与制度的产生类似,将制度实施视为外生的观点同样会产生循环困境:如果一个博弈规则由一个附加的参与人(实施者)来实施,那么对于理性的实施者来说,同样存在对于实施者实施博弈规则的监督问题。由谁来监督实施者呢?是否需要另外一个实施者来监督初始的实施者实施博弈规则呢?很明显,解决这个问题的方法是,必须将博弈规则的实施者包括在博弈之内,将他视为博弈参与人,然后,给定其他参与人的均衡策略下,分析博弈规则实施者的实施行动是否成为他的均衡策略,从而博弈规则的实施成为自我实施。

第三节 制度多样性与均衡选择

制度是均衡的博弈规则,那么为什么不同国家或地区的制度不同?制度是如何选择的?一个社会经济体系的制度如何在多样化制度之间进行转换?下面我们将在博弈论分析框架下分析制度多样性、制度均衡与非均衡以及制度变迁之间的关系。

一、制度多样性

博弈是参与人从各自的动机出发相互作用的状态,通过将经济过程类比于博弈过程,不同的经济学家分别将制度看作博弈的参与者、博弈的规则和博弈过程中参与者的均衡策略。但上述三种制度观有一个共同的特点,即承认制度是多样化的。我们可以从两个层次理解制度的多样化。一方面,社会生活是多方面的,在经济、政治、组织和社会其他领域及其各自的子领域都存在制度。政治制度、选举制度、金融制度、财政制度、收入分配制度、劳动力制度、公司制度、法律法规等都是不同层次和不同作用范围的制度。由于作用范围、作用强度和作用方式的不同,戴维·菲尼把制度分为三种类型[①]:① 宪法秩序,规定和确立集体选择的条件的基本规则,这些基本规则是规则的规则,它包括确立生产、交换和分配的基础的一套政治、社会和法律的基本规则;② 制度安排,它是在宪法秩序框架内所创立的,包括法律、规章、社团和合同;③ 规范性行为规则。

另一方面,规范同样类型的不同社会主体之间关系的制度可能出现不同的形式,即在相同的作用领域内不同地区或同一地区不同时间出现的不同的制度形式。例如,同样是规定人们选举权利的制度就包括直接选举制和间接选举制等不同的制度形式;同样是界定股份公司相关各方权利和义务的公司法,在美国、日本和中国就存在很大的区别。我们不仅要关注第一层次上的制度的多样性,而且要研究第二层次上制度的多样性,进行制度的比较分析。

下面我们着重讨论第二层次的制度多样性问题。为什么不同的国家或地区会出现不

---

① 戴维·菲尼:《制度安排的需求和供给》,载于《制度分析与发展的反思》,商务印书馆,1992年版,第126—130页。

同的制度？为什么同一国家和地区在不同的时间会出现不同的制度形式（制度变迁）？

制度调节人与人之间的关系，而人与人之间相互作用的实质是人与人之间的博弈，所以，制度的多样性可以理解为博弈均衡的多重性：面对同样的技术知识、风险偏好，存在多重均衡，也就是说博弈存在不同的结果。随着劳动分工和专业化的发展，不同的社会群体演化出不同的政治与社会经济环境，人们所面临的约束条件不同，相应的相互作用的策略选择也可能不同，因而出现制度的不同，这就是制度的多样性的一般情形。

就像博弈均衡的多重性困扰着博弈理论家一样[1]，对于制度的多样性研究也还没有取得重大的突破。不同的人试着从不同的侧面分析制度多样性的原因，代表未来发展方向的研究包括以下三个方面：

第一，将制度的多样性归结于人的认知模式的不同。比较典型的是诺思的观点，他将其归结为人的认知模式的不同——每个人都用自己的心智模式去阐释周围的世界。这些心智模式一部分源于文化，也就是说，它是由知识、价值观及行为准则在代际传递而产生的，而这些知识、价值观和行为准则在不同民族和社会中根本不同。另外一部分是通过经验获得的，这些经验对特殊环境而言具有本地性，因而不同环境下获得的经验也存在着相当大的差别，由此而导致人们心智模式的巨大差异，形成对世界的不同理解以及处理问题的不同方式。甚至个人的正规学习也是由相互抵触的模式组成的，而我们正是通过矛盾的模式来解释周围的世界。正是基于与预期不一致的结果，人们不断学习，并改变其心智模式。人对世界的理解、预期以及处理问题的方式与人的行为或策略选择密切相关，从另外的意义上说，人的认知会影响人与人之间的相互关系，而制度规范人与人之间的相互关系，所以，认知模式的不同最终会对制度产生影响，制度的多样性是不同认知模式的必然结果。由此得出，并不存在一个必然得到的确定的均衡，而是会出现多重均衡。

第二，制度的多样性来源于文化等社会因素的不同。格雷夫将博弈和社会、文化等概念相结合，比较了11世纪地中海两个最大的贸易集团——热那亚商人和马格里布商人之间文化信仰的差异，考察了引起这两个古代贸易组织的不同制度发展轨迹与文化因素之间的相互关系。

11世纪的地中海远距离贸易的关键问题在于委托代理风险或承诺。穆斯林世界的马格里布人和拉丁世界的热那亚人利用了不同的制度形式来解决同样的问题：马格里布人依靠家庭关系，即马格里布人只雇用马格里布人；而热那亚人则通过双边信誉机制建立推销制度以管理代理机构，即可以在任何地方寻找贸易伙伴，以支付一笔额外效率工资的形式确保承诺的实现。

两个贸易群体面临的问题基本相似，但解决问题的制度方式明显不同。是什么原因导致这种制度的不同呢？格雷夫认为，一个社会的组织——它的经济、法律、政治和社会以及道德强制制度——是伴随着它的社会建构、信息传递和协调机制的，并且对长期的制度演化具有非常重要的影响。

---

[1] 2005年诺贝尔经济学奖获得者谢林在博弈均衡多重性方面做出了开创性的研究，提出了聚点均衡（focal points）的思想。例如，在两个小孩合作分蛋糕的博弈中，存在无数个纳什均衡，但是，两个小孩各自提出0.5对0.5的份额要求的策略很可能出现，它对应的就是一个聚点均衡，而它之所以出现仅仅是因为这样比较"公平"。另一位诺奖获得者德国经济学家泽尔滕将谢林的可信承诺等思想模型化，提出了子博弈精炼纳什均衡的概念。但是，在聚点均衡的模型化方面还没有取得比较理想的结果。

由于文化信念影响人们的预期,一旦有关相互关系的不同策略预期形成以后,它们又会变化为新的"文化信念",并且会超越原来的博弈,因为它们可以影响对于游戏规则和组织发展过程的外部变化的反应,即它们本身也成为与博弈相关的一个文化因素。

将文化信念和博弈联系起来可以较好地理解不同的组织及其变化。因为一个特定组织的出现依赖于现有的文化信念。这种组织的路径依赖和文化信念对外部变化会产生影响,这种影响导致不同社会组织或制度的出现,如不同的经济、社会、法律和道德机构以及与此相联系的社会构架、信息传递和协调机制。因而,不同的文化导致了不同形式的组织以及相应的制度。

第三,随着社会科学的融合,经济学界逐渐认识到,复杂性方法提供了一种解决博弈的多重均衡以及制度多样性问题的方法。初始条件的不同、人们偏好的不同或改变、学习或知识经验积累的快慢、信息的多少以及对称程度、实际博弈过程中发生的小概率事件或随机扰动,都影响博弈参与者的策略选择,并可能导致最后出现不同的结果。

归纳起来,社会制度是复杂的、多样化的、互补的,并且会不断发生变化,先前制度的互补性影响制度及其变化,并且在制度形成过程中,非正式的制度与正式的制度相互产生影响。

二、制度均衡、制度非均衡以及制度变迁

经济学中均衡的基本含义是,在一定的条件下,社会经济体系中相互作用的有关变量相对静止、各行为主体对交易的结果处于满意的一种状态。按照诺思的定义,制度均衡是指这样一种状态:在给定条件下,现存的制度安排的任何改变都不能给任何个人或团体带来额外的收入。[1]

制度的均衡包括制度安排的均衡和制度结构的均衡。制度安排的均衡是指一项特定制度的供给完全适应需求从而处于相对静止的状态。而制度结构的均衡则是指不同制度安排之间的相互关系处于一种协调和相对静止的状态。

由于制度安排和制度结构通常调整不同的社会群体之间的利益关系,不同利益主体的利益不可能完全一致,因而不同社会主体对同一制度的需求和供给是不同的,有时甚至处于完全对立的状态,所以,实现制度均衡是比较困难的,制度安排和制度结构通常处于非均衡状态。

制度非均衡就是指社会主体对现存制度的一种不满意、意欲改变而又未改变的状态。也就是说,存在一种可供选择的制度安排和制度结构,社会主体从中得到的净收益大于从现有的制度安排和制度结构中得到的净收益,因而存在一个新的赢利机会,这时就会产生新的潜在的制度需求和制度供给。但是,制度处于非均衡状态并不一定导致新的制度安排的产生,新制度供给能否实现取决于多重因素,关键在于不同社会主体的博弈过程。

从力量对比、谈判或博弈的视角分析制度均衡,可以更好地理解制度均衡与非均衡之间的关系。诺思在《制度创新的理论》一文中这样描述制度均衡的三种状态:如果① 安排的

---

[1] 戴维斯,诺思:《制度创新的理论》,载于《财产权利与制度变迁》,上海三联书店,1994年版,第297页。

调整已经获得了各种资源所产生的所有潜在收入的全部增量;或者② 这样的潜在利润存在,但是改变现有制度安排的成本超过了这些潜在的收益;或者③ 如不对制度环境做出改变,就没有可能实现收入的重新分配,那么,这一状态就存在。[1]

很显然,影响制度需求和制度供给的因素也是决定制度均衡与制度非均衡的因素,因而导致制度非均衡的原因是多方面的:要素和产品相对价格的变化、市场规模的变化、技术的进步、偏好变化、知识积累、制度选择集合的变化、其他制度安排的变迁以及随机因素的扰动或冲击。这些因素的变化都会在一定程度上改变原有制度安排或制度结构下的收益总量或收益分配方式,因而相关博弈主体的利益也会相应地发生改变,从而使得原来的制度均衡变成非均衡。

如果一部分或者全部博弈参与者在潜在制度安排或制度结构下获得的净收益大于他们在现有制度安排和制度结构下获得的净收益,新制度就会产生,这就是制度变迁。制度变迁对应以上这些因素的变化,此时的新制度是对应变化条件下的新的制度均衡状态,但是,新的均衡也不是永久性的。一旦这些因素又发生一定程度的变化,就会改变新制度下的利益总量或利益分配方式,原来的"新"均衡又被打破,经济体系又处于制度非均衡状态……如此循环往复,人类社会就是在制度均衡与非均衡的交替变换过程中曲折地进步与发展。

在新的制度安排或制度结构下,如果所有参与者获得的收益都大于他们在原来的制度安排下获得的收益,那么这样一个制度变迁的过程就是帕累托改进;如果一部分社会主体的收益增加,而另外一部分主体的收益减少,那么这样的制度变迁过程就变成了卡尔多改进过程。

制度的变迁过程十分复杂。一方面,制度是一种公共产品,公共产品的生产过程往往存在搭便车的可能,造成成本与收益分配的不对称。无论是帕累托改进的制度变迁,还是卡尔多改进的制度变迁,由于制度的公共产品性质都可能导致制度供给的不足。另一方面,制度市场结构的不完全竞争性也可能出现制度供给的不足。在稀缺经济和竞争环境下,制度和组织的连续交互作用是制度变迁的关键。竞争迫使组织持续不断地在发展技术和知识方面进行投资以求生存,而个体和他们的组织所获得的这些技能、知识将形成对机会和选择的不断发展的认识,这些机会和选择又会不断地改变制度。[2] 但是,由于不完全的市场结构,当力量的对比还没有达到足以改变原有制度的非均衡时,新的制度供给不足,制度变迁就不能产生。

制度调整社会主体之间的利益关系,相对于制度供给不足来说,一个社会经济体系同样可能存在制度供给过剩。制度供给过剩是指,相对于制度的需求而言,有些制度是多余的,或者说是故意提供或维持一些低效率的制度。市场经济中比较突出的制度供给过剩是维持或加强市场不合理管制或低效率的制度。其实,制度供给过剩只是相对于一部分社会主体而言的,对于那些从制度供给过剩中获益的社会主体来说,至少在一定时期内,过剩的制度满足了他们的需要,甚至对这部分主体来说,还存在过剩型制度供给的不足。

总之,制度供给不足和制度供给过剩都是一种制度的非均衡状态,是相对于部分主体而言的。一旦制度选择集合改变、偏好或风险态度变化、技术或市场规模变化、产品或相对

---

[1] 戴维斯,诺思:《制度创新的理论》,载于《财产权利与制度变迁》,上海三联书店,1994年版,第297页。
[2] 诺思:新制度经济学及其发展,《经济社会体制比较》,2002年第5期,第9页。

价格改变、知识变化或者社会主体之间的力量对比发生了改变,制度变迁就会产生,制度的非均衡就会向制度均衡转变。

【关键概念】

纳什均衡　子博弈纳什均衡　承诺　制度均衡　制度非均衡　多重均衡
聚点均衡　制度多样性

【思考题】

1. 什么是博弈的多重均衡?
2. 简述制度均衡与制度非均衡的特征。
3. 简述博弈均衡与制度多样性之间的关系。
4. 如何理解制度非均衡与制度变迁之间的关系?
5. 有一种观点认为,随着生产力的发展,低效率的制度会随着潜在或实际的制度安排之间的竞争被高效率的制度自动取代。应该如何看待这样的观点?

【推荐阅读】

1. 〔日〕青木昌彦:《比较制度分析》,上海远东出版社,2001年版。
2. 〔美〕安德鲁·肖特:《社会制度的经济理论》,上海财经大学出版社,2003年版。
3. 盛洪:《现代制度经济学》,北京大学出版社,2004年版。
4. V. 奥斯特罗姆,D. 菲尼,H. 皮希特:《制度分析与发展的反思:问题与抉择》,商务印书馆,1992年版。
5. 王建华:《对策论》,清华大学出版社,1986年版。
6. 张维迎:《博弈论与信息经济学》,上海人民出版社,1996年版。

案例
高薪养廉的制度环境

"高薪养廉"是指提高政府公务员的收入有助于建设廉洁的公务员队伍,从而减少诸如寻租等腐败现象的发生,提高经济绩效。在这里,我们用博弈论来说明高薪养廉制度环境的优势所在。在高薪养廉的制度环境中,考虑政府部门中关系密切的部门主任和书记,如果他们都接受贿赂,那么他们都不会主动揭发对方的受贿行为,因此他们的收益可以看作(9,9);反之,如果他们都不接受贿赂,那么他们所得到的收益会小于同时接受贿赂时的收益,假定为(7,7);但是如果其中一方接受贿赂,而另一方不接受贿赂,那么接受贿赂的一方便会由于另一方的举报而什么也得不到,而不接受贿赂的一方收益小于两人同时接受贿赂的收益,但由于奖励的存在而大于两人同时不接受贿赂的收益,因此,该博弈矩阵如图17-5所示。

		乙 受贿	乙 不受贿
甲	受贿	(9, 9)	(0, 8)
甲	不受贿	(8, 0)	(7, 7)

图 17-5　高薪格局的串谋博弈

在该博弈中,接受贿赂的一方的期望收益是 4.5,而不接受贿赂一方的期望收益是 7.5,显然在这种情况下,双方都不接受贿赂将是最终的纳什均衡。

反之,在他的薪水很低(不接受贿赂时收益为 2)的情况下,双方的博弈矩阵如图 17-6 所示:

		乙 受贿	乙 不受贿
甲	受贿	(9, 9)	(0, 3)
甲	不受贿	(3, 0)	(2, 2)

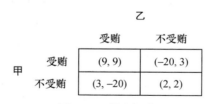

图 17-6　低薪格局的串谋博弈

在这个博弈中,由于受贿的期望收入 4.5 大于不受贿的期望收入 2.5,因此,(受贿,受贿)这一策略将成为最终的纳什均衡。

如果将行政体系同样十分强势的新加坡与我国比较的话,可以看到,新加坡公务员的平均年薪大大高于中国公务员的平均年薪,可以猜想在新加坡,公务员的廉洁程度会好于中国。但是从制度上而言,保证公务员队伍的廉洁,不仅可以从高薪方面着手,而且还可以通过加大惩罚力度来促进公务员队伍先进性的建设,尤其是在国民收入不是很高的情况下尤其如此,在这种情况下,由于不受贿赂的期望收益远远大于接受贿赂的期望收益,因此双方都不受贿赂将是最终的纳什均衡(见图 17-7)。

		乙 受贿	乙 不受贿
甲	受贿	(9, 9)	(–20, 3)
甲	不受贿	(3, –20)	(2, 2)

图 17-7　制度促廉

资料来源:王则柯:《新编博弈论评话》,中信出版社,2004 年版,第 130—132 页。

第十八章 制度变迁的演化分析

> 普遍存在的竞争将会扬弃那些不好的制度,而那些有益的制度则会幸存下来,它们将被用于更好地解决人类面临的问题。
>
> ——阿尔钦

本章将围绕制度变迁的演化分析探讨三个问题:一是制度演化理论的发展,二是制度变迁的演化经济学分析,三是人为设计与自然演化。

第一节 制度演化理论的发展

制度演化理论具有悠久的历史和广泛的基础,早期的苏格兰哲学家们,如休谟、斯密、弗格森以及他们的先驱孟德维尔等人,都在不同程度上意识到,劳动分工和匿名市场系统类似于一种自发的秩序,而理解个人财产权利、契约自由和法律制度则是这种秩序的先决条件和变化动因,这其中就已经包含了制度演化的观点。在18世纪的德国,艺术、法学和社会科学诸多领域中都能见到对自发秩序的理解,赫尔德、洪堡关于社会交往规则是由所有参与者的个体选择构成的观点成为奥地利学派经济理论的核心基石。达尔文革命之后,演化思想更是深刻地影响了经济学的发展,迄今为止,在制度演化分析这一领域中已经积累了丰富的思想成果。

一、演化经济学概述

演化经济学有着悠久的、同时也是复杂的思想来源,但直至今日,它仍未形成一个统一的阵营,也没有形成像新古典经济学那样完整的体系。但作为一种强调远离黑板、贴近现实的经济学,演化经济学的价值也是毋庸置疑的:在一个复杂的、多主体协同互动、充斥着不确定性的世界中,强调异质性、动态性和协同性的演化经济学对制度起源有着更强的解释力,并且也有着很好的发展前景。

人们惯于将纳尔逊和温特《经济变迁的演化理论》(1982)的出版视为演化经济学兴起的标志,但若从完整的思想史发展历程来看,演化经济学则具有更为复杂也更为悠久的思想演化历程。早在达尔文之前,社会科学中就已经有了演化分析的传统,孔德、黑格尔和斯宾塞在探寻人类经济社会形态变化规律时都显示出了演化的思想倾向。在新古典经济学成为主流之前,也有诸多明显带有演化分析特征的经济学流派曾在思想史上留下了辉煌一笔。马歇尔也曾在其代表作《经济学原理》中提出"经济学家的圣地在经济生物学而不在经济动力学"的观点。马歇尔认为,经济学中流行的静态分析将是一种过渡状态,将被基于生物学概念的真正的动态分析所取代,经济学的核心思想必须是"活的力量和运动"。

演化经济学包含了以凡勃伦传统为代表的老制度主义、新熊彼特主义、调节学派、演化生态经济学与新奥地利学派等诸多流派的思想。早在 20 世纪 50 年代,西方异端经济学家,包括激进经济学、后凯恩斯主义等,也都试图集聚在"演化"这一旗帜下,用"演化"分析标示自己的理论特征。时至 20 世纪 80 年代后期,演化经济学的研究已被美国和欧洲的制度学派、奥地利学派和熊彼特学派的发展大大拓宽和加速了,尤其是在技术变迁领域。演化经济学已经建立起了独具特色的研究纲领,并对经济政策,尤其是在技术政策、公司战略和国家创新系统等领域发挥了重要的影响。①

尽管缺乏新古典经济学的系统性和完整性,但作为一个学术思想共同体,演化经济学仍在"共同纲领"上达成了一致,这种"共同纲领"反映了演化经济学家看待经济体系的独特视角。演化经济学家在反还原论、反类型论、突出新奇以及强调不可逆、路径依赖、动态性和时空特定性等问题上均持有相同看法,作为一种研究生成(becoming)而不是研究存在(being)的经济学,演化经济学的这些特征使其与新古典的静态、理性及同质性特征区别开来。

新古典经济学与演化经济学的主要区别体现在什么地方呢?简单地说,新古典经济学是一种以经典物理学为模板的经济学体系,而演化经济学是以进化生物学为模板的经济学体系。和经典物理学一样,新古典经济学的世界是同质的世界(经典物理学中的质点,新古典经济学中的同质经济人、企业),是均衡的世界、决定论的世界,是不考虑"质变"的世界;而和进化生物学一样,演化经济学的世界是异质性的、多样性的、动态演化的,是存在结构性变迁的世界。新古典经济学采取机械决定论的方式进行逻辑推演。在这种逻辑推演中,不需要考虑历史不可逆、路径依赖和制度差异等诸多因素,如同经典物理学不需要考虑"质"而只需要考虑"量"一样,新古典经济学中也不存在层级区别,不仅从微观到宏观可以直接外推加总,而且任何一个高层级的分析单元均可还原为低层级单元的解释。演化经济学家则采取整体论的、非还原性的分析方式,在这种有机整体论的思维下,研究必须要考虑社会、经济和政治等方面相互依存的诸多因素之间的相互作用和相互影响,并且特别强调历史特定性和情景特定性。

当前,在制度演化理论这一领域中,新制度经济学和演化经济学已经出现了可喜的相互融合和借鉴。在诺思之前,一些新制度经济学家试图通过引入博弈论来解释制度的起源和变迁问题,这些研究认为,制度是博弈的参与人设计出的一组规则,用来获得有利于各自利益的博弈均衡。比如,机制设计理论就强调参与人在各种信息环境下会设计对自身最有利的规则,从而导致了制度的起源和变革。但诺思通过对经济史的广泛研究,发现制度更多地类似于自组织系统的变化,带有演化的特征。青木昌彦和斯密德等人也对此进行了深入的研究,这些研究在很多地方都表现出和演化经济学相似的特征。此外,新制度经济学也开始注重并借鉴心理学尤其是认知心理学的方法和成果,着重研究人们如何获取知识从

---

① 〔英〕霍奇逊:《演化经济学的诸多含义》,载中国人民大学出版社《政治经济学评论》,2004 卷第 2 辑,第 139 页。

而形成自己的偏好和行为模式;对于制度分析的目的,也从过去的绩效分析慢慢扩展到人的行为研究上。

二、诺思的制度演化模型

诺思在演化经济学视野下,把制度作为演化过程的结果,认为制度演化具有以下特点:一是演化的锁定——路径依赖;二是演化过程是一个复合过程,大多数情况下,演化过程包含着市场、职业和政治因素的综合作用。制度最好被认为是无数互动的个体行动的无意识的结果。诺思通过对经济史的广泛研究发现,制度更多地类似于自组织系统的变化,特别是作为习俗的非正式规则是一个自我演化过程。诺思由此逐步提炼出了一整套制度演化理论,这套理论后来被青木昌彦、斯密德等人加以深化,发展成一个具有严密逻辑的理论。

诺思的制度演化模型的核心思想是:由于经济活动中的当事人是有限理性的,当事人对世界的认知就不会完全;由于当事人决策所面临的环境复杂,充满了不确定性,这就加剧了上述不完全程度;当事人对不完全世界的认知通过两种知识完成,一种是交流的知识,一种是默认的知识,交流的知识可以通过正式规则来实施,而默认的知识则只能通过"干中学"机制来实施,这就意味着一种组织或个人想要获得相应的利益,除了设计出一些正式规则来降低交流知识的获取成本外,还必须不断地通过创新、学习、模仿等来获取默认知识。从这个角度看,制度的变迁从来都不是新古典主义所说的那样是一个最优化选择过程,相反,诺思认为制度演化的评价效率只能是适应性的,其优劣取决于当事人通过各种正式规则或非正式规则来发现知识的能力。

给定上述核心思想,诺思假定从事制度演化的当事人都是企业家,当技术进步、要素价格比率变化或者信息成本变化导致了相对价格变化时,就产生了潜在的赢利机会,企业家为了捕捉这种机会,需要获取相应的知识,获取知识的过程体现为可观察的衡量和实施成本的变化过程,以及围绕合同签订和执行进行改变或重新谈判所产生的可观察损益的变化过程。如果企业家的偏好发生变化,上述知识获取过程也可能会出现。当赢利机会出现或偏好改变时,企业家就有动力从事一项新的交易或改变原有的旧交易,但是,任何交易总是在一定规则下进行的,在改变的动力出现时,原有的规则就可能不适应新的交易,企业家需要通过谈判等方式建立新的规则来适应新交易。新规则的建立过程就是企业家获取知识的过程,企业家既可能通过正式规则的设计来提炼和规范交流知识,也可能通过学习、创新和模仿等行为来适应环境,从而演化出正式规则和非正式规则。

当作为行动者的企业家的谈判力和相应的合同谈判给定时,如果没有企业家发现将资源用于合同变更或建立新合同是有利可图的,或者说,即使企业家对现有合同和规则不满,但若改变它所引致的相对成本太高,并不能增进企业家的福利时,那么在这种状态下,制度达到均衡。诺思在此处重新回到了新古典范式,在他看来,制度演化实际上是趋近均衡的渐进过程,在这个过程中,企业家或其组织对构成制度框架总体的规则、准则和实施措施及其组合等进行边际上的调整。所以,制度演化基本上是连续的、渐进的、稳定的。

诺思提出的制度演化理论与其他制度动态模型最大的区别就在于,诺思注意到了制度演化过程中当事人的主观心理活动特征对变迁路径的影响,并把其作为理解制度演变的关键。诺思引进有限理性后,制度的作用是显而易见的,日常生活中人们面临的各种不确定性带来相互交易的困难,因此,需要一些制度来形成稳定的结构,以弱化环境的不确定性、降低交易成本。

诺思认为,制度演化是一个复杂的过程,而且是一个演化的、渐进的、连续的过程。制度演化的最终路径由以下两个因素决定:一是由制度和组织的共生关系所引起的固定特性——它们已经随着这些制度所提供的激励结构而演化;二是由人类对机会集合变化的认识与反应所做出的反馈过程。

诺思认为,经济变迁是一个过程。与达尔文的进化论相反,人类进化变迁的关键是参与者的意向性。达尔文进化论中的选择机制并非由有关最终结果的信念所决定。相反,人类的进化是由参与者的感知所支配的。选择是根据这些感知做出的,这些感知能在追求政治、经济和社会组织的目标过程中降低组织的不确定性。经济变迁在很大程度上是一个由参与者对自身行动结果的感知所塑造的深思熟虑的过程。感知来自参与者的信念,即关于自身行动结果的推测。这一信念通常与他们的偏好混为一谈。人类对自身环境的感知与理解来自当代和历史经验中衍生的心智建构。

三、青木昌彦的演化博弈模型

青木昌彦继承了诺思关于制度的看法,把制度视为博弈规则,并假定当事人有限理性等。不同的是,青木昌彦通过一个演化博弈模型把诺思的框架形式化,其制度演化逻辑可以表述为:参与人在反复博弈中不断调整决策以寻求利益最大化,同时也了解有关参与人在行动决策时可能采用的规则的一些显著特征,根据这些浓缩信息得出自己在各种可能情况下的行动规则即策略。所有参与人根据他们对别人行动规则的主观认知(信念)形成自己的行动规则,这些规则是浓缩的、不完备的。当这些浓缩认知稳定下来并不断再生时,参与人自己的行动规则才能趋于稳定,反之亦然。当参与人的信念和行动规则一致时,纳什均衡就出现了。均衡被参与人共同遵守,在均衡条件下,每一个参与人对他人选择行动规则的预期稳定下来,这种预期沉淀即为共有信念,参与人相互之间通过共有信念进行持续博弈。制度在这种预期稳定和共有信念形成过程中产生。参与人基于共有信念决定随后的策略选择,导致均衡的再生,均衡的再生反过来又强化了共有信念。

经过这样一个反复过程,制度不仅内生出来,而且稳定下来,并作为客观之物呈现在参与人的意识中,被参与人认为是理所当然的,是共有信念系统的演化导致了制度变迁。这一结论和诺思的理念是一致的。青木昌彦的制度演化模型比较规范和完整地模型化了诺思早期发展的制度演化理论,特别是在这个模型中,参与人的行为假定和环境假定得到有效处理,使得新制度经济学不再依赖新古典主义的方法论。

四、斯密德的制度和行为经济学

由于新制度经济学的研究缺乏行为基础,因此斯密德主张通过心理学的研究来弥补制度行为研究的不足。斯密德主张制度经济学分析应该从观察人们的相互依赖性开始,这就存在冲突的可能性。因此,制度提供合作的秩序并能够使人们交易的结果具有预见性。人们的相互依赖与商品的内在特性密切相关,譬如使用排他性、排他成本的高低、其他使用者的成本、规模经济、交易成本等,这些商品特性会影响到偏好的形成,进而对制度和人之间的互动关系产生影响。

斯密德把有限理性的当事人在社会经济活动中所表现出的偏好看作一个学习过程。如果偏好是一个内生的学习过程,那么有限理性的当事人不仅在认知和计算能力上是不充分的,而且在偏好的表达上也是不完全的。

给定当事人的主观偏好不完全,在决策时该当事人就面临很高的成本约束,除了和学习相关的信息成本,对他人行动规则的判定的不确定性也会产生额外的成本,再加上有限理性的约束,使得当事人不能像新古典经济人那样进行精确的理性决策。这样,即使我们保留理性假定,具有有限理性和偏好不完全的当事人决策的后果就取决于其对他人的行动准则的主观判定。

在斯密德看来,预期稳定的过程就是从事交易的当事人相互依存和相互交流的过程。在这个过程中,每个当事人对未来的预见都是不完全的,对未来结果的偏好预见也是不完全的,所以当事人就没有必要针对未来的不确定性进行精确计算,而是通过一种共识的形成来降低不确定性带来的成本。这种共识沉淀下来就演变为制度。所谓制度的变迁,就是随偏好的学习过程所引致的共识的不断变化过程。

斯密德等人的理论侧重于通过福利评价来看待制度演化,而青木昌彦等人的理论侧重于通过效率评价来看待制度演化。青木昌彦等人的理论无法分析自利的个人的其他可能行为,而斯密德等人的理论可以包容更多的现实行为。

第二节 制度变迁的演化经济学分析

一、路径依赖理论与演化经济学理论的融合

继诺思之后,制度变迁的路径依赖理论分析的最新进展,是以纳尔逊和温特为代表的经济演化理论以及以肖特和扬为代表的演化博弈论制度分析。这两个方面的研究的共同特征是,都将行为选择过程和制度演化过程进行了形式化处理。在关于经济演化和制度演化的分析范式上,它们的一个显著特征是二者都偏离了新古典经济学关于完全理性和均衡结果的强调,转而寻求经济过程在不同演化方向上的动力学解释;二者的差别仅在于,前者着力于将"市场中的自然选择过程"进行微观的模型化处理,而后者则着力于将"制度演化和型构的过程"通过博弈论进行模型化处理。

演化经济分析最早是以对主流经济理论的批判开始的,其核心概念包括演化、新奇、惯例、路径依赖等。对比新古典经济学的均衡观,演化观注重对"变化"的研究,强调历史的重要性,认为时间不可逆性是经济社会系统的重要特征。它的理论特征表现为:用动态的、演

化的方法看待经济发展、经济变迁和技术变迁;强调惯例、新奇创新和对创新的模仿在经济演化中的作用;以达尔文进化论的遗传、变异和选择这三种机制作为演化经济学的基本分析框架;强调历史在经济演化中的地位,认为经济演化是一个不可逆转的过程;强调经济变迁的路径依赖,即制度的演化遵循路径依赖的规律,今天的制度是昨天的制度甚至一个世纪前的制度的沿革;强调经济变迁过程中偶然性和不确定性因素的影响等。

路径依赖的演化经济学分析框架的形成也正是基于以上这些演化经济学的理论特征。演化经济学的分析框架以复杂性为本质特征,而路径依赖理论又是复杂性科学的重要组成部分,所以,建立以演化经济学为基础的路径依赖分析框架具有重要意义。它的建立不仅有利于丰富新经济学分析框架的内容,而且还可以以其为核心发展出一系列的复杂性经济理论,形成一系列交叉学科群,如混沌经济学等。

路径依赖的演化经济学分析框架的优势在于,它是从一个动态的过程来考察制度变迁中的各种动力学因素,该范式在一定程度上依赖于系统论和进化论的思维。基于演化经济学的路径依赖分析框架的理论要点如下:

第一,由于批判实在论为演化经济学提供了共同的方法论,因此,路径依赖的演化经济学分析框架必定是以动态的批判实在论为其根本的哲学方法论。但是,批判实在论也在不断发展,因此不能教条地拘泥于其现有结论,而要用动态的眼光看待批判实在论,不断吸收其最新的成果,不断补充和完善该分析框架的方法论基础。

第二,区别于旧的路径依赖分析框架,该分析框架考虑到经济变迁中可能造成其路径依赖后果的一切经济、政治及文化相关因素,对于经济变迁中不同演化过程的路径依赖的成因都能提供有效的解释。

第三,在充分分析了不同性质路径依赖的产生原因的基础上,该分析框架有针对性地提出了破解不同性质路径依赖的不同有效途径。而在旧的路径依赖分析框架下,因其看待经济变迁中路径依赖的产生原因具有单一性,所以无法针对不同路径依赖给出不同的破解途径。

第四,路径依赖的概念产生于自然科学之中,该分析框架必然会吸收更多自然科学中的前沿性分析框架,以适应越来越复杂化的路径依赖现象。旧的路径依赖分析框架吸收了进化论、耗散结构理论、自组织理论等一系列自然科学中的经典理论。但随着路径依赖现象的不断复杂化,现有的一些自然科学理论已经无法全面地解释经济变迁中的路径依赖现象,需要在构建新路径依赖经济学分析框架时,吸收一些自然科学中适用于复杂性科学的新的前沿理论,如广义进化理论、超循环理论、协同理论及随机过程理论等。

关于路径依赖的讨论,无论从技术演化的角度,还是从制度变迁的角度,抑或从演化经济学的角度,其含义都是非常清楚的:路径依赖实际关注的都是历史偶然事件对未来技术或制度选择的影响,其理论的发展是在寻找与经济学进行最佳结合的"载体",即理论分析框架过程中,不断修正与完善的。

路径依赖理论的新制度经济学分析框架试图打破新古典经济学的比较静态分析框架,真正将历史引入经济分析。它试图解释制度变迁的路径依赖性,提出制度的无效率是非历态的过程,指出人类社会的一切制度变迁过程都是一个基于个人心智、历史和文化以及意识形态的适应性学习过程,并且制度演化过程充满了路径依赖和创新。但是,由于该分析框架的一些根本缺陷,其现实解释力明显不足,直到演化经济学慢慢成熟,才逐渐成为路径依赖理论新的"载体"。

演化经济学和路径依赖理论的结合既是经济学自身发展的必然,也是复杂性科学发展的必然。路径依赖理论的引入有助于经济学尽快建立演化的研究范式,使得演化经济学摆脱那种只能够停留在理论探索和哲学思辨的尴尬局面,无疑对于经济学研究范式的转变具有重要的意义。它们的结合使经济学的演化研究范式真正经受住时间的考验,成为替代路径依赖的新制度经济学分析框架的最佳选择。

二、演化博弈分析

由约翰·冯·诺依曼(John von Neuman)和奥斯卡·摩根斯坦恩(Oskar Morgenstern)于20世纪40年代创立、由于引进纳什均衡概念而活跃起来的博弈论在80年代经历了一场"策略革命",使得非合作博弈学说逐渐成为经济学的标准工具。到90年代,博弈论研究的重点已经由完全理性和共同知识转移到演化模型,从而诞生了演化博弈论,并开始逐渐融入主流经济学而产生革命性的影响。演化博弈在制度变迁领域的研究也体现在多个方面。

演化博弈论的引入为路径依赖理论提供了强有力的分析框架和研究工具。演化博弈论认为,制度是人与人、人与自然演化博弈的结果,但它并不是一种博弈均衡状态,而是一种过程。它揭示了引起制度生成与变迁的各种原因,也揭示了一个社会内部经济、文化、社会特征之间关系的复杂性。

青木昌彦是将演化博弈思想用于制度变迁研究的先驱者之一。他从演化博弈的角度,把制度看作关于博弈如何进行的共有信念的一个自我支持系统,这样,制度变迁就可以理解为参与人有关博弈如何进行的信念在临界规模上发生的变化。系统内的变迁更可能由激发内部变迁的外部大冲击引起,而不是连续的、逐渐的。在制度的关键转折时期及其随后,主观博弈模型的重建会对未来可能发生的事情施加一定的约束,这就是路径依赖。他所说的主观博弈模型假定个体参与人不具有技术决定的博弈规则的完备知识,对其他参与人的策略选择和环境状态也无法做出完备的推断,所有的参与人都把制度看作有关的约束,并据此采取行动。

格雷夫则把历史上的制度变迁看作从一个制度均衡向另一个制度均衡过渡的过程,在向新的制度均衡转变的过程中,历史所提供的制度选择不是唯一的,也不是确定的。在面对多重均衡的时候,历史不断地进行着选择。不同的国家和社会在不同的历史条件下做出了不同的选择,这连续的、不同的选择便构成了某个国家和社会不同于其他国家和社会的特殊的制度变迁轨迹和社会发展道路。那么,当特定国家或地区在特定的历史时期面临着多重的均衡选择时,它是怎样以及为什么做出这种选择而放弃了其他的选择呢?这就需要将演化博弈论引入路径依赖理论来进行解释。

历史的路径依赖和非路径依赖是一个事物的两个方面。在路径依赖理论不断模型化的同时,国外不少学者还研究了演化博弈中的历史非路径依赖。桑德霍姆以简单协调博弈为基础,把产生历史非路径依赖预测的进化博弈分为三种模型:随机稳定性模型、局部互动的随机稳定性模型和廉价交谈模型。① 桑德霍姆认为,虽然这三种模型都体现了随意性,但只有局部互动模型才能产生可信的历史非路径依赖预测。因为一种习惯一旦建立起来,局中人就不可能通过个人努力改善其支付,也就不会有策略性变化出现。

三、制度作为"日常惯例"

在分析制度的路径依赖时,有学者把制度看成一种"日常惯例",把制度变迁看作习惯或协调博弈参与者之间策略互动的变化。② 这种博弈以均衡点的多样性为特征,用动态的观点看,与路径依赖现象有密切的联系。在由目前已获得的选择机会的分布引发的基本博弈中,对采用某一策略的概率的偏爱使得制度变迁过程趋同于或被锁定于博弈的一个均衡点。在该模型中,由波动造成的动态变化可由马尔可夫微分方程来描述。这种动态变化表明了不同的制度结构在长期中是如何演化的,也就是分析随机微分方程的渐近性。

有学者把日常惯例看成自发演化的规则集合,认为日常惯例具有知识属性,正是制度知识的创新和扩散导致了制度演化的路径。早期所实施的某一种制度可能会固化到以后的组织行为中,成为一种习惯。纳尔逊指出,制度变迁是在人们有限理性的假设前提下进行的,人们并不知道哪种制度是最优的,即使知道哪种制度最优,也不知道该采取什么措施来实施最优的制度。适应性学习和经济的自然选择作为两种正反馈机制支配着制度变迁的过程。这两种演化机制决定了制度变迁结果的多重性,并不一定会产生"唯一的均衡"。

相关链接 18-1

车辆靠右侧行驶的惯例是如何形成的?在法国大革命之前,欧洲许多地区的马车按惯例靠左行驶,对于对面而行的行人来说,马车从他右边驶过,因此,人们认为,靠左行驶与特权阶级有关,靠右走则表示民主。法国大革命发生后,马车靠左行驶的惯例因象征性的原因而被改变,后来拿破仑在他的军队里采用了靠右行驶的新的惯例,并传到了所占领的国家,自此以后,靠右行驶的惯例渐进而又稳定地在欧洲大陆从西向东传播。葡萄牙在第一次世界大战以后,改为靠右行驶。奥地利从西部到东部,一个省一个省地转变,一直持续到1938年德奥合并。匈牙利和捷克斯洛伐克也是在此时被迫转为靠右行驶。到了1967年,欧洲大陆唯一没有采用靠右行驶的瑞典也改变了原来的惯例。为什么一个对社会福利而言并不是特别重要的惯例从出现到最后在欧洲大陆统一,却几乎用了两百年的时间?一次外生的冲击(法国大革命)又是怎样促使靠右行驶这一惯例演化的呢?

资料来源:〔美〕H.佩顿·扬:《个人策略与社会结构:制度的演化理论》,上海人民出版社,2004年版,第18—19页。

---

① Sandholm W. History Independent Prediction in Evolutionary Game Theory [J]. *Rationality and Society*, 1998, 10: 303-326.
② 理查德·纳尔逊、悉尼·温特:《经济变迁的演化理论》,商务印书馆,1997年版。

第三节 人为设计与自然演化

一、制度演化的属性

我们可以把制度看作一个复杂的系统。系统被定义为一个多要素结构。当这些要素与许多对应特征相互作用时,我们就称其为复杂系统。如果这种系统对未来是开放的,即各要素或特征会以难以预见的方式发生变化,我们就称它为一个演化系统。在这种系统中,变异、选择和自稳定相互作用,产生出各种新的可识别模式。当我们考虑各种交叉连接的制度时,我们就称其为规则系统。它可以靠试验和演化性学习(演化的制度系统)来引导,也可以靠设计(人为的、设计出来的制度系统)来引导。因此,规则的秩序可以是计划出来的,也可以是自发形成的。①

制度经济学的基础还包括视经济为一复杂的演化系统这样一种思维方式。这种分析方法与新古典经济学视均衡为可持久状态或正常理想条件的概念格格不入。演化经济学的引入有利于人们对制度演化进行分析。与新古典经济学不同,复杂系统的方法视经济生活为一种处于渐进演化中的过程,在人们选择适合其多种目标的事物时,经济中的有些因素会显现出来,而另一些因素则归于消失。② 规则形成一个系统,这个系统又会影响实际世界的现象系统。换言之,我们必须考察确立起人类行为秩序的规则序列。我们必须从规则系统和经济、社会系统的角度来思考。

对于这种制度系统我们研究的切入点是什么呢?经济学将研究社会制度的产生和演化,一种非常简单的方法上的路径就被提出了。我们应该在一个洛克式的自然状态下开始我们的分析,其中根本没有什么社会制度,而只有行为人及其偏好,以及在他们的控制之下所具有的将投入转换成产出的技术。下一步是研究在这个经济演化的过程中,货币、银行、产权、竞争性市场、保险合同和国家什么时候将会逐渐发展。③

诺思认为"变迁过程源于事实上的持续不断的变化,持续不断的变化源于认知的变化,反过来,引导角色修正或者改变结构,再反过来,改变事实——如此不断地进行。"他在演化分析中发现:"制度框架已经演化了很多代,正如哈耶克提醒我们的,反映在试错过程,也就是从错误中对那些行为模式进行排序。"④制度演化的属性表现一是路径依赖,二是边际调整。

先看制度演化中的路径依赖。按常规,由一个共同体共享的基本价值系统及其元规则是相对稳定的。这有利于较为稳定的制度演化,毕竟,新制度要使人们付出学习成本,并可能在转型期导致协调不良。这常常成为固守传统的一个理由。新规则因此无法在自愿遵

---

① 〔德〕柯武刚、史漫飞:《制度经济学:社会秩序与公共政策》,商务印书馆,2003年版,第170页。
② 同上书,第41页。
③ 〔美〕安德鲁·肖特:《社会制度的经济理论》,上海财经大学出版社,2003年版,第30页。
④ 〔美〕阿兰·斯密德:《制度与行为经济学》,中国人民大学出版社,2004年版,第369—370页。

循者上达到一个临界多数,从而不足以在共同体中得到普通认可。对新规则的认可还常常因人们担心这些创新会冲垮其他规则而受阻。传统的规则系统大都含有许多补充条件,它们有益于严密的网络。而人们为了最好地利用主流规则,也已使自己适应了它们之间复杂的互动关系。"老规则是好规则"的格言很有影响,因为广泛存在的准自动化规则服从降低了协调成本。结果,在制度变迁中存在着路径依赖性,制度系统会在相当程度上顺从惯性。它们通常会循相当稳定的路径缓慢演变。演化性调整而非"痉挛性转换",对于制度发挥节约信息成本的基本功能来讲是必不可少的。① 有学者研究了第二次世界大战期间一个战俘营里各种各样的社会制度的演化。他令人信服地证明,如果所有的社会和经济制度明天就会被摧毁,关于它们的记忆也从人们的脑海里抹去,那么活下来的人将继续创生一系列新的制度,而且即使这些制度在形式上可能与早先的制度不同,但却服务于同样的功能。社会制度是人类创造的,摧毁它们的唯一方法就是摧毁人类本身。如果不是那样,我们不会被阻止去创造使得我们的生活更有效率的社会机制。②

再看制度演化中的边际调整。变迁一般是对构成制度框架的规则、准则和实施的组合所做的边际调整。一个制度框架的总体稳定性使得跨时间和空间的复杂交换成为可能。③

边际调整是多方面的。一是从时间上看,不同层次制度调整的时间有长有短;二是从层次看,各个层次的调整也是不平衡的。从制度演化的层次来看,一个社会的制度框架要以演化的内在制度为基础。洛克、休谟和斯密强调一个社会的制度框架必须以演化的内在制度为基础。有意识制定的、立法通过的规则,以及由政治过程决定的制度的整个架构,都必须以内在制度为基础。④ 内在制度被定义为群体内随着经验而演化的规则,而外在制度则被定义为外在地设计出来并靠政治行动由上面强加于社会的规则。⑤ 这里的内在制度类似于威廉姆森所说的第一层次制度,即嵌入制度或者社会和文化的基础;而外在制度则类似于威廉姆森所说的第二层次制度,即基本的制度环境。

内在制度演化过程的途径是创新和变异——接受和抵制(选择)——使接受者达到临界多数,从而使它们被接受为具有规范力量的共同体准则。对内在制度的认可通常是非正式的,因为它们不会被硬性地强制执行。最终,内在制度为进一步的尝试和演化性变革提供了空间。有些人在一定的环境中会违反一种既有的惯例和习俗。他们接受了受惩处的风险。因为他们觉得,破坏规则仍然是有利的。如果后来证明他们错了,他们将重新服从规则;如果他们做对了,其他人迟早也会看到这种好处,并模仿这种新行为。如果有足够多的人争相仿效这一行为,就会在共同体内形成一个临界多数,从而一种新的内在制度逐渐地演化出来。⑥

对于许多公民来讲,不关心或容忍既有的外在制度仍然是合乎理性的。然而,在既有外在制度强加的成本大得足以使人们难以置之不理的时候,人们会结成有组织的利益集团

---

① 〔德〕柯武刚、史漫飞:《制度经济学:社会秩序与公共政策》,商务印书馆,2003年版,第476页。
② 〔美〕安德鲁·肖特:《社会制度的经济理论》,上海财经大学出版社,2003年版,第31页。
③ 〔美〕诺思:《制度、制度变迁与经济绩效》,上海三联书店,1993年版,第111页。
④ 〔德〕柯武刚、史漫飞:《制度经济学:社会秩序与公共政策》,商务印书馆,2003年版,第122页。
⑤ 同上书,第119页。
⑥ 同上书,第474页。

以贯彻他们的政治意见。在多数现代社会中,政治法规都提供正式的变革渠道,如提出法律异议和议会表决,推动外在规则的有序变革。①

哈耶克关于社会秩序形成的思想类似于威廉姆森第一个层次的制度。哈耶克设计了三个具体层次的演化:第一层次是遗传学演化;第二层次是人类智力和知识产品的演化;第三层次是文化演化。在他看来,文化是一种介于本能和推理的东西,是一种"行为规则"的传统,这些规则在文化传播过程中传承下去。而文化演化中的选择过程决定哪些规则能生存下来。文化演化的基础是"群体性选择",而自然选择在相互竞争的人类群体之间进行选择,因此,作为文化规范的载体,人类群体就必须适应社会成员间交互作用(社会互动)的要求。这三个层次实际上都是威廉姆森所说的第一个层次的制度问题。

有学者用认知的分类标准提出了灵长类/原始人类文化演化的三个阶段:第一个阶段只是一种插曲,以灵长类动物为特征。如猿是一种智慧型动物,但是其表达的方式却非常有限,也称为模仿阶段。第二个阶段是原始人类的认知转换使得模仿文化转向语言和充分发展的口头流传的神话文化。第三个阶段即符号式文化社会的理论阶段,其标志是长期的、文化上不断累积的可视符号发明的历史。

科学方法的建立——采用统计技术,以及理论与经验证据之间复杂的相互作用——改变了我们对于物质和人类环境的理解。在不同环境下,差异很大的人类经验产生了极其不同的文化,以及不同的超自然的信念和制度组合。此外,人们也开始研究,与环境条件相比,心智的基因结构能够在何种程度上塑造文化。演化心理学家认为,几百万年的狩猎/群居生活使心智的基因结构能够适应某些特殊条件,并塑造我们文化的大部分特征。大部分的人类合作行为是由基因决定的。遗传倾向和文化力量之间确切的结合方式还远没有解释清楚。②

■ 相关链接 18-2

民间传说的大数据分析:起源与意义

近年地理信息系统与民族志记录的结合使得经济学家们能够量化和分析偏好的形成以及制度、社会特征、信仰、态度的持续性和经济结果,有效地证实了历史学、人类学、地理学和进化生物学界长期以来的猜想。Michalopoulos 和 Xue 在他们最新的工作论文中,将前工业化社会各民族的民间传说作为其文化特征的重要组成部分,探究了民间传说的起源及其与社会经济特征的对应关系。民间传说是社会的传统信仰、习俗、神话、传说和故事的集合,可以通过口口相传的方式流传下来。这一语料库直接体现了一个民族的特定文化,对我们理解文化发展及其传播有巨大的帮助。

作者围绕着民间传说的母题展开。什么是母题呢?在民俗学领域,母题作为文本中的一个最小研究单位,指的是从口头叙述中简化抽离出来的一个图像或情节元素,具有普遍存在的意义,并且能广泛推广。若干母题的不同排列组合,构成了无数的民间叙述作品。一些母题的例子如下:"太阳是男性、月亮是女性""在与欺骗等反社会行为相关的剧情中,

---

① 〔德〕柯武刚、史漫飞:《制度经济学:社会秩序与公共政策》,商务印书馆,2003年版,第482页。
② 诺思:《制度、制度变迁与经济绩效》,上海三联书店,1993年版。

主角是狐狸、豺狼或土狼""任务给予者是国王或酋长"等。

前工业化时期的母题信息来源于一个独特的民间传说数据集,它是由杰出的人类学家和民俗学家 Yuri Berezkin 倾尽毕生心血收集并编制的。为了尽可能多地囊括非欧洲地区的数据,Berezkin 将母题定义为:出现在至少两段文本中的"任何图像、结构、情节元素或这些元素的任意组合",并将美洲土著民族纳入记录中。他从 940 个前工业化民族的超过 5 万段文本中归类出了 2 320 个母题,建立了首个覆盖全球的民间传说数据集。

接着,作者将 Berezkin 数据库所有母题的标题和描述分解为单词,在 General Inquirer 和 LIWC 两部词典中查找母题描述中所出现的所有单词,以便将母题标记为适当的类别,例如"与农业相关的母题""与服从规范相关的母题"等。最后,作者将各个类别中包括的母题数相加。

作者的实证分析主要分为两步:第一步的目的是研究各民族所处的自然环境是否曾在该群体的民间传说中留下印记。第一步结果发现,与地震相关的母题在地震带的均值(0.2)明显大于在非地震带的均值(0.09);在雷击强度大的地区居住的族群关于"雷""电""暴风雨""洪水"等母题的数目较多;在疟疾稳定性强的地区居住的 30 个族群关于"蚊子""昆虫"等母题的数目较多。此外,环境进一步决定了一个民族的主要生产方式,例如居住在肥沃土地上的民族更有可能依靠农业维持生计等。这种关系在民间传说中也能体现出来:1500 年前农业适应性越高的族群,关于农业的母题越多;而离海岸越近的族群,关于渔业的母题越多。

第二步构建了群体的民间传说与 Murdock 的民族志中记录的该群体政治、经济特征之间的对应关系。作者将 Berezkin 数据库中的民族与民族志中的民族尽可能匹配,最后在民族志的 1 265 个民族中,有 1 233 个能匹配到其民间传说的信息。回归结果发现,民间传说中关于社会层级的母题(例如"酋长""国王""女王"等)的数目能正向反映该民族的政权集中程度。鉴于民族志中没有各民族市场化程度的信息,作者使用了各民族到前工业化时期的贸易航线的距离作为代理变量。结果发现,与贸易相关的母题(例如"买""卖""市场""金钱"等)与航线距离负相关,即与市场化程度正相关。这些结果肯定了民间文学艺术在量化和度量距今久远的前工业化时期的社会特征方面的巨大作用。

文章的最后,作者探究了民间传说中蕴含的文化规范是否能预测其后代们在当今的态度和信仰。答案是肯定的,例如,涉及"服从规范"的母题可以预测当今人们对于逃税、贿赂等问题的反对态度。作者认为,民间文学艺术本身可能是文化跨世代垂直传播的工具之一。

资料来源:Michalopoulos S., Xue M. Folklore [J]. NBER Working Paper No. 25430.

二、自然演化与人为设计

制度是约束人的一种行为规则。关于制度是如何形成的主要有三种观点:一种是制度是自然演化的结果,如哈耶克就持这种观点;另一种观点认为制度是人为设计的结果,这些设计者往往是社会的精英,不少人持有或在自己的理论分析中暗含着这种观点,一些人自觉或不自觉地把制度创新与人为设计联系在一起;最后一种观点认为制度是自然演化与人为设计的结合。

(一) 自然演化

哈耶克指出,我们不知道也不可能知道足够多的东西以便有意识地设计制度。我们想研究制度是如何从制度的自然状态演化的,所出现的制度形式将是模型里的一个内生的变量。制度的出现没有行为人或行为人的组织的有意识设计——是通过人类的行动,但不是通过人类的设计。① 哈耶克关于制度是自然演化的结果的要点可归结为以下三点。

第一,社会经济生活中的利益关系是复杂的,市场自发的秩序是以相互性或相互受益为基础的,自然秩序是最好的秩序。

第二,以允许个人自由地将各自知识用于各自目的的抽象规则为基础的自发秩序比建立在命令基础上的组织或安排更有效率。

第三,自发秩序或法治的极端重要性基于这样一个事实:它扩大了人们为相互利益而和平共处的可能性,这些人不是有着共同利益的小团体,也不服从某个共同的上级,由此才使一个巨大的或开放的社会得以产生。

哈耶克的这些观点是建立在一种理想状态基础上的,现实生活中很难做到这一点,但是他对制度或规则的自然演化的强调是值得我们探讨的。

复杂系统难以计划和操纵。很多这样的系统是自组织和自矫正的。例如,自然生态系统并不受一个管理者管理,或因此,也不是由计划者设计出来的。它的协调在相当程度上要依赖于各种有机体自发的行动和不行动。如果我们研究这样一种生态系统,我们可能会发现,自组织行为依赖于各种因素,这些因素遵循着一定的规则,这些规则自成一个系统。复杂系统还可以是开放的,即它们可能处于一个时期接一个时期的、难以预见方向的演化之中。②

哈耶克认为,制度是个体在模仿那些对自己有利的行为方式的过程中逐渐形成的。在制度演化过程中,经济学家其实扮演着重要角色。这是因为某些制度,类似货币和相当多的法律在演化过程中陷入权力的桎梏,已经被扭曲了。那些普通人可能没有认识到,他们仍然会把这些制度视为对自己有利的制度接受下来,这样就会强化这种不合理的制度。这时,就需要经济学把它指出来,告诉人们这些制度其实不利于他们的利益,需要予以改变,让制度的演化回到正常的轨道上来,也正是经济学家的任务。

(二) 人为设计

与看不见的手的过程形成对照的是审慎设计的过程。门格尔把设计的制度称作"务实的"制度,而把自发出现的制度称作"有机的"制度。务实就是从人类社会联盟或其统治者

---

① 〔美〕安德鲁·肖特:《社会制度的经济理论》,上海财经大学出版社,2003年版,第31页。
② 〔德〕柯武刚、史漫飞:《制度经济学:社会秩序与公共政策》,商务印书馆,2003年版,第162页。

的意图、观点以及可利用的手段等方面来解释社会现象的性质和起源。这可能牵涉单个有权威的个人（君主、独裁者或领袖）或者一群人（委员会或立法机关）。奥地利学派文献中关于务实或设计制度的主要事例来自政府的"积极立法"。对哈耶克来说，政府行为，即使包含多数规则，它的结果也显然不是"自发社会发展"的例子。其他一些例子证明个人或群体会建立具体的组织来实现特定的目标。所以，哈耶克的"次序"或"人为秩序"包括任何被审慎设计以"服务于设计者目的"的制度。这包括企业、协会以及"所有公共制度，包括政府"。① 制度设计过程常常更多地牵涉利益派别间的谈判和讨价还价，牵涉正规政府制度的功能发挥，而这也正是康芒斯以及公共选择理论研究的主题。两者都假定国家的起因部分来自自发过程运作的限制，部分来自群体改变收入分配、增加自身利益的愿望。②

当前的制度经济学研究中有一种倾向，那就是重视制度创新中精英式人物的设计，制度设计的好处就是缩短了自然演化的时间，减少了自然演化中的"试错成本"。但这种人为设计的制度很容易形成既得利益集团，从表面上看这种制度有利于社会的制度创新，但实际上可能只是有利于某些既得利益集团的制度安排。

制度的自然演化过程是当事人不断参与的过程，这个过程也是当事人的利益博弈过程。通过不断反复的博弈及讨价还价，最终形成的制度一般都会达到制度均衡。而人为设计的制度一般把大多数当事人都排除在制度设计之外，人为设计的制度尽管也通过一定的途径征求当事人的意见，但由于费用等方面的考虑，这种意见的征求是很有限的。因此，人为设计的制度很难达到帕累托最优状态。从改革的方式来看，激进式的改革国家一般会采用制度的自然演化方式，而渐进式改革的国家一般会采用人为设计的方式。从价值观看，制度的自然演化过程强调的是个体的自由及选择，而人为设计的制度强调的是集体的意志及选择。人为设计的制度很容易受既得利益集团的影响，在人为设计制度的过程中，谁的呼声高，谁就有可能左右制度的设计。

（三）自然演化与人为设计的结合

制度演化的整个过程是自发过程与设计过程紧密互动的过程。这是由制度的结构所决定的。制度包括正式制度、非正式制度及实施机制。习俗的演化很大程度上是自发的，成文法则主要属于制度设计问题，介于两者之间的是习惯法法院，要由它们裁决争端、制定法律，其途径大多是判定哪一种规则或惯例应纳入法律，但裁决的依据也包括社会目的的标准。康芒斯的体系是演化与设计相互作用的体系，或者如他本来要说的，是个人意志与政府、法院所表达的集体意志相互作用的体系。

新制度经济学中也有自然演化和人为设计相结合的观点。奥地利学派希望把注意力几乎全部放在看不见的手的作用过程上，比较明显地倾向于不依赖意志的主张。可是，博

---

① 〔英〕马尔科姆·卢瑟福：《经济学中的制度：老制度经济学和新制度经济学》，中国社会科学出版社，1999年版，第104页。
② 同上书，第110页。

弈论文献对看不见的手的过程的严格分析,并没有提出这类过程足以产生和维持社会秩序的理由,其中就有设计的观点。新制度经济学的大多数论述以及关于经济史的更一般讨论,很明显地都包含演化与设计两类过程。①

新制度经济学内部对设计和演化的强调同样各不相同。新古典文献对两类过程都有涉及。产权和经济组织常常主要根据设计中的精心努力来解释。而设计的作用在公共选择文献及其他有关国家理论的讨论中表现得非常明显。演化主张经常出现在对基本社会惯例的讨论中。但即使在别处也能发现演化主张。它们对建立在有目的的设计基础上的解释起着关键的作用。②

从以上分析可以看出,新旧制度经济学中都有自然演化和人为设计相结合的观点,纯粹的自然演化和纯粹的人为设计是不存在的,更多的制度来自自然演化与人为设计的结合。可以说,非正式制度一般是自然演化的结果,而正式制度则一般与人为设计联系在一起。值得指出的是,大多数正式制度是建立在非正式制度基础之上的。在从非正式制度向正式制度的转变过程中,那些制度设计者(或精英人物)会把智慧连同利益(或者代表某一个集团的利益)融入制度中,而这也是新制度经济学需要研究的一个问题。

【关键概念】

演化经济学　演化的制度变迁模型　自然演化　人为设计

【思考题】

1. 简述什么是演化经济学。
2. 简述诺思的制度演化理论。
3. 如何理解制度的自然演化与人为设计的关系?

【推荐阅读】

1. 理查德·纳尔逊、悉尼·温特:《经济变迁的演化理论》,商务印书馆,1997年版。
2. 〔美〕谢林:《微观动机与宏观行为》,中国人民大学出版社,2005年版。
3. 〔美〕杰克·J.弗罗门:《经济演化:探究新制度经济学的理论基础》,经济科学出版社,2003年版。
4. 〔美〕H.佩顿·扬:《个人策略与社会结构:制度的演化理论》,上海人民出版社,2004年版。
5. 〔日〕青木昌彦:《比较制度分析》,上海远东出版社,2001年版。
6. 周业安:《制度演化理论的新发展》,教学与研究,2004年第4期。

---

① 〔英〕马尔科姆·卢瑟福:《经济学中的制度:老制度经济学和新制度经济学》,中国社会科学出版社,1999年版,第147页。
② 同上书,第99页。

案例
定居农耕是有史以来人类犯的最糟糕的错误吗?

美国有一位很有名的教授贾雷德·戴蒙德(Jared Diamond,加州大学洛杉矶分校教授,研究方向为演化生物学和生物地理学),他写过很多书,其中以《枪炮、病菌与钢铁》最为出名。他在1999年的时候提出过一个很吓人的观点,说人类一万一千五百年以前发明定居农耕是有史以来犯的最糟糕的错误,直到今天人类还没有从这个错误中走出来,还没有意识到这个错误有多大。

定居农耕错在哪里?耶鲁大学一位教授跟他的合作者找来了一些远古人类遗骸,这些遗骸都埋藏在很深的地下,可能是因为地震之类的原因,没有被氧化。考古学者们把这些骨头挖出来以后,用现代激光技术等手段对遗骸主人们的身高、疾病、身体健康程度进行分析,发现原来狩猎、采摘时期的男性平均身高大概是1.77米,女性大概是1.67米。但是进入新石器时代、定居农耕被发明以后,男性身高下降到了1.62米,女性下降到1.54米。

也就是说,在人类社会普及定居农耕之后,男性和女性的平均身高都下降了。很多人的第一反应是不敢置信。是不是这些考古证据代表性不够强?但我们仔细去琢磨一下,其实这种说法还是有道理的。第一,以狩猎、采摘、游牧为生的原始人不需要种粮食,也不需要养牲畜,他们需要的动植物本来就存在于自然界,他们只要去做最后一道程序——采摘和把动物猎来就好了,不用考虑前期的准备工作。以狩猎为生的原始社会人类平均每星期只需要工作18个小时,农耕社会的人却天天要从早到晚工作还忙不过来。也就是说,从狩猎到定居农耕,人的工作强度大大增加,从这个角度我们就能理解为什么我们需要补充这么多热量和蛋白质了,这是身高变低的第一个原因。

第二个原因是营养结构变坏。我们本来是靠吃各种五花八门的动植物为生的,后来就过渡到驯化动物、培育植物。进入定居农耕的结果就是我们吃的动植物都非常单调,现在很多专家都建议我们的饮食结构要多元化。从这个意义上来说,这是造成人类身高下降的第二个原因。

还有一个原因,就是定居农耕以后加剧了疾病传播。随着人口密度上升,很多不广泛流行的传染病变得容易流行,而且病原体的种类也发生了很大的变化。

以上这些因素加在一起就让戴蒙德提出了问题:为什么要选择定居农耕?还不如回到狩猎采摘的原始生活方式。那时候的生活多浪漫,没事就整天唱歌跳舞,饿了到外面摘一点果子、找一点树根或打一点动物就行了,不用操心制作肥料,不用担心秧苗死掉。

第十九章 技术变迁、制度变迁与经济发展

> 对于技术创新与制度创新之间相互关系的明确理解一直是那些对发展的历史和制度方面感兴趣的经济学家和其他社会科学家所感到困惑的。
>
> ——拉坦

早在二三十年前,诺贝尔经济学奖获得者卢卡斯就曾经提问:为什么世界上有不发达的经济?的确,按照经济学的基本原理,如果所有国家都是法治下有秩序的市场经济,没有制度上的差别,也没有严重的自然灾害和不可应付的严重疾病,那么各国的经济发展程度应该趋同。由讨论到底什么因素决定一国的经济发展开始,我们将在本章探讨技术变迁、制度变迁及相互关系,并分析它们如何影响经济发展。

第一节 什么决定一国的经济发展

奥尔森在研究了大量富国和穷国后指出,国家间人均收入的巨大差距不能用获取世界知识存量或进入国际资本市场的能力差距来解释,也不能归因于可出售的人力资本或个人文化的品质差异。唯一剩下的合理解释就是不同国家的制度和经济政策有高下之分了。国界勾勒出不同的制度或经济政策,这一论据不仅与社会在禀赋约束下产出最大化的观点相矛盾,也直接表明,对经济发展来说,制度和经济政策具有决定性作用。

一、地理决定论

地理决定论强调一国经济发展是由该国的地理、气候和生态条件决定的。自从斯密以来,经济学家们一直在试图解答为何一些国家如此发达而一些国家如此落后的问题。哈佛大学的戴维·兰德斯在《国富国穷》一书中把这归因于国家的地理位置。富国大多位于温带,特别是北半球的温带;穷国则大多位于热带和亚热带。全部国土都位于热带的国家的增长率比非热带国家低0.3个百分点。在投入相同的情况下,热带和干旱生态带的农业产量比温带生态带的产量低30%—40%,而且热带和干旱生态带农业产量的年增长率也比温带生态带低2%。

地理环境是决定人们的工作动力、成就以及生产力的重要因素。早在18世纪,伟大的

法国政治哲学家孟德斯鸠就已发现,富裕与贫穷呈现出地理的集中,并为这种现象提出一种解释。他宣称热带气候下的人们较懒惰,缺乏探究的精神,因此不努力工作、不知创新,这是他们贫穷的原因。孟德斯鸠也推论,懒惰的人倾向于被专制君主统治,例如独裁政治。经济学家萨克斯不强调气候对工作努力或思考过程的直接影响,而是强调两项额外的论点:第一,疟疾等热带疾病对健康有极不利的影响,因此也影响劳动生产力;第二,热带土壤不容许高生产力的农耕。因此,温带气候比热带和亚热带地区有相对优势。地理假说的其他部分是,热带较贫穷是因为热带农业原本就不具生产力。热带土壤较薄,无法保持养分;这个假说还强调,这种土壤也容易被暴雨侵蚀。这种说法当然有一定道理。

地理位置决定各国今天的经济发展水平。世界上最早的几个文明基本上都是诞生在北温带地区:中东、美洲、欧亚大陆等基本上都是在北温带这条走廊上,而赤道国家的经济水平大都比较低,而纬度太高了(比如北冰洋)就很难有文明出现。

但是,在同样的地理条件下,为什么国家之间还是存在巨大的发展差距呢?在较长的一段时期(比如以1万年甚至5万年为单位),也许地理决定论是对的,北冰洋、南极洲、赤道附近都很难有很好的经济发展。但是这个长期到底有多长?如果以100年或者50年为单位,我们发现地理决定论无法解释国与国之间的经济差异。

历史显示,气候或地理与经济成功没有单纯或持久的关联。例如,热带并非总是比温带贫穷。许多贫穷国家(尤其是在撒哈拉以南的非洲)的农业生产力——每英亩土地的农业产出低的主要原因,与土壤品质无关,而是土地所有权结构的结果,是政府和制度为农民创造的诱因所造成。现代世界从19世纪发生的不平等扩大,是由工业科技与制造业生产的散播不平均所造成,而非源自农业生产表现的分歧。

生态学家兼演化生物学家戴蒙德宣称在500年前的现代初期,跨越各大陆的不平等根源于动植物物种具备的不同历史特性,并因此而影响了农业生产力。在某些地方,如今日中东的肥沃新月地区,有许多物种可被人类驯化。而在其他地方,如美洲,却缺少这类物种。有许多物种可供驯化对社会从狩猎采集生活转型为农业生活帮助很大。其结果是,肥沃新月地区发展农耕比美洲早。农耕文明促进人口增长。人口密度增加有助于促进劳动的专业化、贸易、都市化和政治发展。重要的是,在农业为主的地方,科技创新发展比世界其他地方更快。因此,根据戴蒙德的说法,动植物物种可得性的差异制造了农业发展程度的差异,导致不同大陆间的技术发展与富裕程度的不同。在戴蒙德看来,欧洲之所以能够征服美洲,最直接的原因在于二者在技术方面存在差距。而之所以会存在技术差距,最根本的原因在于欧亚大陆在更长的历史时期里都面临着人口密集、高度依赖粮食生产的状态。而这种人口和粮食生产方面的差异又是由欧洲和美洲不同的地理环境决定的。

地理环境对制度形成有影响。戴蒙德曾比较欧洲与中国的地理环境。他认为,中国某种程度上乃是一个"大陆孤岛"。在这个孤岛之中,从南至北几乎贯穿了连续耕作地。而整个欧洲则是破碎的地形,在地理上几座高山将土地分割成了几个大块。地理条件使中国形成了统一国家,而地域分裂则使欧洲形成了多个国家。另外一些学者则认为初始资源禀赋的差异(比如矿产、农作物的不同)使得殖民者在不同地区建立不同平等程度的制度(比如,在拉丁美洲等物产富饶、经济繁荣的地区建立不平等制度以便于掠夺,而在人口稀少、资源禀赋相对贫瘠以及经济相对落后的北美地区则建立相对平等的制度)。

戴蒙德还认为,大陆东西向的宽度较之南北向的长度更有利于文明的演化与进步,因此，人类文明在欧亚大陆（而不是其他板块）上获得了长足的发展，并延伸到全球。这一观点受到了许多挑战，但它再次表明地理因素在我们思考古代文明的发展脉络中占有着显著的比重。

从演化论角度看，文明间（包括农作物）的动态交互频次、强度与时长或许更能体现地缘因素的影响。这在古希腊与古埃及、古罗马人们频繁的交往中有大量事例。两个或多个等量齐观的文明的交互，比之文明程度相差悬殊的交互，对交互各方的促进显然应该更大一些。

由于世界经济全球化与区域一体化的发展，主流经济学理论在解释现有经济现象时遇到越来越多的问题。未来经济增长对自然地理的依赖程度会越来越小。初始地理优势会促进经济网络的发展。但在经济网络形成以后，自然地理对经济行为的影响力会消失。经济积聚的力量会产生一种经济地理，它虽然看起来与一般的地理概念没有什么差别，但实质上却完全不同。如果一个完全位于热带的国家从人均收入高出其他热带国家两倍的基础上开始发展，其增长率将高出 0.7 个百分点左右。这表明一个国家越富裕，自然地理造成的限制就越小。但以克鲁格曼为代表的西方经济学家又重新回归到经济地理学视角，以边际收益递增、不完全竞争与路径依赖为基础，拓展分析经济活动的空间集聚与全球化等经济现象，借此开创了"新经济地理学"。

二、文化决定论

文化决定论是指一个社会的信仰和价值观等决定一国经济发展。从经济发展角度来看，"文化很重要"的论断要成立就需要搞清楚文化通过什么机制影响经济发展。韦伯在他的《新教伦理与资本主义精神》一书中非常强调新教作为宗教的重要性。但是，韦伯只是说他做的这件事情是无限因果链条中的一段。这主要涉及两个问题：一是文化对经济有没有影响，二是文化对经济有多大影响。通过对世界上 100 多个国家宗教与经济的关系所作的实证研究发现，有宗教信仰的国家（地区）更容易建立起共同遵守的制度、法律。

韦伯在考察欧洲的职业统计时发现，在近代企业所有者、经营者和高级熟练工人中，新教徒所占的比例较之新教徒人口比重要大。新教徒在精神方面具有经济合理主义的特质。韦伯断言拥有更多新教徒的国家或地区将获得更好的经济发展，而导致这一结果的主要原因则在于新教信徒信仰中有更多增加储蓄与努力工作的倾向。韦伯提出一个高度争议性的论点：信仰基督新教的地区与近代资本主义的主要区域有密切的重叠，韦伯还证明，只有等到新教伦理到来才会产生"市场经济"。

文化与经济发展的关系还需要得到实证分析的支持。研究发现，信仰基督新教的人口比例，与人均财富、证券交易所的成立时间、19 世纪 70 年代的铁路网密度、19 世纪 50 年代的婴儿死亡率、农业的男性劳动力、工业的男性劳动力都不相关，换言之，19 世纪的欧洲各国信仰新教与否，与平均所得、金融市场的建立等重要经济因素并无统计的显著关系，因而这就明确地反驳了韦伯论点。如果铁路网是发展的重要指标，1900 年的证据是：新教区的铁路网整体来说比天主教区落后，这与韦伯的论点完全抵触。

但是也有研究发现，导致新教对经济发展产生影响的决定因素可能在于新教信徒比其他宗教信徒具有更高的识字率。他们利用1900年普鲁士人口普查数据揭示了不同地区新教信徒占当地人口比例与人均GDP之间的关系,发现韦伯所观察的新教与经济发展存在显著的正向相关关系的确有其合理之处。但将地区识字率与新教同时用以考察对经济发展的影响时,发现新教对经济发展的正向影响消失了,仅识字率起到关键作用。其中原因在于,新教徒比例较高的地方识字率也普遍较高。因此,引起新教对经济发展起促进作用的并不是"新教伦理",而是新教通过提高识字率间接带来人力资本的投资和积累,最终促进了韦伯所说的资本主义发展。

经济学家有三种方法来测度文化:一是使用调查数据;二是控制经济和制度环境后,通过观察二代移民来剥离出文化的影响;三是搜集实验证据。这三种方法中调查数据的方法是运用得最广泛的。

第一种测度方法是在国别层面来测度文化和信念,并且这些测度总是和经济效果相联系的。这种研究方法的缺陷在于内生性问题(反向因果和遗失变量)。经济学家们既可运用工具变量方法解决这一问题,也可构建一个地区水平的文化变量,运用国家固定效应捕获遗失的跨国文化差异。有学者用语言作为检验制度和文化关系的工具变量。这是因为语言既会随着观念的变化不断进化,又不会与当前制度发生直接作用。于是他们运用了若干语法规则计量文化的变化怎样影响制度。例如,使用第一人称代词的文化更加重视个人和个人权利;而在有些文化中,人们用称谓首字母的变化区别人与人之间的不同关系,这实质上体现出更加重视等级差异的文化,由此得出了文化影响制度的结论。此外,还有学者选取语言的多样性指标作为前欧洲殖民地区各国腐败程度和政府效率的工具变量,原殖民地国家目前使用西欧殖民者语言的人口比重在一定程度上代表了西欧对当地的影响,而现代市场经济以及民主制度等是起源于西欧的。因此,西欧对殖民地的影响可以作为制度好坏的解释之一。[①]

第二种测度方法是控制制度变量,考察来自不同国家的移民在同一目的地国家的行为。这一方法有利于发现文化特征的垂直传递(长辈传递给晚辈)。现有文献大多以二代移民为样本,这有助于排除移民的自选择问题。该方法通常以二代移民的产出为被解释变量,以其在原国家的产出为解释变量。回归模型展示了移民面临相同制度环境时的那种文化关联性。文化特征的持久性在二代移民的妇女劳动参与率方面被证实。那些来自高福利国家的移民也更偏好再分配政策。例如,美国郡县当下的犯罪率可能与定居在此的苏格兰人数量有关。这些研究均表明了文化特征的持久性,它不会随人们进入新的制度环境而改变。我们将研究对象推至两代以上的移民,就可以发现随着时间的推移,移民中有的文化特征保存了下来,有的却消失了。接下来的研究需要弄清的是,为什么一些文化特征容易保存而其他的却快速消失。

测度文化特征的第三种方法是实验数据法。主要做法是让不同文化背景的人参与到信任博弈、最后通牒博弈、公共品博弈等游戏中来,并考察他们的不同行为选择。这些研究都只涉及一个小范围的社会,但问题的关键是,从一个小群体博弈中导出的结果是否适用于更大范围的真实社会呢?

当然,不能说有什么样的文化就一定有什么样的制度。如中华文化中存在着许多有利

---

① http://wenku.baidu.com/view/ce24f67a998fcc22bcd10d93.html。

于经济发展的美德,如节俭、勤奋、适应性强、善于处理人际关系、重视教育等,这与韦伯所强调的新教伦理美德是差不多的,但中华文化并没有在历史上将资本主义发展壮大。

三、制度与增长

(一) 经济增长理论及其制度因素

自斯密以来,经济增长一直是经济学家关注的问题,他们在探索经济增长的原因时,将专业化和劳动分工的发展,以及生产技术的进步及由此产生的市场规模的扩大都用来解释经济增长。20世纪70年代之前,西方占主导的经济增长理论是新古典增长理论,如哈罗德—多马模型、索洛—斯旺模型等,这些模型在一定程度上解释了一些西方发达国家的增长实践,然而由于将技术外生化,存在无法解释技术在经济增长中的作用和地位、无法解释不同国家经济增长的巨大差异等问题。20世纪80年代中期,以保罗·罗默(Paul Romer)和卢卡斯为代表的新增长理论强调了知识水平和技术进步是经济增长的决定因素,并对技术进步的实现机制作了详细的分析,对一些经济增长事实具有较好的解释力。但是,新增长理论被认为有两个主要缺陷:一是其模型都对假设条件有严格的假定;二是忽略了经济制度对经济增长的作用。

工业革命是经济史研究的一个重要主题。在工业革命之后,欧洲迅速崛起,并成为世界的领导力量。但是,这一切究竟是怎样产生的?为什么是欧洲率先走出了马尔萨斯陷阱,走上了工业革命的道路呢?在文献中,对此主要有两种解释:第一种是内生增长理论的解释。这种理论强调工业革命是一个自我强化的"干中学"过程,并认为它的发生和地理结构或人口规模相关。第二种是制度主义的解释。这套理论认为,是良好的制度结构或者促进合作的社会规范或文化促成了工业革命的产生。无论是以上的哪一种理论,目前都有相关的史实案例予以支持。

为什么在非欧洲文化中,技术知识上的巨大进步并没有导致一次工业革命?特别是,为什么中国的卓越技术,尤其是宋代的技术,从未转变为一次工业革命?这是因为在中国和其他亚洲大国中,缺乏一定的社会、政治和法律前提,即缺乏一定的制度。在那些巨大的封闭经济中,统治者们在其疆域内无须为吸引和留住有知识的、具备企业家才能的人而竞争,统治者们也无须培育那些聚集资本和对企业家有吸引力的制度。

忽视制度和制度变迁是不可能对经济增长和发展做出满意的解释的。在大量统计分析的基础上进行经济增长因素分析的经济学家,在因素分析中逐渐对制度因素的重要性有越来越清晰的认识。

爱德华·丹尼森(Edward Denison)利用他在1962年设计的增长因素分析方法,对1950—1962年在美国、英国、法国、德国、意大利、比利时、荷兰、丹麦和挪威9国的真实国民收入增长率进行因素分析,他把应该计算的因素都计算后,发现经济增长率中仍有"余值"或"剩余"存在。这些"剩余"应该归入哪个因素呢?有人把它归入技术,有人把它归入人力资本,而新制度经济学家则把它归入制度。

诺思与托马斯在1973年合著的《西方世界的兴起》一书中明确指出:无论是资本积累、规模经济、创新勃兴,都是经济增长本身的各种体现而已,不是经济增长的原因;经济增长的关键,或者说西方世界兴起的真正原因,在于有效率的经济组织的形成,其特征是确立了产权界定清晰、契约执行有效的制度安排,从而造成一种激励,刺激个人去从事那些能促进经济增长的活动。

美国经济学家库兹涅茨在关于经济增长源泉的分析上强调了制度的重要性。库兹涅茨最早从事国民收入统计的研究,并创立了国民生产总值(GNP)核算体系。他在大量统计资料的基础上,对促进经济发展的各种因素进行综合分析,从数量和结构方面对经济增长的趋势作了说明。他发现了制度在经济增长中的作用:经济增长应该是由于应用了各种先进的现代化技术实现的;然而先进技术只是潜在和必要的条件,不是充分条件;若要保证先进技术充分发挥作用,必须有相应的制度和意识形态的调整。

(二) 经济增长理论中对于"制度作用"的三种观点

关于制度在经济活动和经济发展中的地位和作用,经济学家有三派观点:

① 制度被省略或忽略不计。如经济增长模型、新古典经济增长模型、剑桥学派经济增长模型等就是将制度视为"自然状态"的一部分,因而制度被剔除掉了。在他们看来,这些制度不会发生变迁,它们或者是外生的,或者是一个适应于增长动态的变量。

为什么一些经济学家要把制度省略或剔除掉?可能有三个原因。第一,这是经济学家"分工"观念的产物。在一些经济学家看来,制度、规则、意识形态、法律、文化等因素在经济发展中固然重要,但应该把它们留给政治学家、法律专家、文化专家们去研究。第二,在交易成本这类概念产生之前,经济学家们缺乏一种"范式"来分析制度之类的问题。第三,第二次世界大战后,西方经济学家们研究经济增长问题主要是以发达国家为背景进行的。发达国家的制度问题显然没有在其发展初期或其他发展中国家的制度问题严重。与此同时,这些经济学家们主要关注的是短期的增长问题,而不是长期的增长问题。

② 制度很重要,但被视为外生变量。这些经济学家认为制度变迁可能是重要的,且在社会经济发展过程中不可缺少,但其关键的基本假定是这些制度变迁与经济增长无关,因此,制度被视为外生的变量。

在一个制度体系比较成熟的国家里,可以在一定条件下假定制度结构与制度变迁是给定的,不会影响分析结论的正确性。但如果是对一个发展中国家或者处于新旧体制转轨时期国家的经济发展进行分析,那么这种假定将严重影响分析结论的正确性。

③ 新制度经济学家视制度为经济领域的一个内生变量,制度在长期经济增长的分析中至关重要。[①]

20世纪80年代中期以来,随着新制度经济学的广泛传播,越来越多的经济学家已认识到,不同国家经济发展的初始制度结构大相径庭,这要求其发展路径也相应做出调整;不存在单一的成功发展模式。

---

① T. W. 舒尔茨:《制度与人的经济价值的不断提高》,载科斯等:《财产权利与制度变迁:产权学派与新制度学派译文集》,上海三联书店,1991年版,第256—257页。

在20世纪80年代以后,文森特·奥斯特罗姆(Vincent Ostrom)、戴维·菲尼等一批学者利用科斯和诺思等人开创的新制度经济学分析方法,对以资源、技术和人的偏好来解释经济增长的传统经济思想提出了挑战。一些发展经济学家大量引入和运用新制度经济学的研究成果,从制度角度来探寻经济发展成败的根源,使经济发展理论不断得到充实。在短短的十几年内,新制度经济学分析方法已经引起了发展经济学家的高度重视,制度内生的经济发展理论已成为发展经济学的一种流行的观点。

(三) 制度假说

制度假说是指,人们为组织社会所选择制度的差别,即那些影响社会中的个人和企业面临的激励差别,是导致他们的相对繁荣程度有所差别的原因。由制度假设可得出以下推论:① 不同社会有不同的制度;② 不同制度下的激励机制是不一样的;③ 激励决定社会积累生产要素和采用新技术的程度。

制度决定论是指对社会个体产生激励和制约作用的规则和规范等决定着一国经济的发展。制度是经济发展的最直接原因。在很多情况下,制度还被证明是推动社会发展的物质条件出现的外在原因。

自诺思和托马斯等提出制度变迁与经济增长的关系问题以来,制度对于经济增长的作用机制成为研究热点,涌现了大量文献。关于制度对于经济增长的作用机制的研究表明,制度导致了各国间的人力资本积累、物质资本积累以及生产效率的差异。对制度变迁与经济增长之间的关系进行实证研究表明,制度质量越高,人均收入水平越高,间接说明经济增长水平也越高。

美国马里兰大学的两位经济学家默瑞尔和奥尔森指出,为了更准确地衡量一国经济的真实绩效,需要考虑其实际人均国民收入增长率和潜在人均国民收入增长率的差距,即良好的经济绩效意味着一国能尽可能地挖掘该国经济增长的潜在能力,缩小其实际人均国民收入增长率和潜在人均国民收入增长率的差距。根据他们的研究,计划经济国家和市场经济国家在1950—1965年、1965—1980年这两个时期的经济绩效如表19-1、表19-2所示。

表 19-1　计划经济国家和市场经济国家 1950—1965 年间经济绩效比较

(单位:%)

	实际增长率 (1)	潜在增长率 (2)	增长率差距 (2)-(1)
市场经济国家	3.75	5.49	1.74
计划经济国家	4.43	6.05	1.62

表 19-2　计划经济国家和市场经济国家 1965—1980 年间经济绩效比较

(单位:%)

	实际增长率 (1)	潜在增长率 (2)	增长率差距 (2)-(1)
市场经济国家	3.36	5.13	1.76
计划经济国家	3.24	5.71	2.48

根据表 19-1 和表 19-2 可以看出,在 1965—1980 年,市场经济国家人均国民收入增长率和潜在增长率的差距(1.76%)和 1950—1965 年(1.74%)相比基本相同。但计划经济国家人均国民收入增长率和潜在增长率差距从上期的 1.62% 扩大到 2.48%,差距扩大了 53%。这表明,与计划经济体制相比,市场经济体制更有利于资源配置。而计划经济体制和市场经济体制的差距实质上是制度的差距。

分析经济发展与制度关系的计量方法之一是有关经济增长率的横截面回归。克里斯托夫·克拉格分析了经济增长与制度的关系。在他的分析中,被解释变量是各国 1969—1990 年人均实际 GDP 的增长率。除制度以外,解释变量还有人均实际 GDP 的对数值(1969 年)、初等教育入学率(1960 年)、中等教育入学率(1960 年)、汇率下降率(1969—1990 年)、货币供给量(M2/GDP,1969—1990 年的平均值)(见表 19-3)。

对制度的替代变量的选择至关重要。在克拉格的分析中,他通过三种替代性的方法测定制度。在表 19-3 中记为 CIM 的变量是克拉格所称的"契约集约型货币",指的是

$$\frac{M2-现金通货}{M2}$$

由于 M2 是"现金+活期存款+定期存款",CIM 这一指标越大,表示人们越是以存款的方式保有货币。克拉格等人认为,根据这一点,可以测算出在制度上对契约(存款契约)的保护程度。还有两个制度变量 ICRG 指标和 BERI 指标,它们是民间风险评估公司提供的各国制度质量的商业性评价指标,都是用来测量法律的支配程度、政府不履约风险低到什么程度、政府腐败低到什么程度等指标化的数据。如果这些指标越高,那么制度质量就越高。

表 19-3 制度与经济增长率

	被解释变量	人均实际 GDP 增长率(1969—1990 年平均)		
		所有样本	所有样本	发展中国家
解释变量	常数项量	6.89(2.05)	10.17(2.02)	15.81(2.75)
	人均实际 GDP 对数值(1969 年)	−1.48(0.35)	−1.77(0.31)	−2.7(0.41)
	初等教育入学率(1960 年)	2.2(0.82)	2.3(0.78)	3.97(1.01)
	中等教育入学率(1960 年)	2.74(0.86)	1.39(0.90)	1.86(1.13)
	汇率下降率(1969—1990 年平均)	−2.65(1.37)		
	M2/GDP(1969—1990 年)	1.24(0.65)		
	CIM	4.53(2.01)		
	ICRG		0.11(0.02)	
	BERI			0.43(0.10)
	调整后的 R^2	0.31	0.43	0.53
	观测数	96	101	48

表 19-3 反映的是数据可利用的所有样本国的结果和将样本限定在发展中国家的结果。观测数为 96 和 101 的两列是有关所有样本的结果,观测数为 48 的一列是有关发展中国家的结果。制度变量 CIM、ICRG、BERI 的系数都为正,而且与括号内的标准差比较起来数值很大。换言之,用三个替代性制度变量中的任何一个测量时,都可以得出制度质量越高、经

济增长率越高的结果。① 这一实证分析表明,制度与经济增长有着内在的联系。

经济发展的过程从某种意义上说就是一个制度变迁的过程。在传统经济学中,制度被视为既定的;而在新制度经济学家看来,在人类社会经济发展历史上,制度是至关重要的。诺思认为制度框架将勾勒获取知识和技能的方向,而这一方向将是该社会长期发展的决定性因素。②

刘易斯认为,制度变化与经济发展两者是相连的、相互促进的,但在不同的环境条件下,制度对经济变化的作用效果不一样,它取决于制度在多大范围内给人们从事经济活动的努力以激励、组织协调和经济自由。由于制度的演变是自我增强的螺旋式过程,因此经济增长也不可能是持续上升的。在经济增长上升或下降的转折点上,制度通过各种方式产生重要的影响。社会制度的变化具有周期性特点,它与经济增长的加速、停滞、下降、回升交替性变化过程相呼应。③

如何解释在历史长河中经济绩效的差异？为了解决这个问题,诺思等使用了均衡分析框架来分析制度创新。他们认为,制度创新是制度从非均衡到均衡的演变过程,通过创新活动,创新者或创新集团取得因制度变革而带来的潜在利益。制度创新可能使个人或团体获得在现有制度下不可能得到的利润,在市场规模扩大、生产技术发展及由此引起的一定集团或个人对自己收入预期的变化等因素的作用下,当预期收益超过预期成本时,一项新的制度安排就会被创新。现有制度与新的制度安排之间可能存在的利润差称作"外部利润",在新制度条件下,这些利润实现后,制度达到一个均衡。制度在均衡——非均衡——均衡的不断循环中推动经济增长。

相关链接 19-1

是市场,令财富之泉涌流不息

国家需要资源,大油田、大矿产的发现足以成为地区甚至全局经济增长的动力。矿产资源的分布主要取决于自然条件,然而,能否勘得矿产并充分利用,可能并不完全由自然条件决定。通过影响勘探力度,当时当地所施行的经济制度将影响矿产发现的频率。

Arezki、Ploeg 和 Toscani 刚刚被 *Journal of Development Economics* 接受的研究即对以上假说做出了检验,其结论相当简洁:转向市场制度,将导致大矿产的发现频率上升一倍还有余;联结制度与探矿成功间的因果渠道是勘探支出的上升。

这篇文章在数据方面下了很大功夫。在 Horn(2014)研究的基础上,作者整理了世界各国历年发现的可采储量大于等于 5 亿桶的数量;自 MinEx 机构处,作者获得了铁矿石、铝土矿等矿产的勘探数据。此处,文章仅考虑以当期价格计、经济价值大于 5 000 万美元的矿产。自 SNL 机构处,作者整理了各国历年的勘探开支数据。

借助已有的研究成果,作者通过以下几项指标判定一国是否已市场化以及转向市场化

---

① 〔日〕冈崎哲二:《经济发展中的制度与组织》,中信出版社,2010 年版,第 62—64 页。
② 〔美〕道格拉斯·诺思:《制度、制度变迁与经济绩效》,上海三联书店,1994 年版,第 105 页。
③ 制度周期性变化的理论有:"生物周期理论""社会形态理论"和"社会集团理论"。然而刘易斯强调:经济增长速度的变化并不是由制度演变而引起的,必须区分由于改变经济机会而引起的变化和由于制度的演变而导致的变化。人口规模和职业结构、国际经济关系和政府职能对经济发展也有影响。

的时间；平均进口关税是否小于40%，非关税壁垒是否覆盖40%或更多的进口商品，黑市溢价是否小于20%，等等。结合以上信息及其他经济指标，文章建立了一个横跨128国、囊括33种资源、覆盖60年时间段的面板数据集。

文章既做了控制国家-年、国家-资源类型等层面固定效应的普通最小二乘回归，又将周边国家状况作为工具变量，做了进一步的识别工作。具体而言，文章构造了以下变量作为用于识别的工具变量：以距离为权重的其他国家的经济制度，及尚未采取市场化制度的国家的经济增长率的平均值。其背后的理论在于：一国市场化将推动他国市场化；然而，如果周边没有采取市场化的国家也取得了较快的增长，那么改变的动力将因此减弱。

文章大体上的估计结果如下：采取市场化制度，平均而言将使得一国每年探得的大型矿产数量上升0.014。这绝不是一个小数目：一百多个国家、几十年间，每国每年探得的大型矿产数目不过0.01。因此，这是一个幅度甚于翻倍的提升。文章进一步检验了以上变动的渠道：勘探开支在因市场化显著上升的同时，又与探得矿产数目显著正相关。

文章对以上结果做了许多稳健性检验，包括但不限于：引入许多控制变量，并控制周边他国的各类特征，且进一步尝试以距离加权前述控制变量的回归；分大洲、资源类型及年代重复前述回归；以人均数据替代总量做回归；因面板数据包含较多取值为0的样本，而以泊松回归替代最小二乘；用与市场化制度密切相关的政治风险指数做回归，等等。在以上绝大部分检验中，前述结果均保持显著。

文章还用一个简单的模型解释了以上实证结果，此处不再赘述。总之，文章在构建内容充足的数据库的同时，也丰富了我们的认识：经济增长中，自然禀赋并没有我们想象的那么"外生"；制度可能因"资源诅咒"而堵塞财富创造的源泉，也可能因激励而促进创造财富的源泉充分涌流。当然，作者也承认此处内生性的问题可能未获完全解决；对相关问题，仍有必要做进一步的研究。

资料来源：Arezki R.，Ploeg F.，Toscani F. The Shifting Natural Wealth of Nations：The Role of Market Orientation [J]. *Journal of Development Economics*，2019，38：228-245.

第二节 经济发展中的技术变迁与制度变迁：联系及互动

一、经济发展中的"技术决定论"

技术决定论认为，技术是社会经济发展过程中的关键性力量，制度只是被动地或滞后地调整。技术决定论有两个核心命题：一是说技术是自主的，技术变迁是技术内在逻辑的产物；二是说技术变迁决定制度变迁和社会发展。

马克思认为，在人类社会发展过程中，生产力决定生产关系，生产力是决定性的、革命性的力量。根据马克思的观点，技术属于生产力的范畴，制度属于生产关系的范畴，因此，技术创新决定制度创新。

凡勃伦认为,制度是一种习惯或者惯例,制度的改变总是被动的。凡勃伦的"技术决定论"主要包括以下三个方面:第一,物质环境(技术)决定制度,因为制度就其性质而言,就是对这类环境引起的刺激发生反应时的一种思想的习惯方式;第二,物质环境(技术)是不断变化的,制度是以往过程的产物,同过去的环境相适应,无论如何也赶不上天天都在变化的环境(技术);第三,制度具有保守的倾向,除非是出于环境(技术)的压迫而不得不改变,一般总是想无限期地坚持下去。①

阿里斯的技术决定论比凡勃伦更为彻底。他认为,制度对技术创新只有阻碍作用。在他看来,人类行为本质上分为两种类型:一种是工具使用或者被称为影响生产的技术活动,另一种是强化地位与权威的礼仪活动,即制度。前者是动态的、不断前进的,而后者是静态的、保守的。制度始终是日益进步的变革的阻碍。

法国技术决定论者雅克·埃吕尔(Jacques Ellul)在其《技术社会》和《技术秩序》中表述了技术决定论的思想:第一,技术是自我决定的,技术能自我增长,自我扩展,技术的进步是不可逆的;第二,技术能够导致社会的变革,但经济和政治不是技术发展的条件,技术对于价值、观念和国家来说是自主的;第三,技术会自动选择,技术会选择人,但人不能选择技术,面对自主的技术,人没有自主性。

技术决定论的局限性表现为,它不能解释在人类社会经济发展过程中的一些现象,即人类历史上有不少时期并没有出现大的技术进步或没有出现技术变迁,但仍然存在生产率提高、成本下降等现象。另外,技术决定论还忽视了其他因素在社会经济发展中的作用,如人口压力代表着对食物需求的增加,在供给不足的情况下,必然要求制度变迁能产生更多的预计回报。

二、经济发展中的"制度决定论"

在新制度经济学派看来,制度在社会经济发展中至关重要,制度创新决定着技术创新,制度是经济增长的决定因素。高效率的制度安排是经济增长的关键。技术存量规定了人类活动的上限,但其本身决定不了人类何以成功。反之,正是制度安排决定了知识和技术的增长速度。即使没有技术创新,通过制度创新亦能实现经济增长。正是产权、组织和市场因素为技术创新提供了激励,并最终带来技术进步、经济成长和社会变迁。

诺思是制度决定论的代表人物,他在运用科斯的交易成本和产权分析方法的基础上,对制度的重要性进行了深入的研究。经济史学家已经将注意力集中于技术变化,把它看作增长的源泉,但是,如上所述,制度安排的发展才是主要的改善生产效率和要素市场的历史原因。更为有效的经济组织的作用,如同技术发展对于西方世界增长所起的作用那样,大大吸引了人们的注意力。②

诺思和托马斯反复强调了制度变迁比技术变迁更为优先且更为根本的观点。他们在

---

① 〔美〕凡勃伦:《有闲阶级论》,商务印书馆,1964年版,第138—142页。
② 诺思:《制度变迁和经济增长》,载盛洪:《现代制度经济学(上卷)》,北京大学出版社,2003年版,第290页。

《西方世界的兴起》一书中将更为集约的耕作制度(如二田制对三田制的替代)视为一种制度对相对要素价格变化(而不是技术变迁)的回应。进而,他们强调了一个市场经济的扩张即便在没有发生技术变迁时,也能为人均收入的提高做出贡献。① 从管理学的角度看,钱德勒在一个范围不很广的研究中论证到,美国工业于20世纪50和60年代发生的规模经济更多地是制度创新的产物,而不是技术变迁的结果。②

通观人类的过去,我们可以看到新技术不断地被开发出来,但步伐缓慢,时有间断,主要的原因就在于对发展新技术的激励仅仅是偶然的。通常,创新可以被别人无代价地模仿,而发明创造者得不到任何报酬。直到现代,不能在创新方面建立一个系统的产权制度仍是技术变化迟缓的主要根源。与产业革命相联系的技术变化要求事先建立一套产权,以提高发明和创新的私人收益率。③ 改进技术的持续努力只有通过提高私人收益率才会出现。在创新缺乏产权的情形下,技术变化的步伐大多数主要受市场规模的影响。如果其他条件不变,创新的私人收益率会随市场规模的扩大而上升。以往技术变化率的提高是与经济扩张相联系的。④ 制度框架所建立的激励结构在规范技能与知识的形式中起着决定性的作用。

有效率的经济组织是增长的关键因素。诺思与托马斯在《西方世界的兴起》一书中,在对欧洲经济发展的历史作了重新考察的基础上,批驳了那种把近代欧洲经济高速增长的原因归结为产业革命的结果的传统观点,认为产业革命所包含的技术创新、规模经济、教育发展和资本积累等现象,本身就是经济增长,或者说,产业革命不是近代欧洲经济增长的原因而是其结果,真正决定性的原因是私有产权制度的确立。这种经济增长之所以发生在欧洲的某些国家,却没有发生在其他一些甚至历史文明更悠久、资源更丰富的国家,就是因为在那些国家里始终没有建立起一整套能够激励人们的生产性活动从而有利于经济增长的私有产权制度。

经济组织的变化及完善对技术进步有推动作用。市场规模的扩大也诱发了组织变化,组织从诸如家庭和手工业生产的纵向一体化走向专业化。专业化导致考核投入和产出的交易成本的增加,其结果助长了权威和中心对投入品的监督以改善质量,从而从根本上降低了设计新技术的费用。

从制造业的经济组织变化中,我们可以很好地看到构成产业革命特征的交易成本与技术变化之间的相互作用。从手工到分料、到户制、再到工厂制跨越了三个多世纪。解释这一转变的关键是市场规模的扩大与质量控制问题(产品特性的考核)。在经济组织的这一转变中,劳动工资变化了,投入和产出的检测手段急剧变化了,对技术变化的激励提高了。

大多数有关产业革命的文献的侧重点是从技术变化到工厂体制,而不是从中心车间到管理、到更大程度的专业化、到更好的对投入贡献的考核再到技术变化。交易成本与技术当然是密不可分的,它增加了专业化从而导致组织创新,组织创新又导致了技术变化,技术

---

① 〔美〕R. 科斯、A. 阿尔钦等:《财产权利与制度变迁:产权学派与新制度学派译文集》,上海三联书店,1991年版,第332页。
② 〔美〕艾尔弗雷德·D. 钱德勒:《战略与结构:美国工商企业成长的若干篇章》,云南人民出版社,2002年版。
③ 同上书,第166页。
④ 〔美〕道格拉斯·C. 诺思:《经济史中的结构与变迁》,上海三联书店,1991年版,第186页。

变化进而需要组织创新去实现新技术的潜力。① 正是较充分界定的产权（与自由放任不同）改善了要素和产品市场。市场规模的扩大导致了更高的专业化与劳动分工，从而增加了交易成本。组织的变迁旨在降低这些交易成本，结果在于市场规模扩大以及发明的产权得到更好的界定，从而提高了创新收益率，同时创新成本得到根本性的降低。正是这样一系列变化为联结科学与技术的真正技术革命——第二次经济革命——铺平了道路。

制度决定论的局限性表现为，经济发展在历史上并不一定始终由制度决定。即使诺思的新经济史学也没有回答这个问题，他所说的海洋运输生产率的提高也好、西方世界的兴起也好，都是人类社会经济活动中的某一个阶段，这些分析都只是证明了制度在这个阶段起着极为重要的作用。另外，制度决定论由于受制度对经济绩效的影响难以量化等因素的制约，其分析还主要是限于逻辑和假设，制度对经济发展的绩效如何量度成为制度经济学亟待解决的主要问题。

三、技术变迁与制度变迁的联系及互动

关于技术变迁、创新扩散以及制度对两者的影响的更长期的动态考察应该在经济分析中起着更加核心的作用。正如拉坦所言："对于技术创新与制度创新之间相互关系的明确理解一直是那些对发展的历史和制度方面感兴趣的经济学家和其他社会科学家所感到困惑的。"② 技术变迁与制度变迁具有同样的功效，但是各自又有相对的独立性。技术创新和制度创新共同构成互相联系、互相推进的有机整体，唯有把它们整合在一起，才能形成推动经济增长的现实力量。

例如，在人类经济发展历史中，金融危机是不可避免的。但是，危机的严重程度很大程度上取决于制度。20世纪30年代大萧条爆发后建立的金融监管制度，相当成功地保证了几十年来没有重大金融危机。而到2008年次贷危机爆发，其原因就是制度上出现了重大的问题。这是因为，这期间技术变化以及与之相关的社会变化，使过去建立的制度在一些方面过时了。技术变化中最突出的是信息技术和金融技术的变化。技术变化了，但制度并没有随之发生变化。

如果把技术变迁与制度变迁结合起来分析，我们发现这两者的所谓决定论最终要与成本联系起来，它们对于社会经济发展的绩效都可以用成本来分析。如斯密德所说，成功的技术变化和制度变迁都能够降低交易成本和转换成本，只是降低交易成本和转换成本的性质和程度有差异而已。制度变迁是经济增长的源泉，技术并没有指定制度选择。③ 实际上，即使有技术变化了，但选择什么样的制度，或者制度是否必然变化，并不仅仅取决于技术变迁。从斯密德的观点来看，技术变迁与制度变迁具有同样的功效，但是各自又有相对的独立性。

把制度与技术决然分开是很困难的，这是一种动态的互相作用：制度对技术产生影响，而技术对制度也产生影响。实证经济学特别关心涉及人类和自然的关系的社会组织或现

---

① 〔美〕道格拉斯·C.诺思：《经济史中的结构与变迁》，上海三联书店，1991年版，第190页。
② 拉坦：《诱致性制度变迁理论》，载科斯等：《财产权利与制度变迁》，上海三联书店，1994年版，第329页。
③ 〔美〕阿兰·斯密德：《制度与行为经济学》，中国人民大学出版社，2004年版，第280页。

存秩序,也就是通过人与人之间关系的研究,物质再生产中人与自然的关系被制度化了。[①] 根据马克思的分析,人与自然的关系可以用生产力来研究,人与人的关系可以用生产关系来研究。制度经济学的一个重要贡献就是系统研究了"物质再生产中人与自然的关系被制度化"的过程及制度体系是如何形成的。

技术创新对改变制度安排的收益和成本的普遍影响,使之成为影响制度变迁的一个重要因素。这主要表现在以下三个方面:

第一,技术创新对改变制度安排的收益有普遍的影响。技术创新使产出在相当范围内产生了规模报酬递增,从而使建立更为复杂的经济组织形式(如股份公司)变得有利可图。作为规模经济的一个副产品,技术创新产生了工厂制度,也产生了使当今城市工业社会得以形成的经济活动的聚集。

第二,技术创新不仅增加了制度安排改变的潜在利润,而且降低了某些制度安排的操作成本。例如,电报、电话、计算机和卫星通信工具等技术创新的发展,使搜寻、传递信息的成本大为降低,这正是一两家证券交易所得以支持一个全国性证券市场的重要物质条件。

第三,由制度创新所释放的新的收入流是对制度变迁需求的一个重要原因。新制度经济学家探讨组织产生的原因时,往往离不开知识和技术的背景。组织的逻辑往往是:技术创新使大量生产成为可能,降低了生产成本但同时产生了高额的交易成本,如果完全使用市场交换,交易成本将高得使技术创新所带来的好处消失,因而产生了组织。拉坦认为"无疑,由技术变迁所释放的新的收入流确实是对制度变迁需求的一个重要原因……现代法人组织的发展代表了对19世纪的运输、交通和制造技术的进步所创造的经济机会的制度回应……技术的进步可能会调动个人对其资源进行重新配置的积极性,以及为了再确定产权以实现新收入流的分割而组织和引进集体行动的积极性。"

由于技术创新是生产力中最活跃的部分,因此,实践中往往是技术创新对制度提出新的要求,从而导致制度的变革。所以,技术创新往往是创新的突破口,无论技术创新是由技术的推动还是由需求的拉动或是由科学、技术和市场的共同作用引起的,来自市场的竞争和需求是企业技术创新的最根本动力。由此可见,是技术创新的需求拉动了制度的创新,制度本身有很大的惰性,制度一旦形成,如果没有足够的压力和刺激,人们不会考虑改变它;而技术就不一样,尽管技术的发展方向受社会经济发展的影响很大,但它是积极主动地变化,这是因为人们为了生存和发展总要积极能动地去改造自然。因此,制度创新在某种程度上成为技术创新的"桎梏"和"瓶颈",这是由于制度创新滞后造成的。

技术创新和制度创新之间的运行规律是这样的:技术创新总是连续进行的,它开始往往是在既定的制度框架内进行的,这是稳定发展阶段,在这一阶段内,技术创新是创新系统运动的主要方面,而当技术创新达到一定规模和水平,就必然要求制度发生变迁以适应技术创新的需要,所以说制度创新是非连续的、突变的。由此可见,技术创新是制度创新的源泉和动力,也是制度创新的前提,而制度创新又是技术创新的必要准备。

技术创新和制度创新互相影响、互相促进。事实上,如果将创新看作一个系统,那么技

[①] 〔美〕A. S. 艾克纳:《经济学为什么还不是一门科学?》,北京大学出版社,1990年版,第170页。

术创新和制度创新是它的两个不可或缺的组成部分,双方共同构成互相联系、互相推进的有机整体。技术创新和制度创新之间的关系以及它们在创新体系中的地位和作用不能一概而论,作为一个系统的两个组成部分,在不同的时间、不同的地点、不同的发展阶段,矛盾运动的主要方面也会发生变化。正是由于技术创新和制度创新的此起彼伏的矛盾运动,才构成了创新系统的不断发展,创新系统的螺旋式上升过程导致技术创新和制度创新的水平不断上升。

相关链接 19-2

铁路和电报打开了美国中西部的辽阔草原和牧场,使之成为美国工业化东海岸的肉库和粮仓,并打入了庞大的欧洲市场。新鲜牛肉供应链的建立是由斯威夫特这家公司完成的。斯威夫特是波士顿一家小型屠宰批发公司,靠着垂直整合整条供应链(从牧场放养到牛肉上餐桌),建立起横跨北美大陆的经济帝国。它不仅缩短、规范化了斯威夫特运输牛肉的时间,还极大地提高了信息传递的速度和质量。斯威夫特在建立这个供应链过程中推动了以下进程:① 电报和铁路是一起建设的,它们的传递线路紧紧挨着。1849 年,纽约和伊利铁路率先使用电报来控制列车运行。5 年后,这成了各家铁路公司的标准做法。② 统一了时间和价格。19 世纪中叶,美国有两百多种不同的当地时间,就连贯穿城市的美国铁路公司也采用了 80 多种不同的时间,既麻烦,还容易出错。于是,在 1883 年,铁路实行统一时刻,并采用了延续至今的 4 个时区。与此同时,同种商品在美国东西海岸各城市之间的成本越来越一致了。商品价格不仅下跌了,而且对买卖双方来说,变得越来越容易预测了。这时芝加哥开始出现了期货市场。③ 从运活牛到运冻牛肉。运活牛的问题比较多,例如,运到目的地总有一定比例的死牛;运输活牛还意味着运送毫无价值的重量和空间,因为一头牛有 55% 的部分是不能食用的;每一个城镇都有自己的屠宰场,规模效率低下,等等。后来斯威夫特建立了冷藏火车运输冻肉系统,其特点表现为,一是大量货物通过以快速运输和通信为基础的系统运输;二是系统靠需求拉动,而非受供给推动。利用电报,零售屠户所下订单传递到总部和驻守牲畜棚的采购员,告知每天所需的品种、等级和数量。电报有效地平衡了供给和需求。到 1903 年,斯威夫特成为全世界最大的肉类加工厂。

在供应链的创建过程中,技术和创新都重要,但政府的支持和制度保障也很重要。当时,东部的批发屠宰户试图保护自己的垄断地位,于是,他们要求制定法律,由牛肉食用地的官方出面,在屠宰之前 24 小时内对活牛进行检查。这种制度就是试图阻止冷藏火车运输冻肉系统的形成。1890 年,美国最高法院宣布,这类法律违背了跨州贸易。在最高法院的支持下,冷冻牛肉市场才得以继续存活。

资料来源:阿兰·斯密德:《制度与行为经济学》,中国人民大学出版社,2004 年版,第 289 页。

第三节 生产技术与社会技术

生产技术描述了将投入转化为产出的方法,社会技术则描述了社会制度创造行为模式的方法或机制。但是,生产过程也只有在适当的制度框架下才会产生效率。生产技术在国家之间是容易移植的,而社会制度的移植却是相当困难的。这里所讲的生产技术类似前面的技术变迁,而社会技术类似前面的制度变迁。

一、社会技术和生产技术是互补的

经济发展中社会技术和生产技术的互补和互动关系的表现是多方面的:第一,生产技术创新有时会同时要求社会技术创新。例如,新的生产、运输、通信、消费方式有可能使改变产权界定或调整商务惯例和工作常规成为必要。例如,19世纪的铁路建设热潮不仅带来了技术变革,还带来了治理股票证券市场的新制度。[①] 第二,社会技术影响竞争的结果和技术进步的内容与进程。[②] 第三,一些生产技术的使用和推广需要有社会技术的配套。例如一些相对独立的技术的应用比较快,另外一些取决于互补技术或者社会的技术则应用缓慢。比如,奥利弗·埃文斯(Oliver Evans)1785年发明的蒸汽货车,由于没有道路和轨道,一直没用;克拉伦斯·伯宰(Clarence Birdseye)发明的速冻技术可以显著地改善水果和蔬菜的质量,但是只有在多年后建立了商店和家庭冰柜的其他系统之后才发挥作用。[③] 新的技术使用不仅需要想象力和推动力,而且还需要社会技术保障。因此,生产技术要有效地发挥作用,需要合适的社会制度支持。

相关链接 19-3

福泽谕吉与张之洞

在日本面临西方黑船叩关时,福泽谕吉认为,文明是一个不可分割的整体,坚船利炮只是西方文明的一个表象,能够制造坚船利炮的社会制度才是根本。所以,福泽谕吉在当年出了一本叫《文明论概略》的书。这本书其实就是在讲一个问题——文明是一个不可分割的整体。他告诉日本人民,不仅仅要看到西方的坚船利炮,更应该关注制造坚船利炮的社会制度,这才是西方文明的精髓。因此福泽谕吉认为,学习西方有两种模式:一个是学习技术,一个是学习制度。由于福泽谕吉认为文明不可分割,所以他认为,在学习技术的同时,

---

① 〔德〕柯武刚,史漫飞:《制度经济学:社会秩序与公共政策》,商务印书馆,2000年版,第482页。
② 〔美〕阿兰·斯密德:《制度与行为经济学》,中国人民大学出版社,2004年版,第290页。
③ 同上书,第282页。

更应该学习西方的制度。

我们再来看中国。中国也有一个和福泽谕吉类似的人物、一个思想者,这个人就是张之洞。在同样面对西方挑战的中国,张之洞提出来的口号是什么呢?就是我们非常熟悉的"中学为体,西学为用"。也就是说,西方的技术是我们要学习、要借鉴的,但前提是中国的儒家思想、祖宗成法不能变,意识形态不能变。很显然,张之洞是把文明分割成了两个部分,"体"的部分和"用"的部分。他为什么要这样来分呢?从逻辑上讲,是因为张之洞认为,我们中华民族的这个"体"是优越的,我们和西方的差距仅仅只是在"用"的方面,技术层面的差距。我们的精神层面、思想层面的高度,即我们中华儒学的核心价值是有优势的,是不能变的。如果我们把张之洞的思想和福泽谕吉的思想做一个比较,现在来看,肯定是高下立见。我们的问题是,为什么当初他们两个人的观念差距这么大?

英国历史学家汤因比曾经指出,不同文明的相遇有一个不幸的定律,那是最没有价值的东西会最大化地被吸收,最有价值的东西反而被最大化地拒绝。西方文明进入东方文明时也是这样,西方的洋枪洋炮很快被东方吸收,西方的科技、教育则逐渐被推崇,西方的制度很难被接受,西方的信仰和价值观则被排斥。

二、新社会技术的移植比新生产技术的移植更难

在人类社会发展历史上,总是存在发达国家与发展中国家的差距问题。于是,发展中国家就要追赶发达国家。经济学家沃森曾提出"后发劣势"概念,也就是"对后来者的诅咒"。在他看来,落后国家由于发展比较迟,所以有很多东西可以模仿发达国家。

落后国家由于发展迟缓,模仿空间很大,很多东西根本不用创新,可以直接模仿发达国家。这种模仿有两种形式:一种是模仿制度,另一种是模仿技术和工业化模式。后发国家可以在基础制度不变的情况下,通过技术的模仿,实现经济的快速增长。但是杨小凯认为,这绝对不是什么优势,而是一种诅咒。为什么说是一种诅咒呢?这是由于巨大的落差所导致的巨大模仿空间,会使很多后进国家只重视模仿生产、管理和技术,而不去认真地进行国家制度层面的变革。这种模式虽然可以在短期内取得非常好的发展,但是,由于没有根本制度的变迁,会给长期的发展带来巨大的隐患,甚至造成发展的失败。这是因为若没有相应的制度创新,已有的制度安排通常会破坏人们为引进新社会技术而做出的各种努力。落后国家模仿技术比较容易,模仿制度比较困难,因为要改革制度会触犯一些既得利益,因此落后国家会倾向于技术模仿。转型国家一定要记住的教训是各地文明演变的整体情况通常是"较多的现代化(硬件升级)+较少的制度(文明升级)"。我们要更加开放就是要把这两者统一起来,即把科技文明与制度文明结合起来。

三、无法应用新社会技术成为贫穷国家经济增长的主要障碍

阻碍发展中国家经济增长的深层次原因是没有能力或者不愿意采用合适的社会技术。这种合适的社会技术就是我们前面所讲的包容性制度或开放性秩序。为什么一些发展中国家不愿意采用合适的社会技术？如前所述，阿西莫格鲁认为，经济制度作为一种集体产品，体现的不是个人偏好而是集体选择。由于经济制度具有再分配功能，不同的利益集团偏好不同，最终什么样的制度会被选择，就取决于该社会中政治权力的分配。穷国之所以贫穷是因为掌权者为了自己的利益而选择了造成贫穷的政策。从深层次看，制度转型的难点在于特殊利益集团通过推行某些措施来最好地实现自己利益的事实，很容易不为人了解或者一般不大可能为人注意，这种行为对经济效率造成的损失要比他们得到的直接与无条件的补贴要大得多。① 所以，对于转型国家来讲，除了进行技术上的追赶，还要进行制度上的追赶，从而避免后发劣势。

【关键概念】

技术创新　技术决定论　制度决定论

【思考题】

1. 简述演化经济学关于技术创新演化的论述。
2. 经济增长理论中对于制度作用的三种观点是什么？
3. 制度对技术进步的作用主要体现在哪些方面？
4. 简述经济发展中的技术决定论及其局限性。
5. 简述经济发展中的制度决定论及其局限性。
6. 简述如何正确理解技术变迁与制度变迁的联系及互动关系。

【推荐阅读】

1. 诺思、托马斯：《西方世界的兴起》，华夏出版社，1999年版。
2. 乔瓦尼·多西：《技术进步与经济理论》，经济科学出版社，1992年版。
3. R.库姆斯：《经济学与技术进步》，商务印书馆，1989年版。
4. 理查德·纳尔逊、悉尼·温特：《经济变迁的演化理论》，商务印书馆，1997年版。
5. 吴敬琏：《制度重于技术》，中国发展出版社，2002年版。
6. 约瑟夫·熊彼特：《经济发展理论》，商务印书馆，2000年版。
7. 〔冰〕思拉恩·埃格特森：《并非完美的制度：改革的可能性与局限性》，中国人民大学出版社，2017年版。

---

① 〔美〕曼瑟·奥尔森：《权力与繁荣》，上海人民出版社，2005年版，第75页。

案例
文化差异会影响制度移植的效果吗？——来自19世纪普鲁士的证据

对外开放与博采众长是中国近代史的主线之一，因此在何种情况下移植制度才可以带来良好绩效成为尤其重要的问题。不少人认为文化差异将影响制度移植的效果——如果双方的文化差异很大，那么一方的制度在另一方的社会中将很容易"水土不服"。然而，由于做相应的量化研究很难，对以上结论一直缺乏强有力的实证支持。

借助法国占领普鲁士这一历史场景，Lecce 和 Laura 的工作论文系统性地探讨了以上问题。他们发现：对普鲁士各地，如果当地与法国在宗教信仰、主流语言方面的差异越小，则移植法国制度对长期经济增长的正面影响越强。此外，如果当地领主与法国存在亲缘关系，或者领主曾针对法国文化发表具有积极态度的言论，那么制度移植的正面效果也会因此更强。

19世纪初时，拿破仑领导下的法国控制了普鲁士的"半壁江山"。在法国直接或间接控制的地区，拿破仑推行了一系列激进的改革措施，以传播法国所施行的制度。这些制度包括且不限于废除封建权、平等适用法律、宗教自由、出售教产、限制行会、建立公司制及高效的行政体系等，其中推广《法国民法典》是前述各措施的核心。

文章援引多种历史学研究，说明普鲁士内部的文化多样性对制度移植带来的两类影响。"自上而下"方面，移植的方略随当地文化特征的不同而改变。在与法国邻近、文化相似的地区，制度移植常为当地留下较多自主空间；在文化截然不同的地区，推广可能更为"一刀切"——直接用法国人的制度替代整个原有的制度。

"自下而上"方面，文化差异影响制度移植的充分程度与效果。文化相隔越远，则民众对"侵略者"的负面情感可能越强、民众对新制度的陌生感可能越强；文化相隔较远，也意味着移植之时，触动利益的广度及深度更强。例如，有历史学者注意到：在新教盛行的地区，法国人关于宗教改革的主张受到强烈反对，相关措施常遭"稀释"甚至"废弛"。

尽管存在一些争议，已有的历史学及经济学研究大多肯定了拿破仑的努力在长期经济增长方面的正面作用：移植法国制度更为充分的地区，之后的经济增长速度平均而言要更快，这一方向上的代表性文献当属 Acemoglu & Cantoni（2011）。如果文化方面的差异将影响制度移植的效果，那么文化方面的差异也将影响普鲁士各地后续的经济发展水平。这是该文寻求检验的核心假说。

文章收集了多种数据：首先，基于多种社会经济调查，作者采集了普鲁士地区1880—1900年个体的收入信息；其次，基于先行者的研究，作者收集了包括人口密度与城市化率在内，各类反映当地长时段内的经济发展水平的指标；最后，作者收集了普鲁士各郡的多种文化指标，包括信仰、语言，以及18世纪时当地领主的亲缘关系及文化态度。

回归分析显示，无论是以"宗教信仰是否相同"作为文化距离的代理变量，还是以"语言距离""领主是否与法国存在亲故或倾慕法国文化"作为代理变量，在对19世纪末普鲁士各郡各项经济指标回归时，"是否曾受法国控制"与"文化距离"二者的交互项均显著为负。这意味着文化距离越大，则移植法国制度于后续经济增长的正面效果越小。

文章对此作了多方面检验。首先，文章控制了包括初始发展水平在内的大量变量；其次，无论是更换经济指标，还是将"宗教信仰是否相同"这类哑元变量换成"新教人口占比的差异"这类连续指标,又或是将"是否曾受法国控制"换成"法国占领的年限",等等,前述结果均稳健;此外,原文在州层面做了双重差分,结果仍保持一致。

文章还考虑并排除了多种其他可能的解释,包括但不限于国家能力的差异、拿破仑占领前的制度差异、占领前当地领主的统治合法性、教育政策、当地与法国冲突史、与法国冲突严重程度、语言或民族多样性差异,等等。总之,这篇文章既是对相应方向上现有的历史学及经济学分析的有力补充,也是对"文化"与"制度"这一宏大题目的有益探索。

资料来源:Lecce G., Laura O. Institutional Transplant and Cultural Proximity: Evidence from Nineteenth-century Prussia [J]. *Journal of Economic History*, 2019, 79(4): 1060-1093.

Acemoglu D., Cantoni D. The Consequences of Radical Reform: The French Revolution [J]. *American Economic Review*, 2011, 101: 3286-3307.

第二十章 人口、创新与制度

诺思认为经济变迁是如下各种变化的结果：① 人口的数量和质量；② 人类的知识存量，特别是人类用于控制自然的知识存量；③ 界定社会激励结构的制度框架，制度结构是正式规则、非正式规则及其实施特征的结合。人口、知识存量和社会制度之间的交互作用决定了不同的制度变迁路径，而不同的制度变迁路径决定了不同的经济绩效。

第一节 人口、知识存量与制度

人类潜力发挥的大小或多少，除了受人口和知识存量是否增长影响以外，更重要的是社会制度及其激励机制是否有效地释放了人类潜力。比如说，为什么美国的创新能力非常强？这是因为美国以其制度优势获得了人口和知识存量增长的红利。

一、人口与制度的关系

（一）跨越马尔萨斯式陷阱

格雷戈里·克拉克（Gregory Clark）教授的研究领域包括世界经济史和社会史。他认为，人类历史中其实只发生了一件事，即1800年前后开始的工业革命。只有工业革命之前的世界和工业革命之后的世界之分，人类其他的历史细节有意思，但不关键。为什么呢？从宏观方面看，世界人均GDP在1800年前的两三千年里基本没有变化，工业革命之后才逐渐上升。从微观方面看，工业革命之后人类生活方式、经济结构、社会结构、政治形态及文化内涵都有本质性的大变革。

按照经济史学家麦迪森的估算，公元元年时世界人均GDP大约为445美元（按1990年美元算），到1820年上升到667美元，1800多年里只增长了50%。同期，西欧国家稍微好一些，但也只是从公元元年的450美元增长到1820年的1204美元，英国作为工业革命的发源国也大致如此。而从1820年到2001年的180年里，世界人均GDP从原来的667美元增长到6049美元。由此足见，工业革命带来的收入增长的确是翻天覆地的。

在工业革命之前，人类社会一直没有走出马尔萨斯陷阱：在生产率不变的情况下，自然灾害或战争导致人口死亡，使接下来的人均收入增加，为生育率上升、人口增长提供条件；可是人口增长后，人均土地和人均收入会减少，使生存挑战越来越大，最终导致战争的发生并使接下来的人口又减少。人类社会就是在这个周期中不断循环。

长期以来，克拉克教授尝试从不同角度研究工业革命之前与之后社会的差别，也以此分析工业革命为什么首先在英国而不是在别处发生。在英国，大约从14世纪开始，任何已故的人的遗嘱首先要在郡法院登记并检验后才能生效，这些遗嘱材料包括死者的年龄、子女及其他亲属、职业、各类财产、收入、教育、社会地位等情况。英国各郡基本把自14世纪以来的遗嘱材料完整保留至今，成为克拉克教授以及其他众多学者的研究基础。从表面上看，这只是遗嘱在郡法院登记的事实，但是，实际上这个事实表明英国从14世纪就开始了财产登记和产权的法律权利的界定。

克拉克教授对英国人这些遗嘱的研究有什么发现呢？在工业革命之前，英国人的生育率跟财富水平高度正相关：越有钱的夫妻，子女数量越多。在16世纪期间，最富的三分之一英国人死时平均还有4—6个子女健在，中等财富的英国人离世时平均有3.5—4.5个子女健在，而最穷的三分之一英国人离世时只有不到3个子女健在。到18世纪末，基本情况仍然是越富有的家庭子女数越多，只是每家的子女数量都降到4个以下，并且各财富阶层间的子女数量差距明显缩小。

工业革命于18世纪末到来之后，一直到1880年左右，子女数量就基本跟财富水平没有关系了。而从1880年到1980年的100年间，情况正好反过来：越穷的英国人，子女数量反而越多，完全改变了工业革命之前"适者生存""有钱者生存"的规律。

由上述分析可知，克拉克教授从生育率跟财富的关系、从子女生存概率跟家庭财富的关系这些微观指标，证明了一直到工业革命之前的18世纪，英国社会也没走出马尔萨斯式陷阱，还是在"适者生存""有钱者生存"的原始状态循环。人类社会只有到工业革命后才开始走出马尔萨斯式陷阱，社会结构也开始改变。他发现工业革命之后，虽然穷人的子女数更多，但富人的平均寿命更长，这可能是后者更侧重生活质量的结果。

相关链接 20-1

瘟疫改造的世界

1346年，俗称"黑死病"的腺鼠疫抵达顿河流入黑海的河口城市塔纳（Tana）。到1347年，瘟疫已传至法国、北非，并从意大利南部蔓延到北部。这场瘟疫杀死所经地区的约一半人口。瘟疫之后入侵并且很快扫掉约一半的英格兰人口。这种大灾难对社会制度产生了重大影响。进入14世纪时，欧洲维持着一种封建秩序，这是罗马帝国崩溃后从西欧兴起的社会组织。它以国王与他辖下的领主间的等级次序关系为基础，底层是农民。瘟疫造成劳动力大规模短缺，动摇了封建秩序的基础，并迫使农民要求改变。农民开始从强制劳动服务和对领主的许多义务中自我解放。工资水平开始上扬，政府尝试阻止这个趋势，并在1351年通过《劳动法》。但英格兰政府尝试阻止黑死病引发的制度与薪资改变的措施并未奏效。封建劳动服务逐渐式微，广纳式劳动市场开始在英格兰兴起，工资水平随之上扬。虽然西欧和东欧的政治与经济制度在1346年没有多大差异，但到1600年已是截然不同的两个世界。在西欧，劳工已不受封建税金、罚款和规范的束缚，逐渐变成勃兴的市场经济中的一个重要部分。

资料来源：德隆·阿西莫格鲁、詹姆斯·A.罗宾逊：《国家为什么会失败》，湖南科学技术出版社，2015年版，第68页。

(二) 人口数量变化与制度变迁的关系

先看人口数量变化与制度变迁的关系。随着人口数量增加，人口及资源的矛盾必然促进排他性权利的产生，这是产权产生及变动的主要原因之一，最典型的案例就是"公地悲剧"。人口与社会制度是相互作用的，人口的变化会影响制度变化，我们可以从上述黑死病如何导致制度变化中略见一斑。反过来，制度也会决定人口的变化，很典型的事例是中国实施的计划生育制度使中国的人口总量和结构发生了重大的变化。

人口与资源之间的压力是经济史的核心问题。历史上存在着两个重要的人口与资源比例的转折点。诺思称之为第一次经济革命和第二次经济革命。在两次革命之间，存在着马尔萨斯的人口压力，为了克服这种压力，有时通过生理和社会的相应调整来实现，有时则通过能够改变资源基数的经济制度效率的改进来实现。

在诺思看来，"经济革命"一词试图表达经济体制中的两种不同的变化：作为知识存量基本变化结果的社会生产力的根本变化，以及随之而来的同样重要的实现生产潜力的组织变化。两次经济革命都是根本性的制度重构的结果。

第一次经济革命导致了人类激励机制的变迁。在公有产权下缺乏获取新技术和知识的刺激，原始狩猎经济发展缓慢。排他性的产权制度的建立是持续的人口压力的结果。排他性产权的建立会刺激人们努力获取更多的技术和知识，从而带来经济增长。第一次经济革命为人类带来了基本激励机制的变迁。激励机制的变迁起源于两种体制下的不同产权。当某些资源的公有产权存在时，对获取较多的技术和知识很少有刺激。相反，对所有者有利的排他性产权能够提供对提高效率和生产率的直接刺激，或者用更基本的术语来说，能够直接刺激获取更多的知识和新技术。可以用这种激励机制的变迁来解释过去 10 000 年人类所取得的迅速进步和漫长的狩猎采集时代发展缓慢的原因。第一次经济革命创造了农业和文明。

第二次经济革命创造了把经济增长纳入经济体系的新知识弹性供给曲线。产生第二次经济革命的第一步是科学法则的提出。对科学知识的系统需求是一个现代现象，它肯定与人们越来越感到知识对解决实际问题有用有关。第二步是工业革命期间科学家与发明家之间的知识交流。第三个重要步骤是产权的演变，它导致了私人收益率，并使之更接近于社会收益率。第二次经济革命的技术突破包括以下三方面：一是在生产中替代人手和人脑的自动化机器的发展、新能源的产生和物质的根本性转换。二是以生产过程中巨大固定资产投资的不可分性为特征的。管理革命的主要部分是设计一套规则和服从程序以降低伴随新技术而来的交易成本。三是专业化和劳动分工使交换的指数倍增，也带来了生产率的提高。同时，来自这些交换的交易成本上升的代价也是很高。但是专业化带来的生产率提高的好处明显地超过了交易成本上升所带来的不利之处。

诺思认为，两次经济革命的发生都是制度变迁推动的，而导致制度变迁的原因从根本意义上说是由于生产要素的相对价格发生了改变，因而才需要制度的变迁来保证经济增长。引起生产要素相对价格改变的主要因素是人口——人口数量变化通过影响土地和劳动的相对价格，从而在改变经济组织和产权中起着决定作用。

诺思发现，由于土地供给无弹性以及在第二次经济革命之前技术创新的动力不足，两次经济革命都发生在历史上两个重要的人口与资源比例的转折点上:第一次经济革命,即农业部门成为经济产出的主要领域,是由于人口的增长导致了人均资源占有率的下降,导致公共产权向农业排他性公有产权发展;第二次经济革命也是在人口的波动中由不完全的私人所有权向较充分界定的产权过渡的。人口的增长以创造市场经济、使劳动力收益递减和改变价格水平的压力的方式深深地改变了这个世界。

(三) 人口质量与制度变迁的关系

再看人口质量与制度变迁的关系。诺思在重视制度在经济中的重要地位的同时,还突出了心智构成的作用。人的观点、态度和意识形态等主观因素对其行为和选择产生重要影响,这种主观因素要受到历史文化因素的深刻影响,并与非正式制度具有密切的关系,在人格化交易模式中效果显著。但是,由于人的理性能力的有限性,仅仅依赖人们的心智构成不能做出准确有效的判断,并且还要付出巨大的成本,这又揭示了正式制度的必要性。当人口以空前的速度增长时,人力资本的增加也是空前的。由于人们必须与其他人住得更近,人口增加带来了一个具有普遍外部性的世界,但是在技术革命性变迁的环境下,这也产生了新的有待解决的社会问题。

在市场经济规模和范围不断扩张的今天,大家渐渐意识到:人多的地方生意就是好做。这和市场经济是分工合作经济有关,一个地域人口越多,只要不受计划干预政策阻碍,劳动和知识分工细化的程度也就越高,人们之间的交易和合作以指数级增长,社会富裕起来的速度也就越快。原来在计划经济下被视为负担而受轻贱的人口,在市场经济中被称为"人力资本",被认为具有"企业家才能",本身成了一笔宝贵的"社会财富"。所以,人口质量、人口数量的变化与经济体制是有内在联系的。从图20-1可以看出,由于改革开放带来体制改革和制度变革,我国 GDP 占世界 GDP 的比重越来越高,在 2014 年与中国占世界人口比重

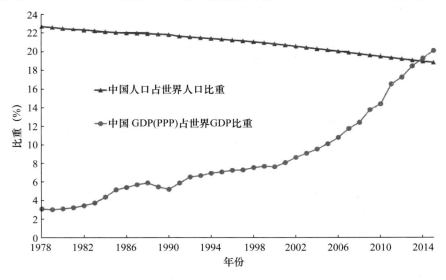

图 20-1 中国人口与 GDP 比重

的那条线相交了。

相关链接 20-2

  总的来说,中国经济增速放缓主要有三大原因,并且稳增长也需从这三方面着手采取相应对策。第一,人口增长速度的放缓,人口增速与经济增速存在正相关关系,但经济增速相对人口增速滞后 20 年,也就是过去的 20 年,人口生育率走低、人口结构少子化、经济主力人口收缩和老龄化,导致有支付能力的消费需求持续萎缩,拉低了经济增速。第二,对人口流动和迁移的限制使中国城市化水平滞后于国际一般标准,结果是,应有的市民人数比实有的市民人数少得多,近亿农民本该转移到城市市民化,但没有。农民收入低下,造成有支付能力的消费需求不足。这导致一方面产能过剩,另一方面又需求不足。第三,数亿农民得到的土地财产性收益和以土地为资本的创业收益微乎其微,严重制约了农民收入水平的提高,同样造成消费需求不足型的生产过剩,使得经济增速放缓。

  周天勇计算了人口损失所带来的消费损失、国民收入损失和 GDP 损失。这些损失的意思就是说,如果没有人口减少,那么在消费、国民收入和 GDP 就有同等的增加。在消费损失方面,分别计算了当期消费损失和积累的消费损失,研究显示:2015 年当年因生育管制减少新增人口损失的消费需求为 1 079.10 亿元,占当年居民消费总额的 0.49%;截至 2015 年,累积人口减少造成的消费损失为 58 002.14 亿元,占到了当年居民消费总额的 26.29%。国民收入损失方面,研究表明:2015 年当年因生育管制减少新增人口损失的国民收入为 1 508.59 亿元,是当年国民总收入 673 021 亿元的 0.22%;截至 2015 年,累积人口减少造成的国民收入损失为 81 087.86 亿元,是当年国民收入的 12.05%。GDP 损失方面,研究表明:2015 年当年因生育管制减少新增人口损失的 GDP 为 3 451.14 亿元,是当年 GDP 689 052 亿元的 0.5%;截至 2015 年,累积人口减少造成的 GDP 损失为 185 500.87 亿元,是当年 GDP 的 26.92%。这三个方面的损失都是累积变量,也就是说在初始阶段还比较小,但随着经济主力人口从增长到增长放缓再到负增长,消费需求收缩的规模、居民收入收缩的规模以及 GDP 收缩的规模都会越来越大。

  资料来源:周天勇、王元地:《中国:增长放缓之谜》,上海三联书店,2018 年版。

(四) 人工智能、大数据与制度

  最近几年,美国的一些机构做了许多人工智能的实验。例如,在美国大学里,IBM 的机器人"沃森"(Watson)与真人一起做同一门课程的助教。在只用网上辅导和回答问题的条件下,一个学期之后,学生分不出哪个是真人助教、哪个是机器人助教,机器人助教与真人助教相似,都可以聊天、开玩笑、解题等。但是,当面对真正的挑战性问题时,机器人就必须依赖教授。

  在前三次工业革命中,人类最重要的资源是地球上的自然资源。随着人工智能的发展,大数据开始变成了一种基本资源。简单地说,人工智能就是用数据训练机器。因此,有数据才有训练,才有智能;没有数据就没有训练,也就没有智能。数据越多,资源也就越大。

于是,大数据逐渐成为和原材料、能源并列的基本资源,但是这一资源本质上不同于其他的基本资源。在此之前的资源大多是天然的,而大数据是人造的,自然资源越用越少,数据却越用越多。

人的智能与人工智能的区别也可以从技术变迁与制度变迁两个层面看。

从技术变迁层面看,早在20世纪50年代,西蒙在讨论人工智能时,就提出了"识别"这个概念,它是今天人工智能的核心。识别分为"冷识别"和"热识别":冷识别就是机器能够识别的;热识别是人带着感情的识别,是机器学不来的。

此处还有硬数据和软数据的区分。所有可度量、可传递的数据就是硬数据。和硬数据对立的是软数据,即无法用机器度量、传递的数据。当我们说人工智能是基于大数据训练出来的时候,必须要知道存在热识别问题和软数据问题。

人的智能产生于人的生理和心理感知,以及人收集的信息。人的智能里还有一个基本部分——直觉。直觉是基于人对硬数据和软数据、冷识别和热识别的综合,以及经济学家无法确切描述的因目标而产生出来的一种高度抽象的、非逻辑的理解。它依赖的数据不但不可度量、不可传递,而且如爱因斯坦所述,直觉本身是无法描述的。

人工智能的基础是人造的确切目标,依赖的是可度量、可描述、可传递的数据。但生物科学告诉我们,有一系列的人的生理感知是无法度量的,比如嗅觉、味觉等。在没有数据的领域,人工智能的界限清楚可见。由于感知的不可度量性,我们没有办法训练机器人本身产生它自身的偏好或动态的目标函数。同时由于有限理性,我们也无法为机器设定普遍的目标函数。所以,深度学习的人工智能只限于模仿人在已知环境(场景)里的行为。因为它赖以学习的是在已知环境中收集的数据,一旦脱离了训练它的环境,没有原始动力的人工智能就丧失了基本能力。

从制度变迁层面看,一是人工智能的性质、质量和数量都取决于其被制造的环境,尤其是相关的制度安排。例如,在许多意见不能表达的制度下,大数据的性质就是这些表达的缺失,而在意见能自由表达的制度下,收集到的就是所有意见表达的数据。所以,大数据不仅受制度约束,更取决于制度。离开了私有产权、市场、自由的环境,单靠人工智能无法解决创新中的激励机制问题。因为创新创业的想法产生于个人的创造性、创造能力、心理和生理感知,具有高度动态和不确定的特点,而且核心的内容不可度量。

二是制度对创新的影响,在人工智能领域与在所有的创新领域一样。全球人工智能领域的人才集中产生在自由的私有产权、市场环境中。领英发布的《全球AI领域人才报告》显示,截至2017年第一季度,全球人工智能领域的技术人才有190万,其中中国5万(10年从业者占38.7%)、美国85万(10年从业者占71.5%)。人工智能可以发展到什么程度,取决于传感器、算法和数据。但是,数据本身深受制度影响。如果制度能够充分保护人的隐私权,人们的表达就会比较充分。但是,一旦人们知道他的隐私权不受保护,表达就会留有余地或者会自我保护。于是大量数据是得不到的,即使能得到也是不真实的。于是,同样的技术在不同场景得到的数据可以大不相同。

三是在一些领域实现部分或全面自动化时,一些职业可能被人工智能代替,其中包括助教、助研、金融分析助理、医生助理、律师助理、军事助理等。每次大的技术变革都会引起失业问题。人工智能的发展会引起新一轮大规模的自动化,比如无人工厂、无人车队、无人飞机队等。它会使大量的就业岗位消失。所以人工智能的发展不仅是一个纯技术问题,也是一个社会问题,更是一个制度问题。对于人工智能会带来大量失业的问题,比尔·盖茨曾经提出了一个有趣的想法——向机器人征税。他说把每一个机器人当成一个人,你雇用了机器人,机器人就需要付所得税,用所得税补贴给失业工人。人工智能可以走多远,也深受制度的制约。

人类历史上任何技术进步对人类社会福利的影响都是双重的,既有有利的一面,也有不利的一面,关键是制度能不能把负面影响降低到最低程度。

二、知识存量与制度的关系

(一)知识在社会经济发展中的作用

在18世纪前后,东西方开始踏上了两条截然不同的发展道路。西欧率先挣脱了马尔萨斯陷阱,成功实现了现代意义上的经济增长,并凭借其领先的经济实力树立了全球的霸权,从此整个世界历史都为之改变了。关于西欧为什么会率先实现现代经济增长,史学界已经有了大量的研究,并得出了很多假说。例如,罗伯特·艾伦(Robert Allen)倾向于从生产要素的成本角度对此进行解释,诺思更强调产权保护的作用,而查尔斯·金德尔伯格(Charles Kindleberger)等学者则认为贸易的扩大对西欧的率先崛起具有最为关键的推动作用。

上面的理论都从一定角度对西欧的领先进行了解释,但依然有不少现象并不能被已有的这些理论完美解释:首先,现代增长并没有局限在某一个或几个地区,而是迅速扩展到了西欧各地。虽然一些理论可以解释英国或荷兰为何可以在发展中获得一些先机,但依然无法解释为什么整个西欧地区可以很快共享高速的发展。其次,在18世纪以前,部分地区的快速发展可以由制度因素得到解释,但在18世纪后,增长速度对制度因素的依赖似乎减弱了,而这是现有的理论较难解释的。最后,和前现代的经济增长相比,现代增长具有更强的稳健性。战争、自然灾害等外生的冲击会对前现代的经济增长产生巨大而持久的干扰,但对于现代经济增长的干扰程度则要小得多。这一重要特征,也是现有的理论所不能解释的。

美国西北大学教授乔尔·莫基尔(Joel Mokyr)对西欧的领先提出了另一种解释。在莫基尔看来,现有的研究显然忽略了"知识"这一要素在经济增长中的重要性:一方面,和前现代的经济增长不同,现代经济增长对于知识有着很强的依赖,而且由于知识可以迅速传播,因此基于知识的增长也可以迅速突破地域、制度条件的限制,得到迅速扩散;另一方面,更多科学知识的应用也增强了人们应对自然的能力,这就让外生冲击对增长的负面影响大大减少了。

演化经济学强调知识在经济生活中的作用。从根本上说,经济活动是由掌握有限知识的个人承担的。一种经济制度是一个嵌入个人思想的复杂的知识网络。摧毁现有的制度需要付出很大的代价,因为人们需要花费很多时间重构关于经济运行的知识。

那么,为什么在18世纪前后,知识在经济增长中所扮演的角色突然变得重要了呢?莫基尔认为这一切源于17世纪的启蒙运动。启蒙运动对于人类社会的影响是多方面的。虽然历史研究者在考察经济发展问题时也经常提及启蒙运动的影响,但他们通常将关注点集中在启蒙运动对制度因素(如产权保护等问题)的影响上,而忽略其对知识因素的影响。

在启蒙运动中,以弗兰西斯·培根为代表的一批学者开始强调认识自然规律对于征服和改造自然的重要性,并提倡用实验的方法探寻各种规律,他们的这一观点被称为"培根计划"(Baconian Program)。在莫基尔看来,培根计划的提出对于增强知识在经济增长中的地位起到了关键作用:一方面,培根计划的提出激励了人们投身科学研究的热情,由此大大增加了知识的数量;另一方面,培根计划也使得知识的可及性大为增强,这让很多既有的知识都得到了更有效的利用。

在这两个方面中,莫基尔特别强调了后一方面,即培根计划对知识可及性的强化作用。在文章中,他给出了知识可及性能够得以强化的几个原因:其一,从技术角度讲,培根计划让更多的知识被更为统一的术语记录下来,并催生了学术杂志等传播知识的刊物。这些都让获取知识的成本大大降低了。其二,培根计划重塑了社会文化,改变了人们对知识的看法。人们变得更愿意分享自己的科学发现,并鼓励同行来学习相关知识。其三,培根计划也为知识的传播提供了很多新的制度。大学、学术会议等有利于知识传播的制度都在这一时期得到了很好的建设和发展。其四,培根计划也催生了人们对知识的需求。人们开始更尊重知识、愿意为获取知识支付代价。这些都更好地激发了知识的创造和传播。

(二) 两种知识:分散知识与专家知识

哈耶克对知识的性质及分类为我们研究知识存量与制度的关系提供了切入点。他认为,一切知识的分散性和不完美性,是社会科学必须首先面对的两个基本事实。从制度层面看,我们分析知识存量与经济增长的关系关键在于用什么制度和体制去运用知识存量发展经济。

哈耶克的中心思想是,构造一个理性的经济秩序所必需的知识,从来就没有被集中起来,而是分散在众多的独立个体之中,呈现为零碎的、甚至常常是矛盾的碎片形态。在哈耶克看来,用什么方法能够使这种知识得到尽可能广泛的利用,正是我们必须回答的问题。

哈耶克在《知识在社会中的运用》这篇文章讨论的问题正是经济中什么样的资源配置方式最有效率的问题。哈耶克的洞见是这取决于分散知识、分散信息的有效率的使用,而不是专家信息、专家知识的使用。

人类的知识不可能是完全的,因此需要一种不断交流和获得知识的途径。任何以"人们的知识与客观事实是一致的"这一假设为出发点的方法,诸如许多有联立方程的数理经济学的方法,都完全忘掉了我们所要解释的主要任务。

提到知识和信息的时候,人们往往都是想到专家的专门知识。如果从这个角度入手,那就永远证明不出市场经济会更有效率,而只能证明计划经济更有效率。但是哈耶克的洞见在于,在经济活动之中,分散的知识和分散的信息通过人的分散决策、自由选择,并且通过一个公共信号,就可以达到资源的有效配置。这个公共信号就是价格。没有价格信号的话,每个人只按照自己的利益去做决策,无法达到有效率的资源配置。价格体系的最重要的特点是,其运转所需的知识很经济,就是说,参与这个体系的个人只需要掌握很少信息便能采取正确的行动。通过价格体系的作用,不但劳动分工成为可能,而且也有可能在平均分配知识的基础之上协调地利用资源。合理的经济秩序问题之所以有这么一个独特的性质,是因为我们所必须利用的关于各种具体情况的知识,从未以集中的或完整的形式存在,而只是以不全面且时常矛盾的形式为各自独立的个人所掌握。在市场经济中,每一个企业,每一个个人,根据当时、当地的信息(这个信息是分散的,决策也是分散的)以及观察市场价格来做决策。市场通过价格的调节,就可以达到有效率的资源配置。市场通常是资源配置的有效方式,其根本原因是市场对分散知识、分散信息的使用是有效率的。任何社会都会存在着知识的分散,但是个人所掌握的各种零散知识可以以不同的方式加以利用。

(三) 知识存量与制度

知识存量是某阶段内一个组织或经济系统对人类在生产和生活中不断积累的经验与技术所形成知识资源的占有总量,知识存量直接反映了组织系统生产知识的能力和潜力,体现了组织系统的竞争能力。

根据报酬递增机制,知识特别是知识的变迁和技术变迁都具有学习效应、演化积累效应等特点,特别是外部性的纳入就必然意味着制度、技术在形成和创新过程中具有外溢的网络效应、协调效应。

我们从三个层面看知识存量与制度的关系:

一是通过知识存量和制度减少环境不确定性。诺思认为,在不确定性的环境下制度和能力都非常重要,即信息的不完全和认知能力有限的个体,不得不通过"干中学"设定一系列的结构,比如信念、意识形态和制度等,来弱化环境的不确定性,提高认识环境的能力。在现有的制度框架中,可以通过提高知识存量的方式减少不确定性。知识存量的增加一直是人类福利增加的基本源泉。知识存量增加的主要源泉有相对价格的变化或信念的改变,两者都导致了资源的重新配置。整个人类历史上,生产要素相对价格的根本变化需要改变获取有关这些生产要素的知识的激励结构,而激励结构是由制度决定的。

二是不同类型的知识决定着制度的选择,而制度又决定着知识的创造、传递和使用。斯密认为,国民财富是专业化和劳动分工的函数。但是,专业化和劳动分工的逻辑必然会造成这样一个世界:个人掌握了大量的本专业知识,但对其他所知甚少,即分散知识。哈耶克强调,人类的知识不可能是完全的,我们所必须利用的关于各种具体情况的知识,从未以集中的或完整的形式存在,而只是以不全面而且时常矛盾的形式为各自独立的个人所掌握,因此需要一种不断交流和获得知识的途径,而这些途径是以制度保障为前提的。知识存量影响着制度的选择。分散的知识的有效利用必须借助价格信号,而这又必须建立在市场经济体制基础上。制度协调了知识创造及有效使用,并通过影响交易成本来改变经济绩效。具体来说,在竞争性条件下,交易成本为零,依靠价格机制就可以实现知识的协调。但是,在现实中,知识协调需要耗费成本,它是交易成本的重要组成部分;在交易成本为正的现实世界里,除借助价格机制外,知识的协调还必须借助于制度,而且制度是重要的协调机制。

三是有效的制度能把知识转化为生产力。在诺思看来,"全球经济"并不是同一水平的竞技场。发达国家在制度/组织框架方面有着重大优势,这一制度/组织框架能够攫取整合分散知识所固有的潜在生产率,而分散知识是在一个专业化的世界中有效率地生产所必需的。发达国家的制度/组织优势就是建立在市场经济体制基础上的。其实,能把分散知识、分散信息运用得好的社会有两个基本条件:一是非人格化交换社会的形成,二是市场经济体制。随着交易形式逐渐向非人格化交换转变,社会中的专业化和劳动分工会相应增加。由于知识被各个独立的个体所掌握,所以社会中的专业化和劳动分工越多,社会中的知识就越分散,整合这些分散的知识所需投入的资源就越多,所引致的交易成本就会增加。因此,改善经济绩效意味着必须降低生产成本和交易成本,其中包括社会中分散的知识所带来的成本,而降低成本的关键在于实行更有效率的社会制度。

第二节　创新与制度

一、从李约瑟之谜到科斯中国之问

古代中国有着灿烂的文明,那些被经济学家和历史学家们认为是产生了 18 世纪末英国工业革命的所有主要条件,在 14 世纪的中国几乎都已存在了。许多历史学家都承认,在 14 世纪,中国已经取得了巨大的技术和经济进步,已到达通向爆发全面科学和工业革命的大门。可是,尽管中国早期在科学、技术和制度方面处于领先地位,但中国却并没有再往前迈进了。因而,当 17 世纪西方的技术进步加快之后,中国却远远落后了。1840 年鸦片战争后,中国就一直被光荣的历史回忆和屈辱的落后现实所困扰。李约瑟博士将这样一个矛盾归纳为具有挑战性的两难问题:第一,为什么中国历史上一直远远领先于其他文明?第二,为什么中国现在不再领先?

李约瑟的答案是:中国是"官僚体制",此制度的存在主要是为了维护灌溉体系的需要;而欧洲是"贵族式封建体制",这种制度非常有利于商人阶层的产生,当贵族衰落之后,资本主义和现代科学便诞生了。中国的官僚体制最初非常适宜科学的成长,然而它却阻碍了重商主义价值观的形成,所以它没有能力把工匠们的技艺与学者们发明的数学和逻辑推理方法结合在一起。因此,在现代自然科学的发展过程中,中国就开始落后了。工业革命之所以在欧洲爆发而没有在中国发生,主要原因在于中国当时没有建立起一套有效地保护创新、调动人的积极性的产权制度。工业革命是与有效的产权制度联系在一起的。工业革命只不过是经济增长现象的表现形式。

科斯曾向博鳌亚洲论坛提出一个问题:与英国 18 世纪、美国 19 世纪的工业革命相比,中国工业革命在技术创新上稍逊一筹,中国自主创新的困难在哪里?我们可从两个方面探讨科斯中国之问:一是从创新与制度的关系来探讨为什么创新及什么样的制度有利于创新;二是从技术创新与组织方式的关系来看,我们把创新分为自上而下的创新组织方式和自下而上的创新组织方式。与创新的新古典主义理论不同,新制度经济学将制度纳入创新体系并作为内生变量。

按照熊彼特的定义,"创新"一词是指把一种从来没有过的关于生产要素的"新组合"引入生产体系,其内容包括引进新的产品、新的技术,开辟新的市场,控制原材料新的供应来源,实现工业的新组织等。创新能以多种形态出现,包括已有产品的增值改进;技术应用于新的市场;利用新技术服务于一个已存在的市场,并且其过程并不是完全线性的。

相关链接 20-3

从创新层面讲,制度的主要功能是对一个社会的科学基础进行组织,并影响一国创新的动力机制。2017年6月发布的《2017年全球创新指数》报告从制度、人力资本和研究、基础设施、市场成熟度、知识和技术产出、创意产出等方面,共设置81项具体指标,对全球127个经济体的创新能力进行综合评估。中国在此评估中的排名呈现上升趋势:2014年以来一直处于排名前30位;2016年更是成为第一个跻身前25强的中等收入经济体,成为全球创新领域的标志性事件;2017年,排名居第22位,比2016年上升3位。中国既是唯一与高收入经济体创新差距不断缩小的中等收入经济体,又是唯一一个跨越与高收入经济体创新鸿沟的中等收入经济体。按全球创新指数的划分,中国已经跻身全球创新领导者序列。

通过分析中国的相对领先和落后领域可知,中国的创新优势主要集中在4个方面:"知识和技术产出"(位居全球第4)、"市场成熟度"(第9)、"人力资本和研究"(第25)、"创意产出"(第26)。中国的弱势主要体现在创新投入方面,其中在"制度"方面排名较低,2016年位列79位,2017年位列78位;"监管环境"和"高等教育"两个次级指标仅列全球第107位和第104位。这也反映出中国创新创业仍面临较大体制机制障碍,未来需要进一步加大制度建设力度,为创新营造良好生态环境。

二、为什么创新

中国的人口远超过英国和美国,为什么在19世纪或者更早时期没有多少创新成果?爱尔兰经济学家坎迪隆在1755年的研究中指出,在18世纪的中国城市里有着数量众多的企业家,但严重缺乏开展自主创新所需的经济制度和经济文化。[①] 创新的真正实现或应用需要有足够意愿和能力的企业家完成必要的工作:筹集资本、组织新兴企业、开发潜在的新产品。发明及其背后的好奇心和创造性并不是什么新东西,而激发、鼓励和支持人们大规模参与发明的那些社会变革和制度创新才是历史上的新事物,才是经济起飞的深层次原因。[②]

创新者的动力是什么?努力从事创新的人很多,动机更是不同。有的人是为了好奇,有的人是为了名利,有的人是为了科学,有的人是为了商业。有的人的动机与投资者利益一致,而大多数人和投资者的利益并不一致。创新者是潜在的,他为什么创新与社会环境、体制及制度有关。

一个社会在技术上具有创造才能必须满足三个条件:一是社会必须存在一支具有创造才能、足智多谋的创新者队伍,这些创新者出于自己进步的需要,既愿意又能够向周围的实

---

① 〔美〕埃德蒙·费尔普斯:《大繁荣》,中信出版社,2013年版,第17页。
② 同上书,第15页。

体环境发起挑战;二是经济制度和社会制度必须鼓励潜在的创新者,为他们构造恰当的激励结构;三是创新要求社会具有多样性和宽容。① 这其中最重要的是经济制度和社会制度必须鼓励潜在的创新者。

自主创新建立在经济活力的基础上。经济活力是创新背后的深层动力与制度的综合体:创新的动力、必要的能力、对新事物的宽容度以及有关的支持制度。现代经济的特性是给商业创意的构思、开发和推广提供回报,包括物质回报和精神体验,从而鼓励人们对资源的利用进行创新探索。② 自主创新的国家表现为勇于争先的企业家大量出现,最终在数量上超过传统商人;越来越多的人参与工艺和产品的改进并进行新的构思,越来越多的参与者的工作体验发生急剧变化。③

三、什么样的制度有利于创新

有利于创新的制度环境是指创新者能从创新中得到较高的收益,并且创新的过程能得到持续的保护。影响经济主体创新的因素很多,但最为重要的是制度环境。这里的制度环境主要是指一国法制的健全性、司法的独立公正性、对于私有财产包括知识产权的保障、政治架构的稳定、市场竞争的充分与公平、自由企业制度、金融体系的效率、合理的税负、政府的廉洁与透明度等。

制度对创新的影响是多方面的,这主要表现在两个方面:一是制度影响一国改进和开发新技术的动力,并影响一国为了获取新机遇重组生产和重新分配的动力;二是制度影响一国积累物质和人力资本的动力。简单地讲,制度环境影响创新实际上就是通过制度构建创新的激励机制。一国能否创新的关键就在于能否把激励机制搞对。

欧洲和美国的经济发展多半由私有部门的变化达成。政府起了支持作用,但积极性与驱动力都存在于企业家之中。而在当代的亚洲、非洲与拉丁美洲,人们创建近代经济的努力却都包含着政府对发展道路的考虑。④

对于创新主体来讲,好的创新制度环境是其创新的前提条件:一是创新面临着很大的不确定性和风险,有利于创新的制度环境可以减少不确定性和降低风险。二是创新的收益能否内在化,创新的收益是否被侵占以及创新者能否实现利益最大化。

如何通过制度减少创新面临的不确定性和风险?诺思引英国近代史为例,说明议会在阻止了国王和政府以没收财产、征税等方式侵犯私人产权后,民间才出现储蓄和投资的高潮,企业才对创新技术发生兴趣,工业革命方在英国蓬勃展开,与其说工业革命是技术革命,不如说是一场制度革命。

对创新者收益的保护和实现是自主创新制度环境要解决的核心问题。英国的制度优势并不仅仅限于专利制度,还在于其自由企业制度。有半数的新技术在英国不是靠专利法保护,而是靠保护私人企业剩余权的普通法来保护。所谓自由企业制度就是私人企业自动

---

① 〔美〕乔尔·莫基尔:《富裕的杠杆:技术革新与经济进步》,华夏出版社2008年版,第13页。
② 〔美〕埃德蒙·费尔普斯:《大繁荣》,中信出版社,2013年版,第101页。
③ 同上书,第16页。
④ 王国斌:《转变的中国:历史变迁与欧洲经验的局限》,江苏人民出版社,1998年版,第24页。

注册,不需政府批准。自由企业制度可以使创新收益内在化。自由企业制度使创新收益的直接定价转为间接定价,从而大大地降低了实现创新收益的交易成本,因而新技术和新的管理方法可以变成大规模商业化生产。现代资本主义还拥有其他旨在鼓励参与者承受探索未来不确定性的制度,例如有限责任制度、在企业失败时对债权人和所有人的保护,以及保护经理人免受股东诉讼的制度等。①

相关链接 20-4

1775年,当瓦特重新申请的蒸汽机(他自己取名为"火机")专利获准后,他写信给父亲:

亲爱的父亲,经过一连串来自各方的反对,我终于获得一项国会法案授予新火机的财产权给我和我的让渡者,范围及于整个大不列颠及其殖民地未来二十五年期间,我希望这将带给我很大的利益,因为目前已经有可观的需求。

知识产权有两大功能:一是安全功能。如果资产的所有权不可靠,以至于它们可能被别人或当局没收或窃取,那么任何类型的经济进步都不可能发生。二是激励功能。知识产权要有足够的激励,从而促使创新者全身心投入新技术中。在其他条件相同的情况下,一个国家对知识产权的保护越强,跨国公司就越有可能在那里投资。对知识型产业,如软件、制药、资讯和生物科技尤其如此,因为在这些行业中被盗版和仿造的风险也最高。

知识产权保护的价值已经得到许多实证分析的支持。美国通过有效的制度体系释放出在经济中创新的潜力。例如,美国在生物技术和计算机行业提供的知识产权保护强过欧洲和日本。在软件专利保护方面,日本只涉及单程序产品,欧洲只涉及"有提供技术贡献的"软件创新,而美国的软件专利保护涉及单程序和多程序产品。由此可知为什么世界领先的软件公司大都出现在美国了。此外,美国系统的知识产权保护体系和有效的资本市场,给创新者带来诱人的回报,从而促进大量的研发投资和风险投资。2000年,研发投资和风险投资分别占美国国内生产总值的2.7%和1%。美国还创立了有效保护知识产权的制度环境。例如,谷歌公司曾用3 000万美元收购了美国一个高中生发明的小的APP,实际上公司只花300万美元就能仿造出高中生做的这个APP,但是他们花了3 000万美元把它买断。这是因为在美国严格的知识产权保护的制度环境下,山寨和侵犯别人知识产权的代价是很高的。对于自主创新来讲,知识产权的保护就非常重要。知识产权保护得越好,企业的创新能力就越强。企业自有知识产权的收益在企业总资产和利润中比例越大,自有知识产权的收益就越大。

相关链接 20-5

当今的人们总在问中国到底有没有乔布斯之类的商业天才?为什么中国的乔布斯还没有出现?在哪里寻找中国的乔布斯?以目前的时势来看,中国即使拥有乔布斯这样的商业天才,也未必能出得了苹果这样的企业。我们都知道苹果的核心业务是iTunes商店,无

---

① 〔美〕埃德蒙·费尔普斯:《大繁荣》,中信出版社,2013年版,第211页。

论是 iMac、iBook、iPod、iPad、iPhone，它们的应用都纷纷指向 iTunes。尽管苹果的硬件很昂贵，但是再昂贵或再利润丰厚的电子设备也逃脱不了技术更新带来的降价，唯有 iTunes 商店才是苹果资金链的黄金管道，而我国版权保护现状暂时难以支撑苹果这种商业模式。在中国，苹果与其他奢侈品无异，只不过其多了高科技与高品质设计的元素而已。中国是奢侈品消费大国，但还不算文化消费大国，以电影、音乐、游戏、软件为主的 iTunes 在中国还不好立足。所以，若成就不了一家如苹果一样优秀的企业，也就不能说中国有了乔布斯，我们期待合适的时间、机遇和形势能够提早到来。

资料来源：http://blog.sina.com.cn/lailaoshi，2011-10-27。

第三节　创新与组织

一、组织创新比技术创新更重要

发明是技术突破，而创新则是新技术的大规模商业应用。政府与市场在这方面是有分工的。政府的职责不是在创新上，而是在发明上；反之新技术大规模商业应用的主体是企业和企业家。新技术的大规模商业应用主要体现在三个层面上：一是科技创新，二是改变生产函数，三是改变制度规则。把发明转化为创新是一个复杂的过程。库兹涅茨认为，在科技黑匣子里面有一个更小的黑匣子叫作"研发"，它将输入转化为知识输出；而研发这个黑匣子里又有一个更小的黑匣子，它包含了可用的知识。为什么有些社会似乎更倾向于产生新知识并利用这些知识，而有些社会却做不到？只有那些建立了从发明扩展到创新制度体系的国家才能做到产生新知识并利用这些知识。

创新是技术创新、制度创新和组织创新相互作用的产物。从发明到创新需要"惊人的一跳"，还需要组织和制度上的创新。这是因为：一是只有在有效的制度基础上，技术潜力才能转化为技术优势。二是有效的创新组织构架为创新产业的集群创造条件。技术创新可以降低生产成本，而组织创新可以降低交易成本、保障创新收益的实现。在一定意义上讲，从发明到创新就需要产生以创造性为内在动力的经济组织。在钱德勒看来，技术进步本身就包括组织创新。而组织性问题的实质是解决激励问题。20 世纪人类创新的 70% 来自美国，这与美国新公司的组织创新是分不开的。短期的技术进步在任何国家都是存在的，现在国与国的差距关键在于能否把技术进步转变为一个稳定的和内生的不断扩张的机制。

国家创新体系是指机构和组织在一定制度和组织框架下构成国家创新网络。这个网络系统主要由三个部分组成：

一是创新体系的基础层面。构成美国创新体系基础的是"市场经济＋风险资本＋中小企业"，这也就是市场决定资源配置在创新体系里的表现形式，国内外的实践证明这是目前最为成功的创新体系。我国改革的目标就是企业为主体、市场为导向和产学研相结合的创新体系的建立。创新体系的基础层面还包括知识产权制度、企业制度等。

二是创新的国家战略层面。这涉及国家的创新战略及实施创新的手段等方面，还包括创新多层次体系的构建。美国的创新体系分为三个层次：一是最基层政府加大对教育、研发等方面的投入，从而建立创新基础；二是通过大企业之间的竞争促进创新，把中小企业的发明或创新变成产品、产业；三是全社会加速在高科技领域、科技前沿领域的大项目上的突破。

三是创新的组织形式。埃德蒙·费尔普斯在研究人类创新史中发现了两种创新组织模式。费尔普斯认为，从宏观层面看，主要有两种创新组织模式，即自上而下的创新组织模式和自下而上的创新组织模式。自下而上的创新组织模式比自上而下的创新组织模式更有效。因为自下而上的创新组织模式发挥了更多人的创造性。[①] 这两种创新组织模式的重要区别在于两个方面，一是投资的来源；二是创新的动力。创新组织模式实质是科技资源配置与制度结合的问题，它涉及创新的激励机制及创新与经济的关系。

二、两种创新组织模式的比较

从 20 世纪 50 年代到 80 年代，苏联的科技创新投入都偏重航天和军工等国家重点发展的领域，而美国的科技创新则偏重于家电、互联网、汽车等民生及市场需求。这分别代表两种不同的创新体系，其根本区别在于：苏联的科研是由国家主导和国家出资，是自上而下的创新组织模式；而美国的研发是由市场主导，以私人投资者为主，是自下而上的创新组织模式。到底哪一种创新模式创新能力更强呢？

区分自上而下的创新组织模式和自下而上的创新组织模式的标准主要有三点：一是创新的来源，二是创新的主体，三是创新的导向机制。其中，投资的来源以及创新的动力来自何处是这两种创新组织模式最重要的区别。

（一）创新的来源

自下而上的创新组织的创新源于市场需求。研究表明，市场需求拉动的创新（市场需求和企业生产需求合计）占英国创新的 73%（美国为 78%），而源于技术推动的创新在英国为 27%（美国为 22%）。市场需求对技术创新的拉动作用是创新的内在源泉。这 70% 以上的市场需求在自下而上的创新组织方式中被发现是没有问题的。但是自上而下的创新组织模式如何发现这 70% 以上的市场需求呢？换言之，自上而下的创新组织如何与市场需求相吻合成为其创新的关键。

自下而上的创新组织建立在分散信息和分散知识的基础上，企业家和企业家精神是在市场竞争中孕育的，他们知道在哪些领域创新、如何创新。科技资源不是由政府来决定的，而是在产权明晰的情况下，由各个经济主体在市场竞争中决定把创新资源用于什么领域的创新并如何创新。

---

① 〔美〕埃德蒙·费尔普斯：《大繁荣》，中信出版社，2013 年版，第 XVI 页。

自上而下的创新组织的创新主要源于政府的发展战略。这种模式在创新追赶模式中还可发挥一定的作用。由政府决定创新什么、发展什么产业以及上什么项目在一国追赶时期还具有一定的可行性,因为可以参考其他国家的创新路径来模仿和追赶,优势是可以降低决策成本。自上而下的创新组织模式的主要问题在于很难与上述70%以上的市场需求相吻合。

这两种创新模式的动力来源也是不一样的。自上而下的创新组织模式是创新者"眼盯"着政府,而自下而上的创新组织中的创新者则是"眼盯"着市场。这两种创新组织模式的制度是有差别的。自上而下的创新组织模式更强调政府对制度的主导及对创新的激励作用,而自下而上的创新组织模式更强调市场的作用及激励。莫基尔认为英国工业化比法国工业化更早的主要原因是英国的专利法制度比法国的政府奖励科技制度更有利于创新。

(二) 创新的主体

创新需要使不同行为者(包括企业、实验室、科学机构与消费者)之间进行交流,并且在科学研究、工程实施、产品开发、生产制造和市场销售之间进行反馈。在美国取得快速技术进步并经受了市场检验的所有领域,都有多元竞争主体来开发新技术,这个多元竞争主体主要是企业。在1911年出版的《经济发展理论》一书中,熊彼特把"企业"看成关键的创新主体。在熊彼特理论中,配备了研究与开发(R&D)实验室的现代企业成为核心的创新主体。在技术创新重要的产业,企业在R&D中需要一系列核心能力。这些能力受到以下因素的规定和约束:R&D部门中的人员所具有的能力、经验和知识,现有团队的性质和形成新团队的程序,决策过程的特征,R&D与生产及营销之间的联系,等等。R&D能力可能是所定义的企业动态能力中最重要的能力。[①]

创新的动力从根本上说就是谁是创新的主体。若创新的动力内源于个人或组织对外部需求的反应并有利于自身利益最大化,则可称为内源性创新;而外源性创新的动力主要是个人或组织来自外部(政府或其他组织)的委托而实现自身利益最大化的行为,即这些投入主要是政府部门自上而下投入的,而不是来自企业、市场需求。这些资金最终是企业或研究机构使用的,但它是"用张三的钱为李四买东西"(外源性的),而不是用自己的钱为自己买东西(内源性),而这本身就会影响产出(专利)。投资者与创新的动力是相互联系的。粗略地分类,创新的投资来源主要是两大类,一类是以国家投资为主,另一类是以民间投资为主。对于同样的一万亿元,用这两种不同类型的投资方式投资下去,结果是不一样的。

从世界情况来看,那些创新成功的国家有一个共同的特征,那就是创新的研发投入主要是来自企业或风险投资,这是一种内源性的投入模式,而我国企业(尤其是国有企业)的研发投入主要是来自外部比如政府,这是一种外源性投入模式。内源性创新模式以自下而上的组织方式为主,而外源性创新模式则以自上而下的组织方式为主。国家重视创新不等于国家就要直接投资创新领域。

---

① 〔美〕理查德·R.纳尔森:《经济增长的源泉》,中国经济出版社,2001年版,第129页。

(三) 创新的导向机制

创新的导向机制主要涉及创新组织模式的内在运行机制,尤其是科技资源是如何配置的。我们可以从四个方面比较两种创新组织模式的差异。

一是自上而下的创新组织方式是关系导向的惯例,在这种组织下创新的特点表现为,政府控制了基本的科技资源,并认为通过自上而下的指令、政策或项目把这些资源进行配置是有效的。我国的高等教育、研究系统及产业系统这三大领域就是自上而下的创新体系,是关系导向的惯例。而自下而上的创新组织模式是创新导向。创新导向决定着组织创新的能力,创新导向的惯例是组织能力的微观基础,为什么中国的企业在创新能力上与欧美国家一些企业的创新能力存在较大的差距?原因之一就是中国缺乏创新导向的惯例。

二是企业通过追求外部创新资源并与政府的发展战略相适应来保证自身的生存和发展。所谓关系导向的惯例就是这种创新组织方式的关键是只有与政府搞好关系才有资源,结果会导致锁定效应,不利于创新导向惯例的形成。[①] 中央政府和地方政府均涉足经济活动,从而导致企业与政府的紧密关系。虽然这些联系有助于促进中国经济发展,但也阻碍了企业通过市场竞争形成自己的核心竞争力,[②] 自上而下的创新组织模式由于受资源及项目数量的限制只能采取人格化交易,这就使大量的潜在创新者难以转化为现实的创新者,减少了创新者的数量。与自上而下的创新组织方式不同,自下而上的创新组织形式是非人格化交易。欧美国家的产业支持政策是基于市场发挥基础性作用的,以非人格化交换为前提,更有利于创新导向的惯例发挥作用。

三是自上而下的创新组织方式的科技资源配置是相对集中的,并且项目实施具有计划性、强制性,无论是事前、事中还是事后,创新主体对市场的反应都是比较迟缓的。这主要的原因是,科技资源的软预算约束加上创新主体追求自身利益最大化的机制不同于自下而上的创新主体。自上而下的创新组织模式中更多的是行政性荣誉。政府主导模式将放大"不确定性"的破坏作用,这是因为政府在经济发展中扮演"最终的风险承担者"的角色和存在刚性兑付。在一个风险不存在的社会是不可能有真正的创新的,什么都由政府来埋单的市场经济并不是真正意义上的市场经济。而自下而上的创新组织模式中创新者是企业家,创新组织方式是市场导向和创新导向的惯例,这种组织创新方式更有利于减少不确定性和分散风险。

四是两种创新模式都有创新资源的误配,但在误配的程度上是有差别的,尤其是在市场误配的修正机制方面,自下而上的创新组织方式比自上而下的创新组织方式更有优势。由政府引导的科技资源配置,适应性效率比较低,对市场变化的反应也比较迟钝。

综上所述,从创新什么、创新的结果和创新的适应性效率来看,自下而上的创新组织模式都比自上而下的创新组织模式更有利于创新。

---

① 〔美〕乐文睿、马丁·肯尼等:《中国创新的挑战》,北京大学出版社,2016 年版,第 206 页。
② 同上书,第 291 页。

相关链接 20-6

自 2011 年以来,中国一跃成为世界上申请专利数量最多的国家。这是政府政策推动的结果,还是中国企业生产技术日益成熟的表现呢?最近,Albert G. Z. Hu、Zhang Peng 以及 Zhao Lijing 教授合作撰写并发表在 *Journal of Development Economics* 上的论文"China as Number One? Evidence from China's Most Recent Patenting Surge"基于企业层面微观数据实证分析了该现象的背后原因。

近些年来,政府为鼓励企业创新出台了一系列专利规划政策。比如,2011 年制定的《国家"十二五"科学和技术发展规划》中就明确规范了专利量化目标和奖励政策。一般来说,专利是企业在进行创新研发过程中自然产生的中间产品,其目的是提升企业劳动生产率。也就是说,专利数量通常与企业研发投入以及企业劳动生产率均具有较强的正向关系。结合以上事实,文章作者认为若不存在上述正向关系或正向关系较弱,则意味着专利涌现这一现象更可能是政府激励政策推动的结果,而非企业生产技术日益成熟的表现。

基于上述分析,在合并大中型工业企业数据与官方专利数据基础上,文章作者构建了 2007—2011 年的 5 年面板数据,并结合企业专利投入产出函数探讨了中国专利涌现的背后原因。其中,研究重点检验了以下关系:① 企业研发投入对企业专利数量的影响;② 企业专利数量对企业劳动生产率的影响。实证研究发现,首先专利涌现在中国各地区和各行业中是一个比较普遍的现象。同时,专利数量增加主要源自过去那些对申请专利并不是很热衷的企业。其次,在 2007—2011 年,企业专利数量与创新研发投入,以及企业专利数量与劳动生产率间存在正向关系,但这种关系在逐年减弱。这意味着中国专利涌现并非单纯企业技术日益成熟的表现,而更可能是政府政策推动的结果。最后,文章作者强调其中也可能存在其他非创新因素影响着企业积极申请专利,比如创业融资。一般来说,拥有较多专利的企业更容易获得外部资金资助。

资料来源:Hu A., Zhang P., Zhao L. J. China as Number One? Evidence from China's Most Recent Patenting Surge [J]. *Journal of Development Economics*,2017,124:107-119.

【关键概念】

马尔萨斯陷阱　　知识存量　　人工智能　　培根计划　　分散知识　　　　专家知识
李约瑟之谜　　　知识产权　　组织创新　　技术创新　　自上而下的创新　自下而上的创新

【思考题】

1. 如何理解人口数量与制度变迁的关系?
2. 如何理解分散知识与专家知识?
3. 知识存量与制度的关系是什么?
4. 如何破解李约瑟之谜?
5. 什么样的制度有利于创新?
6. 比较自上而下的创新组织模式与自下而上的创新组织模式。

【推荐阅读】

1. 〔美〕乐文睿、马丁·肯尼等：《中国创新的挑战》，北京大学出版社，2016年版。
2. 〔西〕赫苏斯·韦尔塔·德索托：《社会主义：经济计算与企业家才能》，吉林出版集团有限责任公司，2010年版。
3. 美国经济学会：《美国经济评论百年经典论文》，社会科学文献出版社，2018年版。
4. 〔美〕埃德蒙·费尔普斯：《大繁荣》，中信出版社，2013年版。
5. 〔美〕威廉·鲍莫尔：《资本主义的增长奇迹：自由市场创新机器》，中信出版社，2004年版。
6. 〔美〕乔尔·莫基尔：《富裕的杠杆：技术革新与经济进步》，华夏出版社，2008年版。

案例
长期经济增长与科技史

工业革命本身并不是经济快速增长的时期，但它创造的经济成就是巨大的。20世纪的西方是糟糕的：两次世界大战，1914年后国际贸易的崩溃，大萧条，以及殖民帝国的衰落。然而到了21世纪初期，尽管遭受了巨大的挫折，推动欧美快车的发动机仍非常强大。为了理解触发欧洲经济奇迹的因素，有研究从启蒙运动出发寻找原因，进而分析在启蒙运动和工业革命中科技发挥作用的机理，探究人力资本和制度因素是如何推动科技进步与长期经济增长的。

工业革命的智慧来自哪里呢？17世纪出现了启蒙运动，它在很多方面都是工业革命知识发展的前奏。一方面，科学知识成为公共产品，而不再专属于"权威"。另一方面，知识的目标发生变化——以改善物质条件为目标。启蒙运动提供了创新的意识形态基础，为有创造性的人带来了产生正向激励和获取知识的环境。它鼓励人们思考"哪种科技有效"，以及"为什么有效"，即通过构建和拓宽对科技的认知基础带来持续的科技进步。

更重要的是，启蒙运动通过坚持用本地语言写作、建立科学学院、用通用术语和标准体系等方式降低了知识获取的成本。18世纪出版了许多百科全书和辞典等工具书，激励人们理解科技知识，实现了广泛的知识扩散。启蒙运动还建立了"发明者"与"应用者"之间的沟通机制，许多发明家，如富兰克林，都拒绝为他们的任何发明索取专利，纷纷致力于知识的开放和自由传播。此外，大量的讲座、座谈会、公共实验和讨论小组在启蒙运动中如雨后春笋般涌现，旨在推广和传播现有的知识。如果没有发明者对知识传播态度的转变，科技要素将永远保留在黑箱内。

工业革命之后，科技起伏不定的变化成为常态。科技是如何实现从初级阶段向现代化的转变呢？工业革命早期，命题知识被映射到新科技中。同时，命题知识受内生性的影响，即规范性知识反过来又增强命题知识，从而两种知识之间产生了正向反馈和持续的相互强化。当两种知识的正向反馈变得自我强化和自我催化时，科技就实现了向现代化的转变。经济系统旧的稳态被打破，产生不稳定性，这种不稳定性正是"科技现代化"的本质特征和产生原因，它反映了库兹涅茨提出的科技对经济增长的推动作用。

英国是1850年最先进的工业国家,但远不是人力资本最丰富的国家,因此有必要审视人力资本对经济增长的作用。首先,人力资本的重要性在于降低访问成本。受过良好教育的人更易于阅读科学家的文章,并且验证成本也会下降,一些明显虚假的知识更容易被识别。其次,受过良好教育的人更有能力学习和执行越来越复杂的科技指令。最后,人力资本有利于更快的创新。只有系统的教育才能让发明者认识到他们发明了什么,以及如何最有效地应用它。

那么,我们究竟需要多少"有能力"的发明家来产生持续的科技进步?这取决于创新与个人能力之间的关系是否紧密。科技更先进的经济体可能会使用科技含量更高、构造设计更复杂的发明,这意味着劳动力需要更加专业化。

科技进步是由少数关键人物推动的。对于大多数劳动力而言,他们与科技创新的相关性是很低的。事实上,工业革命初期的科技进步是"非科技性的",即更需要能够进行重复性日常作业的工人而非高技能工人。许多创新产品都只需要教给别人如何执行而不是编写指令,因此人力资本更有助于提升能力而不是有助于创造知识。

负面的制度影响将会减少科技进步所带来的经济利益。重商主义就是一种寻租制度,是不公平和低效的,它是一种各国通过补贴出口和原材料进口以及对成品征收关税来进行的国际竞争。1750年左右,重商主义开始衰落,英国的行会、垄断和粮食价格监管都逐渐减弱。法国大革命将启蒙思想转化为真正的制度变革,削弱特权、允许更自由和更具竞争性的市场,促进了工业革命期间的经济增长。一个重要的例子是17世纪英国出现的专利制度,它是科技进步的先决条件,否则即使知识规模扩大,应用新知识所需的投资和创业精神也不会到来。

教辅申请说明

北京大学出版社本着"教材优先、学术为本"的出版宗旨,竭诚为广大高等院校师生服务。为更有针对性地提供服务,请您按照以下步骤通过**微信**提交教辅申请,我们会在 1~2 个工作日内将配套教辅资料发送到您的邮箱。

◎扫描下方二维码,或直接微信搜索公众号"北京大学经管书苑",进行关注;

◎点击菜单栏"在线申请"—"教辅申请",出现如右下界面:

◎将表格上的信息填写准确、完整后,点击提交;

◎信息核对无误后,教辅资源会及时发送给您;如果填写有问题,工作人员会同您联系。

温馨提示:如果您不使用微信,则可以通过以下联系方式(任选其一),将您的姓名、院校、邮箱及教材使用信息反馈给我们,工作人员会同您进一步联系。

联系方式:

北京大学出版社经济与管理图书事业部

通信地址:北京市海淀区成府路 205 号,100871

电子邮箱:em@pup.cn

电　　话:010-62767312 /62757146

微　　信:北京大学经管书苑(pupembook)

网　　址:www.pup.cn